国际统计年鉴

INTERNATIONAL STATISTICAL YEARBOOK

2005

中华人民共和国国家统计局　编

中国统计出版社
China Statistics Press

(京)新登字 041 号

图书在版编目 (CIP) 数据

国际统计年鉴. 2005/中华人民共和国国家统计局编.
- 北京：中国统计出版社，2005.9
ISBN 7-5037-4745-5

I. 国…
II. 中…
III. 社会经济统计 - 统计资料 - 世界 -2005- 年鉴
IV. C831-54

中国版本图书馆 CIP 数据核字 (2005) 第 109826 号

国际统计年鉴-2005

作　　者 / 中华人民共和国国家统计局
责任编辑 / 徐　辉
封面设计 / 艺编广告 · 张 冰
出版发行 / 中国统计出版社
通信地址 / 北京市西城区月坛南街 75 号　　邮政编码 / 100826
办公地址 / 北京市丰台区西三环南路甲 6 号
E-mail: yearbook@stats.gov.cn
电　　话 / (010)63459084、63266600-22500（发行部）
印　　刷 / 北京中科印刷有限公司
经　　销 / 新华书店
开　　本 / 890 × 1240 毫米　　1/16
字　　数 / 620 千字
印　　张 / 27　　13 彩页
版　　别 / 2005 年 10 月第 1 版
版　　次 / 2005 年 10 月北京第 1 次印刷
书　　号 / ISBN 7-5037-4745-5/F · 2162
定　　价 / 200.00元

本书附同版本 CD-ROM 一张，光盘内容以书面文字为准。
中国统计版图书，如有印装错误，本社发行部负责调换。

《国际统计年鉴—2005》

编委会和编辑人员

International Statistical Yearbook 2005

EDITORIAL BOARD AND STAFF

2003年各大洲国土面积占世界的比重

Area of Each Continent as Percentage of the World (2003)

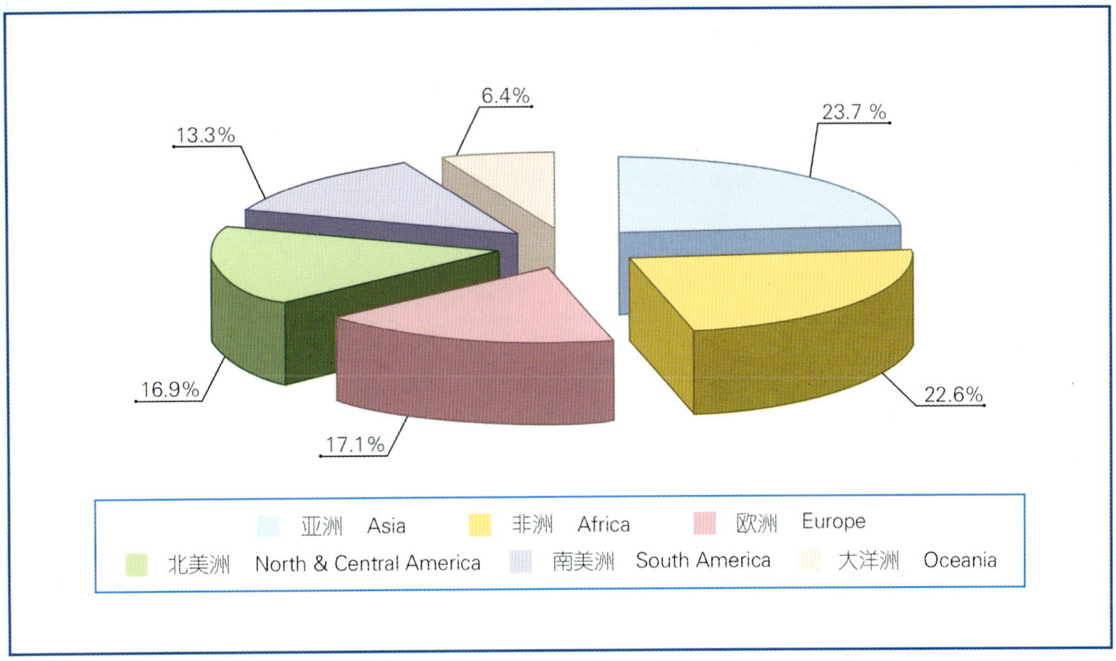

2003年各大洲人口数占世界总人口的比重

Population of Each Continent as Percentage of the World(2003)

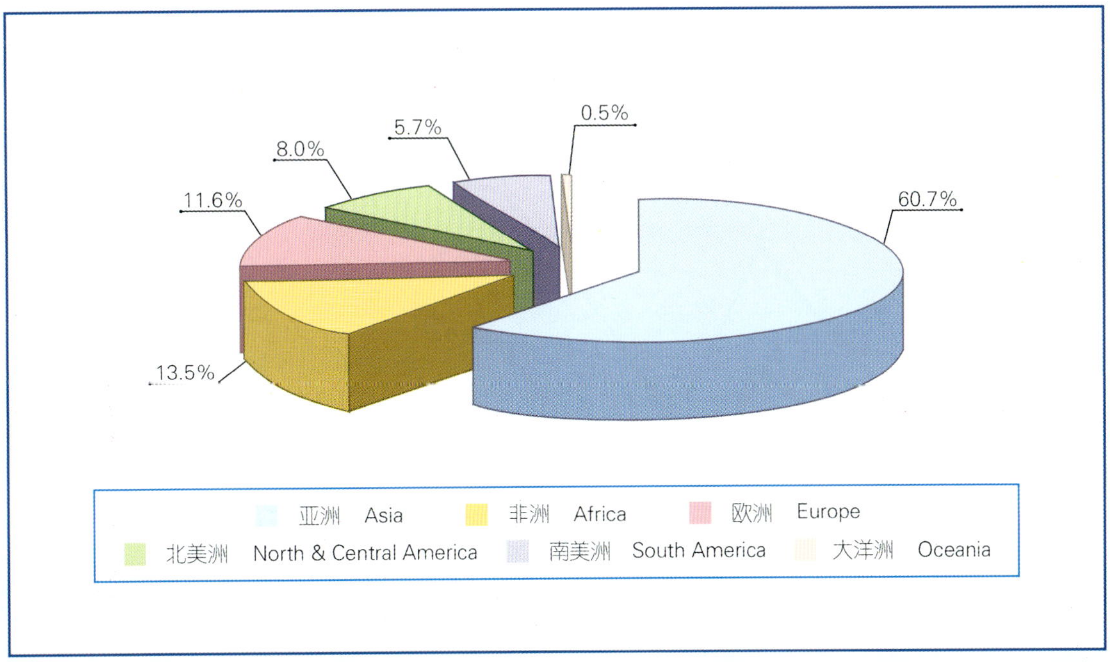

世界与中国国内生产总值增长率

Growth Rates of GDP in the World and China

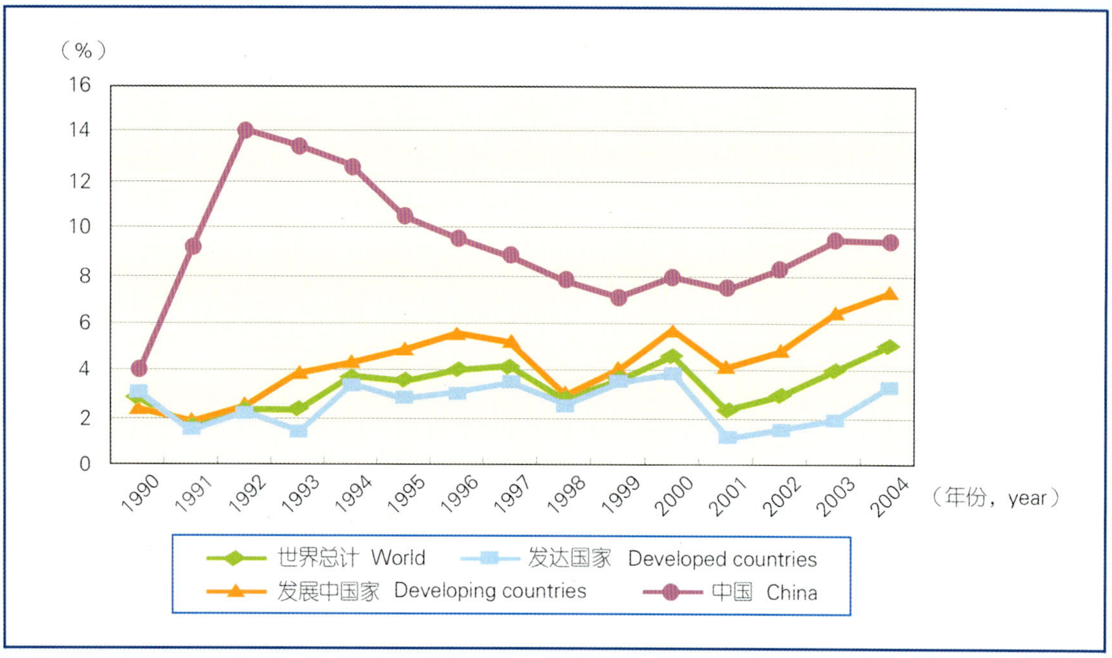

世界与中国货物进出口增长率

Growth Rate of the World and China Merchandise Imports and Exports

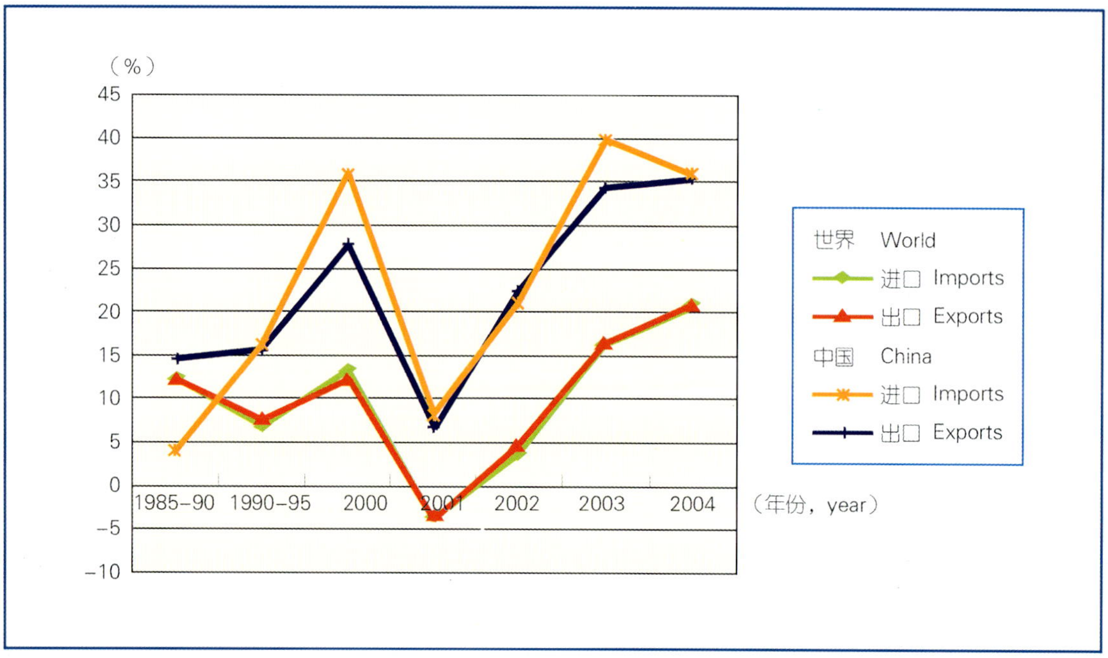

人口数据世界前十位国家

The Top Ten Countries of Population in the World

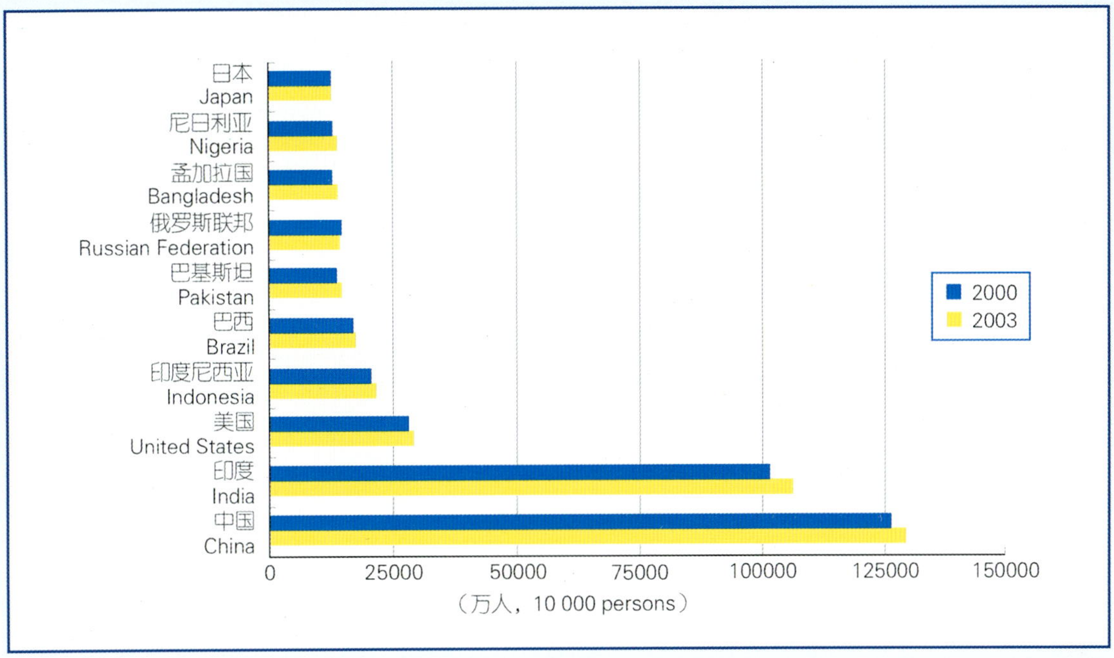

人口数据世界前十位国家的人口年龄构成

Age Composition of the Top Ten Countries' Population in the World

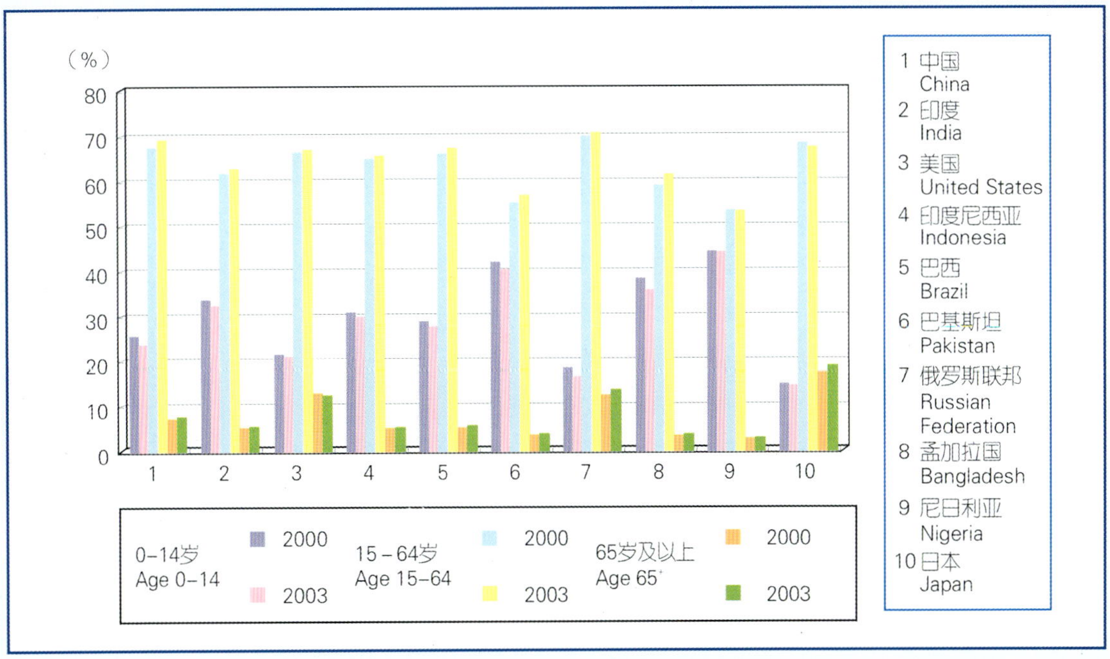

2003年世界主要国家人口预期寿命

Life Expectancy at Birth of the Major Countries in the World（2003）

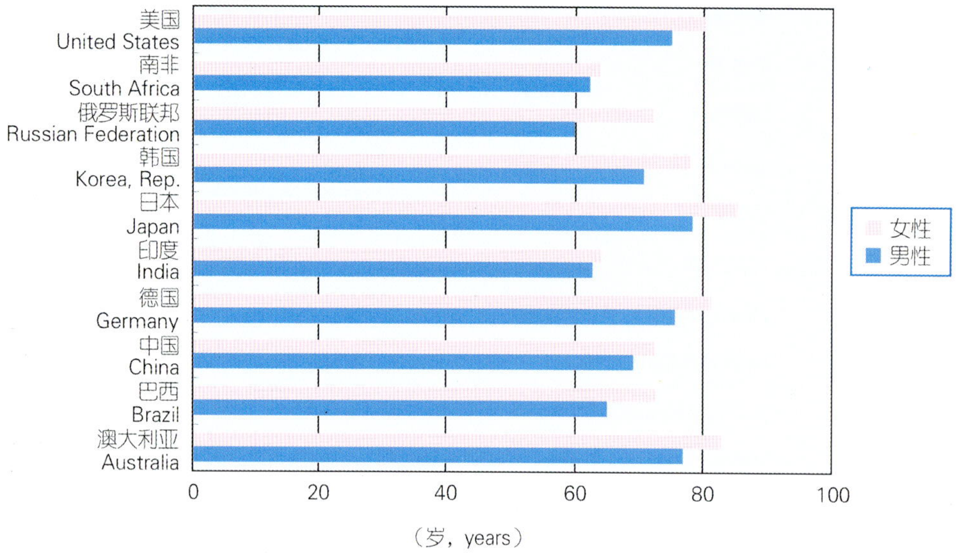

2003年国土面积居世界前十位国家

The Top Ten countries of Area in the World(2003)

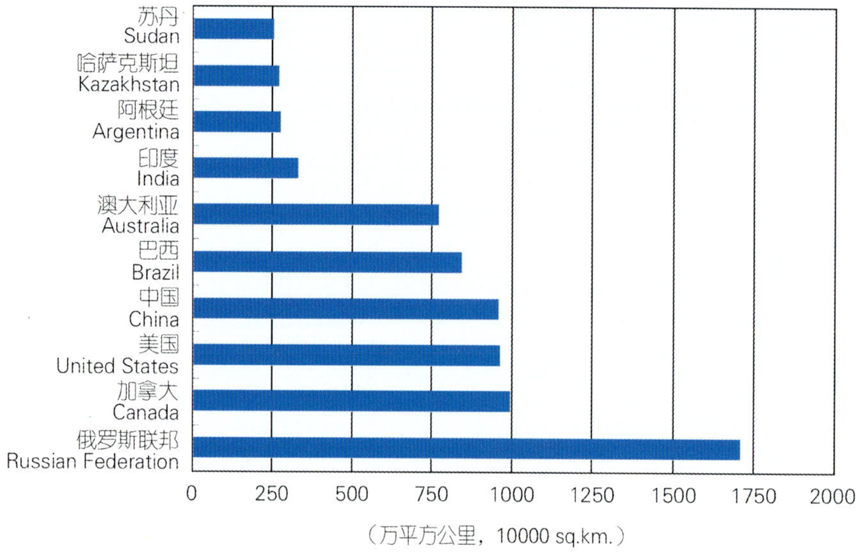

外债总额居世界前十位国家

The Top Ten Countries of Total External Debt in the World

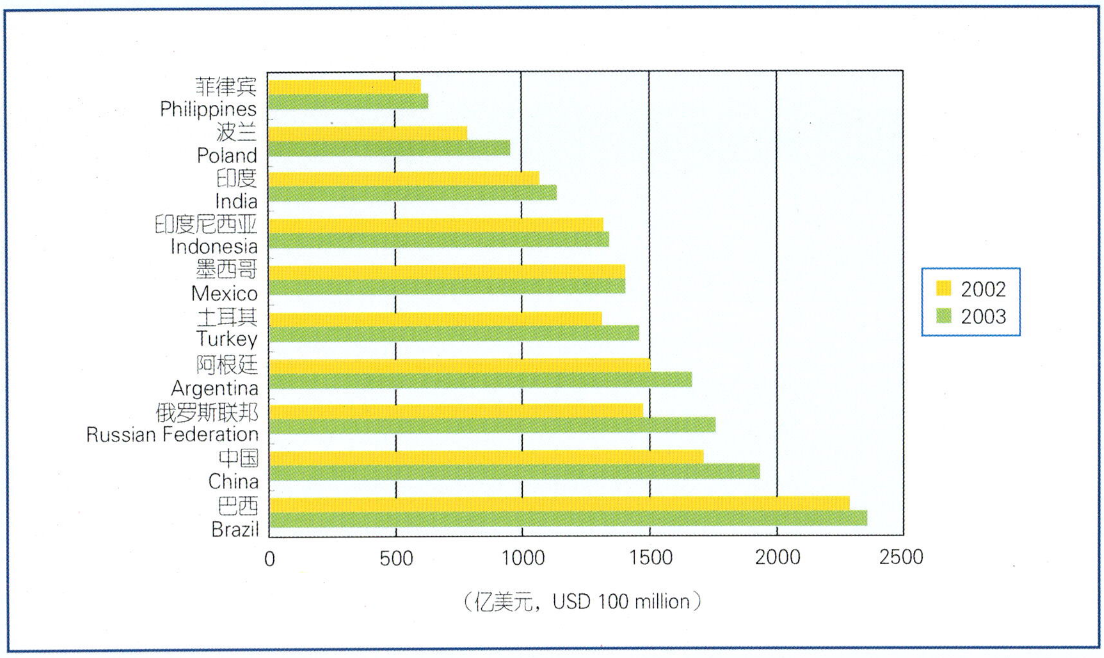

外国直接投资额（流入）居世界前十位国家

The Top Ten Countries of Foreign Direct Investment(inflow) in the World

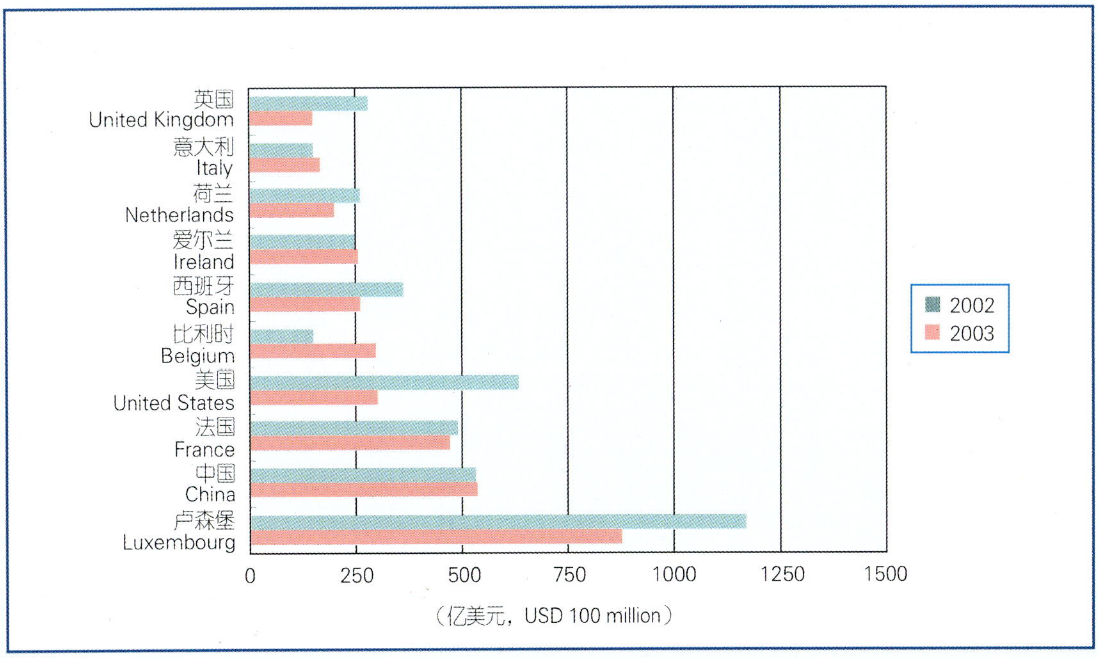

国内生产总值居世界前十位的国家

The Top Ten Countries of Gross Domestic Product in the World

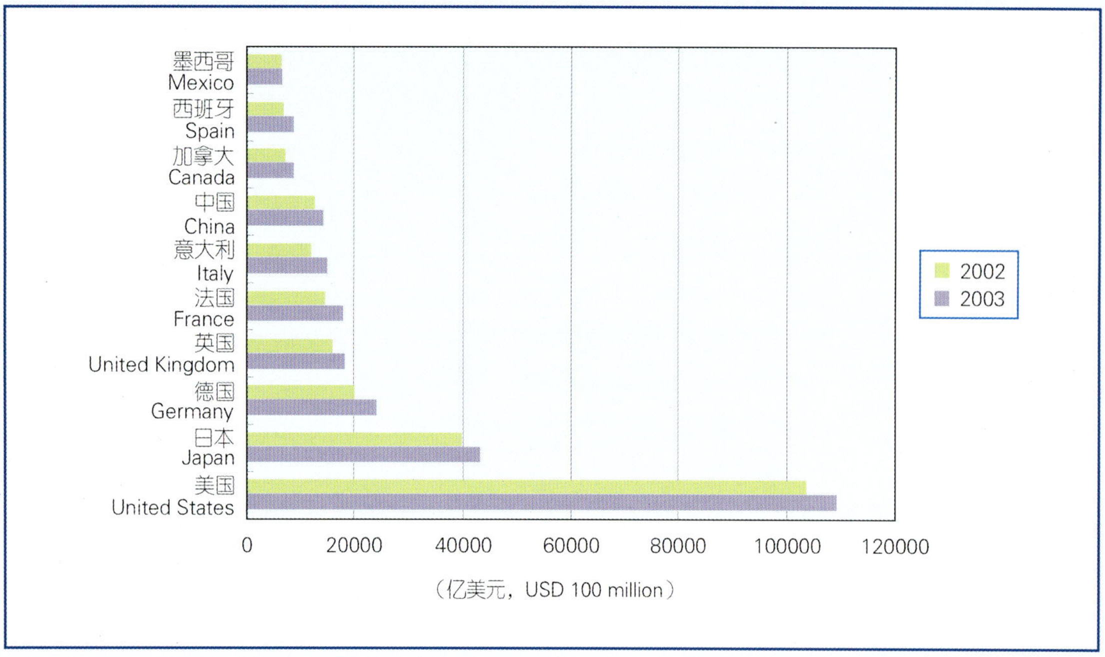

人均国民总收入居世界前十位国家

The Top Ten Countries of Gross National Income Per Capita in the World

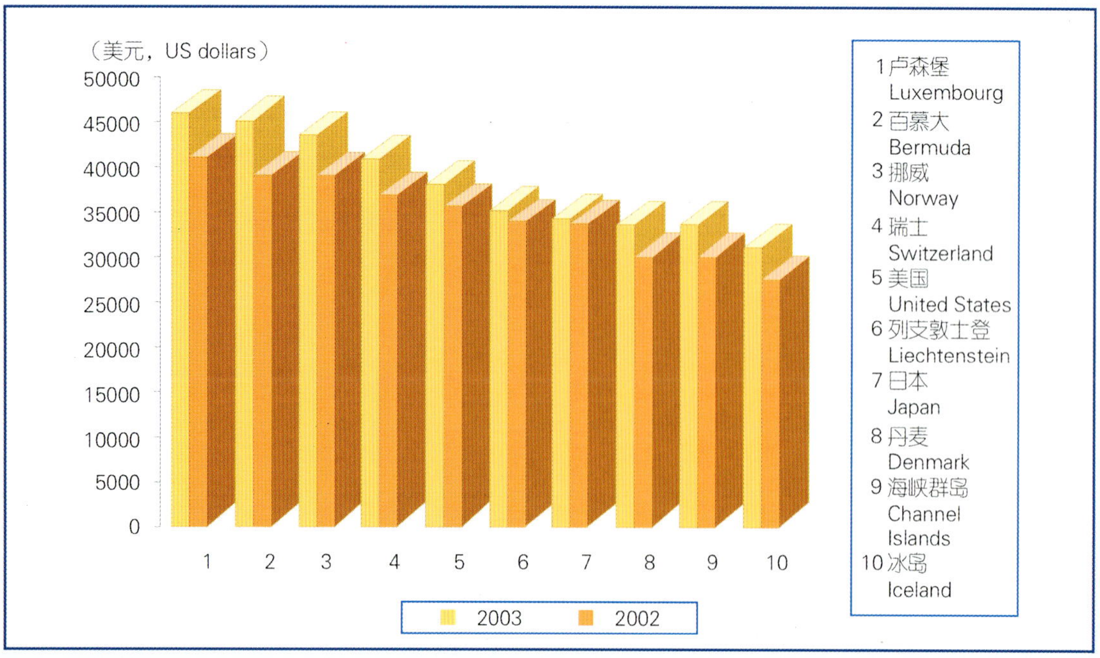

世界主要国家谷物产量

Cereal Production in Major Countries of the World

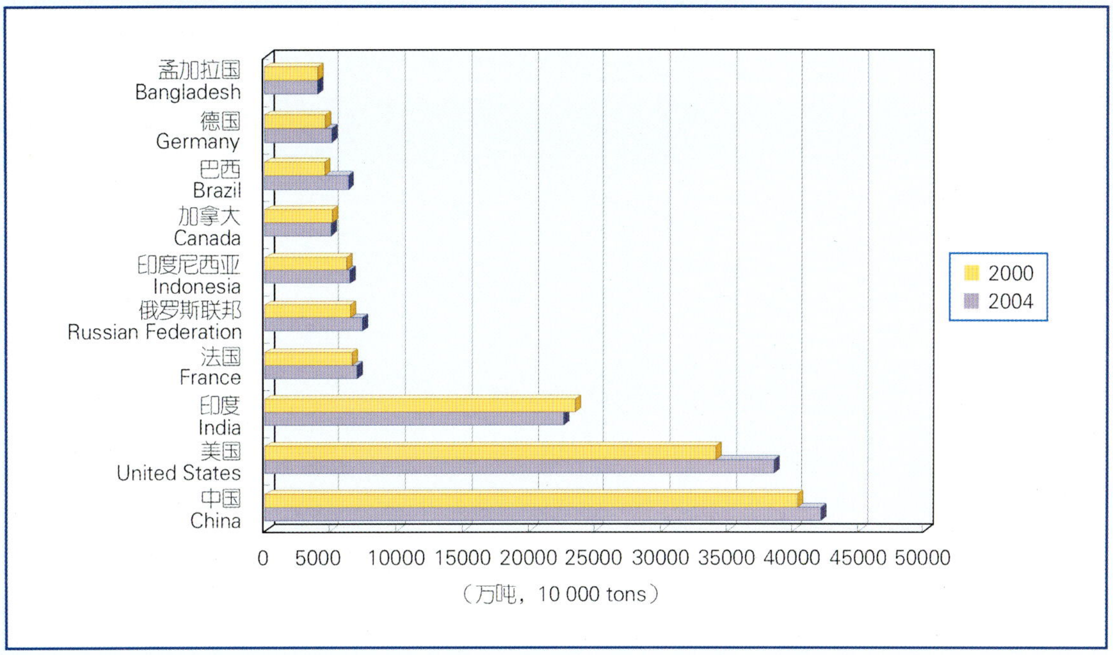

世界主要国家籽棉产量

Seed Cotton Production in Major Countries of the World

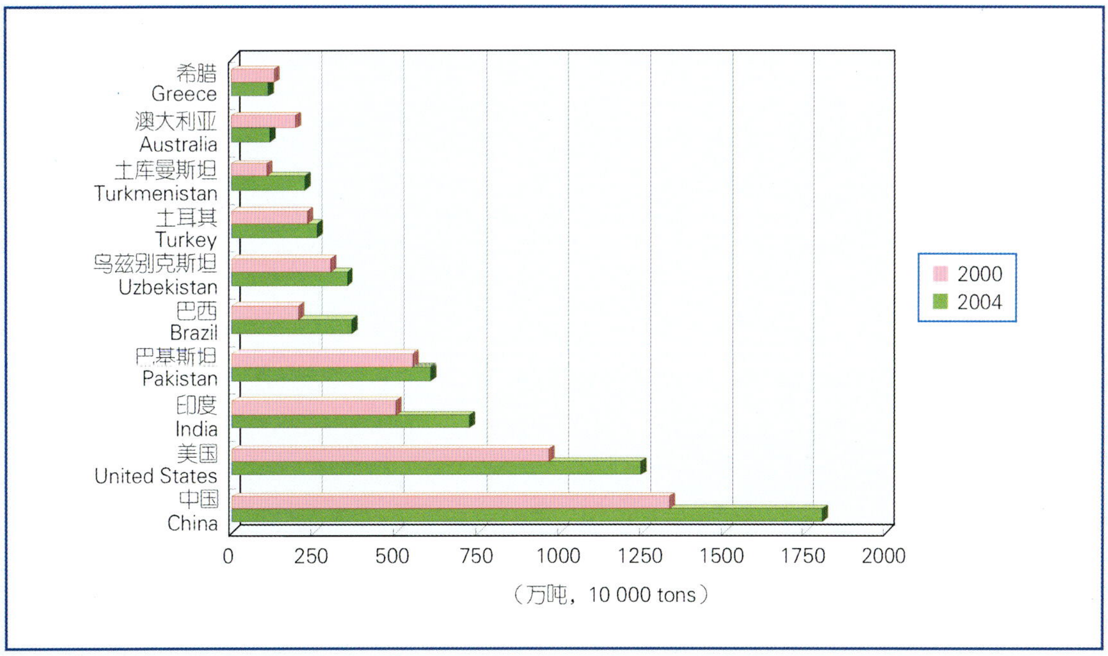

世界主要国家牛奶产量

Cow Milk Production in Major Countries of the World

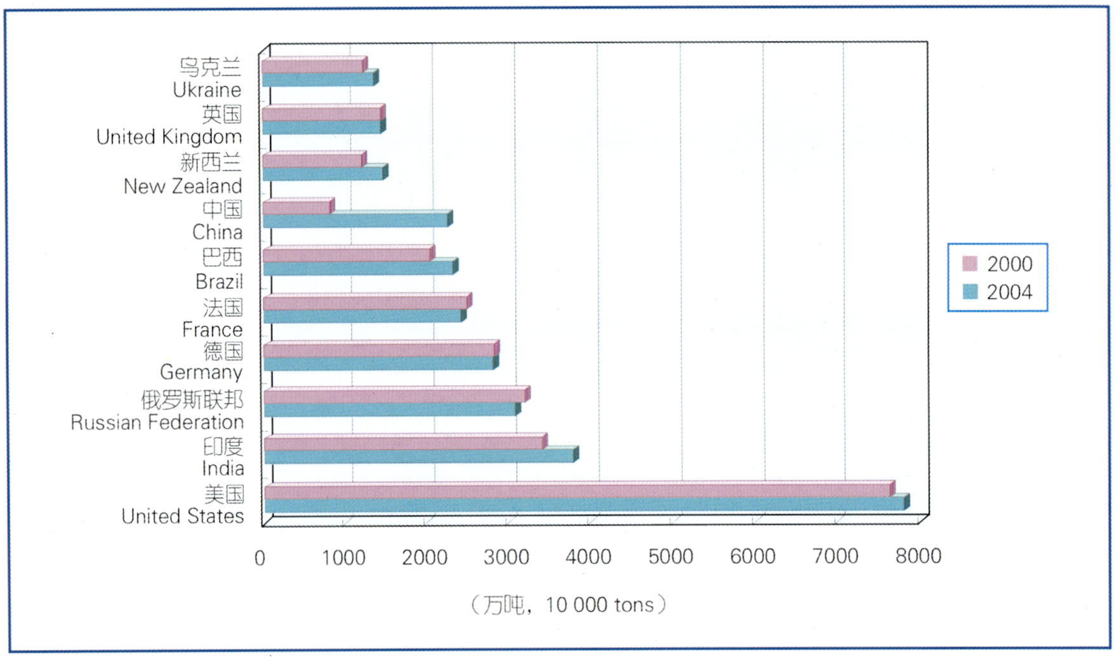

世界主要国家肉类产量

Meat Production in Major Countries of the World

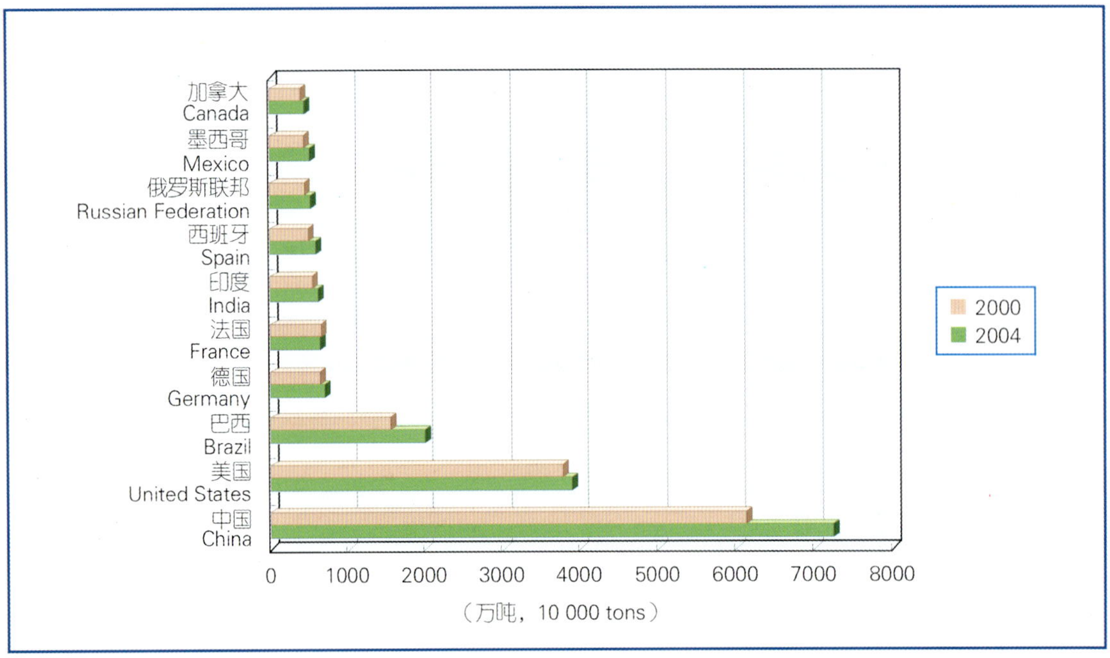

世界主要国家煤炭产量

Coal Production in Major Countries of the World

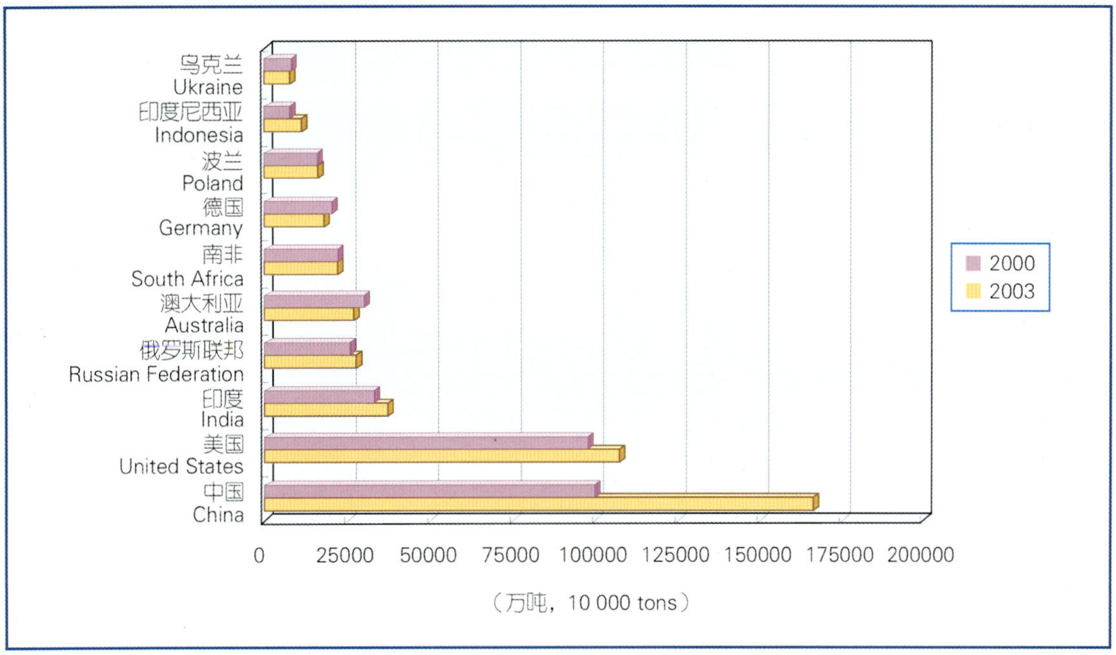

世界主要国家发电量

Electricity Production in Major Countries of the World

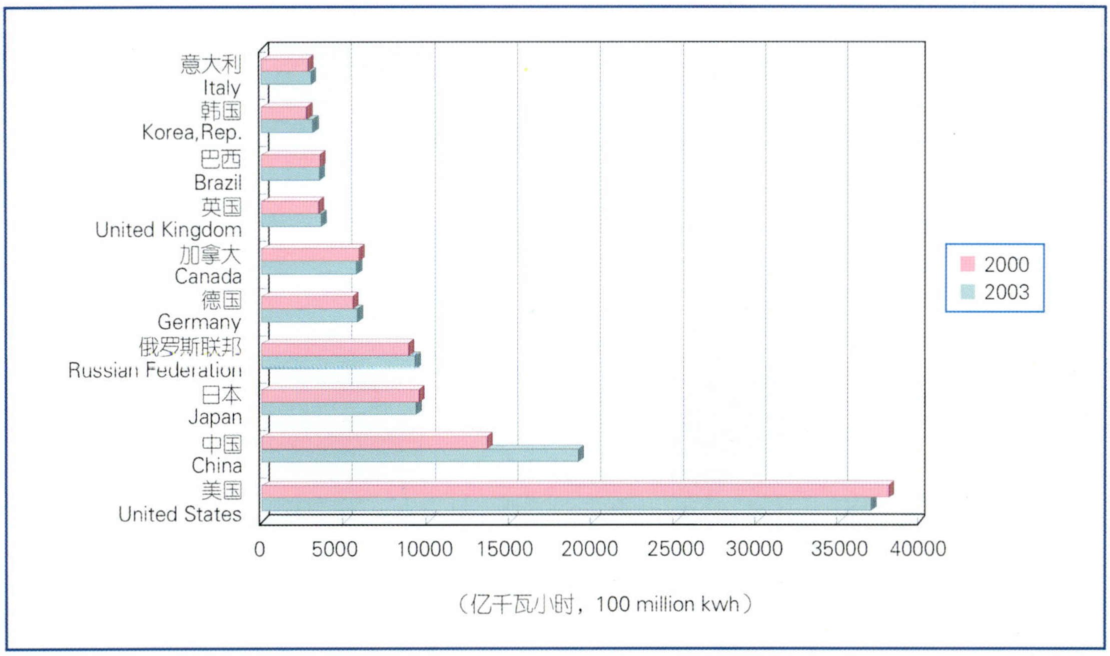

世界主要国家原油产量

Crude Petroleum Production in Major Countries of the world

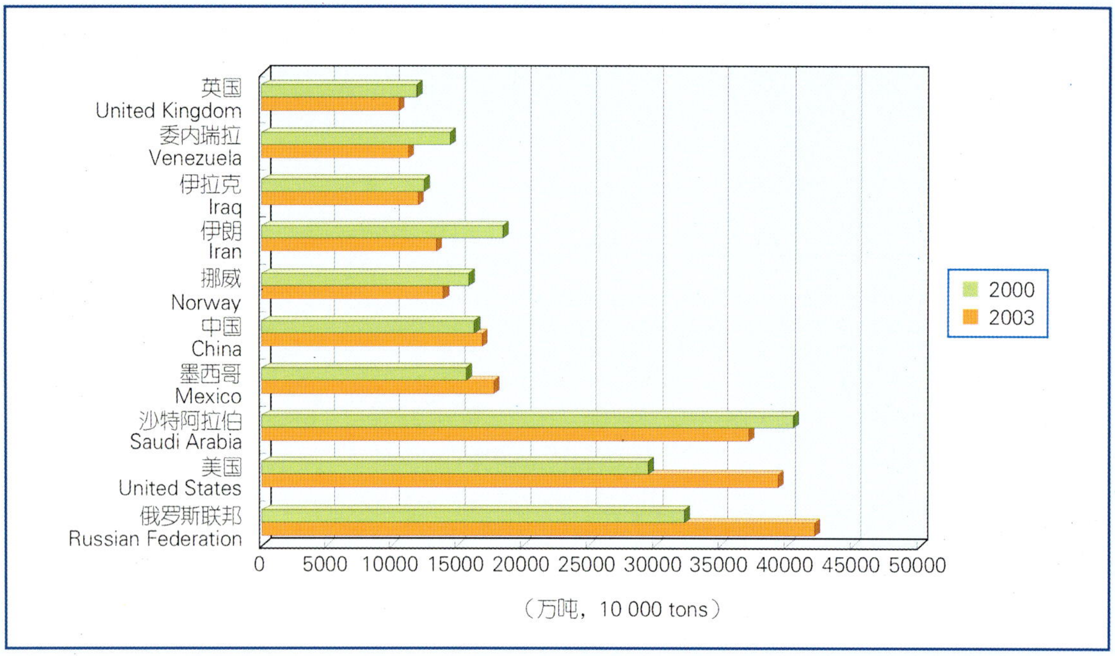

世界主要国家钢产量

Steel Production in Major Countries of the world

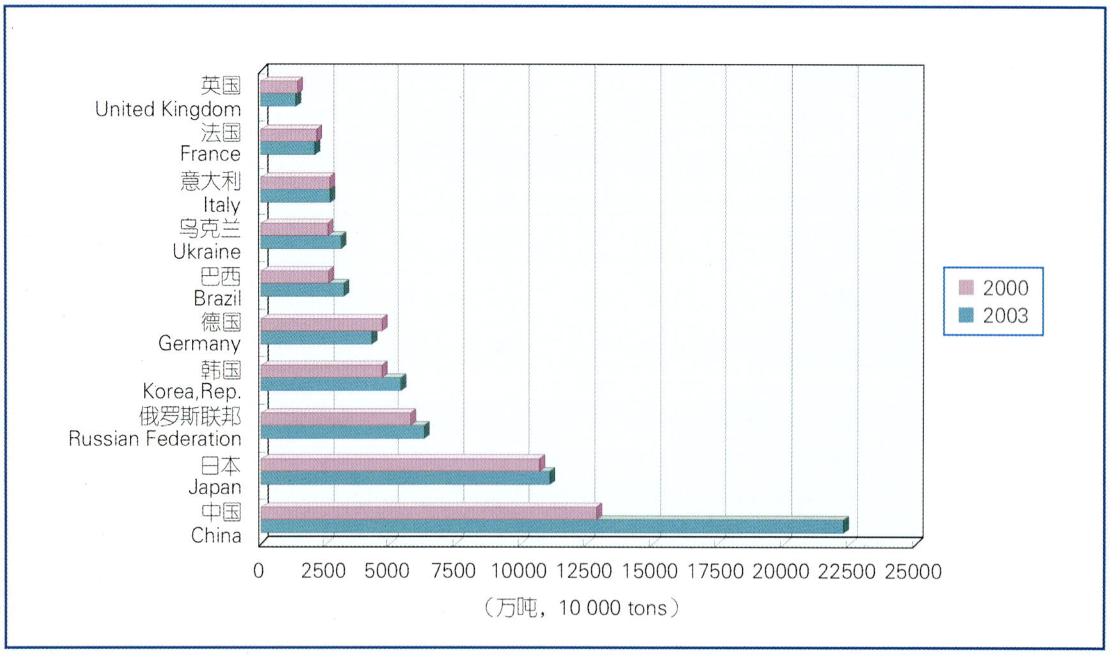

世界主要国家汽车产量

Motor Vehicle Production in Major Countries of the world

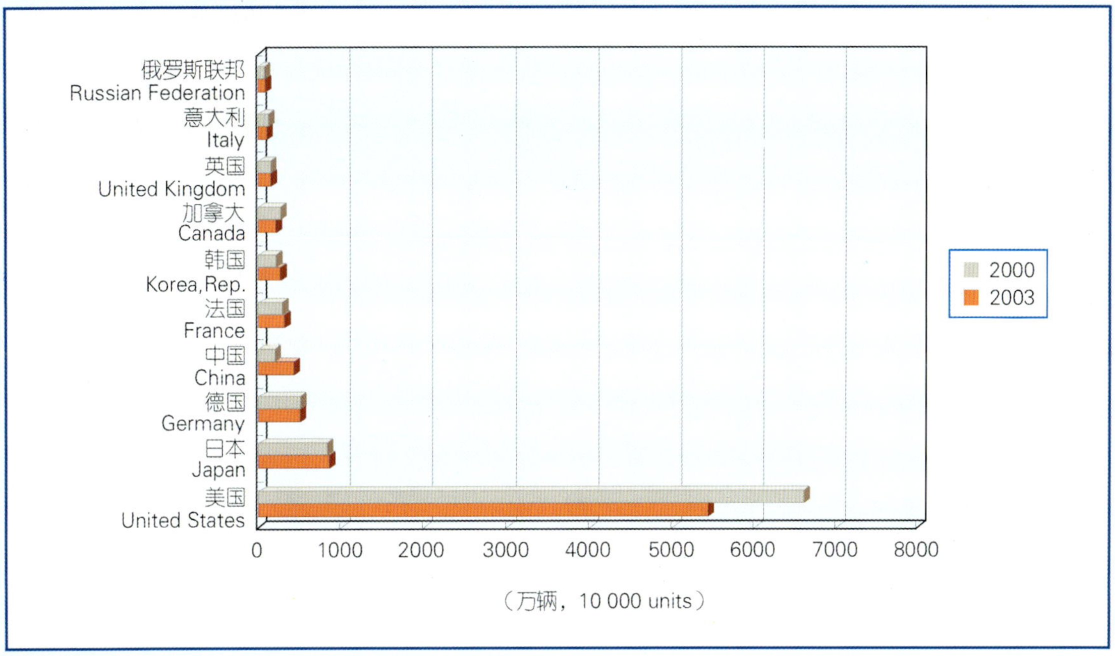

货物进口额居世界前十位国家和地区

The Top Ten Countries of Merchandise Imports Value in the World

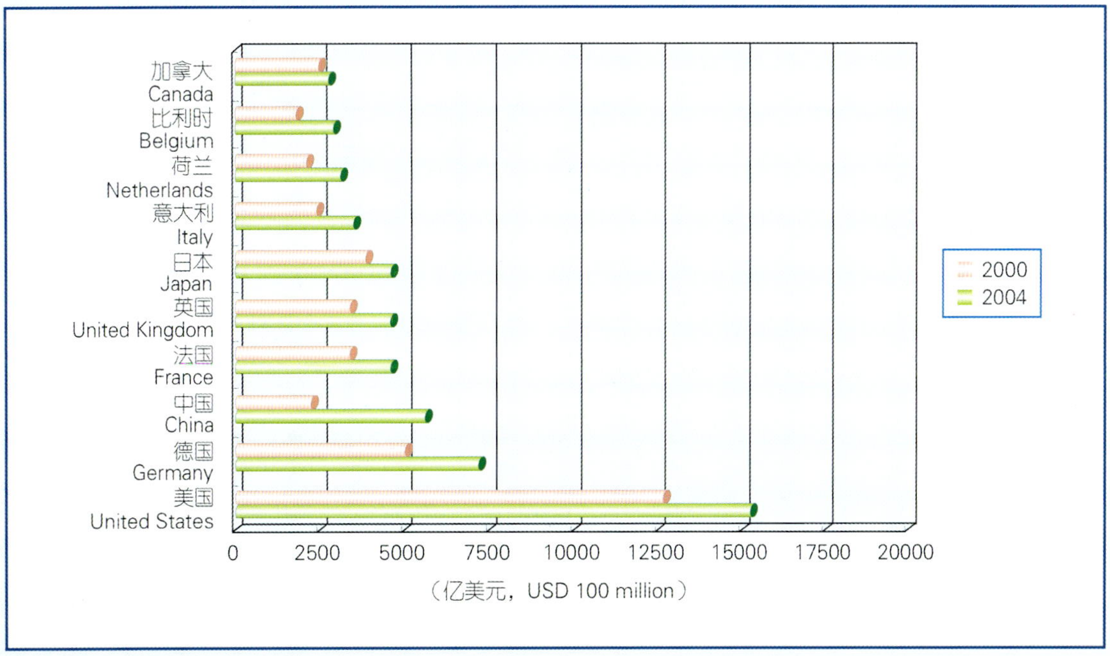

货物出口额居世界前十位国家和地区

The Top Ten Countries of Merchandise Exports Value in the world

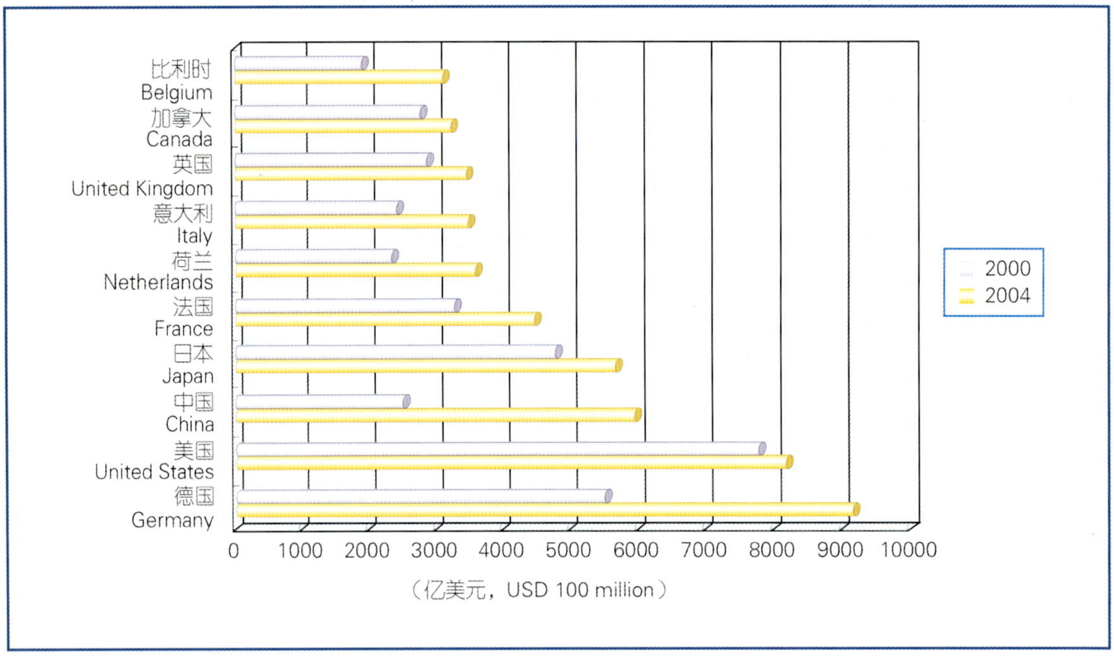

世界主要国家每千人互联网用户数

Internet Users per 1000 People in Major Countries of the World

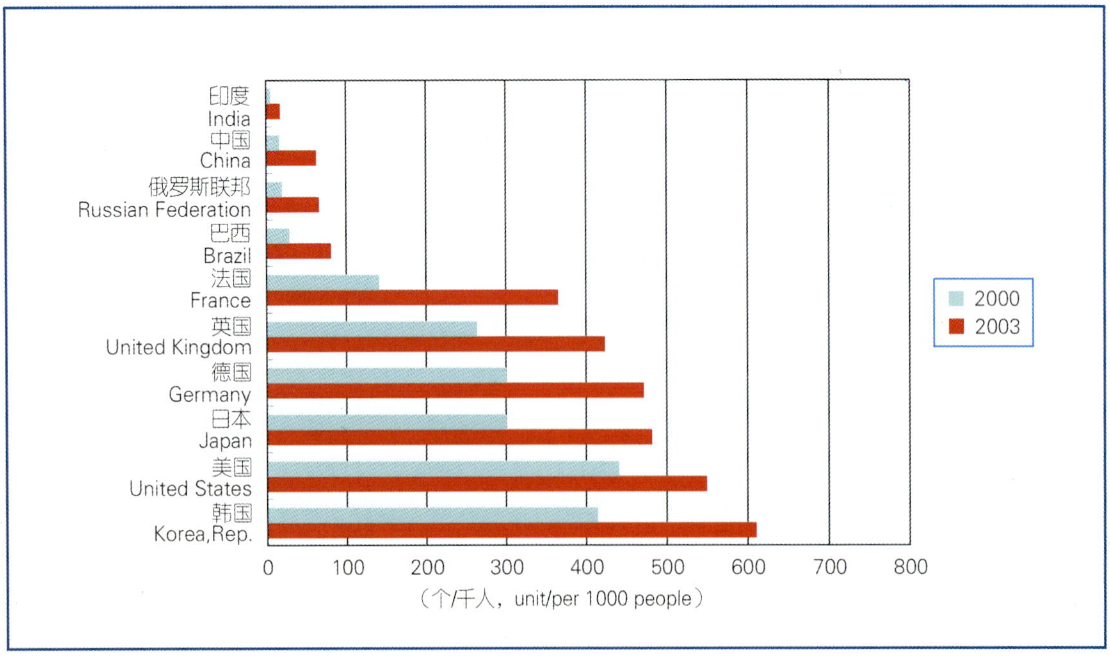

世界主要国家每千人拥有计算机数

Personnel Computers per 1000 People in Major Countries of the World

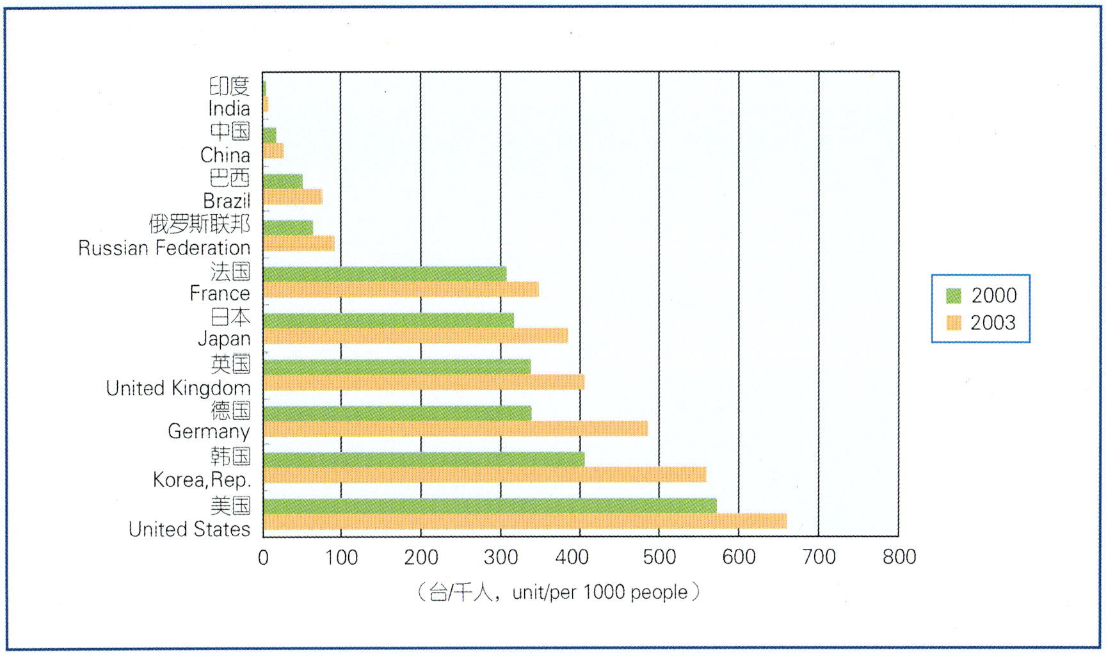

世界主要国家信息和通讯技术支出占国内生产总值比重

Information and Communication Technology Expenditure as Percentage of GDP in Major Countries of the World

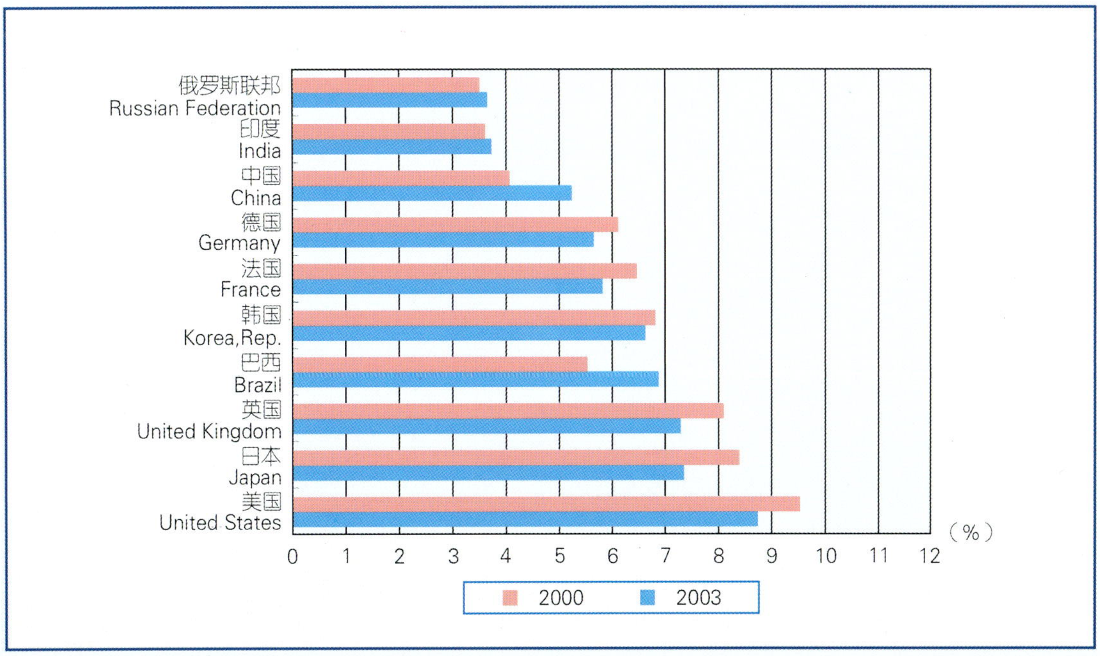

编辑说明

一、《国际统计年鉴-2005》是一部综合性国际经济、社会统计资料年刊。本书收录了世界200多个国家和地区的统计资料，对其中的40多个主要国家和地区的经济和社会发展状况和世界知名公司的基本情况作了更为详细的介绍。

二、本年鉴分为16个部分：1.中国在世界的地位；2.地理和气象；3.自然资源和环境保护；4.国民经济核算；5.人口；6.就业和工资；7.财政和金融；8.价格指数；9.居民收支和贫困；10.农业；11.工业、能源和建筑业；12.运输和通讯；13.对外贸易和旅游；14.国际收支和外债；15.教育、科技、文化、卫生和军事；16.世界最大500家企业主要指标。

三、国外的大部分数据经过联合国等国际组织的调整，口径基本可比。

四、很多国家的最新数据主要是初步数或估计数。

五、中国数据，除国土面积外，均未包括中国台湾省、香港特别行政区和澳门特别行政区。

六、国外数据主要取自有关国际组织的数据库、光盘、年报、月报。每张表均附有资料来源。中国数据以《中国统计年鉴》为准，本书所列国际组织有关中国的统计数据均加注释，仅供参考。

七、一些数据的合计数或相对数，因受进位的影响，不一定等于分项的累加。

八、尽管本年鉴所跨年度内，一些国家的名称和疆域有所改变，除非特别注明，本年鉴中所列国家均为现国家名称及其疆域范围。

九、本年鉴中使用的符号含义如下："…"表示数据不足本表最小单位数；"空格"表示无该项数据或该项统计数据不详；"#"表示其中的主要项；"|"表示因统计口径的调整，前后数据不可比。

十、一些国际组织及其组成成员如下：

西方七国包括美国、日本、英国、德国、法国、意大利和加拿大。

截止2000年，经济合作与发展组织（简称经合组织）成员国有30个：澳大利亚（1971）、奥地利、比利时、冰岛、丹麦、德国、法国、芬兰（1969）、加拿大、荷兰、卢森堡、美国、葡萄牙、日本（1964）、挪威、瑞典、瑞士、爱尔兰、西班牙、希腊、意大利、新西兰（1973）、土耳其、英国、墨西哥（1994.3.24）、捷克（1995.11.28）、匈牙利（1996.3.29）、波兰(1996.7.11)、韩国（1996.10.11）、斯洛伐克(2000.9)。

欧洲联盟，简称欧盟。截止2004年5月1日，成员国共25个：法国、德国、意大利、荷兰、比利时、卢森堡（1951年）、丹麦、爱尔兰、英国（1973年）、希腊（1981年）、西班牙、葡萄牙（1986年）、奥地利、芬兰、瑞典（1995年）、塞浦路斯、捷克、爱沙尼亚、匈牙利、拉脱维亚、立陶宛、马耳他、波兰、斯洛伐克和斯洛文尼亚(后10个国家于2004年5月1日加入)。

欧洲货币联盟（或欧元区）成员国共12个:德国、比利时、奥地利、荷兰、法国、意大利、西班牙、葡萄牙、卢森堡、爱尔兰、芬兰、希腊。1999年1月1日欧元启动起，各成员国与欧元汇率锁定，1欧元分别相当于1.95583德国马克、40.3399比利时法郎、40.3399卢森堡法郎、166.386西班牙比塞塔、6.55967法国法郎、0.787564爱尔兰镑、1936.27意大利里拉、2.20371荷兰盾、13.7603奥地利先令、200.482葡萄牙埃斯库多和5.94873芬兰马克。2001年1月1日，希腊加入欧元区，其原货币德拉克马与欧元汇率锁定为1欧元兑换340.7502德拉克马。2002年1月1日起，欧元现钞正式取代各成员国原货币全面流通。

截止2000年底，东南亚国家联盟（简称东盟）成员国共有10个：菲律宾、马来西亚、泰国、新加坡、印度尼西亚、文莱（1984年)、越南（1995年)、缅甸（1997年)、老挝（1997年）和柬埔寨(1999年)。

北美自由贸易区成立于1994年1月1日，至今始终有三个成员国，即加拿大、墨西哥和美国。

十一、一些国家(含地区)组含义如下：

高中低收入国家：按照世界银行分组标准，高收入国家、上中等收入国家、下中等收入国家和低收入国家分别指2003年人均国民总收入9386美元及以上、3036美元至9385美元、766美元至3035美元和765美元及以下的国家。

发达国家与发展中国家：按照联合国分组标准，发达国家具体包括加拿大、美国、原欧盟成员国、澳大利亚、新西兰、日本、以色列和南非，发展中国家则指其他国家。

工业国家和发展中国家：按照国际货币基金组织分组标准，工业国家具体包括加拿大、美国、原欧盟成员国、澳大利亚、新西兰和日本，发展中国家则指其他国家。

十二、本年鉴中使用的缩写及含义如下：

sq.km (square kilometer) = 平方公里， ha (hectare) = 公顷， kwh (kilowatt-hour) = 千瓦时， g (gram) = 克， kg (kilogram) = 千克， TJ (terojoule) = 1012焦耳， TCE (ton of standard coal equivalent) = 标准煤当量，TOE(ton of standard oil equivalent) = 标准油当量，UNSD(Statistics Division of the United Nations) = 联合国统计司，IMF(International Monetary Fund) = 国际货币基金组织， FAO (Food and Agriculture Organization of the United Nations) = 联合国粮食及农业组织， UNCTAD (United Nations Conference on Trade and Development) = 联合国贸易和发展会议，UNDP(United Nations Development Program) = 联合国开发计划署，ILO (International Labor Organization) = 国际劳工组织，WHO(World Health Organization) = 世界卫生组织。

PREFACE

I. *International Statistical Yearbook 2005* is an annual comprehensive reference publication on international economic and social statistics. It contains data from as much as 200 countries, regions and territories over the world. More detailed information on the economic and social development of over 40 countries and the key indicators of the world famous companies is also included in the Yearbook.

II. The Yearbook contains the following 16 chapters: China in the World; Geography and Climate; Natural Resources and Environmental Protection; National Accounts; Population; Employment and Wages; Government Finance and Banking; Price Indices; Household Income and Expenditure and Poverty; Agriculture; Industry, Energy and Construction; Transportation and Communication; External Trade and Tourism; Balance of Payments and External Debts; Education, Science and Technology, Culture, Health and Military; Main Indicators of the 500 Largest Companies in the World.

III. Data for most of the foreign countries/territories have been adjusted by international organizations such as the United Nations, and the scope and coverage is therefore comparable.

IV. The latest data for many countries are preliminary or estimated statistics.

V. All data of China do not cover Taiwan Province, Hong Kong SAR and Macao SAR except data for the surface area.

VI. The data sources for foreign countries/territories include databases, CD-ROMs, yearbooks and monthly publications of international organizations. The sources of data are given at the top of each table in the Yearbook. Data for China are mainly taken from China Statistical Yearbook, while Chinese data from international organizations are footnoted and are used for reference.

VII. Some aggregations or rates/ratios may not add up to the sum of the series because of rounding.

VIII. Unless otherwise indicated, the countries included in the Yearbook are the countries under their present names with the present territories, although the names or the boundaries may have changed during the period covered by the Yearbook.

IX. The meanings of the symbols used in the Yearbook are as following,

"..." indicates that the figure is not large enough to be measured with the smallest unit in the table;

"(blank)" indicates that data are not available;

"#" indicates the major items of the total;

"|" indicates that the data to the left are not comparable with those to the right because of the adjustment of scope and coverage.

X. Some international organizations and the members included are as following,

Group 7 includes the United States, Japan, the United Kingdom, Germany, France, Italy and Canada.

Organization for Economic Co-operation and Development (OECD), until 2000, has 30 members, i.e., Australia (1971), Austria, Belgium, Iceland, Denmark, Germany, France, Finland (1969), Canada, the Netherlands, Luxembourg, United States, Portugal, Japan (1964), Norway, Sweden, Switzerland,

Ireland, Spain, Greece, Italy, New Zealand (1973), Turkey, United Kingdom, Mexico (Mar. 24, 1994), Czech Republic (Nov. 28, 1995), Hungary (Mar. 29, 1996), Poland (Jul. 11, 1996), Korea (Oct. 11, 1996) and Slovakia (Sep. 2000).

European Union (EU). On May 1, 2004, it expanded to 25 members, i.e., France, Germany, Italy, the Netherlands, Belgium, Luxembourg (1951), Denmark, Ireland, United Kingdom (1973), Greece (1981), Spain, Portugal (1986), Austria, Finland, Sweden (1995), Cyprus, the Czech Republic, Estonia, Hungary, Latvia, Lithuania, Malta, Poland, Slovakia and Slovenia (The last 10 countries join the European Union on May 1, 2004).

European Monetary Union (Euro zone) has 12 members, i.e., Germany, Belgium, Austria, the Netherlands, France, Italy, Spain, Portugal, Luxembourg, Ireland, Finland and Greece. Since the launch of the euro on Jan. 1, 1999, the central rates have been fixed between the euro and the currencies of the participating countries. One euro equals to 1.95583 Deutsch Mark, 40.3399 Belgium Francs, 40.3399 Luxembourg Francs, 166.386 Spanish Pesetas, 6.55967 French Francs, 0.787564 Irish Pounds, 1936.27 Italian Lire, 2.2037 Dutch Guilders, 13.7603 Austrian Schillings, 200.482 Portugal Escudos and 5.94873 Finnish Mark respectively. Greece joined Euro zone on January 1, 2001, adopting the euro as its currency, with a conversion factor of 340.750 drachmas per euro. Since January 1, 2002, the euro has formally substitute the former local currencies of the member countries.

Association of South East Asian Countries (ASEAN). By the end of 2000, it has 10 members, i.e., the Philippines, Malaysia, Thailand, Singapore, Indonesia, Brunei Darussalam (1984), Viet Nam (1995), Myanmar (1997), Lao People's Democratic Republic (1997) and Cambodia (1999).

North American Free Trade Area was founded on January 1, 1994, with members unchanged hitherto, i.e., Canada, Mexico and the United States.

XI. Countries (territory) groups and their meanings are as following,

Countries by Income Group According to the criteria by the World Bank, countries and territories (referred to as economies) are classified into high income (higher than $9386), higher middle income (between $3036 and $9385), lower middle income (between $766 and $3035) and low income ($765 and below) groups by their per capita GNI in the year 2003.

Developed and Developing Countries According to the classification standard of the United Nations, developed countries include Canada, the United States, the member countries of the former European Union, Australia, New Zealand, Japan, Israel and South Africa while the others are developing countries.

Industrial and Developing Countries According to the classification standard of International Monetary Funds, industrial countries include Canada, the United States, the member countries of the former European Union, Australia, New Zealand and Japan while the others are developing countries.

XII. The abbreviations used in this book and their meanings are as following,

Sq.km=square kilometer, ha = hectare, kwh = kilowatt-hour, g = gram, kg = kilogram, TJ = terojoule (1012 joule), TCE = ton of standard coal equivalent, TOE = ton of standard oil equivalent, UNSD = Statistics Division of the United Nations, IMF = International Monetary Funds, FAO = Food and Agriculture Organization of the United Nations, UNCTAD = United Nations Conference on Trade and Development, UNDP = United Nations Development Program, ILO = International Labor Organization, WHO = World Health Organization.

目　　录
CONTENTS

一、中国在世界的地位
China in the World

1–1　中国主要经济社会指标的国际比较(2003年)……（ 3 ）
International Comparison of the Economic and Social Development of China (2003)

1–2　中国主要指标居世界的位次……（ 14 ）
Changes in the Order of Precedence of Major Indicators of China

1–3　中国农业主要产品产量居世界的位次……（ 15 ）
Changes in the Order of Precedence of Output of Major Agricultural Products of China

1–4　中国工业主要产品产量居世界的位次……（ 15 ）
Changes in the Order of Precedence of Outputof Major Industrial Products of China

二、地理和气象
Geography and Climate

2–1　地球和地表……（ 19 ）
The Earth and the Earth's Surface

2–2　世界各大洲海拔高度……（ 20 ）
Altitude of the Continents

2–3　世界著名河流……（ 20 ）
The Famous Rivers in the World

2–4　世界著名湖泊……（ 21 ）
The Famous Lakes in the World

2–5　世界主要城市气候……（ 22 ）
Climatic Conditions of Main Cities in the World

三、自然资源和环境保护
Natural Resource and Environment Protection

3–1　国土面积与人口密度(2003年)……（ 29 ）
Area of Country Soil and Population Density(2003)

3–2　土地利用……（ 30 ）
Land Use

3–3　能源储量(2001年)……（ 33 ）
Energy Resources and Reserves(2001)

3–4　森林消失和淡水资源……（ 35 ）
Deforestation and Freshwater

3–5　国家保护区面积和生物多样性……（ 36 ）
Nationally Protected Areas and Biodiversity

3–6　能源消费……（ 37 ）
Commercial Energy Use

3–7　世界主要城市空气污染状况……（ 39 ）
Air Pollution in Major Cities of the World

主要统计指标解释……（ 41 ）
Explanatory Notes on Main Statistical Indicators

四、国民经济核算
National Accounts

4-1 国内生产总值(本币)……(45)
Gross Domestic Product (Local Currency)
4-2 国内生产总值(美元)……(46)
Gross Domestic Product (USD)
4-3 国民总收入(本币)……(50)
Gross National Income(Local Currency)
4-4 人均国民总收入(美元)……(51)
GNI Per Capita (USD)
4-5 按购买力平价法计算的国民经济核算主要指标(2003年)……(55)
Main Economic Indicators of National Accounts Based on PPP(2003)
4-6 国内生产总值增长率……(56)
Growth Rate of GDP
4-7 人均国内生产总值增长率……(60)
Growth Rate of GDP Per Capita
4-8 三次产业拉动率……(61)
Pulling Rate of Three Industries
4-9 资本形成总额、最终消费支出及净出口拉动率……(62)
Pulling Rate of Gross Capital Formation, Final Consumption Expenditure and External Balance on Goods and Services
4-10 资本形成总额占国内生产总值比重……(63)
Gross Capital Formation as Percentage of GDP
4-11 最终消费支出占国内生产总值比重……(64)
Final Consumption Expenditure as Percentage of GDP
4-12 国内生产总值产业构成……(65)
Composition of Gross Domestic Product by Industries
4-13 生产法国内生产总值……(66)
Gross Domestic Product by Production Approach
4-14 支出法国内生产总值……(97)
Gross Domestic Product by Expenditure Approach
4-15 收入法国内生产总值……(112)
Gross Domestic Product by Income Approach
4-16 按行业分类的资本形成总额……(114)
Gross Capital Formation by Kind of Activity
主要统计指标解释……(115)
Explanatory Notes on Main Statistical Indicators

五、人口
Population

5-1 年中人口数……(121)
Mid-year Population Estimates
5-2 人口年龄构成和抚养比(2003年)……(125)
Age Composition and Dependency Ratio of Population(2003)
5-3 人口出生率、死亡率和自然增长率……(126)
Birth Rate, Death Rate and Natural Growth Rate
5-4 生殖健康……(127)
Reproductive Health

5-5 婴儿死亡率和平均预期寿命……………………………………………………………………………(128)
Infant Mortality Rate and Life Expectancy at Birth
5-6 结婚率与离婚率……………………………………………………………………………………(129)
Marriage Rate and Divorce Rate
5-7 城市人口比重………………………………………………………………………………………(130)
Urban Population as Percentage of Total Population
5-8 农业人口比重………………………………………………………………………………………(131)
Agriculture Population as Percentage of Total Population
主要统计指标解释……………………………………………………………………………………(132)
Explanatory Notes on Main Statistical Indicators

六、就业和工资
Employment and Wages

6-1 经济活动人口………………………………………………………………………………………(135)
Economically Active Population
6-2 就业人数……………………………………………………………………………………………(136)
Employment
6-3 按三次产业分的就业构成…………………………………………………………………………(137)
Composition of Employment by Type of Industry
6-4 按行业分类的就业人口……………………………………………………………………………(138)
Employment by Economic Activity
6-5 失业人数……………………………………………………………………………………………(156)
Unemployment
6-6 失业率………………………………………………………………………………………………(157)
Unemployment Rate
6-7 非农部门雇员工资及工时数………………………………………………………………………(161)
Wages and Hours of Work in Non-Agriculture
6-8 制造业雇员工资及工时数…………………………………………………………………………(162)
Wages and Hours of Work in Manufacturing
6-9 全员劳动生产率①…………………………………………………………………………………(163)
Gross Labour Productivity ①
6-10 罢工和停工(2003年)………………………………………………………………………………(164)
Strikes and Lockouts(2003)
6-11 经济活动人口教育程度构成………………………………………………………………………(165)
Educational Composition of Economically Active Population
6-12 失业人员教育程度构成……………………………………………………………………………(165)
Educational Composition of Unemployment
主要统计指标解释……………………………………………………………………………………(166)
Explanatory Notes on Main Statistical Indicators

七、财政和金融
Government Finance and Banking

7-1 中央政府财政收入占国内生产总值比重①…………………………………………………………(173)
Central Government Revenue as Percentage of GDP ①
7-2 中央政府财政收入…………………………………………………………………………………(174)
Revenue of Central Government
7-3 中央政府财政支出…………………………………………………………………………………(177)
Expense of Central Government
7-4 社会保障和福利……………………………………………………………………………………(180)
Social Security and Welfare

7-5 公共养老金支出…………………………………………………………………………(181)
Public Expenditure on Pensions
7-6 货币供应量……………………………………………………………………………(182)
Money Supply
7-7 年平均存款利率和贷款利率…………………………………………………………(185)
Deposit Rates & Lending Rates (Period Averages in Percent per Annum)
7-8 国库券利率和政府债券收益率………………………………………………………(186)
Treasury Bill Rates & Government Bond Yields
7-9 货币汇率 (年末中间价)………………………………………………………………(187)
Exchange Rates(Mid-Point Prices in the Year-end)
7-10 道琼斯世界股票指数①………………………………………………………………(188)
Dow Jones World Stock Index by Country and Industry ①
7-11 上市公司数和上市公司总市值占国内生产总值比重…………………………………(189)
Listed Domestic Companies and Market Capitalization
of Listed Companies as Percentage of GDP
7-12 股票交易额占国内生产总值的比重及股票交易周转率………………………………(190)
Stocks Traded Value as Percentage of GDP and Turnover Ratio of Stocks Traded
主要统计指标解释………………………………………………………………………(191)
Explanatory Notes on Main Statistical Indicators

八、价格指数
Price Indices

8-1 国内生产总值缩减指数…………………………………………………………………(195)
Gross Domestic Product Deflator
8-2 生产者价格和批发价格指数……………………………………………………………(196)
Producers' or Wholesale Price Indices
8-3 居民消费价格指数………………………………………………………………………(201)
Consumer Price Indices
主要统计指标解释………………………………………………………………………(204)
Explanatory Notes on Main Statistical Indicators

九、居民收支和贫困
Household Income and Expenditure and Poverty

9-1 居民最终消费支出及增长率……………………………………………………………(209)
Household Final Consumption Expenditure and Its Growth Rate
9-2 个人收入分配……………………………………………………………………………(210)
Personal Income Distribution
9-3 贫困线和贫困人口比重…………………………………………………………………(211)
Poverty Line and Population Below Poverty Lines
9-4 贫困人口社会指标………………………………………………………………………(212)
Social Indicators of Poverty
9-5 居民收入及构成…………………………………………………………………………(213)
Household Income and Its Structure
9-6 居民最终消费支出构成…………………………………………………………………(214)
Composition of Household Final Consumption Expenditure
9-7 人均每天食物热值、蛋白质和脂肪含量…………………………………………………(216)
Calories, Proteins and Fat Per Capita Per Day
9-8 人均食物供应量(2002年)………………………………………………………………(217)
Food Supply Per Capita (2002)

主要统计指标解释……………………………………………………………………………………(219)
Explanatory Notes on Main Statistical Indicators

十、农业
Agriculture

10–1 农业生产指数(2004年)……………………………………………………………………(223)
Agricultural Production Indices(2004)
10–2 人均农业生产指数(2004年)……………………………………………………………(224)
Per Capital Agricultural Production Indices(2004)
10–3 主要农作物收获面积(2004年)…………………………………………………………(225)
Total Harvest Areas of Farm Crops(2004)
10–4 主要农产品产量(2004年)………………………………………………………………(228)
Total Production of Major Farm Crops(2004)
10–5 主要林产品产量(2004年)………………………………………………………………(231)
Output of Major Forest Products(2004)
10–6 牲畜饲养量(2004年)……………………………………………………………………(232)
Number of Livestock(2004)
10–7 畜产品产量(2004年)……………………………………………………………………(234)
Output of Livestock Products (2004)
10–8 渔类捕获量 (2001年)……………………………………………………………………(236)
Fishery Catch (2001)
10–9 农业机械拥有量(2002年)………………………………………………………………(237)
Ownership of Agricultural Machinery (2002)
10–10 化肥施用量(2002年)……………………………………………………………………(238)
Consumption of Chemical Fertilizers (2002)
10–11 农业集约化经营程度 (2002年)…………………………………………………………(239)
Intensivism Management in Agriculture (2002)
主要统计指标解释……………………………………………………………………………(240)
Explanatory Notes on Main Statistical Indicators

十一、工业、能源和建筑业
Industry, Energy and Construction

11–1 按行业分的工业生产指数…………………………………………………………………(247)
World Industrial Production Indices by Branches of Industry
11–2 按国家和地区分的工业生产指数…………………………………………………………(249)
Indices of Industrial Production by Country or Area
11–3 制造业主要指标……………………………………………………………………………(250)
Main Indicators of Manufacturing
11–4 制造业增加值及构成………………………………………………………………………(252)
Composition of Value Added in Manufacturing
11–5 能源平衡表…………………………………………………………………………………(254)
Production, Trade and Consumption of Commercial Energy
11–6 能源利用效率………………………………………………………………………………(262)
Energy Efficiency
11–7 电力装机容量………………………………………………………………………………(263)
Net Installed Capacity of Electricity Generating Plants
11–8 主要工业产品产量…………………………………………………………………………(267)
Output of Major Industrial Products
11–9 竣工住宅……………………………………………………………………………………(274)
Construction of New Buildings

11-10 住宅及其设备…………(275)
Dwellings and Dwelling Facilities
主要统计指标解释…………(276)
Explanatory Notes on Main Statistical Indicators

十二、运输和通讯
Transportation and Communication

12-1 公路货物周转量…………(281)
Freight Ton-km of Road
12-2 铁路运输…………(282)
Railway Traffic
12-3 国际海运装货量和卸货量…………(283)
International Maritime Freight Loaded and Unloaded
12-4 空运货物周转量和客运量…………(284)
Freight and Passengers Carried by Air
12-5 机动车使用量…………(285)
Vehicles in Use
12-6 汽车燃料消费…………(287)
Consumption of Motor Fuels
12-7 商船吨位…………(289)
Merchandise Shipping Fleet
12-8 公路线路长度…………(290)
Length of Road
12-9 公路交通事故…………(291)
Road Accidents
12-10 公路税收收入…………(293)
Annual Receipts from Road User Taxation
12-11 公路支出…………(295)
Road Expenditure
12-12 电话主线和移动电话普及率…………(297)
Telephone Mainlines and Mobile Phones
12-13 国际互联网用户…………(298)
Internet Users
12-14 电视机、有线电视用户及个人计算机普及率…………(299)
Television Sets, Cable Television Subscribers and Personal Computers per 1000 People
12-15 信息和通讯技术支出占国内生产总值比重…………(300)
Information and Communication Technology Expenditure as Percentage of GDP
12-16 人均信息和通讯技术支出…………(301)
Information and Communication Technology Expenditure per Capita
主要统计指标解释…………(302)
Explanatory Notes on Main Statistical Indicators

十三、对外贸易和旅游
External Trade and Tourism

13-1 世界货物进出口总额…………(305)
World Imports and Exports
13-2 货物出口总额…………(306)
Merchandise Exports
13-3 货物进口总额…………(307)
Merchandise Imports

13-4 出口和进口单位价格指数…………………………………………………………………………(308)
Indices of Export Unit Value and Import Unit Value
13-5 出口和进口数量指数…………………………………………………………………………(309)
Indices of Export Quantum and Import Quantum
13-6 货物和服务进出口占国内生产总值比重…………………………………………………………(310)
Export and Import of Goods and Services as Percentage of GDP
13-7 出口货物构成 (2003年)…………………………………………………………………………(311)
Exports by Commodity Groups(2003)
13-8 进口货物构成(2003年)…………………………………………………………………………(312)
Imports by Commodity Groups (2003)
13-9 农产品进出口额…………………………………………………………………………(313)
Imports and Exports of Agriculture Products
13-10 主要国家(地区)出口去向构成(2003年)…………………………………………………………(314)
Exports by Destination(2003)
13-11 主要国家(地区)进口来源构成(2003年)…………………………………………………………(316)
Imports by Origin(2003)
13-12 世界主要货物出口占全部货物出口的比重…………………………………………………………(318)
Main Commodity Exports of the World as Percentage of All Products Exports
13-13 按部门划分的服务出口额(2003年)…………………………………………………………(330)
Exports of Services by Sector(2003)
13-14 国际旅游收支…………………………………………………………………………(332)
International Tourism, Expenditures and Receipts
13-15 国际旅游人数…………………………………………………………………………(333)
International Tourism,Number of Arrivals and Departures
主要统计指标解释…………………………………………………………………………(334)
Explanatory Notes on Main Statistical Indicators

十四、国际收支和外债
Balance of Payments and External Debts

14-1 世界国际收支…………………………………………………………………………(337)
Summary of International Transactions
14-2 分国别(地区)的国际收支(2003年)…………………………………………………………(338)
Balance of Payments by Country or Area(2003)
14-3 外国直接投资…………………………………………………………………………(344)
Foreign Direct Investment
14-4 国际储备与黄金储备…………………………………………………………………………(345)
Total International Reserves and Gold Reserves
14-5 主要国家外债及其构成(2003年)…………………………………………………………(346)
External Debts by Type (2003)
14-6 外债风险指标 (2003年)…………………………………………………………………………(347)
Risk Indicators on Foreign Debts(2003)
主要统计指标解释…………………………………………………………………………(348)
Explanatory Notes on Main Statistical Indicators

十五、教育、科技、文化、卫生和军事
Education, Science and Technology, Culture, Health and Military

15-1 人文发展指数 (2003年)…………………………………………………………………………(351)
Human Development Index(2003)
15-2 15岁及以上成人识字率…………………………………………………………………………(359)
Adult Literacy Rate(As % of People Ages 15 and Above)

15-3 大中小学生入学率……………………………………………………………………………… (360)
Tertiary,Secondary and Primary School Enrollment Ratio
15-4 每个学生教育支出占人均国内生产总值比重…………………………………………………… (361)
Expenditure per Student as Percentage of GDP per Capita
15-5 研究与发展经费支出和公共教育经费支出占国内生产总值比重…………………………… (362)
Research and Development Expenditure and Public Spending on Education as Percentage of GDP
15-6 每百万人从事研究与发展的研究人员及技术人员数………………………………………… (363)
Researchers and Technicians in R&D (Per Million People)
15-7 高技术产品出口额占制成品出口额的比重…………………………………………………… (364)
High-technology Exports as Percentage of Manufactured Exports
15-8 专利权申请文件数量………………………………………………………………………… (365)
Patent Applications
15-9 享有卫生设施和清洁饮用水源人口占总人口比重…………………………………………… (366)
Percentage of Population with Access to Improved Sanitation Facilities and Water Source
15-10 医疗支出占国内生产总值比重及人均医疗支出……………………………………………… (367)
Health Expenditure as Percentage of GDP and Per Capita Health Expenditure
15-11 每千人口医生数和病床数…………………………………………………………………… (368)
Physician and Hospital Bed per 1000 People
15-12 军事支出占中央政府支出及国内生产总值比重……………………………………………… (369)
Military Expenditure as Percentage of Central Government Expenditure &Gross Domestic Product
15-13 军事人员数及军事人员数占劳动力总数比重………………………………………………… (370)
Military Personnel & Military Personnel as Percentage of Total Labor Force
主要统计指标解释…………………………………………………………………………… (371)
Explanatory Notes on Main Statistical Indicators

十六、世界最大500家企业主要指标
Main Indicators of the 500 Largest Companies in the World

16-1 2004年按国家和地区汇总的世界最大500家企业资料……………………………………… (375)
The Data of the Largest 500 Companies in the World Aggregated by Country or Area in 2004
16-2 2004年按营业额排序的世界最大500家企业……………………………………………… (376)
The 500 Largest Companies in the World Sorted by Revenue in 2004
主要统计指标解释…………………………………………………………………………… (396)
Explanatory Notes on Main Statistical Indicators

附 录
Appendix

附录1 各国(地区)货币单位……………………………………………………………………… (399)
Annex1 Local Currency Units of Countries or Area
附录2 索引…………………………………………………………………………………………… (405)
Appendix 2 Index

1 中国在世界的地位

China in the World

1-1 中国主要经济社会指标的国际比较(2003年)

International Comparison of the Economic and Social Development of China (2003)

资料来源：世界银行数据库；国际货币基金组织数据库；联合国数据库；联合国粮农组织数据库；联合国贸发会议《世界投资报告》2004年；联合国开发计划署《人文发展报告》2005年。

Source: World Bank Database; IMF Database; UN Database; FAO Database; UNCTAD *World Investment Report 2004*; UNDP *Human Development Report 2005*.

国家和地区	Country or Area	国土面积（万平方公里）Area of Country Soil (10 000 sq.km)	年中人口(万人) Total Mid-year Population (10 000 people)			人口密度（人／平方公里）Population Density (people per sq.km)
				14岁及以下 Ages 0-14	65岁以上 Ages 65+	
世　　界	**World**	**13427.9**	**627252.2**	**181275.9**	**44534.9**	**48.1**
发达国家①	**Developed Countries ①**	**5639.6**	**97205.6**	**17691.4**	**14094.8**	**31.3**
发展中国家①	**Developing Countries ①**	**7788.3**	**530046.5**	**163254.3**	**30742.7**	**53.4**
西方七国	**Group 7**	**2143.0**	**70929.1**	**12722.5**	**10818.4**	**32.9**
欧洲货币联盟	**European Monetary Union**	**250.7**	**30687.0**	**4879.2**	**5216.8**	**122.4**
北美自由贸易区	**NAFTA**	**2155.8**	**42473.1**	**9986.7**	**4542.8**	**19.5**
东南亚国家联盟	**ASEAN**	**448.0**	**54223.9**	**17163.8**	**3994.3 ②**	**121.0**
中　　国	China	960.0	129227.0	30406.2	9405.3	134.5
美　　国	United States	962.9	29081.0	6107.0	3606.0	31.8
日　　本	Japan	37.8	12757.3	1811.5	2372.9	350.0
加 拿 大	Canada	997.1	3163.0	575.7	404.9	3.4
德　　国	Germany	35.7	8254.1	1229.9	1428.0	236.5
英　　国	United Kingdom	24.3	5932.9	1079.8	949.3	246.3
法　　国	France	55.2	5976.2	1111.6	962.2	108.6
意 大 利	Italy	30.1	5764.6	807.0	1095.3	196.0
墨 西 哥	Mexico	195.8	10229.1	3304.0	531.9	53.6
印度尼西亚	Indonesia	190.5	21467.4	6375.8	1051.9	118.5
马来西亚	Malaysia	33.0	2477.4	817.5	109.0	75.4
泰　　国	Thailand	51.3	6201.4	1420.1	409.3	121.4
新 加 坡	Singapore	0.1	425.0	88.0	32.3	6343.3
韩　　国	Korea, Rep.	9.9	4791.2	991.8	364.1	485.3
印　　度	India	328.7	106439.9	34486.5	5428.4	358.0
巴　　西	Brazil	851.5	17659.6	4856.4	953.6	20.9
俄罗斯联邦	Russian Federation	1707.5	14342.5	2337.8	1893.2	8.5

1-1 续表 1　continued

国家和地区	Country or Area	土地利用（2002 年，万公顷） Land Utilization (2002,10 000 ha)				
		土地面积 Land Area	耕地面积 Arable Area	多年生作物面积 Permenent Crops	多年生牧场面积 Permenent Pasture	其他土地面积 Other Area
世　界	**World**	**1306688.0**	**140413.0**	**13657.8**	**347172.9**	**805444.0**
发达国家①	**Developed Countries ①**	**546278.1**	**61142.9**	**3013.1**	**118484.9**	**363637.0**
发展中国家①	**Developing Countries ①**	**760409.9**	**79270.1**	**10644.7**	**228688.0**	**441807.0**
西方七国	**Group 7**	**201784.7**	**27037.6**	**1301.6**	**28007.4**	**145438.1**
欧洲货币联盟	**European Monetary Union**		**6319.6**	**1103.3**	**4385.5**	**12550.7**
北美自由贸易区	**NAFTA**	**202886.2**	**24647.8**	**1100.5**	**32918.5**	**144219.4**
东南亚国家联盟	**ASEAN**	**43454.2 ③**	**6280.1 ③**	**2901.8 ③**	**1688.4 ③**	**32583.9 ③**
中　国	China		13003.9		40000.0	
美　国	United States	91589.6	17601.8	205.0	23379.5	50403.3
日　本	Japan	3645.0	441.8	34.4	42.8	3126.0
加拿大	Canada	92209.7	4566.0	645.5	1539.0	85459.2
德　国	Germany	3489.5	1179.1	20.6	497.0	1792.8
英　国	United Kingdom	2408.8	575.3	5.0	1114.0	714.5
法　国	France	5501.0	1844.9	113.4	997.2	2545.5
意大利	Italy	2941.1	828.7	277.7	437.9	1396.8
墨西哥	Mexico	19086.9	2480.0	250.0	8000.0	8356.9
印度尼西亚	Indonesia	18115.7	2050.0	1320.0	1117.7	13628.0
马来西亚	Malaysia	3285.5	180.0	578.5	28.5	2498.5
泰　国	Thailand	5108.9	1586.7	350.0	80.0	3092.2
新加坡	Singapore	6.7	0.1	0.1		6.5
韩　国	Korea, Rep.	987.3	168.4	19.3	5.6	794.0
印　度	India	29731.9	16171.5	840.0	1106.2	11614.2
巴　西	Brazil	84594.2	5898.0	760.0	19700.0	58236.2
俄罗斯联邦	Russian Federation	168885.0	12346.5	183.5	9135.1	147219.9

1-1续表2 continued

国家和地区	Country or Area	国内生产总值（亿美元） Gross Domestic Product (USD 100 million)	人均国民总收入（美元） GNI per Capita, Atlas Method (current USD)	国内生产总值增长率（%） Growth Rate of GDP (%)	GDP 支出构成（%） Structure of GDP by Expenditure Approach (%) 居民消费支出 Household Final Consumption Expenditure	政府消费支出 General Government Final Consumption Expenditure
世　界	**World**	**364606.3**	**5510**	**3.0**	**62.0 ⑤**	**17.1 ⑤**
发达国家①	**Developed Countries ①**	**293405.6**	**28600**	**1.7**	**62.7 ⑤**	**17.6 ⑤**
发展中国家①	**Developing Countries ①**	**71248.8**	**1280**	**4.6**	**58.5**	**14.3**
西方七国	**Group 7**	**235298.9**				
欧洲货币联盟	**European Monetary Union**	**81964.6**	**22810**	**0.8**	**58.7**	**20.5**
北美自由贸易区	**NAFTA**	**124311.5**				
东南亚国家联盟	**ASEAN**	**6858.9**	**1266**	**5.0**		
中　国	China	14170.0 ④	1100 ④	8.3	40.4	12.6
美　国	United States	109485.5	37870	2.2	70.8 ⑤	15.2 ⑤
日　本	Japan	43008.6	34180	-0.3	56.9	17.5
加 拿 大	Canada	8565.2	24470	3.3	56.2 ⑤	19.2 ⑤
德　国	Germany	24031.6	25270	0.2	58.6	19.3
英　国	United Kingdom	17948.8	28320	1.7	65.6	21.1
法　国	France	17576.1	24730	1.2	55.1 ⑤	24.3
意 大 利	Italy	14683.1	21570	0.4	60.4	19.5
墨 西 哥	Mexico	6260.8	6230	0.7	69.2	12.7
印度尼西亚	Indonesia	2083.1	810	3.7	69.3	9.2
马来西亚	Malaysia	1037.4	3880	4.1	43.7	13.9
泰　国	Thailand	1429.5	2190	5.4	57.4	10.6
新 加 坡	Singapore	913.4	21230	2.2	41.4	11.9
韩　国	Korea, Rep.	6053.3	12030	7.0	54.8	13.3
印　度	India	6006.4	540	4.7	64.9	12.8
巴　西	Brazil	4923.4	2720	1.9	59.2	19.3
俄罗斯联邦	Russian Federation	4328.6	2610	4.7	52.9	15.9

1-1续表3 continued

国家和地区	Country or Area	GDP 支出构成 (%) Structure of GDP Expenditure by Approach (%)		GDP 三次产业构成 (%) Structure of GDP by Production Approach (%)		
		资本形成总额 Gross Capital Formation	净出口 External Balance on Goods and Services	第一产业 Primary Industry	第二产业 Secondary Industry	第三产业 Tertiary Industry
世　　界	**World**	**20.7 ⑤**	**0.1 ⑤**	**3.9 ⑥**	**29.8 ⑥**	**66.3 ⑥**
发达国家①	**Developed Countries ①**	**19.9 ⑤**	**-0.3**	**1.9 ⑥**	**28.6 ⑥**	**69.5 ⑥**
发展中国家①	**Developing Countries ①**	**24.9**	**2.2**	**11.6**	**35**	**53.4**
西方七国	**Group 7**					
欧洲货币联盟	**European Monetary Union**	**20.0**	**1.9**	**2.2**	**27.8**	**70.0**
北美自由贸易区	**NAFTA**					
东南亚国家联盟	**ASEAN**					
中　　国	China	44.4	2.6	14.6	52.3	33.1
美　　国	United States	18.0 ⑤	-4.1			
日　　本	Japan	24	1.6	1.3 ⑤	30.4 ⑤	68.3 ⑤
加 拿 大	Canada	20.2 ⑤	4.4 ⑤			
德　　国	Germany	17.9	4.2	1.1	29.4	69.4
英　　国	United Kingdom	16.3	-2.9	1	26.6	72.4
法　　国	France	19.2 ⑤	1.2	2.7	24.5	72.8
意 大 利	Italy	19.6	0.5	2.6	27.8	69.5
墨 西 哥	Mexico	19.8	-1.7	4	26.4	69.6
印度尼西亚	Indonesia	16	5.5	16.6	43.6	39.9
马来西亚	Malaysia	21.4	21.0	9.7	48.5	41.8
泰　　国	Thailand	25.2	6.7	9.8	44	46.3
新 加 坡	Singapore	13.4	33.3	0.1	34.9	65.0
韩　　国	Korea, Rep.	29.4	2.5	3.2	34.6	62.2
印　　度	India	23.8	-1.5	22.2	26.6	51.2
巴　　西	Brazil	17.8	3.7	5.8	19.1	75.1
俄罗斯联邦	Russian Federation	20.3	10.9	5.2	34.2	60.7

1-1续表4 continued

国家和地区	Country or Area	粗出生率（‰）Birth Rate, Crude (per 1000 People)	粗死亡率（‰）Death Rate,Crude (per 1000 People)	人口自然增长率（‰）Natural Growth Rate（‰）	婴儿死亡率(‰) Infant Mortality Rate (per 1000 Live Births)	平均预期寿命（岁）Life Expectancy at Birth (Years)
世　界	**World**	**20.8**	**9.2**	**11.6**	**56.8**	**66.8**
发达国家①	**Developed Countries ①**	**11.6**	**8.7**	**2.9**	**5.4 ⑤**	**78.4**
发展中国家①	**Developing Countries ①**	**22.5**	**9.3**	**13.2**	**58.7**	**64.6**
西方七国	**Group 7**					
欧洲货币联盟	**European Monetary Union**	**10.3**	**9.8**	**0.5**	**4.2**	**78.9**
北美自由贸易区	**NAFTA**					
东南亚国家联盟	**ASEAN**	**22.2 ⑥**	**6.6 ⑥**	**15.6 ⑥**		
中　国	China	12.3	6.4	5.9	28.4 ⑥	71.4 ⑥
美　国	United States	13.9	8.5	5.4	7.0 ⑤	77.4
日　本	Japan	9.2	8.4	0.8	3.1 ⑤	81.7
加拿大	Canada	10.5	7.2	3.3	5.0 ⑤	79.3
德　国	Germany	8.6	10.4	-1.8	4.2	78.3
英　国	United Kingdom	11.6	10.2	1.4	5.3	77.6
法　国	France	12.7	9.2	3.5	4.4 ⑤	79.3
意大利	Italy	9.4	10.3	-0.9	4.3	79.8
墨西哥	Mexico	19.3	4.5	14.8	23.0	73.6
印度尼西亚	Indonesia	20.9	7.3	13.6	31.0	66.9
马来西亚	Malaysia	21.3	4.5	16.8	7.0	73.0
泰　国	Thailand	15.1	7.8	7.3	23.0	69.3
新加坡	Singapore	11.4	4.5	6.9	2.5 ⑤	
韩　国	Korea, Rep.	12.1	6.5	5.6	5.0	74.2
印　度	India	24.4	8.3	16.1	63.0	63.4
巴　西	Brazil	19.0	7.1	11.9	33.0	68.7
俄罗斯联邦	Russian Federation	9.8	15.4	-5.6	16.0	65.7

1-1续表5 continued

国家和地区	Country or Area	劳动力总数（万人） Labor Force (10000 People)	就业人数（万人） Employment (10000 People)	失业率(%) Unemployment Rate (%)	不包括捐赠的政府财政收入占GDP比重(%) Revenue of Government,Excluding Grants (% of GDP)
世　界	**World**	**306245.1**			**25.8 ③**
发达国家①	**Developed Countries ①**	**47310.1**		**6.5 ⑤**	**25.7 ⑤**
发展中国家①	**Developing Countries ①**	**258935.0**			
西方七国	**Group 7**		**32725.3**		
欧洲货币联盟	**European Monetary Union**	**14114.8**	**13960.1 ⑤**	**8.5 ⑤**	**35.9 ⑤**
北美自由贸易区	**NAFTA**		**19411.5**		
东南亚国家联盟	**ASEAN**		**25657.9 ⑤**		
中　国	China	77293.7 ④	74432	4.3 ⑦	8.9 ④③
美　国	United States	14944.4	13773.6	5.8 ⑤	17.4
日　本	Japan	6809.7	6316	5.4 ⑤	
加拿大	Canada	1700.4	1574.6	7.7 ⑤	20.0
德　国	Germany	4053.0	3617.2	8.6 ⑤	30.2
英　国	United Kingdom	2976.0	2782.1	5.1 ⑤	36.0
法　国	France	2695.0	2448.5	8.9 ⑤	43.9
意大利	Italy	2536.7	2213.3	9.0 ⑤	
墨西哥	Mexico	4359.1	4063.3	2.4 ⑤	
印度尼西亚	Indonesia	10660.5	9164.7 ⑤	9.1 ⑤	
马来西亚	Malaysia	1074.1	987.0	3.8 ⑤	23.7
泰　国	Thailand	3695.4	3467.7		19.5
新加坡	Singapore	211.3	203.4	5.2 ⑤	22.2 ⑤
韩　国	Korea, Rep.	2495.6	2213.9	3.1 ⑤	
印　度	India	47328.5	2720.6 ⑤		11.6
巴　西	Brazil	8229.2	7925.1		
俄罗斯联邦	Russian Federation	7837.5	6649.6	8.6 ⑤	27.4

1-1续表6 continued

国家和地区	Country or Area	国际收支（亿美元） Balance of Payments (USD 100 million)			黄金储备（万盎司） Gold Reserves (10 000 ounce)
		经常帐户 Current Account	资本帐户 Capital Account	金融帐户 Financial Account	
世　界	**World**	**-760.0**	**-115.0**	**1128.0**	**91309.3**
发达国家①	**Developed Countries ①**	**-2580.3**	**98.3**	**2690.2**	**75429.0**
发展中国家①	**Developing Countries ①**	**1563.8**	**-20.1**	**-1548.8**	**15880.3**
西方七国	**Group 7**	**-3692.5**	**-70.8**	**5584.4**	**58298.7**
欧洲货币联盟	**European Monetary Union**				
北美自由贸易区	**NAFTA**	**-5200.1**	**-2.4**	**5406.9**	**26182.5**
东南亚国家联盟	**ASEAN**	**8571.0 ⑥**		**451.2 ⑥**	
中　国	China	458.7	-0.5	527.7	1929.0
美　国	United States	-5306.6	-30.8	5442.4	26154.6
日　本	Japan	1362.2	-40.0	719.2	2460.2
加拿大	Canada	172.7	28.4	-215.9	10.9
德　国	Germany	548.7	3.6	-796.8	11058.4
英　国	United Kingdom	-307.6	21.5	243.7	1007.0
法　国	France	43.8	-82.4	-6.9	9724.6
意大利	Italy	-205.6	28.9	198.7	7882.9
墨西哥	Mexico	-66.1		180.4	17.0
印度尼西亚	Indonesia	72.5		-9.5	310.1
马来西亚	Malaysia	133.8		-32.0	117.0
泰　国	Thailand	79.5		-80.7	260.0
新加坡	Singapore	281.8	-1.7	-250.9	
韩　国	Korea, Rep.	123.2	-14.0	145.3	44.9
印　度	India	58.2	25.6	110.5	1150.2
巴　西	Brazil	41.8	5.0	-1.6	44.6
俄罗斯联邦	Russian Federation	354.1	-10.0	15.8	1254.5

1-1续表7 continued

国家和地区	Country or Area	不包括黄金的国际储备（亿美元）International Reserves Excluding Gold (USD 100 million)	外来直接投资（亿美元）Foreign Direct Investment Inflows (USD 100 million)	对外直接投资（亿美元）Foreign Direct Investment Outflows (USD 100 million)	外债余额（亿美元）External Debt (USD 100 million)	负债率（债务现值占国民总收入的%）Present Value Debt (as % of GNI)
世　界	**World**	**31646.3**	**5595.8**	**6122.0**		
发达国家①	**Developed Countries ①**	**12220.8**	**3665.7**	**5695.8**		
发展中国家①	**Developing Countries ①**	**19425.4**	**1720.3**	**355.9**	**25541.4**	
西方七国	**Group 7**	**9300.2**	**1334.6**	**3262.8**		
欧洲货币联盟	**European Monetary Union**					
北美自由贸易区	**NAFTA**	**1705.3**	**471.4**	**1748.2**		
东南亚国家联盟	**ASEAN**		**138.5 ⑥**		**3370.3 ⑥**	
中　国	China	4092.6 ④	535.1	18.0 ④	1936.3	14.8 ④
美　国	United States	751.0	297.7	1518.8		
日　本	Japan	6650.9	63.2	288.0		
加拿大	Canada	363.2	65.8	215.4		
德　国	Germany	508.3	128.7	25.6		
英　国	United Kingdom	419.6	145.1	550.9		
法　国	France	302.7	469.8	572.8		
意大利	Italy	304.5	164.2	91.2		
墨西哥	Mexico	591.2	107.8	13.9	1400.0	25.4
印度尼西亚	Indonesia	350.6	-6.0	1.3	1343.9	81.6
马来西亚	Malaysia	446.4	24.7	13.7	490.7	56.4
泰　国	Thailand	411.9	18.0	5.6	517.9	40.6
新加坡	Singapore	960.1	114.1	55.4		
韩　国	Korea, Rep.	1557.1	37.5	34.3		
印　度	India	992.1	42.7	9.1	1134.7	19.1
巴　西	Brazil	492.4	101.4	2.5	2354.3	54.2
俄罗斯联邦	Russian Federation	733.7	11.4	41.3	1752.6	52.1

1-1续表8 continued

国家和地区	Country or Area	居民消费价格指数(2000 = 100) Consumer Price Index (2000=100)	生产者(批发)价格指数(国内总供给，2000年 = 100) Producers' or Wholesale Price Index (Domestic Supply, 1990=100)	农业生产指数(2004年,1999–2001年 = 100) Agriculture Production Index (2004,1999-2001=100)	工业生产指数(1995年 = 100) Industrial Production Index (1995=100)	能源生产总量(2002年，万吨标准油当量) Commercial Energy Production (2002, 10 000 TOE)
世　界	**World**			**109.0**	**120.3**	**1027455.1**
发达国家①	**Developed Countries ①**			**104.2**		**383101.9**
发展中国家①	**Developing Countries ①**			**111.7**		**649322.3**
西方七国	**Group 7**					**270287.6**
欧洲货币联盟	**European Monetary Union**					**44201.0**
北美自由贸易区	**NAFTA**					**228135.0**
东南亚国家联盟	**ASEAN**					
中　国	China	100.8	102.3 ⑧	122.1 ⑨	219.1 ⑩	122081.2 ④
美　国	United States	106.8	104.0	107.3	124.0	166605.0
日　本	Japan	98.1	96.0	97.8	100.6	9813.3
加拿大	Canada	107.7	100.0⑪	101.8	124.3	38541.2
德　国	Germany	104.5	103.0	102.8	114.0	13477.1
英　国	United Kingdom	106.5	101.0	97.9	102.6	25754.1
法　国	France	105.8	103.0⑫③	100.0	113.4	13437.9
意大利	Italy	108.1	184.0	95.4	104.3	2659.0
墨西哥	Mexico	116.8	119.0	107.5	136.7	22988.8
印度尼西亚	Indonesia	133.0	120.0	114.6		24090.8
马来西亚	Malaysia	104.3		116.9	162.3	8024.3
泰　国	Thailand	104.1	108.0	102.4		4530.3
新加坡	Singapore	101.1	99.0	66.6	140.8	6.4
韩　国	Korea, Rep.	110.7	101.0	92.2	175.8	3620.6
印　度	India	112.4	113.0	104.6	153.3	43879.7
巴　西	Brazil	132.9	164.0	125.4	114.4	16173.7
俄罗斯联邦	Russian Federation	159.9		114.2		103451.9

1-1续表9 continued

国家和地区	Country or Area	能源消费总量（2002年，万吨标准油当量）Commercial Energy Use (2002,10 000 TOE)	货物进出口贸易总额（亿美元）Total Merchandise Trade (USD 100 million)	货物出口总额（亿美元）Merchandise Exports (USD 100 million)	货物进口总额（亿美元）Merchandise Imports (USD 100 million)	进出口贸易平衡（亿美元）Balance of Merchandise Trade (USD 100 million)
世　界	**World**	**1019682.1**	**153646.9**	**75462.3**	**78184.6**	**-2722.4**
发达国家①	**Developed Countries ①**	**520111.5**	**86489.2**	**41173.7**	**45315.5**	**-4141.8**
发展中国家①	**Developing Countries ①**	**503037.8**	**35640.3**	**18626.2**	**17014.1**	**1612.2**
西方七国	**Group 7**	**406883.3**	**68418.2**	**32178.9**	**36239.4**	**-4060.5**
欧洲货币联盟	**European Monetary Union**	**119214.7**				
北美自由贸易区	**NAFTA**	**269775.3**	**28479.6**	**11629.1**	**16850.6**	**-5221.5**
东南亚国家联盟	**ASEAN**		**8478.9**	**4568.0**	**3910.9**	**657.1**
中　国	China	122857.0 ④	8512.1	4383.7	4128.4	255.4
美　国	United States	229041.0	20278.2	7247.7	13030.5	-5782.8
日　本	Japan	51692.7	8547.5	4718.2	3829.3	888.9
加拿大	Canada	25003.5	5177.6	2727.4	2450.2	277.2
德　国	Germany	34635.2	13561.7	7515.6	6046.1	1469.5
英　国	United Kingdom	22650.8	6975.9	3056.3	3919.6	-863.4
法　国	France	26588.1	7908.8	3920.4	3988.4	-68.0
意大利	Italy	17272.0	5968.5	2993.3	2975.2	18.1
墨西哥	Mexico	15730.8	3439.0	1654.0	1785.0	-131.1
印度尼西亚	Indonesia	15608.6	936.1	610.6	325.5	285.1
马来西亚	Malaysia	5175.3	1885.9	1049.7	836.2	213.5
泰　国	Thailand	8333.9	1561.4	803.3	758.1	45.3
新加坡	Singapore	2530.7	2721.2	1441.8	1279.3	162.5
韩　国	Korea, Rep.	20349.8	3726.4	1938.2	1788.3	149.9
印　度	India	53830.5	1283.2	570.9	712.4	-141.5
巴　西	Brazil	19066.4	1237.8	730.8	507.0	223.9
俄罗斯联邦	Russian Federation	61784.3	2101.6	1359.3	742.3	617.0

1－1续表10 continued

国家和地区	Country or Area	成人(15岁及以上)识字率(%) Adult Literacy Rate (% of People Ages 15 and Above)	人文发展指数 Human Development Index	2002年净入学率（%） Net School Enrollment Rate of 2002(%) 小学生 Primary	中学生 Secondary	大学生（粗入学率） Tertiary (Gross)	每千人口医生数（人） Physicians (per 1000 People)
世　界	**World**	**79.1 ⑥**	**0.741**	**86.6 ③**		**25.6 ③**	
发达国家①	**Developed Countries ①**		**0.910**	**96.5 ③**	**90.2 ③**	**65.8 ③**	**3.8 ⑥**
发展中国家①	**Developing Countries ①**	**78.4 ⑥**		**85.5 ③**		**17.8 ③**	
西方七国	**Group 7**						
欧洲货币联盟	**European Monetary Union**			**99.0 ③**	**90.7 ③**	**56.1 ③**	**3.5 ⑤**
北美自由贸易区	**NAFTA**						
东南亚国家联盟	**ASEAN**						
中　国	China	88.4	0.755	94.6 ④	50.3 ④⑬	12.7 ④	1.5
美　国	United States		0.944	92.7 ③	85.3 ③	81.4 ③	5.5 ⑥
日　本	Japan		0.943	100.0 ③	99.7 ③	49.2 ③	2.0 ⑤
加拿大	Canada		0.949	99.6 ⑥	97.6 ⑥	57.7 ③	2.1 ⑤
德　国	Germany		0.930	87.0 ⑥	88.1 ③	48.7 ⑥	3.3 ⑤
英　国	United Kingdom		0.939	100.0 ③	95.6 ③	63.6 ③	2.1 ⑤
法　国	France		0.938	99.6 ③	93.3 ③	53.6 ③	3.3 ⑤
意大利	Italy	98.5 ⑤	0.934	99.2 ③	90.5 ③	53.1 ③	4.4 ⑤
墨西哥	Mexico	90.5 ⑥	0.814	99.4 ③	60.2 ③	21.5 ③	1.5 ⑤
印度尼西亚	Indonesia	87.9 ⑤	0.697	92.1 ③	48.0 ⑥	15.2 ③	0.2 ⑥
马来西亚	Malaysia	88.7 ⑥	0.796	95.2 ③	69.4 ③	26.6 ③	0.7 ⑥
泰　国	Thailand	92.6 ⑥	0.778	86.3 ③	55.2⑬	36.7 ③	0.4⑮
新加坡	Singapore	92.5 ⑥	0.907		76.0⑭	43.8⑭	1.6 ⑤
韩　国	Korea, Rep.	97.9 ⑤	0.901	99.8	87.1	84.7	1.4 ④③
印　度	India	61.3 ⑥	0.602	82.8	60.0⑭	11.4 ③	0.4⑯
巴　西	Brazil	86.4 ⑥	0.792	96.5 ③	71.6 ③	18.2 ③	2.1 ③
俄罗斯联邦	Russian Federation	99.6 ⑤	0.795	100.0⑭	88.0⑭	69.8 ③	4.2 ④③

注：①除“国土面积”、“土地利用”、“经济增长率”、“国际收支平衡”、“黄金储备”、“国际储备”和“外国直接投资”外，发达国家均指高收入国家，发展中国家均指中低收入国家。②指60岁及60岁以上人口。③为2001年数据。④国际组织数据。⑤为2002年数据。⑥为2000年数据。⑦城镇登记失业率。⑧以上年为100的工业品出厂价格指数。⑨以2000年为100的农业总产值指数。⑩工业增加值指数。⑪仅指原材料。⑫仅指农产品。⑬为1998年数据。⑭为1997年数据。⑮为1996年数据。⑯为1995年数据。

Note: ① Developed country and developing country refers to high income economy and low and middle income respectively except "area of country soil", "land utilization", "economic growth rate", "balance of payments", "gold reserves", "international reserves" and "foreign direct investment". ② Refer to age 60 and over. ③ Refer to 2001 . ④ Data from international organizations. ⑤ Refer to 2002. ⑥ Refer to 2000. ⑦ Urban registered unemployment rate. ⑧ Ex-factory price indexes of industrial products,preceding year=100 . ⑨ Refer to indexes of gross output value of agriculture,2000=100. ⑩ Refer to indexes of industrial value added. ⑪Only refer to raw materials. ⑫ Refer only to agriculture products. ⑬ Refer to 1998.⑭Refer to 1997. ⑮Refer to 1996. ⑯ Refer to 1995.

1-2 中国主要指标居世界的位次

Changes in the Order of Precedence of Major Indicators of China

资料来源：联合国粮农组织数据库；联合国统计司数据库；世界银行数据库；国际货币基金组织数据库；联合国开发计划署《人文发展报告》2005年。

Data sources: FAO Database; UNSD Database; World Bank Database; IMF Database;UNDP *Human Development Report 2005*.

指标	Indicator	1978	1980	1990	1995	2000	2003	2004
国土面积	Area of Country Soil	4	4	4	4	4	4	4
人口	Population	1	1	1	1	1	1	1
平均预期寿命①	Life Expectancy at Birth, Both Sexes ①	75(169) ②	77(173)	83(186)	85(188)	88(190)	86(190)	
国内生产总值(美元)	Gross Domestic Product (USD)	10	11	11	8	6	7	7
人均国民总收入(美元)①	GNI per Papita (USD) ①	175(188)	177(188)	178(200)	157(205)	141(207)	134(207)	
进出口贸易总额(美元)	Foreign Trade Total (USD)	27	25	16	12	8	4	3
出口额	Exports	28	28	14	12	7	4	3
进口额	Imports	27	22	17	12	9	3	3
外来直接投资(美元)	Foreign Direct Investment Inflow (USD)		60	12	2	9	2 ③	
外汇储备(美元)	Foreign Exchange Reserves(USD)	40	37	7	2	2	2	2
人文发展指数①	Human Development Index ①			79(160)	106(174)	96(173)	85(177)	

注：①括号中所列为排序资料的国家和地区数。②1977年数。③若资本过境国卢森堡除外，中国居第一位。

Note: ① The number in the parentheses indicates the number of countries or territories the order based on.

② Data refer to 1977. ③ If set aside Luxembourg(owing to transshipping), China became the number one reciepient in volume.

1-3　中国农业主要产品产量居世界的位次

Changes in the Order of Precedence of Output of Major Agricultural Products of China

国外资料来源：联合国粮农组织数据库。
Sources: United Nations FAO Database.

项目	Item	1978	1980	1985	1990	1995	2000	2003	2004
谷物	Cereals	2	1	2	1	1	1	1	1
肉类①	Meat ①	3	3	2	1	1	1	1	1
棉花	Cotton Lint	3	2	1	1	1	1	1	1
大豆	Soybeans	3	3	3	3	3	4	4	4
花生	Groundnuts in Shell	2	2	2	2	1	1	1	1
油菜籽	Rapeseeds	2	2	1	1	1	1	1	1
甘蔗	Sugar Cane	9	9	4	4	3	3	3	3
茶叶	Tea	2	2	2	2	2	2	2	2
水果	Fruit		10	8	4	1	1	1	1

注：①1993年以前为猪、牛、羊肉产量的位次。
Note: ① Data refer to pork, beef and mutton prior to 1993.

1-4　中国工业主要产品产量居世界的位次

Changes in the Order of Precedence of Outputof Major Industrial Products of China

国外资料来源：联合国数据库、《工业产品统计年鉴》；联合国粮农组织数据库。
Sources: United Nations Database, *Industrial Commodity Statistics Yearbook*; FAO Database.

项　目	Item	1978	1980	1985	1990	1995	2000	2002	2003
钢	Crude Steel	5	5	4	4	2	1	1	1
煤	Coal	3	3	2	1	1	1	1	1
原　油	Crude Petroleum	8	6	6	5	5	5	5	5
发电量	Electricity	7	6	5	4	2	2	2	2
水　泥	Cement	4	4	1	1	1	1	1	1
化　肥	Fertilizer	3	3	3	3	2	1	1	1
化学纤维	Chemical Fibre	7	5	4	2	2	2		
棉　布	Woven Cotton Fabrics	1	1	1	1	1	2	1	1
糖	Sugar	8	10	6	6	4	4	3	3
电视机	Television Set	8	5	3	1	1	1	1	1

2 地理和气象

Geography and Climate

2-1 地球和地表

The Earth and the Earth's Surface

资料来源：中国地图出版社《世界地图集》。
Source: China Map Publishing House *Atlas of the World.*

指标	Indicator	数据 Number
地球离太阳的平均距离(公里)	Average Distance between the Sun and the Earth (km)	149598000
日地最远距离	Maximum Distance	152100000
日地最近距离	Minimum Distance	147100000
地球公转的平均速度(公里／秒)	Average Revolution Speed of the Earth (km/s)	29.79
在远日点公转速度	At the Aphelion	29.3
在近日点公转速度	At the Perihelion	30.8
地球公转的轨道长度(公里)	Orbit Length of the Earth's Revolution (km)	939120000
地球公转一周的时间(日／时／分／秒)	Revolution Period of the Earth (d/h/m/s)	365/5/48/46
地球自转周期(时／分／秒)	Self-rotation Period of the Earth (h/m/s)	23/56/4
赤道半径长度(公里)	Semidiameter Length of Equator (km)	6378140
极半径长度(公里)	Polar Semidiameter Length(km)	6356863
子午线周长(公里)	Meridian Length (km)	40008548
赤道周长(公里)	Equator Length (km)	40075704
地球表面总面积(平方公里)	Earth's Surface Area (sq. km)	510083042
陆地面积(平方公里)	Land Area (sq. km)	149519000
# 亚洲(%)	Asia (%)	29.4
非洲(%)	Africa (%)	20.2
欧洲(%)	Europe (%)	6.8
北美洲(%)	North America (%)	16.2
南美洲(%)	South Africa (%)	12
大洋洲(%)	Oceania (%)	6
南极洲(%)	Antarctica (%)	9.4
海洋面积(平方公里)	Ocean Area (sq. km)	361000000
# 太平洋(%)	Pacific Ocean(%)	49.4
大西洋(%)	Atlantic Ocean(%)	25.4
印度洋(%)	Indian Ocean (%)	21.1
北冰洋(%)	Arctic Ocean (%)	4.1
地球体积(亿立方公里)	Cubage of the Earth (100 million cub. km)	10833.2

2-2 世界各大洲海拔高度
Altitude of the Continents

资料来源：中国地图出版社《世界地图集》。
Source: China Map Publishing House *Atlas of the World*.

洲别	Continent	最高点	Summit	海拔高度(米) Altitude(m)	最低点	Lowest Point	海拔高度(米) Altitude (m)	平均高度(米) Average Altitude(m)
世　界	World	珠穆朗玛峰	Everest	8848	死海	Dead Sea	-400	875
亚　洲	Asia	珠穆朗玛峰	Everest	8848	死海	Dead Sea	-400	950
非　洲	Africa	乞力马扎罗山	Kilimanjaro	5895	阿萨勒湖	Assal Lake	-156	750
欧　洲	Europe	厄尔布鲁士山	Elburz	5642	里海	Caspian Sea	-28	340
北美洲	North America	麦金利山	Mckinley	6194	死谷	Death Valley	-86	700
南美洲	South America	阿空加瓜山	Aconcagua	6960	格兰德斯盐湖		-40	600
大洋洲	Oceania	查亚山	Tayawijaya	5029	北艾尔湖	Eyresee	-16	350
南极洲	Antarctica	文森山	Vinson	5140			-2538	2350

2-3 世界著名河流
The Famous Rivers in the World

资料来源：中国地图出版社《世界地图集》。
Source: China Map Publishing House *Atlas of the World*.

河流	River	长度(千米) Length (km)	流经国家	Flow via
尼罗河	Nile	6671	坦桑尼亚、布隆迪、卢旺达、乌干达、苏丹、埃及	Tanzania, Burundi, Rwanda, Uganda, Sudan, Egypt
亚马逊河	Amazon	6480	秘鲁、巴西	Peru, Brazil
长江	Changjiang	6397	中国	China
密西西比－密苏里河	Mississippi-Missouri	6262	美国	United States
黄河	Huanghe	5464	中国	China
鄂毕－额尔齐斯河	Ob'-Irtysh	5410	俄罗斯联邦、哈萨克斯坦、中国	Russian Federation, Kazakhstan, China
澜沧江－湄公河	Lancang-Mekong	4500	中国、缅甸、老挝、泰国、柬埔寨、越南	China, Myanmar, Laos, Thailand, Cambodia, Viet Nam
刚果河(扎伊尔河)	Congo (Zaire)	4650	赞比亚、刚果（金）、中非、刚果（布）、喀麦隆、安哥拉	Zambia, Congo DR, Central Africa, Congo Rep., Cameroon, Angola
黑龙江	Helongjiang	4370	中国、俄罗斯联邦	China, Russian Federation
勒拿河	Lena	4320	俄罗斯联邦	Russian Federation

2-4 世界著名湖泊
The Famous Lakes in the World

资料来源：中国地图出版社《世界地图集》。
Source: China Map Publishing House *Atlas of the World*.

湖泊	Lake	面积(平方公里) Area (sq. km)	位置	Location
里　海	Caspian Sea	371000	俄罗斯联邦、哈萨克斯坦、土库曼斯坦、伊朗、阿塞拜疆	Russian Federation, Kazakhstan, Turkmenistan, Iran, Azerbaijan
苏必利尔湖	Superior Lake	82400	美国、加拿大	United States, Canada
维多利亚湖	Victoria Lake	69400	乌干达、肯尼亚、坦桑尼亚	Uganda, Kenya, Tanzania
咸　海	Aral Sea	66500	哈萨克斯坦、乌兹别克斯坦	Kazakhstan, Uzbekistan
休 伦 湖	Huron Lake	59600	美国、加拿大	United States, Canada
密歇根湖	Michigan Lake	58000	美国	United States
坦噶尼喀湖	Tanganyika Lake	32900	刚果（金）、坦桑尼亚、布隆迪、赞比亚	Cango D.R., Tanzania, Burundi, Zambia
贝加尔湖	Baikal Lake	31500	俄罗斯联邦	Russian Federation
大 熊 湖	Great Bear Lake	31080	加拿大	Canada
马拉维湖	Malawi Lake	30800	马拉维、莫桑比克、坦桑尼亚	Malawi, Mozambique, Tanzania

2-5 世界主要城市气候

资料来源：德国《国外统计年鉴-2004》。
Source: *Statistical Yearbook 2004 for Foreign Countries of Germany.*

城市	City	国家	Country	地理纬度（北纬或南纬）Latitude (N/S)	海跋（米）Altitude (m)	平均温度℃ Average Temperature（℃）
亚　洲	**Asia**					
鄂木斯克	Omsk	俄罗斯联邦	Russia Federation	55° 00′ N	85	1.4
海参崴	Vladiostok	俄罗斯联邦	Russia Federation	43° 10′ N	28	4.2
塔什干	Taschkent	乌兹别克斯坦	Uzbekistan	41° 15′ N	478	14.2
安卡拉	Ankara	土耳其	Turkey	39° 55′ N	902	11.7
北　京	Beijing	中国	China	39° 55′ N	37	11.8
德黑兰	Teheran	伊朗	Iran	35° 40′ N	1191	17.1
东　京	Tokyo	日本	Japan	35° 40′ N	6	15.6
巴格达	Bagdad	伊拉克	Iraq	33° 20′ N	34	22.9
新德里	New Delhi	印度	India	28° 40′ N	216	25.1
加尔各答	Calcutta	印度	India	22° 35′ N	10	26.9
香　港	Hong Kong	中国	China	22° 20′ N	33	22.9
孟　买	Bombay	印度	India	18° 55′ N	11	27.5
马尼拉	Manila	菲律宾	Philippines	14° 35′ N	16	27.4
胡志明市	Ho Chi Minh City	越南	Viet Nam	10° 45′ N	10	27.2
新加坡	Singapore	新加坡	Singapore	1° 20′ N	17	26.7
雅加达	Jakarta	印度尼西亚	Indonesia	6° 10′ S	8	26.2
非　洲	**Africa**					
的黎波里	Tripolis	利比亚	Libya	32° 55′ N	22	19.6
开　罗	Cairo	埃及	Egypt	30° 05′ N	20	21.4
金沙萨	Kinshasa	刚果(金)	Congo D. R.	4° 20′ S	290	25.3
比勒陀利亚	Pretoria	南非	South Africa	25° 45′ S	1369	18.2
德　班	Durban	南非	South Africa	29° 55′ S	5	20.6
开普敦	Cape Town	南非	South Africa	33° 55′ S	17	16.2
北美洲	**North America**					
温尼伯	Winnipeg	加拿大	Canada	49° 55′ N	240	2.4
蒙特利尔	Montreal	加拿大	Canada	45° 30′ N	57	7.2
芝加哥	Chicago	美国	United States	41° 50′ N	186	9.5
纽　约	New York	美国	United States	40° 40′ N	3	12.6
华盛顿	Washington, D.C.	美国	United States	38° 55′ N	22	14.5
旧金山（圣弗朗西斯科）	San Francisco	美国	United States	37° 45′ N	16	13.9
新奥尔良	New Orleans	美国	United States	30° 00′ N	3	20
墨西哥城	Mexico City	墨西哥	Mexico	19° 25′ N	2309	16
加拉加斯	Caracas	委内瑞拉	Venezuela	10° 35′ N	920	22

Climatic Conditions of Main Cities in the World

		平均降水(mm/m^2)			平均日照时数(小时) Average Sunshine Hours (hours)	
最冷月平均 Coolest Month	最暖月平均 Warmest Month	Average Precipitation	最湿月平均 Humidest Month	最干月平均 Driest Month	日照最长月 Longest Sunshine Month	日照最短月 Shortest Sunshine Month
-17.3/1	19.7/7	391	61/7	14/2,3	10.4/7	2.0/12
-13.1/1	19.5/8	788	149/8	15/1	7.0/3	3.9/7
0.5/1	27.6/7	420	72/3	2/8	12.4/7	3.4/12
0.1/1	22.9/8	413	55/5	12/8	11.8/7	2.5/12
-4.3/1	25.9/7	578	182/8	2/12	9.3/5	6.1/12
3.0/1	30.4/7	230	37/1,3	1/8,9	11.5/6	5.5/1
5.2/1	27.1/8	1406	185/5	45/1	5.9/5	3.7/9
10.0/1	34.8/7	147	24/2	0/6-9	11.9/7,8	6.3/1,12
14.3/1	33.4/6	790	237/7	9/11,12	7.3/9	5.4/7
20.1/1	30.7/5	1800	411/7	11/1	7.9/4	3.0/7
15.8/1	28.8/7	2215	391/8	23/1	7.5/7	3.1/3
24.5/1	30.2/5	2168	682/7	0/1-3	9.6/5	2.4/7
25.6/1	29.5/5	1875	398/8	3/2	8.6/4	4.2/8
25.7/1	29.0/4	1861	303/9	4/2	7.5/2	4.4/7
25.7/12	27.5/5	2150	304/12	140/6	6.2/2	4.3/11
25.6/2	27.3/8	1802	336/1	46/8	7.6/8	4.5/1
12.3/1	26.1/8	362	94/12	1/6-8	11.2/7	4.7/12
13.6/1	27.6/7	26	7/1	0/5-9	11.9/6	6.4/12
22.2/7	26.8/4	1375	236/11	1/7	5.5/4	4.0/7
11.5/6	22.6/1	673	135/1	3/7	9.6/8	8.4/2
16.5/7	24.3/2	1015	134/1	28/6	7.4/7	5.5/11
11.9/7	20.4/1,2	520	93/6	14/1	10.9/1	5.9/6
-18.3/1	19.8/7	505	84/6	15/2	10.4/7	3.2/11
-8.9/1	21.6/7	999	93/7,11	71/2	8.5/7	2.3/11
-6.1/1	22.9/7	910	107/8	35/2	10.3/7	3.4/12
-0.3/1	24.9/7	1201	114/11	83/2	8.7/7,8	4.5/12
1.4/1	26.7/7	982	99/8	69/1,2,4	9.1/7	4.3/12
10.6/1	16.8/9	502	103/1	1/7	10.5/5	5.2/12
10.7/1	27.7/7	1572	157/8	78/10	9.0/5	4.9/1
13.4/1	18.6/5	848	183/7	6/11	7.4/3	4.6/9
20.2/1	23.2/5	916	124/8	12/3	7.4/1	7.0/11

2-5续表 continued

城市	City	国家	Country	地理纬度（北纬或南纬）Latitude (N/S)	海跋（米）Altitude (m)	平均温度℃ Average Temperature（℃）
南美洲	**Sorth America**					
科　隆	Colon	巴拿马	Panama	9° 20′ N	8	26.8
基　多	Quito	厄瓜多尔	Equador	0° 15′ S	2880	14.4
拉巴斯	La Paz	玻利维亚	Bolivia	16° 30′ S	3632	8.8
里约热内卢	Rio de Janeiro	巴西	Brazil	22° 55′ S	60	23.7
圣地亚哥	Santiago	智利	Chile	33° 30′ S	520	14.4
布宜诺斯艾利斯	Buenos Aires	阿根廷	Argentina	34° 40′ S	25	17.6
欧洲	**Europe**					
汉　堡	Hamburg	德国	Germany	53° 35′ N	13	8.7
柏　林	Berlin	德国	Germany	52° 30′ N	51	8.9
华　沙	Warsaw	波兰	Poland	52° 15′ N	110	7.8
布拉格	Prague	捷克共和国	Czch Republic	50° 05′ N	263	7.9
维也纳	Vienna	奥地利	Austria	48° 15′ N	202	9.9
慕尼黑	Munich	德国	Germany	48° 10′ N	515	7.8
贝尔格莱德	Belgrade	南斯拉夫	Yugoslavia	44° 50′ N	132	11.9
圣彼得堡	St. Petersburg	俄罗斯	Russia Federation	59° 55′ N	4	5
莫斯科	Moscow	俄罗斯	Russia Federation	55° 45′ N	156	5
布加勒斯特	Bucharest	罗马尼亚	Romania	44° 25′ N	82	10.6
卑尔根	Bergen	挪威	Norway	60° 25′ N	43	7.7
斯德哥尔摩	Stockholm	瑞典	Sweden	59° 20′ N	44	6.6
伦　敦	London	英国	United Kingdom	51° 30′ N	5	9.6
布鲁塞尔	Brussels	比利时	Belgium	50° 50′ N	100	9.7
巴　黎	Paris	法国	France	48° 50′ N	75	10.6
日内瓦	Geneva	瑞士	Switzerland	46° 15′ N	405	9.6
罗　马	Rom	意大利	Italy	41° 55′ N	51	16.2
伊斯坦布尔	Istanbul	土耳其	Turkey	41° 00′ N	40	14.1
马德里	Madrid	西班牙	Spain	40° 25′ N	660	14.3
里斯本	Lisbon	葡萄牙	Portugal	38° 45′ N	77	16.8
雅　典	Athen	希腊	Greece	38° 00′ N	107	18.4
大洋洲	**Oceania**					
檀香山（火奴鲁鲁）	Honolulu	美国	United States	21° 20′ N	4	25.1
悉　尼	Sydney	澳大利亚	Australia	33° 55′ S	41	18.2
墨尔本	Melbourne	澳大利亚	Australia	37° 45′ S	35	15.5

注：温度、降水和日照指标之后的数字表示特定的月份（如：-3.1/2 =-3.1℃在二月或3/5,7=3毫米降水在五月和七月）；字母表示：W=冬天,S=夏天。

Note: The number after temperature, precipitation and sunshine indicates the relevant month, for example,-3.1/2 indicates the temperature of February is -3.1℃, 3/5,7 indicates the precipitation of May and July is 3mm. W=Winter, S=Summer.

		平均降水(mm/m²) Average Precipitation			平均日照时数(小时)	Average Sunshine Hours (hours)
最冷月平均 Coolest Month	最暖月平均 Warmest Month		最湿月平均 Humidest Month	最干月平均 Driest Month	日照最长月 Longest Sunshine Month	日照最短月 Shortest Sunshine Month
26.2/11	27.2/4	3291	572/11	38/3	8.8/3	4.6/11
15.0/8	14.0/2	1013	149/4	26/7	6.9/7	4.5/3,4
7.2/7	10.4/11	629	141/1	4/6	8.0/6	4.8/3
21.3/7	26.5/2	1172	69/12	51/8	7.4/2	4.6/9
8.1/7	20.9/1	311	87/7	0/1	10.4/1	3.5/6
11.0/7	24.5/1	1147	119/1,10	63/6	9.0/1	4.4/6
0.5/1	16.8/7	768	82/7	41/2	7.4/6	1.1/12
-0.4/1	17.9/7	591	71/6	37/2	7.2/5	1.2/12
-3.3/1	18.0/7	515	71/7	21/2	7.6/7	0.9/12
-2.0/1	17.1/7	527	77/5	23/2	7.3/7	1.5/12
-0.7/1	19.7/7	607	74/6	38/1	7.9/7	0.2/12
-2.2/1	17.3/7	805	109/6	42/2	7.5/7	1.4/12
0.4/1	21.7/7	683	90/6	40/10	9.2/7	2.0/12
-7.8/1	17.7/7	635	81/8	30/3	9.2/6	0.4/12
-9.3/1	18.2/7	691	94/7	34/3	9.2/6	0.6/12
-2.4/1	22.0/7	595	77/6	32/10	9.3/7	2.0/12
1.5/1	14.5/7	2250	283/9	106/5	6.3/6	0.4/12
-3.0/2	17.2/7	539	72/7	26/3	9.7/6	1.1/12
3.5/1	16.5/7	754	79/12	45/7	6.6/7	1.5/12
2.5/1	17.2/7	821	78/6,11	54/2	6.1/5	1.4/12
3.4/1	18.4/7	650	63/5	46/2	7.7/7	1.6/12
0.7/1	19.1/7	904	88/11	61/4	8.2/7	1.4/12
7.5/1	25.6/7	760	15/10	9/7	11.2/7	3.5/12
5.6/1	23.2/7	697	22/12	19/7	11.6/7	2.6/1,12
6.1/1	24.4/7	456	64/11	9/8	12.0/7	4.4/12
11.4/1	22.8/8	753	114/11	5/7	11.4/7	4.6/12
10.2/1	27.8/7	371	66/12	6/6,7	11.7/7	4.1/12
22.7/1	27.4/8	560	97/12	11/8	9.9/7	6.4/12
12.8/7	22.8/2	1304	140/4	65/9	7.2/1,9,10	5.6/7
10.1/7	20.8/2	640	68/5	44/3	8.9/1	3.5/6

3 自然资源和环境保护

Natural Resource and Environment Protection

3-1 国土面积与人口密度（2003 年）

Area of Country Soil and Population Density(2003)

资料来源：联合国粮农组织数据库。

Sources: FAO Database.

国家和地区	Country or Area	国土面积（万平方公里）Area (10 000 sq.km)	年中人口数(万人) Mid-year Population (10 000 persons)	人口密度（人／平方公里）Population Density (persons/sq.km)
世界总计	**World**	**13427.9 ①**	**630146**	**47**
亚　洲	**Asia**	**3187.0**	**382339**	**120**
中　国	China	960.0	129227 ②	137
日　本	Japan	37.8	12765	338
印　度③	India ③	328.7	106546	324
印度尼西亚	Indonesia	190.5	21988	115
菲律宾	Philippines	30.0	8000	267
泰　国	Thailand	51.3	6283	122
马来西亚	Malaysia	33.0	2443	74
新加坡	Singapore	0.1	425	6254
巴基斯坦	Pakistan	79.6	15358	193
缅　甸	Myanmar	67.7	4949	73
孟加拉国	Bangladesh	14.4	14674	1019
土耳其	Turkey	77.5	7133	92
蒙　古	Mongolia	156.7	259	2
朝　鲜	Korea,Dem.People's Rep.	12.1	2266	188
韩　国	Korea,Rep.	9.9	4770	481
越　南	Viet Nam	33.2	8138	245
非　洲	**Africa**	**3031.0**	**85056**	**28**
埃　及	Egypt	100.1	7193	72
尼日利亚	Nigeria	92.4	12401	134
南　非	South Africa	121.9	4503	37
欧　洲	**Europe**	**2297.6**	**72634**	**32**
德　国	Germany	35.7	8248	231
英　国	United Kingdom	24.3	5947	245
法　国	France	55.2	6014	109
意大利	Italy	30.1	5742	191
捷克共和国	Czech Republic	7.9	1024	130
波　兰	Poland	31.3	3859	123
罗马尼亚	Romania	23.8	2233	94
保加利亚	Bulgaria	11.1	790	71
俄罗斯联邦	Russian Federation	1707.5	14325	8
北美洲	**North America**	**2272.5**	**50667**	**22**
美　国	United States	962.9	29404	31
加拿大	Canada	997.1	3151	3
墨西哥	Mexico	195.8	10346	53
南美洲	**South America**	**1783.4**	**36228**	**20**
巴　西	Brazil	851.5	17847	21
阿根廷	Argentina	278.0	3843	14
委内瑞拉	Venezuela	91.2	2570	28
大洋洲	**Oceania**	**856.4**	**3223**	**4**
澳大利亚	Australia	774.1	1973	3
新西兰	New Zealand	27.1	388	14

注：①是指有定居人口的各大洲面积，未包括尚无定居人口的南极洲。如包括南极洲，全世界陆地面积为 14950 万平方公里。②中国为年底人口数。③不包括查谟、克什米尔和锡金等地区。

Note: ① The data exclude the Antarctic Continent. If included, it would be 149.50 million sq.km. ② The population of China refers to the population of the year-end. ③ Excluding Jammu, Kashmir and Sikkim.

3-2 土地利用
Land Use

国外资料来源：联合国粮农组织数据库。
Source:FAO database
单位：万公顷 (10 000 hectares)

国家和地区	Country or Area	1990	2002	国家和地区	Country or Area	1990	2002
世界总计	**World Total**			**以 色 列**	**Israel**		
土地面积	Land Area	1305500	1306688	土地面积	Land Area	217	217
耕地面积	Arable Area	139125	140413	耕地面积	Arable Area	34	34
多年生作物面积	Permanent Crop Area	11975	13658	多年生作物面积	Permanent Crop Area	9	9
多年生牧场面积	Permanent Pasture	340032	347173	多年生牧场面积	Permanent Pasture	15	14
其他面积	Other Area	814369	805444	其他面积	Other Area	159	161
发达国家	**Developed Countries**			**日 本**	**Japan**		
土地面积	Land Area	545778	546278	土地面积	Land Area	3646	3645
耕地面积	Arable Area	64917	61143	耕地面积	Arable Area	477	442
多年生作物面积	Permanent Crop Area	2983	3013	多年生作物面积	Permanent Crop Area	48	34
多年生牧场面积	Permanent Pasture	117885	118485	多年生牧场面积	Permanent Pasture	45	43
其他面积	Other Area	359993	363637	其他面积	Other Area	3077	3126
发展中国家	**Developing Countries**			**哈萨克斯坦**	**Kazakhstan**		
土地面积	Land Area	759722	760410	土地面积	Land Area		26997
耕地面积	Arable Area	74208	79270	耕地面积	Arable Area		2154
多年生作物面积	Permanent Crop Area	8992	10645	多年生作物面积	Permanent Crop Area		14
多年生牧场面积	Permanent Pasture	222147	228688	多年生牧场面积	Permanent Pasture		18510
其他面积	Other Area	454376	441807	其他面积	Other Area		6320
亚 洲①	**Asia ①**			**朝 鲜**	**Korea,Dem People's Rep.**		
土地面积	Land Area	268827	309785	土地面积	Land Area	1204	1204
耕地面积	Arable Area	45846	51170	耕地面积	Arable Area	229	250
多年生作物面积	Permanent Crop Area	4919	6169	多年生作物面积	Permanent Crop Area	18	20
多年生牧场面积	Permanent Pasture	79970	111050	多年生牧场面积	Permanent Pasture	5	5
其他面积	Other Area	138092	141396	其他面积	Other Area	952	929
中 国	**China**			**韩 国**	**Korea,Rep.**		
土地面积②	Land Area ②	96000	96000	土地面积	Land Area	987	987
耕地面积	Arable Area	13004	13004	耕地面积	Arable Area	195	168
多年生作物面积	Permanent Crop Area			多年生作物面积	Permanent Crop Area	16	19
多年生牧场面积	Permanent Pasture	40000	40000	多年生牧场面积	Permanent Pasture	7	6
其他面积	Other Area			其他面积	Other Area	769	794
孟加拉国	**Bangladesh**			**马来西亚**	**Malaysia**		
土地面积	Land Area	1302	1302	土地面积	Land Area	3286	3286
耕地面积	Arable Area	914	802	耕地面积	Arable Area	170	180
多年生作物面积	Permanent Crop Area	30	41	多年生作物面积	Permanent Crop Area	525	579
多年生牧场面积	Permanent Pasture	60	60	多年生牧场面积	Permanent Pasture	28	29
其他面积	Other Area	298	399	其他面积	Other Area	2563	2499
印 度	**India**			**蒙 古**	**Mongolia**		
土地面积	Land Area	29732	29732	土地面积	Land Area	15665	15665
耕地面积	Arable Area	16314	16172	耕地面积	Arable Area	137	120
多年生作物面积	Permanent Crop Area	630	840	多年生作物面积	Permanent Crop Area		
多年生牧场面积	Permanent Pasture	1160	1106	多年生牧场面积	Permanent Pasture	12429	12930
其他面积	Other Area	11628	11614	其他面积	Other Area	3099	2615
印度尼西亚	**Indonesia**			**缅 甸**	**Myanmar**		
土地面积	Land Area	18116	18116	土地面积	Land Area	6576	6576
耕地面积	Arable Area	2025	2050	耕地面积	Arable Area	957	986
多年生作物面积	Permanent Crop Area	1172	1320	多年生作物面积	Permanent Crop Area	50	75
多年生牧场面积	Permanent Pasture	1311	1118	多年生牧场面积	Permanent Pasture	36	31
其他面积	Other Area	13607	13628	其他面积	Other Area	5533	5483
伊 朗	**Iran**			**巴基斯坦**	**Pakistan**		
土地面积	Land Area	16362	16362	土地面积	Land Area	7709	7709
耕地面积	Arable Area	1519	1502	耕地面积	Arable Area	2048	2145
多年生作物面积	Permanent Crop Area	131	207	多年生作物面积	Permanent Crop Area	46	67
多年生牧场面积	Permanent Pasture	4400	4400	多年生牧场面积	Permanent Pasture	500	500
其他面积	Other Area	10312	10253	其他面积	Other Area	5115	4997

3-2续表1 continued

单位：万公顷 (10 000 hectares)

国家和地区	Country or Area	1990	2002	国家和地区	Country or Area	1990	2002
菲 律 宾	**Philippines**			**南　非**	**South Africa**		
土地面积	Land Area	2982	2982	土地面积	Land Area	12145	12145
耕地面积	Arable Area	548	570	耕地面积	Arable Area	1344	1475
多年生作物面积	Permanent Crop Area	440	500	多年生作物面积	Permanent Crop Area	86	96
多年生牧场面积	Permanent Pasture	126	150	多年生牧场面积	Permanent Pasture	8250	8393
其他面积	Other Area	1868	1762	其他面积	Other Area	2465	2181
新 加 坡	**Singapore**			**北 美 洲**	**North America**		
土地面积	Land Area	7	7	土地面积	Land Area	213703	214390
耕地面积	Arable Area			耕地面积	Arable Area	26612	25727
多年生作物面积	Permanent Crop Area			多年生作物面积	Permanent Crop Area	1387	1509
多年生牧场面积	Permanent Pasture			多年生牧场面积	Permanent Pasture	35226	34904
其他面积	Other Area			其他面积	Other Area	150478	152250
斯里兰卡	**Sri Lanka**			**加 拿 大**	**Canada**		
土地面积	Land Area	646	646	土地面积	Land Area	92210	92210
耕地面积	Arable Area	88	92	耕地面积	Arable Area	4550	4566
多年生作物面积	Permanent Crop Area	103	100	多年生作物面积	Permanent Crop Area	636	646
多年生牧场面积	Permanent Pasture	44	44	多年生牧场面积	Permanent Pasture	1590	1539
其他面积	Other Area	412	411	其他面积	Other Area	85433	85459
泰　国	**Thailand**			**墨 西 哥**	**Mexico**		
土地面积	Land Area	5109	5109	土地面积	Land Area	19087	19087
耕地面积	Arable Area	1749	1587	耕地面积	Arable Area	2400	2480
多年生作物面积	Permanent Crop Area	311	350	多年生作物面积	Permanent Crop Area	190	250
多年生牧场面积	Permanent Pasture	78	80	多年生牧场面积	Permanent Pasture	7750	8000
其他面积	Other Area	2971	3092	其他面积	Other Area	8747	8357
土 耳 其	**Turkey**			**美　国**	**United States**		
土地面积	Land Area	7696	7696	土地面积	Land Area	91590	91590
耕地面积	Arable Area	2465	2594	耕地面积	Arable Area	18574	17602
多年生作物面积	Permanent Crop Area	303	259	多年生作物面积	Permanent Crop Area	203	205
多年生牧场面积	Permanent Pasture	1200	1317	多年生牧场面积	Permanent Pasture	23917	23380
其他面积	Other Area	3729	3527	其他面积	Other Area	48895	50403
越　南	**Viet Nam**			**南 美 洲**	**South America**		
土地面积	Land Area	3255	3255	土地面积	Land Area	175324	175324
耕地面积	Arable Area	534	670	耕地面积	Arable Area	9964	11264
多年生作物面积	Permanent Crop Area	105	220	多年生作物面积	Permanent Crop Area	1271	1395
多年生牧场面积	Permanent Pasture	34	64	多年生牧场面积	Permanent Pasture	49989	51589
其他面积	Other Area	2582	2301	其他面积	Other Area	114099	111076
非　洲	**Africa**			**阿 根 廷**	**Argentina**		
土地面积	Land Area	296266	296266	土地面积	Land Area	27367	27367
耕地面积	Arable Area	16714	18491	耕地面积	Arable Area	2890	3370
多年生作物面积	Permanent Crop Area	2294	2579	多年生作物面积	Permanent Crop Area	120	130
多年生牧场面积	Permanent Pasture	90713	90045	多年生牧场面积	Permanent Pasture	14220	14200
其他面积	Other Area	186545	185151	其他面积	Other Area	10137	9667
埃　及	**Egypt**			**巴　西**	**Brazil**		
土地面积	Land Area	9955	9955	土地面积	Land Area	84594	84594
耕地面积	Arable Area	228	290	耕地面积	Arable Area	5068	5898
多年生作物面积	Permanent Crop Area	36	50	多年生作物面积	Permanent Crop Area	673	760
多年生牧场面积	Permanent Pasture			多年生牧场面积	Permanent Pasture	18420	19700
其他面积	Other Area			其他面积	Other Area	60433	58236
尼日利亚	**Nigeria**			**委内瑞拉**	**Venezuela**		
土地面积	Land Area	9108	9108	土地面积	Land Area	8821	8821
耕地面积	Arable Area	2954	3020	耕地面积	Arable Area	283	260
多年生作物面积	Permanent Crop Area	254	280	多年生作物面积	Permanent Crop Area	78	81
多年生牧场面积	Permanent Pasture	4000	3920	多年生牧场面积	Permanent Pasture	1825	1824
其他面积	Other Area	1900	1888	其他面积	Other Area	6635	6656

3-2续表2 continued

单位：万公顷 (10 000 hectares)

国家和地区	Country or Area	1990	2002	国家和地区	Country or Area	1990	2002
欧　洲③	**Europe ③**			**波　兰**	**Poland**		
土地面积	Land Area	47235	226010	土地面积	Land Area	3044	3063
耕地面积	Arable Area	12456	28722	耕地面积	Arable Area	1439	1392
多年生作物面积	Permanent Crop Area	1396	1677	多年生作物面积	Permanent Crop Area	35	30
多年生牧场面积	Permanent Pasture	8349	18287	多年生牧场面积	Permanent Pasture	406	412
其他面积	Other Area	25034	177324	其他面积	Other Area	1165	1228
白俄罗斯	**Belarus**			**罗马尼亚**	**Romania**		
土地面积	Land Area		2075	土地面积	Land Area	2294	2299
耕地面积	Arable Area		561	耕地面积	Arable Area	945	940
多年生作物面积	Permanent Crop Area		12	多年生作物面积	Permanent Crop Area	59	50
多年生牧场面积	Permanent Pasture		319	多年生牧场面积	Permanent Pasture	473	494
其他面积	Other Area		1182	其他面积	Other Area	817	815
保加利亚	**Bulgaria**			**俄罗斯联邦**	**Russian Federation**		
土地面积	Land Area	1106	1106	土地面积	Land Area		168885
耕地面积	Arable Area	386	336	耕地面积	Arable Area		12347
多年生作物面积	Permanent Crop Area	30	23	多年生作物面积	Permanent Crop Area		184
多年生牧场面积	Permanent Pasture	200	174	多年生牧场面积	Permanent Pasture		9135
其他面积	Other Area	490	574	其他面积	Other Area		147220
捷　克	**Czech Republic**			**西 班 牙**	**Spain**		
土地面积	Land Area		773	土地面积	Land Area	4994	4994
耕地面积	Arable Area		307	耕地面积	Arable Area	1534	1374
多年生作物面积	Permanent Crop Area		24	多年生作物面积	Permanent Crop Area	484	498
多年生牧场面积	Permanent Pasture		97	多年生牧场面积	Permanent Pasture	1030	1148
其他面积	Other Area		346	其他面积	Other Area	1947	1975
法　国	**France**			**英　国**	**United Kingdom**		
土地面积	Land Area	5501	5501	土地面积	Land Area	2409	2409
耕地面积	Arable Area	1800	1845	耕地面积	Arable Area	662	575
多年生作物面积	Permanent Crop Area	119	113	多年生作物面积	Permanent Crop Area	7	5
多年生牧场面积	Permanent Pasture	1138	997	多年生牧场面积	Permanent Pasture	1152	1114
其他面积	Other Area	2444	2546	其他面积	Other Area	589	715
德　国	**Germany**			**大 洋 洲**	**Oceania**		
土地面积	Land Area	3490	3490	土地面积	Land Area	84914	84914
耕地面积	Arable Area	1197	1179	耕地面积	Arable Area	5093	5039
多年生作物面积	Permanent Crop Area	44	21	多年生作物面积	Permanent Crop Area	256	328
多年生牧场面积	Permanent Pasture	562	497	多年生牧场面积	Permanent Pasture	43055	41299
其他面积	Other Area	1686	1793	其他面积	Other Area	36510	38247
意 大 利	**Italy**			**澳大利亚**	**Australia**		
土地面积	Land Area	2941	2941	土地面积	Land Area	76823	76823
耕地面积	Arable Area	901	829	耕地面积	Arable Area	4790	4830
多年生作物面积	Permanent Crop Area	296	278	多年生作物面积	Permanent Crop Area	18	30
多年生牧场面积	Permanent Pasture	487	438	多年生牧场面积	Permanent Pasture	41640	39840
其他面积	Other Area	1257	1397	其他面积	Other Area	30375	32123
荷　兰	**Netherlands**			**新 西 兰**	**New Zealand**		
土地面积	Land Area	339	339	土地面积	Land Area	2680	2680
耕地面积	Arable Area	88	92	耕地面积	Arable Area	251	150
多年生作物面积	Permanent Crop Area	3	3	多年生作物面积	Permanent Crop Area	135	187
多年生牧场面积	Permanent Pasture	110	100	多年生牧场面积	Permanent Pasture	1349	1386
其他面积	Other Area	138	144	其他面积	Other Area	944	956

注：①2002年亚洲总计包括亚美尼亚、阿塞拜疆、格鲁吉亚、哈萨克斯坦、吉尔吉斯斯坦、塔吉克斯坦、土库曼斯坦和乌兹别克斯坦，1990年未包括这些国家。②指国土面积。③2002年欧洲总计包括白俄罗斯、爱沙尼亚、拉脱维亚、立陶宛、摩尔多瓦共和国、俄罗斯联邦和乌克兰，1990年未包括这些国家。

Notes: ① In 2002, the total for Asia includes estimates for Armenia, Azerbaijan, Georgia, Kazakhstan, Kyrgyzstan, Tajikistan, Turkmenistan and Uzbeckistan,while in 1990 the total for Asia excludes these independent republics of the former USSR. ② Refer to the area of territory. ③ The data in 2002 for Europe includes estimates for Belarus,Estonia,Latvia,Lithuania,the Republic of Moldova,the Russian Federation and Ukraine, while in 1990 the total for Europe excludes for republics of the former USSR.

3-3 能源储量(2001年)

Energy Resources and Reserves(2001)

资料来源：联合国《能源统计年鉴》2000年。

Source: United Nations *Energy Statistics Yearbook 2000*.

单位:万吨 (10 000 tons)

国家和地区	Country or Area	烟煤和无烟煤 Bituminous Coal/Anthracite			亚烟煤和褐煤 Sub-bituminous Coal/Lignite			泥煤 Peat		
		探明储量 Proved Amount in Place	可开采储量 Proved Recover-able Reserves	估计储量 Estimated Additional Amount	探明储量 Proved Amount in Place	可开采储量 Proved Recover-able Reserves	估计储量 Estimated Additional Amount	探明储量 Proved Amount in Place	可开采储量 Proved Recover-able Reserves	估计储量 Estimated Additional Amount
中国①	China ①	11450000	6220000	36320000	10880000	5230000	30470000	468700	32800	95200
孟加拉国	Bangladesh	105400						13800		13800
印度	India	19689200	7473300	8608800	2600000	200000	393200			
印度尼西亚	Indonesia		77000		133100	445000	629900	4900000		
伊朗	Iran	375400	19300		229500					
以色列	Israel							50000	38600	100000
日本	Japan	827700	78500		17500	1700				
马来西亚	Malaysia	1500	400	7800	12600		57500			
蒙古	Mongolia	1200000			1200000					
缅甸	Myanmar	500	200	12000			8000			
朝鲜	Korea, Dem People's Rep.	200000	30000	270000	30000	30000	220000			
韩国	Korea, Rep.	13800	8200	27200						
巴基斯坦	Pakistan					292800				
菲律宾	Philippines	4000	2400	800	34300	27500	3700			
斯里兰卡	Sri Lanka							500	500	
泰国	Thailand				231500	200000	300000			
土耳其	Turkey	59000	44900	24900	733900	62600	11000			
越南	Viet Nam	31200	15000							4600
埃及	Egypt	2500	1300		2700	2200	5200			
尼日利亚	Nigeria		2100	2100	33800	16900	100000			
南非	South Africa	12840700	5533300	20525300	3000	99900	10000	4700	3000	
加拿大	Canada	862500	450900	2604500	1435500	411400	3199000	109200		33690800
墨西哥	Mexico	121100	121100	196000	73200	35100	21300			
美国	United States	24665000	11133800	45615300	20854800	14530500	66588700	2600000	1300000	
阿根廷	Argentina				19500	13000	773500	9000	8000	5000
巴西	Brazil				1707200	1195000	1531900			48700
委内瑞拉	Venezuela	132800	47900	452800						
保加利亚	Bulgaria	4800	1300	120000	479100	269800	261800	500	500	
捷克	Czech Republic	640100	261300		254700	356400				
法国	France	59300	9500	20000	12400	2100	16500			
德国	Germany	6700000	2400000	18600000	7800000	4300000		15700	9600	20000
意大利	Italy				7500	3400	30200			250000
荷兰	Netherlands	140600	49700	275000				12000	12000	
波兰	Poland	6018500	1430900	11330000	1418400	219600	3070000	89000		230000
罗马尼亚	Romania	100	100	100	319900	361000	197600	2500	1300	1000
俄罗斯联邦	Russian Federation	7575300	4908800	158247900	12482300	10792200	235808500	1768000	1155400	16832000
西班牙	Spain	170000	20000	300000	86000	46000	126000	9400	7000	
英国	United Kingdom	150000000	150000	19000000	100000	50000				
澳大利亚	Australia	9040000	4730000	12500000	4800000	4310000	21500000			
新西兰	New Zealand	13600	2900	64200	258300	54200	1220100	164000		

3-3续表 continued

单位：万吨 (10 000 tons)

国家和地区	Country or Area	可开采储量 Proved Recoverable Reserves			铀 矿 Uranium			水电理论装机容量(亿千瓦小时／年) Hyrdropower Gross Theoretical Capability (100 million kwh/year)
		天然气 Natural Gas (亿立方米) (10^8m^3)	原油和天燃气 Crude Oil and NGL	油页岩 Oil Shale	油砂 Bituminous Sands	理论储量 Reasonably Assured Resources	估计储量 Estimated Additional Resources	
中 国①	China ①	17110	527200		25	7210		59220000
孟加拉国	Bangladesh	2880						10000
印 度	India	6880	73300			5210	2430	26380000
印度尼西亚	Indonesia	20510	71500			630	170	21470000
伊 朗	Iran	231790	1467400			280		1760000
以 色 列	Israel	10	100	60000				-
日 本	Japan	320	700			660		7180000
马来西亚	Malaysia	22720	52600					2300000
蒙 古	Mongolia					6160	2100	60000
缅 甸	Myanmar	3110	700					3660000
朝 鲜	Korea, Dem People's Rep.							-
韩 国	Korea, Rep.					3100	2170	720000
巴基斯坦	Pakistan	5950	3000					2620000
菲 律 宾	Philippines	800	2800					470000
斯里兰卡	Sri Lanka							70000
泰 国	Thailand	1880	2800	170000				560000
土 耳 其	Turkey	120	3400	2000		910		4330000
越 南	Viet Nam	1450	8200			130	670	3000000
埃 及	Egypt	7350	53400					500000
尼日利亚	Nigeria	34760	277700		2			910000
南 非	South Africa	230	600	1300		45710	17850	150000
加 拿 大	Canada	20960	85000		72	33100	9900	13320000
墨 西 哥	Mexico	7970	660600			170	70	1550000
美 国	United States	51970	377700			36100	127270	5285000
阿 根 廷	Argentina	6700	36300			880	310	5350000
巴 西	Brazil	2250	111100	35200		16200	10020	30200000
委内瑞拉	Venezuela	41820	1009700		36			3450000
保加利亚	Bulgaria	50	200			780	840	260000
捷 克	Czech Republic	50	1200			3020	1900	130000
法 国	France	230	1800			2240	140	2000000
德 国	Germany	3850	2800			300	400	1210100
意 大 利	Italy	24500	5200		3	480	130	3400000
荷 兰	Netherlands	17710	1500					10000
波 兰	Poland	1170	500					230000
罗马尼亚	Romania	4470	21800			690	900	700000
俄罗斯联邦	Russian Federation	447620	665400			14500	3650	24000000
西 班 牙	Spain	20	100			1220	820	1380000
英 国	United Kingdom	20660	66600					80000
澳大利亚	Australia	13660	34500	365100		71500	18000	2640000
新 西 兰	New Zealand	680	1500					1520000

注：①数据来源于联合国。

Notes: ① Data from United Nations.

3-4 森林消失和淡水资源

Deforestation and Freshwater

资料来源：世界银行《世界发展指标》2005年。

Source:World Bank *World Development Indicators 2005*.

国家和地区	Country or Area	1990-2000年年均森林消失量① Average Annual Deforestation		2003年人均淡水资源总量（立方米） Total Freshwater Resources Per Capita(cu.m.)	1987-2003年度淡水抽取量占水资源总量百分比(%) Annual Freshwater Withdrawals as Percentage of Total Resources(%)	1987-2003年淡水抽取量的利用(%) Freshwater Withdrawals in 1987-2003(%)		
		平方公里 sq.km	比率(%) Rate(%)			用于农业 for Agriculture	用于工业 for Industry	生活用水 for Domestic
世界总计	**World**	**93952**	**0.2**	**6895**	**8**	**71**	**20**	**10**
高收入国家	**High Income**	**-5135**	**-0.1**	**9479**	**10**	**42**	**42**	**16**
中等收入国家	**Middle Income**	**38904**	**0.2**	**8658**	**6**	**74**	**17**	**9**
低收入国家	**Low Income**	**60183**	**0.7**	**3583**	**11**	**92**	**3**	**5**
中　　国②	China ②	-18063	-1.2	2183	19	78	18	5
孟加拉国	Bangladesh	-165	-1.3	761	14	86	2	12
印　　度	India	-381	-0.1	1185	40	92	3	5
印度尼西亚	Indonesia	13124	1.2	13220	3	93	1	6
以 色 列	Israel	-50	-4.9	150	160	54	7	39
日　　本	Japan	-34	…	3371	21	64	17	19
韩　　国	Korea, Rep.	51	0.1	1357	36	63	11	26
马来西亚	Malaysia	2369	1.2	23411	2	77	13	11
蒙　　古	Mongolia	600	0.5	14115	1	53	27	20
巴基斯坦	Pakistan	394	1.5	350	299	97	2	2
菲 律 宾	Philippines	887	1.4	5877	12	88	4	8
斯里兰卡	Sri Lanka	348	1.6	2600	20	96	2	2
泰　　国	Thailand	1124	0.7	3386	16	91	4	5
土 耳 其	Turkey	-220	-0.2	3210	16	73	12	16
尼日利亚	Nigeria	3984	2.6	1619	2	54	15	31
南　　非	South Africa	80	0.1	982	30	72	11	17
加 拿 大	Canada			90104	2	12	70	18
墨 西 哥	Mexico	6306	1.1	3998	19	78	5	17
美　　国	United States	-3880	-0.2	9628	17	42	45	13
阿 根 廷	Argentina	2851	0.8	7506	10	75	9	16
巴　　西	Brazil	23093	0.4	30680	1	61	18	21
委内瑞拉	Venezuela	2175	0.4	28122	1	46	10	44
白俄罗斯	Belarus	-2562	-3.2	3745	7	35	43	22
保加利亚	Bulgaria	-204	-0.6	2684	66	22	75	3
法　　国	France	-616	-0.4	2995	18	10	72	18
德　　国	Germany			1296	43	20	69	11
意 大 利	Italy	-295	-0.3	3175	23	48	34	
荷　　兰	Netherlands	-10	-0.3	678	71	34	61	5
波　　兰	Poland	-175	-0.2	1413	23	11	76	13
罗马尼亚	Romania	-147	-0.2	1932	62	59	33	8
俄罗斯联邦	Russian Federation	-1353	…	30072	2	20	62	19
西 班 牙	Spain	-860	-0.6	2701	32	68	19	13
乌 克 兰	Ukraine	-310	-0.3	1096	49	30	52	18
英　　国	United Kingdom	-170	-0.6	2444	8	3	77	20
澳大利亚	Australia	2820	0.2	24747	3	33	2	65
新 西 兰	New Zealand	-390	-0.5	81562	1	44	10	46

注：①负值表示森林面积的增长。②为世界银行统计数据。

Notes: ① The negative represents the forest area increased. ② Data from World Bank.

3-5 国家保护区面积和生物多样性

Nationally Protected Areas and Biodiversity

资料来源：世界银行《世界发展指标》2005年。

Source:World Bank *World Development Indicators 2005*.

国家和地区	Country or Area	国家保护区 Nationally Protected Areas		哺乳动物 Mammals		鸟类 Birds		高植株植物② Higher Plants	
		万平方公里③ 10000 sq.km 2003	占土地总面积的比重%③ as Percentage of Total Land(%)2003	物种(种) Species 2002	濒危物种(种) Threatened Species 2002	物种(种) Species 2002	濒危物种(种) Threatened Species 2002	物种(种) Species 2002	濒危物种(种) Threatened Species 2002
世界总计	**World**	**1375.0**	**10.7**						
高收入国家	**High Income**	**501.1**	**19.5**						
中等收入国家	**Middle Income**	**645.4**	**9.4**						
低收入国家	**Low Income**	**228.5**	**7.7**						
中　国①	China ①	72.7	7.8	394	79	618	74	32200	168
中国香港	Hong Kong,China	0.5			1		11		
孟加拉国	Bangladesh	0.1	0.8	125	23	166	23	5000	12
印　度	India	15.5	5.2	390	88	458	72	18664	244
印度尼西亚	Indonesia	37.3	20.6	515	147	929	114	29375	384
伊　朗	Iran	7.8	4.8	140	22	293	13	8000	1
以色列	Israel	0.3	15.8	116	14	162	12	2317	0
日　本	Japan	2.5	6.8	188	37	210	34	5565	11
缅　甸	Myanmar	0.2	0.3	300	39	310	35	7000	37
韩　国	Korea, Rep.	0.7	6.9	49	13	138	25	2898	0
巴基斯坦	Pakistan	3.8	4.9	188	19	237	17	4950	2
菲律宾	Philippines	1.7	5.7	153	50	404	67	8931	193
斯里兰卡	Sri Lanka	0.9	13.5	88	22	126	14	3314	280
泰　国	Thailand	7.1	13.9	265	37	285	37	11625	78
土耳其	Turkey	1.2	1.6	116	17	278	11	8650	3
越　南	Viet Nam	1.2	3.7	213	40	262	37	10500	126
埃　及	Egypt	9.7	9.7	98	13	123	7	2076	2
尼日利亚	Nigeria	3	3.3	274	27	286	9	4715	119
南　非	South Africa	6.7	5.5	247	42	304	28	23420	45
加拿大	Canada	102.4	11.1	193	14	310	8	3270	1
墨西哥	Mexico	19.5	10.2	491	70	440	39	26071	
美　国	United States	237.2	25.9	428	37	508	55	19473	
阿根廷	Argentina	18.1	6.6	320	34	362	39	9372	42
巴　西	Brazil	56.7	6.7	394	81	686	114	56215	
委内瑞拉	Venezuela	56.3	63.8	323	26	547	24	21073	67
捷　克	Czech Republic	1.2	16.1	81	8	205	2	1900	4
法　国	France	7.3	13.3	93	18	283	5	4630	2
德　国	Germany	11.4	32.6	76	11	247	5	2682	12
意大利	Italy	2.3	7.9	90	14	250	5	5599	3
荷　兰	Netherlands	0.5	14.2	55	10	192	4	1221	0
波　兰	Poland	3.8	12.4	84	15	233	4	2450	4
俄罗斯联邦	Russian Federation	131.7	7.8	269	45	528	38	11400	7
西班牙	Spain	4.3	8.5	82	24	281	7	5050	14
英　国	United Kingdom	5	20.9	50	12	229	2	1623	13
澳大利亚	Australia	102.9	13.4	252	63	497	37	15638	38
新西兰	New Zealand	7.9	29.6		8		63		

注：①世界银行数据。②指维管类植物，仅为开花植物。③数据不确定，需进一步核实。

Notes: ① Data of World Bank. ② Refer to native vascular plant species,but flowering plants only. ③ These are tentative data and are being finalized.

3-6 能源消费
Commercial Energy Use

资料来源：世界银行数据库。
Source: World Bank Database.

国家和地区	Country or Area	消费总量(万吨标准油当量) Commercial Energy Use (10 000 tons of standard oil equivalent)		人均消费量(千克标准油当量) Commercial Energy Use per Capita (kg of standard oil equivalent)	
		1990	2002	1990	2002
世　界	**World**	**861677**	**1019682**	**1686**	**1699**
高收入国家	**High Income**	**429913**	**520112**	**4859**	**5395**
中等收入国家	**Middle Income**	**355786**	**396959**	**1372**	**1338**
低收入国家	**Low Income**	**79988**	**108005**	**463**	**493**
中　国①	China ①	87992	122857	775	960
中国香港	Hong Kong, China	1066	1638	1869	2413
孟加拉国	Bangladesh	1282	2100	116	155
印　度	India	36538	53831	430	513
印度尼西亚	Indonesia	9484	15609	532	737
伊　朗	Iran	6878	13396	1264	2044
以色列	Israel	1211	2095	2599	3191
日　本	Japan	44592	51693	3610	4058
朝　鲜	Korea, Dem People's Rep.	3287	1954	1647	869
韩　国	Korea, Rep.	9265	20350	2161	4272
马来西亚	Malaysia	2246	5175	1234	2129
缅　甸	Myanmar	1068	1258	264	258
巴基斯坦	Pakistan	4342	6581	402	454
菲律宾	Philippines	2616	4201	429	525
新加坡	Singapore	1336	2531	4384	6078
斯里兰卡	Sri Lanka	552	818	339	430
泰　国	Thailand	4386	8334	789	1353
土耳其	Turkey	5301	7542	944	1083
越　南	Viet Nam	2432	4265	367	530
埃　及	Egypt	3190	5239	608	789
尼日利亚	Nigeria	7091	9568	737	718
南　非	South Africa	9123	11346	2592	2502
加拿大	Canada	20909	25004	7524	7973
墨西哥	Mexico	12406	15731	1491	1560
美　国	United States	192764	229041	7722	7943
阿根廷	Argentina	4611	5630	1428	1543
巴　西	Brazil	13353	19066	902	1093
委内瑞拉	Venezuela	4392	5401	2224	2141
白俄罗斯	Belarus		2477		2496
保加利亚	Bulgaria	2882	1902	3306	2417
捷　克	Czech Republic	4738	4173	4572	4090
法　国	France	22728	26588	4006	4470
德　国	Germany	35622	34635	4485	4198
意大利	Italy	15255	17272	2690	2994
荷　兰	Netherlands	6649	7792	4447	4827
波　兰	Poland	9985	8919	2619	2333
罗马尼亚	Romania	6240	3698	2689	1696
俄罗斯联邦	Russian Federation		61784		4288
西班牙	Spain	9121	13156	2349	3215
乌克兰	Ukraine		13074		2684
英　国	United Kingdom	21218	22651	3686	3824
澳大利亚	Australia	8754	11271	5130	5732
新西兰	New Zealand	1391	1801	4035	4573

3-6续表 continued

国家和地区	Country or Area	单位国内生产总值所产生的二氧化碳（千克/2000年价格，美元）Industrial CO_2 Emissions (kg per 2000 US$ of GDP)		人均二氧化碳排放量（吨）Per Capita Industrial CO_2 Emissions(tons)	
		1990	2000	1990	2000
世　　界	**World**	**0.7**	**0.7**	**4.1**	**3.8**
高收入国家	**High Income**	**0.5**	**0.4**	**11.8**	**12.4**
中等收入国家	**Middle Income**	**1.8**	**1.7**	**3.6**	**3.2**
低收入国家	**Low Income**	**1.7**	**1.8**	**0.8**	**0.8**
中　　国①	China ①	5.8	2.6	2.1	2.2
中国香港	Hong Kong, China	0.2	0.2	4.6	5.0
孟加拉国	Bangladesh	0.5	0.6	0.1	0.2
印　　度	India	2.5	2.3	0.8	1.1
印度尼西亚	Indonesia	1.7	1.8	0.9	1.3
伊　　朗	Iran	3.3	3.2	3.9	4.9
以 色 列	Israel	0.5	0.5	7.4	10.0
日　　本	Japan	0.3	0.2	8.7	9.3
朝　　鲜	Korea, Dem People's Rep.			12.3	8.5
韩　　国	Korea, Rep.	0.9	0.8	5.6	9.1
马来西亚	Malaysia	1.2	1.6	3.0	6.2
蒙　　古	Mongolia	7.8	7.9	4.7	3.1
缅　　甸	Myanmar			0.1	0.2
巴基斯坦	Pakistan	1.4	1.4	0.6	0.8
菲 律 宾	Philippines	0.8	1.0	0.7	1.0
新 加 坡	Singapore	1.0	0.6	13.8	14.7
斯里兰卡	Sri Lanka	0.4	0.6	0.2	0.6
泰　　国	Thailand	1.2	1.6	1.7	3.3
土 耳 其	Turkey	1.0	1.1	2.6	3.3
越　　南	Viet Nam	1.2	1.4	0.3	0.7
埃　　及	Egypt	1.5	1.8	1.4	2.2
尼日利亚	Nigeria	2.7	0.9	0.9	0.3
南　　非	South Africa	2.7	2.6	0.7	0.9
加 拿 大	Canada	0.8	0.6	15.4	14.2
墨 西 哥	Mexico	0.7	0.7	3.7	4.3
美　　国	United States	0.7	0.6	19.3	19.8
阿 根 廷	Argentina	0.6	0.5	3.4	3.9
巴　　西	Brazil	0.4	0.5	1.4	1.8
委内瑞拉	Venezuela	1.1	1.3	5.8	6.5
白俄罗斯	Belarus		4.6		5.9
保加利亚	Bulgaria	5.0	3.4	8.6	5.3
捷　　克	Czech Republic		2.1		11.6
法　　国	France	0.3	0.3	6.3	6.2
德　　国	Germany		0.4		9.6
意 大 利	Italy	0.4	0.4	7.0	7.4
荷　　兰	Netherlands	0.5	0.4	10.0	8.7
波　　兰	Poland	3.0	1.8	9.1	7.8
罗马尼亚	Romania	3.5	2.3	6.7	3.8
俄罗斯联邦	Russian Federation		5.5		9.9
西 班 牙	Spain		11.0	5.5	7.0
乌 克 兰	Ukraine	0.5	0.5		6.9
英　　国	United Kingdom	0.5	0.4	9.9	9.6
澳大利亚	Australia	1.0	0.9	15.6	18.0
新 西 兰	New Zealand	0.5	0.5	6.8	8.3

注：①数据来源于世界银行。

Note: ① Data from World Bank.

3-7 世界主要城市空气污染状况

Air Pollution in Major Cities of the World

资料来源：世界银行《世界发展指标》2005 年。

Source: World Bank *World Development Indicators 2005*.

国家和地区	Country or Area	城市	City	城市人口（万人）City Population (10 000 people) 2004	总悬浮颗粒物（微克／立方米）Total Suspended Particulates (microgram per cubic meter) 1999	二氧化硫（微克／立方米）Sulfur Dioxide (microgram per cubic meter) 1995-2001	二氧化氮（微克／立方米）Nitrogen Dioxide (microgram per cubic meter) 1995-2001
中　　国①	China ①	上海	Shanghai	1267	87	53	73
		北京	Beijing	1085	106	90	122
		天津	Tianjin	935	149	82	50
印　　度	India	孟买	Mumbai	1834	79	33	39
		德里	Delhi	1533	187	24	41
		加尔各答	Calcutta	1430	153	49	34
印度尼西亚	Indonesia	雅加达	Jakarta	1319	103		
伊　　朗	Iran	德黑兰	Tehran	735	71	209	
日　　本	Japan	东京	Tokyo	3533	43	18	68
		大阪	Osaka	263	39	19	63
		横滨	Yokohama	337	32	100	13
韩　　国	Korea Rep.	汉城	Seoul	959	45	44	60
		大丘	Taegu	251	49	81	62
		釜山	Pusan	353	43	60	51
马来西亚	Malaysia	吉隆坡	Kuala Lumpur	139	24	24	
菲 律 宾	Philippines	马尼拉	Manila	1043	60	33	
新 加 坡	Singapore	新加坡	Singapore	316	41	20	30
泰　　国	Thailand	曼谷	Bangkok	660	82	11	23
土 耳 其	Turkey	伊斯坦布尔	Istanbul	976	62	120	
		安卡拉	Ankara	359	53	55	46
埃　　及	Egypt	开罗	Cairo	1115	178	69	
南　　非	South Africa	开普敦	Cape Town	294	15	21	72
		德班	Durban	136	29	31	
		约翰内斯堡	Johannesburg	234	30	19	31
加 拿 大	Canada	多伦多	Toronto	506	26	17	43
		蒙特利尔	Montreal	351	22	10	42
		温哥华	Vancouver	212	15	14	37

3-7续表 continued

国家和地区	Country or Area	城市	City	城市人口（万人） City Population (10 000 people) 2004	总悬浮颗粒物（微克/每立方米） Total Suspended Particulates (microgram per cubic meter) 1999	二氧化硫（微克/每立方米） Sulfur Dioxide (microgram per cubic meter) 1995-2001	二氧化氮（微克/每立方米） Nitrogen Dioxide (microgram per cubic meter) 1995-2001
墨 西 哥	Mexico	墨西哥城	Mexico City	1901	69	74	130
美　　国	United States	纽约	New York	1849	23	26	79
		洛杉矶	Los Angeles	1215	38	9	74
		芝加哥	Chicago	871	27	14	57
阿 根 廷	Argentina	科尔多瓦	Córdoba City	159	52		97
巴　　西	Brazil	圣保罗	São Paulo	1833	46	43	83
		里约热内卢	Rio de Janeiro	1147	40	129	
委内瑞拉	Venezuela	加拉加斯	Caracas	328	18	33	57
保加利亚	Bulgaria	索非亚	Sofia	105	83	39	122
捷　　克	Czech Republic	布拉格	Prague	116	27	14	33
法　　国	France	巴黎	Paris	985	15	14	57
德　　国	Germany	法兰克福	Frankfurt	67	22	11	45
		柏林	Berlin	333	25	18	26
		慕尼黑	Munich	232	22	8	53
意 大 利	Italy	米兰	Milan	401	36	31	248
		都灵	Torino	97	53		
		罗马	Rome	263	35		
荷　　兰	Netherlands	阿姆斯特丹	Amsterdam	116	37	10	58
波　　兰	Poland	华沙	Warsaw	220	49	16	32
		罗兹	Lodz	94	45	21	43
罗马尼亚	Romania	布加勒斯特	Bucharest	176	25	10	71
俄罗斯联邦	Russian Federation	莫斯科	Moscow	1067	27	109	
		鄂木斯克	Omsk	113	28	20	34
西 班 牙	Spain	马德里	Madrid	515	37	24	66
		巴塞罗那	Barcelona	442	43	11	43
乌 克 兰	Ukraine	基辅	Kiev	262	45	14	51
英　　国	United Kingdom	伦敦	London	762	23	25	77
		伯明翰	Birmingham	222	17	9	45
		曼彻斯特	Manchester	219	19	26	49
澳大利亚	Australia	悉尼	Sydney	439	22	28	81
		墨尔本	Melbourne	366	15	0	30
		帕斯	Perth	148	15	5	19
新 西 兰	New Zealand	奥克兰	Auckland	115	15	3	20

注：①数据来源于世界银行。

Note: ① Data from World Bank.

主要统计指标解释

人口密度　指由年中人口除以国土面积得来。国土面积是指一个国家包括内陆水域和沿海水域在内的总面积。

土地面积　是指土地的总面积，不包括内陆水域的面积。“内陆水域”的定义一般包括主要的河流与湖泊。

耕地　是指种植短期作物的土地（种植两季作物的土地面积只计算一次），供割草或放牧的短期性草场，供应市场的菜园和自用菜园，以及暂时休闲的土地（少于5年）。而转换耕作方式而休闲的土地不包括在此类。

多年生作物土地　是种有长期生长的作物而在每次收获后不需要再种植的土地，如可可、咖啡和橡胶；它包括生长灌木、果树、坚果树和藤本植物的土地，但不包括用材林所占的土地。

探明储量　指已探明可开采的原煤、原油、天然气的储量。

已探明可开采的储量　是将来在现有和可承受的经济条件下，已探明的可开采的吨数。

淡水资源　指可更新的淡水资源，既包括国内可再生的资源，也包括从其他国家流入的江河水流量和抽取的地下水量。

年度淡水抽取量　指水源总抽取量，未计入水库的水蒸发量。在淡化水是水资源的重要来源的国家，水资源抽取量还包括来自淡化水厂的水量。工农业的抽取量分别是指用于灌溉、畜牧生产以及工业的直接使用的总抽取量(包括热电厂冷却用水抽取量)。民用抽取量包括饮用水、市政用水或供水、公共设施用水、商业机构用水和家庭用水。

国家级保护区　指总面积或部分面积不少于1000公顷的下列区域：国家公园、自然遗址、自然保护区、野生动植物栖息地、受保护的陆地景观和海洋景观地、公众进入受限的科学保护地，不包括受地方或省法律法规保护地。

二氧化碳排放量　是指矿物燃料燃烧以及水泥制造等过程中排放的二氧化碳，包括使用固体、液体、气体燃料以及煤气时产生的二氧化碳。

商业能源消费量　指可见的消费，其计算方法是本国产量加进口量和存量变动量，减去出口量和从事国际运输的船舶及飞机所使用的燃料。

Explanatory Notes on Main Statistical Indicators

Population Density comes from population in mid-year divided by area of country soil is the total area incuding inland water area and marginal sea area.

Land Area (in Hectares) is a country total area, excluding area under inland water bodies, national claims to continental shelf, and exclusive economic zones. In most cases the definition of inland water bodies includes major rivers and lakes.

Arable Land includes land defined by the FAO as land under temporary crops (double-cropped areas are counted once), temporary meadows for mowing or for pasture, land under market or kitchen gardens, and land temporarily fallow. Land abandoned as a result of shifting cultivation is excluded.

Permanent Cropland is land cultivated with crops that occupy the land for long periods and need not be replanted after each harvest, such as cocoa, coffee, and rubber. This category includes land under flowering shrubs, fruit trees, nut trees, and vines, but excludes land under trees grown for wood or timber.

Proved Amount in Place is the tonnage of crude coal,crude petroleum, nature gas that has been both carefully measured and assessed.

Proved Recoverable Reserves are the tonnage of the proved amount in place that can be recovered under present and expected local economic conditions with existing available technology.

Freshwater Resources refer to total renewable resources, broken down between internal flows of rivers and groundwater from rainfall in the country, and river flows from other countries.

Annual Freshwater Withdrawals refer to total water withdrawal, not counting evaporation losses from storage basins. Withdrawals also include water from desalination plants in countries where they are a significant source.Withdrawals for agriculture and industry are total withdrawals for irrigation and livestock production and for direct industrial use (including withdrawals for cooling thermoelectric plants). Withdrawals for domestic uses include drinking water, municipal use or supply, and use for public services, commercial establishments, and homes.

Nationally Protected Areas are totally or partially protected areas of at least 1,000 hectares that are designated as national parks, natural monuments, nature reserves or wildlife sanctuaries, protected landscapes and seascapes, or scientific reserves with limited public access. The data do not include sites protected under local or provincial law.

Carbon Dioxide Emissions are those stemming from the burning of fossil fuels and the manufacture of cement. They include contributions to the carbon dioxide produced during consumption of solid, liquid, and gas fuels and gas flaring.

Commercial Energy Use refers to apparent consumption, which is equal to indigenous production plus imports and stock changes, minus exports and fuels supplied to ships and aircraft engaged in international transport.

4 国民经济核算

National Accounts

4-1 国内生产总值（本币）

Gross Domestic Product (Local Currency)

资料来源：国际货币基金组织世界经济展望数据库。
Source: IMF World Economic Outlook Database.
单位：亿本币 (100 million local currency units)

国家和地区	Country or Area	1990	2000	2001	2002	2003	2004
中国	China	18548	89468	97315	105172	117390	136876
中国香港	Hong Kong, China	5876	12883	12699	12474	12200	12815
孟加拉国	Bangladesh	10542	24532	26337	28684	31747	35380
印度	India	54805	206020	222375	240621	268329	299461
印度尼西亚	Indonesia	2316801	13897697	16842805	18632747	20458535	23030314
伊朗	Iran	345056	5804733	6699964	9323726	11435170	14700467
以色列	Israel	1058	4618	4676	4917	5057	5213
日本	Japan	4401675	5118636	5059105	4980452	4977992	5048473
哈萨克斯坦	Kazakhstan		25999	32506	37763	46120	55425
韩国	Korea, Rep.	1787968	5786645	6221226	6842635	7213459	7796570
马来西亚	Malaysia	1191	3432	3344	3616	3942	4476
蒙古	Mongolia	105	10189	11156	12313	13688	15254
缅甸	Myanmar	1625	25530	35480	56275	87736	117411
巴基斯坦	Pakistan	9352	32851	35363	38082	42444	48552
菲律宾	Philippines	10745	33046	35772	39004	42356	47710
新加坡	Singapore	671	1596	1538	1581	1609	1806
斯里兰卡	Sri Lanka	3218	12577	14074	15827	17603	19722
泰国	Thailand	21911	49227	51335	54460	59304	65760
土耳其①	Turkey ①	392	127844	188141	278221	358700	426633
越南	Viet Nam	419550	4416460	4812950	5357620	6134425	7130719
埃及	Egypt	961	3401	3587	3789	4175	4744
尼日利亚	Nigeria	2864	46764	53391	56323	74460	95761
南非	South Africa	2898	9221	10200	11649	12515	13753
加拿大	Canada	6799	10766	11082	11580	12188	12933
墨西哥	Mexico	7389	54914	58286	62615	68950	76349
美国	United States	58031	98170	101280	104870	110041	117335
阿根廷	Argentina	689	2842	2687	3126	3759	4473
巴西	Brazil		11013	11987	13460	15562	17548
委内瑞拉	Venezuela	22793	796557	889456	1078402	1355668	2026666
白俄罗斯	Belarus		91338	171732	261383	359301	494452
保加利亚	Bulgaria	…	268	297	323	344	382
捷克	Czech Republic		21501	23153	24147	25508	27511
法国②	France ②	10101	14217	14758	15282	15587	16232
德国②	Germany ②	12749	20300	20740	21073	21282	21770
意大利②	Italy ②	6822	11665	12185	12604	13009	13518
荷兰②	Netherlands ②	2436	4023	4293	4452	4543	4649
波兰	Poland	576	7239	7606	7811	8149	8837
罗马尼亚	Romania	8579	8037731	11676870	15147510	19033540	23879143
俄罗斯联邦	Russia Federarion		73056	89436	108175	132011	167788
西班牙②	Spain ②	3124	6105	6539	6986	7448	7987
乌克兰	Ukraine		1701	2042	2258	2673	3459
英国	United Kingdom	5573	9506	9943	10441	11011	11603
澳大利亚	Australia	3940	6486	6900	7368	7853	8385
新西兰	New Zealand	733	1135	1218	1278	1348	1460

注：①万亿本币。②货币单位为欧元。
Note: ① Trillion local currency units. ② The monetary unit is the euro.

4-2 国内生产总值（美元）

Gross Domestic Product (USD)

资料来源：世界银行世界发展指标数据库。
Source: World Bank World Development Indicators Database.
单位：亿美元 (USD 100 million)

国家和地区	Country or Area	1990	2000	2001	2002	2003	2004
世界总计	**World**	**216877**	**315607**	**312953**	**324923**	**364606**	
低收入国家	**Low Income**	**6193**	**8583**	**8909**	**9467**	**11030**	**12176**
最不发达国家	**Least Developed Countries**	**1525**	**1805**	**1858**	**1971**	**2217**	
重债穷国	**Heavily Indebted Poor Countries**	**1358**	**1397**	**1443**	**1542**	**1769**	
中等收入国家	**Middle Income**	**33771**	**52574**	**53119**	**53734**	**60231**	**67209**
中下等收入国家	**Lower Middle Income**	**24670**	**34319**	**34440**	**36372**	**41680**	**46351**
中上等收入国家	**Upper Middle Income**	**9192**	**18237**	**18656**	**17369**	**18557**	
中、低收入国家	**Low & Middle Income**	**39976**	**61157**	**62026**	**63196**	**71249**	**79357**
东亚和太平洋	**East Asia & Pacific**	**6660**	**15848**	**16615**	**18156**	**20326**	**22710**
欧洲和中亚	**Europe & Central Asia**	**11093**	**9540**	**9980**	**11404**	**14025**	**16868**
拉丁美洲和加勒比	**Latin America & Caribbean**	**11029**	**19884**	**19225**	**17038**	**17406**	**18277**
中东和北非	**Middle East & North Africa**	**4208**	**6603**	**6754**	**6651**	**7448**	
南　亚	**South Asia**	**4010**	**6035**	**6222**	**6566**	**7651**	**8481**
撒哈拉以南非洲	**Sub-Saharan Africa**	**2984**	**3262**	**3249**	**3372**	**4393**	**4690**
高收入国家	**High Income**	**176913**	**254480**	**250977**	**261765**	**293406**	
非经合组织成员国	**Non-OECD Countries**	**4725**	**9549**	**9175**	**9167**	**9483**	
经合组织成员国	**OECD Countries**	**172144**	**244939**	**241801**	**252553**	**283695**	
中　国①	China ①	3546	10807	11757	12710	14170	15909
中国香港	Hong Kong, China	754	1654	1628	1599	1567	
中国澳门	Macao, China	33	62	62	68		
阿富汗	Afghanistan		27	27	40	47	
阿尔巴尼亚	Albania	21	37	43	48	61	70
阿尔及利亚	Algeria	620	535	549	559	665	803
安哥拉	Angola	103	89	95	112	132	
安提瓜和巴布达	Antigua and Barbuda	4	7	7	7	8	
阿根廷	Argentina	1414	2842	2687	1020	1296	1446
亚美尼亚	Armenia	23	19	21	24	28	33
阿鲁巴	Aruba		19	19	19		
澳大利亚	Australia	3106	3891	3695	4092	5224	
奥地利	Austria	1617	1904	1902	2055	2531	
阿塞拜疆	Azerbaijan	89	53	57	62	71	82
巴哈马	Bahamas	31	49	50	51	53	
巴　林	Bahrain	42	80	79	77		
孟加拉国	Bangladesh	301	472	470	476	519	565
巴巴多斯	Barbados	17	26	25	25	26	
白俄罗斯	Belarus	174	127	124	147	175	128
比利时	Belgium	1972	2283	2271	2447	3019	
伯利兹	Belize	4	8	9	9	10	
贝　宁	Benin	18	23	24	27	35	
百慕大	Bermuda	16					
不　丹	Bhutan	3	5	5	6	7	
玻利维亚	Bolivia	49	84	80	78	79	81
波　黑	Bosnia and Herzegovina		45	50	56	70	81
博茨瓦纳	Botswana	38	53	52	54	75	82
巴　西	Brazil	4620	6017	5084	4608	4923	4698
保加利亚	Bulgaria	207	126	136	156	199	236
布基纳法索	Burkina Faso	31	26	28	32	42	
布隆迪	Burundi	11	7	7	6	6	7
柬埔寨	Cambodia	11	36	37	40	42	45
喀麦隆	Cameroon	112	89	86	99	125	133

4-2续表 1 continued

单位：亿美元 (USD 100 million)

国家和地区	Country or Area	1990	2000	2001	2002	2003	2004
加 拿 大	Canada	5742	7138	7047	7249	8565	
佛 得 角	Cape Verde	3	5	6	6	8	
中 非	Central African Republic	15	10	10	10	12	
乍 得	Chad	17	14	17	20	26	43
智 利	Chile	303	755	665	674	724	899
哥伦比亚	Colombia	403	838	817	803	787	912
科 摩 罗	Comoros	3	2	2	2	3	
刚果（金）	Congo, Dem. Rep.	93	43	49	55	57	67
刚果（布）	Congo	28	32	28	30	36	
哥斯达黎加	Costa Rica	57	159	164	168	174	183
科特迪瓦	Cote d'Ivoire	108	106	107	117	137	
克罗地亚	Croatia	248	184	199	228	288	327
塞浦路斯	Cyprus	56	88	91	101	114	
捷 克	Czech Republic	349	557	609	738	897	
丹 麦	Denmark	1334	1582	1593	1724	2119	
吉 布 提	Djibouti	4	6	6	6	6	
多米尼克	Dominica	2	3	3	3	3	
多米尼加	Dominican Republic	71	197	216	216	165	
厄瓜多尔	Ecuador	104	159	210	243	272	291
埃 及	Egypt	431	994	985	899	824	723
萨尔瓦多	El Salvador	48	131	138	143	149	157
赤道几内亚	Equatorial Guinea	1	13	17	21	29	
厄立特里亚	Eritrea	0	6	7	6	8	9
爱沙尼亚	Estonia	50	55	60	70	91	98
埃塞俄比亚	Ethiopia	86	65	65	61	67	81
斐 济	Fiji	14	17	17	17	20	
芬 兰	Finland	1370	1199	1212	1316	1619	
法 国②	France ②	12159	13084	13204	14369	17576	
法属波利尼西亚	French Polynesia	32	34				
加 蓬	Gabon	60	49	43	50	61	56
冈 比 亚	Gambia	3	4	4	4	4	
格鲁吉亚	Georgia	77	30	32	34	40	
德 国	Germany	16713	18703	18557	19861	24032	
加 纳	Ghana	59	50	53	62	76	86
希 腊	Greece	841	1121	1172	1330	1722	
格林纳达	Grenada	2	4	4	4	4	
危地马拉	Guatemala	77	193	210	233	247	
几 内 亚	Guinea	28	31	30	32	36	35
几内亚比绍	Guinea-Bissau	2	2	2	2	2	3
圭 亚 那	Guyana	4	7	7	7	7	
海 地	Haiti	29	40	36	35	29	36
洪都拉斯	Honduras	30	60	64	66	70	
匈 牙 利	Hungary	331	467	518	649	827	
冰 岛	Iceland	62	84	76	85	105	
印 度	India	3169	4574	4785	5102	6006	6628
印度尼西亚	Indonesia	1144	1502	1430	1730	2083	
伊 朗	Iran	1204	962	1174	1137	1371	1611
伊 拉 克	Iraq	487					
爱 尔 兰	Ireland	473	948	1027	1217	1537	
以 色 列	Israel	525	1155	1136	1042	1102	
意 大 利	Italy	11024	10748	10904	11862	14683	
牙 买 加	Jamaica	46	80	81	84	81	88
日 本	Japan	30397	47461	41624	39725	43009	

4-2续表2 continued

单位：亿美元 (USD 100 million)

国家和地区	Country or Area	1990	2000	2001	2002	2003	2004
约　　旦	Jordan	40	85	88	94	99	104
哈萨克斯坦	Kazakhstan	269	183	222	246	297	373
肯 尼 亚	Kenya	86	105	112	122	144	146
基里巴斯	Kiribati	…	1	1	1	1	
韩　　国	Korea, Rep.	2638	5119	4820	5467	6053	
科 威 特	Kuwait	184	370	341	352	417	
吉尔吉斯斯坦	Kyrgyzstan	27	14	15	16	19	
老　　挝	Laos	9	17	17	17	21	
拉脱维亚	Latvia	74	77	82	92	111	129
黎 巴 嫩	Lebanon	28	165	176	183	190	194
莱 索 托	Lesotho	6	9	8	7	11	12
利比里亚	Liberia	4	5	5	6	4	5
利 比 亚	Libya	289	340	284	191		
立 陶 宛	Lithuania	105	114	121	141	182	197
卢 森 堡	Luxembourg	111	196	197	212	265	
马 其 顿	Macedonia	45	36	34	38	47	52
马达加斯加	Madagascar	31	39	45	44	55	42
马 拉 维	Malawi	19	17	17	19	17	
马来西亚	Malaysia	440	903	880	952	1037	1154
马尔代夫	Maldives	2	6	6	6	7	
马　　里	Mali	24	24	26	33	43	
马 耳 他	Malta	23	38	38	41	49	
马绍尔群岛	Marshall Islands	1	1	1	1	1	
毛里塔尼亚	Mauritania	10	9	10	10	11	10
毛里求斯	Mauritius	24	44	45	45	52	59
墨 西 哥	Mexico	2627	5813	6223	6485	6261	
密克罗尼西亚联邦	Micronesia,Fed. States	1	2	2	2	2	
摩尔多瓦	Moldova	35	13	15	17	20	24
蒙　　古	Mongolia		9	10	11	13	
摩 洛 哥	Morocco	258	333	339	361	437	482
莫桑比克	Mozambique	25	37	34	36	43	
纳米比亚	Namibia	24	34	32	30	43	34
尼 泊 尔	Nepal	36	55	56	56	59	67
荷　　兰	Netherlands	2948	3706	3840	4185	5115	
新喀里多尼亚	New Caledonia	25	27				
新 西 兰	New Zealand	436	522	520	599	796	
尼加拉瓜	Nicaragua	10	39	40	40	41	42
尼 日 尔	Niger	25	18	19	22	27	
尼日利亚	Nigeria	285	421	480	467	584	
挪　　威	Norway	1161	1669	1697	1907	2209	
阿　　曼	Oman	105	199	199	203		
巴基斯坦	Pakistan	400	733	715	715	823	948
帕　　劳	Palau	1	1	1	1	1	
巴 拿 马	Panama	53	116	118	122	129	137
巴布亚新几内亚	Papua New Guinea	32	36	32	29	32	
巴 拉 圭	Paraguay	53	77	68	55	60	71
秘　　鲁	Peru	263	530	536	565	606	665
菲 律 宾	Philippines	443	759	720	780	806	830
波　　兰	Poland	590	1665	1858	1913	2096	2348
葡 萄 牙	Portugal	715	1065	1099	1219	1479	
波多黎各	Puerto Rico	306	610	679			
卡 塔 尔	Qatar	74	178	171	175		
罗马尼亚	Romania	383	371	402	457	570	669

4-2续表3 continued

单位：亿美元 (USD 100 million)

国家和地区	Country or Area	1990	2000	2001	2002	2003	2004
俄罗斯联邦	Russian Federation	5168	2597	3066	3456	4329	5530
卢旺达	Rwanda	26	18	17	17	16	
萨摩亚	Samoa	2	2	2	2	3	
圣马力诺	San Marino		8	8	9		
圣多美和普林西比	Sao Tome and Principe	1	…	…	1	1	
沙特阿拉伯	Saudi Arabia	1168	1887	1833	1888	2147	
塞内加尔	Senegal	57	44	46	50	65	78
塞尔维亚和黑山	Serbia and Montenegro		86	116	157	207	233
塞舌尔	Seychelles	4	6	6	7	7	7
塞拉利昂	Sierra Leone	6	6	7	8	8	8
新加坡	Singapore	369	915	849	883	913	
斯洛伐克	Slovak	155	202	209	242	325	402
斯洛文尼亚	Slovenia	174	191	196	221	277	
所罗门群岛	Solomon Islands	2	3	2	2	3	
索马里	Somalia	9					
南非	South Africa	1120	1280	1142	1063	1599	1732
西班牙	Spain	5100	5618	5846	6552	8387	
斯里兰卡	Sri Lanka	80	163	157	165	182	205
圣基茨和尼维斯	St. Kitts and Nevis	2	3	3	4	3	
圣卢西亚	St. Lucia	4	7	7	7	7	
圣文森特和格林纳丁斯	St. Vincent and the Grenadines	2	3	3	4	4	
苏丹	Sudan	132	122	136	154	178	162
苏里南	Suriname	4	9	8	9	12	
斯威士兰	Swaziland	9	14	13	12	18	15
瑞典	Sweden	2402	2396	2194	2411	3016	
瑞士	Switzerland	2358	2462	2505	2745	3201	
叙利亚	Syrian Arab Republic	123	180	190	200	215	223
塔吉克斯坦	Tajikistan	26	10	11	12	16	18
坦桑尼亚	Tanzania	43	91	94	98	103	
泰国	Thailand	853	1227	1155	1268	1430	
东帝汶	Timor-Leste		3	4	4	3	
多哥	Togo	16	13	13	15	18	
汤加	Tonga	1	2	1	1	2	
特立尼达和多巴哥	Trinidad and Tobago	51	82	88	89	105	118
突尼斯	Tunisia	123	195	200	210	250	281
土耳其	Turkey	1506	1993	1452	1839	2404	
土库曼斯坦	Turkmenistan	32	29	34	46	62	64
乌干达	Uganda	43	59	57	59	63	68
乌克兰	Ukraine	815	313	380	424	495	622
阿联酋	United Arab Emirates	341	703	692	710		
英国	United Kingdom	9895	14393	14309	15637	17949	
美国	United States	57572	97648	100490	104290	109486	
乌拉圭	Uruguay	93	201	186	123	112	125
乌兹别克斯坦	Uzbekistan	134	138	114	97	99	115
瓦努阿图	Vanuatu	2	2	2	2	3	
委内瑞拉	Venezuela	486	1213	1262	954	854	993
越南	Viet Nam	65	312	327	351	392	
约旦河西岸和加沙地带	West Bank and Gaza		46	40	34	35	
也门	Yemen	48	94	95	100	108	
赞比亚	Zambia	33	32	36	37	43	52
津巴布韦	Zimbabwe	88	72	91	178		

注：①世界银行统计数据。②包括法属圭亚那、瓜德罗普、马提尼克和留尼汪。

Note: ① Data from World Bank. ② Include the Frenche Guiana, Guadeloupe Martinique and Réunion.

4-3 国民总收入（本币）

Gross National Income(Local Currency)

资料来源：国际货币基金组织国际金融统计数据库、世界银行世界发展指标数据库。
Source: IMF International Financial Statistics Database, World Bank World Development Indicators Database.

单位：亿本币 (100 million local currency units)

国家和地区	Country or Area	1990	2000	2002	2003	2004
中　　国	China	18598	88254	103935	116741	136584
中国香港	Hong Kong, China	5825	13101	12872	12872	
孟加拉国	Bangladesh	10242	24580	28574	31763	
印　　度	India	56113	207221	245016	274595	
印度尼西亚	Indonesia	2012490	12105800	14848700	16218000	
伊　　朗	Iran	351530	5807510	9099740	10850500	
以 色 列	Israel	1033	4450	4784	4871	5144
日　　本①	Japan ①	4428970	5178840	5064690	5063450	
哈萨克斯坦	Kazakhstan		24375	36180	41881	
韩　　国	Korea, Rep.	1786280	5761600	6850690	7254200	7794680
马来西亚	Malaysia	1140	3143	3366	3717	
蒙　　古②	Mongolia ②	93	10133	13073	14357	
缅　　甸	Myanmar	1520	25526	56252	77166	
巴基斯坦	Pakistan	8907	37455	44254	49731	55763
菲 律 宾	Philippines	10714	35661	42233	46183	51959
新 加 坡	Singapore	683	1591	1578	1572	
斯里兰卡	Sri Lanka	3151	12346	15575	17415	
泰　　国	Thailand	21561	48459	53574	58193	64477
土 耳 其②	Turkey ②	3971274	1255961000	2750324000	3566809000	
越　　南	Viet Nam	392840	4353190	5273870		
埃　　及②	Egypt ②	937	3419	3880	4142	
尼日利亚	Nigeria	2383	46186	52166	67637	80918
南　　非①	South Africa ①	2788	9001	11356	12167	13465
加 拿 大①	Canada ①	6456	10426	11276	11895	12708
墨 西 哥②	Mexico ②	7146	53565	61422	66166	
美　　国	United States	58322	99831	105293	110336	117279
阿 根 廷	Argentina	679	2767	2932	3535	
巴　　西	Brazil	…	10687	12941	15010	17107
委内瑞拉	Venezuela	22116	787082	1046480	1303300	1999630
白俄罗斯	Belarus		91450	261600	364916	
保加利亚	Bulgaria		261	318	334	373
捷　　克	Czech Republic		20969	22984	24335	26115
法　　国①③	France ①③	65945|	14318	15278	15562	16280
德　　国①③	Germany ①③	24482|	20203	21088	21182	21712
意 大 利①③	Italy ①③	13004400|	11570	12508	12869	
荷　　兰①③	Netherlands ①③	5330|	4040	4389	4477	4600
波　　兰②	Poland ②	528	7175	7728	8029	
罗马尼亚②	Romania ②	8614	7975907	14970840	18547650	
俄罗斯联邦②	Russian Federation ②		71161	106278	128810	
西 班 牙①③	Spain ①③	496930|	6033	6876	7351	
乌 克 兰	Ukraine		1649			
英　　国①	United Kingdom ①	5492	9561	10633	11208	
澳大利亚①	Australia ①	3783	6315	7127	7623	8110
新 西 兰①	New Zealand ①	704	1077	1233	1310	1469

注：①季节调整值。②世界银行统计数据。③从2000年起以欧元为货币单位。
Note: ① Season adjusted. ② Data from World Bank. ③ Since 2000,the monetary unit is the euro.

4-4 人均国民总收入（美元）

GNI Per Capita (USD)

资料来源：世界银行世界发展指标数据库。
Source: World Bank World Development Indicators Database.
单位：美元 (USD)

国家和地区	Country or Area	1990	2000	2001	2002	2003	2004
世界总计	**World**	**4060**	**5220**	**5180**	**5130**	**5510**	
低收入国家	**Low Income**	**360**	**380**	**390**	**400**	**440**	**480**
最不发达国家	**Least Developed Countries**	**300**	**280**	**280**	**290**	**310**	
重债穷国	**Heavily Indebted Poor Countries**	**350**	**280**	**280**	**280**	**300**	
中等收入国家	**Middle Income**	**1210**	**1750**	**1750**	**1770**	**1930**	**2290**
下中等收入国家	**Lower Middle Income**	**1010**	**1320**	**1300**	**1350**	**1490**	**1770**
上中等收入国家	**Upper Middle Income**	**2830**	**5220**	**5370**	**5160**	**5440**	
中、低收入国家	**Low & Middle Income**	**870**	**1160**	**1170**	**1180**	**1280**	**1470**
东亚和太平洋	**East Asia & Pacific**	**420**	**840**	**890**	**950**	**1070**	**1250**
欧洲和中亚	**Europe & Central Asia**		**2030**	**1990**	**2180**	**2580**	**3300**
拉丁美洲和加勒比	**Latin America & Caribbean**	**2260**	**3710**	**3570**	**3320**	**3280**	**3530**
中东和北非	**Middle East & North Africa**	**1770**	**2130**	**2200**	**2210**	**2390**	
南　亚	**South Asia**	**380**	**440**	**450**	**460**	**510**	**560**
撒哈拉以南非洲	**Sub-Saharan Africa**	**550**	**480**	**470**	**450**	**500**	**600**
高收入国家	**High Income**	**19760**	**26920**	**26760**	**26570**	**28600**	
非经合组织成员国	**Non-OECD Countries**	**20300**	**27520**	**27390**	**27220**	**29360**	
经合组织成员国	**OECD Countries**	**9910**	**16990**	**16440**	**16060**	**16330**	
中　国①	China ①	320	840	900	970	1100	1230
中国香港	Hong Kong, China	12520	26830	25790	24800	25860	
中国澳门	Macao, China	8470	14800	14600			
阿尔巴尼亚	Albania	680	1160	1340	1440	1740	2060
阿尔及利亚	Algeria	2440	1580	1660	1720	1930	2160
安哥拉	Angola	820	470	530	680	740	
安提瓜和巴布达	Antigua and Barbuda	5550	8610	8580	8770	9160	
阿根廷	Argentina	3220	7690	7210	4220	3810	
亚美尼亚	Armenia		650	700	800	950	1080
澳大利亚	Australia	17720	20090	19890	19580	21950	
奥地利	Austria	19720	25700	24280	23970	26810	
阿塞拜疆	Azerbaijan		610	660	720	820	900
巴哈马	Bahamas	11730	15060	14870	14920		
巴　林	Bahrain	7120	10420	10590	10850		
孟加拉国	Bangladesh	280	380	380	380	400	420
巴巴多斯	Barbados	6600	9130	8980	8780	9260	
白俄罗斯	Belarus		1380	1300	1380	1600	1590
比利时	Belgium	18520	24880	23490	22960	25760	
伯利兹	Belize	2210	3100	3070	3130	3370	
贝　宁	Benin	370	390	380	380	440	
不　丹	Bhutan	490	520	560	590	630	
玻利维亚	Bolivia	740	990	960	920	900	910
波　黑	Bosnia and Herzegovina		1270	1280	1310	1530	1820
博茨瓦纳	Botswana	2750	3010	3120	2780	3530	4100
巴　西	Brazil	2800	3650	3090	2860	2720	2670
保加利亚	Bulgaria	2260	1600	1680	1790	2130	2610
布基纳法索	Burkina Faso	330	250	250	250	300	
布隆迪	Burundi	220	110	100	90	90	
柬埔寨	Cambodia		280	280	290	300	320
喀麦隆	Cameroon	950	570	550	560	630	730

4-4续表1 continued

单位：美元 (USD)

国家和地区	Country or Area	1990	2000	2001	2002	2003	2004
加拿大	Canada	19840	21820	22140	22610	24470	
佛得角	Cape Verde	980	1320	1280	1250	1440	
中非	Central African Republic	470	280	270	250	260	
乍得	Chad	270	190	200	210	240	250
智利	Chile	2190	4780	4570	4340	4360	4950
哥伦比亚	Colombia	1190	2050	1910	1810	1810	1880
科摩罗	Comoros	550	380	380	380	450	
刚果（金）	Congo, Dem. Rep.	220	90	80	90	100	
刚果（布）	Congo	880	510	570	610	650	
哥斯达黎加	Costa Rica	1790	3820	3980	4070	4300	4410
科特迪瓦	Cote d'Ivoire	780	690	650	610	660	
克罗地亚	Croatia		4500	4390	4630	5370	6260
塞浦路斯	Cyprus	8110	12460	12320			
捷克	Czech Republic		5690	5650	5880	7150	
丹麦	Denmark	23430	31450	30480	29880	33570	
吉布提	Djibouti		830	840	850	910	
多米尼克	Dominica	2260	3300	3390	3200	3330	
多米尼加	Dominican Republic	880	2130	2270	2360	2130	
厄瓜多尔	Ecuador	900	1330	1360	1510	1830	2060
埃及	Egypt	810	1490	1530	1470	1390	1250
萨尔瓦多	El Salvador	940	2020	2070	2110	2340	2270
赤道几内亚	Equatorial Guinea	350	640	700			
厄立特里亚	Eritrea		190	200	190	190	200
爱沙尼亚	Estonia	3190	4070	4200	4540	5380	6600
埃塞俄比亚	Ethiopia	170	110	110	100	90	110
斐济	Fiji	1910	2220	2090	2070	2240	
芬兰	Finland	24760	24940	23970	23990	27060	
法国②	France ②	19620	23990	22880	22180	24730	
法属波利尼西亚	French Polynesia	15500	16150				
加蓬	Gabon	4800	3120	3100	3000	3340	3960
冈比亚	Gambia	310	320	310	270	270	
格鲁吉亚	Georgia		630	600	650	770	
德国	Germany	20160	25140	23670	22860	25270	
加纳	Ghana	380	330	290	270	320	370
希腊	Greece	7770	11280	11010	11240	13230	
格林纳达	Grenada	2310	3630	3530	3420	3710	
危地马拉	Guatemala	970	1700	1700	1750	1910	
几内亚	Guinea	460	450	420	410	430	440
几内亚比绍	Guinea-Bissau	220	160	140	130	140	150
圭亚那	Guyana	380	860	860	860	900	
海地	Haiti	410	510	480	440	400	380
洪都拉斯	Honduras	710	850	900	910	970	
匈牙利	Hungary	2880	4620	4620	5100	6350	
冰岛	Iceland	23580	29980	28430	27450	30910	
印度	India	390	450	460	470	540	590
印度尼西亚	Indonesia	620	570	680	720	810	1360
伊朗	Iran	2590	1650	1680	1740	2010	
爱尔兰	Ireland	11960	23030	22930	22930	27010	
以色列	Israel	10860	17060	16880	16090	16240	
意大利	Italy	17420	20160	19470	19110	21570	
牙买加	Jamaica	1820	2910	2910	2900	2980	3030

4−4续表2 continued

单位：美元 (USD)

国家和地区	Country or Area	1990	2000	2001	2002	2003	2004
日　　本	Japan	26960	35280	35780	33660	34180	
约　　旦	Jordan	1390	1720	1750	1760	1850	1970
哈萨克斯坦	Kazakhstan		1250	1350	1520	1780	2150
肯 尼 亚	Kenya	380	360	350	350	400	440
基里巴斯	Kiribati	720	1020	1040	920	860	
韩　　国	Korea, Rep.	6000	9790	10580	11280	12030	
科 威 特	Kuwait		16280	16760	16300	17960	
吉尔吉斯斯坦	Kyrgyzstan		280	280	290	340	
老　　挝	Laos	200	290	310	320	340	
拉脱维亚	Latvia	2790	3200	3520	3780	4400	5290
黎 巴 嫩	Lebanon	1010	4000	3860	3900	4040	4300
莱 索 托	Lesotho	650	640	600	550	610	710
利比里亚	Liberia		130	140	140	110	
立 陶 宛	Lithuania		3170	3400	3730	4500	5400
卢 森 堡	Luxembourg	29640	43540	43150	40920	45740	
马 其 顿	Macedonia		1830	1690	1710	1980	2270
马达加斯加	Madagascar	240	250	260	230	290	
马 拉 维	Malawi	200	170	160	160	160	
马来西亚	Malaysia	2380	3390	3410	3550	3880	
马尔代夫	Maldives		2130	2120	2150	2350	
马　　里	Mali	270	240	230	240	290	
马 耳 他	Malta	6780	9570	9690	9850	10780	
马绍尔群岛	Marshall Islands		2370	2200	2400	2710	
毛里塔尼亚	Mauritania	540	390	360	400	400	400
毛里求斯	Mauritius	2300	3690	3850	3860	4100	4510
墨 西 哥	Mexico	2830	5110	5560	5950	6230	
密克罗尼西亚联邦	Micronesia,Fed. States	1760	1970	1910	1920	2070	
摩尔多瓦	Moldova		330	340	400	590	600
蒙　　古	Mongolia		400	410	450	480	
摩 洛 哥	Morocco	1030	1180	1190	1170	1310	1440
莫桑比克	Mozambique	170	210	200	200	210	
纳米比亚	Namibia	1720	1870	1750	1650	1930	1960
尼 泊 尔	Nepal	220	230	240	230	240	250
荷　　兰	Netherlands	18750	25200	24070	23520	26230	
新喀里多尼亚	New Caledonia	15010	14050				
新 西 兰	New Zealand	12840	13700	13440	13450	15530	
尼加拉瓜	Nicaragua	340	740	730	730	740	760
尼 日 尔	Niger	310	180	180	180	200	
尼日利亚	Nigeria	270	260	300	300	350	
挪　　威	Norway	25670	35660	37100	38990	43400	
阿　　曼	Oman	5890	6710	7720	7830		
巴基斯坦	Pakistan	420	480	480	490	520	570
帕　　劳	Palau					6500	
巴 拿 马	Panama	2220	3870	3840	3970	4060	4270
巴布亚新几内亚	Papua New Guinea	850	720	630	540	500	
巴 拉 圭	Paraguay	1210	1510	1390	1170	1110	1120
秘　　鲁	Peru	780	2050	1970	2020	2140	2270
菲 律 宾	Philippines	740	1030	1030	1030	1080	1060
波　　兰	Poland		4430	4530	4680	5280	5900
葡 萄 牙	Portugal	6450	10930	10620	10550	11800	
波多黎各	Puerto Rico	6220	10550	10950			
罗马尼亚	Romania	1730	1680	1740	1910	2260	

4–4续表3 continued

单位：美元 (USD)

国家和地区	Country or Area	1990	2000	2001	2002	2003	2004
俄罗斯联邦	Russian Federation		1720	1790	2120	2610	3280
卢旺达	Rwanda	370	260	240	230	220	
萨摩亚	Samoa	1040	1430	1430	1390	1440	
圣多美和普林西比	Sao Tome and Principe	430	290	290	280	300	
沙特阿拉伯	Saudi Arabia	7490	8120	8420	8470	9240	
塞内加尔	Senegal	720	490	480	460	540	650
塞尔维亚和黑山	Serbia and Montenegro		940	970	1420	1910	
塞舌尔	Seychelles	5020	7310	7220	6910	7490	7870
塞拉利昂	Sierra Leone	200	130	130	140	150	150
新加坡	Singapore	11840	23000	21440	21180	21230	
斯洛伐克	Slovak	3340	3860	3860	4070	4940	6180
斯洛文尼亚	Slovenia		10440	10300	10260	11920	
所罗门群岛	Solomon Islands	730	710	610	540	560	
索马里	Somalia	130					
南非	South Africa	2890	2980	2740	2530	2750	
西班牙	Spain	11680	14790	14490	14610	17040	
斯里兰卡	Sri Lanka	490	890	840	850	930	1010
圣基茨和尼维斯	St. Kitts and Nevis	3610	6500	6440	6440	6630	
圣卢西亚	St. Lucia	2810	4010	3790	3880	4050	
圣文森特和格林纳丁斯	St. Vincent and the Grenadines	1740	2800	2940	3020	3310	
苏丹	Sudan	570	330	360	400	460	470
苏里南	Suriname	1510	2230	1810	1930	2280	
斯威士兰	Swaziland	1190	1390	1340	1250	1350	1380
瑞典	Sweden	25750	28640	26700	26140	28910	
瑞士	Switzerland	34280	40150	37540	36850	40680	
叙利亚	Syrian Arab Republic	940	960	1040	1090	1160	1260
塔吉克斯坦	Tajikistan		180	170	180	210	250
坦桑尼亚	Tanzania	190	270	270	280	300	
泰国	Thailand	1520	2010	1980	2000	2190	
东帝汶	Timor-Leste		400	480	480	460	
多哥	Togo	440	320	290	280	310	
汤加	Tonga	1160	1650	1520	1400	1490	
特立尼达和多巴哥	Trinidad and Tobago	3730	5220	5780	6450	7790	8100
突尼斯	Tunisia	1430	2080	2060	1990	2240	2490
土耳其	Turkey	2270	2980	2420	2510	2800	
土库曼斯坦	Turkmenistan	880	620	710	860	1120	
乌干达	Uganda	320	270	250	240	250	260
乌克兰	Ukraine	1610	690	720	780	970	1190
阿联酋	United Arab Emirates	20730					
英国	United Kingdom	16190	25400	25310	25560	28320	
美国	United States	23330	34400	34760	35430	37870	
乌拉圭	Uruguay	2870	6120	5630	4370	3820	3780
乌兹别克斯坦	Uzbekistan		630	560	460	420	420
瓦努阿图	Vanuatu	1130	1120	1110	1080	1180	
委内瑞拉	Venezuela	2620	4290	4730	4090	3490	3590
越南	Viet Nam	130	380	410	430	480	
约旦河西岸和加沙地带	West Bank and Gaza		1750	1370	1110	1110	
也门	Yemen		420	470	490	520	
赞比亚	Zambia	450	320	330	340	380	430
津巴布韦	Zimbabwe	880	440	480			

注：①世界银行统计数据。②包括法属圭亚那、瓜德罗普、马提尼克和留尼汪。

Note: ① Data from World Bank. ② Includes the Frenche Guiana, Guadeloupe Martinique and Réunion.

4-5 按购买力平价法计算的国民经济核算主要指标（2003年）

Main Economic Indicators of National Accounts Based on PPP(2003)

资料来源：世界银行世界发展指标数据库。

Source: World Bank World Development Indicators Database.

国家和地区	Country or Area	国内生产总值（亿国际元）GDP (100 million current international $)	人均国内生产总值（国际元）GDP per Capita (current international $)	国民总收入（亿国际元）GNI (100 million current international $)	人均国民总收入（国际元）GNI per Capita (current international $)
世界总计	**World**	**518160**	**8260**	**514006**	**8190**
低收入国家	**Low Income**	**49489**	**2140**	**48768**	**2110**
最不发达国家	**Least Developed Countries**	**8967**	**1330**	**8818**	**1310**
重债穷国	**Heavily Indebted Poor Countries**	**6395**	**1220**	**6171**	**1170**
中等收入国家	**Middle Income**	**182482**	**6110**	**179258**	**6000**
下中等收入国家	**Lower Middle Income**	**148296**	**5580**	**146148**	**5500**
上中等收入国家	**Upper Middle Income**	**34346**	**10310**	**33270**	**9990**
中、低收入国家	**Low & Middle Income**	**231878**	**4370**	**227933**	**4300**
东亚和太平洋	**East Asia & Pacific**	**86100**	**4640**	**85417**	**4610**
欧洲和中亚	**Europe & Central Asia**	**36410**	**7710**	**35554**	**7530**
拉丁美洲和加勒比	**Latin America & Caribbean**	**39416**	**7400**	**38005**	**7130**
中东和北非	**Middle East & North Africa**	**18451**	**5920**	**18256**	**5860**
南　亚	**South Asia**	**37729**	**2650**	**37615**	**2640**
撒哈拉以南非洲	**Sub-Saharan Africa**	**13009**	**1850**	**12362**	**1750**
高收入国家	**High Income**	**287431**	**29570**	**287529**	**29580**
经合组织成员国	**OECD Countries**	**276019**	**30180**	**276325**	**30210**
中　　国①	China ①	64460	5003	64104	4980
中国香港	Hong Kong, China	1853	27179	1954	28680
孟加拉国	Bangladesh	2444	1770	2579	1870
印　　度	India	30780	2892	30623	2880
印度尼西亚	Indonesia	7215	3361	6894	3210
伊　　朗	Iran	4644	6995	4650	7000
以 色 列	Israel	1340	20033	1300	19440
日　　本	Japan	35678	27967	36288	28450
哈萨克斯坦	Kazakhstan	993	6671	934	6280
韩　　国	Korea, Rep.	8610	17971	8622	18000
马来西亚	Malaysia	2357	9512	2222	8970
蒙　　古	Mongolia	46	1850	45	1820
巴基斯坦	Pakistan	3113	2097	3029	2040
菲 律 宾	Philippines	3522	4321	3786	4640
新 加 坡	Singapore	1040	24481	1028	24180
斯里兰卡	Sri Lanka	727	3778	719	3740
泰　　国	Thailand	4710	7595	4622	7450
土 耳 其	Turkey	4789	6772	4748	6710
越　　南	Viet Nam	2025	2490	2025	2490
埃　　及	Egypt	2669	3950	2663	3940
尼日利亚	Nigeria	1432	1050	1226	900
南　　非	South Africa	4741	10346	4641	10130
加 拿 大	Canada	9703	30677	9501	30040
墨 西 哥	Mexico	9378	9168	9187	8980
美　　国	United States	109234	37562	109785	37750
阿 根 廷	Argentina	4451	12106	4196	11410
巴　　西	Brazil	13758	7790	13257	7510
委内瑞拉	Venezuela	1263	4919	1219	4750
白俄罗斯	Belarus	598	6052	598	6050
保加利亚	Bulgaria	605	7731	590	7540
捷　　克	Czech Republic	1669	16357	1591	15600
法　　国	France	16540	27677	16516	27640
德　　国	Germany	22910	27756	22791	27610
意 大 利	Italy	15633	27119	15465	26830
荷　　兰	Netherlands	4765	29371	4633	28560
波　　兰	Poland	4346	11379	4282	11210
罗马尼亚	Romania	1582	7277	1552	7140
俄罗斯联邦	Russian Federation	13238	9230	12836	8950
西 班 牙	Spain	9203	22391	9104	22150
乌 克 兰	Ukraine	2655	5491	2624	5430
英　　国	United Kingdom	16106	27147	16426	27690
澳大利亚	Australia	5891	29632	5722	28780
新 西 兰	New Zealand	905	22582	856	21350

注：①世界银行统计数据。

Note: ① Data from World Bank.

4-6 国内生产总值增长率
Growth Rate of GDP

资料来源：国际货币基金组织世界经济展望数据库。
Source: IMF World Economic Outlook Database.
单位：%　　(%)

国家和地区	Country or Area	年均增长率 Average Annual Real Growth Rate 1991-2000	2001-2004	1990	2000	2002	2003	2004
世　界①	World ①	2.8	3.6	2.9	4.6	3.0	4.0	5.1
发达国家	Advanced Countries	2.4	2.0	3.1	3.8	1.6	2.0	3.4
欧盟	European Union	1.9	2.1	2.6	3.7	1.2	1.2	2.5
欧元区	Euro Area	3.6	1.8		3.6	0.9	0.5	2.0
主要发达国家	Major Advanced Countries	1.9	1.8	2.8	3.4	1.2	2.0	3.3
亚洲新兴工业化国家	Newly Industrialized Asian	8.1	2.7	7.3	7.9	5.3	3.1	5.5
发展中国家	Developing Countries	4.2	5.6	2.6	5.8	4.7	6.4	7.2
非洲	Africa	1.4	4.5	2.2	3.2	3.6	4.6	5.1
撒哈拉以南非洲	Africa: Sub-Sahara	0.6	4.5	2.0	3.4	3.6	4.2	5.1
中东欧	Central and Eastern Europe		1.1	-1.6	4.9	4.4	4.6	6.1
独联体国家和蒙古	Commonwealth of Independent States and Mongolia		7.2	1.1	9.1	5.4	7.9	8.2
亚洲发展中国家	Developing Asia	6.3	6.9	5.3	6.5	6.5	8.1	8.2
东盟四国	ASEAN-4	5.6	3.8	7.6	5.3	4.6	5.4	5.8
中东	Middle East	6.5	4.3	5.6	5.4	4.1	5.8	5.5
西半球	Western Hemisphere	3.9	1.7	0.3	3.9	-0.1	2.2	5.7
中　国	China	10.1	8.7	3.8	8.0	8.3	9.5	9.5
中国香港	Hong Kong, China	4.5	3.4	3.7	10.2	1.9	3.2	8.1
阿富汗	Afghanistan					28.6	15.7	7.5
阿尔巴尼亚	Albania	1.3	5.6	-10.0	7.3	3.4	6.0	5.9
阿尔及利亚	Algeria	1.6	4.7	0.8	2.1	4.0	6.9	5.3
安哥拉	Angola	0.9	7.9	0.1	3.0	14.4	3.4	11.2
安提瓜和巴布达	Antigua and Barbuda	3.3	3.4	2.3	3.5	2.4	4.9	4.1
阿根廷	Argentina	4.2	0.3	-1.3	-0.8	-10.9	8.8	9.0
亚美尼亚②	Armenia ②	-5.7	11.7		6.0	13.2	13.9	10.1
澳大利亚	Australia	3.4	3.3	1.8	3.2	4.0	3.4	3.2
奥地利	Austria	2.4	1.2	4.7	3.4	1.2	0.8	2.0
阿塞拜疆②	Azerbaijan ②	-5.8	10.0		10.3	9.7	10.8	10.1
巴哈马	Bahamas	1.9	0.5	1.2	4.9	-0.1	1.9	3.3
巴　林	Bahrain	4.6	5.2	7.3	5.3	5.1	5.7	5.5
孟加拉国	Bangladesh	4.9	5.1	4.6	5.6	4.9	5.4	5.4
巴巴多斯	Barbados	1.4	0.3	-3.3	2.4	-0.5	2.2	3.0
白俄罗斯②	Belarus ②	-1.2	6.8		5.8	5.0	6.8	11.0
比利时	Belgium	2.2	1.4	3.1	3.7	0.9	1.3	2.7
伯利兹	Belize	5.9	5.4	10.2	12.3	4.3	9.4	3.0
贝　宁	Benin	4.8	4.7	3.2	5.8	6.0	4.8	3.0
不　丹	Bhutan	6.0	6.8	6.6	5.5	6.7	6.5	7.0
玻利维亚	Bolivia	3.8	2.6	4.4	2.3	2.8	2.5	3.8
波　黑②	Bosnia and Herzegovina ②	14.3	4.7		5.5	5.3	4.0	5.2
博茨瓦纳	Botswana	5.2	5.5	6.8	7.6	5.0	6.6	5.2
巴　西	Brazil	2.7	2.2	-4.2	4.4	1.9	0.5	5.2
文　莱	Brunei Darussalam	1.4	2.5	2.7	2.8	2.8	3.1	1.1
保加利亚	Bulgaria	-4.0	4.7	-9.1	5.4	4.9	4.3	5.7
布基纳法索	Burkina Faso	5.4	6.2	10.1	3.1	5.2	8.0	4.8
布隆迪	Burundi	1.3	2.7	3.5	-0.9	4.5	-1.2	5.5

4-6续表1 continued

单位：% (%)

国家和地区	Country or Area	年均增长率 Average Annual Real Growth Rate		1990	2000	2002	2003	2004
		1991-2000	2001-2004					
柬埔寨	Cambodia	6.8	5.2	1.1	7.0	5.5	5.2	4.3
喀麦隆	Cameroon	1.4	5.1	-6.2	4.2	6.5	4.5	4.3
加拿大	Canada	2.9	2.5	0.2	5.2	3.4	2.0	2.8
佛得角	Cape Verde	6.7	5.1	0.7	8.1	5.0	5.3	4.0
中非	Central African Republic	1.0	-1.7	-3.8	1.8	-0.6	-7.0	0.9
克罗地亚②	Croatia ②	4.5	4.4		2.9	5.2	4.3	3.8
塞浦路斯	Cyprus	4.5	2.9	7.3	5.0	2.1	1.9	3.7
捷克②	Czech Republic ②	1.5	2.9		3.3	1.5	3.7	4.0
丹麦	Denmark	2.3	1.3	1.0	2.8	1.0	0.4	2.3
吉布提	Djibouti	-1.8	2.7	5.8	0.7	2.6	3.5	3.0
多米尼克	Dominica	2.1	-2.0	6.3	1.4	-4.7		1.0
多米尼加	Dominican Republic	5.9	2.1	-5.5	7.8	4.3	-1.6	2.0
厄瓜多尔	Ecuador	2.2	4.4	3.0	2.8	3.4	2.7	6.6
埃及	Egypt	3.9	3.5	2.4	5.4	3.2	3.1	4.1
萨尔瓦多	El Salvador	4.6	1.8	4.8	2.2	2.2	1.8	1.5
赤道几内亚	Equatorial Guinea	20.0	25.0	3.2	18.0	9.6	18.3	34.2
厄立特里亚③	Eritrea ③	5.0	3.6		-13.1	0.6	3.0	1.8
爱沙尼亚②	Estonia ②	-0.1	6.2		7.8	7.2	5.1	6.2
埃塞俄比亚	Ethiopia	2.9	4.1	3.4	5.4	1.6	-3.9	11.6
斐济	Fiji	2.5	4.1	5.8	-2.8	4.3	4.8	4.7
芬兰	Finland	1.9	2.3	-0.3	5.1	2.2	2.4	3.7
法国	France	1.9	1.5	2.6	4.2	1.1	0.5	2.3
加蓬	Gabon	1.7	1.6	5.2	-1.9		2.6	1.9
冈比亚	Gambia	4.2	4.2	5.7	5.5	-3.2	6.7	7.7
格鲁吉亚②	Georgia ②	-8.0	7.4		1.9	5.5	11.1	8.5
德国	Germany	1.9	0.6	5.7	2.9	0.1	-0.1	1.7
加纳	Ghana	4.5	4.8	3.3	3.7	4.5	5.2	5.5
希腊	Greece	2.3	4.2		4.5	3.8	4.7	4.2
格林纳达	Grenada	3.9	-0.7	5.2	7.0	-0.4	5.7	-3.2
危地马拉	Guatemala	4.1	2.3	3.1	3.6	2.2	2.2	2.6
几内亚	Guinea	4.1	3.0	4.3	1.9	4.2	1.2	2.5
几内亚比绍	Guinea-Bissau	0.9	-0.6	4.6	7.5	-7.2	0.6	4.3
圭亚那	Guyana	4.9	1.1	-3.0	-1.3	1.1	-0.7	1.6
海地	Haiti	…	-1.2	1.0	0.9	-0.5	0.4	-3.5
洪都拉斯	Honduras	3.3	3.2	0.1	5.7	2.7	3.5	4.2
匈牙利	Hungary	0.8	3.6	-3.5	5.2	3.5	3.0	4.0
冰岛	Iceland	2.7	2.9	1.1	5.7	-0.5	4.3	5.7
印度	India	5.5	6.0	6.0	4.7	4.4	7.5	7.3
印度尼西亚	Indonesia	4.0	4.5	7.2	4.9	4.4	4.9	5.1
伊朗	Iran	3.9	6.1	16.9	5.1	7.5	6.6	6.6
爱尔兰	Ireland	7.2	5.2	8.5	9.9	6.1	3.7	5.1
以色列	Israel	5.6	1.0	5.7	8.0	-0.7	1.3	4.3
意大利	Italy	1.6	0.9	2.0	3.0	0.4	0.3	1.2
牙买加	Jamaica	0.4	1.8	4.9	0.8	1.9	2.0	2.5
日本	Japan	1.4	1.0	5.3	2.4	-0.3	1.4	2.6
约旦	Jordan	4.9	4.9	7.1	4.1	4.8	3.3	6.7
哈萨克斯坦②	Kazakhstan ②	-2.7	10.5		9.8	9.8	9.3	9.4
肯尼亚	Kenya	1.8	1.7	4.0	0.0	1.1	1.6	3.1
基里巴斯	Kiribati	4.9	1.8	2.1	1.6	1.0	2.5	1.8
韩国	Korea,Rep.	6.1	4.6	9.2	8.5	7.0	3.1	4.6

4-6续表2 continued

单位：% (%)

国家和地区	Country or Area	年均增长率 Average Annual Real Growth Rate 1991-2000	2001-2004	1990	2000	2002	2003	2004
乍　　得	Chad	2.9	15.1	3.2	-0.6	9.9	11.3	30.5
智　　利	Chile	6.4	3.7	3.7	4.5	2.2	3.3	6.0
哥伦比亚	Colombia	2.7	2.8	4.3	2.9	1.9	4.0	4.0
科 摩 罗	Comoros	1.2	2.1	5.1	2.4	2.3	2.1	1.9
科 威 特	Kuwait	3.4	4.2	-26.2	1.9	-0.5	9.7	7.2
吉尔吉斯斯坦②	Kyrgyzstan ②	-3.2	4.5		5.4		6.9	6.0
老　　挝	Laos	6.3	5.7	6.7	5.8	5.8	5.3	6.0
拉脱维亚②	Latvia ②	-2.6	7.5		6.9	6.4	7.5	8.0
黎 巴 嫩	Lebanon	7.1	3.0	-13.4	-0.5	2.0	3.0	5.0
莱 索 托	Lesotho	3.5	3.8	5.6	1.9	4.5	5.2	2.3
利 比 亚	Libya	2.2	3.2	-20.2	2.4	3.7	5.3	0.9
立 陶 宛②	Lithuania ②	-3.1	7.4		3.9	6.8	9.7	6.6
卢 森 堡	Luxembourg	5.5	2.8	5.4	9.2	2.3	2.4	4.4
马 其 顿②	Macedonia ②	-0.3	0.4		4.5	0.9	3.2	2.3
马达加斯加	Madagascar	1.7	1.7	3.1	4.7	-12.7	9.8	5.3
马 拉 维	Malawi	3.4	1.5	5.7	0.8	2.1	3.9	4.3
马来西亚	Malaysia	7.1	4.2	9.0	8.9	4.1	5.3	7.1
马尔代夫	Maldives	7.5	6.8	5.5	4.8	6.5	8.4	8.8
马　　里	Mali	3.6	6.4	16.5	-3.2	4.3	7.4	2.2
马 耳 他	Malta	5.6		4.7	9.9	2.2	-1.8	1.5
毛里塔尼亚	Mauritania	4.1	5.1	-1.2	5.2	4.1	6.6	5.2
毛里求斯	Mauritius	6.0	4.5	4.9	6.1	3.4	3.0	4.4
墨 西 哥	Mexico	3.5	1.6	5.1	6.6	0.6	1.6	4.4
摩尔多瓦②	Moldova ②	-11.5	6.8		2.1	7.8	6.3	7.0
蒙　　古	Mongolia	…	4.0	-5.6	1.1	3.9	5.3	6.0
摩 洛 哥	Morocco	2.3	4.5	4.0	1.0	3.2	5.2	3.5
莫桑比克	Mozambique	5.6	8.8	1.0	1.6	7.4	7.1	7.8
缅　　甸	Myanmar	7.1	10.5	2.8	13.7	12.0	13.8	5.0
纳米比亚	Namibia	4.1	3.2	0.8	3.5	2.5	3.7	4.4
尼 泊 尔	Nepal	5.0	2.9	4.6	6.1	-0.6	3.1	3.5
荷　　兰	Netherlands	2.9	0.6	4.1	3.5	0.6	-0.9	1.3
荷属安的列斯	Netherlands Antilles	1.4	0.8	1.5	-2.0	0.4	1.4	1.0
新 西 兰	New Zealand	2.8	3.9		3.6	4.7	3.4	5.0
尼加拉瓜	Nicaragua	3.6	2.6	-0.1	4.2	1.0	2.3	4.0
尼 日 尔	Niger	1.8	4.0	-1.3	-1.4	3.0	5.3	0.9
尼日利亚	Nigeria	2.1	4.6	12.0	5.4	1.5	10.7	3.5
挪　　威	Norway	3.7	1.8	2.1	2.8	1.1	0.4	2.9
阿　　曼	Oman	4.6	3.2	8.4	5.5	1.7	1.4	2.5
巴基斯坦	Pakistan	3.8	4.5	5.0	3.4	3.2	5.6	6.5
巴 拿 马	Panama	5.5	3.3	8.1	2.7	2.2	4.3	6.0
巴布亚新几内亚	Papua New Guinea	4.8	0.5	-3.0	-1.2	-0.8	2.7	2.5
巴 拉 圭	Paraguay	2.0	1.3	3.1	-0.4	-2.3	2.6	2.1
秘　　鲁	Peru	4.3	3.5	-3.8	2.9	4.9	3.8	5.1
菲 律 宾	Philippines	2.9	4.2	3.0	4.4	4.3	4.7	6.1
波　　兰	Poland	3.6	2.9	-7.2	4.0	1.4	3.8	5.3
葡 萄 牙	Portugal	2.9	0.5	7.9	3.4	0.4	-1.2	1.0
卡 塔 尔	Qatar	7.2	7.5	-14.6	9.1	7.3	8.5	9.9
罗马尼亚	Romania	-1.7	6.1	-5.6	2.1	5.1	5.2	8.3
俄罗斯联邦②	Russian Federation ②	-3.8	6.0		10.0	4.7	7.3	7.1

4–6续表3 continued

单位：% (%)

国家和地区	Country or Area	年均增长率 Average Annual Real Growth Rate 1991-2000	2001-2004	1990	2000	2002	2003	2004
刚果（金）	Congo, Dem. Rep. of	-5.6	3.4	-6.6	-6.9	3.5	5.7	6.8
刚果（布）	Congo	1.4	3.4	1.0	8.2	5.4	0.8	4.0
哥斯达黎加	Costa Rica	5.2	3.6	3.9	1.8	2.9	6.5	4.2
科特迪瓦	Cote D'Ivoire	3.5	-1.0	-1.1	-2.2	-1.5	-1.6	-0.9
卢 旺 达	Rwanda	0.1	5.2	0.4	6.0	9.4	0.9	4.0
萨 摩 亚	Samoa	3.6	3.6	-6.4	6.9	1.8	3.1	3.2
圣多美和普林西比	Sao Tome & Principe	1.8	5.1	-2.2	3.0	5.0	5.5	6.0
沙特阿拉伯	Saudi Arabia	2.3	3.2	10.6	4.9	0.1	7.2	5.3
塞内加尔	Senegal	2.9	4.6	3.9	3.0	1.1	6.5	6.0
塞尔维亚和黑山②	Serbia and Montenegro ②	1.3	4.8		5.0	3.8	2.7	7.2
塞 舌 尔	Seychelles	4.5	-2.3	7.5	4.3	1.3	-6.3	-2.0
塞拉利昂	Sierra Leone	-7.6	15.1	1.6	3.8	27.5	8.6	7.4
新 加 坡	Singapore	7.8	2.7	9.0	9.6	3.2	1.4	8.4
斯洛伐克②	Slovak ②	2.1	4.6		2.0	4.6	4.5	5.5
斯洛文尼亚②	Slovenia ②	3.1	3.2		3.9	3.4	2.5	4.4
所罗门群岛	Solomon Islands	2.5	-0.1	2.2	-14.3	-1.6	5.0	6.0
南 非	South Africa	1.8	3.2	-0.3	4.2	3.6	2.8	3.7
西 班 牙	Spain	2.7	2.5	3.8	4.4	2.2	2.5	2.7
斯里兰卡	Sri Lanka	5.2	3.4	6.2	6.0	4.0	5.9	5.2
圣基茨和尼维斯	St. Kitts And Nevis	4.1	2.8	3.1	4.4	1.6	2.1	5.1
圣卢西亚	St. Lucia	2.6	…	4.1	0.1		2.3	2.0
圣文森特和格林纳丁斯	St. Vincent & the Grenadines	2.9	1.7	7.3	1.3	1.1	2.2	2.8
苏 丹	Sudan	5.1	6.3	-1.7	6.9	6.0	6.0	7.3
苏 里 南	Suriname	0.7	4.3	0.1	-0.1	3.0	5.3	4.6
斯威士兰	Swaziland	3.1	2.2	8.9	2.0	2.8	2.4	2.1
瑞 典	Sweden	2.0	2.0	1.0	4.3	2.0	1.5	3.5
瑞 士	Switzerland	1.1	0.6	3.8	3.6	0.3	-0.4	1.7
叙 利 亚	Syrian Arab Republic	5.9	3.5	2.7	0.6	4.2	2.6	3.4
塔吉克斯坦②	Tajikistan ②	-7.4	10.0		8.3	9.1	10.2	10.6
坦桑尼亚	Tanzania	2.9	6.7	7.0	5.1	7.2	7.1	6.3
泰 国	Thailand	4.4	5.1	11.6	4.8	5.3	6.9	6.1
东 帝 汶	Timor-Leste, Dem. Rep. of		3.8		15.4	3.0	-2.7	1.0
多 哥	Togo	0.6	3.1	5.9	-0.4	4.5	4.4	2.9
汤 加	Tonga	2.0	1.6	4.7	5.5	2.7	1.9	1.0
特立尼达和多巴哥	Trinidad and Tobago	3.3	7.6	1.5	7.3	6.8	13.2	6.2
突 尼 斯	Tunisia	4.7	4.5	7.1	4.7	1.7	5.6	5.8
土 耳 其	Turkey	3.6	3.4	9.2	7.4	7.9	5.9	8.0
土库曼斯坦②	Turkmenistan ②	-2.5	16.0		18.6	19.8	16.9	7.5
乌 干 达	Uganda	6.2	5.6	6.5	5.6	6.8	4.7	5.9
乌 克 兰②	Ukraine ②	-7.9	9.0		5.9	5.2	9.6	12.1
阿 联 酋	United Arab Emirates	5.5	4.5	16.6	12.3	1.9	7.0	5.7
英 国	United Kingdom	2.4	2.3	0.8	3.9	1.8	2.2	3.1
美 国	United States	3.3	2.5	1.9	3.7	1.9	3.0	4.4
乌 拉 圭	Uruguay	3.0	-0.3	0.3	-1.4	-11.0	2.5	12.0
乌兹别克斯坦②	Uzbekistan ②	-0.7	3.9		3.2	3.1	1.5	7.1
瓦努阿图	Vanuatu	3.1	-0.6	11.6	2.7	-4.9	2.4	3.0
委内瑞拉	Venezuela	2.1	0.5	6.5	3.7	-8.9	-7.7	17.3
越 南	Viet Nam	7.6	7.2	5.0	6.8	7.1	7.3	7.7
也 门	Yemen	5.8	3.6	1.3	4.4	3.9	3.1	2.7
赞 比 亚	Zambia	-0.2	4.6	-0.6	3.6	3.3	5.1	5.0
津巴布韦	Zimbabwe	0.6	-5.9	7.0	-7.3	-6.0	-10.0	-4.8

注：①指国际货币基金组织世界经济展望数据库中的180个国家和地区。②为1992年至2000年年均增长率。③为1993年至2000年年均增长率。

Note: ① Refer to the 180 countries and areas listed in the IMF World Economic Outlook Database. ② Refer to the average annual real growth rate of 1992 to 2000. ③ Refer to the average annual real growth rate of 1993 to 2000.

4-7 人均国内生产总值增长率

Growth Rate of GDP Per Capita

资料来源：世界银行世界发展指标数据库。

Source: World Bank World Development Indicators Database.

单位：%　　　　　　%

国家和地区	Country or Area	1999	2000	2001	2002	2003
世　界	**World**	**1.8**	**2.7**	**0.1**	**0.7**	**1.6**
低收入国家	**Low Income**	**3.5**	**2.0**	**2.5**	**2.3**	**5.0**
最不发达国家	**Least Developed Countries**	**2.3**	**2.3**	**2.6**	**2.7**	**2.8**
重债穷国	**Heavily Indebted Poor Countries**	**1.1**	**1.1**	**2.3**	**1.0**	**1.4**
中等收入国家	**Middle Income**	**1.3**	**4.4**	**1.6**	**2.3**	**4.0**
下中等收入国家	**Lower Middle Income**	**2.1**	**5.1**	**2.8**	**4.6**	**4.8**
上中等收入国家	**Upper Middle Income**	**-0.3**	**3.1**	**-0.9**	**-2.4**	**2.1**
中、低收入国家	**Low & Middle Income**	**1.3**	**3.8**	**1.4**	**2.0**	**3.9**
东亚和太平洋	**East Asia & Pacific**	**4.8**	**6.3**	**5.0**	**6.2**	**7.2**
欧洲和中亚	**Europe & Central Asia**	**1.6**	**6.5**	**2.0**	**5.3**	**5.7**
拉丁美洲和加勒比	**Latin America & Caribbean**	**-1.1**	**2.5**	**-1.3**	**-2.3**	**0.1**
中东和北非	**Middle East & North Africa**	**-0.2**	**2.2**	**0.8**	**0.7**	**3.7**
南　亚	**South Asia**	**4.5**	**2.4**	**2.7**	**2.7**	**5.7**
高收入国家	**High Income**	**2.5**	**3.0**	**0.3**	**0.8**	**1.7**
非经合组织成员国	**Non-OECD Countries**	**2.8**	**5.6**	**-1.9**	**0.9**	**0.9**
经合组织成员国	**OECD Countries**	**2.5**	**2.9**	**0.5**	**0.9**	**1.7**
中　国	China	6.2	7.1	6.7	7.6	8.8
中国香港	Hong Kong, China	2.4	9.2	-0.4	1.0	2.8
中国澳门	Macao, China	-4.2	4.4	1.5	8.9	
孟加拉国	Bangladesh	3.1	4.1	3.5	2.6	3.4
印　度	India	5.3	2.2	3.5	2.4	7.1
印度尼西亚	Indonesia	-0.5	3.5	2.1	2.3	2.7
伊　朗	Iran	0.3	3.5	2.0	5.7	5.2
以色列	Israel	0.1	4.7	-2.7	-2.6	-0.6
日　本	Japan	-0.1	2.7	0.2	-0.6	2.5
哈萨克斯坦	Kazakhstan	4.3	11.5	14.6	10.1	9.2
韩　国	Korea, Rep.	8.7	7.6	3.1	6.3	2.5
马来西亚	Malaysia	3.7	6.2	-1.9	2.0	3.3
蒙　古	Mongolia	2.3	0.2	0.1	2.9	4.3
缅　甸	Myanmar	9.4	12.2	8.3		
巴基斯坦	Pakistan	1.2	1.8	-0.6	0.8	2.6
菲律宾	Philippines	1.0	3.6	0.7	2.3	2.5
新加坡	Singapore	5.6	7.6	-5.0	2.5	-1.0
斯里兰卡	Sri Lanka	2.7	4.5	-2.9	2.5	4.7
泰　国	Thailand	3.7	3.9	1.4	4.6	6.2
土耳其	Turkey	-6.3	5.6	-9.0	6.2	4.2
越　南	Viet Nam	3.4	5.4	5.6	5.8	6.1
埃　及	Egypt	4.3	3.1	1.6	1.3	1.4
尼日利亚	Nigeria	-1.4	1.7	0.6	-0.9	8.0
南　非	South Africa	-0.4	1.0	0.8	2.3	0.8
加拿大	Canada	4.7	4.4	0.9	2.3	1.1
墨西哥	Mexico	2.3	5.1	-1.5	-0.7	-0.2
美　国	United States	3.3	2.5	-0.6	1.1	2.2
阿根廷	Argentina	-4.3	-1.7	-5.2	-11.7	8.0
巴　西	Brazil	-0.5	3.1	…	0.7	-1.4
委内瑞拉	Venezuela	-7.9	1.3	0.9	-10.5	-11.0
白俄罗斯	Belarus	3.8	6.1	5.1	5.5	7.3
保加利亚	Bulgaria	2.9	7.3	6.1	5.4	4.9
捷　克	Czech Republic	1.3	4.0	3.1	1.7	3.1
法　国	France	2.8	3.3	1.6	0.7	…
德　国	Germany	2.0	2.7	0.7	…	-0.1
意大利	Italy	1.6	2.9	1.7	0.4	0.3
荷　兰	Netherlands	3.3	2.7	0.5	-0.4	-1.4
波　兰	Poland	4.1	4.0	2.1	1.5	3.8
罗马尼亚	Romania	-1.0	0.7	6.8	5.9	5.2
俄罗斯联邦	Russian Federation	6.8	10.6	5.7	5.2	7.8
西班牙	Spain	3.3	3.4	2.3	1.6	2.0
乌克兰	Ukraine	0.6	6.8	10.1	6.0	10.2
英　国	United Kingdom	2.6	3.5	1.8	1.3	2.0
澳大利亚	Australia	2.6	0.9	2.6	1.5	2.7
新西兰	New Zealand	4.3	2.1	2.7	2.9	1.8

4-8 三次产业拉动率

Pulling Rate of Three Industries

资料来源：世界银行世界发展指标数据库。
Source: World Bank World Development Indicators Database.
单位：%

国家和地区	Country or Area	第一产业 Primary		第二产业 Secondary		第三产业 Tertiary	
		2000	2003	2000	2003	2000	2003
中国	China	0.40	0.40	5.30	6.50	2.30	2.60
中国香港	Hong Kong, China				-0.57		3.68
孟加拉国	Bangladesh	1.79	0.71	1.52	1.87	2.58	2.55
印度	India	-0.03	1.47	1.58	1.74	2.41	4.58
印度尼西亚	Indonesia	0.32	0.40	2.55	1.48	2.05	2.22
伊朗	Iran	0.81	1.21	2.67	2.94	1.54	2.48
日本	Japan	0.02		1.42		1.38	
哈萨克斯坦	Kazakhstan	-0.36	0.13	4.73	3.18	4.33	5.25
韩国	Korea, Rep.	0.06	-0.27	4.12	1.97	4.31	1.37
马来西亚	Malaysia	0.55	0.49	6.04	3.19	2.15	1.63
蒙古	Mongolia	-6.01	1.36	-0.07	1.32	3.61	2.69
缅甸	Myanmar	5.34		3.09		5.31	
巴基斯坦	Pakistan	1.46	0.92	0.28	1.23	1.98	2.59
菲律宾	Philippines	0.87	0.78	3.11	1.04	1.99	2.70
新加坡	Singapore	-0.01	…	3.61	0.07	5.18	0.67
斯里兰卡	Sri Lanka	0.35	0.27	1.86	1.33	3.26	3.75
泰国	Thailand	0.72	0.87	2.34	4.20	1.69	1.80
土耳其	Turkey	0.51	-0.32	1.67	1.46	3.11	2.99
越南	Viet Nam	1.10	0.70	3.46	4.18	2.23	2.36
埃及	Egypt	0.48	0.39	3.54	0.58	0.78	2.02
尼日利亚	Nigeria	1.06	1.54	1.76	5.90	1.33	3.30
南非	South Africa	0.30	-0.23	0.88	0.14	2.12	1.77
加拿大	Canada	-0.03		2.33		2.98	
墨西哥	Mexico	0.02	0.21	1.59	-0.19	4.42	1.18
美国	United States	0.12		0.74		3.70	
阿根廷	Argentina	-0.10	0.43	-0.88	3.97	0.31	4.74
巴西	Brazil	0.17	0.47	1.47	-0.30	2.11	-0.34
委内瑞拉	Venezuela	0.12	-0.12	1.38	-6.07	1.47	-2.30
白俄罗斯	Belarus	1.59	1.35	3.49	4.48	1.68	0.60
保加利亚	Bulgaria	-1.34	-0.14	2.71	1.82	3.15	1.75
捷克	Czech Republic	-0.05	-0.06	2.86	0.86	0.76	1.63
法国	France	-0.06	-0.18	1.07	-0.08	2.52	0.61
德国	Germany	-0.01	-0.01	0.74	-0.12	2.20	0.25
意大利	Italy	-0.08	-0.14	0.65	-0.09	2.15	0.37
荷兰	Netherlands	0.04		0.87		2.28	
波兰	Poland	-0.23	0.02	1.37	1.27	2.09	1.83
罗马尼亚	Romania	-2.72	0.40	1.88	1.59	2.86	2.24
俄罗斯联邦	Russian Federation	0.71	0.16	4.04	2.89	4.11	3.49
西班牙	Spain	0.06	0.02	1.23	0.54	2.41	1.20
乌克兰	Ukraine	3.70	-3.16	1.07	4.39	1.39	3.77
英国	United Kingdom	-0.01	-0.02	0.45	0.15	2.94	1.43
澳大利亚	Australia	0.12		-0.18		2.30	
新西兰	New Zealand	0.16		0.02		2.34	

4-9 资本形成总额、最终消费支出及净出口拉动率

Pulling Rate of Gross Capital Formation, Final Consumption Expenditure and External Balance on Goods and Services

资料来源：世界银行世界发展指标数据库。

Source: World Bank World Development Indicators Database.

单位：% %

国家和地区	Country or Area	资本形成总额 Gross Capital Formation		最终消费支出 Final Consumption Expenditure		净出口 External Balance on Goods and Services	
		2000	2003	2000	2003	2000	2003
中　国①	China ①	1.82	8.10	5.19	3.43	1.05	0.71
中国香港	Hong Kong, China	7.19	0.33	3.82	-0.32	-0.82	3.20
中国澳门	Macao, China	-5.48		-0.86		10.96	
孟加拉国	Bangladesh	1.71	1.95	3.10	3.62	0.11	-0.20
印　度	India	2.24	1.91	1.91	4.57	2.32	-0.39
印度尼西亚	Indonesia	2.28	-0.16	1.60	3.61	1.04	0.66
伊　朗	Iran	0.34	1.40	2.12	3.86	2.20	1.02
以色列	Israel	0.21	-1.93	4.94	0.17	2.73	2.97
日　本	Japan	1.35	1.55	1.34	0.83	0.41	0.64
哈萨克斯坦	Kazakhstan	1.92	1.38			0.99	4.51
韩　国	Korea, Rep.	3.25	0.45	4.76	-0.34	0.29	2.75
马来西亚	Malaysia	8.14	-1.16	5.70	4.51	-4.98	1.97
蒙　古	Mongolia					-0.30	0.71
缅　甸	Myanmar	3.62		4.94		5.19	
巴基斯坦	Pakistan	0.88	0.86	1.05	1.44	2.31	2.85
菲律宾	Philippines	2.39	1.07	3.28	3.75	4.88	-3.83
新加坡	Singapore	5.20	-7.28	7.22	-0.24	-2.62	8.69
斯里兰卡	Sri Lanka	2.64	4.57			-1.06	-3.69
泰　国	Thailand	2.21	2.64	3.03	3.72	-1.03	0.73
土耳其	Turkey	5.42	4.93			-3.00	-3.13
越　南	Viet Nam	2.99	4.66	2.46	5.25	-11.73	-15.00
埃　及	Egypt	-1.07	-0.37	4.16	2.06	2.01	3.00
尼日利亚	Nigeria		-7.31		-10.08	-1.86	4.35
南　非	South Africa	0.37	1.64	2.75	2.68	0.85	-2.23
加拿大	Canada	1.59		2.73		0.77	
墨西哥	Mexico	2.56	-1.88	5.81	2.37	-1.82	0.75
美　国	United States	1.06		3.47		-0.88	
阿根廷	Argentina	-1.30	4.30	0.19	6.05	0.32	-1.52
巴　西	Brazil	2.02	-0.88			-0.11	1.10
委内瑞拉	Venezuela	1.52	-5.62	2.49	-2.61	-0.78	-1.15
白俄罗斯	Belarus	2.37	3.15			1.21	1.32
保加利亚	Bulgaria	2.11	3.23			-1.56	-4.59
捷　克	Czech Republic	2.78	1.92			-0.67	-2.18
法　国	France	1.90		2.10	1.39	-0.30	-0.69
德　国	Germany	0.60	-0.44	1.36	0.13	0.92	-0.48
意大利	Italy	-24.93	10.83	1.98	1.19	0.69	-0.88
荷　兰	Netherlands	0.30		2.23		0.96	
波　兰	Poland	0.93	0.34			0.63	1.28
罗马尼亚	Romania	3.16	2.00	1.27	6.40	-2.34	-3.67
俄罗斯联邦	Russian Federation	8.83	2.61	3.57	4.20	-2.26	0.48
西班牙	Spain	1.35	0.81	3.23	2.59	-0.37	-0.97
乌克兰	Ukraine	1.29	1.42			1.70	-0.16
英　国	United Kingdom	0.49	0.49	3.35	2.07	-0.10	-0.31
澳大利亚	Australia	-1.67		2.11		1.90	
新西兰	New Zealand	-0.60		0.64		2.23	

注：①世界银行统计数据。

Note: ① Data from World Bank.

4-10　资本形成总额占国内生产总值比重

Gross Capital Formation as Percentage of GDP

资料来源：世界银行世界发展指标数据库。

Source: World Bank World Development Indicators Database.

单位：%　　　　(%)

国家和地区	Country or Area	1990	2000	2001	2002	2003
世　界	**World**	**23.4**	**22.4**	**21.4**	**20.7**	
低收入国家	**Low Income**	**21.0**	**21.2**	**21.4**	**21.9**	**22.7**
最不发达国家	**Least Developed Countries**	**16.5**	**20.3**	**20.7**	**21.3**	**22.1**
重债穷国	**Heavily Indebted Poor Countries**	**15.7**	**18.0**	**18.4**	**18.9**	**19.4**
中等收入国家	**Middle Income**	**25.6**	**24.4**	**24.4**	**24.5**	**25.3**
下中等收入国家	**Lower Middle Income**	**28.0**	**25.9**	**26.6**	**27.2**	**28.3**
上中等收入国家	**Upper Middle Income**	**20.7**	**21.6**	**20.1**	**19.1**	**19.0**
中、低收入国家	**Low & Middle Income**	**24.9**	**24.0**	**24.0**	**24.1**	**24.9**
东亚和太平洋	**East Asia & Pacific**	**33.5**	**31.9**	**33.5**	**34.9**	**37.8**
欧洲和中亚	**Europe & Central Asia**	**27.1**	**22.7**	**21.7**	**21.9**	**21.9**
拉丁美洲和加勒比	**Latin America & Caribbean**	**19.4**	**20.6**	**19.7**	**18.6**	**17.9**
中东和北非	**Middle East & North Africa**	**22.8**	**22.1**	**22.3**	**23.5**	**24.7**
南　亚	**South Asia**	**22.8**	**22.2**	**21.7**	**21.9**	**22.9**
高收入国家	**High Income**	**23.1**	**22.1**	**20.8**	**19.9**	
非经合组织成员国	**Non-OECD Countries**	**25.0**	**24.3**	**20.5**	**18.9**	**18.2**
经合组织成员国	**OECD Countries**	**23.0**	**22.0**	**20.9**	**19.9**	
中　国	China	35.2	36.4	38.0	39.2	42.4
中国香港	Hong Kong, China	27.5	28.1	25.9	23.4	22.9
中国澳门	Macao, China	25.0	12.0	10.4	10.6	
孟加拉国	Bangladesh	17.1	23.0	23.1	23.1	23.4
印　度	India	24.1	22.7	22.3	22.8	23.8
印度尼西亚	Indonesia	30.7	16.1	17.4	15.7	16.0
伊　朗	Iran	28.6	34.7	35.6	39.3	41.0
以色列	Israel	25.1	20.9	20.1	18.0	16.1
日　本	Japan	32.9	26.3	25.8	23.9	24.0
哈萨克斯坦	Kazakhstan		18.1	26.9	27.3	26.6
韩　国	Korea, Rep.	36.5	31.0	29.3	29.1	29.4
马来西亚	Malaysia	32.4	27.3	23.9	23.8	21.4
蒙　古	Mongolia	38.1	30.0	30.0	30.7	30.7
缅　甸	Myanmar	13.4	12.4	15.0		
巴基斯坦	Pakistan	18.9	16.0	15.5	14.7	15.5
菲律宾	Philippines	24.2	21.2	20.6	19.3	18.7
新加坡	Singapore	36.4	32.4	25.2	21.2	13.4
斯里兰卡	Sri Lanka	22.6	27.9	22.0	21.3	22.3
泰　国	Thailand	41.4	22.8	24.1	23.9	25.2
土耳其	Turkey	24.3	24.5	16.8	21.3	23.0
越　南	Viet Nam	12.6	29.6	31.2	33.2	35.1
埃　及	Egypt	28.8	18.3	16.9	16.9	17.1
尼日利亚	Nigeria	14.7	17.7	22.8	26.1	22.7
南　非	South Africa	17.2	15.5	14.6	15.9	16.8
加拿大	Canada	21.2	20.6	19.7	20.2	
墨西哥	Mexico	23.1	23.7	21.2	20.7	19.8
美　国	United States	17.7	20.5	18.8	18.0	
阿根廷	Argentina	14.0	16.2	14.2	12.0	15.1
巴　西	Brazil	20.2	21.5	21.2	20.0	17.8
委内瑞拉	Venezuela	10.2	17.2	19.7	13.8	9.2
白俄罗斯	Belarus	26.5	25.4	23.8	22.2	24.1
保加利亚	Bulgaria	25.6	18.3	20.7	19.8	21.7
捷　克	Czech Republic	25.2	28.8	28.9	27.9	27.6
法　国	France	23.4	21.1	20.5	19.2	
德　国	Germany	23.8	21.7	19.6	17.9	17.9
意大利	Italy	22.2	20.2	19.7	20.0	19.6
荷　兰	Netherlands	23.3	22.2	21.7	20.5	
波　兰	Poland	25.6	24.7	20.7	18.9	18.9
罗马尼亚	Romania	30.2	19.5	22.6	23.1	20.8
俄罗斯联邦	Russian Federation	30.1	18.7	22.2	21.1	20.3
西班牙	Spain	26.6	25.7	25.7	25.5	25.9
乌克兰	Ukraine	27.5	20.2	21.8	18.7	19.3
英　国	United Kingdom	20.2	17.5	17.1	16.5	16.3
澳大利亚	Australia	22.3	21.7	22.7	24.7	
新西兰	New Zealand	19.5	20.7	21.5	21.1	

4-11 最终消费支出占国内生产总值比重

Final Consumption Expenditure as Percentage of GDP

资料来源：世界银行世界发展指标数据库。

Source: World Bank World Development Indicators Database.

单位：%　　(%)

国家和地区	Country or Area	1990	1999	2000	2001	2002	2003
世　界	World	76.8	77.7	77.7	78.7	79.1	
低收入国家	Low Income	82.4	81.7	80.3	80.5	80.2	79.7
最不发达国家	Least Developed Countries	92.2	89.3	86.3	86.9	87.4	86.6
重债穷国	Heavily Indebted Poor Countries	91.3	89.8	88.8	88.2	87.9	87.5
中等收入国家	Middle Income	73.4	74.5	73.5	73.9	72.6	71.7
下中等收入国家	Lower Middle Income	71.9	73.2	72.2	71.9	70.9	69.7
上中等收入国家	Upper Middle Income	76.3	77.1	76.0	78.1	76.1	76.1
中、低收入国家	Low & Middle Income	74.7	75.5	74.5	74.8	73.7	72.8
东亚和太平洋	East Asia & Pacific	65.2	63.3	63.7	62.8	61.1	58.7
欧洲和中亚	Europe & Central Asia	74.2	77.8	76.1	76.9	77.9	78.4
拉丁美洲和加勒比	Latin America & Caribbean	78.3	81.0	80.3	81.4	79.1	79.3
中东和北非	Middle East & North Africa	79.6	76.5	71.6	72.6	71.4	68.4
南　亚	South Asia	80.1	79.7	79.4	79.7	79.3	79.1
撒哈拉以南非洲	Sub-Saharan Africa	81.4	84.8	82.0	82.1	82.0	81.7
高收入国家	High Income	77.3	78.2	78.4	79.5	80.3	
非经合组织成员国	Non-OECD Countries	70.4	71.9	71.1	73.8	73.7	73.0
经合组织成员国	OECD Countries	77.6	78.4	78.7	79.7	80.5	
中　国	China	62.0	60.1	61.1	59.8	58.2	55.4
中国香港	Hong Kong, China	64.8	70.2	68.3	70.4	68.2	67.7
中国澳门	Macao, China	45.5	55.4	52.8	53.4	50.4	
孟加拉国	Bangladesh	90.4	83.3	82.2	83.0	81.6	82.4
印　度	India	77.4	78.3	78.1	78.3	77.5	77.7
印度尼西亚	Indonesia	67.7	80.5	74.4	75.1	77.8	78.5
伊　朗	Iran	72.9	72.6	65.1	62.2	58.0	56.6
以色列	Israel	85.6	84.8	84.1	87.5	90.5	90.7
日　本	Japan	66.2	72.4	72.3	73.6	74.8	74.4
哈萨克斯坦	Kazakhstan		79.9	73.3	74.0	71.8	67.2
韩　国	Korea, Rep.	64.7	64.2	65.8	68.4	69.5	68.1
马来西亚	Malaysia	65.5	52.6	52.7	57.7	57.9	57.7
蒙　古	Mongolia	90.8	84.9	86.4	85.9	83.5	81.9
缅　甸	Myanmar	88.8	86.9	87.6			
巴基斯坦	Pakistan	88.9	86.0	85.6	85.8	85.6	84.4
菲律宾	Philippines	81.6	81.4	76.9	82.5	81.2	83.8
新加坡	Singapore	56.7	49.7	51.5	55.4	56.1	53.3
斯里兰卡	Sri Lanka	86.2	80.5	82.7	84.2	85.5	84.3
泰　国	Thailand	66.2	66.9	68.6	69.4	68.9	68.0
土耳其	Turkey	79.9	80.3	83.0	80.8	80.2	80.3
越　南	Viet Nam	96.7	75.2	72.9	71.2	71.3	72.9
埃　及	Egypt	83.9	87.9	88.3	87.8	89.6	84.8
尼日利亚	Nigeria	70.6	80.9	66.6	68.3	74.2	68.2
南　非	South Africa	77.0	81.5	81.5	81.5	80.4	81.4
加拿大	Canada	78.7	75.7	73.6	74.6	75.4	
墨西哥	Mexico	78.0	78.2	78.2	81.0	81.2	81.8
美　国	United States	83.7	82.5	83.4	84.9	86.0	
阿根廷	Argentina	80.3	83.7	84.4	84.5	73.1	74.1
巴　西	Brazil	78.6	81.1	80.0	79.8	78.0	78.5
委内瑞拉	Venezuela	70.5	76.6	70.7	75.5	73.4	75.2
白俄罗斯	Belarus	71.2	78.7	77.8	79.8	81.6	79.8
保加利亚	Bulgaria	78.0	87.9	87.1	86.9	86.8	88.0
捷　克	Czech Republic	72.2	74.2	74.3	73.7	74.1	74.6
法　国	France	77.6	78.1	77.7	78.0	78.9	
德　国	Germany	76.2	77.5	77.9	78.4	77.8	77.9
意大利	Italy	77.7	78.3	78.8	78.9	79.0	79.9
荷　兰	Netherlands	73.0	73.0	72.6	73.0	74.4	
波　兰	Poland	67.2	81.1	81.9	82.9	84.5	86.5
罗马尼亚	Romania	79.2	88.8	86.2	85.2	82.7	84.7
俄罗斯联邦	Russian Federation	69.7	68.1	61.3	64.9	68.1	68.8
西班牙	Spain	76.9	76.7	76.5	76.0	76.0	75.9
乌克兰	Ukraine	73.6	77.0	75.3	76.6	77.0	76.0
英　国	United Kingdom	82.4	84.0	84.6	85.7	86.5	86.6
澳大利亚	Australia	77.8	78.0	78.2	77.5	77.7	
新西兰	New Zealand	80.2	79.3	77.6	75.6	77.4	

4-12　国内生产总值产业构成

Composition of Gross Domestic Product by Industries

资料来源：世界银行世界发展指标数据库。

Source: World Bank World Development Indicators Database.

单位：%　　　　(%)

国家和地区	Country or Area	第一产业 Primary Industry		第二产业 Secondary Industry		第三产业 Tertiary Industry	
		2000	2003	2000	2003	2000	2003
世　界	World	3.9	3.8 ①	29.5	28.3 ①	66.7	67.9 ①
低收入国家	Low Income	27.3	24.1	26.6	27.4	46.1	48.5
中等收入国家	Middle Income	10.1	9.6	37.0	36.2	52.9	54.2
下中等收入国家	Lower Middle Income	12.5	11.3	38.3	36.9	49.1	51.8
上中等收入国家	Upper Middle Income	5.0	6.1	34.2	34.6	60.7	59.3
中、低收入国家	Low & Middle Income	12.5	11.6	35.5	35.0	52.0	53.4
东亚和太平洋	East Asia & Pacific	16.1	14.4	47.5	49.3	36.4	36.3
欧洲和中亚	Europe & Central Asia	9.5	8.3	33.3	30.8	57.2	60.9
拉丁美洲和加勒比	Latin America & Caribbean	6.8	7.1	29.3	26.7	63.9	66.3
中东和北非	Middle East & North Africa	11.0	10.5	41.3	42.8	47.7	46.7
南　亚	South Asia	25.2	22.4	26.1	26.2	48.8	51.4
高收入国家	High Income	1.9	1.8 ①	28.1	26.9 ①	70.1	71.3 ①
非经合组织成员国	Non-OECD Countries	1.2	1.1 ①	28.5	27.4 ①	70.1	71.4 ①
经合组织成员国	OECD Countries	1.9	1.9 ①	28.0	26.9 ①	70.1	71.3 ①
中　国	China	16.4	14.4	50.2	52.2	33.4	33.4
中国香港	Hong Kong, China	0.1	0.1 ②	14.2	12.4 ②	85.7	87.5 ②
中国澳门	Macao, China			12.9	11.3 ①	72.4	71.7 ①
孟加拉国	Bangladesh	25.5	21.8	25.3	26.3	49.2	52.0
印　度	India	24.6	22.2	26.6	26.6	48.8	51.2
印度尼西亚	Indonesia	17.2	16.6	46.1	43.6	36.7	39.9
伊　朗	Iran	14.2	11.3	32.7	41.2	53.0	47.6
日　本	Japan	1.4	1.3 ②	32.2	30.4 ②	66.4	68.3 ②
哈萨克斯坦	Kazakhstan	8.7	7.8	40.5	38.3	50.8	53.9
韩　国	Korea, Rep.	4.3	3.2	36.2	34.6	59.5	62.2
马来西亚	Malaysia	8.8	9.7	50.7	48.5	40.5	41.8
蒙　古	Mongolia	33.3	28.1	18.5	14.9	48.2	57.0
缅　甸	Myanmar	57.2		9.7		33.1	
巴基斯坦	Pakistan	26.7	23.3	23.1	23.5	50.2	53.2
菲律宾	Philippines	15.8	14.5	32.3	32.3	52.0	53.2
新加坡	Singapore	0.1	0.1	37.0	34.9	62.8	65.0
斯里兰卡	Sri Lanka	19.9	19.0	27.3	26.3	52.8	54.7
泰　国	Thailand	9.0	9.8	42.0	44.0	49.0	46.3
土耳其	Turkey	15.4	13.4	25.3	21.9	59.4	64.7
越　南	Viet Nam	24.5	21.8	36.7	40.0	38.7	38.2
埃　及	Egypt	16.7	16.1	33.1	34.0	50.2	49.8
尼日利亚	Nigeria	28.8	26.4	43.6	49.5	27.6	24.2
南　非	South Africa	3.2	3.8	31.1	31.0	65.6	65.2
加拿大	Canada	2.3		33.8		63.8	
墨西哥	Mexico	4.2	4.0	28.0	26.4	67.8	69.6
美　国	United States	1.6	1.6 ①	24.4	23.0 ①	73.9	75.3 ①
阿根廷	Argentina	5.1	11.1	28.1	34.8	66.9	54.1
巴　西	Brazil	7.3	5.8	28.0	19.1	64.7	75.1
委内瑞拉	Venezuela	4.2	4.5	40.5	41.1	55.4	54.4
白俄罗斯	Belarus	14.2	9.8	39.2	30.1	46.7	60.1
保加利亚	Bulgaria	14.2	11.7	29.7	30.7	56.1	57.5
捷　克	Czech Republic	4.5	3.5	40.9	39.4	54.6	57.1
法　国	France	2.8	2.7	25.5	24.5	71.7	72.8
德　国	Germany	1.2	1.1	30.8	29.4	68.0	69.4
意大利	Italy	2.9	2.6	29.0	27.8	68.1	69.5
荷　兰	Netherlands	2.9	2.6 ②	26.8	25.8 ②	70.3	71.6 ②
波　兰	Poland	3.6	3.1	33.9	30.7	62.5	66.1
罗马尼亚	Romania	12.5	11.9	36.4	36.1	51.1	52.0
俄罗斯联邦	Russian Federation	6.4	5.2	37.9	34.2	55.6	60.7
西班牙	Spain	3.7	3.3	30.2	29.6	66.1	67.1
乌克兰	Ukraine	17.1	14.1	36.3	40.3	46.6	45.6
英　国	United Kingdom	1.1	1.0	28.5	26.6	70.5	72.4
澳大利亚	Australia	3.7	2.9 ②	25.6	25.9 ②	70.7	71.1 ②
新西兰	New Zealand	9.0		25.3		65.7	

注：①2001年数据。②2002年数据。

Note: ① Refer to 2001. ② Refer to 2002.

4-13 生产法国内生产总值

Gross Domestic Product by Production Approach

资料来源：联合国通用数据库；经济合作与发展组织 OLIS 数据库。

Source: UN National Common Database; Organization for Economic and Cooperation Development OLIS Database.

单位：亿本币 (100 million local currency units)

国家和地区	Country or Area	2000	2001	2002	2003	2004
中　国	**China**					
按当年价格计算	In Current Prices	89468	97315	105172	117390	136876
第一产业	Primary Industry	14628	15412	16117	16928	20768
第二产业	Secondary Industry	44935	48750	52980	61274	72387
工业	Industry	39047	42375	45975	53093	62815
建筑业	Construction	5888	6375	7005	8181	9572
第三产业	Tertiary Industry	29905	33153	36075	39188	43721
#交通运输仓储邮电通信业	# Transport, Storage and Communication	5409	5968	6420	6644	7694
批发和零售贸易餐饮业	Wholesale and Retail Trade, Restaurants and Hotels	7316	7919	8477	9238	10099
中国香港	**Hong Kong, China**					
按当年价格计算	In Current Prices	12883	12699	12480	12079	
农业、狩猎业和林业;渔业	Agriculture, Hunting and Forestry; Fishing	9	10	10	8	
采掘业	Mining and Quarrying	2	2	1	1	
制造业	Manufacturing	717	635	548	479	
电、煤气和水供应业	Electricity, Gas and Water Supply	389	401	415	406	
建筑业	Construction	640	590	531	462	
批发、零售贸易;机动车及个人、家庭用品修理业	Wholesale and Retail Trade; Repair of Motor Vehicles, Motorcycles and Personal and Household Goods	2860	2894	2919	2943	
旅馆和饭店业	Hotels and Restaurants	386	352	322	276	
运输、仓储和通讯	Transport, Storage and Communication	1257	1243	1283	1237	
金融中介	Financial Intermediation	1563	1469	1473	1540	
房地产、租赁及商务活动	Real Estate, Renting and Business Activities	2901	2862	2805	2672	
公共管理和国防;社会基本保障	Public Administration and Defence; Compulsory Social Security					
教育;卫生和社会工作;其他团体、社会和个人服务活动①	Education;Health and Social Work; Other Community, Social and Personal Services Activities ①	2524	2651	2677	2633	
减:间接计算的银行中介服务费	Less: Financial Intermediation Services Indirectly Measured	959	956	923	880	
增加值总额（按要素成本计算）	Total Gross Value Added at Factor Costs	12289	12154	12062	11777	
加:税减产品补贴	Plus: Taxes Less Subsidies on Products	579	539	433	481	
统计误差(%)	Statistical Discrepancy	…	…	…	2	
按2000年价格计算	At Constant Prices of 2000	12883	12943	13194	13609	14718
农业、狩猎业和林业;渔业	Agriculture, Hunting and Forestry; Fishing	9	10	10	9	9
采掘业	Mining and Quarrying	2	2	2	2	2
制造业	Manufacturing	717	655	591	537	552
电、煤气和水供应业	Electricity, Gas and Water Supply	389	398	410	418	424
建筑业	Construction	640	627	617	589	539
批发、零售贸易;机动车及个人、家庭用品修理业	Wholesale and Retail Trade; Repair of Motor Vehicles, Motorcycles and Personal and Household Goods	2860	2901	3067	3420	3869
旅馆和饭店业	Hotels and Restaurants	386	350	321	279	320
运输、仓储和通讯	Transport, Storage and Communication	1257	1284	1364	1379	1613
金融中介	Financial Intermediation	1563	1524	1562	1740	1995
房地产、租赁及商务活动	Real Estate, Renting and Business Activities	2901	2988	3036	3061	3095
公共管理和国防;社会基本保障	Public Administration and Defence; Compulsory Social Security					
教育;卫生和社会工作;其他团体、社会和个人服务活动①	Education;Health and Social Work; Other Community, Social and Personal Services Activities ①	2524	2624	2606	2622	2724
减:间接计算的银行中介服务费	Less: Financial Intermediation Services Indirectly Measured	959	966	924	970	1069
增加值总额(按基本价格计算)	Total Gross Value Added at Basic Prices	12289	12397	12662	13085	14074
加:税减产品补贴	Plus: Taxes Less Subsidies on Products	579	573	572	589	662
统计误差（%）	Statistical Discrepancy(%)	…	…	…	…	…

4-13续表1 continued

单位：亿本币 (100 million local currency units)

国家和地区	Country or Area	2000	2001	2002	2003	2004
中国澳门	**Macao, China**					
按当年价格计算	In Current Prices	472	478	531	609	
农业、狩猎业和林业；渔业	Agriculture, Hunting and Forestry;Fishing					
采掘业	Mining and Quarrying					
制造业	Manufacturing	41	33	32	31	
电、煤气和水供应业	Electricity, Gas and Water Supply	12	13	12	13	
建筑业	Construction	11	9	12	20	
批发、零售贸易；机动车及个人、家庭用品修理业	Wholesale and Retail Trade; Repair of Motor Vehicles, Motorcycles and Personal and Household Goods	21	21	26	29	
旅馆和饭店业	Hotels and Restaurants	24	27	30	30	
运输、仓储和通讯	Transport, Storage and Communication	31	28	30	27	
金融中介	Financial Intermediation	49	47	48	50	
房地产、租赁及商务活动	Real Estate, Renting and Business Activities	48	44	41	45	
公共管理和国防；社会基本保障	Public Administration and Defence; Compulsory Social Security	37	39	40	41	
教育	Education	14	15	16	16	
卫生和社会工作	Health and Social Work	11	11	11	11	
其他团体、社会和个人服务活动②	Other Community, Social and Personal Services Activities ②	130	139	163	196	
减：间接计算的银行中介服务费	Less: Financial Intermediation Services Indirectly Measured	24	24	23	21	
增加值总额(按基本价格计算)	Total Gross Value Added at Basic Prices	404	402	436	490	
加：税减产品补贴	Plus: Taxes Less Subsidies on Products	67	77	95	119	
统计误差（%）	Statistical Discrepancy(%)	-4	-4	-3	-4	
孟加拉国	**Bangladesh**					
按当年价格计算	In Current Prices	25355	27320	30058	33257	36848
农业、狩猎业和林业	Agriculture, Hunting and Forestry	4563	4600	4880	5099	5539
渔业	Fishing	1341	1390	1426	1497	1548
采掘业	Mining and Quarrying	264	300	331	364	404
制造业	Manufacturing	3823	4180	4581	5150	5885
电、煤气和水供应业	Electricity, Gas and Water Supply	335	364	399	443	491
建筑业	Construction	1933	2116	2302	2606	2904
批发、零售贸易；机动车及个人、家庭用品修理业	Wholesale and Retail Trade; Repair of Motor Vehicles, Motorcycles and Personal and Household Goods	3248	3531	3910	4412	5008
旅馆和饭店业	Hotels and Restaurants	159	174	194	219	250
运输、仓储和通讯	Transport, Storage and Communication	2213	2552	3111	3594	3810
金融中介	Financial Intermediation	391	421	472	512	583
房地产、租赁及商务活动	Real Estate, Renting and Business Activities	2237	2399	2568	2760	2974
公共管理和国防；社会基本保障	Public Administration and Defence; Compulsory Social Security	670	712	778	849	986
教育	Education	585	635	706	777	894
卫生和社会工作	Health and Social Work	572	608	660	772	795
其他团体、社会和个人服务活动	Other Community, Social and Personal Services Activities	2166	2370	2668	3094	3394
增加值总额(按基本价格计算)	Total Gross Value Added at Basic Prices	24500	26353	28987	32097	35466
加：税减产品补贴	Plus: Taxes Less Subsidies on Products	855	968	1071	1160	1381
按1995年价格计算	At Constant Prices of 1995	21574	22526	23710	25018	26551
农业、狩猎业和林业	Agriculture, Hunting and Forestry	4055	4030	4163	4263	4313
渔业	Fishing	1146	1171	1199	1242	1285
采掘业	Mining and Quarrying	223	233	249	262	291
制造业	Manufacturing	3240	3417	3648	3919	4236
电、煤气和水供应业	Electricity, Gas and Water Supply	303	327	353	381	420
建筑业	Construction	1680	1824	1972	2136	2320
批发、零售贸易；机动车及个人、家庭用品修理业	Wholesale and Retail Trade; Repair of Motor Vehicles, Motorcycles and Personal and Household Goods	2802	2987	3169	3376	3609
旅馆和饭店业	Hotels and Restaurants	133	143	153	164	175
运输、仓储和通讯	Transport, Storage and Communication	1958	2086	2229	2377	2559
金融中介	Financial Intermediation	327	349	372	397	434
房地产、租赁及商务活动	Real Estate, Renting and Business Activities	1810	1871	1937	2011	2080
公共管理和国防；社会基本保障	Public Administration and Defence; Compulsory Social Security	532	564	593	580	706
教育	Education	465	500	538	580	629
卫生和社会工作	Health and Social Work	455	479	506	535	574

4-13续表2 continued

单位：亿本币 (100 million local currency units)

国家和地区	Country or Area	2000	2001	2002	2003	2004
孟加拉国（续）	**Bangladesh(continued)**					
其他团体、社会和个人服务活动	Other Community, Social and Personal Services Activities	1654	1707	1764	1835	1922
增加值总额(按基本价格计算)	Total Gross Value Added at Basic Prices	20782	21689	22845	24111	25553
加：税减产品补贴	Plus: Taxes Less Subsidies on Products	791	837	865	907	998
印　度	**India**					
按当年价格计算	In Current Prices	208950	227198	246332	276003	274660
农业、狩猎业和林业	Agriculture, Hunting and Forestry	44595	48573	48077	54826	58940 ③
渔业	Fishing	2254	2484	2709	2703	
采掘业	Mining and Quarrying	4540	4793	6212	6336	
制造业	Manufacturing	30163	32022	35182	39292	57280 ④
电、煤气和水供应业	Electricity, Gas and Water Supply	4302	4468	4988	5411	
建筑业	Construction	11624	12552	13975	15583	17030
批发、零售贸易及饭店和旅馆业	Wholesale and Retail Trade and Restaurants and Hotels	25236	28003	30968	35042	141410 ⑤
旅馆和饭店业	Hotels and Restaurants	1915	2147	2292	2610	
运输、仓储和通讯	Transport, Storage and Communication	14083	15731	17342	20208	
金融保险	Financial Insurance	11848	13373	15811	17027	
房地产及商务服务	Real Estate and Business Services	12038	13649	15196	16983	
公共管理和国防；社会基本保障	Public Administration and Defence; Compulsory Social Security	12372	13243	14006	15354	
教育；卫生和社会工作；其他团体、社会和个人服务活动	Education; Health and Social Work; Other Community, Social and Personal Services Activities	15331	17111	18730	20604	
增加值总额(按要素成本计算)	Total Gross Value Added at Factor Cost	190300	208147	225489	251979	
加：税减产品补贴	Plus: Taxes Less Subsidies on Products	24085	25345	27842	32288	
按1993年价格计算	At Constant Prices of 1993	131620	138371	144063	156462	150070
农业、狩猎业和林业	Agriculture, Hunting and Forestry	27526	29239	27021	29689	31140 ③
渔业	Fishing	1141	1228	1318	1372	
采掘业	Mining and Quarrying	2792	2861	3119	3320	
制造业	Manufacturing	20619	21368	22764	24340	32870 ④
电、煤气和水供应业	Electricity, Gas and Water Supply	2963	3072	3166	3283	
建筑业	Construction	6265	6516	6991	7482	7790
批发、零售贸易及饭店和旅馆业	Wholesale and Retail Trade and Restaurants and Hotels	16256	17658	19163	20812	78270 ⑤
旅馆和饭店业	Hotels and Restaurants	1236	1386	1442	1599	
运输、仓储和通讯	Transport, Storage and Communication	9833	10740	12092	14145	
金融保险	Financial Insurance	7897	8173	9105	9787	
房地产及商务服务	Real Estate and Business Services	7193	7602	8041	8585	
公共管理和国防；社会基本保障	Public Administration and Defence; Compulsory Social Security	7207	7397	7523	7948	
教育；卫生和社会工作；其他团体、社会和个人服务活动	Education; Health and Social Work; Other Community, Social and Personal Services Activities	8930	9557	10091	10694	
增加值总额(按要素成本计算)	Total Gross Value Added at Factor Cost	119859	126795	131836	143055	
加：税减产品补贴	Plus: Taxes Less Subsidies on Products	15188	15401	16332	18019	
印度尼西亚⑥	**Indonesia ⑥**					
按当年价格计算	In Current Prices	1265	1449	1610	2046	2303
农业、狩猎业和林业	Agriculture, Hunting and Forestry	188	210	235		
渔业	Fishing	30	37	47		
采掘业	Mining and Quarrying	175	192	192		
制造业	Manufacturing	315	362	403		
电、煤气和水供应业	Electricity, Gas and Water Supply	17	21	29		
建筑业	Construction	77	85	92		
批发、零售贸易及饭店和旅馆业⑦	Wholesale and Retail Trade and Restaurants and Hotels ⑦	199	234	259		
运输、仓储和通讯	Transport, Storage and Communication	62	76	97		
金融保险，房地产及商务服务	Financial Insurance, Real Estate and Business Services	80	91	106		
公共管理和国防；社会基本保障	Sanitary and Similar Services, Social and Related Services	69	82	83		
教育；卫生和社会工作；其他团体、社会和个人服务活动⑦	Education; Health and Social Work; Other Community, Social and Personal Services Activities ⑦	52	60	68		
增加值总额(按要素成本计算)	Total Gross Value Added at Factor Cost	1265	1449	1610		

4-13续表3 continued

单位：亿本币 (100 million local currency units)

国家和地区	Country or Area	2000	2001	2002	2003	2004
印度尼西亚⑥（续）	**Indonesia ⑥ (continued)**					
按1993年价格计算	At Constant Prices of 1993	398	412	427		
农业、狩猎业和林业	Agriculture, Hunting and Forestry	59	59	60		
渔业	Fishing	8	8	8		
采掘业	Mining and Quarrying	39	39	40		
制造业	Manufacturing	105	109	114		
电、煤气和水供应业	Electricity, Gas and Water Supply	7	7	8		
建筑业	Construction	23	24	25		
批发、零售贸易及饭店和旅馆业⑦	Wholesale and Retail Trade and Restaurants and Hotels ⑦	63	67	69		
运输、仓储和通讯	Transport, Storage and Communication	29	31	34		
金融保险，房地产及商务服务	Financial Insurance, Real Estate and Business Services	27	28	30		
公共管理和国防；社会基本保障	Public Administration and Defence; Compulsory Social Security	23	23	23		
教育；卫生和社会工作；其他团体、社会和个人服务活动⑦	Education; Health and Social Work; Other Community, Social and Personal Services Activities ⑦	15	16	17		
增加值总额(按要素成本计算)	Total Gross Value Added at Factor Cost	398	412	427		
伊　朗⑥	**Iran ⑥**					
按当年价格计算	In Current Prices	590	681	936	1127	
农业、狩猎业和林业	Agriculture, Hunting and Forestry	75	83	103	122	
渔业	Fishing	2	2	2	3	
采掘业	Mining and Quarrying	106	104	213	255	
制造业	Manufacturing	78	90	106	123	
电、煤气和水供应业	Electricity, Gas and Water Supply	8	11	15	18	
建筑业	Construction	20	28	51	45	
批发、零售贸易；机动车及个人、家庭用品修理业	Wholesale and Retail Trade; Repair of Motor Vehicles, Motorcycles and Personal and Household Goods	74	87	106	127	
旅馆和饭店业	Hotels and Restaurants	2	3	3	4	
运输、仓储和通讯	Transport, Storage and Communication	48	56	66	83	
金融中介	Financial Intermediation	9	10	16	26	
房地产、租赁及商务活动	Real Estate, Renting and Business Activities	74	95	122	146	
公共管理和国防；社会基本保障	Public Administration and Defence; Compulsory Social Security	56	66	91	114	
教育	Education	9	13	12	15	
卫生和社会工作	Health and Social Work	15	17	18	22	
其他团体、社会和个人服务活动	Other Community, Social and Personal Services Activities	4	5	6	7	
增加值总额(按基本价格计算)	Total Gross Value Added at Basic Prices	580	670	923	1108	
加：税减产品补贴	Plus: Taxes Less Subsidies on Products	10	10	13	19	
按1997年价格计算	At Constant Prices of 1997	328	340	365	391	
农业、狩猎业和林业	Agriculture, Hunting and Forestry	44	44	49	52	
渔业	Fishing	1	1	1	1	
采掘业	Mining and Quarrying	45	41	42	48	
制造业	Manufacturing	49	54	60	66	
电、煤气和水供应业	Electricity, Gas and Water Supply	3	4	4	4	
建筑业	Construction	14	15	18	17	
批发、零售贸易；机动车及个人、家庭用品修理业	Wholesale and Retail Trade; Repair of Motor Vehicles, Motorcycles and Personal and Household Goods	45	49	54	58	
旅馆和饭店业	Hotels and Restaurants	1	1	1	2	
运输、仓储和通讯	Transport, Storage and Communication	29	31	31	33	
金融中介	Financial Intermediation	3	4	4	5	
房地产、租赁及商务活动	Real Estate, Renting and Business Activities	44	47	51	53	
公共管理和国防；社会基本保障	Public Administration and Defence; Compulsory Social Security	27	27	30	31	
教育	Education	5	6	4	4	
卫生和社会工作	Health and Social Work	7	8	7	7	
其他团体、社会和个人服务活动	Other Community, Social and Personal Services Activities	2	3	3	3	
增加值总额(按基本价格计算)	Total Gross Value Added at Basic Prices	322	335	360	384	
加：税减产品补贴	Plus: Taxes Less Subsidies on Products	6	5	5	6	

4-13续表4 continued

单位：亿本币 (100 million local currency units)

国家和地区	Country or Area	2000	2001	2002	2003	2004
以 色 列	**Israel**					
按当年价格计算	In Current Prices	4933	4992	5160	5233	
农业、狩猎业和林业；渔业	Agriculture, Hunting and Forestry; Fishing	70	79	85	81	
采掘业	Mining and Quarrying					
制造业⑧	Manufacturing ⑧	770	696	743	731	
电、煤气和水供应业	Electricity, Gas and Water Supply	75	80	93	104	
建筑业	Construction	232	225	230	231	
批发、零售贸易；机动车及个人、家庭用品修理业⑨	Wholesale and Retail Trade; Repair of Motor Vehicles, Motorcycles and Personal and Household Goods ⑨	437	421	428	435	
旅馆和饭店业	Hotels and Restaurants					
运输、仓储和通讯	Transport, Storage and Communication	333	332	332	354	
金融中介；房地产、租赁及商务活动	Financial Intermediation; Real Estate, Renting and Business Activities	1317	1394	1490	1436	
公共管理和国防；社会基本保障	Public Administration and Defence; Compulsory Social Security	355	379	405	399	
教育	Education	339	364	379	367	
卫生和社会工作	Health and Social Work	243	262	278	277	
其他团体、社会和个人服务活动	Other Community, Social and Personal Services Activities	164	176	177	178	
加：统计误差	Plus: Statistical Discrepancy	-11	-9			
增加值总额(按基本价格计算)	Total Gross Value Added at Basic Prices	4417	4502	4666	4677	
减：间接计算的银行中介服务费	Less: Financial Intermediation Services Indirectly Measured	49	77	126	70	
加：税减产品补贴	Plus: Taxes Less Subsidies on Products	565	567	621	625	
按2000年价格计算	At Constant Prices of 2000	4933	4887	4838	4881	
农业、狩猎业和林业；渔业	Agriculture, Hunting and Forestry; Fishing	70	75	82	72	
采掘业	Mining and Quarrying					
制造业⑧	Manufacturing ⑧	770	693	684	687	
电、煤气和水供应业	Electricity, Gas and Water Supply	75	75	77	80	
建筑业	Construction	232	223	220	214	
批发、零售贸易；机动车及个人、家庭用品修理业⑨	Wholesale and Retail Trade; Repair of Motor Vehicles, Motorcycles and Personal and Household Goods ⑨	437	418	406	406	
旅馆和饭店业	Hotels and Restaurants					
运输、仓储和通讯	Transport, Storage and Communication	333	332	331	352	
金融中介	Financial Intermediation	1317	1337	1328	1363	
房地产、租赁及商务活动	Real Estate, Renting and Business Activities					
公共管理和国防；社会基本保障	Public Administration and Defence; Compulsory Social Security	355	364	379	373	
教育	Education	339	348	356	352	
卫生和社会工作	Health and Social Work	243	250	259	257	
其他团体、社会和个人服务活动	Other Community, Social and Personal Services Activities	164	168	164	167	
加：统计误差	Plus: Statistical Discrepancy	10	37	83	100	
增加值总额(按基本价格计算)	Total Gross Value Added at Basic Prices	4417	4382	4363	4417	
减：间接计算的银行中介服务费	Less: Financial Intermediation Services Indirectly Measured	49	53	61	61	
加：税减产品补贴	Plus: Taxes Less Subsidies on Products	565	559	554	559	
日　　本	**Japan**					
按当年价格计算	In Current Prices	5114623	5058471	4978968	4974850	5051900
农业、狩猎业和林业	Agriculture, Hunting and Forestry	59543	56362	55500	54563	
渔业	Fishing	11555	11447	11414	10292	
采掘业	Mining and Quarrying	6618	6835	6057	6350	
制造业	Manufacturing	1121140	1052209	1017936	1036262	
电、煤气和水供应业	Electricity, Gas and Water Supply	142182	145057	141346	136976	
建筑业	Construction	379378	362689	342619	336993	
批发、零售贸易；机动车及个人、家庭用品修理业	Wholesale and Retail Trade; Repair of Motor Vehicles, Motorcycles and Personal and Household Goods	700702	692752	676232	660712	
旅馆和饭店业	Hotels and Restaurants					
运输、仓储和通讯	Transport, Storage and Communication	326195	326511	318709	317864	
金融中介	Financial Intermediation	311190	332100	340247	348153	
房地产、租赁及商务活动	Real Estate, Renting and Business Activities	1064141	1079689	1081066	1092009	

4-13续表5 continued

单位：亿本币 (100 million local currency units)

国家和地区	Country or Area	2000	2001	2002	2003	2004
日　本（续）	**Japan (continued)**					
公共管理和国防；社会基本保障	Public Administration and Defence; Compulsory Social Security	262683	268792	272373	270524	
教育⑮	Education ⑮	47280	47961	48612	47933	
卫生和社会工作	Health and Social Work					
其他团体、社会和个人服务活动⑨	Other Community, Social and Personal Services Activities ⑨	865659	863592	873311	875190	
增加值总额(按市场价格计算)	Total Gross Value Added at Market Prices	5298267	5245995	5185422	5193819	
减：间接计算的银行中介服务费	Less: Financial Intermediation Services Indirectly Measured	232041	257778	268177	258564	
加：税减产品补贴	Plus: Taxes Less Subsidies on Products	4585	5499	8594	8674	
加：统计误差	Plus: Statistical Discrepancy	43812	64755	53129	30921	
按2000年价格计算	At Constant Prices of 2000	5114623	5137243	5111155	5236702	5323200
农业、狩猎业和林业	Agriculture, Hunting and Forestry	59543	57208	59723	54646	
渔业	Fishing	11555	10956	11658	10315	
采掘业	Mining and Quarrying	6618	7007	6797	6968	
制造业	Manufacturing	1121140	1083179	1055202	1156209	
电、煤气和水供应业	Electricity, Gas and Water Supply	142182	145906	147061	147671	
建筑业	Construction	379378	369444	355810	348723	
批发、零售贸易；机动车及个人、家庭用品修理业	Wholesale and Retail Trade; Repair of Motor Vehicles, Motorcycles and Personal and Household Goods	700702	706102	701865	691515	
旅馆和饭店业	Hotels and Restaurants					
运输、仓储和通讯	Transport, Storage and Communication	326195	339506	340149	345618	
金融中介	Financial Intermediation	311190	334728	347448	359145	
房地产、租赁及商务活动	Real Estate, Renting and Business Activities	1064141	1085399	1093334	1116073	
公共管理和国防；社会基本保障	Public Administration and Defence; Compulsory Social Security	262683	270525	275460	279165	
教育⑮	Education⑮	47280	47940	50093	50809	
卫生和社会工作	Health and Social Work					
其他团体、社会和个人服务活动⑨	Other Community, Social and Personal Services Activities ⑨	865659	868150	883483	892085	
增加值总额(按市场价格计算)	Total Gross Value Added at Market Prices	5298267	5323360	5322407	5459934	
减：间接计算的银行中介服务费	Less: Financial Intermediation Services Indirectly Measured	232041	260047	274457	267585	
加：税减产品补贴	Plus: Taxes Less Subsidies on Products	4585	4415	5081	4986	
加：统计误差	Plus: Statistical Discrepancy	43812	69792	58549	39660	
哈萨克斯坦	**Kazakhstan**					
按当年价格计算	In Current Prices	25999	32506	37763	46120	55425
农业、狩猎业和林业	Agriculture, Hunting and Forestry	2069	2782	2959	3580	4390 ③
渔业	Fishing	40	54	61	46	
采掘业	Mining and Quarrying	3391	3715	4577	5577	
制造业	Manufacturing	4289	5346	5474	6557	17263 ④
电、煤气和水供应业	Electricity, Gas and Water Supply	796	910	1078	1280	
建筑业	Construction	1346	1778	2394	2762	3283
批发、零售贸易；机动车及个人、家庭用品修理业	Wholesale and Retail Trade; Repair of Motor Vehicles, Motorcycles and Personal and Household Goods	3235	3929	4595	5369	6293 ⑨
旅馆和饭店业	Hotels and Restaurants	148	189	258	390	
运输、仓储和通讯	Transport, Storage and Communication	2985	3626	4378	5708	6770
金融中介	Financial Intermediation	807	1115	1305	1458	9399 ⑩
房地产、租赁及商务活动	Real Estate, Renting and Business Activities	2809	3924	4741	6626	
公共管理和国防；社会基本保障	Public Administration and Defence; Compulsory Social Security	607	656	745	864	5587⑪
教育	Education	962	1182	1314	1598	
卫生和社会工作	Health and Social Work	525	683	775	836	
其他团体、社会和个人服务活动	Other Community, Social and Personal Services Activities	492	655	852	987	
雇人的私人住户	Private Households with Employed Persons	9	90	96	63	
增加值总额(按基本价格计算)	Total Gross Value Added at Basic Prices	24509	30633	35602	43703	52985
减：间接计算的银行中介服务费	Less: Financial Intermediation Services Indirectly Measured	237	373	557	713	1003
加：税减产品补贴	Plus: Taxes Less Subsidies on Products	1727	2246	2718	3130	3443

4-13续表6 continued

单位：亿本币 (100 million local currency units)

国家和地区	Country or Area	2000	2001	2002	2003	2004
哈萨克斯坦（续）	**Kazakstan(continued)**					
按上年价格计算	At the Prices of Preceding Year	22150	29521	35675	41286	50455
农业、狩猎业和林业	Agriculture, Hunting and Forestry	1904	2427	2877	3021	
渔　业	Fishing	25	43	49	65	
采掘业	Mining and Quarrying	2543	3879	4320	5048	
制造业	Manufacturing	3239	4877	5752	5907	
电、煤气和水供应业	Electricity, Gas and Water Supply	791	864	937	1189	
建筑业	Construction	1091	1714	2124	2628	
批发、零售贸易；机动车及个人、家庭用品修理业	Wholesale and Retail Trade; Repair of Motor Vehicles, Motorcycles and Personal and Household Goods	2876	3671	4267	5063	
旅馆和饭店业	Hotels and Restaurants	128	168	232	321	
运输、仓储和通讯	Transport, Storage and Communication	2889	3269	3985	4822	
金融中介	Financial Intermediation	591	954	1300	1544	
房地产、租赁及商务活动	Real Estate, Renting and Business Activities	2549	3092	4301	5336	
公共管理和国防；社会基本保障	Public Administration and Defence; Compulsory Social Security	557	615	734	845	
教育	Education	899	1129	1248	1425	
卫生和社会工作	Health and Social Work	490	564	720	816	
其他团体、社会和个人服务活动	Other Community, Social and Personal Services Activities	474	575	731	928	
雇人的私人住户	Private Households with Employed Persons	8	83	96	61	
增加值总额(按基本价格计算)	Total Gross Value Added at Basic Prices	21056	27924	33674	39020	
减：间接计算的银行中介服务费	Less: Financial Intermediation Services Indirectly Measured	202	348	489	696	
加：税减产品补贴	Plus: Taxes Less Subsidies on Products	1296	1945	2491	2962	
韩　国	**Korea Rep.**					
按当年价格计算	In Current Prices	5786645	6221226	6842635	7246750	7784446
农业、狩猎业和林业	Agriculture, Hunting and Forestry	228752	227389	228431	221941	237355
渔业	Fishing	21547	20672	18117	19720	18515
采掘业	Mining and Quarrying	20369	20207	20514	20626	22695
制造业	Manufacturing	1512430	1517660	1619520	1691454	1988632
电、煤气和水供应业	Electricity, Gas and Water Supply	132125	146486	159294	170112	166760
建筑业	Construction	429267	471819	515417	613298	645815
批发、零售贸易；机动车及个人、家庭用品修理业	Wholesale and Retail Trade; Repair of Motor Vehicles, Motorcycles and Personal and Household Goods	426504	452191	470163	478186	494951
旅馆和饭店业	Hotels and Restaurants	148618	161834	179548	183095	187241
运输、仓储和通讯	Transport, Storage and Communication	361387	411905	451338	477870	503159
金融中介	Financial Intermediation	352561	424233	548444	566908	588092
房地产、租赁及商务活动	Real Estate, Renting and Business Activities	680627	700493	768224	818047	846540
公共管理和国防；社会基本保障	Public Administration and Defence; Compulsory Social Security	291487	322074	355572	387009	419792
教育	Education	256967	288036	322967	357607	387491
卫生和社会工作	Health and Social Work	125758	167711	174324	190127	205768
其他团体、社会和个人服务活动	Other Community, Social and Personal Services Activities	144367	158849	180264	192047	197251
雇人的私人住户	Private Households with Employed Persons	7773	8521	8782	9571	9775
增加值总额(按基本价格计算)	Total Gross Value Added at Basic Prices	5140540	5500081	6020919	6397619	6919833
加：税减产品补贴	Plus: Taxes Less Subsidies on Products	646105	721145	821716	849131	864613
按2000年价格计算	At Constant Prices of 2000	5786645	6008659	6427481	6626548	6934240
农业、狩猎业和林业	Agriculture, Hunting and Forestry	228752	231454	224219	211319	228830
渔业	Fishing	21547	21638	20003	20064	19662
采掘业	Mining and Quarrying	20369	20351	18787	18949	19383
制造业	Manufacturing	1512430	1545033	1662429	1754170	1954104
电、煤气和水供应业	Electricity, Gas and Water Supply	132125	141691	152580	159813	169654
建筑业	Construction	429267	452790	465294	505487	514105
批发、零售贸易；机动车及个人、家庭用品修理业	Wholesale and Retail Trade; Repair of Motor Vehicles, Motorcycles and Personal and Household Goods	426504	441874	464641	450152	448322
旅馆和饭店业	Hotels and Restaurants	148618	160206	169360	167727	166363
运输、仓储和通讯	Transport, Storage and Communication	361387	415247	453286	474861	501779
金融中介	Financial Intermediation	352561	382345	466416	468555	463051
房地产、租赁及商务活动	Real Estate, Renting and Business Activities	680627	683768	717255	732916	740489

4-13续表7 continued

单位：亿本币 (100 million local currency units)

国家和地区	Country or Area	2000	2001	2002	2003	2004
韩　国（续）	**Korea Rep.(continued)**					
公共管理和国防；社会基本保障	Public Administration and Defence; Compulsory Social Security	291487	296184	303936	311899	316775
教育	Education	256967	269429	281232	291698	296495
卫生和社会工作	Health and Social Work	125758	119777	126541	132987	139026
其他团体、社会和个人服务活动	Other Community, Social and Personal Services Activities	144367	154591	170692	171467	171363
雇人的私人住户	Private Households with Employed Persons	7773	7868	7689	7857	7541
增加值总额(按基本价格计算)	Total Gross Value Added at Basic Prices	5140540	5344245	5704361	5879921	6156943
加：税减产品补贴	Plus: Taxes Less Subsidies on Products	646105	664414	723120	746627	777297
马来西亚	**Malaysia**					
按当年价格计算	In Current Prices	3432	3344	3616	3942	4496
农业、狩猎业和林业	Agriculture, Hunting and Forestry	247	220	281	330	
渔业	Fishing	55	55	52	53	
采掘业	Mining and Quarrying	375	339	340	410	
制造业	Manufacturing	1119	1017	1104	1224	
电、煤气和水供应业	Electricity, Gas and Water Supply	108	114	122	129	
建筑业	Construction	139	142	146	149	
批发、零售贸易	Wholesale and Retail Trade	400	404	422	438	
饭店和旅馆业	Restaurants and Hotels	79	84	87	88	
运输、仓储和通讯	Transport, Storage and Communication	223	236	250	268	
金融保险，房地产及商务服务	Financial Insurance, Real Estate and Business Services	536	555	601	620	
公共管理和国防；社会基本保障	Public Administration and Defence; Compulsory Social Security	226	241	276	296	
教育；卫生和社会工作；其他团体、社会和个人服务活动	Education; Health and Social Work; Other Community, Social and Personal Services Activities	81	93	100	105	
雇人的私人住户	Private Households with Employed Persons	6	7	7	7	
增加值总额(按基本价格计算)	Total Gross Value Added at Basic Prices	3593	3507	3788	4117	
减：间接计算的银行中介服务费	Less: Financial Intermediation Services Indirectly Measured	220	219	237	239	
加：税减产品补贴	Plus: Taxes Less Subsidies on Products	58	57	66	64	
按1987年价格计算	At Constant Prices of 1987	2106	2112	2200	2317	2490
农业、狩猎业和林业	Agriculture, Hunting and Forestry	162	162	166	176	
渔业	Fishing	25	24	24	25	
采掘业	Mining and Quarrying	154	152	158	167	
制造业	Manufacturing	673	633	659	713	
电、煤气和水供应业	Electricity, Gas and Water Supply	83	86	91	96	
建筑业	Construction	70	71	73	74	
批发、零售贸易	Wholesale and Retail Trade	268	274	281	286	
饭店和旅馆业	Restaurants and Hotels	43	45	46	46	
运输、仓储和通讯	Transport, Storage and Communication	169	182	189	200	
金融保险，房地产及商务服务	Financial Insurance, Real Estate and Business Services	366	395	438	458	
公共管理和国防；社会基本保障	Public Administration and Defence; Compulsory Social Security	143	150	159	171	
教育；卫生和社会工作；其他团体、社会和个人服务活动	Education; Health and Social Work; Other Community, Social and Personal Services Activities	58	66	70	73	
雇人的私人住户	Private Households with Employed Persons	4	4	5	5	
增加值总额(按基本价格计算)	Total Gross Value Added at Basic Prices	2217	2243	2358	2491	
减：间接计算的银行中介服务费	Less: Financial Intermediation Services Indirectly Measured	158	177	212	226	
加：税减产品补贴	Plus: Taxes Less Subsidies on Products	47	46	54	52	
蒙　古	**Mongolia**					
按当年价格计算	In Current Prices	10189	11156	12408		
农业、狩猎业和林业	Agriculture, Hunting and Forestry	2965	2776	2566		
渔业	Fishing					
采掘业	Mining and Quarrying	1172	1008	1259		

4-13续表8 continued

单位：亿本币 (100 million local currency units)

国家和地区	Country or Area	2000	2001	2002	2003	2004
蒙　古（续）	**Mongolia(continued)**					
制造业	Manufacturing	625	901	780		
电、煤气和水供应业	Electricity, Gas and Water Supply	246	330	468		
建筑业	Construction	193	219	290		
批发、零售贸易	Wholesale and Retail Trade	2446	2978	3440		
饭店和旅馆业	Restaurants and Hotels	136	143	154		
运输、仓储和通讯	Transport, Storage and Communication	1122	1449	1828		
金融保险，房地产及商务服务	Financial Insurance, Real Estate and Business Services	358	465	542		
公共管理和国防；社会基本保障	Public Administration and Defence; Compulsory Social Security	471	482	560		
教育	Education	470	501	573		
卫生和社会工作	Health and Social Work	192	206	226		
其他团体、社会和个人服务活动	Other Community, Social and Personal Services Activities	42	49	77		
雇人的私人住户	Private Households with Employed Persons					
增加值总额(按基本价格计算)	Total Gross Value Added at Basic Prices	10437	11508	12763		
减：间接计算的银行中介服务费	Less: Financial Intermediation Services Indirectly Measured	248	351	355		
按1995年价格计算	At Constant Prices of 1995	6325	6390	6649		
农业、狩猎业和林业	Agriculture, Hunting and Forestry	2148	1750	1564		
渔业	Fishing					
采掘业	Mining and Quarrying	854	936	871		
制造业	Manufacturing	472	622	760		
电、煤气和水供应业	Electricity, Gas and Water Supply	106	110	114		
建筑业	Construction	79	88	104		
批发、零售贸易	Wholesale and Retail Trade	1359	1492	1691		
饭店和旅馆业	Restaurants and Hotels	51	47	49		
运输、仓储和通讯	Transport, Storage and Communication	589	676	786		
金融保险	Financial Insurance	70	86	92		
房地产及商务服务	Real Estate and Business Services	41	44	55		
公共管理和国防；社会基本保障	Public Administration and Defence; Compulsory Social Security	189	178	177		
教育	Education	258	261	274		
卫生和社会工作	Health and Social Work	163	171	176		
其他团体、社会和个人服务活动	Other Community, Social and Personal Services Activities	15	16	24		
雇人的私人住户	Private Households with Employed Persons					
增加值总额(按基本价格计算)	Total Gross Value Added at Basic Prices	6393	6477	6737		
减：间接计算的银行中介服务费	Less: Financial Intermediation Services Indirectly Measured	68	87	88		
巴基斯坦	**Pakistan**					
按当年价格计算	In Current Prices	37934	41627	44017	48213	54581
农业、狩猎业和林业；渔业	Agriculture, Hunting and Forestry;Fishing	9236	9453	9683	10460	11746
采掘业	Mining and Quarrying	484	592	660	842	845
制造业	Manufacturing	5228	6081	6429	7266	8699
电、煤气和水供应业	Electricity, Gas and Water Supply	1396	1331	1344	1333	1664
建筑业	Construction	874	947	952	971	1300
批发、零售贸易及饭店和旅馆业	Wholesale and Retail Trade and Restaurants and Hotels	6218	6919	7208	7821	8971
运输、仓储和通讯	Transport, Storage and Communication	4010	5130	5428	6099	6570
金融保险，房地产及商务服务	Financial Insurance, Real Estate and Business Services	2429	2414	2689	2717	3149
公共管理和国防；社会基本保障	Public Administration and Defence; Compulsory Social Security	2203	2350	2600	2952	3253
教育；卫生和社会工作；其他团体、社会和个人服务活动	Education; Health and Social Work; Other Community, Social and Personal Services Activities	3216	3544	3960	4338	4687
增加值总额(按要素成本计算)	Total Gross Value Added at Factor Cost	35293	38760	40952	44799	50883
加：税减产品补贴	Plus: Taxes Less Subsidies on Products	2641	2866	3065	3414	3697

4-13续表9 continued

单位：亿本币 (100 million local currency units)

国家和地区	Country or Area	2000	2001	2002	2003	2004
巴基斯坦（续）	**Pakistan(continued)**					
按2000年价格计算	At Constant Prices of 2000	37934	38640	39884	41938	44458
农业、狩猎业和林业；渔业	Agriculture, Hunting and Forestry;Fishing	9236	9035	9044	9413	9654
采掘业	Mining and Quarrying	484	476	510	593	593
制造业	Manufacturing	5228	5714	5968	6380	7233
电、煤气和水供应业	Electricity, Gas and Water Supply	1396	1205	1120	1092	1337
建筑业	Construction	874	878	892	920	993
批发、零售贸易及饭店和旅馆业	Wholesale and Retail Trade and Restaurants and Hotels	6218	6495	6676	7068	7636
运输、仓储和通讯	Transport, Storage and Communication	4010	4222	4273	4443	4614
金融保险，房地产及商务服务	Financial Insurance, Real Estate and Business Services	2429	2270	2504	2504	2500
公共管理和国防；社会基本保障	Public Administration and Defence; Compulsory Social Security	2203	2252	2406	2650	2805
教育；卫生和社会工作；其他团体、社会和个人服务活动	Education; Health and Social Work; Other Community, Social and Personal Services Activities	3216	3394	3663	3892	4078
增加值总额(按要素成本计算)	Total Gross Value Added at Factor Cost	35293	35941	37057	38953	41443
加：税减产品补贴	Plus: Taxes Less Subsidies on Products	2641	2699	2827	2985	3015
菲律宾	**Philippines**					
按当年价格计算	In Current Prices	33547	36315	39596	42999	
农业、狩猎业和林业	Agriculture, Hunting and Forestry	4504	4643	5071	5422	
渔业	Fishing	785	848	903	956	
采掘业	Mining and Quarrying	218	217	335	436	
制造业	Manufacturing	7459	8316	9152	10040	
电、煤气和水供应业	Electricity, Gas and Water Supply	975	1163	1241	1372	
建筑业	Construction	2173	1795	1857	1878	
批发、零售贸易	Wholesale and Retail Trade	4730	5175	5563	6028	
饭店和旅馆业	Restaurants and Hotels	630	686	754	792	
运输、仓储和通讯	Transport, Storage and Communication	1990	2476	2769	3132	
金融保险	Financial Insurance	1491	1601	1705	1881	
房地产及商务服务	Real Estate and Business Services	2753	3005	3267	3548	
公共管理和国防；社会基本保障	Public Administration and Defence; Compulsory Social Security	3198	3377	3623	3777	
教育	Education	778	914	1034	1162	
卫生和社会工作	Health and Social Work	458	532	607	695	
其他团体、社会和个人服务活动	Other Community, Social and Personal Services Activities	1407	1567	1717	1882	
增加值总额(按基本价格计算)	Total Gross Value Added at Basic Prices	33547	36315	39596	42999	
按1985年价格计算	At Constant Prices of 1985	9730	9900	10330	10815	
农业、狩猎业和林业	Agriculture, Hunting and Forestry	1554	1603	1654	1702	
渔业	Fishing	371	392	418	449	
采掘业	Mining and Quarrying	108	101	153	179	
制造业	Manufacturing	2373	2441	2526	2633	
电、煤气和水供应业	Electricity, Gas and Water Supply	326	328	342	353	
建筑业	Construction	644	495	467	455	
批发、零售贸易	Wholesale and Retail Trade	1529	1615	1708	1805	
饭店和旅馆业	Restaurants and Hotels	128	130	136	139	
运输、仓储和通讯	Transport, Storage and Communication	682	742	808	877	
金融保险	Financial Insurance	467	473	489	524	
房地产及商务服务	Real Estate and Business Services	568	573	589	615	
公共管理和国防；社会基本保障	Public Administration and Defence; Compulsory Social Security	485	489	496	511	
教育	Education	80	84	87	91	
卫生和社会工作	Health and Social Work	114	121	130	139	
其他团体、社会和个人服务活动	Other Community, Social and Personal Services Activities	301	314	329	346	
增加值总额(按基本价格计算)	Total Gross Value Added at Basic Prices	9730	9900	10330	10815	

4–13续表10 continued

单位：亿本币 (100 million local currency units)

国家和地区	Country or Area	2000	2001	2002	2003	2004
新 加 坡	**Singapore**					
按当年价格计算	In Current Prices	1596	1538	1584	1609	1806
农业、狩猎业和林业；渔业	Agriculture, Hunting and Forestry; Fishing					
采掘业	Mining and Quarrying					
制造业	Manufacturing	420	365	396	407	492
电、煤气和水供应业	Electricity, Gas and Water Supply	24	31	28	27	30
建筑业	Construction	100	94	84	78	77
批发、零售贸易；机动车及个人、家庭用品修理业	Wholesale and Retail Trade; Repair of Motor Vehicles, Motorcycles and Personal and Household Goods	200	191	209	221	253
旅馆和饭店业	Hotels and Restaurants	35	35	34	31	35
运输、仓储和通讯	Transport, Storage and Communication	183	176	178	173	195
金融中介	Financial Intermediation	178	191	190	187	200
房地产、租赁及商务活动	Real Estate, Renting and Business Activities	268	276	277	273	282
公共管理和国防；社会基本保障⑪	Public Administration and Defence; Compulsory Social Security ⑪	164	179	192	195	207
教育	Education					
卫生和社会工作	Health and Social Work					
其他团体、社会和个人服务活动	Other Community, Social and Personal Services Activities					
增加值总额(按基本价格计算)	Total Gross Value Added at Basic Prices	1484	1438	1492	1508	1695
减：间接计算的银行中介服务费	Less: Financial Intermediation Services Indirectly Measured	88	102	96	83	74
加：税减产品补贴	Plus: Taxes Less Subsidies on Products	112	100	92	101	111
按1995年价格计算	At Constant Prices of 1995	1624	1592	1643	1665	1805
农业、狩猎业和林业；渔业	Agriculture, Hunting and Forestry; Fishing					
采掘业	Mining and Quarrying					
制造业	Manufacturing	409	362	390	400	456
电、煤气和水供应业	Electricity, Gas and Water Supply	26	27	28	29	30
建筑业	Construction	111	108	95	86	81
批发、零售贸易；机动车及个人、家庭用品修理业	Wholesale and Retail Trade; Repair of Motor Vehicles, Motorcycles and Personal and Household Goods	206	199	204	218	250
旅馆和饭店业	Hotels and Restaurants	38	38	37	33	37
运输、仓储和通讯	Transport, Storage and Communication	205	213	227	222	243
金融中介	Financial Intermediation	173	179	172	179	190
房地产、租赁及商务活动	Real Estate, Renting and Business Activities	276	283	295	293	300
公共管理和国防；社会基本保障⑪	Public Administration and Defence; Compulsory Social Security ⑪	166	178	188	192	201
教育	Education					
卫生和社会工作	Health and Social Work					
其他团体、社会和个人服务活动	Other Community, Social and Personal Services Activities					
增加值总额(按基本价格计算)	Total Gross Value Added at Basic Prices	1521	1494	1544	1560	1689
减：间接计算的银行中介服务费	Less: Financial Intermediation Services Indirectly Measured	88	93	91	93	97
加：税减产品补贴	Plus: Taxes Less Subsidies on Products	103	98	99	105	116
斯里兰卡	**Sri Lanka**					
按当年价格计算	In Current Prices	12536	13963	15702	17488	
农业、狩猎业和林业；渔业	Agriculture, Hunting and Forestry; Fishing	2021	2153	2388	2429	
采掘业	Mining and Quarrying	172	180	199	231	
制造业	Manufacturing	2241	2530	2856	3236	
电、煤气和水供应业	Electricity, Gas and Water Supply	217	296	319	425	
建筑业	Construction	812	914	947	1070	
批发、零售贸易；机动车及个人、家庭用品修理业；旅馆和饭店业	Wholesale and Retail Trade; Repair of Motor Vehicles, Motorcycles and Personal and Household Goods; Hotels and Restaurants	2449	2639	2828	3048	
运输、仓储和通讯	Transport, Storage and Communication	1348	1587	1765	2009	
金融中介；房地产、租赁及商务活动⑫	Financial Intermediation; Real Estate, Renting and Business Activities ⑫	1013	1162	1376	1660	
公共管理和国防；社会基本保障	Public Administration and Defence; Compulsory Social Security	737	780	1107	1428	

4-13续表11 continued

单位：亿本币 (100 million local currency units)

国家和地区	Country or Area	2000	2001	2002	2003	2004
斯里兰卡（续）	**Sri Lanka(continued)**					
教育；卫生和社会工作；其他团体、社会和个人服务活动②⑫	Education; Health and Social Work Other Community, Social and Personal Services; Activities ②⑫	155	187	197	152	
增加值总额(按要素成本计算)	Total Gross Value Added at Factor Cost	11165	12428	13983	15687	
加：税减产品补贴	Plus: Taxes Less Subsidies on Products	1372	1535	1719	1800	
按1990年价格计算	At Constant Prices of 1990	11259	11097	11541	12226	
农业、狩猎业和林业；渔业	Agriculture, Hunting and Forestry; Fishing	1910	1837	1873	1895	
采掘业	Mining and Quarrying	128	116	143	150	
制造业	Manufacturing	2042	1976	2006	2092	
电、煤气和水供应业	Electricity, Gas and Water Supply	209	206	214	258	
建筑业	Construction	747	764	757	817	
批发、零售贸易；机动车及个人、家庭用品修理业；旅馆和饭店业	Wholesale and Retail Trade; Repair of Motor Vehicles, Motorcycles and Personal and Household Goods; Hotels and Restaurants	2178	2090	2118	2180	
运输、仓储和通讯	Transport, Storage and Communication	1193	1233	1283	1386	
金融中介；房地产、租赁及商务活动⑫	Financial Intermediation; Real Estate, Renting and Business Activities ⑫	856	894	980	1095	
公共管理和国防；社会基本保障	Public Administration and Defence; Compulsory Social Security	637	610	753	957	
教育；卫生和社会工作；其他团体、社会和个人服务活动②⑫	Education; Health and Social Work Other Community, Social and Personal Services; Activities ②⑫	142	157	151	112	
增加值总额(按要素成本计算)	Total Gross Value Added at Factor Cost	10042	9884	10278	10943	
加：税减产品补贴	Plus: Taxes Less Subsidies on Products	1217	1213	1264	1283	
泰　国	**Thailand**					
按当年价格计算	In Current Prices	49233	51338	54519		
农业、狩猎业和林业	Agriculture, Hunting and Forestry	4006	4274	5098 ③		
渔业	Fishing	1099	1046			
采掘业	Mining and Quarrying	980	1057	1172		
制造业	Manufacturing	14325	14675	15637		
电、煤气和水供应业	Electricity, Gas and Water Supply	1344	1552	1633		
建筑业	Construction	1413	1466	1575		
批发、零售贸易	Wholesale and Retail Trade	7010	6982	6865		
饭店和旅馆业	Restaurants and Hotels	2702	2841	3043		
运输、仓储和邮电业	Transport, Storage and Communication	3944	4243	4382		
金融保险	Financial Insurance	1297	1356	2843 ⑩		
房地产及商务服务	Real Estate and Business Services	1195	1198			
公共管理和国防；社会基本保障	Public Administration and Defence; Compulsory Social Security	2110	2219	2445		
教育；卫生和社会工作；其他团体、社会和个人服务活动	Education; Health and Social Work;Other Community, Social and Personal Services Activities	3508	3734	3890		
增加值总额(按基本价格计算)	Total Gross Value Added at Basic Prices	44407	46210	48658		
加：税减产品补贴	Plus: Taxes Less Subsidies on Products	4826	5128	5861		
按1988年价格计算	At Constant Prices of 1988	30087	30729	32390		
农业、狩猎业和林业	Agriculture, Hunting and Forestry	2983	3074	3304 ③		
渔业	Fishing	485	488			
采掘业	Mining and Quarrying	642	646	717		
制造业	Manufacturing	10960	11110	11870		
电、煤气和水供应业	Electricity, Gas and Water Supply	976	1039	1101		
建筑业	Construction	761	763	806		
批发、零售贸易	Wholesale and Retail Trade	4750	4688	4769		
饭店和旅馆业	Restaurants and Hotels	1134	1187	1242		
运输、仓储和通讯	Transport, Storage and Communication	2909	3099	3302		
金融保险	Financial Insurance	895	906	2227 ⑩		
房地产及商务服务	Real Estate and Business Services	1135	1156			
公共管理和国防；社会基本保障	Public Administration and Defence;Compulsory Social Security	952	985	1067		
教育；卫生和社会工作；其他团体、社会和个人服务活动	Education; Health and Social Work;Other Community, Social and Personal Services Activities	1827	1882	1951		
增加值总额(按基本价格计算)	Gross Value Added at Basic Prices	30087	30729	32390		

4-13续表12 continued

单位：亿本币 (100 million local currency units)

国家和地区	Country or Area	2000	2001	2002	2003	2004
土 耳 其⑥	**Turkey ⑥**					
按当年价格计算	In Current Prices	124584	178412	277574	359763	430512
农业、狩猎业和林业；渔业	Agriculture, Hunting and Forestry; Fishing	17541	21521	32115	42126	48395
采掘业	Mining and Quarrying					
制造业④	Manufacturing ④	29028	45882	70034	88813	107061
电、煤气和水供应业	Electricity, Gas and Water Supply					
建筑业	Construction	6483	9241	11399	12662	15381
批发、零售贸易；机动车及个人、家庭用品修理业；旅馆和饭店业⑬	Wholesale and Retail Trade; Repair of Motor Vehicles, Motorcycles and Personal and Household Goods, Hotels and Restaurants ⑬	42552	65562	97756	125176	150723
运输、仓储和邮电业	Transport, Storage and Communication					
金融中介；房地产、租赁及商务活动	Financial Intermediation; Real Estate, Renting and Business Activities	10471	15131	24583	32538	40002
公共管理与国防；社会基本保障⑪	Public Administration & Defence; Compulsory Social Security ⑪	17541	26036	39256	52601	60968
教育；卫生和社会工作；其他团体、社会和个人服务活动	Education; Health and Social Work; Other Community, Social and Personal Services Activities					
增加值总额(按基本价格计算)	Total Gross Value Added at Basic Prices	123616	183373	275142	353916	422530
减：间接计算的银行中介服务费	Less: Financial Intermediation Services Indirectly Measured	4098	11534	8096	7912	10821
加：税减产品补贴	Plus: Taxes Less Subsidies on Products	5065	6574	10527	13759	18803
按2000年价格计算	At Constant Prices of 2000	124584	115245	124398	131606	143360
农业、狩猎业和林业；渔业	Agriculture, Hunting and Forestry; Fishing	17541	16399	17525	17087	17432
采掘业	Mining and Quarrying					
制造业④	Manufacturing ④	29028	26850	29376	31657	34617
电、煤气和水供应业	Electricity, Gas and Water Supply					
建筑业	Construction	6483	6127	5784	5265	5510
批发、零售贸易；机动车及个人、家庭用品修理业；旅馆和饭店业⑬	Wholesale and Retail Trade; Repair of Motor Vehicles, Motorcycles and Personal and Household Goods, Hotels and Restaurants ⑬	42552	39183	42747	46245	51153
运输、仓储和邮电业	Transport, Storage and Communication					
金融中介；房地产、租赁及商务活动	Financial Intermediation; Real Estate, Renting and Business Activities	10471	10262	10158	10068	10232
公共管理与国防；社会基本保障⑪	Public Administration & Defence; Compulsory Social Security ⑪	17541	17274	17761	18148	18767
教育	Education					
卫生和社会工作	Health and Social Work					
其他团体、社会和个人服务活动	Other Community, Social and Personal Services Activities					
增加值总额(按基本价格计算)	Total Gross Value Added at Basic Prices	123616	115484	123380	129151	139152
减：间接计算的银行中介服务费	Less: Financial Intermediation Services Indirectly Measured	4098	3619	3289	3050	3102
加：税减产品补贴	Plus: Taxes Less Subsidies on Products	5065	3796	4733	5801	7318
统计误差	Statistical Discrepancy	…	-337	-123	170	564
越 南	**Viet Nam**					
按当年价格计算	In Current Prices	4416460	4812950	5357620	6055860	
农业、狩猎业和林业	Agriculture, Hunting and Forestry	934500	939540	1030430	1078660	
渔业	Fishing	149060	179040	203400	243270	
采掘业	Mining and Quarrying	426060	443450	461530	570700	
制造业	Manufacturing	819790	952110	1102850	1259840	
电、煤气和水供应业	Electricity, Gas and Water Supply	139930	160280	182010	232410	
建筑业	Construction	236420	279310	315580	356380	
批发、零售贸易；机动车及个人、家庭用品修理业	Wholesale and Retail Trade; Repair of Motor Vehicles, Motorcycles and Personal and Household Goods	628360	677880	756170	833970	
旅馆和饭店业	Hotels and Restaurants	143430	154120	171540	189110	
运输、仓储和通讯	Transport, Storage and Communication	173410	194310	210950	225890	
金融中介	Financial Intermediation	81480	87620	97630	108810	
房地产、租赁及商务活动	Real Estate, Renting and Business Activities	191730	215890	244520	275180	
公共管理和国防；社会基本保障	Public Administration and Defence; Compulsory Social Security	120660	127840	138160	166750	

4-13续表13 continued

单位：亿本币 (100 million local currency units)

国家和地区	Country or Area	2000	2001	2002	2003	2004
越　南（续）	**Viet Nam(continued)**					
教育	Education	148410	162450	180710	214610	
卫生和社会工作	Health and Social Work	59990	64170	70570	86110	
其他团体、社会和个人服务活动	Other Community, Social and Personal Services Activities	153700	165090	181200	203090	
雇人的私人住户	Private Households with Employed Persons	9530	9850	10370	11080	
增加值总额(按基本价格计算)	Total Gross Value Added at Basic Prices	4416460	4812950	5357620	6055860	
按1994年价格计算	At Constant Prices of 1994	2736660	2925350	3132470	3359890	
农业、狩猎业和林业	Agriculture, Hunting and Forestry	570370	581690	604800	621340	
渔业	Fishing	66800	74490	78720	84400	
采掘业	Mining and Quarrying	184300	191850	193960	205190	
制造业	Manufacturing	514920	573350	639830	713120	
电、煤气和水供应业	Electricity, Gas and Water Supply	63370	71730	79920	89350	
建筑业	Construction	206540	232930	257550	284810	
批发、零售贸易；机动车及个人、家庭用品修理业	Wholesale and Retail Trade; Repair of Motor Vehicles, Motorcycles and Personal and Household Goods	446440	477790	512450	547470	
旅馆和饭店业	Hotels and Restaurants	88630	94580	101250	107670	
运输、仓储和通讯	Transport, Storage and Communication	107290	114410	122520	129250	
金融中介	Financial Intermediation	56500	60040	64240	69350	
房地产、租赁及商务活动	Real Estate, Renting and Business Activities	122310	126310	131060	137960	
公共管理和国防；社会基本保障	Public Administration and Defence; Compulsory Social Security	80210	84390	87680	92280	
教育	Education	91620	96870	104750	112910	
卫生和社会工作	Health and Social Work	39460	41510	44640	48530	
其他团体、社会和个人服务活动	Other Community, Social and Personal Services Activities	92230	97570	103210	110160	
雇人的私人住户	Private Households with Employed Persons	5670	5830	5890	6100	
增加值总额(按基本价格计算)	Total Gross Value Added at Basic Prices	2736660	2925350	3132470	3359890	
埃　及	**Egypt**					
按当年价格计算	In Current Prices	3458	3752	4053	4512	
农业、狩猎业和林业；渔业	Agriculture, Hunting and Forestry;Fishing	6	7	8	5	
采掘业	Mining and Quarrying	301	351	408	482	
制造业	Manufacturing	622	670	713	764	
电、煤气和水供应业	Electricity, Gas and Water Supply	64	69	76	95	
建筑业	Construction	102	72	53	72	
批发、零售贸易；机动车及个人、家庭用品修理业	Wholesale and Retail Trade; Repair of Motor Vehicles, Motorcycles and Personal and Household Goods	314	385	453	460	
旅馆和饭店业	Hotels and Restaurants	66	73	83	122	
运输、仓储和通讯	Transport, Storage and Communication	143	182	194	253	
金融中介	Financial Intermediation	401	428	379	405	
房地产、租赁及商务活动	Real Estate, Renting and Business Activities	16	14	14	16	
公共管理与国防；社会基本保障	Public Administration & Defence; Compulsory Social Security	327	369	400	435	
教育	Education					
卫生和社会工作	Health and Social Work	11	13	14	16	
其他团体、社会和个人服务活动	Other Community, Social and Personal Services Activities	9	8	10	11	
增加值总额(按基本价格计算)	Total Gross Value Added at Basic Prices	3687	4019	4282	4750	
减：间接计算的银行中介服务费	Less: Financial Intermediation Services Indirectly Measured	322	359	320	342	
加：税减产品补贴	Plus: Taxes Less Subsidies on Products	93	92	91	104	
加：统计误差	Plus: Statistical Discrepancy	1304	1377	1476	1615	
按2001年价格计算⑭	At Constant Prices of 2001 ⑭	3202	3304			
农业、狩猎业和林业；渔业	Agriculture, Hunting and Forestry;Fishing	482	499	612	632	
采掘业	Mining and Quarrying	156	159	302	309	
制造业	Manufacturing	578	601	708	734	
电、煤气和水供应业	Electricity, Gas and Water Supply	56	59	63	68	
建筑业	Construction	146	149	157	160	
批发、零售贸易；机动车及个人、家庭用品修理业	Wholesale and Retail Trade; Repair of Motor Vehicles, Motorcycles and Personal and Household Goods	503	516	429	447	
旅馆和饭店业	Hotels and Restaurants	50	45	77	106	

4-13续表14 continued

单位：亿本币 (100 million local currency units)

国家和地区	Country or Area	2000	2001	2002	2003	2004
埃　　及（续）	**Egypt(continued)**					
运输、仓储和通讯	Transport, Storage and Communication	276	279|	350	367	
金融中介	Financial Intermediation	239 ⑩	248 ⑩ |	216	223	
房地产、租赁及商务活动	Real Estate, Renting and Business Activities			142	147	
公共管理和国防；社会基本保障	Public Administration and Defence; Compulsory Social Security	483⑪	507⑪|	595	616	
教育；卫生和社会工作；其他团体、社会和个人服务活动	Education; Health and Social Work Other Community, Social and Personal Services; Activities					
增加值总额(按要素成本计算)	Total Gross Value Added at Factor Cost	2968	3063|	3652	3808	
加：税减产品补贴	Plus: Taxes Less Subsidies on Products	234	241|			
南　　非	**South Africa**					
按当年价格计算	In Current Prices	9221	10200	11649	12515	13740
农业、狩猎业和林业；渔业	Agriculture, Hunting and Forestry; Fishing	275	326	442	420	
采掘业	Mining and Quarrying	634	772	921	841	
制造业	Manufacturing	1591	1769	2096	2218	
电、煤气和水供应业	Electricity, Gas and Water Supply	228	230	252	269	
建筑业	Construction	211	224	241	267	
批发、零售贸易；机动车及个人、家庭用品修理业；旅馆和饭店业	Wholesale and Retail Trade; Repair of Motor Vehicles, Motorcycles and Personal and Household Goods; Hotels and Restaurants	1227	1304	1431	1578	
运输、仓储和通讯	Transport, Storage and Communication	809	895	1000	1099	
金融中介；房地产、租赁及商务活动	Financial Intermediation; Real Estate, Renting and Business Activities	1563	1775	2046	2281	
公共管理和国防；社会基本保障	Public Administration and Defence; Compulsory Social Security	1332	1423	1542	1673	
教育；卫生和社会工作；其他团体、社会和个人服务活动	Education; Health and Social Work Other Community; Social and Personal Services; Activities	282	307	348	390	
雇人的私人住户	Private Households with Employed Persons	232	256	279	310	
增加值总额(按基本价格计算)	Total Gross Value Added at Basic Prices	8382	9282	10598	11346	
加：税减产品补贴	Plus: Taxes Less Subsidies on Products	839	918	1052	1169	
按2000年价格计算	At Constant Prices of 2000	9221	9474	9811	10086	10460
农业、狩猎业和林业；渔业	Agriculture, Hunting and Forestry; Fishing	275	266	283	266	
采掘业	Mining and Quarrying	634	633	639	667	
制造业	Manufacturing	1591	1641	1687	1673	
电、煤气和水供应业	Electricity, Gas and Water Supply	228	220	220	221	
建筑业	Construction	211	222	234	247	
批发、零售贸易；机动车及个人、家庭用品修理业；旅馆和饭店业	Wholesale and Retail Trade; Repair of Motor Vehicles, Motorcycles and Personal and Household Goods; Hotels and Restaurants	1227	1250	1279	1365	
运输、仓储和通讯	Transport, Storage and Communication	809	856	934	983	
金融中介；房地产、租赁及商务活动	Financial Intermediation; Real Estate, Renting and Business Activities	1563	1690	1796	1870	
公共管理和国防；社会基本保障	Public Administration and Defence; Compulsory Social Security	1332	1319	1326	1339	
金融中介；房地产、租赁及商务活动	Financial Intermediation; Real Estate, Renting and Business Activities	282	286	292	306	
雇人的私人住户	Private Households with Employed Persons	232	240	246	259	
增加值总额(按基本价格计算)	Total Gross Value Added at Basic Prices	8382	8623	8937	9193	
加：税减产品补贴	Plus: Taxes Less Subsidies on Products	839	851	875	893	
加 拿 大	**Canada**					
按当年价格计算	In Current Prices	10610	10921	11542	12162	12902
农业、狩猎业和林业	Agriculture, Hunting and Forestry	214	214			
渔业	Fishing	14	14			
采掘业	Mining and Quarrying	609	592			
制造业	Manufacturing	1923	1837			
电、煤气和水供应业	Electricity, Gas and Water Supply	292	313			
建筑业	Construction	496	547			
批发、零售贸易；机动车及个人、家庭用品修理业	Wholesale and Retail Trade; Repair of Motor Vehicles, Motorcycles and Personal and Household Goods	1096	1155			

4-13续表15 continued

单位：亿本币 (100 million local currency units)

国家和地区	Country or Area	2000	2001	2002	2003	2004
加 拿 大(续)	**Canada(continued)**					
旅馆和饭店业	Hotels and Restaurants	234	247			
运输、仓储和通讯	Transport, Storage and Communication	697	737			
金融中介	Financial Intermediation	661	705			
房地产、租赁及商务活动	Real Estate, Renting and Business Activities	1837	1939			
公共管理和国防；社会基本保障	Public Administration and Defence; Compulsory Social Security	565	574			
教育	Education	468	487			
卫生和社会工作	Health and Social Work	602	646			
其他团体、社会和个人服务	Other Community, Social and Personal Services Activities	289	306			
增加值总额(按基本价格计算)	Total Gross Value Added at Basic Prices	9999	10312			
减：间接计算的银行中介服务费	Less: Financial Intermediation Services Indirectly Measured	155	161			
加：税减产品补贴	Plus: Taxes Less Subsidies on Products	766	770			
按2000年价格计算	At Constant Prices of 2000	10610	10799	11169	11393	11244
农业、狩猎业和林业	Agriculture, Hunting and Forestry	214	192	185	204	
渔业	Fishing	14	16	17	15	
采掘业	Mining and Quarrying	609	612	605	644	
制造业	Manufacturing	1923	1833	1870	1872	
电、煤气和水供应业	Electricity, Gas and Water Supply	292	286	294	289	
建筑业	Construction	496	531	547	571	
批发、零售贸易；机动车及个人、家庭用品修理业	Wholesale and Retail Trade; Repair of Motor Vehicles, Motorcycles and Personal and Household Goods	1096	1141	1210	1260	
旅馆和饭店业	Hotels and Restaurants	234	241	242	239	
运输、仓储和通讯	Transport, Storage and Communication	697	728	750	757	
金融中介	Financial Intermediation	661	690	722	732	
房地产、租赁及商务活动	Real Estate, Renting and Business Activities	1837	1922	2012	2070	
公共管理和国防；社会基本保障	Public Administration and Defence; Compulsory Social Security	565	569	583	600	
教育	Education	468	473	478	481	
卫生和社会工作	Health and Social Work	602	622	646	671	
其他团体、社会和个人服务	Other Community, Social and Personal Services Activities	289	302	316	325	
增加值总额(按基本价格计算)	Total Gross Value Added at Basic Prices	9999	10163	10493	10739	
减：间接计算的银行中介服务费	Less: Financial Intermediation Services Indirectly Measured	155	160	167	173	
墨 西 哥	**Mexico**					
按当年价格计算	In Current Prices	54917	58097	62631	68914	76349
农业、狩猎业和林业	Agriculture, Hunting and Forestry	1955	2101	2152	2314	
渔业	Fishing	64	68	69	81	
采掘业	Mining and Quarrying	702	725	772	825	
制造业	Manufacturing	10136	10312	10686	11232	
电、煤气和水供应业	Electricity, Gas and Water Supply	559	625	819	797	
建筑业	Construction	2585	2706	2922	3263	
批发、零售贸易；机动车及个人、家庭用品修理业	Wholesale and Retail Trade; Repair of Motor Vehicles, Motorcycles and Personal and Household Goods	8191	8200	8706	9834	
旅馆和饭店业	Hotels and Restaurants	2466	2702	2784	2868	
运输、仓储和通讯	Transport, Storage and Communication	5568	5951	6116	6458	
金融中介	Financial Intermediation	1145	1138	2043	2082	
房地产、租赁及商务活动	Real Estate, Renting and Business Activities	4910	5279	5650	6163	
公共管理与国防；社会基本保障	Public Administration & Defence; Compulsory Social Security	1993	2216	2537	2872	
教育	Education	2872	3365	3772	4236	
卫生和社会工作	Health and Social Work	1613	1899	2143	2359	
其他团体、社会和个人服务	Other Community, Social and Personal Services Activities	5688	6318	7025	7816	
增加值总额(按基本价格计算)	Total Gross Value Added at Basic Prices	50446	53604	58194	63200	
减：间接计算的银行中介服务费	Less: Financial Intermediation Services Indirectly Measured	611	908	848	750	
加：税减产品补贴	Plus: Taxes Less Subsidies on Products	5082	5400	5285	6464	

4-13续表16 continued

单位：亿本币　　　　　　　　　　　　　　　　　　　　　　(100 million local currency units)

国家和地区	Country or Area	2000	2001	2002	2003	2004
墨西哥（续）	**Mexico(continued)**					
按2000年价格计算	At Constant Prices of 2000	54917	54899	55323	56119	
农业、狩猎业和林业	Agriculture, Hunting and Forestry	1955	2071	2052	2129	
渔业	Fishing	64	68	67	77	
采掘业	Mining and Quarrying	702	712	715	741	
制造业	Manufacturing	10136	9749	9686	9562	
电、煤气和水供应业	Electricity, Gas and Water Supply	559	572	577	587	
建筑业	Construction	2585	2438	2490	2572	
批发、零售贸易；机动车及个人、家庭用品修理业	Wholesale and Retail Trade; Repair of Motor Vehicles, Motorcycles and Personal and Household Goods	8191	8122	8221	8436	
旅馆和饭店业	Hotels and Restaurants	2466	2405	2297	2245	
运输、仓储和通讯	Transport, Storage and Communication	5568	5782	5886	6180	
金融中介	Financial Intermediation	1145	1227	1312	1382	
房地产、租赁及商务活动	Real Estate, Renting and Business Activities	4910	5070	5217	5386	
公共管理和国防；社会基本保障	Public Administration and Defence; Compulsory Social Security	1993	1907	1887	1868	
教育	Education	2872	2913	2920	2865	
卫生和社会工作	Health and Social Work	1613	1623	1625	1609	
其他团体、社会和个人服务	Other Community, Social and Personal Services Activities	5688	5683	5806	5832	
增加值总额(按基本价格计算)	Total Gross Value Added at Basic Prices	50446	50520	51011	51837	
减：间接计算的银行中介服务费	Less: Financial Intermediation Services Indirectly Measured	611	650	700	750	
加：税减产品补贴	Plus: Taxes Less Subsidies on Products	5082	5080	5121	5193	
美　国	**United States**					
按当年价格计算	In Current Prices	97648	100759	104348	109513	
农业、狩猎业和林业；渔业	Agriculture, Hunting, Forestry and Fishing	980	979	969	1139	
采掘业	Mining and Quarrying	1213	1187	1049	1303	
制造业	Manufacturing	15430	14600	14633	15232	
电、煤气和水供应业	Electricity, Gas and Water Supply	1893	2023	2107	2222	
建筑业	Construction	4359	4695	4791	5013	
批发、零售贸易；机动车及个人、家庭用品修理业	Wholesale and Retail Trade; Repair of Motor Vehicles, Motorcycles and Personal and Household Goods	12541	12987	13693	14158	
旅馆和饭店业	Hotels and Restaurants	2614	2658	2798	2898	
运输、仓储和通讯	Transport, Storage and Communication	6363	6402	6425	6710	
金融中介	Financial Intermediation	7405	7826	8182	8829	
房地产、租赁及商务活动	Real Estate, Renting and Business Activities	23439	24586	25386	26331	
公共管理和国防；社会基本保障	Public Administration and Defence; Compulsory Social Security	6947	7308	7772	8229	
教育	Education	4716	5006	5296	5500	
卫生和社会工作	Health and Social Work	5992	6542	7076	7567	
其他团体、社会和个人服务	Other Community, Social and Personal Services Activities	3619	3832	4046	4241	
雇人的私人住户	Private Households with Employed Persons	136	128	125	139	
增加值总额(按要素成本计算)	Total Gross Value Added at Factor Cost	97648	100759	104348	109513	
加：税减产品补贴	Plus: Taxes Less Subsidies on Products	6646	6733	7244	7513	
按2000年价格计算	At Constant Prices of 2000	97648	98389	100235	103300	
农业、狩猎业和林业；渔业	Agriculture, Hunting, Forestry and Fishing	980	918	981	1035	
采掘业	Mining and Quarrying	1213	1149	1124	1046	
制造业	Manufacturing	15430	14626	14919	15613	
电、煤气和水供应业	Electricity, Gas and Water Supply	1893	1800	1907	2020	
建筑业	Construction	4359	4366	4251	4241	
批发零售、机动车及日用品修理、家庭用品修理业	Wholesale and Retail Trade, Repair of Motor Vehicles Motorcycles and Personal and Household Goods	12541	13417	13895	14194	
旅馆和饭店业	Hotels and Restaurants	2614	2562	2594	2652	
运输、仓储和通讯	Transport, Storage and Communication	6363	6385	6425	6722	
金融中介	Financial Intermediation	7405	7728	7938	8563	
房地产、租赁及商务活动	Real Estate, Renting and Business Activities	23439	23820	24046	24511	

4-13续表17 continued

单位：亿本币 (100 million local currency units)

国家和地区	Country or Area	2000	2001	2002	2003	2004
美　国（续）	**United States(continued)**					
公共管理和国防；社会基本保障	Public Administration and Defence; Compulsory Social Security	6947	7027	7217	7411	
教育	Education	4716	4800	4852	4869	
卫生和社会工作	Health and Social Work	5992	6210	6476	6693	
其他团体、社会和个人服务	Other Community, Social and Personal Services Activities	3619	3605	3652	3704	
雇人的私人住户	Private Households with Employed Persons	136	124	117	123	
增加值总额(按要素成本计算)	Total Gross Value Added at Factor Cost	97648	98389	100235	103300	
加：统计误差	Plus: Statistical Discrepancy					
阿 根 廷	**Argentina**					
按当年价格计算	In Current Prices	2842	2687	3126	3759	
农业、狩猎业和林业	Agriculture, Hunting and Forestry	127	116	305	388 ③	
渔业	Fishing	6	7	14		
采掘业	Mining and Quarrying	71	67	187	205	
制造业	Manufacturing	469	432	636	845	
电、煤气和水供应业	Electricity, Gas and Water Supply	66	63	54	61	
建筑业	Construction	133	116	79	115	
批发、零售贸易	Wholesale and Retail Trade	361	328	337	494 ⑨	
饭店和旅馆业	Restaurants and Hotels	78	73	67		
运输、仓储和通讯	Transport, Storage and Communication	241	229	231	300	
金融中介	Financial Intermediation	115	138	165	137	
房地产、租赁及商务活动	Real Estate, Renting and Business Activities	445	427	399	422	
公共管理和国防；社会基本保障	Public Administration and Defence; Compulsory Social Security	177	171	169	188	
教育⑮	Education ⑮	241	241	227	377⑯	
卫生和社会工作	Health and Social Work					
其他团体、社会和个人服务	Other Community, Social and Personal Services Activities	145	142	118		
增加值总额(按基本价格计算)	Total Gross Value Added at Basic Prices	2675	2550	2986	3534	
减：间接计算的银行中介服务费	Less: Financial Intermediation Services Indirectly Measured	43	41	38	18	
加：税减产品补贴	Plus: Taxes Less Subsidies on Products	210	178	178	243	
按1993年价格计算	At Constant Prices of 1993	2762	2640	2352	2560	
农业、狩猎业和林业	Agriculture, Hunting and Forestry	146	146	144	158 ③	
渔业	Fishing	4	5	4		
采掘业	Mining and Quarrying	49	51	49	51	
制造业	Manufacturing	439	406	362	420	
电、煤气和水供应业	Electricity, Gas and Water Supply	73	74	72	77	
建筑业	Construction	143	126	84	113	
批发、零售贸易	Wholesale and Retail Trade	364	335	273	374 ⑨	
饭店和旅馆业	Restaurants and Hotels	72	67	62		
运输、仓储和通讯	Transport, Storage and Communication	235	224	207	224	
金融中介	Financial Intermediation	174	159	128	107	
房地产、租赁及商务活动	Real Estate, Renting and Business Activities	405	394	372	387	
公共管理和国防；社会基本保障	Public Administration and Defence; Compulsory Social Security	144	141	140	142	
教育⑮	Education ⑮	222	225	224	376⑯	
卫生和社会工作	Health and Social Work					
其他团体、社会和个人服务	Other Community, Social and Personal Services Activities	156	155	140		
增加值总额(按基本价格计算)	Total Gross Value Added at Basic Prices	2625	2510	2260	2428	
减：间接计算的银行中介服务费	Less: Financial Intermediation Services Indirectly Measured	84	69	47	30	
加：税减产品补贴	Plus: Taxes Less Subsidies on Products	220	199	139	162	
巴　西	**Brazil**					
按当年价格计算	In Current Prices	11013	11987	13460	15562	17692
农业、狩猎业和林业；渔业	Agriculture, Hunting and Forestry; Fishing	783	893	1049	1382	
采掘业	Mining and Quarrying	253	305	407	549	
制造业	Manufacturing	2202	2408	2799	3375	

4-13续表18 continued

单位：亿本币 (100 million local currency units)

国家和地区	Country or Area	2000	2001	2002	2003	2004
巴　西（续）	**Brazil(continued)**					
电、煤气和水供应业⑧	Electricity, Gas and Water Supply ⑧	341	388	432	476	
建筑业	Construction	889	910	955	1010	
批发、零售贸易，饭店和旅馆业	Wholesale and Retail Trade,Restaurants and Hotels	722	794	922	1075	
运输、仓储和邮电业	Transport, Storage and Communication	533	574	635	783	
金融中介	Financial Intermediation	534	702	922	975	
房地产、租赁及商务服务业	Real Estate, Renting and Business Activities	1251	1274	1356	1425	
公共管理与国防；社会基本保障	Public Administration and Defence; Compulsory Social Security	1600	1733	1308	1449	
教育；卫生和社会工作；其他团体、社会和个人服务活动	Education; Health and Social Work; Other Community, Social and Personal Services Activities	1108	1201	1959	2205	
增加值总额(按基本价格计算)	Total Gross Value Added at Basic Prices	10215	11184	12745	14703	
减：间接计算的银行中介服务费	Less: Financial Intermediation Services Indirectly Measured	396	547	753	747	
加：税减产品补贴	Plus: Taxes Less Subsidies on Products	1194	1350	1469	1606	
委内瑞拉	**Venezuela**					
按当年价格计算	In Current Prices	796557	889456	1078402		
农业、狩猎业、林业和渔业	Agriculture, Hunting, Forestry and Fishing	31328	37637	41487		
采掘业	Mining and Quarrying	143493	124820	202431		
制造业	Manufacturing	147594	151113	1777274		
电、煤气和水供应业	Electricity, Gas and Water Supply	17087	20750	25081		
建筑业	Construction	61466	84986	98341		
批发、零售贸易，饭店和旅馆业	Wholesale and Retail Trade,Restaurants and Hotels	72610	86011	98188		
运输、仓储和邮电业	Transport, Storage and Communication	52888	58139	67669		
金融保险	Financial Insurance	51774	59887	72350		
房地产及商务服务	Real Estate and Business Services	49661	59640	70015		
公共管理与国防；社会基本保障	Public Administration and Defence; Compulsory Social Security	39950	50650	54563		
教育	Education	95194⑯	116343⑯	132478⑯		
卫生和社会工作	Health and Social Work					
其他团体、社会和个人服务	Other Community, Social and Personal Services Activities					
雇人的私人住户	Private Households with Employed Persons	12354	14507	16857		
增加值总额(按基本价格计算)	Total Gross Value Added at Basic Prices	763046	849976	1039877		
减：间接计算的银行中介服务费	Less: Financial Intermediation Services Indirectly Measured	18905	21727	28831		
加：税减产品补贴	Plus: Taxes Less Subsidies on Products	52416	61207	67356		
按1997年价格计算	At Constant Prices of 1997	410133	424054	386501		
农业、狩猎业、林业和渔业	Agriculture, Hunting, Forestry and Fishing	21181	21613	21440		
采掘业	Mining and Quarrying	64688	66391	57856		
制造业	Manufacturing	84634	84860	73201		
电、煤气和水供应业	Electricity, Gas and Water Supply	8835	9263	9459		
建筑业	Construction	26287	29833	27332		
批发、零售贸易，饭店和旅馆业	Wholesale and Retail Trade,Restaurants and Hotels	38725	40338	35354		
运输、仓储和邮电业	Transport, Storage and Communication	25093	25801	24654		
金融保险	Financial Insurance	23353	24356	22728		
房地产及商务服务	Real Estate and Business Services	25302	25943	26027		
公共管理与国防；社会基本保障	Public Administration and Defence; Compulsory Social Security	22164	22836	22157		
教育	Education	40341⑯	41152⑯	41675⑯		
卫生和社会工作	Health and Social Work					
其他团体、社会和个人服务	Other Community, Social and Personal Services Activities					
增加值总额(按基本价格计算)	Total Gross Value Added at Basic Prices	380604	392385	361883		
减：间接计算的银行中介服务费	Less: Financial Intermediation Services Indirectly Measured	-8631	-9347	-8032		
加：税减产品补贴	Plus: Taxes Less Subsidies on Products	38160	41015	32650		

4-13续表19 continued

单位：亿本币 (100 million local currency units)

国家和地区	Country or Area	2000	2001	2002	2003	2004
白俄罗斯	**Belarus**					
按当年价格计算	In Current Prices	91338	171732	261383	365648	494452
农业、狩猎业和林业;渔业	Agriculture, Hunting and Forestry;Fishing	11049	17775	26473	31576	46791
采掘业	Mining and Quarrying					
制造业④	Manufacturing ④	24207	44741	66465	95330	132553
电、煤气和水供应业	Electricity, Gas and Water Supply					
建筑业	Construction	5878	10071	15283	22259	32039
批发、零售贸易;机动车及个人、家庭用品修理业;旅馆和饭店业	Wholesale and Retail Trade; Repair of Motor Vehicles, Motorcycles and Personal and Household Goods; Hotels and Restaurants	9910	19123	28256	39318	50700
运输、仓储和邮电业	Transport, Storage and Communication	10116	19751	27101	35237	48356
金融中介	Financial Intermediation	2184	4190	6717	9265	12125
房地产、租赁及商务活动⑯	Real Estate, Renting and Business Activities ⑯	5534	12855	21553	29571	40229
公共管理与国防;社会基本保障	Public Administration & Defence; Compulsory Social Security	2814	6319	9605	14761	20633
教育	Education	4091	8893	14104	19214	23579
卫生和社会工作	Health and Social Work	2830	6188	9952	13449	17413
其他团体、社会和个人服务活动	Other Community, Social and Personal Services Activities	1095	2117	3097	4442	5962
增加值总额(按基本价格计算)	Total Gross Value Added at Basic Prices	79707	152022	228607	314421	430379
减:间接计算的银行中介服务费	Less: Financial Intermediation Services Indirectly Measured	1641	2337	3780	4975	6198
加:税减产品补贴	Plus: Taxes Less Subsidies on Products	13271	22047	36556	56202	70270
按上年价格计算	At the Prices of Preceding Year	32012	95654	180333	279666	405894
农业、狩猎业和林业;渔业	Agriculture, Hunting and Forestry;Fishing	4198	11206	18312	28501	35906
采掘业	Mining and Quarrying					
制造业④	Manufacturing ④	9087	25959	47449	73024	113251
电、煤气和水供应业	Electricity, Gas and Water Supply					
建筑业	Construction	1721	5571	11155	17082	25633
批发、零售贸易;机动车及个人、家庭用品修理业;旅馆和饭店业	Wholesale and Retail Trade; Repair of Motor Vehicles, Motorcycles and Personal and Household Goods; Hotels and Restaurants	3647	11488	20349	30557	43146
运输、仓储和邮电业	Transport, Storage and Communication	3535	10348	20226	28461	37308
金融中介	Financial Intermediation	862	2232	4153	6555	9445
房地产、租赁及商务活动⑯	Real Estate, Renting and Business Activities ⑯	1843	5804	12856	21819	29773
公共管理与国防;社会基本保障	Public Administration & Defence; Compulsory Social Security	927	2896	6359	9656	14967
教育	Education	1400	4175	9009	14312	19248
卫生和社会工作	Health and Social Work	1033	2960	6455	10132	13586
其他团体、社会和个人服务活动	Other Community, Social and Personal Services Activities	348	1116	2046	3144	4566
增加值总额(按基本价格计算)	Total Gross Value Added at Basic Prices	28601	83756	158369	243243	346829
减:间接计算的银行中介服务费	Less: Financial Intermediation Services Indirectly Measured	660	1405	2276	3364	5096
加:税减产品补贴	Plus: Taxes Less Subsidies on Products	4071	13303	24240	39787	64161
保加利亚	**Bulgaria**					
按当年价格计算	In Current Prices	268	297	323	345	380
农业、狩猎业和林业;渔业	Agriculture, Hunting and Forestry; Fishing	33	35	35	35	36
采掘业	Mining and Quarrying	4	4	4	4	5
制造业	Manufacturing	42	46	50	55	62
电、煤气和水供应业	Electricity, Gas and Water Supply	14	16	16	17	16
建筑业	Construction	11	12	13	14	16
批发、零售贸易;机动车及个人、家庭用品修理业	Wholesale and Retail Trade; Repair of Motor Vehicles, Motorcycles and Personal and Household Goods	17	19	21	22	25
旅馆和饭店业	Hotels and Restaurants	5	5	6	6	7
运输、仓储和邮电业	Transport, Storage and Communication	27	34	40	42	46
金融中介	Financial Intermediation	7	8	10	11	14
房地产、租赁及商务活动	Real Estate, Renting and Business Activities	40	44	48	48	50

4–13续表20 continued

单位：亿本币 (100 million local currency units)

国家和地区	Country or Area	2000	2001	2002	2003	2004
保加利亚(续)	**Bulgaria(continued)**					
公共管理与国防；社会基本保障	Public Administration & Defence;Compulsory Social Security	16	18	20	21	25
教育	Education	10	11	11	12	13
卫生和社会工作	Health and Social Work	6	7	9	10	10
其他团体、社会和个人服务活动	Other Community, Social and Personal Services Activities	4	5	5	5	7
增加值总额(按基本价格计算)	Total Gross Value Added at Basic Prices	237	264	285	302	329
减：间接计算的银行中介服务费	Less: Financial Intermediation Services Indirectly Measured	5	5	6	8	10
加：税减产品补贴	Plus: Taxes Less Subsidies on Products	35	39	44	51	61
按2000年价格计算	At Constant Prices of 2000	268	278	292	305	322
农业、狩猎业和林业;渔业	Agriculture, Hunting and Forestry; Fishing	33	33	35	34	35
采掘业	Mining and Quarrying	4	4	4	4	4
制造业	Manufacturing	42	44	47	52	56
电、煤气和水供应业	Electricity, Gas and Water Supply	14	15	15	14	14
建筑业	Construction	11	11	12	12	13
批发、零售贸易；机动车及个人、家庭用品修理业	Wholesale and Retail Trade; Repair of Motor Vehicles, Motorcycles and Personal and Household Goods	17	19	20	20	23
旅馆和饭店业	Hotels and Restaurants	5	5	5	6	6
运输、仓储和邮电业	Transport, Storage and Communication	27	30	34	35	37
金融中介	Financial Intermediation	7	8	9	10	11
房地产、租赁及商务活动⑯	Real Estate, Renting and Business Activities ⑯	40	40	40	42	42
公共管理与国防；社会基本保障	Public Administration & Defence;Compulsory Social Security	16	17	17	18	20
教育	Education	10	10	10	10	10
卫生和社会工作	Health and Social Work	6	6	7	7	7
其他团体、社会和个人服务活动	Other Community, Social and Personal Services Activities	4	4	4	5	6
总增加值(按基本价格计算)	Total Gross Value Added at Basic Prices	237	246	258	269	284
减：间接计算的银行中介服务费	Less: Financial Intermediation Services Indirectly Measured	5	5	5	7	9
加：税减产品补贴	Plus: Taxes Less Subsidies on Products	35	37	39	42	47
捷　克	**Czech Republic**					
按当年价格计算	In Current Prices	21501	23153	24147	25508	27503
农业、狩猎业和林业	Agriculture, Hunting and Forestry	771	782	681	660	755 ③
渔业	Fishing	6	6	7	3	
采掘业	Mining and Quarrying	278	301	311	307	
制造业	Manufacturing	5192	5314	5699	6134	7724 ④
电、煤气和水供应业	Electricity, Gas and Water Supply	805	852	962	953	
建筑业	Construction	1342	1375	1480	1543	1681
批发、零售贸易；机动车及个人、家庭用品修理业	Wholesale and Retail Trade; Repair of Motor Vehicles, Motorcycles and Personal and Household Goods	2613	2741	2711	2786	6472⑰
旅馆和饭店业	Hotels and Restaurants	425	494	496	500	
运输、仓储和通讯	Transport, Storage and Communication	1927	2245	2482	2538	
金融中介	Financial Intermediation	509	676	786	774	4202 ⑩
房地产、租赁及商务活动	Real Estate, Renting and Business Activities	2836	3214	3098	3450	
公共管理和国防；社会基本保障	Public Administration and Defence; Compulsory Social Security	1070	1153	1243	1354	4307⑪
教育	Education	732	805	882	947	
卫生和社会工作	Health and Social Work	738	796	863	968	
其他团体、社会和个人服务活动	Other Community, Social and Personal Services Activities	546	579	614	641	
雇人的私人住户	Private Households with Employed Persons	3	3	3	3	
增加值总额(按基本价格计算)	Total Gross Value Added at Basic Prices	19795	21333	22317	23561	25141
减：间接计算的银行中介服务费	Less: Financial Intermediation Services Indirectly Measured	351	379	425	433	470
加：税减产品补贴	Plus: Taxes Less Subsidies on Products	2057	2198	2255	2380	2831

4-13续表21 continued

单位：亿本币 (100 million local currency units)

国家和地区	Country or Area	2000	2001	2002	2003	2004
捷　　克（续）	**Czech Republic(continued)**					
按2000年价格计算	At Constant Prices of 2000	21501	22068	22397	23229	24308
农业、狩猎业和林业	Agriculture, Hunting and Forestry	771	716	733	731	811 ③
渔业	Fishing	6	6	9	3	
采掘业	Mining and Quarrying	278	279	295	292	
制造业	Manufacturing	5192	5020	5560	6022	7114 ④
电、煤气和水供应业	Electricity, Gas and Water Supply	805	661	597	613	
建筑业	Construction	1342	1233	1271	1265	1349
批发、零售贸易；机动车及个人、家庭用品修理业	Wholesale and Retail Trade; Repair of Motor Vehicles, Motorcycles and Personal and Household Goods	2613	2842	2635	2810	5836⑰
旅馆和饭店业	Hotels and Restaurants	425	466	473	457	
运输、仓储和通讯	Transport, Storage and Communication	1927	2112	2240	2045	
金融中介	Financial Intermediation	509	622	674	629	3779 ⑩
房地产、租赁及商务活动	Real Estate, Renting and Business Activities	2836	3122	2919	3160	
公共管理和国防；社会基本保障	Public Administration and Defence; Compulsory Social Security	1070	1089	1106	1127	3401⑪
教育	Education	732	749	748	761	
卫生和社会工作	Health and Social Work	738	761	764	785	
其他团体、社会和个人服务活动	Other Community, Social and Personal Services Activities	546	529	538	532	
雇人的私人住户	Private Households with Employed Persons	3	2	3	3	
增加值总额(按基本价格计算)	Total Gross Value Added at Basic Prices	19795	20209	20580	21219	22314
减：间接计算的银行中介服务费	Less: Financial Intermediation Services Indirectly Measured	351	370	378	381	426
加：税减产品补贴	Plus: Taxes Less Subsidies on Products	2057	2229	2190	2392	2412
加：统计误差	Plus: Statistical Discrepancy			5	-1	8
法　　国	**France**					
按当年价格计算	In Current Prices	14414	14972	15486	15852	16484
农业、狩猎业和林业	Agriculture, Hunting and Forestry	352	368	361	352	352
渔业	Fishing	14	16	16	16	16
采掘业	Mining and Quarrying	21	22	22	23	24
制造业	Manufacturing	2067	2072	2043	1998	2057
电、煤气和水供应业	Electricity, Gas and Water Supply	203	214	240	250	256
建筑业	Construction	666	708	731	799	878
批发、零售贸易；机动车及个人、家庭用品修理业	Wholesale and Retail Trade; Repair of Motor Vehicles, Motorcycles and Personal and Household Goods	1357	1463	1502	1505	1537
旅馆和饭店业	Hotels and Restaurants	302	310	327	343	339
运输、仓储和通讯	Transport, Storage and Communication	776	822	893	903	940
金融中介	Financial Intermediation	664	611	663	677	683
房地产、租赁及商务活动	Real Estate, Renting and Business Activities	3296	3507	3619	3734	3893
公共管理和国防；社会基本保障	Public Administration and Defence; Compulsory Social Security	1009	1037	1064	1079	1126
教育	Education	722	752	785	809	814
卫生和社会工作	Health and Social Work	972	1025	1106	1182	1248
其他团体、社会和个人服务活动	Other Community, Social and Personal Services Activities	422	451	480	509	539
雇人的私人住户	Private Households with Employed Persons	66	69	74	77	80
增加值总额(按基本价格计算)	Total Gross Value Added at Basic Prices Measured	12907	13447	13926	14256	14782
加：税减产品补贴	Plus: Taxes Less Subsidies on Products	1506	1525	1560	1595	1702
按2000年价格计算	At Constant Prices of 2000	14414	14709	14889	15008	15356
农业、狩猎业和林业③	Agriculture, Hunting and Forestry ③	366	356	374	330	369
渔业	Fishing					
采掘业	Mining and Quarrying					
制造业④	Manufacturing ④	2290	2339	2352	2347	2378
电、煤气和水供应业	Electricity, Gas and Water Supply					
建筑业	Construction	666	689	680	705	722
批发、零售贸易；机动车及个人、家庭用品修理业⑱	Wholesale and Retail Trade; Repair of Motor Vehicles, Motorcycles and Personal and Household Goods ⑱	2435	2492	2542	2556	2604
运输、仓储和通讯	Transport, Storage and Communication					
旅馆和饭店业	Hotels and Restaurants					

4−13续表22 continued

单位：亿本币 (100 million local currency units)

国家和地区	Country or Area	2000	2001	2002	2003	2004
法　国（续）	**France(continued)**					
金融中介⑩	Financial Intermediation ⑩	3960	4011	4047	4115	4229
房地产、租赁及商务活动	Real Estate, Renting and Business Activities					
公共管理和国防；社会基本保障⑪	Public Administration and Defence; Compulsory Social Security ⑪	3191	3278	3326	3363	3414
教育	Education					
卫生和社会工作	Health and Social Work					
其他团体、社会和个人服务活动	Other Community, Social and Personal Services Activities					
雇人的私人住户	Private Households with Employed Persons					
增加值总额(按基本价格计算)	Total Gross Value Added at Basic Prices	12907	13165	13322	13421	13726
加：税减产品补贴	Plus: Taxes Less Subsidies on Products	1506	1545	1568	1588	1631
加：统计误差	Plus: Statistical Discrepancy				-1	-1
德　国	**Germany**					
按当年价格计算	In Current Prices	20625	21136	21488	21649	22072
农业、狩猎业和林业	Agriculture, Hunting and Forestry	223	234	219	218	217 ③
渔业	Fishing	2	2	2	2	
采掘业	Mining and Quarrying	53	43	50	52	
制造业	Manufacturing	4236	4316	4364	4384	5003 ④
电、煤气和水供应业	Electricity, Gas and Water Supply	345	344	357	391	
建筑业	Construction	976	929	890	840	803
批发、零售贸易；机动车及个人、家庭用品修理业	Wholesale and Retail Trade; Repair of Motor Vehicles, Motorcycles and Personal and Household Goods	1988	2071	2097	2117	3612⑰
旅馆和饭店业	Hotels and Restaurants	233	237	236	227	
运输、仓储和通讯	Transport, Storage and Communication	1114	1170	1203	1222	5814 ⑩
金融中介	Financial Intermediation	819	725	766	806	
房地产、租赁及商务活动	Real Estate, Renting and Business Activities	4803	5035	5152	5229	
公共管理和国防；社会基本保障	Public Administration and Defence; Compulsory Social Security	1168	1166	1182	1183	4500⑪
教育	Education	781	794	816	822	
卫生和社会工作	Health and Social Work	1163	1206	1282	1303	
其他团体、社会和个人服务活动	Other Community, Social and Personal Services Activities	924	949	962	966	
雇人的私人住户	Private Households with Employed Persons	26	26	26	26	
增加值总额(按基本价格计算)	Total Gross Value Added at Basic Prices	18853	19246	19603	19788	19948
加：税减产品补贴	Plus: Taxes Less Subsidies on Products	2063	2087	2096	2142	2124
按2000年价格计算	At Constant Prices of 2000	20625	20870	20903	20903	21231
农业、狩猎业和林业	Agriculture, Hunting and Forestry	223	224	220	219	239 ③
渔业	Fishing	2	2	2	2	
采掘业	Mining and Quarrying	53	33	40	39	
制造业	Manufacturing	4236	4215	4185	4193	4845 ④
电、煤气和水供应业	Electricity, Gas and Water Supply	345	329	334	345	
建筑业	Construction	976	921	877	838	807
批发、零售贸易；机动车及个人、家庭用品修理业	Wholesale and Retail Trade; Repair of Motor Vehicles, Motorcycles and Personal and Household Goods	1988	2019	2018	2041	3455⑰
旅馆和饭店业	Hotels and Restaurants	233	235	211	202	
运输、仓储和通讯	Transport, Storage and Communication	1114	1198	1257	1273	
金融中介	Financial Intermediation	819	831	835	831	5560 ⑩
房地产、租赁及商务活动	Real Estate, Renting and Business Activities	4803	5013	5014	5053	
公共管理和国防；社会基本保障	Public Administration and Defence; Compulsory Social Security	1168	1154	1151	1138	4403⑪
教育	Education	781	783	787	782	
卫生和社会工作	Health and Social Work	1163	1188	1254	1257	
其他团体、社会和个人服务活动	Other Community, Social and Personal Services Activities	924	916	911	908	
雇人的私人住户	Private Households with Employed Persons	26	26	26	26	
增加值总额(按基本价格计算)	Total Gross Value Added at Basic Prices	18853	19097	19150	19177	19310
加：税减产品补贴	Plus: Taxes Less Subsidies on Products	2063	2044	1994	1970	1927
加：统计误差	Plus: Statistical Discrepancy		-1	-1	-2	-6

4–13续表23 continued

单位：亿本币 (100 million local currency units)

国家和地区	Country or Area	2000	2001	2002	2003	2004
意 大 利	**Italy**					
按当年价格计算	In Current Prices	11665	12185	12606	13009	13513
农业、狩猎业和林业	Agriculture, Hunting and Forestry	288	297	294	297	305
渔业	Fishing	10	12	12	13	13
采掘业	Mining and Quarrying	57	52	52	52	51
制造业	Manufacturing	2206	2271	2297	2298	2372
电、煤气和水供应业	Electricity, Gas and Water Supply	234	262	256	279	284
建筑业	Construction	520	552	584	611	653
批发、零售贸易;机动车及个人、家庭用品修理业	Wholesale and Retail Trade; Repair of Motor Vehicles, Motorcycles and Personal and Household Goods	1420	1479	1511	1547	1577
旅馆和饭店业	Hotels and Restaurants	381	407	423	441	445
运输、仓储和通讯	Transport, Storage and Communication	799	842	853	877	912
金融中介	Financial Intermediation	658	686	687	703	704
房地产、租赁及商务活动	Real Estate, Renting and Business Activities	2157	2316	2498	2626	2792
公共管理和国防;社会基本保障	Public Administration and Defence; Compulsory Social Security	581	614	652	704	730
教育	Education	544	574	587	620	617
卫生和社会工作	Health and Social Work	512	547	568	581	626
其他团体、社会和个人服务活动	Other Community, Social and Personal Services Activities	371	396	420	440	453
雇人的私人住户	Private Households with Employed Persons	83	87	91	97	99
增加值总额(按基本价格计算)	Total Gross Value Added at Basic Prices	10821	11393	11785	12185	12634
减:间接计算的银行中介服务费	Less: Financial Intermediation Services Indirectly Measured	434	480	503	519	540
加:税减产品补贴	Plus: Taxes Less Subsidies on Products	1278	1273	1324	1343	1419
按2000年价格计算	At Constant Prices of 2000	11665	11871	11917	11947	12093
农业、狩猎业和林业	Agriculture, Hunting and Forestry	288	287	276	261	290
渔业	Fishing	10	11	9	10	10
采掘业	Mining and Quarrying	57	54	56	56	54
制造业	Manufacturing	2206	2196	2170	2141	2140
电、煤气和水供应业	Electricity, Gas and Water Supply	234	241	258	263	274
建筑业	Construction	520	536	550	562	577
批发、零售贸易;机动车及个人、家庭用品修理业	Wholesale and Retail Trade; Repair of Motor Vehicles, Motorcycles and Personal and Household Goods	1420	1447	1435	1440	1469
旅馆和饭店业	Hotels and Restaurants	381	391	387	385	380
运输、仓储和通讯	Transport, Storage and Communication	799	852	864	866	882
金融中介	Financial Intermediation	658	653	635	641	628
房地产、租赁及商务活动	Real Estate, Renting and Business Activities	2157	2245	2325	2364	2371
公共管理和国防;社会基本保障	Public Administration and Defence; Compulsory Social Security	581	586	585	592	598
教育	Education	544	545	550	554	560
卫生和社会工作	Health and Social Work	512	544	565	573	596
其他团体、社会和个人服务活动	Other Community, Social and Personal Services Activities	371	373	373	372	394
雇人的私人住户	Private Households with Employed Persons	83	86	87	89	89
增加值总额(按基本价格计算)	Total Gross Value Added at Basic Prices	10821	11039	11105	11142	11289
减:间接计算的银行中介服务费	Less: Financial Intermediation Services Indirectly Measured	434	465	474	490	496
加:税减产品补贴	Plus: Taxes Less Subsidies on Products	1278	1303	1292	1305	1310
加:统计误差	Plus: Statistical Discrepancy		…	1	…	1
荷　兰	**Netherlands**					
按当年价格计算	In Current Prices	4023	4293	4452	4543	4663
农业、狩猎业和林业	Agriculture, Hunting and Forestry	100	103	98	100	101 ③
渔业	Fishing	3	3	3	2	
采掘业	Mining and Quarrying	98	118	106	110	
制造业	Manufacturing	595	605	605	606	806 ④
电、煤气和水供应业	Electricity, Gas and Water Supply	54	58	71	77	
建筑业	Construction	214	232	242	243	253
批发、零售贸易;机动车及个人、家庭用品修理业	Wholesale and Retail Trade; Repair of Motor Vehicles, Motorcycles and Personal and Household Goods	492	508	529	517	915⑰
旅馆和饭店业	Hotels and Restaurants	72	76	81	79	

4-13续表24 continued

单位：亿本币 (100 million local currency units)

国家和地区	Country or Area	2000	2001	2002	2003	2004
荷　兰（续）	**Netherlands(continued)**					
运输、仓储和通讯	Transport, Storage and Communication	271	283	297	300	
金融中介	Financial Intermediation	234	254	259	283	1163 ⑩
房地产、租赁及商务活动	Real Estate, Renting and Business Activities	744	795	827	839	
公共管理和国防；社会基本保障	Public Administration and Defence; Compulsory Social Security	275	295	314	326	
教育	Education	154	166	178	188	1084⑪
卫生和社会工作	Health and Social Work	270	301	342	374	
其他团体、社会和个人服务活动	Other Community, Social and Personal Services Activities	120	130	138	144	
雇人的私人住户	Private Households with Employed Persons	15	16	18	18	
增加值总额(按基本价格计算)	Total Gross Value Added at Basic Prices	3711	3942	4105	4206	4323
减：间接计算的银行中介服务费	Less: Financial Intermediation Services Indirectly Measured	127	143	159	172	182
加：税减产品补贴	Plus: Taxes Less Subsidies on Products	439	495	506	508	523
按2000年价格计算	At Constant Prices of 2000	4023	4080	4104	4067	4126
农业、狩猎业和林业	Agriculture, Hunting and Forestry	100	95	94	97	102 ③
渔业	Fishing	3	3	3	3	
采掘业	Mining and Quarrying	98	103	105	101	
制造业	Manufacturing	595	591	586	570	746 ④
电、煤气和水供应业	Electricity, Gas and Water Supply	54	56	57	57	
建筑业	Construction	214	218	211	200	203
批发、零售贸易；机动车及个人、家庭用品修理业	Wholesale and Retail Trade; Repair of Motor Vehicles, Motorcycles and Personal and Household Goods	492	494	495	491	864⑰
旅馆和饭店业	Hotels and Restaurants	72	71	68	65	
运输、仓储和通讯	Transport, Storage and Communication	271	280	287	285	
金融中介	Financial Intermediation	234	238	233	245	1008 ⑩
房地产、租赁及商务活动	Real Estate, Renting and Business Activities	744	765	764	753	
公共管理和国防；社会基本保障	Public Administration and Defence; Compulsory Social Security	275	280	288	292	
教育	Education	154	154	156	158	904⑪
卫生和社会工作	Health and Social Work	270	281	299	309	
其他团体、社会和个人服务活动	Other Community, Social and Personal Services Activities	120	124	125	125	
雇人的私人住户	Private Households with Employed Persons	15	15	16	15	
增加值总额(按基本价格计算)	Total Gross Value Added at Basic Prices	3711	3769	3786	3768	3826
减：间接计算的银行中介服务费	Less: Financial Intermediation Services Indirectly Measured	127	135	134	143	146
加：税减产品补贴	Plus: Taxes Less Subsidies on Products	439	446	451	443	440
加：统计误差	Plus: Statistical Discrepancy			…	…	7
波　兰	**Poland**					
按当年价格计算	In Current Prices	7239	7606	7811	8149	8837
农业、狩猎业和林业	Agriculture, Hunting and Forestry	221	245	211	209	209
渔业	Fishing	2	2	2	2	2
采掘业	Mining and Quarrying	161	159	156	158	158
制造业	Manufacturing	1244	1180	1192	1294	1294
电、煤气和水供应业	Electricity, Gas and Water Supply	196	243	266	283	283
建筑业	Construction	513	474	452	428	428
批发、零售贸易；机动车及个人、家庭用品修理业	Wholesale and Retail Trade; Repair of Motor Vehicles, Motorcycles and Personal and Household Goods	1265	1352	1422	1397	1397
旅馆和饭店业	Hotels and Restaurants	80	84	82	83	83
运输、仓储和通讯	Transport, Storage and Communication	430	481	533	555	555
金融中介	Financial Intermediation	143	143	118	146	146
房地产、租赁及商务活动	Real Estate, Renting and Business Activities	840	931	971	1039	1039
公共管理和国防；社会基本保障	Public Administration and Defence; Compulsory Social Security	435	490	494	513	513
教育	Education	291	335	350	379	379
卫生和社会工作	Health and Social Work	256	270	271	275	275
其他团体、社会和个人服务活动	Other Community, Social and Personal Services Activities	255	283	308	325	325
增加值总额(按基本价格计算)	Total Gross Value Added at Basic Prices	6331	6672	6829	7086	7714
加：税减产品补贴	Plus: Taxes Less Subsidies on Products	908	934	983	1063	1123

4-13续表25 continued

单位：亿本币 (100 million local currency units)

国家和地区	Country or Area	2000	2001	2002	2003	2004
波　兰	**Poland**					
按2000年价格计算	At Constant Prices of 2000	7239	7312	7413	7698	8109
农业、狩猎业和林业	Agriculture, Hunting and Forestry	221	241	246	252	259
渔　业	Fishing	2	2	2	1	2
采掘业	Mining and Quarrying	161	149	140	138	142
制造业	Manufacturing	1244	1234	1254	1369	1545
电、煤气和水供应业	Electricity, Gas and Water Supply	196	212	201	198	196
建筑业	Construction	513	472	440	427	421
批发、零售贸易；机动车及个人、家庭用品修理业	Wholesale and Retail Trade; Repair of Motor Vehicles, Motorcycles and Personal and Household Goods	1265	1315	1391	1417	1509
旅馆和饭店业	Hotels and Restaurants	80	79	75	76	77
运输、仓储和通讯	Transport, Storage and Communication	430	444	481	498	526
金融中介	Financial Intermediation	143	140	113	126	142
房地产、租赁及商务活动	Real Estate, Renting and Business Activities	840	869	893	939	966
公共管理和国防；社会基本保障	Public Administration and Defence; Compulsory Social Security	435	453	452	469	486
教育	Education	291	282	285	317	308
卫生和社会工作	Health and Social Work	256	256	249	226	228
其他团体、社会和个人服务活动	Other Community, Social and Personal Services Activities	255	251	259	271	275
增加值总额(按基本价格计算)	Total Gross Value Added at Basic Prices	6331	6401	6482	6720	7057
加：税减产品补贴	Plus: Taxes Less Subsidies on Products	908	912	931	978	1052
加：统计误差	Plus: Statistical Discrepancy			…	…	1
罗马尼亚⑥	**Romania ⑥**					
按当年价格计算	In Current Prices	804	1168	1515	1903	2388
农业、狩猎业和林业；渔业	Agriculture, Hunting and Forestry; Fishing	89	156	173	223	309
采掘业	Mining and Quarrying	17	23	32		
制造业	Manufacturing	176	268	343	519 ④	645 ④
电、煤气和水供应业	Electricity, Gas and Water Supply	26	32	51		
建筑业	Construction	39	62	88	114	146
批发、零售贸易；机动车及个人、家庭用品修理业	Wholesale and Retail Trade; Repair of Motor Vehicles, Motorcycles and Personal and Household Goods	82	107	130	163	1052 ⑤
旅馆和饭店业	Hotels and Restaurants	19	25	32	40	
运输、仓储和邮电业	Transport, Storage and Communication	80	117	147	182	
金融中介	Financial Intermediation	12	23	35	44	
房地产、租赁及商务活动	Real Estate, Renting and Business Activities	81	128	173	203	
公共管理与国防；社会基本保障	Public Administration & Defence; Compulsory Social	35	42	58	79	
	Security	23	31	42	54	
教育	Education	16	18	30	37	
卫生和社会工作	Health and Social Work	23	28	39	48	
其他团体、社会和个人服务	Other Community, Social and Personal Services Activities					
增加值总额(按基本价格计算)	Total Gross Value Added at Basic Prices	720	1061	1373	1707	2153
减：间接计算的银行中介服务费	Less: Financial Intermediation Services Indirectly Mcasured	9	18	17	25	36
加：税减产品补贴	Plus: Taxes Less Subsidies on Products	92	125	159	222	271
俄罗斯联邦	**Russian Federation**					
按当年价格计算	In Current Prices	73056	89436	108175	132011	167515
农业、狩猎业和林业；渔业	Agriculture, Hunting and Forestry Fishing	4364	5448	5859	6465	
采掘业	Mining and Quarrying					
制造业④	Manufacturing ④	20492	22584	26388	32343	
电、煤气和水供应业	Electricity, Gas and Water Supply					
建筑业	Construction	4288	5890	6800	8513	
批发、零售贸易；机动车及个人、家庭用品修理业；旅馆和饭店业	Wholesale and Retail Trade; Repair of Motor Vehicles, Motorcycles and Personal and Household Goods; Hotels and Restaurants	15455	17756	21620	26520	
运输、仓储和邮电业	Transport, Storage and Communication	5929	7252	9056	11249	
金融中介	Financial Intermediation	912	1977	2977	4006	

4–13续表26 continued

单位：亿本币 (100 million local currency units)

国家和地区	Country or Area	2000	2001	2002	2003	2004
俄罗斯联邦（续）	**Russian Federation(continued)**					
房地产、租赁及商务活动	Real Estate, Renting and Business Activities	7030	9558	11927	14308	
公共管理与国防；社会基本保障	Public Administration and Defence; Compulsory Social Security	3058	4052	5135	6312	
教育	Education	1794	2463	3822	4440	
卫生和社会工作	Health and Social Work	1460	1959	2971	3552	
其他团体、社会和个人服务	Other Community, Social and Personal Services Activities	522	819	1167	1429	
增加值总额(按基本价格计算)	Total Gross Value Added at Basic Prices	65304	79758	97723	119138	
减：间接计算的银行中介服务费	Less: Financial Intermediation Services Indirectly Measured	582	1297	1793	2091	
加：税减产品补贴	Plus: Taxes Less Subsidies on Products	8334	10975	12411	15806	
按上年价格计算	At the Prices of Proceeding Year	53078	76776	93679	116111	141936
农业、狩猎业和林业；渔业	Agriculture, Hunting and Forestry Fishing	3693	4847	5606	6016	
采掘业	Mining and Quarrying					
制造业④	Manufacturing ④	14990	21497	23487	28302	
电、煤气和水供应业	Electricity, Gas and Water Supply					
建筑业	Construction	3132	4713	6049	7781	
批发、零售贸易；机动车及个人、家庭用品修理业；旅馆和饭店业	Wholesale and Retail Trade; Repair of Motor Vehicles, Motorcycles and Personal and Household Goods; Hotels and Restaurants	11268	16061	19201	23710	
运输、仓储和通讯	Transport, Storage and Communication	4406	6260	7658	9965	
金融中介	Financial Intermediation	432	1162	2177	3343	
房地产、租赁及商务活动	Real Estate, Renting and Business Activities	4444	6989	9407	11851	
公共管理与国防；社会基本保障	Public Administration and Defence; Compulsory Social Security	2151	3028	4183	5271	
教育	Education	1292	1846	2548	3917	
卫生和社会工作	Health and Social Work	1045	1458	2031	3019	
其他团体、社会和个人服务	Other Community, Social and Personal Services Activities	393	534	828	1198	
增加值总额(按基本价格计算)	Total Gross Value Added at Basic Prices	47433	68509	83465	104889	
减：间接计算的银行中介服务费	Less: Financial Intermediation Services Indirectly Measured	111	581	1385	1927	
加：税减产品补贴	Plus: Taxes Less Subsidies on Products	5635	8848	11524	13333	
西 班 牙	**Spain**					
按当年价格计算	In Current Prices	6303	6798	7290	7806	8376
农业、狩猎业和林业	Agriculture, Hunting and Forestry	235	239	240	243	246
渔业	Fishing	15	15	16	15	16
采掘业	Mining and Quarrying	18	19	20	21	21
制造业	Manufacturing	1061	1117	1151	1191	1232
电、煤气和水供应业	Electricity, Gas and Water Supply	113	117	125	133	139
建筑业	Construction	476	549	624	708	811
批发、零售贸易；机动车及个人、家庭用品修理业	Wholesale and Retail Trade; Repair of Motor Vehicles, Motorcycles and Personal and Household Goods	640	688	719	762	826
饭店及旅馆业	Hotels and Restaurants	434	461	498	526	575
运输、仓储和邮电业	Transport, Storage and Communication	418	454	494	523	555
金融中介	Financial Intermediation	263	302	327	338	348
房地产、租赁及商务活动	Real Estate, Renting and Business Activities	848	948	1047	1137	1223
公共管理与国防；社会基本保障	Public Administration and Defence; Compulsory Social Security	355	380	398	425	455
教育	Education	279	299	318	338	361
卫生和社会工作	Health and Social Work	290	306	335	364	390
其他团体、社会和个人服务	Other Community, Social and Personal Services Activities	204	222	243	259	274
雇人的私人住户	Private Households with Employed Persons	58	60	62	65	68
增加值总额(按基本价格计算)	Total Gross Value Added at Basic Prices	5706	6176	6615	7049	7539
加：税减产品补贴	Plus: Taxes Less Subsidies on Products	597	623	675	757	837

4–13续表27 continued

单位：亿本币 (100 million local currency units)

国家和地区	Country or Area	2000	2001	2002	2003	2004
西 班 牙（续）	**Spain(continued)**					
按2000年价格计算	At Constant Prices of 2000	6303	6526	6701	6896	7109
农业、狩猎业和林业	Agriculture, Hunting and Forestry	235	232	233	234	231
渔业	Fishing	15	15	14	14	14
采掘业	Mining and Quarrying	18	17	17	18	18
制造业	Manufacturing	1061	1087	1094	1101	1109
电、煤气和水供应业	Electricity, Gas and Water Supply	113	120	124	129	133
建筑业	Construction	476	516	549	577	606
批发零售、机动车及日用品修理	Wholesale and Retail Trade; Repair of Motor Vehicles, Motorcycles and Personal and Household Goods	640	660	655	658	675
旅馆及饭店业	Hotels and Restaurants	434	432	440	447	466
运输、仓储和邮电业	Transport, Storage and Communication	418	434	452	468	484
金融中介	Financial Intermediation	263	280	284	299	324
房地产、租赁及商务活动	Real Estate, Renting and Business Activities	848	893	931	958	987
公共管理与国防；社会基本保障	Public Administration and Defence; Compulsory Social Security	355	369	373	385	396
教育	Education	279	287	296	304	313
卫生和社会工作	Health and Social Work	290	295	310	323	334
其他团体、社会和个人服务	Other Community, Social and Personal Services Activities	204	214	224	235	240
雇人的私人住户	Private Households with Employed Persons	58	60	61	63	65
增加值总额(按基本价格计算)	Total Gross Value Added at Basic Prices	5706	5911	6061	6215	6401
减：间接计算的银行中介服务费	Less: Financial Intermediation Services Indirectly Measured					
加：税减产品补贴	Plus: Taxes Less Subsidies on Products	597	615	641	683	710
加：统计误差	Plus: Statistical Discrepancy			…	-1	-1
乌 克 兰	**Ukraine**					
按当年价格计算	In Current Prices	1701	2042	2258	2642	3326
农业、狩猎业和林业	Agriculture, Hunting and Forestry	244	294	294	287	
渔业	Fishing	2	1	1	1	
采掘业	Mining and Quarrying	74	85	100	116	
制造业⑧	Manufacturing ⑧	311	356	404	508	
电、煤气和水供应业	Electricity, Gas and Water Supply	108	112	114	125	
建筑业	Construction	57	73	77	98	
批发、零售贸易；机动车及个人、家庭用品修理业	Wholesale and Retail Trade; Repair of Motor Vehicles, Motorcycles and Personal and Household Goods	146	224	246	307	
旅馆及饭店业	Hotels and Restaurants	8	12	13	15	
运输、仓储和邮电业	Transport, Storage and Communication	198	246	275	319	
金融中介	Financial Intermediation	31	53	62	88	
房地产、租赁及商务活动	Real Estate, Renting and Business Activities	83	127	150	176	
公共管理与国防；社会基本保障	Public Administration & Defence; Compulsory Social Security	63	74	88	104	
教育	Education	72	89	108	126	
卫生和社会工作	Health and Social Work	43	60	74	84	
其他团体、社会和个人服务活动	Other Community, Social and Personal Services Activities	19	27	37	46	
增加值总额(按基本价格计算)	Total Gross Value Added at Basic Prices	1460	1833	2043	2399	
减：间接计算的银行中介服务费	Less: Financial Intermediation Services Indirectly Measured	17	28	31	43	
加：税减产品补贴	Plus: Taxes Less Subsidies on Products	258	237	246	286	
按上年价格计算	At the Prices of Preceding Year	1381	1858	2149	2470	2959
农业、狩猎业和林业	Agriculture, Hunting and Forestry	173 ③	269	300	265	
渔业	Fishing		1	1	1	
采掘业	Mining and Quarrying		82	87	106	
制造业	Manufacturing	405 ④	354	390	477	

4-13续表28 continued

单位：亿本币 (100 million local currency units)

国家和地区	Country or Area	2000	2001	2002	2003	2004
乌 克 兰（续）	**Ukraine(continued)**					
电、煤气和水供应业	Electricity, Gas and Water Supply		112	114	120	
建筑业	Construction	47	61	71	94	
批发、零售贸易；机动车及个人、家庭用品修理业	Wholesale and Retail Trade; Repair of Motor Vehicles, Motorcycles and Personal and Household Goods	107 ⑨	209	242	294	
旅馆和饭店业	Hotels and Restaurants		10	12	13	
运输、仓储和通讯	Transport, Storage and Communication	158	208	264	309	
金融中介	Financial Intermediation	19	40	52	78	
房地产、租赁及商务活动	Real Estate, Renting and Business Activities	72	103	143	155	
公共管理和国防；社会基本保障	Public Administration and Defence; Compulsory Social Security	62	67	80	92	
教育	Education	57	76	89	110	
卫生和社会工作	Health and Social Work	34	46	63	76	
其他团体、社会和个人服务活动	Other Community, Social and Personal Services Activities	16	20	33	42	
增加值总额(按基本价格计算)	Total Gross Value Added at Basic Prices	1149	1659	1940	2232	
减：间接计算的银行中介服务费	Less: Financial Intermediation Services Indirectly Measured	11	18	29	35	
加：税减产品补贴	Plus: Taxes Less Subsidies on Products	243	217	238	273	
英　　国	**United Kingdom**					
按当年价格计算	In Current Prices	9536	9968	10485	11059	11644
农业、狩猎业和林业；渔业	Agriculture, Hunting and Forestry; Fishing	88	86	92	101	94
采掘业	Mining and Quarrying					
制造业④	Manufacturing ④	1931	1910	1871	1855	2008
电、煤气和水供应业	Electricity, Gas and Water Supply					
建筑业	Construction	453	503	548	609	676
批发、零售贸易；机动车及个人、家庭用品修理业⑰	Wholesale and Retail Trade; Repair of Motor Vehicles, Motorcycles and Personal and Household Goods ⑰	2021	2120	2206	2325	2404
旅馆和饭店业	Hotels and Restaurants					
运输、仓储和通讯	Transport, Storage and Communication					
金融中介⑩	Financial Intermediation ⑩	2369	2552	2869	3109	3249
房地产、租赁及商务活动	Real Estate, Renting and Business Activities					
公共管理和国防；社会基本保障⑪	Public Administration and Defence; Compulsory Social Security ⑪	1889	1999	2134	2278	2396
教育	Education					
卫生和社会工作	Health and Social Work					
其他团体、社会和个人服务活动	Other Community, Social and Personal Services Activities					
雇人的私人住户	Private Households with Employed Persons					
增加值总额(按基本价格计算)	Total Gross Value Added at Basic Prices	8751	9169	9720	10277	10828
减：间接计算的银行中介服务费	Less: Financial Intermediation Services Indirectly Measured	336	335	412	459	495
加：税减产品补贴	Plus: Taxes Less Subsidies on Products	1121	1133	1177	1242	1311
按2000年价格计算	At Constant Prices of 2000	9536	9748	9943	10193	10522
农业、狩猎业和林业③	Agriculture, Hunting and Forestry ③	88	82	90	88	90
渔业	Fishing					
采掘业	Mining and Quarrying					
制造业④	Manufacturing ④	1931	1896	1853	1837	1850
电、煤气和水供应业	Electricity, Gas and Water Supply					
建筑业	Construction	455	463	481	506	524
批发、零售贸易；机动车及个人、家庭用品修理业⑰	Wholesale and Retail Trade; Repair of Motor Vehicles, Motorcycles and Personal and Household Goods⑰	2021	2101	2157	2229	2322
旅馆和饭店业	Hotels and Restaurants					
运输、仓储和通讯	Transport, Storage and Communication					
金融中介⑩	Financial Intermediation ⑩	2369	2491	2482	2629	2776
房地产、租赁及商务活动	Real Estate, Renting and Business Activities					

4-13续表29 continued

单位：亿本币　　　　　　(100 million local currency units)

国家和地区	Country or Area	2000	2001	2002	2003	2004
英　国（续）	**United Kingdom(continued)**					
公共管理和国防；社会基本保障⑪	Public Administration and Defence; Compulsory Social Security ⑪	1889	1939	1979	2023	2079
教育	Education					
卫生和社会工作	Health and Social Work					
其他社区、社会和私人服务活动	Other Community, Social and Personal Services Activities					
增加值总额(按基本价格计算)	Total Gross Value Added at Basic Prices	8751	8931	9087	9369	9706
减：间接计算的银行中介服务费	Less: Financial Intermediation Services Indirectly Measured	336	357	362	401	447
加：税减产品补贴	Plus: Taxes Less Subsidies on Products	1121	1166	1218	1251	1306
加：统计误差	Plus: Statistical Discrepancy			-2	-2	-3
澳大利亚	**Australia**					
按当年价格计算	In Current Prices	6684	7132	7581	8132	8393
农业、狩猎业和林业；渔业	Agriculture, Hunting and Forestry; Fishing	230	273	212	248	
采掘业	Mining and Quarrying	341	338	343	330	
制造业	Manufacturing	730	767	825	883	
电、煤气和水供应业	Electricity, Gas and Water Supply	155	161	170	186	
建筑业	Construction	339	396	457	507	
批发、零售贸易；机动车及个人、家庭用品修理业	Wholesale and Retail Trade; Repair of Motor Vehicles, Motorcycles and Personal and Household Goods	663	721	787	844	
旅馆和饭店业	Hotels and Restaurants	149	149	155	165	
运输、仓储和通讯	Transport, Storage and Communication	512	540	577	634	
金融中介	Financial Intermediation	470	526	580	621	
房地产、租赁及商务活动	Real Estate, Renting and Business Activities	1313	1369	1433	1533	
公共管理和国防；社会基本保障	Public Administration and Defence; Compulsory Social Security	249	275	296	318	
教育	Education	297	311	331	355	
卫生和社会工作	Health and Social Work	383	412	440	471	
其他社区、社会和私人服务活动	Other Community, Social and Personal Services Activities	267	285	307	318	
增加值总额(按基本价格计算)	Total Gross Value Added at Basic Prices	6098	6523	6910	7415	
加：税减产品补贴	Plus: Taxes Less Subsidies on Products	587	609	671	718	
加：统计误差	Plus: Statistical Discrepancy				-1	
按2000年价格计算	At Constant Prices of 2000	6684	6944	7166	7437	7973
农业、狩猎业和林业；渔业	Agriculture, Hunting and Forestry; Fishing	230	273	212	248	
采掘业	Mining and Quarrying	341	338	343	330	
制造业	Manufacturing	730	767	825	883	
电、煤气和水供应业	Electricity, Gas and Water Supply	155	161	170	186	
建筑业	Construction	339	396	457	507	
批发、零售贸易；机动车及个人、家庭用品修理业	Wholesale and Retail Trade; Repair of Motor Vehicles, Motorcycles and Personal and Household Goods	663	721	787	844	
旅馆和饭店业	Hotels and Restaurants	149	149	155	165	
运输、仓储和通讯	Transport, Storage and Communication	512	540	577	634	
金融中介	Financial Intermediation	470	526	580	621	
房地产、租赁及商务活动	Real Estate, Renting and Business Activities	1313	1369	1433	1533	
公共管理和国防；社会基本保障	Public Administration and Defence; Compulsory Social Security	249	275	296	318	
教育	Education	297	311	331	355	
卫生和社会工作	Health and Social Work	383	412	440	471	
其他社区、社会和私人服务活动	Other Community, Social and Personal Services Activities	267	285	307	318	
增加值总额(按基本价格计算)	Total Gross Value Added at Basic Prices	6098	6523	6910	7415	
加：税减产品补贴	Plus: Taxes Less Subsidies on Products	587	626	660	680	
加：统计误差	Plus: Statistical Discrepancy		…	-1	-21	
新 西 兰	**New Zealand**					
按当年价格计算	In Current Prices	1147	1235	1275	1347	1458
农业、狩猎业和林业	Agriculture, Hunting and Forestry	92	106			
渔业	Fishing	4	4			

4-13续表30 continued

单位：亿本币 (100 million local currency units)

国家和地区	Country or Area	2000	2001	2002	2003	2004
新 西 兰（续）	**New Zealand(continued)**					
采掘业	Mining and Quarrying	14	14			
制造业	Manufacturing	180	191			
电、煤气和水供应业	Electricity, Gas and Water Supply	28	30			
建筑业	Construction	48	52			
批发、零售贸易；机动车及个人、家庭用品修理业	Wholesale and Retail Trade; Repair of Motor Vehicles, Motorcycles and Personal and Household Goods	142	160			
旅馆和饭店业	Hotels and Restaurants	21	23			
运输、仓储和通讯	Transport, Storage and Communication	79	84			
金融中介	Financial Intermediation	63	68			
房地产、租赁及商务活动	Real Estate, Renting and Business Activities	235	250			
公共管理和国防；社会基本保障	Public Administration and Defence; Compulsory Social Security	49	51			
教育	Education	46	49			
卫生和社会工作	Health and Social Work	58	63			
其他团体、社会和个人服务活动	Other Community, Social and Personal Services Activities	41	43			
增加值总额(按生产者价格计算)	Total Gross Value Added at Producers' Prices	1101	1187			
减：间接计算的银行中介服务费	Less: Financial Intermediation Services Indirectly Measured	36	39			
加：税减产品补贴	Plus: Taxes Less Subsidies on Products	82	87			
按2000年价格计算	At Constant Prices of 2000	1147	1187	1242	1287	1234
农业、狩猎业和林业	Agriculture, Hunting and Forestry	92	96	98	100	
渔业	Fishing	4	4	4	4	
采掘业	Mining and Quarrying	14	13	14	12	
制造业	Manufacturing	180	183	193	196	
电、煤气和水供应业	Electricity, Gas and Water Supply	28	27	29	29	
建筑业	Construction	48	50	55	61	
批发、零售贸易；机动车及个人、家庭用品修理业	Wholesale and Retail Trade; Repair of Motor Vehicles, Motorcycles and Personal and Household Goods	142	149	154	162	
旅馆和饭店业	Hotels and Restaurants	21	22	23	23	
运输、仓储和通讯	Transport, Storage and Communication	79	85	90	94	
金融中介	Financial Intermediation	63	67	72	74	
房地产、租赁及商务活动	Real Estate, Renting and Business Activities	235	242	250	257	
公共管理和国防；社会基本保障	Public Administration and Defence; Compulsory Social Security	49	50	52	55	
教育	Education	46	49	50	52	
卫生和社会工作	Health and Social Work	58	63	66	68	
其他团体、社会和个人服务活动	Other Community, Social and Personal Services Activities	41	44	44	47	
增加值总额(按生产者价格计算)	Total Gross Value Added at Producers' Prices	1101	1140	1177	1217	

注：①包括“公共管理与国防；社会基本保障”。②包括雇人的私人住户。③包括渔业。④包括“采掘业”与“电、气和水供应业”。⑤指服务业增加值。⑥万亿本币。⑦“旅馆、饭店业”包括在“教育；卫生和社会工作；其他团体、社会和个人服务业”中。⑧包括采掘业。⑨包括旅馆和饭店业。⑩包括“房地产、租赁及商务活动”。⑪包括“教育；卫生和社会工作；其他团体、社会和个人服务业”。⑫金融包括在“教育；卫生和社会工作；其他团体、社会和个人服务服务活动”中。⑬包括运输、仓储和通讯。⑭2000至2001年数据是按1996年价格计算。⑮包括卫生和社会工作。⑯包括“卫生和社会工作”和“其他团体、社会和个人服务活动”。⑰包括“运输、仓储和通讯”、“旅馆和饭店业”。

Note: ① Includes "Public Administration and Defence; Compulsory Social Security". ② Includes private households with employed persons. ③ Includes fishing. ④ Including "Mining and Quarrying" and "Electricity, Gas and Water Supply". ⑤ Refer to services industry value added. ⑥ Thrillion local currency units. ⑦ "Hotels and Restaurants" is included in "Education; Health and Social Work;Other Community, Social and Personal Services". ⑧ Includes mining and quarrying. ⑨ Includes hotels and restaurants. ⑩ Includes "Real Estate, Renting and Bussiness Activities". ⑪Includes "Education; Health and Social Work; Other Community, Social and Personal Services".⑫Finance is included in "Education; Health and Social Work; Other Community, Social and personal services". ⑬Includes transport, storage and communication. ⑭Data of 2000 and 2001 are computered at constant prices of 1996.⑮Includes health and social work.⑯Includes "Health and Social Work;Other Community, Social and Personal Services".⑰Includes "Transport, Storage and Communication", "Hotels and Restaurants".

4-14 支出法国内生产总值

Gross Domestic Product by Expenditure Approach

资料来源：世界银行世界发展指标数据库。
Source: World Bank World Development Indicator Database.
单位：亿本币 (100 million local currency units)

国家和地区	Country or Area	1990	2000	2001	2002	2003
中　　国	**China**					
按当年价格计算	In Current Prices					
居民消费	Household Final Consumption Expenditure	9113	42896	45898	48882	52686
政府消费	General Government Final Consumption Expenditure	2252	11705	13029	13917	14808
资本形成总额	Gross Capital Formation	6444	32500	37461	42305	51555
# 存货增加	#Changes in Inventories	1712	-124	648	387	251
货物和服务净出口	Net Exports of Goods and Services	510	2240	2205	2794	2682
国内生产总值	Gross Domestic Product	18320	89341	98593	107898	121730
中国香港	**Hong Kong, China**					
按当年价格计算	In Current Prices					
居民消费	Household Final Consumption Expenditure	3378	7602	7651	7281	7005
政府消费	General Government Final Consumption Expenditure	431	1201	1288	1313	1301
资本形成总额	Gross Capital Formation	1619	3618	3290	2917	2786
货物和服务出口	Exports of Goods and Services	7742	18745	17886	18975	21010
减:货物和服务进口	Less: Imports of Goods and Services	7294	18283	17417	18012	19901
国内生产总值	Gross Domestic Product	5876	12883	12699	12474	12200
按2000年价格计算	At Constant Prices of 2000					
居民消费	Household Final Consumption Expenditure	4950	7602	7751	7661	7594
政府消费	General Government Final Consumption Expenditure	846	1201	1274	1306	1331
资本形成总额	Gross Capital Formation	1992	3618	3517	3472	3516
货物和服务出口	Exports of Goods and Services	7931	18745	18409	20101	22702
减:货物和服务进口	Less: Imports of Goods and Services	7442	18283	18007	19352	21531
国内生产总值	Gross Domestic Product	8277	12883	12943	13187	13612
中国澳门	**Macao, China**					
按当年价格计算	In Current Prices					
居民消费	Household Final Consumption Expenditure	96	204	206	212	
政府消费	General Government Final Consumption Expenditure	23	59	60	62	
资本形成总额	Gross Capital Formation	65	60	52	58	
货物和服务出口	Exports of Goods and Services	254	467	487	545	
减:货物和服务进口	Less: Imports of Goods and Services	176	292	307	334	
国内生产总值	Gross Domestic Product	262	497	499	543	
按1996年价格计算	At Constant Prices of 1996					
居民消费	Household Final Consumption Expenditure	142	208	214	225	
政府消费	General Government Final Consumption Expenditure	38	58	58	59	
资本形成总额	Gross Capital Formation	89	71	64	68	
货物和服务出口	Exports of Goods and Services	348	482	518	595	
减:货物和服务进口	Less: Imports of Goods and Services	203	284	308	347	
国内生产总值	Gross Domestic Product	415	534	546	601	
孟加拉国	**Bangladesh**					
按当年价格计算	In Current Prices					
居民消费	Household Final Consumption Expenditure	8321	18385	19649	20993	22976
政府消费	General Government Final Consumption Expenditure	421	1084	1143	1366	1607
资本形成总额	Gross Capital Formation	1711	5459	5854	6324	7035
货物和服务出口	Exports of Goods and Services	614	3314	3900	3900	4272
减:货物和服务进口	Less: Imports of Goods and Services	1358	4559	5451	5204	6022
国内生产总值	Gross Domestic Product	10033	23709	25355	27320	30058

4-14续表1 continued

单位：亿本币 (100 million local currency units)

国家和地区	Country or Area	1990	2000	2001	2002	2003
孟加拉国(续)	**Bangladesh (continued)**					
按1996年价格计算	At Constant Prices of 1996					
居民消费	Household Final Consumption Expenditure	11685	14974	15684	16450	17123
政府消费	General Government Final Consumption Expenditure	552	869	908	1082	1225
资本形成总额	Gross Capital Formation	2172	4880	5162	5583	6022
货物和服务出口	Exports of Goods and Services	916	2821	3242	3167	3385
减:货物和服务进口	Less: Imports of Goods and Services	1836	3600	4003	3554	3817
国内生产总值	Gross Domestic Product	12824	20493	21574	22526	23710
印　　度	**India**					
按当年价格计算	In Current Prices					
居民消费	Household Final Consumption Expenditure	38714	136002	149405	159113	176585
政府消费	General Government Final Consumption Expenditure	6603	26424	28431	30883	31211
资本形成总额	Gross Capital Formation	13685	47362	50906	56382	63569
货物和服务出口	Exports of Goods and Services	4064	29019	30758	37587	41617
减:货物和服务进口	Less: Imports of Goods and Services	4870	30609	32180	38527	44385
国内生产总值	Gross Domestic Product	56867	208950	228214	246956	276003
按1993年价格计算	At Constant Prices of 1993					
居民消费	Household Final Consumption Expenditure	52564	81744	86330	89609	96487
政府消费	General Government Final Consumption Expenditure	8960	15919	16404	16907	16609
资本形成总额	Gross Capital Formation	17908	32940	33452	36614	39372
货物和服务出口	Exports of Goods and Services	6586	22037	23596	28742	30750
减:货物和服务进口	Less: Imports of Goods and Services	5952	20544	21358	23088	25658
国内生产总值	Gross Domestic Product	77130	131620	138401	144063	156462
印度尼西亚①	**Indonesia ①**					
按当年价格计算	In Current Prices					
居民消费	Household Final Consumption Expenditure	120	851	973	1046	1172
政府消费	General Government Final Consumption Expenditure	19	91	113	132	164
资本形成总额	Gross Capital Formation	65	204	260	252	285
货物和服务出口	Exports of Goods and Services	53	543	624	577	558
减:货物和服务进口	Less: Imports of Goods and Services	50	423	503	471	459
国内生产总值	Gross Domestic Product	211	1265	1468	1611	1787
按1993年价格计算	At Constant Prices of 1993					
居民消费	Household Final Consumption Expenditure	155	276	286	297	308
政府消费	General Government Final Consumption Expenditure	27	29	31	35	39
资本形成总额	Gross Capital Formation	81	76	82	78	77
货物和服务出口	Exports of Goods and Services	62	116	120	119	124
减:货物和服务进口	Less: Imports of Goods and Services	60	99	107	102	104
国内生产总值	Gross Domestic Product	263	398	412	427	444
伊　　朗	**Iran**					
按当年价格计算①	In Current Prices ①					
居民消费	Household Final Consumption Expenditure	23	277	324	393	495
政府消费	General Government Final Consumption Expenditure	4	81	94	132	157
资本形成总额	Gross Capital Formation	10	191	243	356	461
货物和服务出口	Exports of Goods and Services	8	122	141	248	285
减:货物和服务进口	Less: Imports of Goods and Services	9	121	126	223	257
国内生产总值	Gross Domestic Product	37	551	683	905	1124

4-14续表2 continued

单位：亿本币 (100 million local currency units)

国家和地区	Country or Area	1990	2000	2001	2002	2003
伊　朗(续)	**Iran (continued)**					
按1982年价格计算	At Constant Prices of 1982					
居民消费	Household Final Consumption Expenditure	77941	108014	115838	121861	129336
政府消费	General Government Final Consumption Expenditure	13370	22003	21343	22709	23035
资本形成总额	Gross Capital Formation	22006	31352	34801	42109	44931
货物和服务出口	Exports of Goods and Services	22525	25353	23445	23703	26366
减:货物和服务进口	Less: Imports of Goods and Services	12741	5532	6512	7560	8167
国内生产总值	Gross Domestic Product	123105	182068	188303	202148	215500
以色列	**Israel**					
按当年价格计算	In Current Prices					
居民消费	Household Final Consumption Expenditure	647	2622	2723	2888	2954
政府消费	General Government Final Consumption Expenditure	317	1326	1414	1542	1516
资本形成总额	Gross Capital Formation	266	1019	1010	930	848
货物和服务出口	Exports of Goods and Services	367	1867	1674	1828	1928
减:货物和服务进口	Less: Imports of Goods and Services	480	2127	2042	2250	2226
国内生产总值	Gross Domestic Product	1058	4707	4778	4937	5020
按2000年价格计算	At Constant Prices of 2000					
居民消费	Household Final Consumption Expenditure		2622	2694	2724	2760
政府消费	General Government Final Consumption Expenditure		1300	1373	1442	1413
资本形成总额	Gross Capital Formation		1019	968	835	746
货物和服务出口	Exports of Goods and Services		1867	1658	1618	1719
减:货物和服务进口	Less: Imports of Goods and Services		2127	2028	1985	1949
国内生产总值	Gross Domestic Product	2756	4681	4665	4631	4691
日　本①	**Japan ①**					
按当年价格计算	In Current Prices					
居民消费	Household Final Consumption Expenditure	234	286	286	285	284
政府消费	General Government Final Consumption Expenditure	57	84	86	88	87
资本形成总额	Gross Capital Formation	145	134	130	119	120
货物和服务出口	Exports of Goods and Services	46	55	53	56	59
减:货物和服务进口	Less: Imports of Goods and Services	42	48	49	49	51
国内生产总值	Gross Domestic Product	440	511	506	498	499
按2000年价格计算	At Constant Prices of 2000					
居民消费	Household Final Consumption Expenditure	244	286	291	293	296
政府消费	General Government Final Consumption Expenditure	61	84	87	89	90
资本形成总额	Gross Capital Formation	138	134	133	122	130
货物和服务出口	Exports of Goods and Services	36	55	52	56	62
减:货物和服务进口	Less: Imports of Goods and Services	34	48	48	49	51
国内生产总值	Gross Domestic Product	443	511	514	512	525
哈萨克斯坦	**Kazakhstan**					
按当年价格计算	In Current Prices					
居民消费	Household Final Consumption Expenditure		15997	18825	22059	25167
政府消费	General Government Final Consumption Expenditure		3140	4360	4350	5104
资本形成总额	Gross Capital Formation		4716	8736	10305	11842
货物和服务出口	Exports of Goods and Services		14811	15013	17817	22422
减:货物和服务进口	Less: Imports of Goods and Services		12582	15313	17480	19647
国内生产总值	Gross Domestic Product		25999	32506	37763	44498

4-14续表3 continued

单位：亿本币 (100 million local currency units)

国家和地区	Country or Area	1990	2000	2001	2002	2003
哈萨克斯坦（续）	**Kazakhstan (continued)**					
按1995年价格计算	At Constant Prices of 1995					
居民消费	Household Final Consumption Expenditure	14067	7104	7680	8624	9263
政府消费	General Government Final Consumption Expenditure	1785	1112	1326	1269	1343
资本形成总额	Gross Capital Formation	14578	2075	2962	3293	3491
货物和服务出口	Exports of Goods and Services	5635	4765	4679	5737	6075
减：货物和服务进口	Less: Imports of Goods and Services	14215	4634	4647	4847	4542
国内生产总值	Gross Domestic Product	16517	11467	13015	14290	15605
韩　　国①	**Korea, Rep. ①**					
按当年价格计算	In Current Prices					
居民消费	Household Final Consumption Expenditure	95	312	343	381	388
政府消费	General Government Final Consumption Expenditure	22	70	80	89	96
资本形成总额	Gross Capital Formation	70	179	182	199	212
货物和服务出口	Exports of Goods and Services	52	236	235	241	275
减：货物和服务进口	Less: Imports of Goods and Services	54	218	221	232	257
国内生产总值	Gross Domestic Product	187	579	622	684	721
按2000年价格计算	At Constant Prices of 2000					
居民消费	Household Final Consumption Expenditure	186	312	328	354	349
政府消费	General Government Final Consumption Expenditure	45	70	74	78	81
资本形成总额	Gross Capital Formation	115	179	179	190	193
货物和服务出口	Exports of Goods and Services	56	236	230	260	301
减：货物和服务进口	Less: Imports of Goods and Services	78	218	209	241	264
国内生产总值	Gross Domestic Product	321	579	601	643	662
马来西亚	**Malaysia**					
按当年价格计算	In Current Prices					
居民消费	Household Final Consumption Expenditure	617	1454	1506	1595	1724
政府消费	General Government Final Consumption Expenditure	164	357	423	500	549
资本形成总额	Gross Capital Formation	385	937	800	860	842
货物和服务出口	Exports of Goods and Services	888	4270	3893	4150	4506
减：货物和服务进口	Less: Imports of Goods and Services	862	3585	3278	3489	3679
国内生产总值	Gross Domestic Product	1191	3432	3344	3616	3942
按1987年价格计算	At Constant Prices of 1987					
居民消费	Household Final Consumption Expenditure	554	954	976	1019	1087
政府消费	General Government Final Consumption Expenditure	142	239	280	313	345
资本形成总额	Gross Capital Formation	352	686	618	656	630
货物和服务出口	Exports of Goods and Services	768	2462	2277	2379	2530
减：货物和服务进口	Less: Imports of Goods and Services	755	2231	2039	2168	2276
国内生产总值	Gross Domestic Product	1060	2106	2112	2200	2317
蒙　　古	**Mongolia**					
按当年价格计算	In Current Prices					
居民消费	Household Final Consumption Expenditure	66	7300	8347	9578	10250
政府消费	General Government Final Consumption Expenditure	32	1832	2175	2367	2534
资本形成总额	Gross Capital Formation	37	3686	4022	3996	5560
货物和服务出口	Exports of Goods and Services	23	6610	7004	7866	9576
减：货物和服务进口	Less: Imports of Goods and Services	52	8310	9117	10512	12428
国内生产总值	Gross Domestic Product	98	10189	11156	12408	14612

4-14续表4 continued

单位：亿本币 (100 million local currency units)

国家和地区	Country or Area	1990	2000	2001	2002	2003
蒙　古(续)	**Mongolia (continued)**					
按1995年价格计算	At Constant Prices of 1995					
居民消费	Household Final Consumption Expenditure					
政府消费	General Government Final Consumption Expenditure					
资本形成总额	Gross Capital Formation					
货物和服务出口	Exports of Goods and Services		5361	5477	5702	5950
减:货物和服务进口	Less: Imports of Goods and Services		6134	6496	6748	6949
国内生产总值	Gross Domestic Product	8559	6325	6390	6649	7024
缅　甸	**Myanmar**					
按当年价格计算	In Current Prices					
居民消费	Household Final Consumption Expenditure	1350				
政府消费	General Government Final Consumption Expenditure					
资本形成总额	Gross Capital Formation	203	3177	5150		
货物和服务出口	Exports of Goods and Services	40				
减:货物和服务进口	Less: Imports of Goods and Services	73				
国内生产总值	Gross Domestic Product	1519	25526	34333		
按1985年价格计算	At Constant Prices of 1985					
居民消费	Household Final Consumption Expenditure	422				
政府消费	General Government Final Consumption Expenditure					
资本形成总额	Gross Capital Formation	82	315			
货物和服务出口	Exports of Goods and Services	40	132	118		
减:货物和服务进口	Less: Imports of Goods and Services	42	62			
国内生产总值	Gross Domestic Product	503	1003	1100		
巴基斯坦	**Pakistan**					
按当年价格计算	In Current Prices					
居民消费	Household Final Consumption Expenditure	6314	28513	31639	32789	35475
政府消费	General Government Final Consumption Expenditure	1296	3307	3276	3884	4381
资本形成总额	Gross Capital Formation	1621	6591	7155	7384	8069
货物和服务出口	Exports of Goods and Services	1330	5143	6171	6779	8152
减:货物和服务进口	Less: Imports of Goods and Services	2000	5620	6615	6819	7862
国内生产总值	Gross Domestic Product	8559	37934	41627	44017	48213
按2000年价格计算	At Constant Prices of 2000					
居民消费	Household Final Consumption Expenditure	18480	28513	28617	29010	29278
政府消费	General Government Final Consumption Expenditure	3092	3307	3122	3590	3896
资本形成总额	Gross Capital Formation	5403	6591	6873	6856	7199
货物和服务出口	Exports of Goods and Services	3301	5143	5769	6344	8144
减:货物和服务进口	Less: Imports of Goods and Services	4565	5620	5741	5916	6580
国内生产总值	Gross Domestic Product	25776	37934	38640	39884	41938
菲律宾	**Philippines**					
按当年价格计算	In Current Prices					
居民消费	Household Final Consumption Expenditure	7671	23355	25650	27509	29852
政府消费	General Government Final Consumption Expenditure	1088	4389	4448	4887	4984
资本形成总额	Gross Capital Formation	2602	7101	7585	7762	8161
货物和服务出口	Exports of Goods and Services	2964	18586	17852	19685	21040
减:货物和服务进口	Less: Imports of Goods and Services	3585	17947	18994	19891	22117
国内生产总值	Gross Domestic Product	10772	33547	36737	40227	43590

4-14续表5 continued

单位：亿本币 (100 million local currency units)

国家和地区	Country or Area	1990	2000	2001	2002	2003
菲 律 宾(续)	**Philippines (coutinued)**					
按1985年价格计算	At Constant Prices of 1985					
居民消费	Household Final Consumption Expenditure	5318	7521	7790	8108	8522
政府消费	General Government Final Consumption Expenditure	570	796	754	772	750
资本形成总额	Gross Capital Formation	1764	2148	2440	2355	2467
货物和服务出口	Exports of Goods and Services	2197	4457	4303	4458	4607
减:货物和服务进口	Less: Imports of Goods and Services	2691	4908	5080	5322	5870
国内生产总值	Gross Domestic Product	7207	9730	10017	10461	10933
新 加 坡	**Singapore**					
按当年价格计算	In Current Prices					
居民消费	Household Final Consumption Expenditure	308	651	675	692	687
政府消费	General Government Final Consumption Expenditure	68	174	187	191	190
资本形成总额	Gross Capital Formation	243	512	383	334	212
货物和服务出口	Exports of Goods and Services					
减:货物和服务进口	Less: Imports of Goods and Services					
国内生产总值	Gross Domestic Product	669	1577	1521	1581	1591
按1995年价格计算	At Constant Prices of 1995					
居民消费	Household Final Consumption Expenditure	354	647	662	695	692
政府消费	General Government Final Consumption Expenditure	74	177	192	191	191
资本形成总额	Gross Capital Formation	262	538	408	380	261
货物和服务出口	Exports of Goods and Services					
减:货物和服务进口	Less: Imports of Goods and Services					
国内生产总值	Gross Domestic Product	773	1611	1573	1625	1643
斯里兰卡	**Sri Lanka**					
按当年价格计算	In Current Prices					
居民消费	Household Final Consumption Expenditure	2461	9077	10410	12141	13439
政府消费	General Government Final Consumption Expenditure	314	1322	1444	1393	1393
资本形成总额	Gross Capital Formation	726	3511	3097	3378	3929
货物和服务出口	Exports of Goods and Services	940	4907	5254	5710	6297
减:货物和服务进口	Less: Imports of Goods and Services	1223	6240	6132	6796	7455
国内生产总值	Gross Domestic Product	3218	12576	14074	15827	17603
按1996年价格计算	At Constant Prices of 1996					
居民消费	Household Final Consumption Expenditure	4221	6908	7066	7608	8012
政府消费	General Government Final Consumption Expenditure	447	1339	1200	1197	1333
资本形成总额	Gross Capital Formation	1294	2602	2147	2214	2657
货物和服务出口	Exports of Goods and Services	1724	3717	3521	3742	3921
减:货物和服务进口	Less: Imports of Goods and Services	2133	5106	4619	5154	5691
国内生产总值	Gross Domestic Product	5690	9461	9314	9684	10255
泰 国	**Thailand**					
按当年价格计算	In Current Prices					
居民消费	Household Final Consumption Expenditure	12350	27629	29410	31135	33606
政府消费	General Government Final Consumption Expenditure	2054	5578	5811	6037	6304
资本形成总额	Gross Capital Formation	9030	11242	12371	12998	14832
货物和服务出口	Exports of Goods and Services	7453	32873	33808	34990	38866
减:货物和服务进口	Less: Imports of Goods and Services	9095	28623	30476	31343	34853
国内生产总值	Gross Domestic Product	21835	49227	51335	54460	59304

4-14续表6 continued

单位：亿本币 (100 million local currency units)

国家和地区	Country or Area	1990	2000	2001	2002	2003
泰　国(续)	**Thailand(countinued)**					
按1988年价格计算	At Constant Prices of 1988					
居民消费	Household Final Consumption Expenditure	11109	16237	16906	17799	18944
政府消费	General Government Final Consumption Expenditure	1719	2771	2840	2891	2948
资本形成总额	Gross Capital Formation	7805	6231	6400	6801	7657
货物和服务出口	Exports of Goods and Services	7096	19471	18651	20887	22356
减:货物和服务进口	Less: Imports of Goods and Services	8070	14977	14154	16091	17323
国内生产总值	Gross Domestic Product	19454	30084	30736	32376	34600
土 耳 其①	**Turkey ①**					
按当年价格计算	In Current Prices					
居民消费	Household Final Consumption Expenditure	270	89098	128513	184420	239586
政府消费	General Government Final Consumption Expenditure	43	17539	25405	38722	49005
资本形成总额	Gross Capital Formation	96	30533	29934	59177	81947
货物和服务出口	Exports of Goods and Services	52	29959	60151	81134	98496
减:货物和服务进口	Less: Imports of Goods and Services	69	39285	55862	85232	110334
国内生产总值	Gross Domestic Product	393	124584	178412	277574	359763
按1987年价格计算	At Constant Prices of 1987					
居民消费	Household Final Consumption Expenditure	58	81	73	75	80
政府消费	General Government Final Consumption Expenditure	6	10	9	10	10
资本形成总额	Gross Capital Formation	23	36	21	29	34
货物和服务出口	Exports of Goods and Services	14	39	42	47	54
减:货物和服务进口	Less: Imports of Goods and Services	18	47	36	41	53
国内生产总值	Gross Domestic Product	84	119	110	119	125
越　　南①	**Viet Nam ①**					
按当年价格计算	In Current Prices					
居民消费	Household Final Consumption Expenditure	36	294	312	349	392
政府消费	General Government Final Consumption Expenditure	5	28	30	33	42
资本形成总额	Gross Capital Formation	5	131	150	178	213
货物和服务出口	Exports of Goods and Services	15	243	263	295	361
减:货物和服务进口	Less: Imports of Goods and Services	19	254	274	319	410
国内生产总值	Gross Domestic Product	42	442	481	536	606
按1994年价格计算	At Constant Prices of 1994					
居民消费	Household Final Consumption Expenditure		182	190	204	220
政府消费	General Government Final Consumption Expenditure		18	19	20	22
资本形成总额	Gross Capital Formation	15	83	92	104	119
货物和服务出口	Exports of Goods and Services	23	191	199	221	267
减:货物和服务进口	Less: Imports of Goods and Services	30	267	273	334	427
国内生产总值	Gross Domestic Product	132	274	293	313	336
埃　　及	**Egypt**					
按当年价格计算	In Current Prices					
居民消费	Household Final Consumption Expenditure	690	2661	2812	3072	2998
政府消费	General Government Final Consumption Expenditure	109	330	365	399	520
资本形成总额	Gross Capital Formation	277	621	613	656	710
货物和服务出口	Exports of Goods and Services	193	551	629	626	900
减:货物和服务进口	Less: Imports of Goods and Services	314	776	801	878	978
国内生产总值	Gross Domestic Product	961	3387	3618	3875	4150

4-14续表7 continued

单位：亿本币 (100 million local currency units)

国家和地区	Country or Area	1990	2000	2001	2002	2003
埃　　及(续)	**Egypt (continued)**					
按1992年价格计算	At Constant Prices of 1992					
居民消费	Household Final Consumption Expenditure	941	1443	1492	1528	1567
政府消费	General Government Final Consumption Expenditure	148	179	186	197	203
资本形成总额	Gross Capital Formation	330	427	456	455	447
货物和服务出口	Exports of Goods and Services	346	507	523	469	534
减：货物和服务进口	Less: Imports of Goods and Services	459	571	565	504	505
国内生产总值	Gross Domestic Product	1318	2015	2085	2152	2221
尼日利亚	**Nigeria**					
按当年价格计算	In Current Prices					
居民消费	Household Final Consumption Expenditure	1448	18737	22331	27848	33905
政府消费	General Government Final Consumption Expenditure	393	9749	14155	13926	17553
资本形成总额	Gross Capital Formation	384	7572	12162	14677	17153
货物和服务出口	Exports of Goods and Services	1132	22796	23107	22963	37710
减：货物和服务进口	Less: Imports of Goods and Services	751	16062	18365	23091	30868
国内生产总值	Gross Domestic Product	2606	42792	53391	56323	75453
按1987年价格计算	At Constant Prices of 1987					
居民消费	Household Final Consumption Expenditure	856		932	1417	1174
政府消费	General Government Final Consumption Expenditure	233		594	514	567
资本形成总额	Gross Capital Formation	223		816	1200	1062
货物和服务出口	Exports of Goods and Services	397	555	534	474	628
减：货物和服务进口	Less: Imports of Goods and Services	321	536	592	662	733
国内生产总值	Gross Domestic Product	1388	1804	1860	1889	2091
南　　非	**South Africa**					
按当年价格计算	In Current Prices					
居民消费	Household Final Consumption Expenditure	1662	5567	6123	6909	7501
政府消费	General Government Final Consumption Expenditure	570	1665	1857	2094	2305
资本形成总额	Gross Capital Formation	499	1378	1436	1781	2030
货物和服务出口	Exports of Goods and Services	707	2564	3049	3785	3410
减：货物和服务进口	Less: Imports of Goods and Services	540	2298	2661	3366	3194
国内生产总值	Gross Domestic Product	2898	8885	9835	11209	12095
按1995年价格计算	At Constant Prices of 1995					
居民消费	Household Final Consumption Expenditure	3149	3938	4063	4192	4317
政府消费	General Government Final Consumption Expenditure	1006	1077	1112	1153	1206
资本形成总额	Gross Capital Formation	834	1015	1008	1109	1218
货物和服务出口	Exports of Goods and Services	1018	1653	1698	1684	1676
减：货物和服务进口	Less: Imports of Goods and Services	767	1397	1400	1448	1588
国内生产总值	Gross Domestic Product	5251	6245	6412	6641	6764
加 拿 大	**Canada**					
按当年价格计算	In Current Prices					
居民消费	Household Final Consumption Expenditure	3764	5822	6085	6402	
政府消费	General Government Final Consumption Expenditure	1510	1971	2069	2182	
资本形成总额	Gross Capital Formation	1422	2182	2146	2300	
货物和服务出口	Exports of Goods and Services	1744	4886	4804	4726	
减：货物和服务进口	Less: Imports of Goods and Services	1740	4273	4179	4231	
国内生产总值	Gross Domestic Product	6700	10601	10914	11375	12001

4-14续表8 continued

单位：亿本币 (100 million local currency units)

国家和地区	Country or Area	1990	2000	2001	2002	2003
加 拿 大(续)	**Canada (continued)**					
按2000年价格计算	At Constant Prices of 2000					
居民消费	Household Final Consumption Expenditure	4573	5822	5976	6175	
政府消费	General Government Final Consumption Expenditure	1828	1971	2045	2107	
资本形成总额	Gross Capital Formation	1529	2182	2145	2240	
货物和服务出口	Exports of Goods and Services	2193	4886	4732	4729	
减:货物和服务进口	Less: Imports of Goods and Services	2207	4273	4057	4084	
国内生产总值	Gross Domestic Product	7945	10601	10802	11155	11378
墨 西 哥	**Mexico**					
按当年价格计算	In Current Prices					
居民消费	Household Final Consumption Expenditure	5141	36825	40449	43199	46723
政府消费	General Government Final Consumption Expenditure	619	6126	6834	7585	8559
资本形成总额	Gross Capital Formation	1710	13046	12347	12947	13394
货物和服务出口	Exports of Goods and Services	1374	17041	15985	16776	19206
减:货物和服务进口	Less: Imports of Goods and Services	1456	18106	17304	17949	20333
国内生产总值	Gross Domestic Product	7389	54968	58140	62615	67548
按1993年价格计算	At Constant Prices of 1993					
居民消费	Household Final Consumption Expenditure	8123	11065	11339	11487	11831
政府消费	General Government Final Consumption Expenditure	1260	1575	1544	1546	1585
资本形成总额	Gross Capital Formation	2135	3789	3596	3621	3318
货物和服务出口	Exports of Goods and Services	1606	5641	5425	5507	5568
减:货物和服务进口	Less: Imports of Goods and Services	1716	6045	5946	6031	5971
国内生产总值	Gross Domestic Product	11408	16023	16004	16121	16331
美 国	**United States**					
按当年价格计算	In Current Prices					
居民消费	Household Final Consumption Expenditure	38399	67394	70454	73853	
政府消费	General Government Final Consumption Expenditure	9788	14041	14855	15875	
资本形成总额	Gross Capital Formation	10165	20007	18847	18824	
货物和服务出口	Exports of Goods and Services	5524	10963	10351	10068	
减:货物和服务进口	Less: Imports of Goods and Services	6303	14758	14017	14331	
国内生产总值	Gross Domestic Product	57572	97648	100490	104290	109486
按2000年价格计算	At Constant Prices of 2000					
居民消费	Household Final Consumption Expenditure	47703	67394	69046	71404	
政府消费	General Government Final Consumption Expenditure	12938	14041	14450	15021	
资本形成总额	Gross Capital Formation	10814	20007	18623	18558	
货物和服务出口	Exports of Goods and Services	5525	10963	10390	10142	
减:货物和服务进口	Less: Imports of Goods and Services	6071	14758	14371	14847	
国内生产总值	Gross Domestic Product	70550	97648	98153	100320	103430
阿 根 廷	**Argentina**					
按当年价格计算	In Current Prices					
居民消费	Household Final Consumption Expenditure	532	2008	1890	1904	2355
政府消费	General Government Final Consumption Expenditure	22	392	380	382	430
资本形成总额	Gross Capital Formation	96	460	381	374	569
货物和服务出口	Exports of Goods and Services	71	309	310	866	939
减:货物和服务进口	Less: Imports of Goods and Services	32	327	274	400	534
国内生产总值	Gross Domestic Product	689	2842	2687	3126	3759

4-14续表9 continued

单位：亿本币 (100 million local currency units)

国家和地区	Country or Area	1990	2000	2001	2002	2003
阿 根 廷(续)	**Argentina (continued)**					
按1993年价格计算	At Constant Prices of 1993					
居民消费	Household Final Consumption Expenditure		1935	1841	1566	1703
政府消费	General Government Final Consumption Expenditure		364	356	338	343
资本形成总额	Gross Capital Formation	230	495	417	265	367
货物和服务出口	Exports of Goods and Services	165	313	321	331	351
减:货物和服务进口	Less: Imports of Goods and Services	64	345	297	148	204
国内生产总值	Gross Domestic Product	1771	2762	2640	2352	2560
巴 西	**Brazil**					
按当年价格计算	In Current Prices					
居民消费	Household Final Consumption Expenditure	…	6707	7258	7787	8972
政府消费	General Government Final Consumption Expenditure	…	2100	2307	2710	2919
资本形成总额	Gross Capital Formation	…	2373	2541	2686	2693
货物和服务出口	Exports of Goods and Services	…	1174	1585	2083	2554
减:货物和服务进口	Less: Imports of Goods and Services	…	1341	1704	1806	1988
国内生产总值	Gross Domestic Product	…	11013	11987	13460	15149
按1995年价格计算	At Constant Prices of 1995					
居民消费	Household Final Consumption Expenditure	2643	4010	4031	4016	3883
政府消费	General Government Final Consumption Expenditure	1629	1590	1606	1621	1827
资本形成总额	Gross Capital Formation	1117	1543	1525	1460	1394
货物和服务出口	Exports of Goods and Services	363	700	778	889	959
减:货物和服务进口	Less: Imports of Goods and Services	301	717	725	636	624
国内生产总值	Gross Domestic Product	5538	7221	7315	7454	7439
委内瑞拉	**Venezuela**					
按当年价格计算	In Current Prices					
居民消费	Household Final Consumption Expenditure	14154	522951	611079	724055	930866
政府消费	General Government Final Consumption Expenditure	1918	59589	78467	89245	102387
资本形成总额	Gross Capital Formation	2329	141940	180096	153118	126631
货物和服务出口	Exports of Goods and Services	8992	234570	203202	324294	420319
减:货物和服务进口	Less: Imports of Goods and Services	4600	134543	159596	182887	206522
国内生产总值	Gross Domestic Product	22793	824507	913248	1107824	1373682
按1984年价格计算	At Constant Prices of 1984					
居民消费	Household Final Consumption Expenditure	2796	3147	3294	3084	2950
政府消费	General Government Final Consumption Expenditure	529	588	626	610	602
资本形成总额	Gross Capital Formation	460	1009	1147	650	342
货物和服务出口	Exports of Goods and Services	1547	2353	2331	2150	1886
减:货物和服务进口	Less: Imports of Goods and Services	550	1256	1394	1022	821
国内生产总值	Gross Domestic Product	4783	5842	6005	5472	4959
白俄罗斯	**Belarus**					
按当年价格计算	In Current Prices					
居民消费	Household Final Consumption Expenditure		51981	98960	155499	214066
政府消费	General Government Final Consumption Expenditure		17791	37013	54968	76744
资本形成总额	Gross Capital Formation		23199	40805	57967	86742
货物和服务出口	Exports of Goods and Services		63216	114627	166312	238552
减:货物和服务进口	Less: Imports of Goods and Services		66127	120723	176106	252809
国内生产总值	Gross Domestic Product		91338	171732	261383	359302

4-14续表10 continued

单位：亿本币 (100 million local currency units)

国家和地区	Country or Area	1990	2000	2001	2002	2003
白俄罗斯(续)	**Belarus(continued)**					
按1990年价格计算③	At Constant Prices of 1990 ③					
居民消费	Household Final Consumption Expenditure	205	204	239	264	283
政府消费	General Government Final Consumption Expenditure	103	82	85	85	86
资本形成总额	Gross Capital Formation	115	67	68	70	83
货物和服务出口	Exports of Goods and Services	199	124	138	152	160
减:货物和服务进口	Less: Imports of Goods and Services	189	81	89	98	100
国内生产总值	Gross Domestic Product	433	384	402	422	451
保加利亚	**Bulgaria**					
按当年价格计算	In Current Prices					
居民消费	Household Final Consumption Expenditure		185	206	222	238
政府消费	General Government Final Consumption Expenditure		48	52	58	65
资本形成总额	Gross Capital Formation		49	61	64	75
货物和服务出口	Exports of Goods and Services		149	165	172	183
减:货物和服务进口	Less: Imports of Goods and Services		163	188	193	217
国内生产总值	Gross Domestic Product		268	297	323	344
按2002年价格计算	At Constant Prices of 2002					
居民消费	Household Final Consumption Expenditure	277	203	215	222	237
政府消费	General Government Final Consumption Expenditure	113	55	56	58	63
资本形成总额	Gross Capital Formation	68	51	61	64	74
货物和服务出口	Exports of Goods and Services	118	146	161	172	186
减:货物和服务进口	Less: Imports of Goods and Services	147	160	184	193	222
国内生产总值	Gross Domestic Product	353	296	308	323	337
捷　克	**Czech Republic**					
按当年价格计算	In Current Prices					
居民消费	Household Final Consumption Expenditure	3087	11228	11923	12347	12869
政府消费	General Government Final Consumption Expenditure	1435	4750	5130	5552	6029
资本形成总额	Gross Capital Formation	1575	6185	6686	6742	6988
货物和服务出口	Exports of Goods and Services	2831	13859	15393	14855	15905
减:货物和服务进口	Less: Imports of Goods and Services	2666	14522	15980	15350	16466
国内生产总值	Gross Domestic Product	6262	21501	23153	24147	25324
按1995年价格计算	At Constant Prices of 1995					
居民消费	Household Final Consumption Expenditure	7497	8380	8601	8842	9276
政府消费	General Government Final Consumption Expenditure	3916	3425	3556	3717	3798
资本形成总额	Gross Capital Formation	4151	5025	5343	5528	5843
货物和服务出口	Exports of Goods and Services	5261	11641	13018	13375	14204
减:货物和服务进口	Less: Imports of Goods and Services	5384	12804	14459	15169	16357
国内生产总值	Gross Domestic Product	15392	15763	16179	16420	16931
法　国②	**France ②**					
按当年价格计算	In Current Prices					
居民消费	Household Final Consumption Expenditure	5586	7732	8075	8357	8649
政府消费	General Government Final Consumption Expenditure	2247	3299	3428	3643	3783
资本形成总额	Gross Capital Formation	2358	2994	3019	2932	
货物和服务出口	Exports of Goods and Services	2144	4054	4121	4126	4019
减:货物和服务进口	Less: Imports of Goods and Services	2243	3878	3887	3840	3826
国内生产总值	Gross Domestic Product	10093	14201	14756	15268	15572

4–14续表11 continued

单位：亿本币 (100 million local currency units)

国家和地区	Country or Area	1990	2000	2001	2002	2003
法　　国②(续)	**France ② (continued)**					
按2000年价格计算	At Constant Prices of 2000					
居民消费	Household Final Consumption Expenditure	6709	7732	7945	8067	8186
政府消费	General Government Final Consumption Expenditure	2701	3299	3396	3553	3638
资本形成总额	Gross Capital Formation	2510	2994	2972	2878	
货物和服务出口	Exports of Goods and Services	2130	4054	4121	4198	4094
减：货物和服务进口	Less: Imports of Goods and Services	2230	3878	3928	4042	4039
国内生产总值	Gross Domestic Product	11803	14201	14499	14671	14739
德　　国②	**Germany ②**					
按当年价格计算	In Current Prices					
居民消费	Household Final Consumption Expenditure	7848	11962	12327	12365	12477
政府消费	General Government Final Consumption Expenditure	2719	3856	3941	4044	4109
资本形成总额	Gross Capital Formation	3288	4407	4057	3788	3814
货物和服务出口	Exports of Goods and Services	3465	6861	7315	7576	7655
减：货物和服务进口	Less: Imports of Goods and Services	3473	6786	6902	6670	6763
国内生产总值	Gross Domestic Product	13807	20300	20737	21104	21292
按2000年价格计算	At Constant Prices of 2000					
居民消费	Household Final Consumption Expenditure	9854	11962	12135	12013	12005
政府消费	General Government Final Consumption Expenditure	3268	3856	3896	3961	3995
资本形成总额	Gross Capital Formation	3686	4407	4235	3952	3861
货物和服务出口	Exports of Goods and Services	3799	6861	7248	7495	7627
减：货物和服务进口	Less: Imports of Goods and Services	3813	6786	6843	6730	6961
国内生产总值	Gross Domestic Product	16779	20300	20472	20508	20488
意 大 利②	**Italy ②**					
按当年价格计算	In Current Prices					
居民消费	Household Final Consumption Expenditure	3924	7062	7313	7574	7862
政府消费	General Government Final Consumption Expenditure	1379	2133	2295	2389	2534
资本形成总额	Gross Capital Formation	1516	2356	2401	2519	2544
货物和服务出口	Exports of Goods and Services	1347	3300	3459	3402	3302
减：货物和服务进口	Less: Imports of Goods and Services	1344	3186	3284	3279	3233
国内生产总值	Gross Domestic Product	6822	11665	12185	12604	13009
按2000年价格计算	At Constant Prices of 2000					
居民消费	Household Final Consumption Expenditure	5952	7062	7118	7150	7241
政府消费	General Government Final Consumption Expenditure	2063	2133	2217	2259	2309
资本形成总额	Gross Capital Formation	4193	2356	2103	3430	4721
货物和服务出口	Exports of Goods and Services	1903	3300	3352	3239	3113
减：货物和服务进口	Less: Imports of Goods and Services	2031	3186	3201	3194	3173
国内生产总值	Gross Domestic Product	9959	11665	11871	11914	11945
荷　　兰②	**Netherlands ②**					
按当年价格计算	In Current Prices					
居民消费	Household Final Consumption Expenditure	1208	2006	2131	2217	
政府消费	General Government Final Consumption Expenditure	571	913	1003	1091	
资本形成总额	Gross Capital Formation	566	893	932	912	
货物和服务出口	Exports of Goods and Services	1327	2714	2803	2784	
减：货物和服务进口	Less: Imports of Goods and Services	1237	2504	2578	2557	
国内生产总值	Gross Domestic Product	2436	4023	4291	4446	4532

4-14续表12 continued

单位：亿本币 (100 million local currency units)

国家和地区	Country or Area	1990	2000	2001	2002	2003
荷　兰②(续)	**Netherlands ② (continued)**					
按2000年价格计算	At Constant Prices of 2000					
居民消费	Household Final Consumption Expenditure	1524	2006	2035	2052	
政府消费	General Government Final Consumption Expenditure	741	913	952	988	
资本形成总额	Gross Capital Formation	682	893	891	843	
货物和服务出口	Exports of Goods and Services	1412	2714	2760	2763	
减:货物和服务进口	Less: Imports of Goods and Services	1336	2504	2565	2560	
国内生产总值	Gross Domestic Product	3020	4023	4072	4082	4045
波　兰	**Poland**					
按当年价格计算	In Current Prices					
居民消费	Household Final Consumption Expenditure	269	4554	4865	5108	5308
政府消费	General Government Final Consumption Expenditure	108	1372	1443	1485	1509
资本形成总额	Gross Capital Formation	144	1786	1577	1473	1535
货物和服务出口	Exports of Goods and Services	161	2015	2106	2314	2767
减:货物和服务进口	Less: Imports of Goods and Services	121	2489	2386	2575	2969
国内生产总值	Gross Domestic Product	560	7239	7606	7804	8150
按2002年价格计算	At Constant Prices of 2002					
居民消费	Household Final Consumption Expenditure	2989	4842	4943	5108	5269
政府消费	General Government Final Consumption Expenditure	994	1464	1472	1485	1491
资本形成总额	Gross Capital Formation	941	1809	1580	1473	1499
货物和服务出口	Exports of Goods and Services	795	2140	2207	2314	2616
减:货物和服务进口	Less: Imports of Goods and Services	598	2652	2510	2575	2778
国内生产总值	Gross Domestic Product	5322	7618	7696	7804	8097
罗马尼亚①	**Romania ①**					
按当年价格计算	In Current Prices					
居民消费	Household Final Consumption Expenditure	1	635	917	1150	1339
政府消费	General Government Final Consumption Expenditure	…	58	78	101	235
资本形成总额	Gross Capital Formation	…	156	264	349	466
货物和服务出口	Exports of Goods and Services	…	264	389	536	685
减:货物和服务进口	Less: Imports of Goods and Services	…	309	479	624	834
国内生产总值	Gross Domestic Product	1	804	1167	1512	1891
按1998年价格计算	At Constant Prices of 1998					
居民消费	Household Final Consumption Expenditure	321	308	342	352	378
政府消费	General Government Final Consumption Expenditure	22	26	26	26	28
资本形成总额	Gross Capital Formation	110	70	83	89	97
货物和服务出口	Exports of Goods and Services	60	115	128	150	160
减:货物和服务进口	Less: Imports of Goods and Services	95	143	168	188	214
国内生产总值	Gross Domestic Product	448	372	391	408	428
俄罗斯联邦	**Russian Federation**					
按当年价格计算	In Current Prices					
居民消费	Household Final Consumption Expenditure	3	33743	44169	55452	67226
政府消费	General Government Final Consumption Expenditure	1	11025	14699	19160	22468
资本形成总额	Gross Capital Formation	2	13657	19631	21860	27374
货物和服务出口	Exports of Goods and Services	1	32189	32996	37903	46494
减:货物和服务进口	Less: Imports of Goods and Services	1	17558	21659	26462	31342
国内生产总值	Gross Domestic Product	6	73056	89436	108342	132852

4-14续表13 continued

单位：亿本币 (100 million local currency units)

国家和地区	Country or Area	1990	2000	2001	2002	2003
俄罗斯联邦(续)	**Russian Federation(continued)**					
按2000年价格计算	At Constant Prices of 2000					
居民消费	Household Final Consumption Expenditure	36448	33743	36888	40096	43225
政府消费	General Government Final Consumption Expenditure	14669	11025	10938	11224	11468
资本形成总额	Gross Capital Formation	69135	13657	15943	15586	17684
货物和服务出口	Exports of Goods and Services	39265	32189	33546	36779	41833
减:货物和服务进口	Less: Imports of Goods and Services	46787	17558	20844	23883	28551
国内生产总值	Gross Domestic Product	108552	73056	76776	80366	86272
西 班 牙②	**Spain ②**					
按当年价格计算	In Current Prices					
居民消费	Household Final Consumption Expenditure	1881	3593	3816	4053	4304
政府消费	General Government Final Consumption Expenditure	521	1072	1146	1238	1333
资本形成总额	Gross Capital Formation	831	1569	1678	1774	1927
货物和服务出口	Exports of Goods and Services	509	1837	1955	1977	2076
减:货物和服务进口	Less: Imports of Goods and Services	617	1973	2063	2079	2210
国内生产总值	Gross Domestic Product	3124	6097	6533	6962	7430
按2000年价格计算	At Constant Prices of 2000					
居民消费	Household Final Consumption Expenditure	2831	3593	3695	3793	3905
政府消费	General Government Final Consumption Expenditure	782	1072	1111	1160	1213
资本形成总额	Gross Capital Formation	1202	1569	1614	1632	1683
货物和服务出口	Exports of Goods and Services	703	1837	1903	1903	1979
减:货物和服务进口	Less: Imports of Goods and Services	827	1973	2052	2088	2227
国内生产总值	Gross Domestic Product	4685	6097	6271	6399	6554
乌 克 兰	**Ukraine**					
按当年价格计算	In Current Prices					
居民消费	Household Final Consumption Expenditure		924	1123	1246	1497
政府消费	General Government Final Consumption Expenditure		356	401	415	540
资本形成总额	Gross Capital Formation		344	445	456	539
货物和服务出口	Exports of Goods and Services		1062	1132	1244	1544
减:货物和服务进口	Less: Imports of Goods and Services		986	1099	1145	1475
国内生产总值	Gross Domestic Product		1701	2042	2258	2642
按1990年价格计算③	At Constant Prices of 1990 ③					
居民消费	Household Final Consumption Expenditure	95	48	53	55	62
政府消费	General Government Final Consumption Expenditure	28	21	23	23	26
资本形成总额	Gross Capital Formation	46	8	10	10	11
货物和服务出口	Exports of Goods and Services	46	27	27	30	33
减:货物和服务进口	Less: Imports of Goods and Services	48	19	19	20	23
国内生产总值	Gross Domestic Product	167	73	79	83	91
英 国	**United Kingdom**					
按当年价格计算	In Current Prices					
居民消费	Household Final Consumption Expenditure	3490	6265	6604	6915	7197
政府消费	General Government Final Consumption Expenditure	1103	1778	1912	2101	2317
资本形成总额	Gross Capital Formation	1124	1665	1701	1720	1793
货物和服务出口	Exports of Goods and Services	1339	2670	2717	2733	2760
减:货物和服务进口	Less: Imports of Goods and Services	1483	2866	2993	3047	3084
国内生产总值	Gross Domestic Product	5573	9513	9940	10433	10994

4-14续表14 continued

单位：亿本币 (100 million local currency units)

国家和地区	Country or Area	1990	2000	2001	2002	2003
英　国(续)	**United Kingdom(continued)**					
按2000年价格计算	At Constant Prices of 2000					
居民消费	Household Final Consumption Expenditure	4817	6265	6460	6677	6847
政府消费	General Government Final Consumption Expenditure	1574	1778	1809	1854	1888
资本形成总额	Gross Capital Formation	1202	1665	1703	1718	1766
货物和服务出口	Exports of Goods and Services	1489	2670	2737	2726	2723
减:货物和服务进口	Less: Imports of Goods and Services	1573	2866	2993	3112	3140
国内生产总值	Gross Domestic Product	7507	9513	9716	9875	10094
澳大利亚	**Australia**					
按当年价格计算	In Current Prices					
居民消费	Household Final Consumption Expenditure	2337	4043	4262	4526	
政府消费	General Government Final Consumption Expenditure	747	1204	1274	1343	
资本形成总额	Gross Capital Formation	889	1458	1620	1864	
货物和服务出口	Exports of Goods and Services	663	1539	1533	1484	
减:货物和服务进口	Less: Imports of Goods and Services	669	1532	1546	1671	
国内生产总值	Gross Domestic Product	3979	6711	7144	7532	8055
按2000年价格计算	At Constant Prices of 2000					
居民消费	Household Final Consumption Expenditure	2886	4043	4174	4341	
政府消费	General Government Final Consumption Expenditure	930	1204	1229	1260	
资本形成总额	Gross Capital Formation	925	1458	1605	1834	
货物和服务出口	Exports of Goods and Services	759	1539	1522	1513	
减:货物和服务进口	Less: Imports of Goods and Services	763	1532	1566	1777	
国内生产总值	Gross Domestic Product	4733	6711	6971	7165	7437
新 西 兰	**New Zealand**					
按当年价格计算	In Current Prices					
居民消费	Household Final Consumption Expenditure	446	689	723	771	
政府消费	General Government Final Consumption Expenditure	141	202	217	227	
资本形成总额	Gross Capital Formation	143	237	265	273	
货物和服务出口	Exports of Goods and Services	198	413	436	418	
减:货物和服务进口	Less: Imports of Goods and Services	196	393	399	399	
国内生产总值	Gross Domestic Product	731	1148	1237	1296	1371
按2000年价格计算	At Constant Prices of 2000					
居民消费	Household Final Consumption Expenditure	528	689	709	740	
政府消费	General Government Final Consumption Expenditure	165	202	212	216	
资本形成总额	Gross Capital Formation	166	237	255	273	
货物和服务出口	Exports of Goods and Services	241	413	421	450	
减:货物和服务进口	Less: Imports of Goods and Services	233	393	402	440	
国内生产总值	Gross Domestic Product	868	1148	1186	1238	1283

注：①万亿本币。②货币单位为欧元。③万本币。

Note: ① Trillion local currency units. ② The monetary unit is the euro. ③ Ten thousand local currency units.

4-15 收入法国内生产总值

Gross Domestic Product by Income Approach

资料来源：经济合作与发展组织 OLIS 数据库。
Source: Organization Economic Cooperation Development OLIS database.
单位：亿本币 (100 million local currency units)

国家和地区	Country or Area	年份 Year	劳动者报酬 Compensation of Employees	营业盈余和混合收入 Gross Operating Surplus and Gross Mixed Income	税减产品补贴 Taxes Less Subsidies on Products	统计误差 Statistical Discrepancy	国内生产总值 Gross Domestic Product
欧元区	**Euro Zone**	**2000**	**32706**	**25037**	**8060**	**-8**	**65795**
		2001	**34160**	**26136**	**8192**	**-8**	**68479**
		2002	**35277**	**27075**	**8476**	**-10**	**70818**
		2003	**36177**	**27743**	**8747**	**5**	**72672**
伊朗①	Iran ①	2000	138	435	7		873
		2001	164	499	7		1007
		2002	209	704	9		1345
		2003	267	830	11		1618
日本①	Japan ①	2000	275	193	38		511
		2001	273	186	39		506
		2002	265	190	38		498
韩国①	Korea, Rep. ①	2000	248	260	70		579
		2001	270	274	78		622
		2002	294	302	88		684
		2003	318	313	91		721
土耳其②	Turkey ②	2000	364	715	168		1246
		2001	506	1028	250		1784
		2002	729	1627	419		2776
		2003	940	2073	585		3598
加拿大	Canada	2000	5452	3882	1283	-7	10610
		2001	5700	3919	1296	7	10921
		2002	5927	4075	1393	10	11404
		2003	6137	4430	1427		12001
墨西哥	Mexico	2000	17196	32375	5337		54908
		2001	18910	33496	5708		58113
		2002	20389	36545	5630		62564
美国	United States	2000	57873	34401	6646	-1272	97648
		2001	59472	35450	6733	-896	100759
		2002	60749	36508	7244	-153	104348
		2003	62945	38799	7513	256	109513
捷克	Czech Republic	2000	9265	10367	1869		21501
		2001	9940	11287	1926		23153
		2002	10779	11267	2101		24147
		2003	11375	11936	2197		25508
法国	France	2000	7381	4811	2009		14201
		2001	7746	4992	2019		14756
		2002	8023	5170	2075		15268
		2003	8212	5243	2117		15572

4-15续表 continued

单位：亿本币 (100 million local currency units)

国家和地区	Country or Area	年份 Year	劳动者报酬 Compensation of Employees	营业盈余和混合收入 Gross Operating Surplus and Gross Mixed Income	税减产品补贴 Taxes Less Subsidies on Products	统计误差 Statistical Discrepancy	国内生产总值 Gross Domestic Product
德　国	Germany	2000	11000	7132	2168		20300
		2001	11214	7335	2191		20740
		2002	11298	7558	2217		21073
		2003	11323	7675	2284		21282
		2004	11331	8119	2321		21770
意大利	Italy	2000	4741	5304	1621		11665
		2001	4995	5560	1630		12185
		2002	5213	5688	1705		12606
		2003	5437	5854	1718		13009
		2004	5621	6099	1794		13513
荷　兰	Netherlands	2000	2057	1515	451		4023
		2001	2204	1586	503		4293
		2002	2339	1604	508		4452
		2003	2406	1610	527		4543
		2004	2418	1703	541		4663
波　兰	Poland	2000	3039	3182	1018		7239
		2001	3332	3229	1045		7606
		2002	3291	3409	1111		7811
		2003	3302	3631	1216		8149
西班牙	Spain	2000	3062	2417	627		6105
		2001	3272	2613	654		6539
		2002	3476	2811	699		6986
		2003	3709	2962	777		7448
		2004	3939	3176	872		7987
英　国	United Kingdom	2000	5323	2901	1282		9506
		2001	5653	2994	1296		9943
		2002	5902	3194	1346		10441
		2003	6169	3446	1402	-6	11011
		2004	6483	3636	1469	15	11603
澳大利亚	Australia	2000	3210	2650	824		6684
		2001	3374	2903	855		7132
		2002	3592	3059	930		7581
		2003	3793	3345	995	-1	8132
新西兰	New Zealand	2000	481	524	143		1148
		2001	518	570	152		1239
		2002	551	583	164		1299
		2003	589	614	174		1378

注：①万亿本币。②货币单位为新土耳其里拉，1新土耳其里拉等于1百万土耳其里拉。

Note: ① Trillion local currency units. ② Local currency is New Turkish Lira, one New Turkish Lira is equivalent to one million Turkish Lira.

4-16　按行业分类的资本形成总额

Gross Capital Formation by Kind of Activity

资料来源：联合国《国民经济核算年鉴》2001年。

Source: UN *National Account Statistics 2001.*

单位：亿本币　　(100 million local currency units)

国家和地区	Country or Area	年份 Year	资本形成总额 Gross Capital Formation	农业 Agriculture	采掘业 Mining and Quarrying	制造业 Manufacturing	电、煤气和水供应业 Electricity, Gas and Water Supply	建筑业 Construction
中国澳门	Macao, China	2000	25			3	4	
印　　度	India	1999		3025		14381	3527	19989
以 色 列①	Isarel ①	2001	877	17		166	38	20
韩　　国①	Korea, Rep. ①	2001	1487170		1606	429473	99109	19090
巴基斯坦①	Pakistan ①	1997	4050	282	154	840	502	151
南　　非	South Africa	2001	1484	60	151	391	54	18
加 拿 大	Canada	1997	1785	36	195	233	87	23
墨 西 哥	Mexico	1999	10777		1	6195		4586
美　　国	United States	1996	12943	376	261	1612	523	151
捷　　克	Czech Republic	2000	5887	179	58	1663	515	180
法　　国①	France ①	2000	2849	98	6	321	89	41
德　　国①	Germany ①	2001	4308	64	11	679	158	52
意 大 利	Italy	2001	2403	100		516	68	68
荷　　兰	Netherlands	2001	967	33	12	92	207	21
波　　兰①	Poland ①	2000	1704	96	20	278	94	211
西 班 牙①	Spain ①	1998	1207	33	7	199	35	33
英　　国	United Kingdom	1999	1559	11	36	173	59	19
新 西 兰①	New Zealand ①	1996	209	11	2	27	10	5

4-16续表　continued

单位：亿本币　　(100 million local currency units)

国家和地区	Country or Area	年份 Year	批发零售、旅馆和饭店业 Wholesale and Retail Trade, Restaurants and Hotels	运输、仓储和通讯业 Transport, Storage and Communication	金融保险、房地产和商务服务业 Finance, Insurance, Real Estate and Business Services	公共管理和国防；社会基本保障 Public Administration & Defense; Compulsory Social Security	教育、卫生和社会工作；其他团体、社会和个人服务业 Education; Health & Social Work; Other Community Social Community, Social & Personal Services	雇人的私人住户 Private Households with Employed Persons
中国澳门	Macao, China	2000	6		3	9		
印　　度	India	1999	1860	4148	5000	3082	1678	
以 色 列①	Isarel ①	2001	45	129	285	52	125	
韩　　国①	Korea, Rep. ①	2001		160512		169637		
巴基斯坦①	Pakistan ①	1997	56	618	559	259 ②		
南　　非	South Africa	2001	189	213	346	181	19	
加 拿 大	Canada	1997	141	165	549	47 ②		
墨 西 哥	Mexico	1999				11		
美　　国	United States	1996	1431	1188	4583	682 ②		
捷　　克	Czech Republic	2000	495	1144	925	215	514	
法　　国①	France ①	2000	193	306	1271	242	282	
德　　国①	Germany ①	2000	244	360	2046	216	479	
意 大 利	Italy	2001	235	287	732	224	157	
荷　　兰	Netherlands	2001	71	128	421	113	55	
波　　兰①	Poland ①	2000	236	188	375	42	164	
西 班 牙①	Spain ①	1998	144	119	416	144	78	
英　　国	United Kingdom	1999	175	244	617	59	137	29
新 西 兰①	New Zealand ①	1996	17	21	84	12	18	

注：①为固定资本形成总额，不包括库存增加。②包括"教育；卫生和社会工作；其他团体、社会和个人服务业"。

Note: ① Data refer to "Gross Fixed Capital Formation" which does not include "Changes in Inventories". ② Including "Education; Health and Social Work; Other Community, Social and Personal Services".

主要统计指标解释

增加值总额　等于总产出减去中间消耗。用于衡量个体生产者、行业或部门对国内生产总值贡献；增加值总额是国民经济核算账户初次收入形成的来源，因此被(从生产帐户)结转到初次收入分配账户中进行反映。

按基本价格计算的增加值总额　等于按基本价格计算的总产出减去按购买者价格计算的中间消耗。基本价格等于生产者出售一个单位的货物和服务得到的收入，减去由此应付的税金，加上收到的补贴。基本价格作为生产或销售的价格单位，不包括生产者的运输费用。

按要素成本计算的增加值总额　等于按市场价格计算的增加值总额减间接税加产品补贴。

按生产者价格计算的增加值总额　等于按生产者价格计算的总产出减去按购买者价格计算的中间消耗。

国内生产总值　指生产活动总成果，等于所有常住单位创造的增加值的总和(包括产出价值中未包括的产品税，不包括各项产品补贴)。等于按购买者价格计算的货物和服务最终使用价值（不包括中间消费)减去进口的货物和服务价值，或等于常住生产单位初次收入分配的总和。

按当年价格计算的国内生产总值　是按报告期价格计算的国内生产总值，即名义国内生产总值。

不变价格国内生产总值　指国内生产总值的物量绝对量。不变价格国内生产总值等于按基期价格衡量的价值。理论上，价值量中的价格和数量应该是对应的，但是不变价格国内生产总值采用基期价格替代当期价格。实践中两种主要方法都在计算。

国民总收入　指国内生产总值减去生产税和进口税净额，减去支付给国外的雇员报酬和财产收入，加来自国外的雇员报酬和财产收入(即国内生产总值减去支付给非常住单位的初次收入，加上收到的非常住单位的初次收入)。按市场价格计算国民总收入的另一种方法是各部门所有初次收入的总和（注意，国民总收入即国民生产总值，后者是以往国民核算中使用的概念)。

按购买力平价计算的人均国民总收入　指根据购买力平价计算的人均国民总收入。购买力平价国民总收入是用购买力平价比率、以国际元计量的国民总收入。国民总收入中一国际元的购买力等于美国一美元购买力。

三次产业　根据《国际标准产业分类》(ISIC）第三版划分。

第一产业，即农业，指《国际标准产业分类》第三版中第1类至第5类，包括林业、狩猎业、渔业、种植业和畜牧业。

第二产业，指《国际标准产业分类》第三版中第10类至第45类，包括制造业（第15–37类)。第二产业包括采掘业，制造业，电力、煤气和水的供应业以及建筑业。

第三产业，即服务业，指《国际标准产业分类》第三版中第50类至第99类。包括批发零售贸易业（包括旅馆和饭店业)、交通运输业、政府、金融、专业服务和个人服务，例如教育、卫生、房地产服务；还包括虚拟的银行服务费、进口税和加工或调整数据时的统计误差。

固定资产形成总额　指生产者在核算期内获得的固定资产价值减去处置的固定资产的价值，加上机构单位生产活动形成的某些非生产资产的增加价值。固定资产是通过生产活动生产出来的、能够在一年以上时间里重复或持续使用的有形资产和无形资产。

资本形成总额　是固定资产形成总额、存货变动和贵重物品获得减处置的价值合计。

最终消费支出　是居民消费支出、政府消费支出之和。它包括资源利用与供给之间的统计误差。

政府消费支出　包括政府购买商品和服务的经常性支出(包括雇员报酬)，主要包括国家防卫和安全支出，但是不包括政府军队支出中属于政府资本形成部分。

居民最终消费支出　是居民购买的所有商品和服务的市场价值。包括耐用商品（如汽车、洗衣机和家用计算机)；不包括购买住房支出，但包括自有住房的虚拟租金；还包括支付给政府的获得许可权的费用。居民消费支出包括服务于居民的非盈利机构的支出。

劳动者报酬　指企业在报告期内为偿付雇员的劳动支付给雇员的现金或实物支付的总和。

营业盈余　指核算企业为借入或租赁金融资产或有形非生产性资产而支付利息、租金或类似支出，以及企业拥有的金融资产或有形非生产性资产获得的利息、租金或类似收入前，企业生产方面的盈亏（居民拥有的非公司性企业营业盈余称为混合收入)。

Explanatory Notes on Main Statistical Indicators

Gross Value Added is the value of output less the value of intermediate consumption; it is a measure of the contribution to GDP made by an individual producer, industry or sector; gross value added is the source from which the primary incomes of the SNA are generated and is therefore carried forward into the primary distribution of income account.

Gross Value Added at Basic Prices Output valued at basic prices less intermediate consumption valued at purchasers prices. The basic price is the amount receivable by the producer from the purchaser for a unit of a good or service produced as output minus any tax payable, and plus any subsidy receivable, on that unit as a consequence of its production or sale; it excludes any transport charges invoiced separately by the producer.

Gross Value Added at Factor Cost is GVA at market prices less any indirect taxes plus any subsidies.

Gross Value Added at Producers Prices is output valued at producers prices less intermediate consumption valued at purchasers of prices.

Gross Domestic Product An aggregate measure of production equal to the sum of the gross values added of all resident institutional units engaged in production (plus any taxes, and minus any subsidies, on products not included in the value of their outputs). The sum of the final uses of goods and services (all uses except intermediate consumption) measured in purchasers' prices, less the value of imports of goods and services, or the sum of primary incomes distributed by resident producer units.

Gross Domestic Product at Current Prices is GDP at prices of the current reporting period. Also known as nominal GDP

Gross Domestic Product at Constant Prices refers to the volume level of GDP. Constant price estimates of GDP are obtained by expressing values in terms of a base period. In theory, the price and quantity components of a value are identified and the price in the base period is substituted for that in the current period. Two main methods are adopted in practice.

Gross National Income is GDP less net taxes on production and imports, less compensation of employees and property income payable to the rest of the world plus the corresponding items receivable from the rest of the world (in other words, GDP less primary incomes payable to non- resident units plus primary incomes receivable from non-resident units). An alternative approach to measuring GNI at market prices is as the aggregate value of the balances of gross primary incomes for all sectors; (note that gross national income is identical to gross national product (GNP) as previously used in national accounts generally).

GNI Per Capita in PPP GNI per capita based on purchasing power parity (PPP). PPP GNI is gross national income (GNI) converted to international dollars using purchasing power parity rates. An international dollar has the same purchasing power over GNI as a U.S. dollar has in the United States.

Three Industries The origin is determined by the International Standard Industrial Classification (ISIC), revision 3.

Primary Industry named as agriculture, corresponds to ISIC divisions 1-5 and includes forestry, hunting, and fishing, as well as cultivation of crops and livestock production.

Secondary Industry corresponds to ISIC divisions 10-45 and includes manufacturing (ISIC divisions 15-37). It comprises value added in mining, manufacturing (also reported as a separate subgroup), electricity, gas and water supply, construction.

Tertiary Industry named as services, corresponds to ISIC divisions 50-99. They include value added in wholesale and retail trade (including hotels and restaurants), transport, and government, financial, professional, and personal services such as education, health care, and real estate services. Also included are imputed bank service charges, import duties, and any statistical discrepancies noted by national compilers as well as discrepancies arising from rescaling.

Gross Fixed Capital Formation The total value of a producer's acquisitions, less disposals, of fixed assets during the accounting period plus certain additions to the value of non-produced assets realized by the productive activity of institutional units. Fixed assets are tangible or intangible assets produced as outputs from processes of production that are themselves used repeatedly or continuously in other processes of production for more than one year.(UN)

Gross Capital Formation is the total value of the gross fixed capital formation, changes in inventories and acquisitions less disposals of valuables.

Final Consumption Expenditure is the sum of household final consumption expenditure and general government final consumption expenditure. This estimate includes any statistical discrepancy in the use of resources relative to the supply of resources.

General Government Final Consumption Expenditure includes all government current expenditures for purchases of goods and services (including compensation of employees). It also includes most expenditure on national defense and security, but excludes government military expenditures that are part of government capital formation.

Household Final Consumption Expenditure is the market value of all goods and services, including durable products (such as cars, washing machines, and home computers), purchased by households. It excludes purchases of dwellings but includes imputed rent for owner-occupied dwellings. It also includes payments and fees to governments to obtain permits and licenses. Here, household consumption expenditure includes the expenditures of nonprofit institutions serving households, even when reported separately by the country.

Compensation of Employees is the total remuneration, in cash or in kind, payable by an enterprise to an employee in return for work done by the latter during the accounting period.

Operating Surplus measures the surplus or deficit accruing from production before taking account of any interest, rent or similar charges payable on financial or tangible non-produced assets borrowed or rented by the enterprise, or any interest, rent or similar receipts receivable on financial or tangible non-produced assets owned by the enterprise (for unincorporated enterprises owned by households, this component is called mixed income).

5 人　口

Population

5-1 年中人口数

Mid-year Population Estimates

资料来源：世界银行数据库。
Source: World Bank Database.
单位：万人 (10 000 persons)

国家和地区	Country or Area	年中人口数 Mid-year Population Estimates				人口增长率（%） Population Growth Rates(%)	
		1990	2000	2002	2003	年均人口增长率（1991-2003年） Average Annual Population Growth Rates (1991-2003)	2003年增长率 Growth Rate in 2003
世　界	**World**	**525337**	**605225**	**619973**	**627252**	**1.4**	**1.2**
低收入国家	**Low Income**	**177756**	**218764**	**227071**	**231188**	**2.0**	**1.8**
中等收入国家	**Middle Income**	**258866**	**291055**	**296217**	**298859**	**1.1**	**0.9**
高收入国家	**High Income**	**88715**	**95406**	**96684**	**97206**	**0.7**	**0.5**
中　国①	China ①	114333	126265	128453	129227	0.9	0.6
中国香港	Hong Kong,China	570	667	679	682	1.4	0.4
中国澳门	Macao,China	37	43	44	44	1.4	1.1
阿富汗	Afghanistan	1769		2800			
阿尔巴尼亚	Albania	328	311	315	317	-0.3	0.6
阿尔及利亚	Algeria	2502	3039	3132	3183	1.9	1.6
安哥拉	Angola	934	1239	1312	1352	2.9	3.1
安提瓜和巴布达	Antigua and Barbuda	6	7	8	8	1.6	2.7
阿根廷	Argentina	3229	3585	3648	3677	1.0	0.8
亚美尼亚	Armenia	355	311	307	306	-1.1	-0.4
澳大利亚	Australia	1707	1918	1966	1988	1.2	1.1
奥地利	Austria	773	801	807	809	0.4	0.3
阿塞拜疆	Azerbaijan	716	805	817	823	1.1	0.7
巴哈马	Bahamas	26	31	31	32	1.7	1.1
巴　林	Bahrain	50	67	70	71	2.7	2.0
孟加拉国	Bangladesh	11003	13105	13568	13807	1.8	1.8
巴巴多斯	Barbados	26	27	27	27	0.4	0.4
白俄罗斯	Belarus	1019	1001	993	988	-0.2	-0.4
比利时	Belgium	997	1025	1033	1038	0.3	0.4
伯利兹	Belize	19	25	27	27	2.9	3.2
贝　宁	Benin	471	622	655	672	2.8	2.6
不　丹	Bhutan	60	81	85	87	2.9	2.7
玻利维亚	Bolivia	667	832	865	881	2.2	2.0
波　黑	Bosnia and Hercegovinia	445	398	411	414	-0.6	0.7
博茨瓦纳	Botswana	128	168	171	172	2.3	0.6
巴　西	Brazil	14796	17010	17449	17660	1.4	1.2
文　莱	Brunei Darussalam	26	34	35	36	2.5	1.7
保加利亚	Bulgaria	872	806	787	782	-0.8	-0.6
布基纳法索	Burkina Faso	888	1127	1183	1211	2.4	2.4
布隆迪	Burundi	546	681	707	721	2.2	1.9
柬埔寨	Cambodia	957	1270	1317	1340	2.6	1.8
喀麦隆	Cameroon	1166	1512	1577	1609	2.5	2.0
加拿大	Canada	2779	3077	3136	3163	1.0	0.9
佛得角	Cape Verde	34	43	46	47	2.5	2.5
中　非	Central African Rep.	294	372	382	388	2.2	1.6
乍　得	Chad	582	786	834	858	3.0	2.9
智　利	Chile	1310	1521	1559	1577	1.4	1.2
哥伦比亚	Colombia	3497	4232	4383	4458	1.9	1.7
科摩罗	Comoros	43	56	59	60	2.6	2.4
刚果(金)	Congo, Dem. Rep.	3737	4857	5158	5315	2.7	3.1
刚果(布)	Congo	249	345	366	376	3.2	2.8
哥斯达黎加	Costa Rica	305	381	394	400	2.1	1.6
科特迪瓦	Cote D'Ivoire	1180	1583	1651	1684	2.8	2.0
克罗地亚	Croatia	478	438	444	444	-0.6	0.1
古　巴	Cuba	1063	1119	1125	1133	0.5	0.7
塞浦路斯	Cyprus	68	76	76	77	0.9	0.7
捷　克	Czech Republic	1036	1027	1020	1020	-0.1	...
丹　麦	Denmark	514	534	537	539	0.4	0.2

5-1续表1 continued

单位：万人

(10 000 persons)

国家和地区	Country or Area	年中人口数 Mid-year Population Estimates 1990	2000	2002	2003	人口增长率（%） Population Growth Rates(%) 年均人口增长率（1991-2003年） Average Annual Population Growth Rates (1991-2003)	2003年增长率 Growth Rate in 2003
吉布提	Djibouti	49	67	69	71	2.8	1.7
多米尼加	Dominican Republic	706	835	861	874	1.7	1.5
厄瓜多尔	Ecuador	1026	1242	1281	1301	1.8	1.6
埃及	Egypt	5244	6398	6637	6756	2.0	1.8
萨尔瓦多	El Salvador	511	621	642	653	1.9	1.8
赤道几内亚	Equatorial Guinea	35	46	48	49	2.6	2.5
厄里特尼亚	Eritrea	314	410	430	439	2.6	2.2
爱沙尼亚	Estonia	157	137	136	135	-1.1	-0.4
埃塞俄比亚	Ethiopia	5118	6430	6722	6861	2.3	2.1
斐济	Fiji	74	81	82	84	1.0	1.4
芬兰	Finland	499	517	520	521	0.3	0.3
法国	France	5674	5889	5949	5976	0.4	0.5
法属波立尼西亚	French Polynesia	20	24	24	24	1.6	1.3
加蓬	Gabon	95	126	132	134	2.7	2.2
冈比亚	Gambia	93	131	139	142	3.3	2.3
格鲁吉亚	Georgia	546	526	518	513	-0.5	-1.0
德国	Germany	7943	8221	8251	8254	0.3	...
加纳	Ghana	1528	1959	2030	2067	2.4	1.8
希腊	Greece	1016	1092	1101	1103	0.6	0.3
格林纳达	Grenada	9	10	10	10	0.9	1.1
关岛	Guam	13	15	16	16	1.4	1.4
危地马拉	Guatemala	875	1139	1199	1231	2.7	2.6
几内亚	Guinca	576	742	774	791	2.5	2.1
几内亚比绍	Guinea-Bissau	102	137	145	149	3.0	2.9
圭亚那	Guyana	73	76	77	77	0.4	0.4
海地	Haiti	647	796	829	844	2.1	1.9
洪都拉斯	Honduras	487	646	680	697	2.8	2.5
匈牙利	Hungary	1037	1002	1016	1013	-0.2	-0.3
冰岛	Iceland	25	28	29	29	1.0	0.3
印度	India	84952	101592	104864	106440	1.7	1.5
印度尼西亚	Indonesia	17823	20627	21182	21467	1.4	1.3
伊朗	Iran	5440	6366	6554	6639	1.5	1.3
伊拉克	Iraq	1808	2322	2417	2470	2.4	2.2
爱尔兰	Ireland	351	381	393	399	1.0	1.6
以色列	Israel	466	629	657	669	2.8	1.9
意大利	Italy	5672	5769	5769	5765	0.1	-0.1
牙买加	Jamaica	239	258	262	264	0.8	0.8
日本	Japan	12354	12687	12740	12757	0.2	0.1
约旦	Jordan	317	489	517	531	4.0	2.6
哈萨克斯坦	Kazakhstan	1635	1506	1488	1488	-0.7	...
肯尼亚	Kenya	2335	3009	3134	3192	2.4	1.8
吉里巴斯	Kiribati	7	9	9	10	2.2	1.8
朝鲜	Korea, Dem. People's Rep.	1996	2227	2249	2261	1.0	0.5
韩国	Korea, Rep.	4287	4701	4764	4791	0.9	0.6
科威特	Kuwait	213	219	233	240	0.9	2.6
吉尔吉斯	Kyrgyzstan	442	492	500	505	1.0	1.0
老挝	Laos	413	528	553	566	2.4	2.3

5-1续表2 continued

单位：万人 (10 000 persons)

国家和地区	Country or Area	年中人口数 Mid-year Population Estimates				人口增长率（%） Population Growth Rates(%)	
		1990	2000	2002	2003	年均人口增长率（1991-2003年） Average Annual Population Growth Rates (1991-2003)	2003年增长率 Growth Rate in 2003
拉脱维亚	Latvia	267	237	234	232	-1.1	-0.7
黎巴嫩	Lebanon	364	433	444	450	1.7	1.3
莱索托	Lesotho	157	174	178	179	1.0	0.9
利比里亚	Liberia	244	313	330	337	2.5	2.4
利比亚	Libya	431	524	545	556	2.0	2.0
立陶宛	Lithuania	370	351	347	345	-0.5	-0.4
卢森堡	Luxumburg	38	44	44	45	1.2	1.0
马其顿	Macedonia	190	203	204	205	0.6	0.5
马达加斯加	Madagascar	1163	1552	1644	1689	2.9	2.8
马拉维	Malawi	851	1031	1074	1096	2.0	2.0
马来西亚	Malaysia	1820	2327	2430	2477	2.4	1.9
马尔代夫	Maldives	21	27	29	29	2.5	2.2
马里	Mali	846	1084	1137	1165	2.5	2.4
马耳他	Malta	36	39	40	40	0.8	0.5
毛里塔尼亚	Mauritania	203	265	278	285	2.6	2.3
毛里求斯	Mauritius	106	119	121	122	1.1	1.0
墨西哥	Mexico	8323	9797	10082	10229	1.6	1.5
密克罗尼西亚	Micronesia, Fed.States	10	12	12	12	2.0	1.8
摩尔多瓦	Moldova	436	428	426	424	-0.2	-0.4
蒙古	Mongolia	211	240	245	248	1.3	1.3
摩洛哥	Morocco	2404	2871	2964	3011	1.7	1.6
莫桑比克	Mozambique	1415	1769	1844	1879	2.2	1.9
缅甸	Myanmar	4051	4755	4879	4936	1.5	1.2
纳米比亚	Namibia	141	189	198	201	2.8	1.5
尼泊尔	Nepal	1814	2304	2412	2466	2.4	2.2
荷兰	Netherlands	1495	1592	1614	1622	0.6	0.5
荷属安的列斯	Netherlands Antilles	19	22	22	22	1.2	0.8
新喀里多尼亚	New Caledeonia	17	21	22	22	2.3	1.8
新西兰	New Zealand	345	386	394	401	1.2	1.8
尼加拉瓜	Nicaragua	382	507	534	548	2.8	2.6
尼日尔	Niger	765	1074	1143	1176	3.4	2.9
尼日利亚	Nigeria	9620	12691	13319	13646	2.7	2.5
挪威	Norway	424	449	454	456	0.6	0.5
阿曼	Oman	163	241	254	260	3.7	2.4
巴基斯坦	Pakistan	10798	13808	14490	14844	2.5	2.4
巴拿马	Panama	240	285	294	298	1.7	1.5
巴布亚新几内亚	Papua New Guinea	398	513	538	550	2.5	2.3
巴拉圭	Paraguay	415	527	551	564	2.4	2.4
秘鲁	Peru	2157	2594	2675	2715	1.8	1.5
菲律宾	Philippines	6104	7663	7994	8150	2.2	1.9
波兰	Poland	3812	3865	3823	3820	...	-0.1
葡萄牙	Portugal	990	1023	1037	1044	0.4	0.7
波多黎各	Puerto Rico	354	382	387	390	0.8	0.8
卡塔尔	Qatar	49	58	61	62	2.0	2.2
罗马尼亚	Romania	2321	2244	2180	2174	-0.5	-0.3
俄罗斯联邦	Russian Federation	14829	14556	14407	14343	-0.3	-0.4
卢旺达	Rwanda	694	771	816	840	1.5	2.8
萨摩亚	Samoa	16	17	18	18	0.8	1.0

5-1续表3 continued

单位：万人　　　　(10 000 persons)

国家和地区	Country or Area	年中人口数 Mid-year Population Estimates				人口增长率（%） Population Growth Rates(%)	
		1990	2000	2002	2003	年均人口增长率（1991—2003年） Average Annual Population Growth Rates (1991-2003)	2003年增长率 Growth Rate in 2003
圣多美和普林西比	Sao Tome and Principe	12	15	15	16	2.4	2.1
沙特阿拉伯	Saudi Arabia	1580	2072	2189	2253	2.8	2.9
塞内加尔	Senegal	733	953	1001	1024	2.6	2.3
塞 舌 尔	Seychelles	7	8	8	8	1.4	1.5
塞拉利昂	Sierra Leone	400	503	524	534	2.2	1.9
新 加 坡	Singapore	305	402	416	425	2.6	2.1
斯洛伐克	Slovak	528	539	538	539	0.2	0.2
斯洛文尼亚	Slovenia	200	199	199	200	...	0.1
所罗门群岛	Solomon Islands	32	42	44	46	2.8	3.0
索 马 里	Somalia	716	872	932	963	2.3	3.3
南 非	South Africa	3520	4400	4535	4583	2.1	1.1
西 班 牙	Spain	3884	4050	4092	4110	0.4	0.5
斯里兰卡	Sri Lanka	1627	1847	1901	1923	1.3	1.2
圣基茨和尼维斯	St. Kitts and Nevis	4	4	5	5	0.8	...
圣卢西亚	St. Lucia	13	16	16	16	1.4	0.9
圣文森特和格林纳丁斯	St. Vincent and Grens	11	11	11	11	0.2	...
苏 丹	Sudan	2493	3144	3279	3355	2.3	2.3
苏 里 南	Suriname	40	43	43	44	0.7	1.1
斯威士兰	Swaziland	77	105	109	111	2.8	1.6
瑞 典	Sweden	856	887	892	896	0.3	0.4
瑞 士	Switzerland	671	718	729	735	0.7	0.8
叙 利 亚	Syrian Arab Republic	1212	1619	1699	1738	2.8	2.3
塔吉克斯坦	Tajikistan	530	619	627	630	1.3	0.6
坦桑尼亚	Tanzania	2547	3370	3518	3589	2.7	2.0
泰 国	Thailand	5560	6073	6161	6201	0.8	0.7
多 哥	Togo	346	456	476	486	2.7	2.1
汤 加	Tonga	10	10	10	10	0.4	0.4
特立尼达和多巴哥	Trinidad And Tobago	122	129	130	131	0.6	0.7
突 尼 斯	Tunisia	815	956	978	990	1.5	1.2
土 耳 其	Turkey	5615	6742	6963	7071	1.8	1.6
土库曼斯坦	Turkmenistan	367	464	479	486	2.2	1.5
乌 干 达	Uganda	1736	2325	2460	2528	2.9	2.8
乌 克 兰	Ukraine	5189	4950	4872	4836	-0.5	-0.7
阿 联 酋	United Arab Emirates	177	325	375	404	6.5	7.6
英 国	United Kingdom	5756	5888	5923	5933	0.2	0.2
美 国	United States	24962	28222	28837	29081	1.2	0.8
乌 拉 圭	Uruguay	311	332	336	338	0.7	0.6
乌兹别克斯坦	Uzbekistan	2051	2465	2527	2559	1.7	1.3
瓦努阿图	Vanuatu	15	20	21	21	2.8	2.2
委内瑞拉	Venezuela	1975	2431	2522	2567	2.0	1.8
越 南	Viet Nam	6620	7852	8042	8131	1.6	1.1
美属维尔京群岛	Virgin Islands(US)	10	11	11	11	0.5	1.2
约旦河西岸和加沙地带	West Bank and Gaza	197	297	323	337	4.2	4.2
也 门	Yemen	1188	1751	1860	1917	3.8	3.1
赞 比 亚	Zambia	778	989	1024	1040	2.3	1.5
津巴布韦	Zimbabwe	1024	1265	1300	1310	1.9	0.8

注：①年底总人口数。

Note: ① Year-end Total Population.

5-2 人口年龄构成和抚养比(2003年)

Age Composition and Dependency Ratio of Population(2003)

资料来源：世界银行数据库。
Source: World Bank Database.
单位：万人 (10 000 persons)

国家和地区	Country or Area	年龄构成 Age Composition			抚养比②(%) Age Dependency Ratio ② (%)
		0-14岁 Age 0-14	15-64岁 Age 15-64	65岁以上 Age 65+	
世　界	**World**	**181137**	**401473**	**44643**	**56.2**
中　国①	China ①	30469	88970	9401	44.8
中国香港	HongKong, China	108	495	79	37.7
中国澳门	Macao, China	9	32	3	38.8
孟加拉国	Bangladesh	4897	8446	463	63.5
印　度	India	34484	66557	5400	59.9
印度尼西亚	Indonesia	6382	14037	1048	52.9
伊　朗	Iran	1958	4368	314	52.0
以色列	Israel	183	421	65	58.8
日　本	Japan	1812	8579	2367	48.7
哈萨克斯坦	Kazakhstan	365	1003	120	48.3
朝　鲜	Korea, Dem. People's Rep.	581	1530	150	47.8
韩　国	Korea, Rep.	992	3437	362	39.4
马来西亚	Malaysia	818	1550	109	59.8
蒙　古	Mongolia	79	159	10	55.7
缅　甸	Myanmar	1577	3137	222	57.3
巴基斯坦	Pakistan	5952	8394	498	76.8
菲律宾	Philippines	2934	4893	323	66.6
新加坡	Singapore	88	305	32	39.5
斯里兰卡	Sri Lanka	483	1312	129	46.6
泰　国	Thailand	1418	4374	409	41.8
土耳其	Turkey	1998	4655	419	51.9
越　南	Viet Nam	2490	5214	428	56.0
埃　及	Egypt	2264	4201	291	60.8
尼日利亚	Nigeria	6011	7275	360	87.6
南　非	South Africa	1466	2916	201	57.1
加拿大	Canada	574	2183	406	44.9
墨西哥	Mexico	3307	6394	527	60.0
美　国	United States	6101	19373	3607	50.1
阿根廷	Argentina	994	2323	360	58.3
巴　西	Brazil	4860	11849	951	49.0
委内瑞拉	Venezuela	826	1620	122	58.5
白俄罗斯	Belarus	166	683	139	44.7
保加利亚	Bulgaria	113	541	128	44.5
捷　克	Czech Republic	158	721	142	41.6
法　国	France	1111	3901	964	53.2
德　国	Germany	1227	5598	1429	47.4
意大利	Italy	808	3861	1095	49.3
荷　兰	Netherlands	298	1098	226	47.7
波　兰	Poland	674	2669	476	43.1
罗马尼亚	Romania	362	1510	302	44.0
俄罗斯联邦	Russian Federation	2344	10103	1896	42.0
西班牙	Spain	616	2793	701	47.1
乌克兰	Ukraine	773	3330	732	45.2
英　国	United Kingdom	1081	3900	952	52.1
澳大利亚	Australia	397	1343	248	48.1
新西兰	New Zealand	88	266	47	50.6

注：①世界银行统计数据。②指0-14岁和65岁及以上人口与15-64岁人口之比，用百分数表示。
Note: ① Data from World Bank. ② Dependency ratio is the ratio of dependents-people younger than 15 and older than 64-to the working-age population-those between ages 15-64.

5-3 人口出生率、死亡率和自然增长率

Birth Rate, Death Rate and Natural Growth Rate

资料来源：世界银行数据库。
Source: World Bank Database.
单位：‰ (‰)

国家和地区	Country or Area	人口出生率 Birth Rate		人口死亡率 Death Rate		人口自然增长率 Natural Growth Rate	
		1990	2003	1990	2003	1990	2003
世　界	**World**	**25.5**	**20.8**	**9.2**	**9.2**	**16.2**	**11.7**
中　国	China	21.1	12.4	6.7	6.4	14.4	6.0
中国香港	Hong Kong, China	12.3	7.1	5.0	5.0	7.3	4.3
中国澳门	Macao, China	19.2	9.4	5.0	5.0	14.3	11.3
孟加拉国	Bangladesh	32.7	27.5	12.4	8.1	20.3	17.4
印　度	India	30.2	24.4	9.7	8.3	20.5	14.9
印度尼西亚	Indonesia	25.4	20.9	8.5	7.3	16.9	13.4
伊　朗	Iran	30.8	17.6	7.2	5.9	23.6	12.9
以色列	Israel	22.2	20.2	6.8	6.0	15.4	18.4
日　本	Japan	10.0	9.2	6.7	8.4	3.3	1.4
哈萨克斯坦	Kazakhstan	21.7	15.3	7.7	10.0	14.0	0.2
朝　鲜	Korea, Dem. People's Rep.	20.7	16.6	6.5	11.2	14.2	5.5
韩　国	Korea, Rep.	16.3	12.1	6.3	6.5	10.0	5.7
马来西亚	Malaysia	28.9	21.3	4.9	4.5	24.1	19.1
蒙　古	Mongolia	30.9	22.3	8.2	6.0	22.8	12.6
缅　甸	Myanmar	30.5	23.0	12.6	11.5	17.9	11.7
巴基斯坦	Pakistan	41.4	32.3	12.6	7.7	28.8	24.1
菲律宾	Philippines	32.4	25.5	6.7	5.6	25.8	19.3
新加坡	Singapore	18.4	11.4	4.8	4.5	13.6	20.4
斯里兰卡	Sri Lanka	20.8	18.8	6.0	5.8	14.8	11.8
泰　国	Thailand	20.9	15.1	6.0	7.8	14.9	6.5
土耳其	Turkey	24.8	20.9	7.4	7.0	17.4	15.5
越　南	Viet Nam	28.8	18.4	7.3	6.2	21.5	11.0
埃　及	Egypt	31.1	23.7	9.5	6.0	21.7	17.7
尼日利亚	Nigeria	43.8	42.6	14.6	18.0	29.2	24.3
南　非	South Africa	31.9	24.9	9.2	20.0	22.7	10.6
加拿大	Canada	15.0	10.5	7.3	7.2	7.7	8.5
墨西哥	Mexico	28.0	19.3	5.4	4.5	22.6	14.5
美　国	United States	16.7	13.9	8.6	8.5	8.1	8.4
阿根廷	Argentina	21.0	18.2	8.3	7.6	12.6	8.0
巴　西	Brazil	23.6	19.0	7.5	7.1	16.1	12.0
委内瑞拉	Venezuela	28.6	22.6	4.8	5.1	23.7	17.8
白俄罗斯	Belarus	13.9	9.4	10.7	14.3	3.2	-4.4
保加利亚	Bulgaria	12.1	8.4	12.4	14.3	-0.3	-5.9
捷　克	Czech Republic	12.7	8.9	12.5	10.5	0.2	0.1
法　国	France	13.4	12.7	9.3	9.2	4.1	4.6
德　国	Germany	11.4	8.6	11.5	10.4	-0.1	0.4
意大利	Italy	10.0	9.4	9.4	10.3	0.6	-0.8
荷　兰	Netherlands	13.2	12.4	8.6	8.7	4.6	4.8
波　兰	Poland	14.3	9.2	10.2	9.4	4.1	-0.9
罗马尼亚	Romania	13.7	9.6	10.6	12.2	3.1	-2.7
俄罗斯联邦	Russian Federation	13.4	9.8	11.2	15.4	2.2	-4.5
西班牙	Spain	10.3	10.4	8.5	9.2	1.8	4.5
乌克兰	Ukraine	12.7	8.7	12.1	15.3	0.6	-7.4
英　国	United Kingdom	13.9	11.6	11.1	10.2	2.8	1.7
澳大利亚	Australia	15.4	12.5	7.0	6.7	8.4	11.0
新西兰	New Zealand	17.4	13.8	8.1	7.0	9.3	17.6

5-4 生殖健康

Reproductive Health

资料来源：世界银行《世界发展指标》2005 年。

Source: World Bank *World Development Indicators 2005*.

国家和地区	Country or Area	总和生育率 Total Fertility Rate	少女生育率①（‰） Adolescent Fertility Rate ①（‰）	避孕普及率②（‰） Contraceptive Prevalence Rate ②（‰）	产妇死亡率③（1/100000） Maternal Mortality Ratio ③（1/100000）
		2003	2003	1990-2003	1985-2003
世　界	**World**	**2.6**	**63**		
中　国④	China ④	1.9	15	87	50
中国香港	Hong Kong, China	1.0	6		
孟加拉国	Bangladesh	2.9	119	54	380
印　度	India	2.9	98	47	540
印度尼西亚	Indonesia	2.4	48	60	310
伊　朗	Iran	2.0	25	74	37
以色列	Israel	2.7	23		5
日　本	Japan	1.3	4		8
哈萨克斯坦	Kazakhstan	1.8	35	66	50
朝　鲜	Korea, Dem. People's Rep.	2.1	2		110
韩　国	Korea, Rep.	1.5	4	81	20
马来西亚	Malaysia	2.8	26		50
蒙　古	Mongolia	2.4	43	67	110
缅　甸	Myanmar	2.8	30	33	230
巴基斯坦	Pakistan	4.5	60	28	530
菲律宾	Philippines	3.2	33	49	170
新加坡	Singapore	1.4	8		6
斯里兰卡	Sri Lanka	2.0	29	70	92
泰　国	Thailand	1.8	72	72	36
土耳其	Turkey	2.4	51	64	130
越　南	Viet Nam	1.9	28	79	95
埃　及	Egypt	3.1	45	60	84
尼日利亚	Nigeria	5.6	122	13	
南　非	South Africa	2.8	42	62	150
加拿大	Canada	1.5	20		
墨西哥	Mexico	2.2	57	70	63
美　国	United States	2.0	46	64	8
阿根廷	Argentina	2.4	54		46
巴　西	Brazil	2.1	68	77	75
委内瑞拉	Venezuela	2.7	85	77	60
白俄罗斯	Belarus	1.3	21	50	18
保加利亚	Bulgaria	1.2	49	42	15
捷　克	Czech Republic	1.2	23	72	3
法　国	France	1.9	10		10
德　国	Germany	1.3	14		8
意大利	Italy	1.3	8	60	7
荷　兰	Netherlands	1.8	5	75	7
波　兰	Poland	1.2	16		4
罗马尼亚	Romania	1.3	40	64	34
俄罗斯联邦	Russian Federation	1.3	46		37
西班牙	Spain	1.3	9	81	6
乌克兰	Ukraine	1.2	31	72	22
英　国	United Kingdom	1.6	28		7
澳大利亚	Australia	1.8	18		
新西兰	New Zealand	1.9	30	75	15

注：①指每千名 15—19 岁妇女中生育的妇女人数。②指 15—49 岁，本人或其性伙伴采取了避孕措施的妇女人数。③指每十万个活婴中，怀孕期间和生产时死亡的妇女人数。④世界银行统计数据。

Note: ① Adolescent fertility rate is the number of births per 10000 women ages 15-19. ② Contraceptive prevalence rate is the percentage of women who are practicing,or whose sexual partners are practicing,any form of contraception.It is usually measured for married women ages 15-49 only. ③ Maternal mortality ratio is the number of women who die during pregnancy and childbirth, per 100000 live births. ④ Data from World Bank.

5-5 婴儿死亡率和平均预期寿命

Infant Mortality Rate and Life Expectancy at Birth

资料来源：世界银行数据库。

Source: World Bank Database.

国家和地区	Country or Area	婴儿死亡率(‰) Infant Mortality Rate (‰)			平均预期寿命（岁） Life Expectancy at Birth(years)		
		1990	2000	2003	1990	2000	2003
世　界	**World**	**64.0**		**56.8**	**65.3**		**66.8**
中　国	China	38 ①	32 ①	30 ①	68.6	71.4	
中国香港	Hong Kong,China	6.2	2.9		77.6		80.1
中国澳门	Macao,China		2.9		76.9		79.3
孟加拉国	Bangladesh	96.0	54.0	46.0	54.8		62.4
印　度	India	84.0	68.0	63.0	59.1		63.4
印度尼西亚	Indonesia	60.0	35.0	31.0	61.7		66.9
伊　朗	Iran	54.0	36.0	33.0	64.7		69.4
以色列	Israel	10.0	6.0	5.0	76.1		78.8
日　本	Japan	4.6	3.2	3.1 ②	78.8	81.1	81.7
哈萨克斯坦	Kazakhstan	53.0	63.0	63.0	68.3		61.3
朝　鲜	Korea, Dem. People's Rep.	42.0	42.0	42.0	65.5		62.8
韩　国	Korea, Rep.	8.0	5.0	5.0	70.3		74.2
马来西亚	Malaysia	16.0	8.0	7.0	70.5	72.5	73.0
蒙　古	Mongolia	74.0	60.0	56.0	62.7		65.9
缅　甸	Myanmar	91.0	78.0	76.0	54.7		57.3
巴基斯坦	Pakistan	96.0	81.0	74.0	59.1		64.1
菲律宾	Philippines	45.0	30.0	27.0	65.6		69.9
新加坡	Singapore	6.7	2.9	2.5 ②	74.3		
斯里兰卡	Sri Lanka	26.0	16.0	13.0	70.2		74.0
泰　国	Thailand	34.0	25.0	23.0	68.5		69.3
土耳其	Turkey	64.0	38.0	33.0	65.7	68.0	68.6
越　南	Viet Nam	38.0	23.0	19.0	64.8		69.9
埃　及	Egypt	76.0	40.0	33.0	62.8		69.1
尼日利亚	Nigeria	115.0	102.0	98.0	49.1		44.9
南　非	South Africa	45.0	50.0	53.0	61.9		45.7
加拿大	Canada	6.8		5.0 ②	77.4		79.3
墨西哥	Mexico	37.0	25.0	23.0	70.8		73.6
美　国	United States	9.4	6.9	7.0 ②	75.2	77.0	77.4
阿根廷	Argentina	25.0	17.0	17.0	71.6		74.5
巴　西	Brazil	50.0	35.0	33.0	65.6		68.7
委内瑞拉	Venezuela	23.0	20.0	18.0	71.2		73.9
白俄罗斯	Belarus	14.0	14.0	13.0	70.8		68.2
保加利亚	Bulgaria	14.8	13.3	12.3	71.6	71.7	72.1
捷　克	Czech Republic	10.9	4.1	3.9	71.4	75.0	75.2
法　国	France	7.4	4.4	4.4 ②	76.7	78.9	79.3
德　国	Germany	7.0	4.4	4.2	75.2	77.9	78.3
意大利	Italy	8.2	4.6	4.3	76.9	79.5	79.8
荷　兰	Netherlands	7.2	4.6	4.8	76.9	78.0	78.5
波　兰	Poland	16.0	8.0	6.0	70.9	73.7	74.6
罗马尼亚	Romania	27.0	19.0	18.0	69.7		70.1
俄罗斯联邦	Russian Federation	21.0	18.0	16.0	68.9	65.3	65.7
西班牙	Spain	8.0	4.0	4.0	76.8	79.0	79.6
乌克兰	Ukraine	18.0	17.0	15.0	70.1	67.9	68.3
英　国	United Kingdom	8.0	5.6	5.3	75.9		77.6
澳大利亚	Australia	8.0	4.9	4.6 ②	77.0		79.8
新西兰	New Zealand	10.0	6.0	5.0	75.4	78.6	79.1

注：①世界银行统计数据。②2002年数据。

Note: ① Data from world bank. ② Data of 2002.

5-6 结婚率与离婚率
Marriage Rate and Divorce Rate

资料来源：联合国《人口统计年鉴》2002 年。
Source: UN *Demographic Yearbook 2002*.
单位：‰ (‰)

国家和地区	Country or Area	结婚率 Marriage Rate				离婚率 Divorce Rate			
		1990	2000	2001	2002	1990	2000	2001	2002
中　国	China	8.2	6.7	6.3	6.1	0.7	1.0	1.0	0.9
中国香港	Hong Kong, China	8.2	4.6	4.8	4.7	1.0			
中国澳门	Macao, China	5.4	2.8	2.8	2.8		0.9	0.8	0.9
伊　朗	Iran	8.3	10.2	9.9	9.9	0.7	0.9	0.9	1.0
以色列	Israel	6.8	6.2	6.0	6.0	1.4	1.7	1.7	1.7
日　本	Japan	5.8	6.3	6.3	5.9	1.3	2.1	2.3	2.3
哈萨克斯坦	Kazakhstan	9.9	6.1	6.2	6.7	2.6	1.8	2.0	2.1
韩　国	Korea, Rep.	9.3	7.1	6.8	6.4	1.0	2.6	2.9	3.1
蒙　古	Mongolia		5.2	5.1	5.5		0.3	0.3	0.3
新加坡	Singapore	9.0	5.6	5.4	5.6	1.2	0.7	0.7	0.7
斯里兰卡	Sri Lanka	8.9							
泰　国	Thailand	7.5							
土耳其	Turkey	8.2				0.5			
越　南	Viet Nam				12.1				0.5
埃　及	Egypt		8.2 ①				1.2 ①		
南　非	South Africa		3.5 ②						
加拿大	Canada	7.1	5.1	4.7	4.7	2.9	2.3		
墨西哥	Mexico	7.5	7.1	6.5	5.5	0.5	0.5	0.6	
美　国	United States	9.8	8.5	8.2	7.8	4.7			
阿根廷	Argentina	5.7	3.8	3.5	3.2				
巴　西	Brazil	5.4				0.5			
委内瑞拉	Venezuela	5.5	3.7	3.3	2.9	1.1			
白俄罗斯	Belarus	9.7			6.7	3.4	4.4		3.8
保加利亚	Bulgaria	6.7	4.3	4.0	3.7	1.3	1.3	1.3	1.3
捷　克	Czech Republic		5.4	5.1	5.2		2.9	3.1	3.1
法　国	France	5.1	5.1	4.9	4.7	1.9	1.9	1.9	
德　国	Germany	6.5	5.1	4.7	4.8		2.4	2.4	
意大利	Italy	5.4	4.9	4.8	4.6	0.5	0.7	0.7	
荷　兰	Netherlands	6.4	5.5	5.0	5.3	1.9	2.2	2.3	2.1
波　兰	Poland	7.2	5.5	5.0	5.0	1.1	1.1	1.2	1.2
罗马尼亚	Romania	8.3	6.1	5.9	5.9	1.4	1.4	1.4	1.5
俄罗斯联邦	Russian Federation	8.9	8.7	7.0		3.8	4.3	5.3	
西班牙	Spain	5.6	5.4	5.1			1.0		
乌克兰	Ukraine	9.3		6.3	6.6	3.7		3.7	3.8
英　国	United Kingdom	6.5	5.1			2.9	2.6		
澳大利亚	Australia	6.9	5.9	5.3	5.4	2.5	2.6	2.9	
新西兰	New Zealand	6.9	5.4	5.1	5.3	2.7	2.5	2.5	2.6

注：① 1997 年数据。② 1998 年数据。
Note: ① Data of year 1997. ② Data of year 1998.

5-7 城市人口比重

Urban Population as Percentage of Total Population

资料来源：世界银行数据库。
Source: World Bank Database.
单位：% (%)

国家和地区	Country or Area	1990	2000	2001	2002	2003
世　界	**World**	**43.6**	**47.4**	**47.8**	**48.3**	**48.7**
中　国	China	26.4	36.2	37.7	39.1	40.5
中国香港	Hong Kong, China	99.9	100.0	100.0	100.0	100.0
中国澳门	Macao, China	98.7	98.8	98.9	98.9	98.9
孟加拉国	Bangladesh	19.8	25.0	25.6	26.2	26.8
印　度	India	25.5	27.7	27.9	28.1	28.3
印度尼西亚	Indonesia	30.6	41.0	42.0	43.1	44.1
伊　朗	Iran	56.3	64.0	64.7	65.4	66.1
以色列	Israel	90.3	91.6	91.8	91.9	92.1
日　本	Japan	77.4	78.8	78.9	79.1	79.2
哈萨克斯坦	Kazakhstan	57.0	55.8	55.9	55.9	55.9
朝　鲜	Korea, Dem. People's Rep.	58.4	60.2	60.5	60.8	61.1
韩　国	Korea, Rep.	73.8	81.9	82.4	83.0	83.5
马来西亚	Malaysia	49.8	57.4	58.1	58.8	59.4
蒙　古	Mongolia	57.0	56.6	56.7	56.7	56.8
缅　甸	Myanmar	24.6	27.7	28.2	28.7	29.2
巴基斯坦	Pakistan	30.6	33.1	33.4	33.8	34.1
菲律宾	Philippines	48.8	58.6	59.4	60.2	61.0
新加坡	Singapore	100.0	100.0	100.0	100.0	100.0
斯里兰卡	Sri Lanka	21.3	22.8	23.1	23.5	23.8
泰　国	Thailand	18.7	19.8	20.0	20.2	20.4
土耳其	Turkey	61.2	65.8	66.2	66.6	67.0
越　南	Viet Nam	20.3	24.1	24.5	25.0	25.4
埃　及	Egypt	43.6	42.7	42.7	42.8	42.9
尼日利亚	Nigeria	35.0	44.1	44.9	45.7	46.6
南　非	South Africa	48.8	56.9	57.6	58.4	59.2
加拿大	Canada	76.6	78.7	78.9	79.1	79.3
墨西哥	Mexico	72.5	74.4	74.6	74.8	75.0
美　国	United States	75.2	77.2	77.4	77.7	77.9
阿根廷	Argentina	86.5	88.2	88.3	88.5	88.6
巴　西	Brazil	74.8	81.2	81.7	82.2	82.8
委内瑞拉	Venezuela	84.0	86.9	87.2	87.4	87.6
白俄罗斯	Belarus	66.3	69.4	69.6	69.7	69.9
保加利亚	Bulgaria	66.5	67.5	67.5	67.5	67.5
捷　克	Czech Republic	74.8	74.5	74.6	74.6	74.7
法　国	France	74.0	75.4	75.5	75.7	75.9
德　国	Germany	85.3	87.5	87.7	87.9	88.1
意大利	Italy	66.7	66.9	67.1	67.3	67.4
荷　兰	Netherlands	88.7	89.5	89.6	89.7	89.8
波　兰	Poland	60.7	62.3	62.6	62.8	63.0
罗马尼亚	Romania	53.6	55.1	55.3	55.5	55.7
俄罗斯联邦	Russian Federation	73.3	72.9	72.9	72.9	72.9
西班牙	Spain	75.4	77.6	77.8	78.1	78.3
乌克兰	Ukraine	66.9	67.9	68.0	68.1	68.2
英　国	United Kingdom	89.1	89.5	89.5	89.6	89.7
澳大利亚	Australia	85.1	90.7	91.1	91.5	91.9
新西兰	New Zealand	84.7	85.8	85.9	86.0	86.1

5-8 农业人口比重

Agriculture Population as Percentage of Total Population

资料来源：联合国粮农组织数据库。
Source: FAO Database.
单位：%

(%)

国家和地区	Country or Area	1990	2000	2001	2002	2003
世界总计	**World**	**46.4**	**42.4**	**42.0**	**41.6**	**41.2**
亚　洲	**Asia**	**58.9**	**52.9**	**52.4**	**51.8**	**51.3**
中　国①	China ①	71.9	66.6	66.0	65.4	64.9
孟加拉国	Bangladesh	65.2	55.7	54.7	53.7	52.7
印　度	India	58.2	53.7	53.2	52.7	52.2
印度尼西亚	Indonesia	50.9	44.1	43.4	42.8	42.1
伊　朗	Iran	32.2	26.5	26.0	25.5	25.0
以色列	Israel	4.1	2.7	2.6	2.5	2.4
日　本	Japan	7.0	3.9	3.6	3.4	3.2
哈萨克斯坦	Kazakhstan		19.6	19.2	18.8	18.4
朝　鲜	Korea, Dem. People's Rep.	38.0	30.1	29.4	28.7	27.9
韩　国	Korea, Rep.	16.1	8.8	8.2	7.7	7.2
马来西亚	Malaysia	26.0	17.7	17.0	16.3	15.7
蒙　古	Mongolia	32.0	24.3	23.6	22.9	22.2
缅　甸	Myanmar	73.3	70.2	69.9	69.6	69.3
巴基斯坦	Pakistan	55.7	50.9	50.4	49.9	49.4
菲律宾	Philippines	45.6	39.3	38.7	38.1	37.5
新加坡	Singapore	0.4	0.1	0.1	0.1	0.1
斯里兰卡	Sri Lanka	49.2	46.3	46.0	45.7	45.4
泰　国	Thailand	56.9	49.0	48.2	47.4	46.6
土耳其	Turkey	37.3	30.8	30.2	29.5	28.9
越　南	Viet Nam	71.2	67.3	66.9	66.5	66.1
非　洲	**Africa**	**60.9**	**55.7**	**55.2**	**54.7**	**54.2**
埃　及	Egypt	44.1	36.9	36.2	35.4	34.7
尼日利亚	Nigeria	43.0	33.3	32.4	31.5	30.6
南　非	South Africa	19.6	14.2	13.7	13.3	12.9
北美洲	**North America**	**13.0**	**10.7**	**10.5**	**10.3**	**10.1**
加拿大	Canada	3.7	2.6	2.5	2.4	2.3
墨西哥	Mexico	30.3	23.5	22.9	22.3	21.7
美　国	United States	3.0	2.2	2.1	2.1	2.0
南美洲	**South America**	**23.6**	**18.2**	**17.7**	**17.2**	**16.8**
阿根廷	Argentina	12.6	10.1	9.9	9.7	9.4
巴　西	Brazil	23.0	16.5	15.9	15.4	14.8
委内瑞拉	Venezuela	14.0	9.5	9.2	8.8	8.5
欧　洲	**Europe**	**10.2**	**8.5**	**8.2**	**7.9**	**7.6**
白俄罗斯	Belarus		13.2	12.7	12.2	11.7
保加利亚	Bulgaria	14.3	7.6	7.1	6.7	6.2
捷　克	Czech Republic		8.2	7.9	7.7	7.5
法　国	France	5.5	3.4	3.2	3.0	2.9
德　国	Germany	4.0	2.5	2.4	2.3	2.2
意大利	Italy	8.6	5.3	5.1	4.8	4.6
荷　兰	Netherlands	4.6	3.4	3.3	3.2	3.1
波　兰	Poland	24.2	19.0	18.5	18.0	17.6
罗马尼亚	Romania	22.1	13.9	13.2	12.6	12.0
俄罗斯联邦	Russian Federation		10.5	10.2	10.0	9.7
西班牙	Spain	11.8	7.3	7.0	6.6	6.3
英　国	United Kingdom	2.2	1.8	1.7	1.7	1.7
乌克兰	Ukraine		15.9	15.4	14.9	14.5
大洋洲	**Oceania**	**21.4**	**20.9**	**20.8**	**20.8**	**20.7**
澳大利亚	Australia	5.5	4.6	4.5	4.4	4.4
新西兰	New Zealand	10.1	8.8	8.7	8.6	8.4

注：①联合国粮农组织数据。
Note: ① Data from FAO.

主要统计指标解释

人口数 指某一时点（通常为年中和年末）、某地域范围内的具有同一特征的人的集合。本年鉴中国家和地区人口数据有人口普查数、根据抽样调查得出的估算数（针对缺少人口普查的地区）、人口普查中期、后期估算和从人口登记中得出的数据。

（粗）出生率 指在一定时期（通常为一年）内所出生的人数与年中人数之比，一般用千分率表示。为估计数。

（粗）死亡率 指在一定时期（通常为一年）内死亡人数与年中人数之比，一般用千分率表示。为估计数。

总和生育率 是一个妇女活到育龄期结束，并按普遍的特定年龄生育率生育孩子的话，她可能生育的孩子数量。

结婚率 指在一定时期（通常为一年）内平均每千人口中经法律（公认）准许并登记的结婚数，一般用千分率表示。

离婚率 指在一定时期（通常为一年）内平均每千人口中经法律（公认）准许并登记的离婚数，一般用千分率表示。

平均预期寿命 表示在现行的死亡规律保持不变的情况下，一个新生婴儿可望存活的年数。

Explanatory Notes on Main Statistical Indicators

Total Population, that is, at a certain point of time(end-year or mid-year),those pertaining to the size, geographical distribution and demographic characteristics of the population. Data for countries or areas include population census figures, estimates based on results of sample surveys(in the absence of a census), postcensal or intercensal estimates and those derived from continuous population registers.

Crude Birth Rate refers to the ratio of the number of births to the mid-year population during a certain period of time(usually a year)which is often expressed in ‰.

Crude Death Rate refers to the ratio of the number of deaths to the mid-year population during a certain period of time(usually a year)which is often expressed in ‰.

Total Fertility Rate is the number of children that would be born to a woman if she were to live to the end of her childbearing years and bear children in accordance with current age-specific fertility rates.

Marriage Rate are the number of legal(recognized)marriages performed and registered per 1000 mid-year population which is often expressed in ‰.

Divorce Rate are the number of legal(recognized)divorce performed and registered per 1000 mid-year population which is often expressed in ‰.

Life Expectancy at Birth Life expectancy at birth indicates the number of years a newborn infant would live if prevailing patterns of mortality at the time of its birth were to stay the same throughout its life.

6 就业和工资

Employment and Wages

6-1 经济活动人口

Economically Active Population

资料来源：世界银行世界发展指标数据库。
Source: World Bank World Development Indicators Database.
单位：万人 (10 000 persons)

国家和地区	Country or Area	1990	2000	2001	2002	2003
世界总计	**World**	**248371**	**293170**	**297604**	**301897**	**306245**
低收入国家	**Low Income**	**77584**	**97362**	**99574**	**101787**	**103999**
中等收入国家	**Middle Income**	**128744**	**149403**	**151301**	**153064**	**154936**
下中等收入国家	**Lower Middle Income**	**117346**	**135656**	**137308**	**138811**	**140419**
上中等收入国家	**Upper Middle Income**	**11398**	**13747**	**13993**	**14253**	**14517**
中、低收入国家	**Low & Middle Income**	**206328**	**246765**	**250875**	**254852**	**258935**
东亚和太平洋	**East Asia & Pacific**	**88743**	**102451**	**103613**	**104737**	**105829**
欧洲和中亚	**Europe & Central Asia**	**22577**	**23872**	**23992**	**24017**	**24178**
拉丁美洲和加勒比	**Latin America & Caribbean**	**17356**	**21911**	**22367**	**22820**	**23280**
中东和北非	**Middle East & North Africa**	**7417**	**10111**	**10451**	**10805**	**11162**
南　亚	**South Asia**	**47673**	**59300**	**60620**	**61940**	**63255**
高收入国家	**High Income**	**42043**	**46405**	**46729**	**47045**	**47310**
非经合组织成员国	**Non-OECD Countries**	**1180**	**1519**	**1559**	**1595**	**1632**
经合组织成员国	**OECD Countries**	**40863**	**44886**	**45170**	**45451**	**45678**
中　国①	China ①	67067	75544	76163	76745	77294
中国香港	Hong Kong,China	290	361	364	368	369
中国澳门	Macao,China	19	22	228	233	237
孟加拉国	Bangladesh	5359	6638	6783	6932	7084
印　度	India	36062	44518	45465	46402	47328
印度尼西亚	Indonesia	7830	9975	10198	10427	10661
伊　朗	Iran	1652	2187	2274	2367	2455
以色列	Israel	184	270	278	285	292
日　本	Japan	6413	6824	6821	6818	6810
哈萨克斯坦	Kazakhstan	770	745	742	746	751
朝　鲜	Korea, Dem. People's Rep.	1028	1142	1148	1155	1162
韩　国	Korea, Rep.	1963	2411	2440	2469	2496
马来西亚	Malaysia	740	988	1018	1046	1074
蒙　古	Mongolia	967	123	125	128	132
缅　甸	Myanmar	2093	2558	2607	2654	2701
巴基斯坦	Pakistan	3936	5091	5247	5407	5572
菲律宾	Philippines	2403	3176	3273	3367	3460
新加坡	Singapore	156	201	206	208	211
斯里兰卡	Sri Lanka	677	833	850	866	881
泰　国	Thailand	3187	3615	3643	3670	3695
土耳其	Turkey	2431	3157	3228	3300	3372
越　南	Viet Nam	3364	4108	4183	4257	4328
埃　及	Egypt	1828	2430	2509	2588	2668
尼日利亚	Nigeria	3800	5031	5165	5304	5446
南　非	South Africa	1373	1832	1868	1892	1914
加拿大	Canada	1469	1657	1673	1687	1700
墨西哥	Mexico	3067	4035	4141	4248	4359
美　国	United States	12576	14458	14632	14804	14944
阿根廷	Argentina	1211	1452	1481	1511	1540
巴　西	Brazil	6553	7910	8022	8125	8229
委内瑞拉	Venezuela	736	994	1023	1052	1081
白俄罗斯	Belarus	529	531	533	535	536
保加利亚	Bulgaria	444	416	409	408	406
捷　克	Czech Republic	545	577	573	571	570
法　国	France	2470	2668	2677	2687	2695
德　国	Germany	3986	4039	4044	4052	4053
意大利	Italy	2443	2551	2548	2543	2537
荷　兰	Netherlands	690	738	742	745	747
波　兰	Poland	1873	2000	1988	1996	2003
罗马尼亚	Romania	1065	1072	1060	1048	1048
俄罗斯联邦	Russian Federation	7719	7808	7813	7824	7837
西班牙	Spain	1576	1784	1797	1809	1820
乌克兰	Ukraine	2604	2524	2521	2519	2518
英　国	United Kingdom	2858	2950	2960	2970	2976
澳大利亚	Australia	849	979	991	1004	1015
新西兰	New Zealand	166	192	194	197	201

注：①世界银行统计数据。
Note: ① Data from World Bank.

6-2 就业人数

Employment

资料来源：国际劳工组织劳工统计数据库。
Source: International Labour Organization LABASTA Database.
单位：万人 (10 000 persons)

国家和地区	Country or Area	1990	2000	2001	2002	2003
中　　国	China	64749.0	72085.0	73025.0	73740.0	74432.0
中国香港	Hong Kong, China	271.2	320.7	325.2	323.2	322.3
中国澳门①	Macao,China ①	16.3	19.5	20.3	20.1	20.3
孟加拉国	Bangladesh	5015.9 ②	5176.4			
印　　度③	India ③	2635.3	2796.0	2779.0	2720.6	
印度尼西亚	Indonesia	7585.1 ③	8983.8	9080.7	9164.7	
以 色 列	Israel	149.2|	222.1	226.5	228.4	233.0
日　　本	Japan	6249.0	6446.0	6412.0	6330.0	6316.0
哈萨克斯坦	Kazakhstan			669.9	670.9	698.5
韩　　国	Korea Rep.	1808.5	2115.6	2157.2	2216.9	2213.9
马来西亚④	Malaysia ④	668.5	932.2	935.7	954.3	987.0
蒙　　古⑤	Mongolia ⑤		80.9	83.2	87.1	92.7
缅　　甸	Myanmar	1522.1				
巴基斯坦②	Pakistan ②	2979.7|	3684.7	3748.1	3888.2	
菲 律 宾	Philippines	2253.2	2777.5	3008.5		
新 加 坡	Singapore	153.7|	209.5	204.7	201.7	203.4
斯里兰卡②	Sri Lanka ②	596.4|	630.8	621.2	666.3	694.3
泰　　国⑥	Thailand ⑥	3084.2	3300.1	3348.4|	3426.3	3467.7
土 耳 其	Turkey	1994.6 ⑦	2158.1	2152.4	2135.4	2114.7
越　　南	Viet Nam	3028.6	3836.8	3900.0	4016.2	4117.9
埃　　及④	Egypt ④	1436.1 ⑧ |	1720.3	1755.7	1785.6	
南　　非⑨	South Africa ⑨		1179.6	1133.5	1121.1	1159.4
加 拿 大	Canada	1316.5	1491.0	1507.7	1541.2	1574.6
墨 西 哥⑦	Mexico ⑦		3950.2	3938.6	4030.2	4063.3
美　　国⑤	United States ⑤	11879.3|	13520.8	13507.3	13648.5	13773.6
阿 根 廷②	Argentina ②	437.3|	826.2	814.3	801.6	857.1
巴　　西②	Brazil ②	6210.0|		7545.8	7818.0	7925.1
委内瑞拉	Venezuela	640.4	882.2	940.5	969.9	
白俄罗斯	Belarus	515.1	444.1	441.7	438.1	433.9
保加利亚	Bulgaria	409.7	298.0	296.8		
捷　　克	Czech Republic		473.2	472.8	476.5	473.3
法　　国	France		2326.2	2375.9	2394.2	2448.5
德　　国	Germany		3660.4	3681.6	3653.6	3617.2
意 大 利	Italy	2145.4 ① |	2122.5	2163.4	2192.2	2213.3
荷　　兰④	Netherlands ④	635.6	773.1	786.5	795.2	793.5
波　　兰	Poland		1452.6	1420.7	1378.2	1361.7
罗马尼亚	Romania		1076.4	1069.7	923.4	922.3
俄罗斯联邦⑩	Russian Federation ⑩		6446.5	6466.4	6576.6	6649.6
西 班 牙⑤	Spain ⑤	1257.9|	1537.0	1594.6	1625.8	1669.5
乌 克 兰⑪	Ukraine⑪		2042.0	2023.8	2040.1	2005.6
英　　国⑤	United Kingdom ⑤	2693.5	2799.3	2822.5	2841.5	2782.1
澳大利亚	Australia	783.7|	895.1	906.3	924.8	945.9
新 西 兰	New Zealand	148.1|	177.9	182.3	187.7	192.1

注：①14岁及以上。②10岁及以上。③指在10人及10人以上公共企业和私营非农企业的雇员人数。④15至64岁。⑤16岁及以上。⑥13岁及以上。⑦12岁及以上。⑧12至64岁。⑨15岁至65岁。⑩15岁至72岁。⑪15岁至70岁。

Note: ① Persons aged 14 years and over. ② Persons aged 10 years and over. ③ Public sector and establishments of non-agricultural private sector with 10 or more persons employed. ④ Persons aged 15 to 64 years. ⑤ Persons aged 16 years and over. ⑥ Persons aged 13 years and over. ⑦ Persons aged 12 years and over. ⑧ Persons aged 12 to 64 years. ⑨ Persons aged 15 to 65 years. ⑩ Persons aged 15 to 72 years. ⑪Persons aged 15 to 70 years.

6-3 按三次产业分的就业构成

Composition of Employment by Type of Industry

资料来源：世界银行世界发展指标数据库。

Source: World Bank World Development Indicators Database.

单位：% (%)

国家和地区	Country or Area	第一产业(%) Primary Industry(%)		第二产业(%) Secondary Industry(%)		第三产业(%) Tertiary Industry(%)	
		2000	2001	2000	2001	2000	2001
中　　国	China	50.0	50.0	22.5	22.3	27.5	27.7
中国香港	Hong Kong,China	0.3	0.2	20.3	19.5	79.4	80.3
中国澳门	Macao,China	0.2	0.1	28.2	30.6	71.5	69.0
孟加拉国	Bangladesh	62.1		10.3		23.5	
印度尼西亚	Indonesia	45.3	43.8	17.3	17.0	37.3	37.5
以 色 列	Israel	2.2	19.3	24.0	23.4	73.0	56.0
日　　本	Japan	5.1	4.9	31.2	30.5	63.1	63.9
哈萨克斯坦	Kazakhstan	22.2 ①	22.0 ②	18.4 ①	18.3 ②	59.4 ①	59.8 ②
韩　　国	Korea, Rep.	10.9	10.3	28.0	27.4	61.0	62.3
马来西亚	Malaysia	18.4		32.2		49.5	
蒙　　古	Mongolia	48.9		14.1		14.6	
缅　　甸①	Myanmar ①	62.7		12.2		15.6	
巴基斯坦	Pakistan	48.4		18.0		33.5	
菲 律 宾	Philippines	37.4	37.4	16.0	15.6	46.5	47.0
新 加 坡	Singapore	0.2	0.3	34.2	25.4	65.4	74.2
斯里兰卡①	Sri Lanka ①	41.6		22.5		33.4	
泰　　国	Thailand	48.8	46.6	19.0	19.5	32.2	33.9
土 耳 其	Turkey	34.5	32.6	24.5	24.3	40.9	43.1
埃　　及	Egypt	29.6		21.3		49.1	
南　　非②	South Africa ②	10.9		25.1		60.9	
加 拿 大	Canada	3.3	2.9	22.6	22.7	74.1	74.4
墨 西 哥	Mexico	17.5	17.6	26.9	26.0	55.2	56.0
美　　国	United States	2.6	2.4	22.9	22.4	74.5	75.2
阿 根 廷	Argentina	0.7	0.4	22.7	22.9	76.2	76.3
巴　　西	Brazil	24.2 ②	20.6	19.3 ②	20.0	56.5 ②	59.2
委内瑞拉	Venezuela	10.6	9.6	22.8	22.1	66.5	68.2
保加利亚	Bulgaria	26.2	26.3	28.3	27.6	45.5	46.0
捷　　克	Czech Republic	5.1	4.8	40.0	40.4	54.8	54.8
法　　国	France	1.6	1.6	24.5	24.4	73.9	74.1
德　　国	Germany	2.7	2.6	33.4	32.5	63.8	64.7
意 大 利	Italy	5.4	5.3	32.4	32.1	62.1	62.5
荷　　兰	Netherlands	3.3	2.9	21.3	21.2	72.9	73.4
波　　兰	Poland	18.8	19.1	30.9	30.5	50.4	50.4
罗马尼亚	Romania	42.8	42.3	26.2	26.2	31.0	31.5
俄罗斯联邦	Russian Federation	11.5 ①	11.8 ②	29.4 ①	29.4 ②	59.1 ①	58.8 ②
西 班 牙	Spain	6.6	6.4	31.3	31.6	62.0	61.9
乌 克 兰	Ukraine	20.5	19.7	31.4	30.8	42.4	43.9
英　　国	United Kingdom	1.5	1.4	25.4	24.9	72.7	73.4
澳大利亚	Australia	4.9	4.9	22.0	20.9	73.1	74.1
新 西 兰	New Zealand	8.7	9.1	23.2	22.8	67.6	67.9

注：①1998 年数据。②1999 年数据。

Note: ① Data of 1998. ② Data of 1999.

6-4 按行业分类的就业人口

Employment by Economic Activity

资料来源：国际劳工组织劳工统计数据库。

Source: International Labour Organization LABASTA Database.

单位：万人 (10 000 persons)

国家和地区	Country or Area	1990	2000	2001	2002	2003
中　国	**China**					
按《国民经济行业分类》(GB/4754-1994)	"Industrial Classification for National Economic Activities" (GB/4754-1994)					
农、林、牧、渔业	Farming, Forestry, Animal Husbandry and Fishery	34117.0	33355.0	32974.0	32487.0	
采掘业	Mining and Quarrying	882.0	597.0	561.0	558.0	
制造业	Manufacturing	8624.0	8043.0	8083.0	8307.0	
电力、煤气及水的生产和供应业	Production and Supply of Electricity, Gas and Water	192.0	284.0	288.0	290.0	
建筑业	Construction	2424.0	3552.0	3669.0	3893.0	
地质勘查、水利管理业	Geological Prospecting and Water Conservancy	197.0	110.0	105.0	98.0	
交通运输、仓储和邮电通信业	Transport, Storage Post & Communications Services	1566.0	2029.0	2037.0	2084.0	
批发零售贸易和餐饮业	Wholesale and Retail Trade & Catering Services	2839.0	4686.0	4737.0	4969.0	
金融保险业	Financing and Insurance	218.0	327.0	336.0	340.0	
房地产业	Real Estate	44.0	100.0	107.0	118.0	
社会服务业	Social Services	594.0	921.0	976.0	1094.0	
卫生体育和社会福利业	Health Care,Sports & Social Welfare	536.0	488.0	493.0	493.0	
教育、文化艺术和广播电影电视业	Education Culture and Arts,Radios,Film and Television	1457.0	1565.0	1568.0	1565.0	
科学研究和综合技术服务业	Scientific Research and Polytechnic Services	173.0	174.0	165.0	163.0	
国家机关、政党机关和社会团体	Government Agencies,Party Agencies and Social Organisations	1079.0	1104.0	1101.0	1075.0	
其　他	Other	1798.0	5643.0	5852.0	6245.0	
合　计	Total	64749.0	72085.0	73025.0	73740.0	
中国香港	**Hong Kong, China**					
按第二版ISIC分类	ISIC - Rev. 2					
农业、狩猎业、林业和渔业	Agriculture, Hunting, Forestry and Fishing	2.3	0.9	0.7	1.0	0.8
采掘业	Mining and Quarrying	0.1	…	…	…	…
制造业	Manufacturing	75.1	33.4	32.6	29.0	27.2
电、煤气和水	Electricity, Gas and Water	1.9	1.7	1.6	1.6	1.6
建筑业	Construction	22.6	30.2	29.1	28.7	26.6
批发、零售业、旅馆和饭店业	Wholesale and Retail Trade and Restaurants and Hotels	70.3	98.2	98.1	98.4	99.3
运输、仓储和通讯	Transport, Storage and Communication	26.8	35.7	35.3	34.6	34.6
金融保险、房地产和商务服务	Financing, Insurance, Real Estate and Business Services	20.9	45.3	47.8	47.5	47.0
社会和个人服务	Community, Social and Personal Services	51.2	75.5	79.9	82.6	85.1
合　计	Total	271.2	320.7	325.2	323.2	322.3
中国澳门①	**Indonesia ①**					
按第二版ISIC分类	ISIC - Rev. 2					
农业、狩猎业、林业和渔业	Agriculture, Hunting, Forestry and Fishing	…		0.7		
采掘业	Mining and Quarrying	…		…		
制造业	Manufacturing	5.3		32.6		
电、煤气和水	Electricity, Gas and Water	0.2		1.6		
建筑业	Construction	1.4		29.1		
批发、零售业、旅馆和饭店业	Wholesale and Retail Trade and Restaurants and Hotels	3.5		98.1		
运输、仓储和通讯	Transport, Storage and Communication	0.8		35.3		
金融保险、房地产和商务服务	Financing, Insurance, Real Estate and Business Severces	0.6		47.8		
社会和个人服务	Community, Social and Personal Services	4.5		79.9		
行业不明确	Activities not Adequately Defined	…		…		
合　计	Total	16.3		325.2		

注：①14岁及以上。

Note: ① Persons aged 14 years and over.

6–4 续表 1 continued

单位：万人 (10 000 persons)

国家和地区	Country or Area	1990	2000	2001	2002	2003
中国澳门①（续）	**Macau, China ① (continued)**					
按第三版 ISIC 分类	ISIC - Rev. 3					
农业、狩猎业和林业	Agriculture, Hunting and Forestry					
渔业	Fishing		…	…	…	0.1
采掘业	Mining and Quarrying					
制造业	Manufacturing		3.8	4.4	4.1	3.7
电、煤气和水供应	Electricity, Gas and Water		0.1	0.1	0.1	0.1
建筑业	Construction		1.6	1.7	1.5	1.6
批发、零售贸易；机动车及个人、家庭用品修理业	Wholesale and Retail Trade; Repair of Motor Vehicles, Motorcycles and Personal and Household Goods		3.0	3.0	3.1	3.3
旅馆和饭店业	Hotels and Restaurants		2.1	2.2	2.3	2.2
运输、仓储和通讯	Transport, Storage and Communication		1.5	1.5	1.3	1.4
金融中介	Financial Intermediation		0.7	0.6	0.6	0.6
房地产、租赁及商务活动	Real Estate, Renting and Business Activities		1.1	1.1	1.1	1.2
公共管理和国防；社会基本保障	Public Administration and Defence; Compulsory Social Security		1.6	1.6	1.7	1.8
教育	Education		0.8	0.8	1.0	1.0
卫生和社会工作	Health and Social Work		0.5	0.5	0.4	0.5
其他社区、社会和私人服务活动	Other Community, Social and Personal Services Activities		2.2	2.2	2.3	2.4
雇人的私人住户	Private Households with Employed Persons		0.5	0.5	0.5	0.4
合计	Total		19.5	20.3	20.1	20.3
印度尼西亚②	**Indonesia ②**					
按第二版 ISIC 分类	ISIC - Rev. 2					
农业、狩猎业、林业和渔业	Agriculture, Hunting, Forestry and Fishing	4237.8	4067.7	3974.4	4063.3	
采掘业	Mining and Quarrying	52.8			63.2	
制造业	Manufacturing	769.3	1164.2	1206.6	1211.0	
电、煤气和水	Electricity, Gas and Water	13.5			17.8	
建筑业	Construction	206.0	349.7	383.8	427.4	
批发、零售业、旅馆和饭店业	Wholesale and Retail Trade and Restaurants and Hotels	1106.7	1848.9	1746.9	1779.5	
运输、仓储和通讯	Transport, Storage and Communication	231.3	455.4	444.8	467.3	
金融保险、房地产和商务服务	Financing, Insurance, Real Estate and Business Services	47.8	88.3	112.8	99.2	
社会和个人服务	Community, Social and Personal Services	907.0	957.4	1100.3	1036.0	
行业不明确	Activities Not Adequately Defined	12.8	52.3 ③	109.1 ③		
合计	Total	7585.1	8983.8	9080.7	9164.7	
以 色 列	**Israel**					
按第三版 ISIC 分类	ISIC - Rev. 3					
农业、狩猎业和林业；渔业	Agriculture, Hunting and Forestry; Fishing		4.8	4.5	4.5	4.2
采掘业和制造业	Mining and Quarrying and Manufacturing		39.7	39.3	37.8	38.0
电、煤气和水供应业	Electricity, Gas and Water		1.9	1.9	1.9	1.8
建筑业	Construction		11.6	11.7	11.9	12.9
批发、零售贸易；机动车及个人、家庭用品修理业	Wholesale and Retail Trade; Repair of Motor Vehicles, Motorcycles and Personal and Household Goods		29.6	29.9	31.2	31.3
旅馆和饭店业	Hotels and Restaurants		10.2	9.6	9.3	9.3
运输、仓储和通讯	Transport, Storage and Communications		14.5	15.0	14.7	15.2
金融中介	Financial Intermediation		7.3	7.5	7.6	7.8
房地产、租赁及商业活动	Real Estate, Renting and Business Activities		25.9	27.8	27.5	29.7
公共管理和国防；社会基本保障	Public Administration and Defence; Compulsory Social Security		12.0	12.9	13.4	12.7
教育	Education		27.2	28.0	28.7	29.1
卫生和社会工作	Health and Social Work		21.4	22.5	23.4	24.4
其他社区、社会和个人服务活动	Other Community, Social and Personal Services Activities		10.6	10.7	11.0	11.4
雇人的私人住户	Private Households with Employed Persons		3.5	3.5	3.5	3.5
域外组织和机构	Extra-Territorial Organizations and Bodies		0.1	0.2	0.2	0.2
行业不明确者	Not Classifiable by Economic Activity		1.9	1.6	1.9	1.5
合计	Total		222.1	226.5	228.4	233.0

注：①10岁及以上。②1990年为10岁及以上。③包括采掘业、电、煤气和水。

Note: ① Persons aged 10 years and over. ② Persons aged 10 years and over in 1990. ③ Including mining and quarrying, electricity, gas and water.

6–4 续表 2 continued

单位：万人　　　　(10 000 persons)

国家和地区	Country or Area	1990	2000	2001	2002	2003
日　　本①	**Japan ①**					
按第二版 ISIC 分类	ISIC - Rev. 2					
农业、狩猎业、林业和渔业	Agriculture, Hunting, Forestry and Fishing	451.0	326.0	313.0	296.0	
采掘业	Mining and Quarrying	6.0	5.0	5.0	5.0	
制造业	Manufacturing	1505.0	1321.0	1284.0	1222.0	
电、煤气和水	Electricity, Gas and Water	30.0	34.0	34.0	34.0	
建筑业	Construction	588.0	653.0	632.0	618.0	
批发、零售业、旅馆和饭店业②	Wholesale and Retail Trade and Restaurants and Hotels ②	1415.0	1474.0	1473.0	1438.0	
运输、仓储和通讯	Transport, Storage and Communication	375.0	414.0	407.0	401.0	
金融保险、房地产和商务服务	Financing, Insurance, Real Estate and Business Services	516.0	616.0	629.0	640.0	
社会和个人服务③	Community, Social and Personal Services ③	1332.0	1564.0	1591.0	1622.0	
行业不明确	Activities not Adequately Defined	30.0	39.0	44.0	56.0	
合计	Total	6249.0	6446.0	6412.0	6330.0	
按第三版 ISIC 分类	ISIC - Rev. 3					
农业、狩猎业和林业	Agriculture, Hunting and Forestry					266.0
渔业	Fishing					27.0
采掘业	Mining and Quarrying					5.0
制造业	Manufacturing					1207.0
电、煤气和水供应业	Electricity, Gas and Water					32.0
建筑业	Construction					604.0
批发、零售贸易；机动车及个人、家庭用品修理业	Wholesale and Retail Trade; Repair of Motor Vehicles, Motorcycles and Personal and Household Goods					1198.0
旅馆和饭店业	Hotels and Restaurants					350.0
运输、仓储和通讯	Transport, Storage and Communication					398.0
金融中介	Financial Intermediation					161.0
房地产、租赁及商务活动	Real Estate, Renting and Business Activities					646.0
公共管理和国防；社会基本保障	Public Administration and Defence; Compulsory Social Security					227.0
教育	Education					279.0
卫生和社会工作	Health and Social Work					502.0
其他社区、社会和私人服务活动	Other Community, Social and Personal Services Activities					353.0
行业不明确者	Not Classifiable by Economic Activity					59.0
合计	Total					6316.0
哈萨克斯坦	**Kazakhstan**					
按第三版 ISIC 分类	ISIC - Rev. 3					
农业、狩猎业和林业	Agriculture, Hunting and Forestry			236.6	236.7	244.7
渔业	Fishing			1.3	1.4	1.6
采掘业	Mining and Quarrying			16.7	16.7	18.2
制造业	Manufacturing			51.4	50.4	50.6
电、煤气和水供应业	Electricity, Gas and Water			15.0	15.3	16.7
建筑业	Construction			26.4	26.8	33.0
批发、零售贸易；机动车及个人、家庭用品修理业	Wholesale and Retail Trade; Repair of Motor Vehicles, Motorcycles and Personal and Household Goods			100.6	100.7	101.5
旅馆和饭店业	Hotels and Restaurants			5.4	5.7	7.0
运输、仓储和通讯	Transport, Storage and Communication			50.6	50.4	50.4
金融中介	Financial Intermediation			4.6	5.0	5.4
房地产、租赁及商务活动	Real Estate, Renting and Business Activities			21.4	20.3	20.7
公共管理和国防；社会基本保障	Public Administration and Defence; Compulsory Social Security			28.1	28.0	31.8
教育	Education			57.6	58.9	63.1
卫生和社会工作	Health and Social Work			28.7	29.3	30.0
其他社区、社会和私人服务活动	Other Community, Social and Personal Services Activities			18.3	18.6	19.6
雇人的私人住户	Private Households with Employed Persons			7.1	6.7	4.3
合计	Total			669.9	670.9	698.5

注：①包括自卫队。②不包括饭店业。③包括饭店业。

Note: ① Including self-defence forces. ② Excluding hotels. ③ Including hotels.

6-4 续表 3 continued

单位：万人 (10 000 persons)

国家和地区	Country or Area	1990	2000	2001	2002	2003
韩　　国	**Korea, Rep.**					
按第三版 ISIC 分类	ISIC - Rev. 3					
农业、狩猎业和林业	Agriculture, Hunting and Forestry		220.3	206.5	199.9	187.7
渔业	Fishing		8.5	8.3	7.0	7.3
采掘业	Mining and Quarrying		1.8	1.8	1.8	1.7
制造业	Manufacturing		424.3	426.7	424.1	420.5
电、煤气和水供应业	Electricity, Gas and Water		6.3	5.8	5.2	7.6
建筑业	Construction		158.1	158.5	174.6	181.6
批发、零售贸易；机动车及个人、家庭用品修理业	Wholesale and Retail Trade; Repair of Motor Vehicles, Motorcycles and Personal and Household Goods		380.5	393.1	399.1	387.1
旅馆和饭店业	Hotels and Restaurants		192.4	194.3	200.7	198.1
运输、仓储和通讯	Transport, Storage and Communication		126.5	132.2	137.1	133.3
金融中介	Financial Intermediation		72.9	76.0	73.4	75.1
房地产、租赁及商务活动	Real Estate, Renting and Business Activities		135.6	153.0	166.4	172.6
公共管理和国防；社会基本保障	Public Administration and Defence; Compulsory Social Security		75.3	70.1	70.2	75.7
教育	Education		116.3	123.6	133.5	148.4
卫生和社会工作	Health and Social Work		41.2	48.4	55.1	53.9
其他社区、社会和私人服务活动	Other Community, Social and Personal Services Activities		124.6	136.8	145.6	141.9
雇人的私人住户	Private Households with Employed Persons		19.4	20.6	21.5	19.2
域外组织和机构	Extra-Territorial Organizations and Bodies		2.0	1.6	1.8	2.2
合计	Total		2106.1	2157.2	2216.9	2213.9
马来西亚①	**Malaysia ①**					
按第二版 ISIC 分类	ISIC - Rev. 2					
农业、狩猎业、林业和渔业	Agriculture, Hunting, Forestry and Fishing	173.8	171.2			
采掘业	Mining and Quarrying	3.7	2.7			
制造业	Manufacturing	133.3	212.6			
电、煤气和水	Electricity, Gas and Water	4.7	4.8			
建筑业	Construction	42.4	79.9			
批发、零售业、旅馆和饭店业	Wholesale and Retail Trade and Restaurants and Hotels	121.8	179.0			
运输、仓储和通讯	Transport, Storage and Communication	30.2	42.3			
金融保险、房地产和商务服务	Financing, Insurance, Real Estate and Business Services	25.8	46.2			
社会和个人服务	Community, Social and Personal Services	132.9	193.5			
合计	Total	668.5	932.2			
按第三版 ISIC 分类	ISIC - Rev. 3					
农业、狩猎业和林业	Agriculture, Hunting and Forestry			128.8	131.7	130.1
渔业	Fishing			12.8	10.8	10.7
采掘业	Mining and Quarrying			2.7	2.8	3.0
制造业	Manufacturing			218.4	206.9	213.1
电、煤气和水供应业	Electricity, Gas and Water			5.7	5.1	5.8
建筑业	Construction			83.0	90.5	94.3
批发、零售贸易；机动车及个人、家庭用品修理业	Wholesale and Retail Trade; Repair of Motor Vehicles, Motorcycles and Personal and Household Goods			145.8	149.7	159.2
旅馆和饭店业	Hotels and Restaurants			58.5	61.6	64.4
运输、仓储和通讯	Transport, Storage and Communication			46.8	49.7	48.2
金融中介	Financial Intermediation			22.5	24.1	22.3
房地产、租赁及商务活动	Real Estate, Renting and Business Activities			34.9	39.7	40.4
公共管理和国防；社会基本保障	Public Administration and Defence; Compulsory Social Security			66.5	66.4	66.7
教育	Education			50.9	50.9	59.4
卫生和社会工作	Health and Social Work			17.3	18.9	21.7
其他社区、社会和私人服务活动	Other Community, Social and Personal Services Activities			19.0	19.3	21.6
雇人的私人住户	Private Households with Employed Persons			22.0	26.3	25.8
域外组织和机构	Extra-Territorial Organizations and Bodies			0.1	0.2	0.3
合计	Total			935.7	954.3	987.0

注：①15至64岁。
Note: ① Persons aged 15 to 64 years.

6-4 续表 4 continued

单位：万人 (10 000 persons)

国家和地区	Country or Area	1990	2000	2001	2002	2003
蒙　　古①	**Mongolia ①**					
按第三版 ISIC 分类	ISIC - Rev. 3					
农业、狩猎业和林业，渔业	Agriculture, Hunting and Forestry, Fishing		39.4	40.2	39.1	38.8
采掘业	Mining and Quarrying		1.9	2.0	2.4	3.2
制造业	Manufacturing		5.5	5.6	5.6	5.5
电、煤气和水供应业	Electricity, Gas and Water		1.8	1.8	2.0	2.3
建筑业	Construction		2.3	2.0	2.6	3.5
批发、零售贸易；机动车及个人、家庭用品修理业	Wholesale and Retail Trade; Repair of Motor Vehicles,Motorcycles and Personal and Household Goods		8.4	9.0	10.5	13.0
旅馆和饭店业	Hotels and Restaurants		1.3	1.7	2.1	2.3
运输、仓储和通讯	Transport, Storage and Communication		3.4	3.5	3.9	4.0
金融中介	Financial Intermediation		0.7	0.7	0.9	1.3
房地产、租赁及商务活动	Real Estate, Renting and Business Activities		0.7	0.7	1.1	0.9
公共管理和国防；社会基本保障	Public Administration and Defence; Compulsory Social Security		3.5	4.1	4.4	4.5
教育	Education		5.4	5.5	5.9	5.5
卫生和社会工作	Health and Social Work		3.4	3.3	3.5	3.7
其他社区、社会和私人服务活动	Other Community, Social and Personal Services Activities		2.9	2.7	2.8	3.7
雇人的私人住户	Private Households with Employed Persons		0.4	0.4	0.5	0.6
合计	Total		80.9	83.2	87.1	92.7
缅　　甸	**Myanmar**					
按第二版 ISIC 分类	ISIC - Rev. 2					
农业、狩猎业、林业和渔业	Agriculture, Hunting, Forestry and Fishing	1061.4	1150.7 ②			
采掘业	Mining and Quarrying	7.8	12.1 ②			
制造业	Manufacturing	113.7	166.6 ②			
电、煤气和水	Electricity, Gas and Water	1.7	4.8 ②			
建筑业	Construction	17.4	40.0 ②			
批发、零售业、旅馆和饭店业	Wholesale and Retail Trade and Restaurants and Hotels	140.9	178.1 ②			
运输、仓储和通讯	Transport, Storage and Communication	38.5	49.5 ②			
金融保险、房地产和商务服务	Financing, Insurance, Real Estate and Business Services	45.5	59.7 ②			
社会和个人服务③	Community, Social and Personal Services ③	95.6	174.4 ②			
合计	Total	1522.1	1835.9 ②			
巴基斯坦④	**Pakistan ④**					
按第二版 ISIC 分类	ISIC - Rev. 2					
农业、狩猎业、林业和渔业	Agriculture, Hunting, Forestry and Fishing	1524.1	1784.1	1814.8	1636.6	
采掘业	Mining and Quarrying	4.4	2.5	2.5	2.6	
制造业	Manufacturing	378.4	423.0	430.2	538.0	
电、煤气和水	Electricity, Gas and Water	17.6	25.9	26.4	31.3	
建筑业	Construction	190.0	213.0	216.7	235.3	
批发、零售业、旅馆和饭店业	Wholesale and Retail Trade and Restaurants and Hotels	355.2	497.6	506.2	577.6	
运输、仓储和通讯	Transport, Storage and Communication	145.8	185.3	188.5	229.5	
金融保险、房地产和商务服务	Financing, Insurance, Real Estate and Business Services	21.2	30.1	30.6	34.6	
社会和个人服务	Community, Social and Personal Services	339.4	523.1	532.1	602.7	
行业不明确	Activities not Adequately Defined	3.6	…	0.1	…	
合计	Total	2979.7	3684.7	3748.1	3888.2	

注：①16岁及以上。②1998年数据。③包括行业不明确者。④10岁及以上。

Note: ① Persons aged 16 and over. ② Refer to 1998. ③ Including activities not adequately defined. ④ Persons aged 10 years and over.

6-4 续表 5 continued

单位：万人 (10 000 persons)

国家和地区	Country or Area	1990	2000	2001	2002	2003
菲 律 宾	**Philippines**					
按第二版 ISIC 分类	ISIC - Rev. 2					
农业、狩猎业、林业和渔业	Agriculture, Hunting, Forestry and Fishing	1018.5	1040.1			
采掘业	Mining and Quarrying	13.3	10.6			
制造业	Manufacturing	218.8	279.2			
电、煤气和水	Electricity, Gas and Water	9.1	11.6			
建筑业	Construction	97.4	143.0			
批发、零售业、饭店和旅馆业①	Wholesale and Retail Trade and Restaurants and Hotels ①	314.5	458.7			
运输、仓储和通讯	Transport, Storage and Communication	113.7	202.4			
金融保险、房地产和商务服务	Financing, Insurance, Real Estate and Business Services	44.4	67.8			
社会和个人服务①	Community, Social and Personal Services ①	422.0	563.6			
行业不明确	Activities not Adequately Defined	1.5	0.4			
合计	Total	2253.2	2777.5			
按第三版 ISIC 分类	ISIC - Rev. 3					
农业、狩猎业和林业	Agriculture, Hunting and Forestry			1010.2		
渔业	Fishing			115.1		
采掘业	Mining and Quarrying			10.3		
制造业	Manufacturing			289.2		
电、煤气和水供应业	Electricity, Gas and Water			11.6		
建筑业	Construction			157.1		
批发、零售贸易；机动车及个人、家庭用品修理业	Wholesale and Retail Trade; Repair of Motor Vehicles, Motorcycles and Personal and Household Goods			552.6		
旅馆和饭店业	Hotels and Restaurants			70.0		
运输、仓储和通讯	Transport, Storage and Communication			217.1		
金融中介	Financial Intermediation			31.4		
房地产、租赁及商务活动	Real Estate, Renting and Business Activities			53.4		
公共管理和国防；社会基本保障	Public Administration and Defence; Compulsory Social Security			138.5		
教育	Education			95.5		
卫生和社会工作	Health and Social Work			33.9		
其他社区、社会和私人服务活动	Other Community, Social and Personal Services Activities			89.0		
个体经营单位	Private Households with Employed Persons			133.4		
域外组织和机构	Extra-Territorial Organizations and Bodies			0.3		
合计	Total			3008.5		
新 加 坡	**Singapore**					
按第三版 ISIC 分类	ISIC - Rev. 3					
农业、狩猎业和林业；渔业	Agriculture, Hunting and Forestry; Fishing		0.5	0.6	0.6	0.5
采掘业	Mining and Quarrying		0.1	0.1	0.1	0.1
制造业	Manufacturing		43.5	38.4	36.8	36.5
电、煤气和水供应业	Electricity, Gas and Water Supply		0.7	1.0	0.9	1.0
建筑业	Construction		27.4	12.5	11.9	11.5
批发、零售贸易；机动车及个人、家庭用品修理业	Wholesale and Retail Trade; Repair of Motor Vehicles, Motorcycles and Personal and Household Goods		28.7	30.4	30.4	29.7
旅馆和饭店业	Hotels and Restaurants		11.5	12.8	12.5	12.8
运输、仓储和通讯	Transport, Storage and Communication		19.7	22.8	21.9	21.6

注：①饭店、旅馆业包括在社会和个人服务业内。

Note: ① Restaurants and hotels is included in community, social and personal service.

6-4续表6 continued

单位：万人 (10 000 persons)

国家和地区	Country or Area	1990	2000	2001	2002	2003
新 加 坡(续)	**Singapore (continued)**					
金融中介	Financial Intermediation		9.6	10.9	10.8	10.5
房地产、租赁及商务活动	Real Estate, Renting and Business Activities		22.6	24.3	23.7	24.3
公共管理和国防；社会基本保障	Public Administration and Defence; Compulsory Social Security		10.6	13.4	13.5	14.8
教育；卫生和社会工作	Education；Health and Social Work		12.7	16.0	16.6	17.4
其他社区、社会和私人服务活动；雇人的私人住户	Other Community, Social and Personal Services Activities; Private Households with Employed Persons		21.7	21.2	21.7	22.6
域外组织和机构；行业不明确者	Extra-Territorial Organizations and Bodies, Not Classifiable by Economic Activity		0.2	0.2	0.2	0.2
合计	Total	153.7	209.5	204.7	201.7	203.4
斯里兰卡①	**Sri Lanka ①**					
按第三版ISIC分类	ISIC - Rev. 3					
农业、狩猎业和林业；渔业	Agriculture, Hunting and Forestry; Fishing				234.2	238.1
采掘业②	Mining and Quarrying ②				16.4	12.0
制造业	Manufacturing				112.5	110.7
电、煤气和水供应业	Electricity, Gas and Water Supply					
建筑业	Construction				29.7	39.7
批发、零售贸易；机动车及个人、家庭用品修理业	Wholesale and Retail Trade; Repair of Motor Vehicles, Motorcycles and Personal and Household Goods				84.0	88.3
旅馆及饭店业	Hotels and Restaurants				13.3	10.5
运输、仓储和通讯	Transport, Storage and Communication				28.2	37.6
金融中介	Financial Intermediation				15.4	21.7
房地产、租赁及商务活动	Real Estate, Renting and Business Activities				55.4	56.0
公共管理和国防；社会基本保障	Public Administration and Defence; Compulsory Social Security				21.6	25.4
教育；卫生和社会工作	Education；Health and Social Work				7.0	8.2
其他社区、社会和私人服务活动	Other Community, Social and Personal Services Activities				10.4	12.3
雇人的私人住户	Private Households with Employed Persons				8.9	8.6
行业不明确者	Not Classifiable by Economic Activity				29.3	25.4
合计	Total		630.8	621.2	666.3	694.3
泰 国③	**Thailand ③**					
按第二版ISIC分类	ISIC - Rev. 2					
农业、狩猎业、林业和渔业	Agriculture, Hunting, Forestry and Fishing	1972.6	1609.6	1540.9		
采掘业	Mining and Quarry	5.4	3.9	4.0		
制造业	Manufacturing	313.3	478.5	475.0		
电、煤气和水	Electricity, Gas and Water	10.9	17.3	10.1		
建筑业	Construction	102.6	128.0	140.9		
批发、零售业、旅馆和饭店业④	Wholesale and Retail Trade and Restaurants and Hotels ④	297.6	480.2	659.6		
运输、仓储和通讯	Transport, Storage and Communication	73.3	95.1	97.7		
金融保险、房地产和商务服务④	Financing, Insurance, Real Estate and Business Services ④					
社会和个人服务④	Community, Social and Personal Services ④	306.5	486.5	418.3		
行业不明确	Activities not Adequately Defined	2.2	1.0	1.9		
合计	Total	3084.2	3300.1	3348.4		

注：①10岁及以上。②包括电、煤气和水供应业及域外组织和机构。③13岁及以上。④金融保险、房地产业包括在批发、零售业中；旅馆和饭店业包括在社会和个人服务业中。

Note: ① Persons aged 10 years and over. ② Including "Electricity, Gas and Water Supply", "Extra-Territorial Organizations and Bodies". ③ Persons aged 13 years and over. ④ "Financing,Insurance and Real Estate" is included in "Wholesale and Retail Trade；Hotels and Restaurants" is included in "Community, Social and Personal Services".

6-4续表7 continued

单位：万人 (10 000 persons)

国家和地区	Country or Area	1990	2000	2001	2002	2003
泰　　国①(续)	**Thailand ① (continued)**					
按第三版ISIC分类	ISIC - Rev. 3					
农业、狩猎业和林业	Agriculture, Hunting and Forestry				1531.1	1514.6
渔业	Fishing				48.8	41.5
采掘业	Mining and Quarrying				3.7	4.0
制造业	Manufacturing				504.0	508.6
电、煤气和水供应业	Electricity, Gas and Water Supply				9.5	10.5
建筑业	Construction				162.0	161.4
批发、零售贸易；机动车及个人、家庭用品修理业	Wholesale and Retail Trade; Repair of Motor Vehicles, Motorcycles and Personal and Household Goods				473.9	505.7
旅馆及饭店业	Hotels and Restaurants				198.8	210.3
运输、仓储和通讯	Transport, Storage and Communication				96.5	98.8
金融中介	Financial Intermediation				26.3	27.9
房地产、租赁及商务活动	Real Estate, Renting and Business Activities				49.9	56.7
公共管理和国防；社会基本保障	Public Administration and Defence; Compulsory Social Security				95.7	90.3
教育	Education				94.7	95.7
卫生和社会工作	Health and Social Work				47.1	51.8
其他社区、社会和个人服务活动；	Other Community, Social and Personal Services Activities				60.2	62.1
雇人的私人住户	Private Households with Employed Persons				22.2	25.5
域外组织和机构	Extra-Territorial Organizations and Bodies				0.5	0.1
行业不明确者	Not Classifiable by Economic Activity				1.5	2.1
合计	Total				3426.3	3467.7
土　耳　其	**Turkey**					
按第三版ISIC分类	ISIC - Rev. 3					
农业、狩猎业和林业	Agriculture, Hunting and Forestry		774.5	805.3	743.8	715.2
渔业	Fishing		2.4	3.5	1.9	1.3
采掘业	Mining and Quarrying		8.2	9.8	12.0	8.3
制造业	Manufacturing		363.8	358.2	373.1	366.4
电、煤气和水供应业	Electricity, Gas and Water Supply		9.1	9.5	10.3	10.0
建筑业	Construction		136.4	111.0	95.8	96.5
批发、零售贸易；机动车及个人、家庭用品修理业	Wholesale and Retail Trade; Repair of Motor Vehicles, Motorcycles and Personal and Household Goods		304.1	294.2	315.4	320.5
旅馆和饭店业	Hotels and Restaurants		77.6	79.6	82.6	84.7
运输、仓储和通讯	Transport, Storage and Communication		106.8	103.4	100.4	102.2
金融中介	Financial Intermediation		28.1	25.8	23.8	22.9
房地产、租赁及商务活动	Real Estate, Renting and Business Activities		42.8	43.9	46.0	50.9
公共管理和国防；社会基本保障	Public Administration and Defence; Compulsory Social Security		117.4	115.8	115.1	117.7
教育	Education		75.0	79.8	85.0	86.7
卫生和社会工作	Health and Social Work		47.9	46.2	50.6	52.2
其他社区、社会和个人服务活动	Other Community, Social and Personal Services Activities		49.8	51.3	62.0	61.8
雇人的私人住户	Private Households with Employed Persons		13.8	14.9	17.4	17.4
域外组织和机构	Extra-Territorial Organizations and Bodies		0.4	0.4	0.1	0.2
合计	Total		2158.1	2152.4	2135.4	2114.7

注：①13岁及以上。

Note: ① Persons aged 13 years and over.

6-4续表8 continued

单位：万人 (10 000 persons)

国家和地区	Country or Area	1990	2000	2001	2002	2003
埃　　及①	**Egypt ①**					
按第三版ISIC分类	ISIC - Rev. 3					
农业、狩猎业和林业	Agriculture, Hunting and Forestry		500.1	490.2	480.0	
渔业	Fishing		9.7	10.9	11.3	
采掘业	Mining and Quarrying		4.7	6.0	4.5	
制造业	Manufacturing		204.8	211.5	207.1	
电、煤气和水供应业	Electricity, Gas and Water Supply		20.9	21.0	24.2	
建筑业	Construction		135.9	134.8	131.5	
批发、零售贸易；机动车及个人、家庭用品修理业	Wholesale and Retail Trade; Repair of Motor Vehicles, Motorcycles and Personal and Household Goods		200.7	212.6	230.3	
旅馆和饭店业	Hotels and Restaurants		26.9	32.5	33.7	
运输、仓储和通讯	Transport, Storage and Communication					
金融中介	Financial Intermediation		18.6	19.9	22.0	
房地产、租赁及商务活动	Real Estate, Renting and Business Activities		31.3	33.8	34.2	
公共管理和国防；社会基本保障	Public Administration and Defence; Compulsory Social Security		182.5	188.7	194.6	
教育	Education		179.0	182.0	196.3	
卫生和社会工作	Health and Social Work		53.2	56.7	59.5	
其他社区、社会和个人服务活动	Other Community, Social and Personal Services Activities		34.3	35.4	38.0	
雇人的私人住户	Private Households with Employed Persons		4.9	5.3	5.2	
行业不明确者	Not Classifiable by Economic Activity		0.2	0.3	0.1	
合计	Total		1720.3	1755.7	1785.6	
南　　非②	**South Africa ②**					
按第三版ISIC分类	ISIC - Rev. 3					
农业、狩猎业和林业；渔业	Agriculture, Hunting and Forestry; Fishing		169.4	105.1	134.7	119.7
采掘业	Mining and Quarrying		53.1	48.7	49.9	50.3
制造业	Manufacturing		157.6	160.5	163.1	163.4
电、煤气和水供应业	Electricity, Gas and Water Supply		8.2	9.5	8.1	8.6
建筑业	Construction		63.9	59.4	57.0	62.6
批发、零售贸易；机动车及个人、家庭用品修理业；旅馆和饭店业	Wholesale and Retail Trade; Repair of Motor Vehicles, Motorcycles and Personal and Household Goods; Hotels and Restaurants		242.6	239.7	217.7	245.1
运输、仓储和通讯	Transport, Storage and Communication		55.1	54.3	55.0	56.3
金融中介；房地产、租赁及商务活动	Financial Intermediation; Real Estate, Renting and Business Activities		92.8	97.5	102.1	107.9
公共管理和国防；社会基本保障；教育；卫生和社会工作	Public Administration and Defence; Compulsory Social Security; Education; Health and Social Work		3.3	2.3	4.5	1.9
其他社区、社会和个人服务活动	Other Community, Social and Personal Services Activities		199.4	198.8	204.6	226.5
雇人的私人住户	Private Households with Employed Persons		120.5	105.5	104.1	118.5
行业不明确者	Not Classifiable by Economic Activity		4.9	1.6	1.4	1.1
合计	Total		1171.2	1083.2	1102.5	1162.2

注：①15至64岁。②15至65岁。

Note: ① Persons aged 15 to 64 years. ② Persons aged 15 to 65 years.

6–4续表 9 continued

单位：万人 (10 000 persons)

国家和地区	Country or Area	1990	2000	2001	2002	2003
阿 根 廷①	**Argentina ①**					
按第三版 ISIC 分类	ISIC - Rev. 3					
农业、狩猎业和林业	Agriculture, Hunting and Forestry		5.0	6.1	7.1	9.3
渔业	Fishing		0.6	0.7	0.8	1.6
采掘业	Mining and Quarrying		1.6	2.0	2.1	2.0
制造业	Manufacturing		115.5	113.2	105.6	109.4
电、煤气和水供应业	Electricity, Gas and Water Supply		4.8	5.2	4.3	4.7
建筑业	Construction		65.4	58.3	49.7	55.0
批发、零售贸易；机动车及个人、家庭用品修理业	Wholesale and Retail Trade; Repair of Motor Vehicles, Motorcycles and Personal and Household Goods		168.3	165.8	154.4	163.4
旅馆和饭店业	Hotels and Restaurants		25.5	27.5	23.4	22.6
运输、仓储和通讯	Transport, Storage and Communication		67.4	65.6	60.2	60.9
金融中介	Financial Intermediation		20.7	19.8	18.6	18.6
房地产、租赁及商务活动	Real Estate, Renting and Business Activities		60.0	57.0	55.6	63.4
公共管理和国防；社会基本保障	Public Administration and Defence; Compulsory Social Security		63.4	66.0	78.0	78.0
教育	Education		62.6	64.6	72.3	82.0
卫生和社会工作	Health and Social Work		47.5	44.3	49.6	56.3
其他社区、社会和个人服务活动	Other Community, Social and Personal Services Activities		48.5	51.5	58.1	65.9
雇人的私人住户	Private Households with Employed Persons		65.5	63.9	59.2	59.8
域外组织和机构	Extra-Territorial Organizations and Bodies		0.3	0.1	0.3	0.3
行业不明确者	Not Classifiable by Economic Activity		3.7	2.8	2.4	4.0
合计	Total	437.3	826.2	814.3	801.6	857.1
巴 西①	**Brazil ①**					
按第二版 ISIC 分类	ISIC - Rev. 2					
农业、狩猎业、林业和渔业	Agriculture, Hunting, Forestry and Fishing	1418.1		1553.4		
采掘业②	Mining and Quarry ②	86.0		84.4		
制造业	Manufacturing	941.0		930		
电、煤气和水	Electricity, Gas and Water					
建筑业	Construction	382.3		492.2		
批发、零售业、旅馆和饭店业③	Wholesale and Retail Trade and Restaurants and Hotels ③	797.6		1078.5		
运输、仓储和通讯③	Transport, Storage and Communication ③	244.0		316.8		
金融保险、不动产和产业服务	Financing, Insurance, Real Estate and Business Services	171.6		134.1		
社会和个人服务③	Community, Social and Personal Services ③	2169.4		2956.4		
合计	Total	6210.0		7545.8	7818	7925.1
加 拿 大④	**Canada ④**					
按第三版 ISIC 分类	ISIC - Rev. 3					
农业、狩猎业和林业	Agriculture, Hunting, Forestry	49.8	45.7	40.3	40.2	41.6
渔业	Fishing	4.1	3.5	3.2	3.1	3.1
采掘业	Mining and Quarrying	20.0	16.3	18.7	16.9	18.2
制造业	Manufacturing	202.1	228.0	227.5	232.6	229.4
电、煤气和水供应业	Electricity, Gas and Water Supply	12.2	11.6	12.3	13.2	13.2
建筑业	Construction	82.1	80.9	84.0	87.6	92.3
批发、零售贸易；机动车及个人、家庭用品修理业	Wholesale and Retail Trade; Repair of Motor Vehicles, Motorcycles and Personal and Household Goods	238.3	257.8	265.0	269.2	272.4
旅馆和饭店业	Hotels and Restaurants	80.1	96.1	97.6	100.4	102.2

注：①10岁及以上。②包括电、煤气和水。③旅馆和饭店业、仓储业包括在社会和个人服务业中。④不包括全职军人。

Note: ① Persons aged 10 years and over. ② Including electricity, gas and water. ③ Hotels, restaurants and storage included in community, social and services. ④ Excluding full-time members of the armed forces.

6-4续表10 continued

单位：万人 (10 000 persons)

国家和地区	Country or Area	1990	2000	2001	2002	2003
加 拿 大①(续)	**Canada ④ (continued)**					
运输、仓储和通讯	Transport, Storage and Communications	97.5	114.5	116.2	111.8	112.2
金融中介	Financial Intermediation	58.3	61.5	63.6	65.3	66.5
房地产、租赁及商务活动	Real Estate, Renting and Business	118.7	174.4	177.7	181.9	187.8
公共管理和国防；社会基本保障	Public Administration and Defence; Compulsory Social Security	81.7	75.9	76.4	77.6	81.3
教育	Education	83.4	97.5	96.6	101.6	105.0
卫生和社会工作	Health and Social Work	126.2	152.6	154.2	160.7	168.4
其他社区、社会和个人服务活动	Other Community, Social and Personal Services Activities	52.3	66.5	67.8	71.6	73.4
雇人的私人住户	Private Households with Employed Persons	9.6	8.0	6.5	7.3	7.4
域外组织和机构	Extra-Territorial Organizations and Bodies	0.2	0.3	0.2	0.2	0.2
合计	Total	1316.5	1491.0	1507.7	1541.2	1574.6
墨 西 哥②	**Mexico ②**					
按第三版ISIC分类	ISIC - Rev. 3					
农业、狩猎业和林业	Agriculture, Hunting and Forestry		690.2	692.1		
渔业	Fishing		15.9	15.4		
采掘业	Mining and Quarrying		15.6	12.7		
制造业	Manufacturing		754.7	737.3		
电、煤气和水供应业	Electricity, Gas and Water		18.9	19.5		
建筑业	Construction		252.8	239.7		
批发、零售贸易；机动车及个人、家庭用品修理业	Wholesale and Retail Trade; Repair of Motor Vehicles, Motorcycles and Personal and Household Goods		852.5	883.9		
旅馆和饭店业	Hotels and Restaurants		184.5	198.2		
运输、仓储和通讯	Transport, Storage and Communication		173.1	177.7		
金融中介	Financial Intermediation		29.3	28.0		
房地产、租赁及商务活动	Real Estate, Renting and Business Activities		117.8	122.4		
公共管理和国防；社会基本保障	Public Administration and Defence; Compulsory Social Security		173.9	168.2		
教育	Education		187.8	197.2		
卫生和社会工作	Health and Social Work		106.3	103.9		
其他社区、社会和个人服务活动	Other Community, Social and Personal Services Activities		132.3	122.6		
雇人的私人住户	Private Households with Employed Persons		177.1	167.3		
域外组织和机构	Extra-Territorial Organizations and Bodies		16.0	14.2		
行业不明确者	Not Classifiable by Economic Activity		0.2	0.1		
合计	Total		3998.4	3900.4		
美 国③	**United States ③**					
按第二版ISIC分类	ISIC - Rev. 2					
农业、狩猎业、林业和渔业	Agriculture, Hunting, Forestry and Fishing	339.4	345.7	327.7	347.9	
采掘业	Mining and Quarrying	72.4	52.1	56.7	51.6	
制造业	Manufacturing	2134.6	1994.0	1897.0	1814.7	
电、煤气和水	Electricity, Gas and Water	158.2	144.7	140.8	146.8	
建筑业	Construction	776.4	943.3	958.1	966.9	
批发、零售业、饭店和旅馆业④	Wholesale and Retail Trade and Restaurants and Hotels ④	2462.2	2783.2	2767.2	2809.6	
运输、仓储和通讯	Transport, Storage and Communication	658.6	829.4	833.0	821.2	
金融保险、房地产和商务服务	Financing, Insurance, Real Estate and Business Services	1342.2	1651.5	1666.9	1667.9	
社会和个人服务④	Community, Social and Personal Services ④	3935.2	4777.0	4859.9	5021.8	
行业不明确	Activities not Adequately Defined					
合计	Total	11879.3	13520.8	13507.3	13648.5	13773.6

注：①不包括全职军人。②12岁及以上。③16岁及以上。④旅馆业包括在社会和个人服务业内。

Note: ① Excluding full-time members of the armed forces. ② Persons aged 12 years and over. ③ Persons aged 16 years and over. ④ Hotels is included in community, social and personal services.

6–4 续表 11 continued

单位：万人 (10 000 persons)

国家和地区	Country or Area	1990	2000	2001	2002	2003
委内瑞拉	**Venezuela**					
按第二版 ISIC 分类	ISIC - Rev. 2					
农业、狩猎业、林业和渔业	Agriculture, Hunting, Forestry and Fishing	86.0	90.0	89.2	94.9	
采掘业	Mining and Quarry	6.7	5.5	5.0	4.7	
制造业	Manufacturing	99.3	114.7	120.7	115.0	
电、煤气和水	Electricity, Gas and Water	6.4	6.0	5.8	5.1	
建筑业	Construction	49.3	70.8	77.4	77.6	
批发、零售业、旅馆和饭店业	Wholesale and Retail Trade and Restaurants and Hotels	134.9	229.3	245.5	258.5	
运输、仓储和通讯	Transport, Storage and Communication	39.0	61.2	65.4	70.4	
金融保险、房地产和商务服务	Financing, Insurance, Real Estate and Business Services	35.8	45.6	48.2	48.2	
社会和个人服务	Community, Social and Personal Services	182.4	258.4	282.1	293.3	
行业不明确	Activities not Adequately Defined	0.6	1.0	1.1	2.2	
合计	Total	640.4	882.2	940.5	969.9	
保加利亚	**Bulgaria**					
按第三版 ISIC 分类	ISIC - Rev. 3					
农业、狩猎业和林业；渔业	Agriculture, Hunting and Forestry; Fishing		78.2	76.7|		28.6
采掘业	Mining and Quarrying		4.1	3.7|		4.2
制造业	Manufacturing		61.6	61.0|		67.7
电、煤气和水供应业	Electricity, Gas and Water		6.0	6.0|		6.0
建筑业	Construction		12.8	12.5|		15.1
批发、零售贸易；机动车及个人、家庭用品修理业	Wholesale and Retail Trade; Repair of Motor Vehicles, Motorcycles and Personal and Household Goods		35.2	36.0|		42.4
旅馆和饭店业	Hotels and Restaurants		8.5	8.6|		12.8
运输、仓储和通讯	Transport, Storage and Communication		22.0	22.4|		21.5
金融中介	Financial Intermediation		3.3	3.6|		3.1
房地产、租赁及商务活动	Real Estate, Renting and Business Activities		12.1	13.3|		11.6
公共管理和国防；社会基本保障	Public Administration and Defence; Compulsory Social Security		9.2	9.8|		23.0
教育	Education		21.8	20.5|		21.1
卫生和社会工作	Health and Social Work		14.8	14.5|		15.5
其他社区、社会和个人服务活动	Other Community, Social and Personal Services Activities		8.6	8.3|		10.8
行业不明确者	Not Classifiable by Economic Activity					0.2
合计	Total		298.0	296.8|		283.4
捷　　克	**Czech Republic**					
按第三版 ISIC 分类	ISIC - Rev. 3					
农业、狩猎业和林业；渔业	Agriculture, Hunting and Forestry; Fishing		24.1	22.5	22.8	
采掘业	Mining and Quarrying		7.0	6.7	6.1	
制造业	Manufacturing		128.2	131.0	131.8	
电、煤气和水供应业	Electricity, Gas and Water		7.7	8.7	8.4	
建筑业	Construction		43.9	42.8	42.5	
批发、零售贸易；机动车及个人、家庭用品修理业	Wholesale and Retail Trade; Repair of Motor Vehicles, Motorcycles and Personal and Household Goods		61.3	60.5	62.0	
旅馆和饭店业	Hotels and Restaurants		15.6	15.9	17.1	
运输、仓储和通讯	Transport, Storage and Communication		37.3	36.3	36.8	
金融中介	Financial Intermediation		10	10.1	9.5	
房地产、租赁及商务活动	Real Estate, Renting and Business Activities		26.6	25.6	26.9	
公共管理和国防；社会基本保障	Public Administration and Defence; Compulsory Social Security		34.3	33.9	32.6	
教育	Education		29.9	30	30.9	
卫生和社会工作	Health and Social Work		29.1	30.4	30.4	
其他社区、社会和个人服务活动	Other Community, Social and Personal Services Activities		17.6	17.8	17.9	

6-4续表12 continued

单位：万人 (10 000 persons)

国家和地区	Country or Area	1990	2000	2001	2002	2003
捷　　克(续)	**Czech Republic (continued)**					
雇人的私人住户	Private Households with Employed Persons		0.2	0.1	0.3	
域外组织和机构	Extra-Territorial Organizations and Bodies		0.2	0.1	0.1	
行业不明确者	Not Classifiable by Economic Activity		0.2	0.3	0.4	
合　计	Total		473.2	472.8	476.5	473.1
德　　国	**Germany**					
按第三版ISIC分类	ISIC - Rev. 3					
农业、狩猎业和林业	Agriculture, Hunting and Forestry		98.2	93.7	91.7	89.0
渔业	Fishing		0.6	0.5	0.6	0.5
采掘业	Mining and Quarrying		15.2	13.9	13.6	12.8
制造业	Manufacturing		854.2	860.9	848.3	824.3
电、煤气和水供应业	Electricity, Gas and Water		29.0	28.2	28.7	28.7
建筑业	Construction		311.8	290.4	275.0	260.7
批发、零售贸易；机动车及个人、家庭用品修理业	Wholesale and Retail Trade; Repair of Motor Vehicles, Motorcycles and Personal and Household Goods		519.0	524.8	508.5	506.9
旅馆和饭店业	Hotels and Restaurants		121.9	122.8	124.0	122.7
运输、仓储和通讯	Transport, Storage and Communication		200.8	205.5	203.0	200.1
金融中介	Financial Intermediation		133.3	134.6	134.3	135.1
房地产、租赁及商务活动	Real Estate, Renting and Business Activities		292.3	300.5	312.0	322.1
公共管理和国防；社会基本保障	Public Administration and Defence; Compulsory Social Security		310.3	306.5	298.6	297.3
教育	Education		192.8	199.6	202.1	203.3
卫生和社会工作	Health and Social Work		369.6	379.7	392.6	403.0
其他社区、社会和个人服务活动	Other Community, Social and Personal Services Activities		194.4	202.8	203.8	194.3
雇人的私人住户	Private Households with Employed Persons		13.7	14.2	13.7	13.8
域外组织和机构	Extra-Territorial Organizations and Bodies		3.3	3.0	3.1	2.8
合　计	Total		3660.4	3681.6	3653.6	3617.2
意大利	**Italy**					
按第三版ISIC分类	ISIC - Rev. 3					
农业、狩猎业和林业	Agriculture, Hunting and Forestry		107.1	108.4	105.7	103.8
渔业	Fishing		4.9	4.2	3.9	3.7
采掘业	Mining and Quarrying		6.4	6.4	6.3	5.9
制造业	Manufacturing		491.8	490.7	496.2	499.0
电、煤气和水供应业	Electricity, Gas and Water		16.7	16.2	15.9	16.1
建筑业	Construction		161.8	170.7	174.8	180.9
批发、零售贸易；机动车及个人、家庭用品修理业	Wholesale and Retail Trade; Repair of Motor Vehicles, Motorcycles and Personal and Household Goods		337.7	341.6	345.6	353.0
旅馆和饭店业	Hotels and Restaurants		81.4	88.0	90.7	95.3
运输、仓储和通讯	Transport, Storage and Communication		119.0	118.0	116.7	116.2
金融中介	Financial Intermediation		66.2	65.9	66.3	66.5
房地产、租赁及商务活动	Real Estate, Renting and Business Activities		147.8	155.0	167.5	172.8
公共管理和国防；社会基本保障	Public Administration and Defence; Compulsory Social Security		194.2	198.7	198.2	193.4
教育	Education		146.7	152.0	153.1	153.2
卫生和社会工作	Health and Social Work		128.8	132.1	132.9	133.1
其他社区、社会和个人服务活动	Other Community, Social and Personal Services Activities		90.5	93.9	97.0	98.5
雇人的私人住户	Private Households with Employed Persons		19.6	19.3	19.8	20.2
域外组织和机构	Extra-Territorial Organizations and Bodies		2.0	2.0	1.6	1.7
合　计	Total		2122.5	2163.4	2192.2	2213.3

6-4续表13 continued

单位：万人 (10 000 persons)

国家和地区	Country or Area	1990	2000	2001	2002	2003
荷　　兰①	**Netherlands ①**					
按第三版ISIC分类	ISIC - Rev. 3					
农业、狩猎业和林业	Agriculture, Hunting and Forestry		24.4	22.1	22.7	
渔业	Fishing		0.4	0.3	0.3	
采掘业	Mining and Quarrying		1.2	0.9	1.1	
制造业	Manufacturing		112.1	111.5	108.7	
电、煤气和水供应业	Electricity, Gas and Water		3.5	3.4	3.8	
建筑业	Construction		46.6	50.8	48.5	
批发、零售贸易；机动车及个人、家庭用品修理业	Wholesale and Retail Trade; Repair of Motor Vehicles, Motorcycles and Personal and Household Goods		129.1	125.4	126.7	
旅馆和饭店业	Hotels and Restaurants		28.9	29.1	31.3	
运输、仓储和通讯	Transport, Storage and Communication		47.3	48.6	45.8	
金融中介	Financial Intermediation		27.6	30.7	28.5	
房地产、租赁及商务活动	Real Estate, Renting and Business Activities		94.5	94.4	98.3	
公共管理和国防；社会基本保障	Public Administration and Defence; Compulsory Social Security		48.8	54.1	55.9	
教育	Education		45.8	47.9	51.4	
卫生和社会工作	Health and Social Work		107.1	113.4	116.5	
其他社区、社会和个人服务活动	Other Community, Social and Personal Services Activities		35.6	34.7	35.8	
雇人的私人住户	Private Households with Employed Persons		0.5	0.3	0.5	
域外组织和机构	Extra-Territorial Organization and Bodies		0.2	0.2	0.1	
行业不明确	Not Classifiable by Economic Activity		19.7	18.6	19.1	
合计	Total		773.1	786.5	795.2	793.5
波　　兰	**Poland**					
按第三版ISIC分类	ISIC - Rev. 3					
农业、林业、狩猎业	Agriculture, Hunting and Forestry		271.5	271.1	265.2	249.7
渔业	Fishing		1.1	0.9	1.2	1.1
采掘业	Mining and Quarrying		29.3	27.4	25.8	24.7
制造业	Manufacturing		290.1	283.0	257.5	259.2
电、煤气、水供应	Electricity, Gas and Water		26.3	26.9	26.3	25.0
建筑业	Construction		102.4	95.8	85.1	80.3
批发、零售贸易；机动车及个人、家庭用品修理业	Wholesale and Retail Trade; Repair of Motor Vehicles, Motorcycles and Personal and Household Goods		204.3	200.7	195.5	196.2
旅馆和饭店业	Hotels and Restaurants		24.1	25.3	25.2	22.9
运输、仓储和通讯	Transport, Storage and Communication		89.3	85.2	83.2	82.3
金融中介	Financial Intermediation		38.0	34.0	31.4	28.1
房地产业、租赁业及商务活动	Real Estate, Renting and Business Activities		53.1	62.7	67.5	69.4
公共管理和国防；社会基本保障	Public Administration and Defence; Compulsory Social Security		76.4	74.9	80.1	85.3
教育	Education		101.3	95.5	93.3	107.8
卫生和社会工作	Health and Social Work		93.8	90.3	94.0	83.8
其他社区、社会和个人服务活动	Other Community, Social and Personal Services Activities		50.7	45.9	45.5	44.9
雇人的私人住户	Private Households with Employed Persons		0.8	1.1	1.1	0.8
合计	Total		1452.6	1420.7	1378.2	1361.7

注：①15至64岁。

Note: ① Persons aged 15 to 64 years.

6-4续表14 continued

单位：万人 (10 000 persons)

国家和地区	Country or Area	1990	2000	2001	2002	2003
罗马尼亚	**Romania**					
按第三版ISIC分类	ISIC - Rev. 3					
农业、狩猎业和林业	Agriculture, Hunting and Forestry	314.5	459.9	452.3	335.7	328.6
渔业	Fishing	0.9	0.8	0.4	0.5	0.7
采掘业	Mining and Quarrying	25.9	16.3	15.0	14.4	13.8
制造业	Manufacturing	361.3	205.4	202.5	197.2	199.9
电、煤气和水供应业	Electricity, Gas and Water	13.3	19.6	19.9	19.5	18.7
建筑业	Construction	70.6	40.3	43.0	41.3	42.6
批发、零售贸易；机动车及个人、家庭用品修理业	Wholesale and Retail Trade; Repair of Motor Vehicles, Motorcycles and Personal and Household Goods	53.8|	92.8	95.2	85.9	86.1
旅馆和饭店业	Hotels and Restaurants	18.6|	12.3	13.1	11.2	11.9
运输、仓储和通讯	Transport, Storage and Communication	76.5|	51.1	51.9	45.8	46.1
金融中介	Financial Intermediation	3.9|	9.3	7.6	7.6	8.3
房地产、租赁及商务活动	Real Estate, Renting and Business Activities	38.8|	13.2	12.4	13.5	15.0
公共管理和国防；社会基本保障	Public Administration and Defence; Compulsory Social Security	8.8|	56.3	58.1	54.9	53.0
教育	Education	41.1|	41.5	40.9	41.1	40.6
卫生和社会工作	Health and Social Work	32.0|	34.6	35.1	35.0	35.0
其他社区、社会和个人服务活动	Other Community, Social and Personal Services Activities	24.2|	23.0	22.3	20.0	21.9
合计	Total	1084.0|	1076.4	1069.7	923.4	922.3
俄罗斯联邦①	**Russian Federation ①**					
按第三版ISIC分类	ISIC - Rev. 3					
农业、狩猎业和林业	Agriculture, Hunting and Forestry		800.4	686.6	687.2	647.4
渔业	Fishing		19.2	19.0	17.2	17.7
采掘业	Mining and Quarrying		124.9	129.9	131.3	110.9
制造业	Manufacturing		1278.1	1266.3	1272.1	1316.6
电、煤气和水供应业	Electricity, Gas and Water		173.3	164.3	188.2	219.3
建筑业	Construction		332.1	336.3	362.1	431.6
批发、零售贸易；机动车及个人、家庭用品修理业	Wholesale and Retail Trade; Repair of Motor Vehicles, Motorcycles and Personal and Household Goods		810.4	883.3	929.8	976.5
饭店和旅馆业	Hotels and Restaurants		94.0	100.5	111.4	125.9
运输、仓储和通讯	Transport, Storage and Communication		551.6	593.1	580.9	595.7
金融中介	Financial Intermediation		83.7	82.8	84.2	75.5
房地产、租赁及商务活动	Real Estate, Renting and Business Activities		193.9	259.4	253.5	377.5
公共管理和国防；社会基本保障	Public Administration and Defence; Compulsory Social Security		454.6	489.3	458.3	462.2
教育	Education		583.6	572.9	603.0	604.3
卫生和社会工作	Health and Social Work		449.0	464.9	469.0	479.0
其他社区、社会和个人服务活动	Other Community, Social and Personal Services Activities		497.1	415.8	427.0	206.6
雇人的私人住户	Private Households with Employed Persons		0.4	1.4	1.1	1.6
域外组织和机构	Extra-Territorial Organizations and Bodies		0.2	0.6	0.3	1.3
合计	Total		6446.5	6466.4	6576.6	6649.6

注：①15至72岁。

Note: ① Persons aged 15 to 72 years.

6-4续表 15 continued

单位：万人 (10 000 persons)

国家和地区	Country or Area	1990	2000	2001	2002	2003
西　班　牙①	**Spain ①**					
按第三版 ISIC 分类	ISIC - Rev. 3					
农业、狩猎业和林业	Agriculture, Hunting and Forestry		94.7	95.5	90.7	89.3
渔业	Fishing		6.5	6.5	5.6	4.9
采掘业	Mining and Quarrying		6.6	6.3	6.3	6.3
制造业	Manufacturing		290.9	300.6	299.9	296.1
电、煤气和水供应业	Electricity, Gas and Water		9.9	9.9	9.2	10.0
建筑业	Construction		171.6	185.0	191.3	198.5
批发、零售贸易；机动车及个人、家庭用品修理业	Wholesale and Retail Trade; Repair of Motor Vehicles, Motorcycles and Personal and Household Goods					
饭店和旅馆业	Hotels and Restaurants		96.7	97.1	101.9	104.2
运输、仓储和通讯	Transport, Storage and Communication		92.3	96.5	99.4	102.7
金融中介	Financial Intermediation		41.1	39.2	40.1	39.8
房地产、租赁及商务活动	Real Estate, Renting and Business Activities		112.1	123.8	129.3	137.1
公共管理和国防；社会基本保障	Public Administration and Defence; Compulsory Social Security		97.6	100.8	104.6	109.7
教育	Education		83.7	88.9	94.3	95.2
卫生和社会工作	Health and Social Work		83.0	85.3	91.3	98.8
其他社区、社会和个人服务活动	Other Community, Social and Personal Services Activities		59.4	61.6	65.0	68.8
雇人的私人住户	Private Households with Employed Persons		40.5	41.8	41.7	44.2
域外组织和机构	Extra-Territorial Organizations and Bodies		0.2	0.3	0.2	0.1
合计	Total		1537.0	1594.6	1625.8	1669.5
乌　克　兰②	**Ukraine ②**					
按第三版 ISIC 分类	ISIC - Rev. 3					
农业、狩猎业和林业	Agriculture, Hunting and Forestry		414.7	396.5	402.0	386.1
渔业	Fishing		3.0	2.8	3.0	2.2
采掘业	Mining and Quarrying		85.2	81.5	79.8	77.0
制造业	Manufacturing		383.8	374.0	378.3	360.7
电、煤气和水供应业	Electricity, Gas and Water		66.0	67.9	74.1	72.4
建筑业	Construction		106.5	99.2	96.6	104.7
批发、零售贸易；机动车及个人、家庭用品修理业	Wholesale and Retail Trade; Repair of Motor Vehicles, Motorcycles and Personal and Household Goods		231.3	244.8	251.6	271.2
饭店和旅馆业	Hotels and Restaurants		26.0	33.0	34.3	35.9
运输、仓储和通讯	Transport, Storage and Communication		149.3	142.8	142.9	149.4
金融中介	Financial Intermediation		23.1	21.2	21.7	23.3
房地产、租赁及商务活动	Real Estate, Renting and Business Activities		50.3	55.5	61.1	62.2
公共管理和国防；社会基本保障	Public Administration and Defence; Compulsory Social Security		116.7	114.0	111.4	118.8
教育	Education		175.3	179.8	171.0	177.0
卫生和社会工作	Health and Social Work		156.4	154.6	156.7	154.5
其他社区、社会和个人服务活动	Other Community, Social and Personal Services Activities		53.6	55.7	54.6	58.5
雇人的私人住户	Private Households with Employed Persons		0.9	0.6	1.1	1.6
域外组织和机构	Extra-Territorial Organizations and Bodies					0.2
合计	Total		2042.0	2023.8	2040.1	2055.5

注：①16岁及以上。②15至72岁。

Note: ① Persons aged 16 years and over. ② Persons aged 15 to 72 years.

6-4 续表 16 continued

单位：万人 (10 000 persons)

国家和地区	Country or Area	1990	2000	2001	2002	2003
英　国①	**United Kingdom ①**					
按第三版 ISIC 分类	ISIC - Rev. 3					
农业、狩猎业和林业	Agriculture, Hunting and Forestry	55.4	41.1	37.5	37.3	33.3
渔业	Fishing	1.9	1.4	1.6	2.0	1.5
采掘业	Mining and Quarrying	23.3	10.1	11.5	11.0	10.3
制造业	Manufacturing	299.1	474.0	461.9	443.3	409.9
电、煤气和水供应业	Electricity, Gas and Water	33.3	20.0	20.3	21.7	18.3
建筑业	Construction	214.1	199.6	205.7	207.4	208.2
批发、零售贸易；机动车及个人、家庭用品修理业	Wholesale and Retail Trade; Repair of Motor Vehicles, Motorcycles and Personal and Household Goods	419.9	429.9	425.4	426.1	433.6
旅馆和饭店业	Hotels and Restaurants	118.5	114.9	118.5	129.4	119.2
运输、仓储和通讯	Transport, Storage and Communication	170.3	190.5	200.6	201.6	193.6
金融中介	Financial Intermediation	116.8	120.0	123.0	129.8	123.1
房地产、租赁及商务活动	Real Estate, Renting and Business Activities	215.6	307.2	321.1	325.8	308.4
公共管理和国防；社会基本保障	Public Administration and Defence; Compulsory Social Security	162.5	171.7	187.2	189.3	190.5
教育	Education	182.9	221.1	224.9	232.2	237.9
卫生和社会工作	Health and Social Work	220.8	300.2	312.3	313.7	320.3
其他社区、社会和个人服务活动	Other Community, Social and Personal Services Activities	116.4	154.4	149.3	151.0	153.7
雇人的私人住户	Private Households with Employed Persons	20.6	13.4	11.6	11.9	14.0
域外组织和机构	Extra-Territorial Organizations and Bodies	3.2	2.5	2.0	1.8	1.5
行业不明确	Not Classifiable by Economic Activity	18.9	7.3	8.2	6.2	4.9
合计	Total	2693.5	2779.3	2822.5	2841.5	2782.1
澳大利亚	**Australia**					
按第三版 ISIC 分类	ISIC - Rev. 3					
农业、狩猎业和林业	Agriculture, Hunting and Forestry	42.4|	42.6	41.9	39.4	35.5
渔业	Fishing	1.4|	1.8	1.9	1.8	1.8
采掘业	Mining and Quarrying	8.9|	6.7	6.7	7.0	7.6
制造业	Manufacturing	117.9|	112.5	109.2	110.4	108.2
电、煤气和水供应业	Electricity, Gas and Water	10.6|	6.5	6.8	6.7	7.5
建筑业	Construction	59.3|	69.0	66.8	70.0	75.5
批发、零售贸易；机动车及个人、家庭用品修理业	Wholesale and Retail Trade; Repair of Motor Vehicles, Motorcycles and Personal and Household Goods	162.6|	175.9	177.1	183.7	189.8
旅馆和饭店业	Hotels and Restaurants	31.8|	45.5	45.8	45.7	46.5
运输、仓储和通讯	Transport, Storage and Communication	53.2|	58.8	59.7	57.0	60.0
金融中介	Financial Intermediation	36.7|	33.3	34.6	34.3	34.7
房地产、租赁及商务活动	Real Estate, Renting and Business Activities	62.5|	106.2	107.8	109.2	113.9
公共管理和国防；社会基本保障	Public Administration and Defence; Compulsory Social Security	44.3|	45.7	48.0	52.3	55.2
教育	Education	52.8|	61.3	63.4	65.6	68.2
卫生和社会工作	Health and Social Work	66.2|	85.0	89.9	93.3	93.2
其他社区、社会和个人服务活动	Other Community, Social and Personal Services Activities	31.9|	43.6	45.6	47.4	47.5
雇人的私人住户	Private Households with Employed Persons	1.2|	0.7	0.5	0.6	0.3
域外组织和机构	Extra-Territorial Organizations and Bodies	0.1|	0.2	0.2	0.2	0.1
行业不明确	Activities not Adequately Defined		0.2	0.6	0.4	0.5
合　计	Total	783.7|	895.1	906.3	924.8	945.9

注：①16岁及以上。

Note: ① Persons aged 16 years and over.

6–4续表17 continued

单位：万人 (10 000 persons)

国家和地区	Country or Area	1990	2000	2001	2002	2003
新 西 兰	**New Zealand**					
按第三版ISIC分类	ISIC - Rev. 3					
农业、狩猎业和林业	Agriculture, Hunting and Forestry		15.1	16.2	16.1	15.3
渔业	Fishing		0.4	0.4	0.4	0.4
采掘业	Mining and Quarrying		0.4	0.4	0.5	0.3
制造业	Manufacturing		28.1	28.9	29.1	27.9
电、煤气和水供应业	Electricity, Gas and Water		0.9	1.0	1.0	0.9
建筑业	Construction		11.8	11.2	12.1	13.9
批发、零售贸易；机动车及个人、家庭用品修理业	Wholesale and Retail Trade; Repair of Motor Vehicles, Motorcycles and Personal and Household Goods		29.6	29.9	31.7	34.8
旅馆和饭店业	Hotels and Restaurants		9.3	9.5	10.7	9.5
运输、仓储和通讯	Transport, Storage and Communication		11.1	11.2	11.3	11.1
金融中介	Financial Intermediation		5.5	5.2	5.4	5.4
房地产、租赁及商务活动	Real Estate, Renting and Business Activities		17.4	18.0	19.0	19.7
公共管理和国防；社会基本保障	Public Administration and Defence; Compulsory Social Security		9.1	9.3	8.5	11.1
教育	Education		13.0	13.7	14.7	15.1
卫生和社会工作	Health and Social Work		14.2	15.8	17.3	17.3
其他社区、社会和个人服务活动	Other Community, Social and Personal Services Activities		10.2	10.4	9.2	9.0
雇人的私人住户	Private Households with Employed Persons		0.9	0.7	0.7	0.3
域外组织和机构	Extra-Territorial Organizations and Bodies		0.1	0.1	0.1	…
行业不明确	Not Classifiable by Economic Activity		0.8	0.4	0.2	0.3
合　计	Total		177.9	182.3	187.7	192.1

6-5 失业人数

Unemployment

资料来源：国际劳工组织劳工统计数据库。
Source: International Labour Organization LABASTA Database.

单位：万人 (10 000 persons)

国家和地区	Country or Area	1990	2000	2001	2002	2003
中　国①	China ①	383.2	595.0	681.0	770.0	800.0
中国香港	Hong Kong, China	3.7|	16.7	17.5	25.6	27.8
中国澳门②	Macao, China ②	0.5	1.4	1.4	1.3	1.3
孟加拉国	Bangladesh	99.7 ②	175.0			
印　度②③	India ②③		1663.4			
印度尼西亚④	Indonesia ④	195.2	581.3	800.5	913.2	
以色列	Israel	15.8|	21.4	23.4	26.2	28.0
日　本	Japan	134.0	320.0	340.0	359.0	350.0
哈萨克斯坦	Kazakhstan			78.0	69.1	67.2
韩　国	Korea, Rep.	45.4	91.3	84.5	70.8	77.7
马来西亚⑤	Malaysia ⑤	31.5	28.7	34.2	34.4	37.0
巴基斯坦④	Pakistan ④	96.3|	312.7	318.1	350.6	
菲律宾	Philippines	199.3	313.3	326.9	342.3	355.4
新加坡	Singapore	2.6|	9.8	7.3	11.1	11.6
斯里兰卡④	Sri Lanka ④	100.5	54.6	51.8	63.3	70.0
泰　国⑥	Thailand ⑥	71.0	81.3	89.6	61.6	54.4
土耳其	Turkey	161.5	149.7	196.7	246.4	249.3
越　南①	Viet Nam ①		88.6	111.0	87.1	94.9
埃　及⑤	Egypt ⑤	134.6|	169.8	178.3	202.1	
南　非⑦	South Africa ⑦		420.8	438.3	478.8	491.0
加拿大	Canada	116.4	109.0	117.0	127.8	130.1
墨西哥⑧	Mexico ⑧		65.9	68.7	78.4	88.3
美　国⑨	United States ⑨	704.7|	565.5	674.2	837.8	877.4
阿根廷④	Argentina ④	33.2	146.1	171.0	195.6	158.4
巴　西④	Brazil ④	236.8|		778.5	787.6	853.7
委内瑞拉	Venezuela	74.3	142.4	143.6	182.3	
保加利亚	Bulgaria		55.9	66.1	59.9	44.9
捷　克	Czech Republic		45.5	41.8	37.4	
法　国	France		259.0	228.5	234.1	264.0
德　国	Germany		312.7	315.0	348.6	402.3
意大利	Italy	262.1|	249.5	226.7	216.3	209.6
荷　兰⑤	Netherlands ⑤	51.6	26.2	22.0	26.1	35.5
波　兰	Poland		278.5	317.0	343.1	332.9
罗马尼亚	Romania		82.1	75.0	84.5	69.2
俄罗斯联邦⑩	Russian Federation ⑩		699.9	630.3		
西班牙⑨	Spain ⑨	244.1	248.7	186.9	208.3	212.7
乌克兰⑪	Ukraine ⑪		270.8	251.7	230.1	206.0
英　国⑨	United Kingdom ⑨	197.4	161.9	141.3	151.9	141.4
澳大利亚	Australia	58.5|	60.8	66.7	63.7	60.7
新西兰	New Zealand	12.5	11.3	10.2	10.3	9.4

注：①城镇登记失业人数。②14岁及以上。③申请工作者。④10岁及以上。⑤15至64岁。⑥13岁及以上。⑦登记失业人数。⑧12岁及以上。⑨16岁及以上。⑩15至72岁。⑪15至70岁。

Note: ① Registered unemployment persons in urban areas. ② Persons aged 14 years and over. ③ Work applicants. ④ Persons aged 10 years and over. ⑤ Persons aged 15 to 64 years. ⑥ Persons aged 13 years and over. ⑦ Registered unemployment persons. ⑧ Persons aged 12 years and over. ⑨ Persons aged 16 years and over. ⑩ Persons aged 15 to 72 years.⑪Persons aged 15 to 70 years over.

6-6 失业率

Unemployment Rate

资料来源：国际劳工组织劳工统计数据库。

Source: International Labour Organization LABASTA Database.

单位：%　　　　(%)

国家和地区	Country or Area	1990	女性	1999	女性	2000	女性
中　　国①	China ①	2.5		3.1		3.1	
中国香港	Hong Kong, China	1.3	1.3	6.2	4.9	4.9	4.1
中国澳门②	Macao, China ②	3.2	4.1	6.3	4.4	6.8	4.6
中国台湾省	Taiwan, China	1.7	1.7	2.9	2.5	3.0	2.4
阿尔及利亚③	Algeria ③	19.8				29.8	29.7
阿 根 廷④⑤	Argentina ④⑤	7.3|	7.3|	14.1	15.2	15.0	16.4
澳大利亚	Australia	6.9|	7.2|	7.0	6.8	6.4	6.2
奥 地 利	Austria	3.2	3.6	3.8	3.9	3.6	3.8
巴 哈 马	Bahamas			7.8	9.7		
孟加拉国	Bangladesh	1.9	1.9			3.3	3.3
巴巴多斯	Barbados	15.0	20.2	10.5	13.3	9.4	11.5
白俄罗斯⑤	Belarus ⑤			2.1	2.6	2.1	2.4
比 利 时	Belgium	7.2	11.4	8.6	10.4	7.0	8.7
伯 利 兹②	Belize ②			12.8	20.3		
玻利维亚④⑤	Bolivia ④⑤			4.3	5.1	4.8	5.9
博兹瓦纳⑥	Botswana ⑥					15.8	17.2
巴　　西④	Brazil ④	3.7|	3.4|	9.6	12.1		
保加利亚⑦	Bulgaria ⑦			14.1	14.1	16.3	15.9
柬 埔 寨④	Cambodia ④					2.5	2.8
加 拿 大	Canada	8.1	8.1	7.6	7.3	6.8	6.7
智　　利	Chile	5.7|	5.7|	8.9	10.3	8.3	9.0
哥伦比亚④	Colombia ④	10.2 ⑥ |	13.2 ⑥ |	20.1 ⑥	23.3 ⑥	20.5 ⑥	24.5 ⑥
哥斯达黎加⑥	Costa Rica ⑥	4.6	5.9	6.0	8.2	5.2	6.9
克罗地亚	Croatia			13.5	14.5	16.1	17.3
塞浦路斯	Cyprus			5.7	7.9	4.9	7.4
捷　　克	Czech Republic			8.7	10.5	8.8	10.6
丹　　麦⑧	Denmark ⑧			5.5	6.5	4.6	5.2
厄瓜多尔④	Ecuador ④	6.1	9.1	14.0	19.6	9.0	13.1
埃　　及⑨	Egypt ⑨	8.6 ⑩	17.9 ⑩	8.1	19.4	9.0	22.7
萨尔瓦多④	Salvador ④	10.0	9.8	7.0	4.6	7.0	3.6
爱沙尼亚⑦	Estonia ⑦	0.6⑪	0.7⑪	12.2	10.9	13.6	12.6
芬　　兰⑦	Finland ⑦	3.1|	2.7|	10.1	10.7	9.7	10.6
法　　国	France			11.7	13.6	10.0	11.9
法属圭亚那	French Guiana						
格鲁吉亚	Georgia			13.8	12.2	10.8	10.5
德　　国	Germany			8.8	9.2	7.9	8.3
希　　腊	Greece	7.0 ②	11.7 ②	11.7	17.9	11.1	16.7
瓜德鲁普	Guadeloupe						
危地马拉④	Guatemala ④	3.9	4.6			1.4	1.5
洪都拉斯④	Honduras ④	4.8	6.2	3.7	3.8		
匈 牙 利⑦	Hungary ⑦			7.0	6.3	6.4	5.6
冰　　岛⑫	Iceland ⑫			2.0	2.6	2.3	2.9
印　　度	India					4.3	4.3
印度尼西亚	Indonesia			6.4		6.1	
伊　　朗	Iran					12.6	4.5
爱 尔 兰	Ireland	12.9	13.8	5.7	5.5	4.3	4.2
以 色 列	Israel	9.6|	11.3|	8.9	9.4	8.8	9.2
意 大 利	Italy	11.0 ②	17.1 ②	11.4	15.7	10.5	14.5
牙 买 加②	Jamaica ②	15.7	23.1	15.7	22.4	15.5	22.3
日　　本	Japan	2.1	2.2	4.7	4.5	4.7	4.5

6–6续表 1　continued

单位：%　　　　　　　　　　　　　　　　　　　　　　　　　　　　　　　(%)

国家和地区	Country or Area	2001	女性	2002	女性	2003	女性
中　　国①	China ①	3.6		4.0		4.3	
中国香港	Hong Kong, China	5.1	3.9	7.3	6.0	7.9	6.2
中国澳门②	Macao, China ②	6.4	4.4	6.3	4.5	6.0	4.7
阿尔及利亚③	Algeria ③	27.3	31.4				
阿 根 廷④⑤	Argentina ④⑤	17.4	17.2	19.6	18.8	15.6	14.7
澳大利亚	Australia	6.9	6.6	6.4	6.2	6.0	6.2
奥 地 利	Austria	3.6	3.8	4.0	3.9	4.3	4.2
巴 哈 马	Bahamas	6.9	6.8	9.1	8.8	10.8	10.0
孟加拉国	Bangladesh	2.3	2.6	3.0	3.5		
巴巴多斯	Barbados	9.9	11.9	10.3	12.4	11.0	12.6
白俄罗斯	Belarus						
比 利 时	Belgium	6.6	7.5	7.5	8.7	8.2	8.9
伯 利 兹②	Belize ②	9.1	15.4	10.0	15.3		
玻利维亚④⑤	Bolivia ④⑤	5.2	6.2	5.5	6.9		
博兹瓦纳⑥	Botswana ⑥	19.6	23.9				
巴　　西④	Brazil ④	9.4	11.9	9.2	11.6	9.7	12.3
保加利亚⑦	Bulgaria ⑦	19.4	18.4	17.6	16.9	13.7	13.2
柬 埔 寨④	Cambodia ④	1.8	2.2				
加 拿 大	Canada	7.2	6.8	7.7	7.1	7.6	7.2
智　　利	Chile	7.9	8.4	7.8	8.5	7.4	8.3
哥伦比亚④	Colombia ④	14.7 ⑥	19.1 ⑥	15.7	19.7	14.2	18.5
哥斯达黎加⑥	Costa Rica ⑥	6.1	7.6	6.4	7.9	6.7	8.2
克罗地亚	Croatia	15.8	17.9	14.8	16.6	14.3	15.7
塞浦路斯	Cyprus	4.0	5.7	3.3	4.2	4.1	4.6
捷　　克	Czech Republic	8.1	9.9	7.3	9.0		
丹　　麦⑧	Denmark ⑧	4.8	5.3	4.7	5.1	5.5	6.2
厄瓜多尔④	Ecuador ④	11.0	16.2	9.3	14.0	11.5	15.0
埃　　及⑨	Egypt ⑨	9.2	22.6	10.2	23.9	11.0	
萨尔瓦多④	Salvador ④	7.0	5.2	6.2	3.5	6.9	3.5
爱沙尼亚⑦	Estonia ⑦	12.6	12.2	10.3	9.7	10.0	9.9
芬　　兰⑦	Finland ⑦	9.1	9.7	9.1	9.1	9.0	8.9
法　　国	France	8.8	10.7	8.9	10.1	9.7	10.9
法属圭亚那	French Guiana	26.3	30.5	23.4	27.8	24.5	29.6
格鲁吉亚	Georgia	11.0	10.7	12.3	10.7	11.5	11.5
德　　国	Germany	7.9	7.9	8.7	8.5	10.0	9.5
希　　腊	Greece	10.2	15.4	9.6	14.6		
瓜德鲁普	Guadeloupe	27.6	32.0	25.7	29.1		
危地马拉④	Guatemala ④			1.8	2.3		
洪都拉斯④	Honduras ④	4.2	4.8	3.8		5.1	
匈 牙 利⑦	Hungary ⑦	5.7	5.0	5.8	5.4	5.3	5.6
冰　　岛⑫	Iceland ⑫	2.3	2.5	3.3	2.9		
印　　度	India						
印度尼西亚	Indonesia	8.1		9.1			
伊　　朗	Iran	12.4	4.0	12.3	4.1		
爱 尔 兰	Ireland	3.7	3.5	4.2	3.7	4.4	3.9
以 色 列	Israel	9.4	9.9	10.3	10.6	10.7	11.3
意 大 利	Italy	9.5	13.0	9.0	12.2	8.7	11.6
牙 买 加②	Jamaica ②	15.0	21.0				
日　　本	Japan	5.0	4.7	5.4	5.1	5.3	4.9

6–6续表 2 continued

单位：% (%)

国家和地区	Country or Area	1990	女性	1999	女性	2000	女性
哈萨克斯坦	Kazakhstan						
韩　国	Korea, Rep.	2.4|	1.8|	6.3	5.1	4.1	3.3
拉脱维亚	Latvia			14.3	13.5	14.4	13.5
立 陶 宛	Lithuania			14.6	11.6	16.4	13.0
马 其 顿	Macedonia						
马来西亚⑨	Malaysia ⑨	5.1		3.4	3.3	3.0	3.1
马 尔 他	Malta					6.7	6.4
马提尼克	Martinique						
墨 西 哥⑥	Mexico ⑥			1.8	2.2	1.6	1.8
摩尔多瓦	Moldova			11.1	8.9	8.5	7.2
摩 洛 哥	Morocco			13.9	13.3	13.6	13.0
荷　兰⑨	Netherlands ⑨	7.5|	10.7|	3.5	4.5	3.3	4.2
荷属安的列斯	Netherlands Antilles	17.0				14.0	16.2
新 西 兰	New Zealand	7.8	7.2	6.8	6.5	6.0	5.8
挪　威⑫	Norway ⑫	5.2	4.8	3.2	3.0	3.4	3.2
巴基斯坦④	Pakistan ④	3.1	0.9	5.9	15.0	7.8	17.3
巴 拿 马	Panama			11.8	16.9	13.5	18.0
巴 拉 圭	Paraguay			5.4	6.8	7.6	8.9
秘　鲁②⑤	Peru ②⑤			8.0	8.6	7.4	7.5
菲 律 宾	Philippines	8.1	9.8	9.6	9.3	10.1	9.9
波　兰	Poland			13.9	15.8	16.1	18.1
葡 萄 牙	Portugal	4.7 ④	6.6 ④	4.4	5.0	3.9	4.9
波多黎各⑬	Puerto Rico ⑬	14.1	10.7	11.8	9.6	10.1	7.7
罗马尼亚	Romania			6.8	6.2	7.1	6.4
俄罗斯联邦⑭	Russian Federation ⑭			12.6	12.3	9.8	9.4
圣卢西亚	Saint Lucia			18.1	20.3	16.4	20.7
沙特阿拉伯	Saudi Arabia			4.3	8.1	4.6	9.3
塞　黑	Serbia and Montenegro			13.7	16.2	12.6	15.2
新 加 坡	Singapore	1.7	1.3	4.6	4.6	4.4	5.1
斯洛伐克	Slovakia			16.2	16.4	18.6	18.6
斯洛文尼亚	Slovenia			7.4	7.6	7.2	7.4
南　非⑮	South Africa ⑮			23.3	27.8	26.3	28.7
西 班 牙⑬	Spain ⑬	16.3	24.2	15.7	23.1	13.9	20.5
斯里兰卡④	Sri Lanka ④	14.4	23.5	9.1	12.6	8.0	11.1
苏 里 南	Suriname	15.8	20.6	14.0	20.0		
瑞　典⑯	Sweden ⑯	1.6|	1.6|	5.6	5.2	4.7	4.3
瑞　士	Switzerland			3.1	3.5	2.7	3.1
叙 利 亚	Syrian Arab Republic						
泰　国⑰	Thailand ⑰	2.2	2.4	3.0	3.0	2.4	2.3
特立尼达和多巴哥	Trinidad and Tobago	20.0	24.2	13.1	16.8	12.2	15.2
突 尼 斯	Tunisia			15.8		15.6	
土 耳 其	Turkey	7.5 ⑥	7.5 ⑥	7.7 ⑥	7.5 ⑥	6.5 ⑥	6.3 ⑥
乌 克 兰⑱	Ukraine ⑱			11.9	11.5	11.7	11.7
英　国⑬	United Kingdom ⑬	6.8	6.5	6.0	5.1	5.5	4.8
美　国⑬	United States ⑬	5.6|	5.5|	4.2	4.3	4.0	4.1
乌 拉 圭②⑤	Uruguay ②⑤	8.5	10.9	11.3	14.6	13.6	17.0
委内瑞拉	Venezuela	10.4	10.3	14.9	17.1	13.9	14.8
越　南	Viet Nam			2.3	2.4	2.3	2.1
约旦河西岸和加沙地带	West Bank and Gaza			11.8	13.0	14.2	12.6

注：①城镇登记失业率。②14岁及以上。③16至60岁。④10岁及以上。⑤城镇失业率。⑥12岁及以上。⑦15至74岁。⑧15至66岁。⑨15岁至64岁。⑩12至64岁。⑪15至69岁。⑫16至74岁。⑬16岁及以上。⑭15至72岁。⑮16至65岁。⑯16至64岁。⑰13岁及以上。⑱15至70岁。

6-6续表 3　continued

单位：%　　(%)

国家和地区	Country or Area	2001	女性	2002	女性	2003	女性
哈萨克斯坦	Kazakhstan	10.4	12.0	9.3	11.2	8.8	10.4
韩　国	Korea, Rep.	3.8	3.1	3.1	2.5	3.4	3.1
拉脱维亚	Latvia	13.1	11.7	12.0	11.0	10.6 ⑦	10.5 ⑦
立 陶 宛	Lithuania	17.4	14.7	13.8	12.9	12.4	12.2
马 其 顿	Macedonia	30.5	32.0	31.9	32.3	36.7	36.3
马来西亚⑨	Malaysia ⑨	3.5	3.8	3.5	3.8	3.6	3.6
马 尔 他	Malta	6.4	7.0	7.0	7.7	7.6	8.7
马提尼克	Martinique	24.7	29.3	22.3	25.4		
墨 西 哥⑥	Mexico ⑥	1.7	1.9	1.9	2.0	2.1	2.3
摩尔多瓦	Moldova	7.3	5.9	6.8	5.5	7.9	6.4
摩 洛 哥	Morocco	12.5	12.5	11.6	12.5	11.9	13.0
荷　兰⑨	Netherlands ⑨	2.7	3.4	3.1	3.6	4.3	4.4
荷属安的列斯	Netherlands Antilles						
新 西 兰	New Zealand	5.3	5.3	5.2	5.3	4.7	5.0
挪　威⑫	Norway ⑫	3.6	3.4	3.9	3.6	4.5	4.0
巴基斯坦④	Pakistan ④	7.8	17.3	8.3	16.5		
巴 拿 马	Panama	14.7	19.3	14.1	19.2	13.6	18.8
巴 拉 圭	Paraguay			10.8	13.6	8.1	10.1
秘　鲁②⑤	Peru ②⑤	7.9	8.7	9.7	11.6	10.3	11.9
菲 律 宾	Philippines	9.8	10.3	10.2		10.1	
波　兰	Poland	18.2	19.8	19.9 ⑦	20.9 ⑦	19.6 ⑦	20.4 ⑦
葡 萄 牙	Portugal	4.0	5.0	5.0	6.0	6.3	7.2
波多黎各⑬	Puerto Rico ⑬	11.4	9.1	12.3	10.9	12.0	10.9
罗马尼亚	Romania	6.6	5.9	8.4	7.7	7.0	6.4
俄罗斯联邦⑭	Russian Federation ⑭	8.9	8.5				
圣卢西亚	Saint Lucia						
沙特阿拉伯	Saudi Arabia	4.6	9.1	5.2	11.5		
塞尔维亚和黑山	Serbia and Montenegro	12.8	15.0	13.8	15.8	15.2	16.4
新 加 坡	Singapore	3.4	3.4	5.2	5.0	5.4	5.3
斯洛伐克	Slovakia	19.2	18.8	18.5	18.7	17.5	17.7
斯洛文尼亚	Slovenia	5.9	6.3	5.9	6.3	6.6	7.1
南　非⑮	South Africa ⑮	28.0	30.7	30.0	33.6	29.7	33.4
西 班 牙⑬	Spain ⑬	10.5	15.2	11.4	16.4	11.3	15.9
斯里兰卡④	Sri Lanka ④	7.7	11.7	8.7	12.8	9.2	14.6
苏 里 南	Suriname						
瑞　典⑯	Sweden ⑯	4.0	3.6	4.0	3.6	4.9	4.4
瑞　士	Switzerland	2.5	3.5	2.9	3.1	4.1	4.5
叙 利 亚	Syrian Arab Republic	11.2	23.9	11.7	24.1		
泰　国⑰	Thailand⑰	2.6	2.5	1.8	1.6	1.5	1.4
特立尼达和多巴哥	Trinidad and Tobago	10.8	14.4	10.4	14.5		
突 尼 斯	Tunisia	15.0		14.9		14.3	
土 耳 其	Turkey	8.4	7.5	10.3	9.4	10.5	10.1
乌 克 兰⑱	Ukraine ⑱	11.1	11.0	10.1	10.0	9.1	8.8
英　国⑬	United Kingdom ⑬	4.8	4.2	5.1	4.4	4.8	4.1
美　国⑬	United States ⑬	4.8	4.7	5.8	5.6	6.0	5.7
乌 拉 圭②⑤	Uruguay ②⑤	15.3	19.7	17.0	21.2	16.9	20.8
委内瑞拉	Venezuela	13.2	14.6	15.8	18.1		
越　南	Viet Nam	2.8	3.2	2.1	2.3	2.3	2.6
约旦河西岸和加沙地带	West Bank and Gaza	25.5	14.1	31.3	17.1	25.6	18.6

Note: ① Registered unemployment rate in urban areas. ② Persons aged 14 years and over. ③ Persons aged 16 to 60 years. ④ Persons aged 10 years and over. ⑤ Unemployment rate in urban areas. ⑥ Persons aged 12 years and over. ⑦ Persons aged 15 to 74 years. ⑧ Persons aged 15 to 66 years. ⑨ Persons aged 15 to 64 years. ⑩ Persons aged 12 years to 64 years.⑪Persons aged 15 years to 69 years.⑫Persons aged 16 years to 74 years.⑬Persons aged 16 years and over.⑭Persons aged 15 years to 72 years.⑮Persons aged 16 years to 65 years.⑯Persons aged 16 to 64 years.⑰Persons aged 13 years and over.⑱Persons aged 15 to 70 years.

6-7 非农部门雇员工资及工时数

Wages and Hours of Work in Non-Agriculture

资料来源：国际劳工组织劳工统计数据库。
Source: International Labour Organization LABASTA Database.

国家和地区	Country or Area	月平均工资（本币）Wages Per month (local currency unit)			平均每周工时数（小时）Hours of Work per Week (hours)		
		1990	2000	2003	1990	2000	2003
中　国①②	China ①②	2140.0	9371.0	14040.0			
中国香港	Hong Kong, China	5865.3 ③	11573.7 ③	11069.8 ③	45.6	46.6	46.7
中国澳门	Macao, China	2585.0	4816.0	4803.0	47.9	48.1	47.9 ④
以色列	Israel	2299.0	6882.0	6942.0	35.9	37.7	36.9
日　本	Japan		302200.0	302100.0	46.1	43.0	42.1
哈萨克斯坦	Kazakhstan		14374.0 ②	23128.0 ②			
韩　国	Korea, Rep.	642310.0	1668000.0	1948000 ④	48.2	47.5	45.9
蒙　古	Mongolia	58.2	80.9				
缅　甸	Myanmar				7.3 ⑤⑥	7.9 ⑤	8.0 ⑤
菲律宾	Philippines	4539.0	7700.0		47.6	45.8	44.1
新加坡	Singapore	1527.8	3063.0 ②	3213.0 ②	46.5 ②	47.0 ②	46.0 ②
斯里兰卡⑤	Sri Lanka ⑤	79.3	220.1	283.7			
泰　国	Thailand	3737.0 ③	6972.0 ③⑫	5562.9 ②③⑦	49.1	50.0⑫	
土耳其②	Turkey ②	28585.0 ⑤			47.1	46.5	48.7
埃　及⑧	Egypt ⑧	55.0	163.0	164 ④	55.0	54.0	55.0 ④
南　非	South Africa		4990.0	6055.0 ④		176.6 ⑨	173.0 ⑨
加拿大⑧	Canada ⑧	508.1	655.9 ②	689.7 ②	31.3	31.6 ②	32.1 ②
墨西哥	Mexico	812.1 ⑥	3102.6	3479.6 ⑦	42.7 ⑥	43.8	43.2 ②⑦
美　国	United States	10.0 ⑩	13.8 ⑩	15.0 ④⑩	34.5	34.5	34.1 ④
阿根廷	Argentina				41.8	42.0	38.9 ④
巴　西	Brazil	22.9	785.6	905.8 ④		41.8 ②⑦	
白俄罗斯	Belarus		58916 ②	189232 ②④		153.0 ⑨	153.0 ⑨
保加利亚	Bulgaria		227.0	275.0 ④		33.0	34.0 ⑦
捷　克	Czech Republic	3241.0	13789.0	16060.0 ④			
法　国	France	45.1 ⑩	1402.0	1501.0 ④	39.0	38.3 ⑦	38.0
意大利③	Italy ③	100.0 ⑩	113.2 ⑩	106.0 ⑩		39.1	38.1
荷　兰	Netherlands	20.6 ⑩	34.6 ⑥		40.1	38.4	
波　兰	Poland	1036000.0	1942.3	2202.5	148.0 ⑨	40.0	39.8
罗马尼亚	Romania	3273.0	2875155.0	5375086 ④		37.9 ②	39.4 ②
俄罗斯联邦	Russian Federation		1113.0⑪			32.9⑫	
西班牙	Spain	876.0 ⑩	9.5 ⑩	10.7 ⑩	36.7	35.4	35.1
乌克兰	Ukraine	247.8	257.1	499.4		128.0⑪	137.0 ⑦⑪
英　国⑧	United Kingdom ⑧	232.0	385.0 ②	432.0 ②	40.5	39.8 ②	39.6 ②
澳大利亚	Australia	13.5 ⑥	19.9	21.4 ④	34.8	35.2	34.5
新西兰	New Zealand	14.2 ⑩	17.7 ⑩	19.5 ⑩	38.7 ②	33.9	33.9

注：①每年。②全部行业。③工资率。④2002年数据。⑤每日。⑥1991年数据。⑦2001年数据。⑧每周。⑨每月。⑩每小时。⑪1998年数据。⑫1999年数据。

Note: ① Per year. ② Total economic activity. ③ Wage Rate. ④ Data refer to 2002. ⑤ Per day. ⑥ Data refer to 1991. ⑦ Data refer to 2001. ⑧ Per week. ⑨ Per month. ⑩ Per hour.⑪Data refer to 1998. ⑫ Data refer to 1999.

6-8 制造业雇员工资及工时数

Wages and Hours of Work in Manufacturing

资料来源：国际劳工组织劳工统计数据库。
Source: International Labour Organization LABASTA Database.

国家和地区	Country or Area	平均月工资（本币） Wages Per month (Local Currency Unit)			平均每周工时数（小时） Hours of Work per Week (hours)		
		1990	2000	2003	1990	2000	2003
中　　国①	China ①	2073.0	8750.0	11001.0			
中国香港	Hong Kong, China	5685.8 ③	11869.7 ③	11001.0 ②③	44.2	45.3	45.4
中国澳门	Macao, China	2058.0	2960.0	2840.0		48.2	47.2
孟加拉国	Bangladesh	56.1 ③④			31.0	45.0	
印　　度	India	988.4	1280.8	1893.2 ⑤	46.4	47.2	46.7 ⑤
印度尼西亚③	Indonesia ③		98.1	129.2			
伊　　朗	Iran		867526.0	1014285 ⑤			
以 色 列	Israel	2669.0	9088.0 ⑤	9218.0	38.9	42.6	41.9
日　　本	Japan	352020.0	293100.0	296500.0	40.8	43.7	43.1
哈萨克斯坦	Kazakhstan	277.0|	17717.0	24823.0	148.2 ⑥		
韩　　国	Korea, Rep.	590760.0	1568000.0	1857000 ②	49.8	49.3	47.6
蒙　　古	Mongolia		66.0	82.7			
马来西亚	Malaysia	660.0	1388.0	1531.0 ⑤			
缅　　甸	Myanmar	631.9 ⑨	1066.0 ⑩		7.3 ⑨④	7.9 ④	8.0 ④
巴基斯坦	Pakistan	1735.0	2981.0	4113.7 ②			
菲 律 宾	Philippines	4108.0	7300.0		44.9	43.9	43.6
新 加 坡	Singapore	1395.0	3036.0	3265.0	48.5	49.8	49.0
斯里兰卡④	Srilanka ④	82.1	222.5	306.3			
泰　　国	Thailand	3357.0 ③	5839.0 ③	6064.6 ③⑤	48.3	49.6	
土 耳 其	Turkey	30582.0 ④	389395800	525175700 ⑤	48.8	51.3	52.2
埃　　及⑧	Egypt ⑧	54.0	125.0	147.0 ②	56.0	55.0	55.0 ②
南　　非	South Africa	1660.0	4323.0	5197.0 ②	45.4	185.6 ⑥	175.3 ⑤⑥
阿 根 廷	Argentina	10030.8 ⑦|	4.2 ⑦	4.3 ⑦	44.3	45.4	42.6 ②
加 拿 大⑧	Canada ⑧	599.4	796.9	842.3	38.2	38.9	38.9
墨 西 哥	Mexico	811.2|	2909.6	3363.5 ⑤	45.4	44.4	44.4
美　　国	United States	10.8 ⑦	14.4 ⑦	15.3 ⑦②	40.8	41.3	40.3 ②
巴　　西	Brazil	16.0	763.1	901.9 ②		43.2 ⑤	
保加利亚	Bulgaria		219.0	244.0 ②		33.0	33.0 ②
捷　　克	Czech Republic		13188.0	15832.0		40.7	40.7 ②
法　　国	France	45.5 ⑦	1459.0	1563.0 ②	38.7	38.6	37.2
德　　国	Germany		27.8 ⑦|	15.1| ⑦		37.9	37.7
意 大 利	Italy	100.0 ③	113.1 ③	107.0 ③		40.5	39.2
荷　　兰	Netherlands	21.5 ⑦	34.4 ⑦		39.9	38.6	39.9
波　　兰	Poland	99.6	1756.4	2034.0	143 ⑥	41.3	41.1
罗马尼亚	Romania	3146.0	2535223	4632583 ②	7.8 ④	39.5	40.9
俄罗斯联邦	Russian Federation		2371.0	5603.0		33.2 ⑩	
西 班 牙	Spain	902.0 ⑦|	10.5 ⑦	11.5 ⑦		36.1	36.0
乌 克 兰	Ukraine		270.7	552.9		143.0 ⑥	136.0 ⑥
英　　国	United Kingdom	224.0	380.0	430.0	42.3	41.4	41.0
澳大利亚	Australia	12.9 ⑦	18.2	20.5 ②⑦	38.1	38.6	38.5
新 西 兰	New Zealand	13.3 ⑦	17.0	18.8 ⑦	41.1	37.0	38.0

注：①每年。②2002年数据。③工资率。④每日。⑤2001年数据。⑥每月。⑦每小时。⑧每周。⑨1991年数据。⑩1999年数据。
Note: ① Per year. ② Data refer to 2002. ③ Wage Rate. ④ Per day. ⑤ Data refer to 2001. ⑥ Per month. ⑦ Per hour. ⑧ Per week. ⑨ Data refer to 1991. ⑩ Data refer to 1999.

6-9 全员劳动生产率①

Gross Labour Productivity ①

资料来源：世界银行世界发展指标数据库、国际劳工组织劳工统计数据库。

Source: World Bank World Development Indicators Database, International Labour Organization LABASTA Database.

单位：美元／人 (USD/person)

国家和地区	Country or Area	1990	2000	2001	2002	2003
中　　国②	China ②	1009	1506	1620	1732	1913
中国香港	Hong Kong, China	27760	52337	50421	49335	48545
中国澳门	Macao, China	20082	31702	31190	33489	
孟加拉国	Bangladesh	601				
印　　度	India		1240			
印度尼西亚	Indonesia	1533	1681	1584	1896	4546
以 色 列	Israel	35553	52985	50647	45815	47779
日　　本	Japan	49118	73537	64744	62353	68019
哈萨克斯坦	Kazakhstan				3675	4345
韩　　国	Korea Rep.	14800	24709	22560	24998	27324
马来西亚	Malaysia	6734	9947	9423	10070	10687
蒙　　古	Mongolia		1166	1239	1312	1418
巴基斯坦	Pakistan	1360	1978	1924	1872	4235
菲 律 宾	Philippines	2299	2734	2490	5182	
新 加 坡	Singapore	25180	45960	40983	43442	45096
斯里兰卡	Sri Lanka	1347	2620	2515	2570	2681
泰　　国	Thailand	2777	3771	3476	3742	4147
土 耳 其	Turkey	7765	9270	6739	8577	11312
越　　南	Viet Nam	214		845	886	963
埃　　及	Egypt	2945	5857	5666	5075	9232
南　　非	South Africa		11552	9877	9433	14022
加 拿 大	Canada	43746	48490	47000	47548	54979
墨 西 哥	Mexico		14819	15778	16275	15471
美　　国	United States	48762	72683	74360	76809	79852
阿 根 廷	Argentina	32324	34351	32759	12630	15626
巴　　西	Brazil	7528	8395		5998	6255
委内瑞拉	Venezuela	7765	13828	13847	9990	17609
白俄罗斯	Belarus	3356	2868	2801	3331	4012
保加利亚	Bulgaria	5059	4155	4571		
捷　　克	Czech Republic		11735	12868	15540	18891
法　　国	France		56969	56164	60245	72588
德　　国	Germany		51236	50549	54152	66104
意 大 利	Italy	51383	51071	50884	54467	66658
荷　　兰	Netherlands	47120	48348	49244	52912	64393
波　　兰	Poland		11375	12932	13670	15297
罗马尼亚	Romania		3440	3743	4591	6171
俄罗斯联邦	Russian Federation		4160	4749	5299	6545
西 班 牙	Spain	41067	37528	37335	40690	50900
乌 克 兰	Ukraine		1545	1870	2086	2449
英　　国	United Kingdom	36906	51929	50905	55216	63834
澳大利亚	Australia	39630	44038	41022	44699	55848
新 西 兰	New Zealand	29578	29567	28882	32394	41902

注：①全员劳动生产率等于国内生产总值除以平均就业人数。②世界银行统计数据。

Note: ① Gross labour productivity is equal to GDP divided by average employment. ② Data from World Bank.

6-10 罢工和停工（2003年）

Strikes and Lockouts(2003)

资料来源：国际劳工组织劳工统计数据库。
Source: International Labour Organization LABASTA Database.

国家和地区	Country or Area	罢工和停工次数（次） Strikes and Lockouts (number)	罢工和停工人数（人） Workers Involved (persons)	罢工和停工日数（天） Days not Worked (days)
中国香港①②	Hong Kong, China ①②	1	300	150
孟加拉国③	Bangladesh ③	4	1698	2284
韩　　国	Korea, Rep.	322 ④	88548 ⑤	1580424 ④
印　　度⑥⑦	India ⑥⑦	451	1534064	21667979
以 色 列⑧	Israel ⑧	60	1258904	2725159
日　　本⑨	Japan ⑨	47	4447	6727
马来西亚⑩	Malaysia ⑩	2	506 ④	1638 ④
缅　　甸	Myanmar	28	12979	12979
巴基斯坦	Pakistan	17	1263	7183
菲 律 宾⑪	Philippines ⑪	38	10035	150465
斯里兰卡⑫	Sri Lanka ⑫	98	42561	87172
泰　　国⑤	Thailand ⑤	5	526	6067 ⑤
土 耳 其⑩	Turkey ⑩	22	1535	144772
埃　　及	Egypt	4	1046	19969
尼日利亚	Nigeria	33	58561 ④	406918
南　　非⑬	South Africa ⑬	560	323093	3833095
加 拿 大⑭	Canada ⑭	266	79481	1736362
墨 西 哥⑤⑩	Mexico ⑤⑩	35	23234	414449
美　　国⑮	United States ⑮	14	129200	4077400
委内瑞拉	Venezuela	35		
阿 根 廷⑪	Argentina ⑪	613	6760850	12392241
巴　　西⑩	Brazil ⑩	333	1263697	294318831
法　　国⑤	France ⑤	2131	11884	691914
德　　国②⑯	Germany ②⑯	99⑬	39692	163281
意 大 利	Italy	710	2560700	1961700
荷　　兰⑤	Netherlands ⑤	16	37400	45100
波　　兰	Poland	24	3034	6551
罗马尼亚⑩	Romania ⑩	9	27045	11786
俄罗斯联邦④⑪	Russian Federation ④⑪	80	3900	29100
西 班 牙	Spain	678	728975	792101
乌 克 兰	Ukraine	15	5448	421
英　　国①⑦	United Kingdom ①⑦	133	150600	499100
澳大利亚⑧	Australia ⑧	643	275600	439400
新 西 兰⑰	New Zealand ⑰	28	5098	19390

注：①包括10人以上或持续时间小于1天、累计超过100个工作日的停工。②不包括公共部门。③2000年数据。④2002年数据。⑤2001年数据。⑥不包括少于10个工人的停工。⑦不包括政治性罢工。⑧不包括少于10个工作日的停工。⑨不包括持续时间少于半天的停工。⑩仅指罢工。⑪不包括持续时间少于1天或1个轮班的停工。⑫包括停工少于1天、累计超过50个工作日的停工，不包括少于5人的停工。⑬1998年数据。⑭指至少持续半天，10个工作日以上的罢工。⑮不包括涉及人数少于1000人，持续时间少于1天或1个轮班的停工。⑯包括持续少于1天、累计超过100个工作日的停工。⑰不包括少于5个工作日的停工，包括局部罢工和停工。

Note: ① Including stoppages involving fewer than 10 workers or lasting less than one day if 100 or more workdays not worked, lockouts. ② Excluding public sector. ③ Data refer to 2000. ④ Data refer to 2002. ⑤ Data refer to 2001. ⑥ Excluding stoppages involving fewer than 10 workers. ⑦ Excluding political strikes. ⑧ Excluding work stoppages in which less than 10 workdays not worked. ⑨ Excluding work stoppages in which less than 10 workdays not worked. ⑩ Strikes only. ⑪Excluding work stoppages lasting less than a full day or shift. ⑫Including stoppages lasting less than one day if 50 or more workdays not worked, excluding stoppages involving fewer than 5 workers. ⑬Data refer to 1998. ⑭Strikes lasting at least half a day with more than 10 days lost. ⑮Excluding work stoppages involving fewer than 1000 workers and lasting less than a full day or shift. ⑯Lasting less than one day if 100 or more workdays not worked. ⑰Excluding stoppages in which less than 5 workdays not worked, including partial strikes and stoppages.

6-11 经济活动人口教育程度构成

Educational Composition of Economically Active Population

资料来源：世界银行世界发展指标数据库。
Source: World Bank World Development Indicators Database.
单位：%　　(%)

国家和地区	Country or Area	初等教育 Primary Education		中等教育 Secondary Education		高等教育 Tertiary Education	
		2000	2001	2000	2001	2000	2001
中国澳门	Macao, China	60.6	60.4	16.3	16.8	12.2	12.0
以色列	Israel	15.2	14.4	35.3	35.1	48.6	49.6
韩　国	Korea, Rep.	14.8	14.2	43.5	43.7	24.0	24.9
新加坡	Singapore	25.0	19.8	25.3	28.0	36.6	37.9
斯里兰卡	Sri Lanka	67.5		16.5		12.3	
加拿大	Canada	18.0	17.2	31.0	30.3	51.0	52.5
墨西哥	Mexico	20.5	60.6	29.0	15.7	24.7	15.4
保加利亚	Bulgaria		21.7		55.0		23.3
捷　克	Czech Republic	10.5	10.2	78.2	78.1	11.3	11.6
法　国	France	28.6	26.9	46.0	46.9	25.4	26.2
德　国	Germany	17.8	17.3	68.3	58.9	13.9	23.8
意大利	Italy	47.6	46.7	39.8	40.2	11.4	11.9
荷　兰	Netherlands	30.7	30.9	68.5	45.2	0.4	23.5
波　兰	Poland	15.7	15.3	68.7	71.8	15.6	12.9
罗马尼亚	Romania	33.1	32.3	52.2	57.1	13.1	9.1
西班牙	Spain	53.9	52.0	19.0	19.6	26.6	27.9
英　国	United Kingdom	17.8	17.5	47.4	47.4	26.1	26.8
澳大利亚	Australia	29.3	35.5	43.0	35.3	27.6	29.0
新西兰	New Zealand	0.6	0.6	50.1	49.6	28.7	27.2

6-12 失业人员教育程度构成

Educational Composition of Unemployment

资料来源：世界银行世界发展指标数据库。
Source: World Bank World Development Indicators Database.
单位：%　　(%)

国家和地区	Country or Area	初等教育 Primary Education		中等教育 Secondary Education		高等教育 Tertiary Education	
		2000	2001	2000	2001	2000	2001
中国澳门	Macao, China	65.5	64.0	11.3	14.4	6.3	6.5
孟加拉国	Bangladesh	54.3		22.7		8.4	
印度尼西亚	Indonesia	44.5	46.0	43.8	36.6	7.9	6.7
以色列	Israel	23.3	20.7	43.9	44.2	31.7	34.1
日　本	Japan		21.5		53.4		24.8
韩　国	Korea, Rep.	26.1		51.0		22.9	
新加坡	Singapore		25.5		26.9		32.0
斯里兰卡	Sri Lanka	49.7	41.0			49.9	56.1
泰　国	Thailand	70.6		7.2		19.2	
土耳其	Turkey	57.9	60.1	29.4	29.0	9.7	8.4
加拿大	Canada	32.8	30.7	31.9	30.3	35.3	39.0
墨西哥	Mexico	52.4	51.5	25.0	23.9	20.0	22.2
美　国	United States	21.8	20.3	36.3	35.3	41.9	44.4
白俄罗斯	Belarus	7.5	7.9	14.6	15.3	77.9	76.9
保加利亚	Bulgaria	38.2	36.7	53.4	53.0	8.4	10.3
捷　克	Czech Republic	26.4	27.3	69.9	69.1	3.5	3.6
德　国	Germany	28.6	26.8	58.6	60.4	12.9	12.8
意大利	Italy	51.7	49.1	39.7	41.9	6.8	7.2
荷　兰	Netherlands	47.7	49.5	36.3	35.9	14.9	13.2
波　兰	Poland	20.4	19.1	73.2	76.8	6.4	4.2
罗马尼亚	Romania	20.0	20.6	74.4	72.7	4.4	5.5
西班牙	Spain	57.8	57.1	19.2	19.7	21.9	22.2
乌克兰	Ukraine	8.6		27.3		64.1	
英　国	United Kingdom	33.1	33.7	45.5	44.4	11.1	12.7
澳大利亚	Australia	44.3	54.3	40.8	31.5	14.9	14.0
新西兰	New Zealand	0.6	0.5	42.9	44.5	21.2	19.2

主要统计指标解释

经济活动人口 指在特定参考期内，被划分为就业或失业的人员，即可提供劳动的人员。如果参考期较短，如一天或一周，经常被称作劳动力或当前活动人口；如果参考期长，如一年，经常称之为通常活动人口。

在不同国家，经济活动人口统计范围有差异，如对军人、神职人员、在家庭企业工作而不拿报酬的人员、首次寻找工作者、季节性就业或兼职就业者处理不同，在某些国家，上述人员均为非经济活动人口。值得注意的是，经济活动人口不包括无论是在寻找工作或未工作的学生和退休人员、家务劳动者和生活完全依赖其他人的人员。大多数国家统计范围不包括共同生活在某个集体的人员，如犯人和修道院修女。

除非特别注明，本书中的经济活动人口、就业人口和失业人口均为15岁及以上人口。

就业人员 为一定年龄以上，在特定短期（一周或一天）内，属于下列类型的所有人：

（1）有酬从业人员，包括两类：①正在工作的人，指在参考期内做某些工作以得到现金或实物形式工资或薪金的人员； ②有工作岗位但目前不工作的人，指现在有工作，却在短期内暂时不上班，但同时与工作单位有正式联系的人。这种正式联系，可以按照如下的一项或多项标准，根据各国的不同情况，予以判断：1）持续领到工资或薪金；2)保证在暂时的不上班状态终止后返回该岗位，或对返回的时间有协议；3）在不工作的这段时间里，该从业者能得到补偿而无须接受其他工作。

（2）自营就业者，包括两类：①正在工作，指在短期时间内以利润或家庭收入为目的，从事某些工作得到现金或实物的人；②拥有企业而不工作的人，指自己拥有企业（如商业企业，农场，服务性企业），在一定时期内因特殊原因暂不工作的人。

失业 在调查期内，适龄劳动人口中的失业者分为：

(1)没有工作，即没有得到有报酬的工作，又没有自营就业的人；

(2)目前有工作能力，即在调查期内可从事有酬工作和自营就业的人；

(3)正在寻找工作，在最近特定时期已采取具体步骤寻求有酬工作或自营就业的人。这些具体步骤包括：在公共或私人职业介绍所登记；向雇主提出就业申请；在工地、农场、工厂大门外、市场或其他聚集地寻找工作；通过报纸刊登广告或应聘；寻求亲友帮助就业；自己开业寻找土地、厂房、机器或设备；筹集资金；许可证和执照等。

失业率 反映了失业的严重程度。失业率是参考期内（一般是特定的一天或一周）特定分组的失业人数和同一时间该组就业、失业人数之和相比得出的。

非农业部门 涉及以下主要经济活动部门：矿业，制造业，电、煤气和水供应，建筑业，批发、零售、仓储，饭店，交通、通信，金融、保险、房地产、产业服务，社区、社会和个人服务业。在某些情况下，仅用一些代表性的部门表示。

工资 定期以现金或以实物形式支付给雇员的报酬，包括对雇员工作时间、完成的工作量和未工作的有酬时间（如年休假，法定假日）支付的劳动报酬。工资不包括雇主为其雇员支付的社会保险和养老金缴款、雇员因此而得到的收益、解雇和辞职时加发的工资。

工资率 包括基础工资、生活补贴和其他有保证的津贴和经常性的补助，不包括加班费、奖金和赏金、家庭补助和其他由雇主支付的社会保障费用。优惠性实物报酬、正常工资率以外的补充报酬也都不包括在内。

工时 工时统计指实际工时或有偿工时。

实际工时包括：（1）正常工作时间内实际工作的时间；（2）正常工作时间以外工作的时间，通常情况下这部分时间（加班时间）的报酬比正常工时报酬高一些；（3）在工作场所从事诸如场所的准备。维修和保养，工具的准备和清理，准备单据。日程表和报告所花费的时间；（4）由于供应不足、机器出现故障或发生事故等原因，在工作场所等待和守候的时间，或暂没有工作任务，在工作场所花费的、劳动合同中地、规定付酬的时间；（5）在工作场所里的短暂休息时间，包括喝茶或喝咖啡的时间。

实际工时不包括（1）付酬的不工作时间，如带薪年休假、带薪公共假日、带薪病假等；（2）进餐时间；（3）上、下班交通时间。

有偿工时 除包括实际工时外，一般还包括未工作却有报酬的时间，如带薪年休假、带薪公共假日、带薪病假及其他带薪假期。

平均每周（月）工时 通常是用一周（月）实际工时或有偿工时的总数除以同期工资单上的工人平均人数。每天实际工时或有偿工时通常是用一周、两周或一个月实际工时或有偿工时的总数除以同期实际工作或有偿工作的天数而得出的结果。

收入 同雇员的总报酬相联系，即雇主付给的扣除各项费用(税收、雇员社会保险和养老基金的捐助，人寿保险费，工会费和其他义务费用)以前的总数。

罢工 是由于受一组或多组工人的影响，为了坚持或抵制某些要求、表达不满以及对其他工人的要求和不满表示支持而采取的暂时停止工作的行为。

停工 是一个或多个雇主为了坚持或抵制某些要求，表达不满以及对其他雇主的要求和不满表示支持而采取的暂时关闭一处或多处工作场所，或阻碍雇员正常工作的行为。

罢工工人 罢工直接涉及的工人指直接参与停止工作

的工人。罢工间接涉及工人是指所牵涉企业的雇员或所牵涉群体的自营就业工人，他们没有直接参与但由于罢工被迫停止工作。

停工工人 直接停工工人指所牵涉企业的雇员中，与这场劳动纠纷有直接关系并在这次关闭工厂而被迫停止工作的雇员。间接停工的工人是所牵涉企业的雇员中，与这场劳动纠纷没有关系但也因这次关闭工厂而被迫停止工作的人员。

Explanatory Notes on Main Statistical Indicators

The Economically Active Population are all those persons who during the specified reference period are classified either as employed or as unemployed, i.e. who supply labour. If the reference period is short, e.g. a day or a week, the terms "labour force" or "currently active population" are frequently used. If the reference period is long, e.g. a year, then term "usually active population" may be used.

The coverage of the statistics presented differs between countries because of the treatment of groups such as armed forces, members of religious orders, persons who contribute to family enterprises without pay, persons seeking their first job, seasonal workers or persons engaged in part-time economic activities. In certain countries, all or some of these groups are excluded from the economically active population. It should be noted that the economically active population does not include students and retired persons who do not work or seek work, persons occupied solely in domestic duties in their own households, persons living entirely on their own means, and persons wholly dependent upon others. In practice for most countries the statistics will also exclude persons living in collective households, such as prisons and convents.

Unless otherwise specified, in this yearbook, economically active population, employment population and unemployment population are all above 15 years old.

Employed comprise all persons above a specific age who during a specified brief period, either one week or one day, were in the following categories:

(1)paid employment: ① at work: persons who during the reference period performed some work for wage or salary, in cash or in kind; ② with a job but not at work: persons who, having already worked in their present job, were temporarily not at work during the reference period and had a formal attachment to their job. This formal job attachment should be determined in the light of national circumstance, according to one or more of the following criteria: 1) the continued receipt of wage or salary; 2) an assurance of return to work following the end of the contingency, or an agreement as to the data of return; 3) the elapsed duration of absence from the job which, wherever relevant, may be that duration for which workers can receive compensation benefits without obligations to accept other jobs.

(2)self-employment: ① at work: person who during the reference period performed some work for profit or family gain, in cash or in kind; ②with an enterprise but not at work: persons with an enterprise, which may be a business enterprise,a farm or a service undertaking ,who were temporarily not at work during the reference period for any specific reason.

Unemployed comprise all persons above a specified age who during the reference period were: (1) Without work were not in paid employment or self-employment; (2) Currently available for work were available for paid employment or self-employment during the reference period; (3) Seeking work had taken specific steps in a specified reference period to seek paid employment or self-employment. The specific steps may include registration at a pubic or private employment exchange; application to employers; checking at worksites, farms, factory gates, market or other assembly places; placing or answering newspaper advertisement; seeking assistance of friends or relatives; looking for land, building, machinery or equipment to establish own enterprise; arranging for financial resources; applying for permits and licences, etc.

Unemployment Rate illustrate the relative severity of unemployment. These rates are calculated by relating the number of persons in the given group who are unemployed during the reference period (usually a particular day or a given week) to the total of employed and unemployed persons in the group at the same date..

Non-agriculture Industries comprise mainly economically active industries as follows: mining and quarrying, manufacturing, electricity, gas and water, construction, wholesale and retail trade and restaurants and hotels, transport, storage and communication, financing, insurance, real estate and business services, community, social and personal services. In some cases, these industries are shown in only some parts of the industries i.e. representatives industries.

Wages relates to remuneration in cash and in kind paid to employees, as a rule at regular intervals, for time worked or work done together with remuneration for time not worked, such as for annual vacation, other paid leave or holidays. Wages earnings exclude employers' contribution in respect of their employees paid to social security and pension schemes and also the benefits received by employees under these schemes, also exclude severance and termination pay.

Wage Rates should include basic wages, cost-of-living allowances and other guaranteed and regularly paid allowances, but exclude overtime payments, bonuses and gratuities, family allowances and other social security payments made by employers. Extra payments in kind, supplementary to normal wage rates, are also excluded.

Hours of Work present hours actually worked and hours paid.

Statistics of hours actually worked include, (1) hours actually worked during normal periods of work; (2) time worked in addition to hours worked during normal periods of work, and generally paid at higher rates than normal rates (overtime); (3) time spent at the place of work on work such as the preparation of the workplace, repairs and maintenance, preparation and cleaning of tools, and the preparation of receipts, time sheets and reports; (4) time spent at the place of work waiting or standing by for such reasons as lack of supply of work, breakdown of machinery, or accidents, or time spent at the place of work during which no work is done but for which payment is made under a guaranteed employment contract.

Statistical of hours actually worked should exclude. (1) hours paid for but not worked, such as paid annual leave, paid holidays, paid sick leave; (2) meal breaks; (3) time spent on travel from home to work and vice versa.

National statistics of hours paid for generally comprise, in addition to hours actually worked, hours paid for but not worked such as paid annual vacation, paid public holidays, paid sick leave and other paid leave.

Average Hours for Per Week(Per Month) Average hours actually worked or paid for per week or per month are normally compiled by dividing the total number of hours actually worked or paid for during a week (a month) by the average number of workers on the payrolls during the same period. Average hours for per day are generally compiled by dividing the total number of hours actually worked or paid for during a week, fortnight or month by the total number of days actually worked or paid for during the same period.

Remuneration Statistics of earnings should relate to employees' gross remuneration, i.e., the total before any deductions are made by the employer in respect of taxes, contribution of employees to social security and pension schemes, life insurance premiums, union dues and other obligations of employees.

Strike A strike is a temporary work stoppage effected by one or more groups of workers with a view to enforcing demands or resisting demands or expressing grievance, or supporting other workers in their demands or grievances.

Lockout A lockout is a total or partial temporary closure of one or more places of employment, or the hindering of the normal work activities of employees, by one or more employers with a view to enforcing or resisting demands or expressing grievances, or supporting other employers in their demands or grievances.

Workers Involved in a Strike Workers directly involved in a strike are those who participated directly by stopping work. Workers indirectly involved in a strike are those employees of the establishments involved, or self-employed workers in the group involved, who did not participate directly by stopping work but who wee prevented from working because of the strike.

Workers Involved in a Lockout Workers directly involved in a lockout are those employees of the establishments involved who were directly concerned by the labour dispute and who were prevented from working by the lockout. Workers indirectly involved in a lockout are those employees of the establishments involved who were not directly concerned by the labour dispute but who were prevented from working by the lockout.

7 财政和金融

Government Finance and Banking

7-1 中央政府财政收入占国内生产总值比重①

Central Government Revenue as Percentage of GDP①

资料来源：世界银行数据库。
Source:World Bank Database.
单位：%　　(%)

国家和地区	Country or Area	1990	2000	2001	2002	2003
世界总计	**World**			**25.8**		
高收入国家	**High income**			**27.3**	**25.7**	
中等收入国家	**Middle income**	**16.0**				
低收入国家	**Low income**	**13.9**	**12.9**	**11.9**	**12.5**	**11.9**
中　国②	China ②	6.3	7.9	8.9		
孟加拉国	Bangladesh			9.8	10.2	10.1
印　度	India	12.6	12.0	11.2	11.9	11.6
印度尼西亚	Indonesia	18.8		21.0		
伊　朗	Iran	18.1	24.6	23.7	27.1	29.7
以色列	Israel		43.1	43.7	44.4	
日　本	Japan	14.1				
哈萨克斯坦	Kazakhstan		11.3	11.4	13.2	14.4
韩　国	Korea, Rep.	16.8	23.3	22.8		
马来西亚	Malaysia	26.4	19.2	25.3	24.4	23.7
蒙　古	Mongolia					37.9
缅　甸	Myanmar	10.5	5.3	4.7		
巴基斯坦	Pakistan	19.1	14.0	12.9	14.1	14.6
菲律宾	Philippines	16.2	15.2	15.3	14.1	14.4
新加坡	Singapore	26.7	27.0	25.8	22.2	
斯里兰卡	Sri Lanka	21.0	16.8	16.6	16.4	
泰　国	Thailand					19.5
土耳其	Turkey	13.7				
越　南	Vietnam		19.9	20.1	19.1	
埃　及	Egypt	23.0				
南　非	South Africa	26.3	27.2	28.4	27.5	27.0
加拿大	Canada	21.5	21.2	20.7	20.1	20.0
墨西哥	Mexico	15.3	14.7			
美　国	United States			20.5	18.1	17.4
阿根廷	Argentina				13.7	
巴　西	Brazil	22.8				
委内瑞拉	Venezuela	23.7	20.5	21.2	22.2	23.5
白俄罗斯	Belarus		28.7	28.5	26.6	
保加利亚	Bulgaria	47.1	33.7	33.0	33.0	35.4
捷　克	Czech Republic		31.0	32.3	32.4	33.2
法　国	France		44.5	44.6	43.9	43.9
德　国	Germany		30.7	30.1	30.0	30.2
意大利	Italy		38.1			
荷　兰	Netherlands		42.1	41.3	40.8	40.6
波　兰	Poland		29.5	29.3	29.5	
罗马尼亚	Romania	34.4	29.5	26.7		
俄罗斯联邦	Russian Federation				31.7	27.4
西班牙	Spain		31.1	31.3	27.9	
乌克兰	Ukraine		26.8	26.6	29.2	
英　国	United Kingdom		38.0	37.7	36.1	36.0
澳大利亚	Australia		25.6	26.7	26.0	26.5
新西兰	New Zealand			34.4	34.9	36.8

注：①政府财政收入不包括捐赠。②来源于世界银行数据库。
Note: ① Government Revenue excluding grants. ② Data from World Bank.

7-2 中央政府财政收入

Revenue of Central Government

国外资料来源：国际货币基金组织《政府财政统计年鉴》2004 年。

Source: IMF *Government Finance Statistics Yearbook 2004.*

		印 度 India 2003 (亿卢比) (100 million Rupee)	印度尼西亚 Indonesia 2001 (亿卢比) (100 million Rupiah)	韩 国 Korea, Rep. 2001 (亿韩圆) (100 million Won)	巴基斯坦 Pakistan 2004 (亿卢比) (100 million Rupee)
总收入	**Total Revenue**	**32223**	**3078920**	**1418640**	**7955**
税收收入	Tax Revenue	25153	1906140	957930	5801
收入、利润和资本所得税	Tax on Inc.,Profits, Cap.Gains	9557	944620	356380	1609
个人	Individuals	4407	191460	186630	232
公司和其它企业	Corporations and Other Enterprises	5150	704630	169750	1314
工资税	Taxes on Payroll and Workforce				
财产税	Taxes on Property	17	81910	29200	6
货物和服务税	Taxes on Goods and Services	10643	782540	438180	2619
货物和服务一般税	General Taxes on Goods and Services	39	558630	258350	2184
货物税	Excises	9690	173940	166370	435
国际贸易税	Taxes on International Trade,Transac.	4935	95680	59230	866
其他税	Other Taxes		1390	74940	701
社会缴款	Social Contributions	117	61060	211020	
社会保障缴款	Social Security Contributions		61060	175380	
其它社会缴款	Other Social Contributions	117		35640	
捐赠	Grants	146	520		345
来自外国政府	From Foreign Government	146			345
来自国际组织	From International Organization				
来自其它政府机构	From Other General Government Units				
其它收入	Other Revenue	6807	1111210	249690	1809

7-2续表 1 continued

		泰 国 Thailand 2003 (亿铢) (100 million Baht)	土耳其① Turkey 2001 (亿里拉) (100 million Lira)	埃 及① Egypt 2002 (亿埃镑) (100 million Pound)	南 非 South Africa 2003 (亿兰特) (100 million Rand)
总收入	**Total Revenue**	**11594**	**513247000**	**777.73**	**3281**
税收收入	Tax Revenue	9148	431265000	517.26	3041
收入、利润和资本所得税	Tax on Inc.,Profits, Cap.Gains	3326	182176000	193.2	1706
个人	Individuals	1114	128491000	47	990
公司和其它企业	Corporations and Other Enterprises	2212	41788000	146.2	716
工资税	Taxes on Payroll and Workforce			23.04	39
财产税	Taxes on Property	3	18428000	…	67
货物和服务税	Taxes on Goods and Services	4639	206414000	205.8	1131
货物和服务一般税	General Taxes on Goods and Services	1960	124747000	205.8	806
货物税	Excises	2517	76903000		317
国际贸易税	Taxes on International Trade,Transac.	1127	4755000	93.23	70
其他税	Other Taxes	53	19492000	1.98	27
社会缴款	Social Contributions	460			74
社会保障缴款	Social Security Contributions	421			74
其它社会缴款	Other Social Contributions	39			
捐赠	Grants	25		37.13	20
来自外国政府	From Foreign Government	24		36.87	2
来自国际组织	From International Organization	2		…	
来自其它政府机构	From Other General Government Units				18
其它收入	Other Revenue	1960	81981000	223.34	146

7-2续表 2 continued

		加拿大 Canada 2003 (亿加元) (100 million Dollar)	墨西哥 Mexico 2000 (亿比索) (100 million Peso)	美国 United States 2003 (亿美元) (100 million US Dollar)	阿根廷 Argentina 2002 (亿比索) (100 million Peso)
总收入	**Total Revenue**	**2409**	**8106**	**19024**	**428**
税收收入	Tax Revenue	1687	6408	10865	295
收入、利润和资本所得税	Tax on Inc.,Profits, Cap.Gains	1241	2765	9752	57
个人	Individuals	923		7838	17
公司和其它企业	Corporations and Other Enterprises	277		1914	40
工资税	Taxes on Payroll and Workforce				2
财产税	Taxes on Property			220	45
货物和服务税	Taxes on Goods and Services	417	5036	679	122
货物和服务一般税	General Taxes on Goods and Services	311	1896		65
货物税	Excises	97	862	481	51
国际贸易税	Taxes on International Trade,Transac.	29	329	214	60
其他税	Other Taxes		59		8
社会缴款	Social Contributions	580	849	7583	87
社会保障缴款	Social Security Contributions	538	849	7536	69
其它社会缴款	Other Social Contributions	42		47	17
捐赠	Grants	6			1
来自外国政府	From Foreign Government				…
来自国际组织	From International Organization				…
来自其它政府机构	From Other General Government Units	6			1
其它收入	Other Revenue	137	849	576	46

7-2续表 3 continued

		巴西 Brazil 1998 (亿雷亚尔) (100 million Reai)	法国 France 2003 (亿欧元) (100 million Euro)	德国 Germany 2003 (亿欧元) (100 million Euro)	意大利 Italy 2000 (亿欧元) (100 million Euro)
总收入	**Total Revenue**	**2216**	**6888**	**6535**	**4445**
税收收入	Tax Revenue	1111	3515	2459	2785
收入、利润和资本所得税	Tax on Inc.,Profits, Cap.Gains	461	1599	1038	1536
个人	Individuals	30	1257	928	1272
公司和其它企业	Corporations and Other Enterprises	118	343	85	264
工资税	Taxes on Payroll and Workforce	99	124		
财产税	Taxes on Property	2	134		11
货物和服务税	Taxes on Goods and Services	483	1656	1421	1036
货物和服务一般税	General Taxes on Goods and Services	187	1105	654	705
货物税	Excises	164	372	678	259
国际贸易税	Taxes on International Trade,Transac.	66	…		
其他税	Other Taxes		1		202
社会缴款	Social Contributions	775	2872	3783	1475
社会保障缴款	Social Security Contributions	775	2589	3734	145
其它社会缴款	Other Social Contributions	…	283	48	30
捐赠	Grants	1	54	105	5
来自外国政府	From Foreign Government	…			
来自国际组织	From International Organization		26	16	2
来自其它政府机构	From Other General Government Units	…	27	89	3
其它收入	Other Revenue	386	446	187	181

7-2续表 4 continued

		荷　兰 Netherlands 2003 (亿欧元) (100 million Euro)	波　兰 Poland 2002 (亿兹罗提) (100 million Zloty)	罗马尼亚 Romania 2001 (亿列伊) (100 million Lei)	俄罗斯联邦 Russian Federation 2003 (亿卢布) (100 million Ruble)
总收入	**Total Revenue**	**1843**	**2312**	**3125340**	**36445**
税收收入	Tax Revenue	1031	1360	1372000	17585
收入、利润和资本所得税	Tax on Inc.,Profits, Cap.Gains	446	395	320550	1663
个人	Individuals	312	244	92350	
公司和其它企业	Corporations and Other Enterprises	134	151	224470	1526
工资税	Taxes on Payroll and Workforce	4	14		
财产税	Taxes on Property	49	…		19
货物和服务税	Taxes on Goods and Services	520	903	937960	11373
货物和服务一般税	General Taxes on Goods and Services	364	581	517930	8821
货物税	Excises	118	316	403120	2525
国际贸易税	Taxes on International Trade,Transac.	11	38	95620	4528
其他税	Other Taxes		10	17870	2
社会缴款	Social Contributions	679	751	1289180	11078
社会保障缴款	Social Security Contributions	657	751	1289180	11078
其它社会缴款	Other Social Contributions	22			
捐赠	Grants	4	6	13450	11
来自外国政府	From Foreign Government			13450	
来自国际组织	From International Organization	4	6		
来自其它政府机构	From Other General Government Units	1	…		11
其它收入	Other Revenue	129	195	450710	7770

7-2续表 5 continued

		西班牙 Spain 2001 (亿欧元) (100 million Euro)	乌克兰 Ukraine 2002 (亿格里夫尼亚) (100 million Hryvnia)	英　国 United Kingdom 2003 (亿英镑) (100 million Pound)	澳大利亚 Australia 2003 (亿澳元) (100 million Dollar)
总收入	**Total Revenue**	**2126**	**693**	**3996**	**2134**
税收收入	Tax Revenue	1055	316	2988	1943
收入、利润和资本	Tax on Inc.,Profits, Cap.Gains	548	83	1457	1313
所得税		365		1131	915
个人	Individuals	175	83	326	387
公司和其它企业	Corporations and Other Enterprises				31
工资税	Taxes on Payroll and Workforce	3		195	…
财产税	Taxes on Property	497	206	1289	544
货物和服务税	Taxes on Goods and Services	317	136	751	322
货物和服务一般税	General Taxes on Goods and Services	154	39	384	215
货物税	Excises	…	29		56
国际贸易税	Taxes on International Trade,Transac.	6		46	
其他税	Other Taxes	871	241	829	
社会缴款	Social Contributions	819	241	794	
社会保障缴款	Social Security Contributions	52		35	
其它社会缴款	Other Social Contributions	81	33	36	2
捐赠	Grants		3		
来自外国政府	From Foreign Government	21		36	
来自国际组织	From International Organization	60	30		2
来自其它政府机构	From Other General Government Units	118	103	143	189
其它收入	Other Revenue				

注：①指中央政府预算。

Note:(1)Data refer to Budgetary Central Government.

7-3 中央政府财政支出

Expense of Central Government

国外资料来源：国际货币基金组织《政府财政统计年鉴》2004年。

Source: IMF *Government Finance Statistics Yearbook 2004.*

		印度 India 2003（亿卢比）(100 million Rupee)	印度尼西亚 Indonesia 1999（亿卢比）(100 million Rupiah)	韩国 Korea,Rep. 2001（亿韩圆）(100 million Won)	巴基斯坦 Pakistan 2004（亿卢比）(100 million Rupee)
总支出	**Total Expense**	**44461**	**1795770**	**1154620**	**8142**
雇员报酬	Compensation of Employees	3892	191240	123930	373
工资和薪金	Wages and Salaries		191240	123930	373
社会缴款	Social Contributions				
商品和服务的使用	Use of Goods and Services	5886	204530	13830	2518
固定资本消耗	Consumption of Fixed Capital				
利息	Interest	11968	429100	71980	3177
补贴	Subsidies		638840	5340	435
捐赠	Grants	13014	219360	468900	1638
对外国政府	To Foreign Governments			4850	
对国际组织	To International Organizations			250	
对其它政府机构	To Other General Government Units	13014	219360	463800	1638
通货	Current	10144	134780	362620	1638
资产	Capital	2870	84580	101180	
社会福利	Social Benefits		108360	170350	
其它支出	Other Expense	245	4350	175810	
不含利息的财产支出	Property Expense Other Than Interest				
其它支出	Miscellaneous Other Expense	245	4350	175810	
通货	Current			121990	
资产	Capital	245	4350	53830	

7-3续表1 continued

		泰国 Thailand 2003（亿铢）(100 million Baht)	土耳其① Turkey 2001（亿里拉）(100 million Lira)	埃及① Egypt 2002（亿埃镑）(100 million Pound)	南非 South Africa 2003（亿兰特）(100 million Rand)
总支出	**Total Expense**	**9113**	**800254000**	**855**	**3493**
雇员报酬	Compensation of Employees	3279	124678000	282	520
工资和薪金	Wages and Salaries	3279	124678000	244	
社会缴款	Social Contributions			38	
商品和服务的使用	Use of Goods and Services	2333	49058000	86	468
固定资本消耗	Consumption of Fixed Capital				
利息	Interest	676	441897000	229	465
补贴	Subsidies	465	6734000	59	43
捐赠	Grants	947	128747000		1806
对外国政府	To Foreign Governments	16	3991000		74
对国际组织	To International Organizations				
对其它政府机构	To Other General Government Units	931	124757000		1732
通货	Current	639	124757000		1657
资产	Capital	292			76
社会福利	Social Benefits	885	33892000	95	101
其它支出	Other Expense	529	15248000	102	91
不含利息的财产支出	Property Expense Other Than Interest				
其它支出	Miscellaneous Other Expense	529	15248000	102	91
通货	Current	257		102	12
资产	Capital	3188	15248000		79

7-3续表 2 continued

		加 拿 大 Canada 2003（亿加元） (100 million Dollar)	墨 西 哥 Mexico 2000（亿比索） (100 million Peso)	美 国 United States 2003（亿美元） (100 million US Dollar)	阿 根 廷 Argentina 2002（亿比索） (100 Million Peso)
总支出	**Total Expense**	**2211**	**8488**	**23013**	**607**
雇员报酬	Compensation of Employees	243	1451	2915	59
工资和薪金	Wages and Salaries	191	1451		50
社会缴款	Social Contributions	51			9
商品和服务的使用	Use of Goods and Services	167	668	3341	22
固定资本消耗	Consumption of Fixed Capital			280	
利息	Interest	212	1132	2125	209
补贴	Subsidies	37		464	4
捐赠	Grants	443		4106	72
对外国政府	To Foreign Governments	19		256	1
对国际组织	To International Organizations	7			
对其它政府机构	To Other General Government Units	417		3850	71
通货	Current	415		3399	53
资产	Capital	2		451	18
社会福利	Social Benefits	961		9589	210
其它支出	Other Expense	149		193	29
不含利息的财产支出	Property Expense Other Than Interest	87			1
其它支出	Miscellaneous Other Expense	61			28
通货	Current	46			28
资产	Capital	15			…

7-3续表 3 continued

		巴 西 Brazil 1998（亿雷亚尔） (100 million Reai)	法 国 France 2003（亿欧元） (100 million Euro)	德 国 Germany 2003（亿欧元） (100 million Euro)	意 大 利 Italy 2000（亿欧元） (100 million Euro)
总支出	**Total Expense**	**2396**	**7494**	**6988**	**4624**
雇员报酬	Compensation of Employees	314	1679	375	723
工资和薪金	Wages and Salaries	296	1149		486
社会缴款	Social Contributions	18	530		237
商品和服务的使用	Use of Goods and Services	228	544	285	226
固定资本消耗	Consumption of Fixed Capital		111	74	60
利息	Interest	350	413	403	738
补贴	Subsidies	145	117	103	76
捐赠	Grants	437	703	544	702
对外国政府	To Foreign Governments	3		25	
对国际组织	To International Organizations			151	12
对其它政府机构	To Other General Government Units	434	654	368	690
通货	Current	434	572	293	596
资产	Capital		82	75	94
社会福利	Social Benefits	928	3675	4987	1936
其它支出	Other Expense		252	218	163
不含利息的财产支出	Property Expense Other Than Interest				
其它支出	Miscellaneous Other Expense		252	218	163
通货	Current		174	85	86
资产	Capital		79	133	77

7-3 续表 4 continued

		荷 兰 Netherlands 2003（亿欧元）(100 million Euro)	波 兰 Poland 2002（亿兹罗提）(100 million Zloty)	罗马尼亚 Romania 2001（亿列伊）(100 million Lei)	俄罗斯联邦 Russian Federation 2003（亿卢布）(100 million Ruble)
总支出	**Total Expense**	**1956**	**2690**	**3315370**	**30440**
雇员报酬	Compensation of Employees	164	297	509790	5484
工资和薪金	Wages and Salaries	121	223	408680	4700
社会缴款	Social Contributions	43	73	101110	783
商品和服务的使用	Use of Goods and Services	138	212	656020	5827
固定资本消耗	Consumption of Fixed Capital	39			
利息	Interest	108	245	357630	2185
补贴	Subsidies	38	70	127430	1390
捐赠	Grants	585	462	137260	3418
对外国政府	To Foreign Governments			5910	
对国际组织	To International Organizations	56	3		
对其它政府机构	To Other General Government Units	530	459	131350	3418
通货	Current	499	440	131350	3415
资产	Capital	31	19		…
社会福利	Social Benefits	861	1319	1344340	11941
其它支出	Other Expense	21	84	182890	196
不含利息的财产支出	Property Expense Other Than Interest	…			
其它支出	Miscellaneous Other Expense	21	84	182890	196
通货	Current	15	68		194
资产	Capital	6	16	182890	…

7-3 续表 5 continued

		西班牙 Spain 2002（亿欧元）(100 million Euro)	乌克兰 Ukraine 2002(亿格里夫尼亚) (100 million Hryvnia)	英 国 United Kingdom 2003（亿英镑）(100 million Pound)	澳大利亚 Australia 2003（亿澳元）(100 million Dollar)
总支出	**Total Expense**	**2202**	**654**	**4369**	**2069**
雇员报酬	Compensation of Employees	361	112	591	212
工资和薪金	Wages and Salaries		92	494	183
社会缴款	Social Contributions		20	96	29
商品和服务的使用	Use of Goods and Services	140	88	789	210
固定资本消耗	Consumption of Fixed Capital			57	26
利息	Interest	170	28	223	103
补贴	Subsidies	44	28	61	52
捐赠	Grants	403	89	937	559
对外国政府	To Foreign Governments		1		19
对国际组织	To International Organizations	5		27	
对其它政府机构	To Other General Government Units	398	88	910	540
通货	Current	372	87	850	515
资产	Capital	27	2	60	25
社会福利	Social Benefits	989	301	1340	816
其它支出	Other Expense	95	9	371	91
不含利息的财产支出	Property Expense Other Than Interest				
其它支出	Miscellaneous Other Expense		9	371	91
通货	Current			260	85
资产	Capital		9	110	6

7-4 社会保障和福利
Social Security and Welfare

资料来源：世界银行《世界发展指标》2004年。
Source:World Bank *World Development Indicators 2004.*

国家和地区	Country or Area	社会保障和福利支出占国内生产总值比重(%) Social Security and Welfare as Percentage of GDP(%)			社会保障税占中央政府经常性收入比重(%) Social Security Taxes as Percentage of total Current Revenue(%)	
		1970-1975	1980-1985	1994-2000	1990	2001
世界总计	**World**				**3.8**	**5.1 ①**
高收入国家	**High Income**				**17.1**	**19.5 ①**
中等收入国家	**Middle Income**				**4.0**	**9.7 ②**
印度尼西亚	Indonesia			1.1		2.0
伊　朗	Iran	1.5	2.6	3.9	8.1	8.6 ②
以色列	Israel	11.5	11.0	12.5	9.0	14.9
韩　国	Korea, Rep.				4.6	
马来西亚	Malaysia	0.7	1.0	1.4	0.8	
蒙　古	Mongolia			7.2		17.3
巴基斯坦	Pakistan	0.3	0.9	0.2		
新加坡	Singapore	0.3	0.4	0.7		
斯里兰卡	Sri Lanka	6.1	3.0	2.9		
泰　国	Thailand	0.7	0.6	1.1	0.1	3.0
土耳其	Turkey	0.3	0.2	2.7		
埃　及	Egypt	4.7	5.2	0.1	15.5	
南　非	South Africa		1.7	1.1	1.8	1.8
加拿大	Canada	7.4	8.2	9.2	16.0	21.2
墨西哥	Mexico	3.6	2.2	3.3	12.5	10.5 ②
美　国	United States	7.5	6.8	5.4	34.6	33.1
阿根廷	Argentina		5.8	8.2	43.6	22.8
巴　西	Brazil		5.9	12.7	30.8	
委内瑞拉	Venezuela	1.3	1.2	3.0	3.7	3.5
白俄罗斯	Belarus			11.0		38.1
保加利亚	Bulgaria			13.6	22.6	23.6
捷　克	Czech Republic			13.9		44.4
法　国	France	14.5	16.5		43.9	
德　国	Germany	12.7	13.1	16.9	53.4	
意大利	Italy	11.7	14.4		29.0	30.2 ①
荷　兰	Netherlands				35.5	
波　兰	Poland			17.4		31.3
罗马尼亚	Romania	6.1	6.9	10.6	22.9	41.4
俄罗斯联邦	Russian Federation			7.5		25.5
西班牙	Spain	10.3	12.8	13.0	38.3	
乌克兰	Ukraine			12.3		36.2
英　国	United Kingdom				17.1	17.0 ①
澳大利亚	Australia	4.7	7.2	8.4		

注：①1999年数据。②2000年数据。
Note: ① Data refer to 1999. ② Data refer to 2000.

7-5 公共养老金支出
Public Expenditure on Pensions

资料来源:世界银行《世界发展指标》2005年。

Source:World Bank *World Development Indicators 2005*.

国家和地区	Country or Area	年份 Year	公共养老金支出占国内生产总值比重(%) Public Expenditure on Pensions as percentage of GDP(%)	年份 Year	人均养老金支出占人均收入比重(%) Average Public Expenditure on Pensions as percentage of per Capita Income(%)
中国①	China ①	1996	2.7		
伊朗	Iran	1994	1.5		
以色列	Israel	1996	5.9	1992	48.1
日本	Japan	1997	6.9	1989	33.9
韩国	Korea, Rep.	1997	1.3		
马来西亚	Malaysia	1999	6.5		
巴基斯坦	Pakistan	1993	0.9		
菲律宾	Philippines	1993	1		
新加坡	Singapore	1996	1.4		
斯里兰卡	Sri Lanka	1996	2.4		
土耳其	Turkey	1997	4.5	1993	56
越南	Viet Nam	1998	1.6		
埃及	Egypt	1994	2.5	1994	45
尼日利亚	Nigeria	1991	0.1	1991	40.5
加拿大	Canada	1997	5.4	1994	54.3
墨西哥	Mexico	2000	0.3		
美国	United States	1997	7.5	1989	33
阿根廷	Argentina	1994	6.2		
巴西	Brazil	1997	9.8		
委内瑞拉	Venezuela	2001	2.7		
白俄罗斯	Belarus	1997	7.7	1995	31.2
保加利亚	Bulgaria	1996	7.3	1995	39.3
捷克	Czech Republic	1999	9.8	1996	37
法国	France	1997	13.4		
德国	Germany	1997	12.1	1995	62.8
意大利	Italy	1997	17.6		
荷兰	Netherlands	1997	11.1	1989	48.5
波兰	Poland	1997	15.5	1995	61.2
罗马尼亚	Romania	1996	5.1	1994	34.1
俄罗斯联邦	Russian Federation	1996	5.7	1995	18.3
西班牙	Spain	1997	10.9	1995	54.1
乌克兰	Ukraine	1996	8.6	1995	30.9
英国	United Kingdom	1997	10.3		
澳大利亚	Australia	1997	5.9	1989	37.3
新西兰	New Zealand	1997	6.5		

注：①数据来源于世界银行。

Note: ① Data from World Bank.

7-6 货币供应量

Money Supply

资料来源：世界银行数据库。
Source:World Bank Database.

单位：亿本币 (100 million local currency units)

国家和地区	Country or Area	1990	2000	2002	2003
中　　国	**China**				
广义货币	Quasi-Money and Money	14682	135960	186791	223553
货币	Money	7010	54541	72665	86449
准货币	Quasi-Money	7672	81419	114125	137104
中国香港	**Hong Kong, China**				
广义货币	Quasi-Money and Money		30012	30093	31982
货币	Money		1846	2404	3241
准货币	Quasi-Money		28166	27689	28741
孟加拉国	**Bangladesh**				
广义货币	Quasi-Money and Money	2346	8228	10690	12091
货币	Money	657	2190	2547	2740
准货币	Quasi-Money	1689	6039	8143	9351
印　　度	**India**				
广义货币	Quasi-Money and Money	24302	116934	156086	176430
货币	Money	8536	34959	43249	50260
准货币	Quasi-Money	15767	81975	112837	126170
印度尼西亚	**Indonesia**				
广义货币	Quasi-Money and Money	846295	7488453	8833183	9547747
货币	Money	238190	1609231	1880081	2205520
准货币	Quasi-Money	608105	5879222	6953102	7342227
伊　　朗	**Iran**				
广义货币	Quasi-Money and Money	203920	2110536	3363309	4187122
货币	Money	97293	1021698	1553088	1846266
准货币	Quasi-Money	106627	1088838	1810221	2340856
以 色 列	**Israel**				
广义货币	Quasi-Money and Money	743	4389	5136	5129
货币	Money	70	310	384	428
准货币	Quasi-Money	673	4078	4753	4700
日　　本	**Japan**				
广义货币	Quasi-Money and Money	4950080	6296200	6652030	6769490
货币	Money	1196280	2478580	3479790	3635990
准货币	Quasi-Money	3753800	3817620	3172240	3133500
韩　　国	**Korea, Rep.**				
广义货币	Quasi-Money and Money	687075	4130489	5189044	5535833
货币	Money	159052	469970	631505	654809
准货币	Quasi-Money	528023	3660519	4557539	4881025
马来西亚	**Malaysia**				
广义货币	Quasi-Money and Money	767	3484	3682	4023
货币	Money	254	807	919	1056
准货币	Quasi-Money	513	2677	2762	2967
蒙　　古	**Mongolia**				
广义货币	Quasi-Money and Money		2588	4701	7033
货币	Money		1308	1877	2128
准货币	Quasi-Money		1281	2824	4905

7-6续表1 continued

单位：亿本币 (100 million local currency units)

国家和地区	Country or Area	1990	2000	2002	2003
缅　甸	**Myanmar**				
广义货币	Quasi-Money and Money	424	8005	15508	15724
货币	Money	306	4650	10095	11861
准货币	Quasi-Money	118	3356	5413	3863
巴基斯坦	**Pakistan**				
广义货币	Quasi-Money and Money	3350	14767	19280	22662
货币	Money	2546	8760	11184	13876
准货币	Quasi-Money	804	6007	8096	8786
菲 律 宾	**Philippines**				
广义货币	Quasi-Money and Money	3689	20652	23616	24467
货币	Money	929	3905	4785	5198
准货币	Quasi-Money	2760	16747	18831	19269
新 加 坡	**Singapore**				
广义货币	Quasi-Money and Money	618	1709	1803	1948
货币	Money	153	333	358	387
准货币	Quasi-Money	466	1376	1445	1561
斯里兰卡	**Sri Lanka**				
广义货币	Quasi-Money and Money	909	4834	6225	7179
货币	Money	396	1185	1394	1616
准货币	Quasi-Money	513	3649	4831	5562
泰　国	**Thailand**				
广义货币	Quasi-Money and Money	15291	51901	53895	57425
货币	Money	1954	6843	6749	8692
准货币	Quasi-Money	13337	45058	47146	48733
土 耳 其	**Turkey**				
广义货币	Quasi-Money and Money	938027	576326700	1384939000	1581102000
货币	Money	302367	74069140	148143300	211935600
准货币	Quasi-Money	635660	502257600	1236795000	1369167000
越　南	**Vietnam**				
广义货币	Quasi-Money and Money		1969944	2841443	3780598
货币	Money		909890	1253292	1570249
准货币	Quasi-Money		1060054	1588151	2210349
埃　及	**Egypt**				
广义货币	Quasi-Money and Money	825	2610	3328	4036
货币	Money	262	622	758	935
准货币	Quasi-Money	563	1988	2570	3101
尼日利亚	**Nigeria**				
广义货币	Quasi-Money and Money	576	10361	15995	19852
货币	Money	345	6497	9463	12256
准货币	Quasi-Money	230	3864	6532	7596
南　非	**South Africa**				
广义货币	Quasi-Money and Money	1559	4988	6912	7777
货币	Money	504	2662	3498	3757
准货币	Quasi-Money	1056	2326	3414	4019
加 拿 大	**Canada**				
广义货币	Quasi-Money and Money	3274	6742	7585	8118
货币	Money	971	2252	2685	2844
准货币	Quasi-Money	2303	4490	4900	5274
墨 西 哥	**Mexico**				
广义货币	Quasi-Money and Money	1654	14986	18355	19669
货币	Money	470	4655	5967	6793
准货币	Quasi-Money	1185	10331	12387	12876

7-6续表2 continued

单位：亿本币 (100 million local currency units)

国家和地区	Country or Area	1990	2000	2002	2003
美　国	**United States**				
广义货币	Quasi-Money and Money	37674	61089	72687	74222
货币	Money	9251	14364	16463	17782
准货币	Quasi-Money	28424	46725	56224	56440
阿根廷	**Argentina**				
广义货币	Quasi-Money and Money	79	905	873	1132
货币	Money	31	198	283	429
准货币	Quasi-Money	48	707	590	702
巴　西	**Brazil**				
广义货币	Quasi-Money and Money		3142	4331	4521
货币	Money		741	1072	1115
准货币	Quasi-Money		2401	3259	3405
委内瑞拉	**Venezuela**				
广义货币	Quasi-Money and Money	6848	143741	191806	302215
货币	Money	2145	80372	109735	190558
准货币	Quasi-Money	4703	63368	82072	111657
白俄罗斯	**Belarus**				
广义货币	Quasi-Money and Money		16137	39357	61717
货币	Money		5084	13657	22384
准货币	Quasi-Money		11053	25700	39333
保加利亚	**Bulgaria**				
广义货币	Quasi-Money and Money		99	139	168
货币	Money		48	67	80
准货币	Quasi-Money		51	73	87
捷　克	**Czech Republic**				
广义货币	Quasi-Money and Money		14456	17183	18451
货币	Money		4990	8270	9642
准货币	Quasi-Money		9466	8912	8809
波　兰	**Poland**				
广义货币	Quasi-Money and Money	191	2945	3294	3482
货币	Money	94	826	1129	1336
准货币	Quasi-Money	96	2119	2165	2146
罗马尼亚	**Romania**				
广义货币	Quasi-Money and Money	5185	1850601	3737143	4607513
货币	Money	2382	443204	839065	1075979
准货币	Quasi-Money	2803	1407397	2898078	3531534
俄罗斯联邦	**Russian Federation**				
广义货币	Quasi-Money and Money		15690	28600	39621
货币	Money		8805	14985	21819
准货币	Quasi-Money		6885	13615	17802
乌克兰	**Ukraine**				
广义货币	Quasi-Money and Money		316	643	945
货币	Money		208	403	531
准货币	Quasi-Money		108	240	413
澳大利亚	**Australia**				
广义货币	Quasi-Money and Money	2188	4474	5348	6058
货币	Money	467	1378	2101	2316
准货币	Quasi-Money	1721	3096	3247	3743
新西兰	**New Zealand**				
广义货币	Quasi-Money and Money	563	979	1126	1245
货币	Money	84	157	200	217
准货币	Quasi-Money	479	822	926	1028

7-7 年平均存款利率和贷款利率

Deposit Rates & Lending Rates
(Period Averages in Percent per Annum)

资料来源：世界银行数据库。
Source:World Bank Database.
单位：%　　(%)

国家和地区	Country or Area	存款利率 Deposit Rates			贷款利率 Lending Rates		
		1990	2002	2003	1990	2002	2003
中　国①	China ①	8.6	2.0	2.0	9.4	5.3	5.3
中国香港	Hong Kong,China	6.7	0.3	0.1	10.0	5.0	5.0
孟加拉国	Bangladesh	12.0	8.2	7.8	16.0	16.0	16.0
印　度	India				16.5	11.9	11.5
印度尼西亚	Indonesia	17.5	15.5	10.6	20.8	18.9	16.9
以色列	Israel	14.4	6.0	6.6	26.4	9.9	10.7
日　本	Japan	3.6	…	…	7.0	1.9	1.8
韩　国	Korea	10.0	4.9	4.3	10.0	6.8	6.2
马来西亚	Malaysia	5.7	3.2	3.1	8.8	6.5	6.3
蒙　古	Mongolia	300.0	13.2	14.0		28.4	26.3
缅　甸	Myanmar	5.9	9.5	9.5	8.0	15.0	15.0
菲律宾	Philippines	19.5	4.6	5.2	24.1	9.1	9.5
新加坡	Singapore	4.7	0.9	0.5	7.4	5.4	5.3
斯里兰卡	Sri Lanka	19.4	9.2	6.0	13.0	13.2	10.3
泰　国	Thailand	12.3	2.0	1.3	14.4	6.9	5.9
土耳其	Turkey	47.5	50.5	37.7			
越　南	Viet Nam		6.4	6.6		9.1	9.5
埃　及	Egypt	12.0	9.3	8.2	19.0	13.8	13.5
尼日利亚	Nigeria	19.8	16.7	14.2	25.3	24.8	20.7
南　非	South Africa	18.9	10.8	9.8	21.0	15.8	15.0
加拿大	Canada	9.9	0.8	1.1	14.1	4.2	4.7
墨西哥	Mexico	30.4	3.8	3.1		8.2	6.9
美　国	United States				10.0	4.7	4.1
阿根廷	Argentina	1517.9	39.2	10.2		51.7	19.1
巴　西	Brazil	9394.3	19.1	22.0		62.9	67.1
委内瑞拉	Venezuela	27.8	29.0	17.2	35.5	36.6	25.2
白俄罗斯	Belarus		26.9	17.4		36.9	24.0
保加利亚	Bulgaria		2.8	2.9		9.3	8.8
捷　克	Czech Republic		2.0	1.3		6.7	5.9
法　国	France	4.5	3.0	2.7	10.6	6.6	6.6
德　国	Germany	7.1	2.7		11.6	9.7	
意大利	Italy	6.8	1.4	0.9	14.1	5.8	5.0
荷　兰	Netherlands	3.3	2.8	2.5	11.8	4.0	3.0
波　兰	Poland	41.7	6.2	3.7	504.2	12.0	7.3
俄罗斯联邦	Russian Federation		5.0	4.5		15.7	13.0
西班牙	Spain	10.7	2.5		16.0	4.3	
英　国	United Kingdom	12.5			14.8	4.0	3.7
澳大利亚	Australia	13.5	3.1	3.3	17.9	8.2	8.4
新西兰	New Zealand	11.7	5.3	5.1	16.0	9.8	9.8

注：①数据来源于世界银行。
Note: ① Data from World Bank.

7-8 国库券利率和政府债券收益率

Treasury Bill Rates & Government Bond Yields

资料来源:《国际金融统计年鉴》2004。
Source:IMF *International Finance Statistics Yearbook 2004.*
单位：%　　(%)

国家和地区	Country or Area	国库券利率 Treasury Bill Rates			政府债券收益率 Government Bond Yields		
		1990	2002	2003	1990	2002	2003
中国香港	Hong Kong,China		1.35	-0.08			
日　本	Japan				7.36	1.25	1.01
韩　国	Korea				15.03	6.47	4.93
马来西亚	Malaysia	6.12	2.73	2.79		3.47	3.60
巴基斯坦	Pakistan		6.08		8.05		
菲律宾	Philippines	23.67	5.49	5.87		8.69	8.72
新加坡	Singapore	1.60	0.81	0.64			
斯里兰卡	Sri Lanka	14.08	12.47	8.09	12.20		
泰　国	Thailand				10.60	5.07	3.76
土耳其	Turkey	43.46	59.50	34.90			
越　南	Viet Nam		5.92	5.83			
埃　及	Egypt						
尼日利亚	Nigeria		19.03	14.79			
南　非	South Africa	17.80	11.16	10.67	16.15	11.50	9.62
加拿大	Canada	12.81	2.59	2.87	10.85	5.66	5.28
墨西哥	Mexico	34.76	7.09	6.23		10.13	8.98
美　国	United States	7.51	1.61	1.01	8.55	4.61	4.02
巴　西	Brazil		19.43	22.10			
委内瑞拉	Venezuela				20.06	38.51	32.15
保加利亚	Bulgaria			2.81		6.75	
法　国	France	10.18			9.94	4.93	4.18
德　国	Germany	8.13	2.97	1.98	8.88	4.61	3.81
意大利	Italy	12.38	3.26	2.19	11.51	5.03	4.25
波　兰	Poland						
罗马尼亚	Romania		27.03				
俄罗斯联邦	Russian Federation						
西班牙	Spain	14.17	3.34	2.21	14.68	4.62	3.52
英　国	United Kingdom	14.09	3.86	3.55	11.08	4.83	4.64
澳大利亚	Australia	14.15			13.18	5.82	5.36
新西兰	New Zealand	13.78	5.52	5.21	12.46	6.28	5.51

7–9 货币汇率（年末中间价）

Exchange Rates(Mid-Point Prices in the Year-end)

资料来源：联合国数据库，国际货币基金组织《国际金融统计月报》2005年2月。
Source:United Nations Database,IMF *International Financial Statistics Feb.2005*.
单位:1美元合本币数　(local currency unit per US dollar)

国家和地区	Country or Area	1990	2002	2003	2004
中　国	China	4.78	8.28	8.28	8.28
中国香港	Hong Kong,China		7.80	7.76	7.77
孟加拉国	Bangladesh	35.79	57.90	58.78	60.74
印　度	India	18.07	48.03	45.61	43.58
印度尼西亚	Indonesia	1901.00	8940.00	8465.00	9290.00
伊　朗	Iran	65.30	7951.98	8272.11	8793.00
以色列	Israel	2.05	4.74	4.38	4.31
日　本	Japan	134.40	119.90	107.10	104.12
马来西亚	Malaysia	2.70	3.80	3.80	3.80
缅　甸	Myanmar	6.08	6.26	5.73	5.48
韩　国	Korea Rep.	716.40	1186.20	1192.60	1035.10
巴基斯坦	Pakistan	21.90	58.53	57.22	59.12
菲律宾	Philippines	28.00	53.10	55.57	56.27
新加坡	Singapore	1.74	1.74	1.70	1.63
斯里兰卡	Sri Lanka	40.24	96.73	96.74	104.61
泰　国	Thailand	25.29	43.15	39.59	39.06
土耳其	Turkey	2930.10	1643699.00	1396638.00	
埃　及	Egypt	2.00	4.50	6.15	6.13
尼日利亚	Nigeria	9.00	126.40	136.50	132.40
南　非	South Africa	2.56	8.64	6.64	5.63
加拿大	Canada	1.16	1.58	1.29	1.20
墨西哥	Mexico	2.95	10.31	11.24	11.26
阿根廷	Argentina	0.56	3.32	2.91	2.96
巴　西	Brazil	64.39	3.53	2.89	2.65
委内瑞拉	Venezuela	50.38	1401.25	1598.00	1918.00
捷　克	Czech Republic	28.00	30.14	25.65	22.37
法　国①	France ①	5.13	0.95	0.79	0.73
德　国①	Germany ①	1.49	0.95	0.79	0.73
意大利①	Italy ①	1130.20	0.95	0.79	0.73
荷　兰①	Netherlands ①	1.69	0.95	0.79	0.73
波　兰	Poland	0.95	3.84	3.74	
罗马尼亚	Romania	34.71	33500.00	32595.00	29067.00
俄罗斯联邦	Russian Federation		31.78	29.45	27.75
西班牙①	Spain ①	96.91	0.95	0.79	0.73
英　国	United Kingdom	0.52	0.62	0.56	0.52
澳大利亚	Australia	1.29	1.77	0.75	1.28
新西兰	New Zealand	1.70	1.90	1.53	1.39

注：①1999年1月1日欧元启动，此后为1美元兑欧元汇率。
Note: ① The Euro was launched on Jan.1,1999,so the data for 1999 and after refer to the Euro per US dollars.

7-10 道琼斯世界股票指数①

Dow Jones World Stock Index by Country and Industry ①

资料来源：《美国统计摘要》2004年。
Source: *United States Statistical Abstract 2004.*

国家和地区	Country or Area	1995	2002	2003	国家和地区	Country or Area	1995	2002	2003
世界总计	**World**	**132.4**	**140.5**	**187.0**	**亚太地区**	**Asia/Pacific Area**	**118.5**	**66.5**	**92.2**
美　洲	**Americas**	**145.3**	**199.9**	**259.8**	澳大利亚	Australia	132.9	149.4	218.1
美　国	United States	147.5	204.5	262.7	中国香港	Hongkong,China	201.9	156.3	216.8
加拿大	Canada	112.9	157.5	238.7	印度尼西亚	Indonesia	174.7	33.1	55.0
墨西哥	Mexico	79.0	133.6	175.6	日　本	Japan	111.1	56.5	77.7
欧　洲	**Europe**	**131.0**	**152.6**	**207.9**	马来西亚	Malaysia	224.3	86.1	108.6
奥地利	Austria	103.5	104.4	165.2	新西兰	New Zealand	178.8	119.8	180.8
比利时	Belgium	144.0	154.3	217.3	新加坡	Singapore	187.8	97.7	133.2
丹　麦	Denmark	113.0	160.1	239.1	泰　国	Thailand	196.6	33.5	80.0
芬　兰	Finland	267.1	671.5	788.0	**（按行业分）**	**By Industry**			
法　国	France	117.9	153.8	213.9	基本原材料	Basic materials	128.1	107.6	154.1
德　国	Germany	133.9	112.1	180.9	循环消费	Consumer,cyclical	131.7	136.9	184.8
爱尔兰	Ireland	155.6	236.7	341.4	非循环消费	Consumer,noncyclical	125.5	166.0	199.0
意大利	Italy	80.3	123.6	171.0	能　源	Energy	132.7	187.3	234.7
荷　兰	Netherlands	176.0	199.5	249.8	金　融	Financial	134.9	147.7	201.6
挪　威	Norway	129.8	110.8	155.8	医疗保健	Health care	133.3	224.6	270.3
西班牙	Spain	111.2	142.6	221.9	工　业	Industrial	124.0	106.6	146.2
瑞　典	Sweden	157.0	163.3	261.4	技　术	Technology	188.1	229.6	347.8
瑞　士	Switzerland	225.7	259.1	344.9	电　讯	Telecommunications	146.8	147.9	185.6
英　国	United Kingdom	122.5	137.9	177.3	公用事业	Utilities	118.8	101.9	128.5

注：①指数截止到12月31日。美国的股票指数以1982年6月30日为100；其它国家以1991年12月31日=100。每股以美元计价。
Notes: ① Index figures shown are as of December 31.Indexes based on June 30,1982=100 for United States;December 31,1991=100 for other countries.Based on share prices denominated in U.S.dollars.

7-11 上市公司数和上市公司总市值占国内生产总值比重

Listed Domestic Companies and Market Capitalization of Listed Companies as Percentage of GDP

资料来源:世界银行数据库。
Source:World Bank Database.

国家和地区	Country or Area	上市公司数(个) Listed Domestic Companies(number)			上市公司总市值占国内生产总值的比重(%) Market Capitalization of Listed Companies as percentage of GDP(%)		
		1990	2002	2003	1990	2002	2003
世界总计	**World**	**25424**	**47576**	**50038**	**48.0**	**74.1**	**89.7**
高收入国家	**High Income**	**17733**	**26947**	**27594**	**51.6**	**83.0**	**100.1**
中等收入国家	**Middle Income**	**4370**	**13638**	**14456**		**34.4**	**44.5**
低收入国家	**low Income**	**3321**	**6991**	**7988**	**10.5**	**23.1**	**37.3**
中　　国①	China ①		1235	1296		36.4	48.1
中国香港	Hong Kong, China	284	968	1029	110.6	289.5	456.1
孟加拉国	Bangladesh	134	239	247	1.1	2.5	3.1
印　　度	India	2435	5650	5644	12.2	25.7	46.5
印度尼西亚	Indonesia	125	331	333	7.1	17.3	26.2
伊　　朗	Iran			370			25.1
以 色 列	Israel	216	615	576	6.3	43.6	68.7
日　　本	Japan	2071	3058	3116	96.1	53.5	70.7
韩　　国	Korea, Rep.	669	1518	1563	42.1	45.5	54.5
马来西亚	Malaysia	282	865	897	110.4	130.3	162.3
巴基斯坦	Pakistan	487	712	701	7.1	14.3	20.1
菲 律 宾	Philippines	153	235	234	13.4	50.0	29.2
新 加 坡	Singapore	150	434	475	93.0	115.4	158.9
斯里兰卡	Sri Lanka	175	238	244	11.4	10.2	14.9
泰　　国	Thailand	214	466	405	28.0	36.4	83.0
土 耳 其	Turkey	110	288	284	12.7	18.5	28.4
埃　　及	Egypt	573	1148	967	4.1	29.0	32.8
尼日利亚	Nigeria	131	195	200	4.8	12.3	16.3
南　　非	South Africa	732	450	426	123.2	174.0	167.5
加 拿 大	Canada	1144	3756	3578	42.1	79.4	104.4
墨 西 哥	Mexico	199	166	159	12.4	15.9	19.6
美　　国	United States	6599	5685	5295	53.2	106.0	130.3
巴　　西	Brazil	581	399	367	3.6	26.9	47.6
阿 根 廷	Argentina	179	83	107	2.3	100.9	30.0
委内瑞拉	Venezuela	76	59	54	17.2	4.1	4.5
保加利亚	Bulgaria		354	356		4.7	8.8
捷　　克	Czech Republic		78	63		21.6	19.7
法　　国	France	578	772	723	25.8	67.3	77.1
德　　国	Germany	413	715	684	21.2	34.5	44.9
意 大 利	Italy	220	295	271	13.5	40.2	41.9
荷　　兰	Netherlands	260	180	183	40.7	95.9	95.5
波　　兰	Poland		216	203		15.0	17.7
罗马尼亚	Romania		4870	4484		10.0	9.8
俄罗斯联邦	Russian Federation		196	214		35.9	53.3
西 班 牙	Spain	427	2986	3191	21.8	70.4	86.6
乌 克 兰	Ukraine		184	149		7.4	8.7
英　　国	United Kingdom	1701	1701	2311	85.8	119.2	134.4
澳大利亚	Australia	1089	1355	1405	35.1	93.1	112.1
新 西 兰	New Zealand	171	149	157	20.3	36.3	41.5

注:①数据来源于世界银行。
Note: ① Data from World Bank.

7-12 股票交易额占国内生产总值的比重及股票交易周转率

Stocks Traded Value as Percentage of GDP and Turnover Ratio of Stocks Traded

资料来源：世界银行数据库。
Source:World Bank Database.

国家和地区	Country or Area	股票交易额占国内生产总值的比重(%) Stocks Traded Value as percentage of GDP(%)			股票交易周转率(%) Stocks Traded Turnover Ratio(%)		
		1990	2002	2003	1990	2002	2003
世界总计	**World**	**28.5**	**122.1**	**83.4**	**57.2**	**132.2**	**102.8**
高收入国家	**High Income**	**31.4**	**144.5**	**96.8**	**59.4**	**147.0**	**110.1**
中等收入国家	**Middle Income**		**15.5**	**21.6**		**48.8**	**54.8**
低收入国家	**Low Income**	**5.0**	**31.3**	**42.5**	**48.2**	**185.5**	**150.9**
中　　国①	China ①		26.2	33.6		85.7	83.3
中国香港	Hong Kong, China	45.9	131.7	211.7	43.1	43.5	56.3
孟加拉国	Bangladesh	0.0	1.4	0.6	1.5	64.7	23.2
印　　度	India	6.9	38.6	47.4	65.9	225.8	138.5
印度尼西亚	Indonesia	3.5	7.5	7.1	75.8	42.0	34.4
伊　　朗	Iran			3.9		11.3	21.7
以 色 列	Israel	10.5	53.0	37.7	95.8	51.7	67.9
日　　本	Japan	52.7	39.6	52.8	43.8	71.0	88.0
韩　　国	Korea, Rep.	28.8	144.9	112.8	61.3	303.3	236.8
马来西亚	Malaysia	24.7	29.0	48.3	24.6	17.5	34.3
巴基斯坦	Pakistan	0.6	36.4	80.9	8.7	251.9	497.4
新 加 坡	Singapore	55.0	63.6	96.2		39.3	71.1
斯里兰卡	Sri Lanka	0.5	1.9	4.2	5.8	11.5	34.7
泰　　国	Thailand	26.8	37.6	67.6	92.6	98.3	117.2
土 耳 其	Turkey	3.9	38.4	41.4	42.5	163.4	192.4
埃　　及	Egypt	0.3	2.8	4.0		16.1	13.7
南　　非	South Africa	7.3	74.1	64.3		78.9	44.8
尼日利亚	Nigeria	0.0	1.0	1.5	0.9	10.7	11.0
加 拿 大	Canada	12.4	56.0	54.6	26.7	68.2	63.7
墨 西 哥	Mexico	4.6	4.3	3.8	44.1	31.6	20.8
美　　国	United States	30.4	243.3	142.0	53.4	202.5	122.8
阿 根 廷	Argentina	0.6	1.3	3.8	33.6	2.2	6.2
巴　　西	Brazil	1.2	10.5	12.3	23.6	35.0	32.4
委内瑞拉	Venezuela	4.6	0.1	0.2	43.0	6.4	3.6
保加利亚	Bulgaria		1.1	1.0		13.9	16.3
捷　　克	Czech Republic		8.2	9.8		36.6	52.5
法　　国	France	9.6	65.1	56.6		88.0	85.7
德　　国	Germany	30.0	62.1	47.7	139.3	140.5	130.0
意 大 利	Italy	3.9	45.5	45.2	26.8	109.1	121.5
荷　　兰	Netherlands	13.6	110.5	90.6	29.0	123.7	104.1
波　　兰	Poland		3.1	4.1		28.7	26.6
罗马尼亚	Romania		0.9	0.8		23.0	8.8
俄罗斯联邦	Russian Federation		10.5	18.7		30.1	
西 班 牙	Spain	8.0	154.8	111.5		211.1	157.5
乌 克 兰	Ukraine		0.3	0.2		14.8	2.9
英　　国	United Kingdom	28.2	174.0	119.8	33.4	135.4	100.6
澳大利亚	Australia	12.9	72.0	70.8	31.6	77.2	76.5
新 西 兰	New Zealand	4.4	12.5	13.2	17.3	38.3	38.3

注：①数据来源于世界银行。
Notes: ① Data from World Bank.

主要统计指标解释

中央政府是全国范围内代表中央政府行使领土管辖权的所有单位。

收入指由于交易导致的净值增加。政府部门有以下四个收入来源：(1)税收和其他由政府强制实施的转让；(2)来自所有权资产的财产收入；(3)商品和服务的销售收入；(4)来自其他部门的自愿转让。

捐赠从其他政府和国际组织得到的无报酬的、无须偿还的非强制性的收入。

支出指由于交易导致的净值减少。政府承担以下两方面的经济责任：⑴以非市场方式把部分商品和服务提供给公众；⑵通过转移支付手段重新分配收入和财富。

货币供应量货币(Money)指流通中现金和除中央政府以外的常住机构活期存款构成；准货币(Quasi-Money)指除中央政府以外的外汇现汇与期汇存款和外汇现汇储蓄与期汇存款之和，即由常住居民的现汇、储蓄、与外汇存款构成。货币(Money)通称为 M_1，而货币和准货币之和通称为广义货币，相当于 M_2。

上市公司总市值所有上市股价×总股数。

上市公司数是指年末国内公司在股票交易所上市公司的数量。不包括投资公司、共存基金或其它集体投资工具。

股票交易额是指在一定时期内股票交易总额。

股票交易周转率是指一定时期内股票交易总额除以该时期上市公司平均市值。

Explanatory Notes on Main Statistical Indicators

Central Government includes all units representing the territorial jurisdiction of the central authority throughout a country.

Revenue is an increase in net worth resulting from a transaction. For general government units, there are four main sources of revenue: taxes and other compulsory transfers imposed by government units, property income derived from the ownership of assets, sales of goods and services, and voluntary transfers received from other units.

Grants are defined as unrequited, nonrepayable, noncompulsory receipts from other governments or international organizations.

Expenditure is a decrease in net worth resulting from a transaction. Governments have two broad economic responsibilities: to assume responsibility for the provision of selected goods and services to the community on a nonmarket basis and to redistribute income and wealth by means of transfer payments.

Money Supply equals the sum of currency outside deposit money banks and demand deposits other than those of the central government. Quasi-Money equals the sum of time & foreign currency outside banks and time, savings & foreign currency deposit,comprising time,savings, and foreign currency deposits of resident sectors other than central government.The data of Money is commonly called M_1,while the sum of Money and Quasi-Money gives a broader measure of money which is commonly called M_2.

Market Capitalization is the share price times the number of shares outstanding.

Listed Domestic Companies are the domestically incorporated companies listed on the country's stock exchanges at the end of the year.This indicator does not include investment companies,mutual funds,or other collective investment vehicles.

Stocks Traded refers to the total value of shares traded during the period.

Turnover Ratio is the total value of shares traded during the period divided by the average market capitalization for the period.

8 价格指数

Price Indices

8-1 国内生产总值缩减指数
Gross Domestic Product Deflator

资料来源：世界银行数据库。
Source:World Bank Database.
单位：% (%)

国家和地区	Country or Area	基期 Base Year	1990	2000	2001	2002	2003
中　国①	China ①	1990	100	184	186	185	189
中国香港	Hong Kong, China	2000	71	100	98	95	90
孟加拉国	Bangladesh	1996	78	116	118	121	127
印　度	India	1993	74	159	165	171	177
印度尼西亚	Indonesia	1993	80	318	352	377	402
伊　朗	Iran	1982	298	3028	3627	4477	5215
以色列	Israel	2000	38	100	102	107	107
日　本	Japan	2000	99	100	98	97	95
韩　国	Korea, Rep.	2000	57	100	104	106	109
马来西亚	Malaysia	1987	112	163	158	164	170
蒙　古	Mongolia	1995	1	122	133	138	145
缅　甸	Myanmar	1985	302	2546	3121		
巴基斯坦	Pakistan	2000	181	451	478	493	516
菲律宾	Philippines	1985	149	345	367	385	399
新加坡	Singapore	1995	87	98	97	97	97
斯里兰卡	Sri Lanka	1996	57	133	151	163	172
泰　国	Thailand	1988	112	164	167	168	172
土耳其	Turkey	1987	470	104879	162361	234018	283831
越　南	Viet Nam	1994	32	161	165	171	180
埃　及	Egypt	1992	73	168	174	180	187
尼日利亚	Nigeria	1987	188	2372	2871	2982	3609
南　非	South Africa	1995	55	142	153	169	179
加拿大	Canada	2000	84	100	101	102	
墨西哥	Mexico	1993	65	343	363	388	414
美　国	United States	2000	82	100	102	104	
阿根廷	Argentina	1993	39	103	102	133	147
巴　西	Brazil	1995	...	152	164	181	204
委内瑞拉	Venezuela	1984	477	14114	15208	20246	27702
白俄罗斯	Belarus	1990	100	238000000	427000000	619000000	797000000
保加利亚	Bulgaria	2002	...	90	96	100	102
捷　克	Czech Republic	1995	43	136	143	147	150
法　国	France	2000	86	100	102	104	106
德　国	Germany	2000	82	100	101	103	104
意大利	Italy	2000	68	100	103	106	109
荷　兰	Netherlands	2000	81	100	105	109	
波　兰	Poland	2002	11	97	98	100	101
罗马尼亚	Romania	1998	...	216	298	371	457
俄罗斯联邦	Russian Federation	2000	...	281	328	379	434
乌克兰	Ukraine	1990	100	23400000	25800000	27100000	29000000
英　国	United Kingdom	2000	74	100	102	106	109
澳大利亚	Australia	2000	84	100	102	105	
新西兰	New Zealand	2000	84	100	104	105	

注：①数据来源于世界银行。
Note: ① Data from World Bank.

8-2 生产者价格和批发价格指数
Producers' or Wholesale Price Indices

资料来源：联合国《统计月报》在线数据。
Sources: United Nations *Monthly Bulletin of Statistics* online data.

2000 年=100 (2000=100)

国家和地区	Country or Area	1998	1999	2001	2002	2003
中　　国①	**China ①**					
全部工业品	Total Industrial Products	96	98	99	98	102
生产资料	Means of Production	95	98	99	98	104
生活资料	Consumer Goods	97	96	99	98	99
中国香港	**Hong Kong,China**					
工业产品	Industrial Products	101	100	98	93	95
孟加拉国	**Bangladesh**					
按生产地组成分	by Origin of Supply					
国内供应	Domestic Supply	95	102	100	102	108
农业产品	Agricultural Products	94	103	99	102	108
工业产品	Industrial Products	100	93	101	105	107
按生产阶段分	by Stage of Processing					
原材料	Raw Materials		102	101	103	113
印　　度	**India**					
按生产地组成分	by Origin of Supply					
国内供应	Domestic Supply	94	97	105	107	113
农业产品	Agricultural Products	91	95	97	102	108
工业产品②	Industrial Products ②	98	100	102	111	109
按生产阶段分	by Stage of Processing					
原材料	Raw Materials	94	98	100	97	110
印度尼西亚	**Indonesia**					
按生产地组成分	by Origin of Supply					
国内供应③	Domestic Supply ③	79	88	114	117	120
国内生产	Domestic Production	73	80	116	126	130
农业产品	Agricultural Products	65	88	124	134	134
工业产品②	Industrial Products ②	75	95	111	122	127
进口产品③	Import Products ③	90	93	112	111	109
按生产阶段分	by Stage of Processing					
原材料	Raw Materials	79	78	110	110	116
半成品	Intermediate Products	84	91	114	119	119
以色列	**Israel**					
按生产地组成分	by Origin of Supply					
工业产品③	Industrial Products ③	92	98	101	105	108
伊　　朗	**Iran**					
按生产地组成分	by Origin of Supply					
国内供应	Domestic Supply	73	85	110	119	
国内生产	Domestic Production	74	86			
农业产品	Agricultural Products	73	87	108	122	
工业产品②	Industrial Products ②	61	75	93	97	
进口产品③	Import Products ③	75	85	149		
按生产阶段分	by Stage of Processing					
原材料	Raw Materials	73	83	112	118	

8-2 续表 1 continued

2000 年 =100 (2000=100)

国家和地区	Country or Area	1998	1999	2001	2002	2003
日　　本	**Japan**					
按生产地组成分	by Origin of Supply					
国内供应	Domestic Supply	102	99	100	99	96
国内生产	Domestic Production	101	100	99	98	98
农业产品	Agricultural Products		103	101	100	98
工业产品	Industrial Products	101	100	99	98	95
进口产品	Import Products	91	91	96	94	93
按生产阶段分	by Stage of Processing					
原材料	Raw Materials	93	88	104	104	108
半成品	Intermediate Products	101	99	100	99	97
按最终用途分	By End-Use					
消费品	Consumers' Goods	103	101	100	99	95
投资用品	Captital Goods	105	102	99	97	89
韩　　国	**Korea, Republic of**					
按生产地组成分	by Origin of Supply					
国内供应	Domestic Supply	100	98	100	99	101
农业产品	Agricultural Products	94	104	104	106	113
工业产品	Industrial Products	101	98	98	96	98
按生产阶段分	by Stage of Processing					
原材料	Raw Materials	88	81	102	104	110
半成品	Intermediate Products	106	96	100	96	98
按最终用途分	By End-Use					
消费品	Consumers' Goods	98	100	101	100	102
投资用品	Captital Goods	108	103	99	95	94
巴基斯坦	**Pakistan**					
按生产地组成分	by Origin of Supply					
国内供应	Domestic Supply	95	96	102	108	113
农业产品	Agricultural Products	98	98	102	106	108
工业产品	Industrial Products	95	98	102	104	109
按生产阶段分	by Stage of Processing					
原材料	Raw Materials	109	104	101	116	125
新 加 坡	**Singapore**					
按生产地组成分	by Origin of Supply					
国内供应	Domestic Supply	89	91	98	97	99
国内生产②	Domestic Production ②	94	94	98	101	97
进口商品	Import Products	90	92	100	100	100
泰　　国	**Thailand**					
按生产地组成分	by Origin of Supply					
国内供应	Domestic Supply	94	88	93	94	108
农业产品	Agricultural Products	118	102	105	116	128
工业产品②	Industrial Products ②	99	96	102	103	106
按生产阶段分	by Stage of Processing					
原材料	Raw Materials	125	99	108	111	120
半成品	Intermediate Products	105	101	101	101	108
按最终用途分	By End-Use					
消费品	Consumers' Goods	106	98	105	110	116
投资用品	Captital Goods		97	103	106	106

8-2 续表 2 continued

2000 年=100 (2000=100)

国家和地区	Country or Area	1998	1999	2001	2002	2003
土耳其	**Turkey**					
按生产地组成分	by Origin of Supply					
国内供应	Domestic Supply	43	66	162	243	305
农业产品	Agricultural Products	51	72	142	223	298
工业产品	Industrial Products	41	64	167	247	306
埃及	**Egypt**					
按生产地组成分	by Origin of Supply					
国内供应	Domestic Supply	101	102	98		
按生产阶段分	by Stage of Processing					
原材料	Raw Materials	103	102	98		
半成品	Intermediate Products	105	101	98		
按最终用途分	By End-Use					
投资用品	Captital Goods	104	101	99		
南非	South Africa					
按生产地组成分	by Origin of Supply					
国内供应	Domestic Supply	87	91	108	124	126
国内生产	Domestic Production	89	93	108	122	127
农业产品	Agricultural Products	94	96	113	140	
工业产品②	Industrial Products ②	90	93	108	122	
进口商品	Import Products	81	87	110	127	122
加拿大	**Canada**					
按生产阶段分	by Stage of Processing					
原材料	Raw Materials	75	82	99	98	100
墨西哥	**Mexico**					
按生产地组成分	by Origin of Supply					
国内供应④	Domestic Supply ④	299	346	106	110	119
农业产品	Agricultural Products	266	332	110	115	128
工业产品	Industrial Products		343	104	107	116
按生产阶段分	by Stage of Processing					
原材料	Raw Materials	80	89		103	116
按最终用途分④	By End-Use ④					
消费品	Consumers' Goods	307	346	106	118	120
投资用品	Captital Goods	284	326	105	108	117
美国	**United States**					
按生产地组成分	by Origin of Supply					
国内供应	Domestic Supply	94	95	101	99	104
农业产品	Agricultural Products	105	99	104	99	112
工业产品	Industrial Products	93	94	101	98	103
按生产阶段分	by Stage of Processing					
原材料	Raw Materials	81	82	99	90	113
半成品	Intermediate Products	95	95	100	99	104
按最终用途分	By End-Use					
消费品	Consumers' Goods	54	55	59	58	61
投资用品	Captital Goods	99	99	101	100	101
阿根廷	**Argentina**					
按生产地组成分	by Origin of Supply					
国内供应	Domestic Supply	100	96	98	173	204

8-2 续表 3 continued

2000 年 =100 (2000=100)

国家和地区	Country or Area	1998	1999	2001	2002	2003
国内生产	Domestic Production	100	96	98	168	200
农业产品	Agricultural Products	129	103	98	233	264
工业产品②	Industrial Products ②	102	99	96	158	190
进口商品②	Import Products ②	106	100	97	253	258
巴　西⑤	**Brazil ⑤**					
按生产地组成分	by Origin of Supply					
国内供应	Domestic Supply	73	85	113	130	164
农业产品	Agricultural Products	70	82	117	142	186
工业产品	Industrial Products	74	86	111	127	161
按生产阶段分	by Stage of Processing					
原材料	Raw Materials	71	85	113	133	169
按最终用途分	By End-Use					
消费品	Consumers' Goods	73	84	109	130	165
投资用品	Captital Goods	81	90	109	121	
委内瑞拉	**Venezuela**					
按生产地组成分	by Origin of Supply					
国内供应	Domestic Supply	76	88	115		253
国内生产	Domestic Production	73	86	115		237
农业产品	Agricultural Products	44	61	141		159
工业产品	Industrial Products	76	88	112		191
按最终用途分	By End-Use					
进口商品	Import Products	82	91	108		294
按生产阶段分	by Stage of Processing					
原材料⑥	Raw Materials ⑥	1126	1189	1731		
法　国	**France**					
按生产地组成分	by Origin of Supply					
农业产品	Agricultural Products	102	98	103		
按生产阶段分	by Stage of Processing					
半成品	Intermediate Products	97	96	102	101	101
德　国	**Germany**					
按生产地组成分	by Origin of Supply					
国内供应	Domestic Supply	98	97	104	104	103
农业产品	Agricultural Products	99	94	104	98	98
工业产品	Industrial Products	100	99	106	106	104
进口商品	Import Products	89	90	101		96
按生产阶段分	by Stage of Processing					
半成品	Intermediate Products	100		111	111	100
按最终用途分	By End-Use					
消费品	Consumers' Goods	102		106	106	104
投资用品	Captital Goods	102		92	93	102
意大利	**Italy**					
按生产地组成分	by Origin of Supply					
国内供应③	Domestic Supply ③	95	94	102	102	184
按生产阶段分	by Stage of Processing					
半成品	Intermediate Products	92	91	102	100	103
按最终用途分	By End-Use					
消费品	Consumers' Goods	98	98	102	104	107
投资用品	Capital Goods	98	99	101	102	103

8-2 续表 4 continued

2000 年=100 (2000=100)

国家和地区	Country or Area	1998	1999	2001	2002	2003
荷　兰	**Netherlands**					
按生产地组成分	by Origin of Supply					
国内供应	Domestic Supply					
工业产品	Industrial Products	92	93	105	103	93
进口商品	Import Products	77	80	74	72	72
按生产阶段分	by Stage of Processing					
原材料	Raw Materials	82	84	82	80	80
半成品	Intermediate Products	91	90	91	10	92
按最终用途分	By End-Use					
消费品	Consumers' Goods	90	91	90	90	92
投资用品	Capital Goods	98	99	95	97	99
西 班 牙	**Spain**					
按生产地组成分	by Origin of Supply					
国内供应③	Domestic Supply ③	94	95	102	102	104
按最终用途分	By End-Use					
消费品	Consumers' Goods	97	99	104	106	108
投资用品	Capital Goods	98	99	101	103	104
英　国	**United Kingdom**					
按生产地组成分	by Origin of Supply					
国内供应	Domestic Supply	98	99	100	100	101
国内生产	Domestic Production	97	98	100	100	102
农业产品⑦	Agricultural Products ⑦	120	102	107	100	110
工业产品②	Industrial Products ②	100	99	100	101	101
进口商品	Import Products	90	89	98	94	96
按生产阶段分	by Stage of Processing					
原材料	Raw Materials	94	93	100	96	96
半成品	Intermediate Products	95	96	100	97	100
按最终用途分	By End-Use					
消费品	Consumers' Goods	97	99	102	103	104
投资用品	Capital Goods	101	101	99	99	96
澳大利亚	**Australia**					
按生产地组成分	by Origin of Supply					
国内供应	Domestic Supply	94	96	102	103	105
国内生产	Domestic Production	93	97	102	104	106
农业产品	Agricultural Products	87	96	118	123	123
工业产品②	Industrial Products ②	92	96	103		104
进口商品	Import Products	94	92		101	93
按生产阶段分	by Stage of Processing					
原材料	Raw Materials	89	93	102	101	101
半成品	Intermediate Products	91	94	101	102	102
按最终用途分	By End-Use					
消费品	Consumers' Goods	94	96	102	105	104
投资用品	Capital Goods	93	96	102	105	106
新 西 兰	**New Zealand**					
按生产地组成分	by Origin of Supply					
农业产品	Agricultural Products	89	89	124	123	111
工业产品	Industrial Products	92	93	105	105	103

注:①中国指工业品出厂价格指数，并以上年为100。②仅包括制造业。③不包括电、气和水。④墨西哥城。⑤包括农业和制造业。⑥1990 年为100。⑦1995 年为100。

Notes: ① The Data of China refer to ex-factory price indices of industrial products,preceding year=100. ② Including manufacturing industry only. ③ Excluding electricity,gas and water. ④ Data refer to Mexico city. ⑤ Including products of agriculture and manufacturing industry. ⑥ 1990=100. ⑦ 1995=100.

8−3 居民消费价格指数

Consumer Price Indices

资料来源：联合国《统计月报》在线数据。
Sources: United Nations *Monthly Bulletin of Statistics* online data.
2000年=100 (2000=100)

国家和地区	Country or Area	2000	2001	2002	2003	2004
中　　国①	**China ①**					
总指数	Total Index	100	101	99	101	104
食品	Food	100	100	99	103	110
中国香港	**Hong Kong,China**					
总指数	Total Index	100	98	95	93	93
食品	Food	100	99	97	96	97
孟加拉国	**Bangladesh**					
总指数	Total Index	100	102	105	112	
食品	Food	100	101	103	110	
印　　度②	**India ②**					
总指数	Total Index	100	104	108	113	117
食品	Food	100	102	105	108	112
印度尼西亚	**Indonesia**					
总指数	Total Index	100	112	125	133	141
食品	Food	100	109	120	121	128
伊　　朗	**Iran**					
总指数	Total Index	100	111	127	148	
食品③	Food ③	100	107	124	146	
以 色 列	**Israel**					
总指数	Total Index	100	101	107	101	100
食品	Food	100	103	105	103	103
日　　本	**Japan**					
总指数	Total Index	100	99	98	98	98
食品	Food	100	99	99	98	99
马来西亚	**Malaysia**					
总指数	Total Index	100	101	103	104	106
食品	Food	100	101	101	103	105
缅　　甸(仰光)	**Myanmar(Yangon)**					
总指数	Total Index	100	121	190	260	
食品	Food	100	120	201	274	
韩　　国	**Korea Rep.**					
总指数	Total Index	100	104	107	111	115
食品	Food	100	104	108	112	120
巴基斯坦	**Pakistan**					
总指数	Total Index	100	103	107	111	119
食品	Food	100	102	106	109	120
菲 律 宾	**Philippines**					
总指数	Total Index	100	106	109	113	
食品④	Food ④	100	104	106		
新 加 坡	**Singapore**					
总指数	Total Index	100	101	101	101	
食品	Food	100	101	101	101	
斯里兰卡(科伦坡)	**Sri Lanka(Colombo)**					
总指数	Total Index	100	114	125	133	
食品	Food	100	115	128	135	

8-3续表1 continued

2000年=100 (2000=100)

国家和地区	Country or Area	2000	2001	2002	2003	2004
泰　　国(曼谷)	**Thailand(Bangkok)**					
总指数	Total Index	100	102	102	104	107
食品	Food	100	101	101	105	
土 耳 其	**Turkey**					
总指数	Total Index	100	154	224	324	
食品③	Food ③	100	150	225	290	
越　　南	**Viet Nam**					
总指数	Total Index	100	100	104	107	
食品⑤	Food ⑤	100	99			
埃　　及	**Egypt**					
总指数	Total Index	100	102	105	110	
食品③	Food ③	100	101	105	112	
南　　非	**South Africa**					
总指数	Total Index	100	106	115	122	
食品	Food	100	105	122	132	
加 拿 大	**Canada**					
总指数	Total Index	100	103	105	108	110
食品	Food	100	105	107	109	111
墨 西 哥	**Mexico**					
总指数	Total Index	100	106	112	117	122
食品④	Food ④	100	105	110	115	123
美　　国	**United States**					
总指数	Total Index	100	103	105	107	110
食品	Food	100	103	105	107	111
阿 根 廷	**Argentina**					
(布宜诺斯艾利斯)	**(Buenos Aires)**					
总指数	Total Index	100	99	125	141	148
食品	Food	100	98	132	157	165
巴　　西	**Brazil**					
总指数	Total Index	100	107	116	133	
食品	Food	100	107	117	141	
白俄罗斯	**Belarus**					
总指数	Total Index	100	161	230	295	
食品	Food	100	157	218	268	
保加利亚	**Bulgaria**					
总指数	Total Index	100	107	114	116	123
食品	Food	100	107	107	105	113
捷　　克	**Czech Repulic**					
总指数	Total Index	100	105	107	107	110
食品⑥	Food ⑥		104	104	104	109

8-3 续表 2 continued

2000 年=100 (2000=100)

国家和地区	Country or Area	2000	2001	2002	2003	2004
法　国	**France**					
总指数	Total Index	100	102	104	106	108
食　品	Food	100	105	108	110	111
德　国	**Germany**					
总指数	Total Index	100	103	103	105	106
食　品	Food	100	105	105	105	105
意大利⑦	**Italy ⑦**					
总指数	Total Index	100	103	105	108	111
食　品	Food	100	104	108	111	114
荷　兰	**Netherlands**					
总指数	Total Index	100	105	108	110	111
食　品	Food	100	113	117	118	108
波　兰	**Poland**					
总指数	Total Index	100	106	108	108	112
食　品⑧	Food ⑧	100	105	105	103	108
罗马尼亚	**Romania**					
总指数	Total Index	100	135	165	190	
食　品	Food	100	136	161	184	
西班牙⑨	**Spain ⑨**					
总指数	Total Index		104	104	107	110
食　品	Food		106	105	109	113
英　国	**United Kingdom**					
总指数	Total Index	100	102	104	107	110
食　品	Food	100	103	104	105	106
俄罗斯联邦	**Russian Federation**					
总指数	Total Index	100	121	141	160	
食　品	Food	100	121	136	151	
澳大利亚	**Australia**					
总指数	Total Index	100	104	108	111	113
食　品	Food	100	107	110	114	117
新西兰	**New Zealand**					
总指数	Total Index	100	103	105	107	110
食　品	Food	100	106	109	110	111

注:①上年为 100。②指产业工人。③包括烟草。④包含酒精饮料和烟草。⑤包含饮料和烟草。⑥1995 年为 100。⑦不包括烟草。⑧包括酒精饮料。⑨自 2002 年起，2001 年为 100。

Notes: ① Preceding year=100. ② Industrial workers. ③ Including tobacco. ④ Including alcoholic beverages and tobacco. ⑥ 1995= 100. ⑦ Excluding tobacco. ⑧ Including alcoholic beverages. ⑨ 2001 = 100 (beginning 2002).

主要统计指标解释

国内生产总值缩减指数　衡量在一定时期内整体经济中价格年度变化情况的指标。

生产者价格指数和批发价格指数　生产者价格指生产者从购买者那里可得到的某一单位货物和服务的价值，具体为总产出减去可扣减税，由购买者支付的税。它包括生产者单独要求购买者支付的运费。生产者或批发价格指数是用来衡量在第一阶段最重要的商业交易中各种项目价格变化的指标，这里可能有两种选择，但生产者价格指数受到重视，其理由是这个概念对于衡量用的权数和范围与国民经济核算和工业生产核算更为接近。在原则上，生产者价格指数应当包括服务业，但在实际计算时仅包括国内农业和工业部门。农业部门采用“出农场价格”，工业部门采用出厂价格。批发价格指数包括生产和流通各阶段的全部农业和工业产品的价格的混合，包括进口和进口税。该指标的优点在于能反映更广泛经济活动的变化情况，采用拉氏公式计算。

居民消费价格指数　是反映报告经济体作为消费目的而获取，使用和支付的货物和服务 的价格总体水平随时间变化的指标。消费者价格指数作为一个系列，用来衡量报告经济体人口获取、使用和支付固定数量和特征的一揽子货物和服务消费品价格随时间变化的比例。每个总指数是通过将大量要素加总指数加权平均而得到，每个要素加总指数是基于某一地区或其居民从某一指定出处或其他消费源获取指定货物和服务的价格的抽样调查数而进行的估算。

Explanatory Notes on Main Statistical Indicators

Gross Domestic Product Deflator Measures the average annual rate of price change in the economy as whole for the periods shown.

Producers' or Wholesale Price Indices The Amount receivable by the producer from the purchaser for a unit of a good or service produced as output minus any value-added tax, or similar deductible tax, invoiced to the purchaser. It includes any transport charges invoiced separately by the producer. Indices shown for producer or wholesale prices are designed to monitor changes in prices of items at the first import commercial transaction, where a choice is available, preference is given to the PPI because the concept, weighing pattern, and coverage are likely to be more consistent with national accounts and industrial production statistics. In principle, the PPI should include service industries, but in practice it is limited to the domestic agriculture and industrial sectors. the prices should be farm-gate prices for the agriculture and industrial goods at various stages of production and distribution, inclusive of imports and import duties, Preference is given to indices that provide broad coverage of the economy, and the indices are computed using the Laspeyres formula.

Consumer Price Indices Measures changes over time in the general level of prices of goods and services that a reference population acquires, uses or pays for consumption. A consumer prices index is estimated as a series of summary measures of the period-to-period proportional change in the prices of a fixed set of consumer goods and services of constant quantity and characteristics, acquired, used or paid for by the reference population. Each summary measure is constructed as a weighted average of a large number of elementary aggregate indices. Each of the elementary aggregate indices is estimated using a sample of prices for a defined set of goods and services obtained in, or by residents of, a specific region from a given set of outlets or other sources of consumption goods and services.

9 居民收支和贫困

Household Income and Expenditure and Poverty

9-1 居民最终消费支出及增长率

Household Final Consumption Expenditure and Its Growth Rate

资料来源：世界银行数据库。
Source: World Bank Database.

国家和地区	Country or Area	居民最终消费支出（亿美元）Household Final Consumption Expenditure (current USD)		人均居民最终消费支出（2000年价格，美元）Household Final Consumption Expenditure per Capita (constant 2000 USD)		1991-2003年均居民最终消费支出增长率(%) Average Annual Growth Rate of Household Final Consumption Expenditure of 1991-2003 (%)	1991-2003年均人均居民最终消费支出增长率(%) Average Annual Growth Rate of Household Final Consumption Expenditure per Capita of 1991-2003 (%)
		1990	2003	1990	2003		
世　界	**World**	**129004.8**	**201873.5 ②**	**2773.1**	**3278.0 ②**	**3.8 ③**	**1.4 ③**
高收入国家	**High Income**	**105064.1**	**164617.1 ②**	**13523.6**	**17013.4 ②**	**3.8 ③**	**1.9 ③**
中等收入国家	**Middle Income**	**19642.7**	**34175.0**	**831.7**	**1130.6**	**4.4**	**2.4**
低收入国家	**Low Income**	**4314.9**	**7283.8**	**225.9**	**291.0**	**4.1**	**2.0**
中　国①	China ①	1742.5	6316.3	189.4	484.9	10.4	7.5
中国香港	Hong Kong, China	433.6	899.6	11137.1	14300.1	5.8	1.9
中国澳门	Macao, China	12.0	26.0 ②	4654.9	6257.7 ②	6.8 ③	2.5 ③
孟加拉国	Bangladesh	249.9	396.8	259.5	303.0	3.6	1.2
印　度	India	2157.6	3842.8	225.3	330.1	4.5	3.0
印度尼西亚	Indonesia	650.1	1366.0	318.1	525.3	5.9	3.9
伊　朗	Iran	744.8	603.6	641.0	871.5	-1.6	2.4
以色列	Israel	321.1	648.6		10122.9	5.6	
日　本	Japan	16179.8	24478.0	18349.2	21550.3	3.2	1.2
韩　国	Korea, Rep.	1341.8	3259.5	3835.6	6435.7	7.1	4.1
马来西亚	Malaysia	228.1	453.6	1219.7	1760.2	5.4	2.9
巴基斯坦	Pakistan	295.1	605.7	330.8	381.2	5.7	1.1
菲律宾	Philippines	315.7	551.8	612.2	734.8	4.4	1.4
新加坡	Singapore	170.2	394.1	6771.7	9495.9	6.7	2.6
斯里兰卡	Sri Lanka	61.4	139.2	442.8	710.9	6.5	3.7
泰　国	Thailand	482.7	810.1	847.7	1295.9	4.1	3.3
土耳其	Turkey	1033.2	1600.8	1816.1	1992.6	3.4	0.7
越　南	Viet Nam	54.9	253.6		307.7	12.5	
埃　及	Egypt	309.3	595.5	971.4	1255.4	5.2	2.0
尼日利亚	Nigeria	158.2	262.4			4.0	
南　非	South Africa	642.5	991.6	1822.1	1918.7	3.4	0.4
加拿大	Canada	3225.6	4080 ②	11080.4	13257.7 ②	2.0 ③	1.5 ③
墨西哥	Mexico	1827.9	4330.6	3435.6	4071.1	6.9	1.3
美　国	United States	38399.0	73853 ②	19110.0	24761.3 ②	5.6 ③	2.2 ③
阿根廷	Argentina	1090.4	812.0		4807.1	-2.2	
巴　西	Brazil	2739.5	2915.7	1632.5	2009.7	0.5	1.6
委内瑞拉	Venezuela	301.8	578.7	3460.0	2807.9	5.1	-1.6
白俄罗斯	Belarus	82.2	104.2	714.6	1015.7	1.8	2.7
保加利亚	Bulgaria	124.0	137.2	1361.3	1297.0	0.8	-0.4
捷　克	Czech Republic	171.9	455.9	2511.8	3156.8	7.8	1.8
法　国	France	6729.8	9761.5	10895.1	12620.4	2.9	1.1
德　国	Germany	9500.6	14082.2	11429.9	13399.5	3.1	1.2
意大利	Italy	6341.6	8873.4	9668.1	11573.3	2.6	1.4
荷　兰	Netherlands	1461.6	2086 ②	9393.3	11712.9 ②	3.0 ③	
波　兰	Poland	282.8	1364.9	1696.5	2984.9	12.9	4.4
罗马尼亚	Romania	252.3	403.2	1314.4	1650.5	3.7	1.8
俄罗斯联邦	Russian Federation	2525.6	2190.3	873.7	1071.4	-1.1	1.6
西班牙	Spain	3069.7	4857.8	6716.5	8753.8	3.6	2.1
乌克兰	Ukraine	465.0	280.7	647.9	451.3	-3.8	-2.7
英　国	United Kingdom	6197.6	11749.6	12661.8	17462.7	5.0	2.5
澳大利亚	Australia	1824.4	2459 ②	9805.9	12780.0 ②	2.5 ③	2.2 ③
新西兰	New Zealand	266.3	357 ②	9187.6	11261.2 ②	2.5 ③	1.7 ③

注：①世界银行统计数据。②2002年数据。③1991－2002年均增长率。
Note: ① Data from World Bank. ② Data refer to 2002. ③ Average growth rate of 1991-2002.

9-2 个人收入分配

Personal Income Distribution

资料来源：世界银行数据库。
Source: World Bank Database.

国家和地区	Country or Area	年份 Year	基尼系数 GINI Index	各组占全部收入或消费的比重(%) As Percentage of Total Income or Consumption(%)				
				最低的20% Lowest 20%	第二个20% Second 20%	第三个20% Third 20%	第四个20% Fourth 20%	最高的20% Highest 20%
中　　国①	China ①	2001	0.45	4.66	9.00	14.20	22.10	49.99
中国香港	Hong Kong, China	1996	0.43	5.26	9.39	13.85	20.75	50.75
孟加拉国	Bangladesh	2000	0.32	9.00	12.51	15.93	21.17	41.40
印　　度	India	2000	0.33	8.90	12.30	16.00	21.20	43.30
印度尼西亚	Indonesia	2002	0.34	8.41	11.92	15.41	20.98	43.29
伊　　朗	Iran	1998	0.43	5.14	9.39	14.09	21.49	49.89
以 色 列	Israel	1997	0.36	6.90	11.40	16.30	22.90	44.34
日　　本	Japan	1993	0.25	10.58	14.21	17.58	21.98	35.65
哈萨克斯坦	Kazakhstan	2003	0.32	7.80	12.10	16.78	23.30	40.00
韩　　国	Korea, Rep.	1998	0.32	7.91	13.56	17.95	23.13	37.45
马来西亚	Malaysia	1997	0.49	4.37	8.13	12.85	20.31	54.34
蒙　　古	Mongolia	1998	0.30	5.64	10.04	13.76	19.41	51.16
巴基斯坦	Pakistan	1999	0.33	8.75	12.46	15.86	20.64	42.29
菲 律 宾	Philippines	2000	0.46	5.38	8.79	13.08	20.46	52.28
新 加 坡	Singapore	1998	0.42	5.04	9.42	14.55	22.02	48.97
斯里兰卡	Sri Lanka	2000	0.33	8.30	12.50	16.00	21.00	42.20
泰　　国	Thailand	2000	0.43	6.06	9.48	13.54	20.93	50.00
土 耳 其	Turkey	2001	0.40	6.06	10.55	14.91	21.75	46.72
越　　南	Viet Nam	2002	0.37	7.50	11.20	14.80	21.00	45.40
埃　　及	Egypt	2000	0.34	8.57	12.08	15.38	20.39	43.59
尼日利亚	Nigeria	1997	0.51	4.36	8.16	12.51	19.31	55.66
南　　非	South Africa	2000	0.58	3.50	6.30	10.00	18.00	62.20
加 拿 大	Canada	1998	0.33	7.00	12.70	17.00	22.90	40.40
墨 西 哥	Mexico	2000	0.55	3.12	7.20	11.70	19.00	59.10
美　　国	United States	2000	0.41	5.40	10.70	15.70	22.41	45.80
阿 根 廷	Argentina	2001	0.52	3.10	7.20	12.30	21.00	56.40
巴　　西	Brazil	2001	0.59	2.40	5.90	10.40	18.10	63.20
委内瑞拉	Venezuela	1998	0.49	2.98	8.36	13.69	21.60	53.38
白俄罗斯	Belarus	2000	0.30	8.44	12.99	16.96	22.53	39.09
保加利亚	Bulgaria	2001	0.32	6.74	13.07	17.87	23.43	38.88
捷　　克	Czech Republic	1996	0.25	10.29	14.46	17.65	21.73	35.87
法　　国	France	1995	0.33	7.18	12.62	17.19	22.80	40.21
德　　国	Germany	2000	0.28	8.50	13.70	17.80	23.10	36.88
意 大 利	Italy	2000	0.36	6.50	12.02	16.80	22.80	42.00
荷　　兰	Netherlands	1999	0.31	7.60	13.20	17.19	23.30	38.70
波　　兰	Poland	2002	0.34	7.60	12.00	16.20	22.30	41.90
罗马尼亚	Romania	2002	0.30	7.90	12.30	16.50	22.30	41.00
俄罗斯联邦	Russian Federation	2002	0.31	8.20	12.70	16.90	23.00	39.30
西 班 牙	Spain	1990	0.33	7.50	12.60	17.00	22.60	40.30
乌 克 兰	Ukraine	1999	0.29	8.80	13.31	17.41	22.71	37.77
英　　国	United Kingdom	1999	0.36	6.09	11.40	16.00	22.50	44.00
澳大利亚	Australia	1994	0.35	5.90	12.01	17.20	23.57	41.32
新 西 兰	New Zealand	1997	0.36	6.45	11.37	15.81	22.61	43.76

注：①世界银行统计数据。
Note: ① Data from World Bank.

9-3 贫困线和贫困人口比重

Poverty Line and Population Below Poverty Lines

资料来源：世界银行数据库。

Source: World Bank Database.

单位：%　　　　　　　　　　　　　　　　　　　　　　　　　　　　(%)

国家和地区	Country or Area	低于国家贫困线人口所占比重① Population below the Poverty Line ①				国际贫困线② International Poverty Line ②				
		调查年份 Survey Year	全国 National	乡村 Rural	城市 Urban	调查年份 Survey Year	日均1国际元以下人口所占比重 Population below $1(PPP) a Day	日均1国际元以下人口贫困度 Poverty Gap at $1(PPP) a Day	日均2国际元以下人口所占比重 Population below $2(PPP) a Day	日均2国际元以下人口贫困度 Poverty Gap at $2(PPP) a Day
中　国③	China ③	1998	4.6	4.6	<2.0	2001	16.6	3.9	46.7	18.4
孟加拉国	Bangladesh	2000	49.8	53.0	36.6	2000	36.0	8.1	82.8	36.3
印　度	India	2000	28.6	30.2	24.7	1999	35.3	7.2	80.6	34.9
印度尼西亚	Indonesia	1999	27.1			2002	7.5	<0.9	52.4	15.7
哈萨克斯坦	Kazakhstan	1996	34.6	39.0	30.0	2001	<2.0	<0.5	8.5	<1.4
韩　国	Korea, Rep.					1998	<2.0	<0.5	<2.0	<0.5
马来西亚	Malaysia	1989	15.5			1997	<2.0	<0.5	9.3	<2.0
蒙　古	Mongolia	1998	35.6	32.6	39.4	1998	27.0	8.1	74.9	30.6
巴基斯坦	Pakistan	1999	32.6	35.9	24.2	1998	13.4	2.4	65.6	22.0
菲律宾	Philippines	1997	36.8	50.7	21.5	2000	15.5	3.0	47.5	17.8
斯里兰卡	Sri Lanka	1996	25.0	27.0	15.0	2000	7.6	1.5	50.7	15.2
泰　国	Thailand	1992	13.1	15.5	10.2	2000	<2.0	<0.5	32.5	9.0
土耳其	Turkey					2001	<2.0	<0.5	10.3	2.5
越　南	Viet Nam	2002	28.9	35.6	6.6	1998	17.7	3.3	63.7	22.9
埃　及	Egypt	2000	16.7			1999	3.1	<0.5	43.9	11.3
尼日利亚	Nigeria	1993	34.1	36.4	30.4	1996	70.2	34.9	90.8	59.0
南　非	South Africa					2000	10.7	<1.7	34.1	12.6
墨西哥	Mexico	1988	10.1			2000	9.9	3.7	26.3	10.9
阿根廷	Argentina	1998			29.9	2001	3.3	<0.5	14.3	4.7
巴　西	Brazil	1998	22.0	51.4	14.7	2001	8.2	2.1	22.4	8.8
委内瑞拉	Venezuela	1989	31.3			1998	14.3	6.6	30.6	14.5
白俄罗斯	Belarus	2000	41.9			2000	<2.0	<0.5	<2.0	<0.5
保加利亚	Bulgaria	2001	12.8			2001	4.7	<1.4	16.2	5.7
捷　克	Czech Republic					1996	<2.0	<0.5	<2.0	<0.5
波　兰	Poland	1993	23.8			2001	<2.0	<0.5	<2.0	<0.5
罗马尼亚	Romania	1994	21.5	27.9	20.4	2002	<2.0	<0.5	14.0	3.4
俄罗斯联邦	Russian Federation	1994	30.9			2002	<2.0	<0.5	7.5	<1.3
乌克兰	Ukraine	1995	31.7			1999	2.9	<0.6	31.4	8.0

注：①即贫困率。乡村和城市贫困率分别为乡村和城市贫困线以下人口占乡村和城市人口比重。②为世界银行划分标准，即人均日消费支出不足1国际元和2国际元。国际元为按购买力平价法计算，1985年价格。贫困度指贫困线以下人口人均消费距贫困线的差距(即假定贫困线以上人口为零短缺时贫困人口的平均短缺程度)。③世界银行统计数据。

Note: ① Rural poverty rate is the percentage of the rural population living below the national rural povertay line.Urban poverty rate is the percentage of the urban population living below the national urban poverty line. ② Polulation below $1 a day and Polulation below$2 a day are the percentages of the population living on less than $1.08 a day and $2.15 a day (equivalent to $1 and $2 in 1985 prices, adjusted for purchasing power parity). Poverty gap is the mean shortfall below the poverty line (counting the nonpoor as having zero shortfall), expressed as a percentage of the poverty line. This measure reflects the depth of poverty as well as its incidence. ③ Data from World Bank.

9-4 贫困人口社会指标

Social Indicators of Poverty

资料来源：世界银行《世界发展指标》2004 年。
Source: World Bank *World Development Indicators 2004*.

国家和地区	Country or Area	调查年份 Survey year	5 岁以内儿童营养不良发生率(%) Prevalence of Child Malnutrition (Weight for age % of children under five)		5 岁以内儿童死亡率(‰) Under -five mortality rate (‰)		1-2 岁以内儿童麻疹免疫接种率(%) Child immunization rate(Measles % of children ages 12-23 months)		15-49 岁妇女避孕普及率(%) Contraceptive Prevalence (% of woman ages 15-49)		熟练医护人员护理下的分娩(%) Births attended by skilled health staff (% of total)	
			最贫穷的20% Poorest Quintile	最富裕的20% Richest Quintile	最贫穷的20% Poorest Quintile	最富裕的20% Richest Quintile	最贫穷的20% Poorest Quintile	最富裕的20% Richest Quintile	最贫穷的20% Poorest Quintile	最富裕的20% Richest Quintile	最贫穷的20% Poorest Quintile	最富裕的20% Richest Quintile
孟加拉国	Bangladesh	2000	60	29	140	72	59	86	37	50	4	42
印　度	India	1999	61	26	141	46	28	81	29	55	16	84
印度尼西亚	Indonesia	1997			109	29	59	85	46	57	21	89
哈萨克斯坦	Kazakhstan	1999	5	6	82	45	74	76	49	55	99	99
巴基斯坦	Pakistan	1990	54	26	125	74	28	75	1	23	5	55
菲律宾	Philippines	1998			80	29	68	92	20	29	21	92
土耳其	Turkey	1998	17	3	85	33	64	89	24	48	53	98
越　南	Viet Nam	1997			63	23	64	88	47	56	49	99
埃　及	Egypt	2000	7	2	98	34	95	99	43	61	31	94
尼日利亚	Nigeria	1990	40	22	240	120	35	70	1	12	12	70
南　非	South Africa	1998			87	22	74	85	34	70	68	98
巴　西	Brazil	1996	12	3	99	33	78	90	56	77	72	99

9-5 居民收入及构成

Household Income and Its Structure

资料来源：日本《世界统计》2003年。
Source: Japan *World Statistics 2003*.

国家和地区	Country or Area	年份 Years	月平均收入（本币）Average Monthly Earning (LCU)	平均家庭成员数 Average Family Members	收入构成（%） Structure of Income (%)				
					工资和薪金收入 Wages and Salaries	营业收入 Operating Income	财产收益 Property Income	转移收入 Transfer Income	其他收入 Others Income
中　国①	China ①	1986	76	3.8	81.2	2.4	0.6	9.8	5.9
孟加拉国	Bangladesh	1983~84		6.9	66.5		9.3		24.3
以色列	Israel	1986~87	594	3.5	57.5	12.6	14.5	10.9	4.6
日　本	Japan	1990	521757	3.7	94.0	1.0	0.3	3.8	0.8
韩　国	Korea, Rep.	1990	943272	4.0	85.8	2.6	2.7	3.0	5.9
巴基斯坦	Pakistan	1986~87	2062	6.5	21.9	54.7	12.6	1.7	9.2
菲律宾	Philippines	1988~89	8478	5.3	44.8	38.8	3.7	12.7	-
新加坡	Singapore	1987~88	502	4.4	77.4	15.9			6.7
斯里兰卡	Sri Lanka	1985~86	386	5.2	52.0		4.8	6.0	37.2
泰　国	Thailand	1988~89	4106	4.0	34.4	31.6	0.9	7.0	26.1
土耳其	Turkey	1987	64109	5.0	24.1	51.5	13.7	9.8	1.0
埃　及	Egypt	1980		5.0	54.5	8.0	36.0		1.5
尼日利亚	Nigeria	1985~86	53	4.9	30.2	46.3	8.2	0.9	14.5
加拿大	Canada	1986	1093	2.7	71.7	7.1	5.5	11.4	4.3
墨西哥	Mexico	1983~84	193553	5.1	49.0	21.0	3.1	5.6	21.3
美　国	United States	1989	2708	2.5	70.8	7.6	8.9	12.6	0.2
阿根廷	Argentina	1985~86	111	3.6	53.9	31.5	1.5	12.7	0.4
巴　西	Brazil	1987~88	9517	3.7	63.1	12.6	2.0	13.9	8.3
匈牙利	Hungary	1989	6495	2.8	59.4	4.4		28.4	7.8
原联邦德国	Former Federal Germany	1983	1419	2.4	58.1	9.1	9.7	21.7	1.4
荷　兰	Netherlands	1988	42100	2.5	61.9	7.5	3.3	26.4	0.9
波　兰	Poland	1990	554900	3.1	57.0	18.4		25.4	1.2
西班牙	Spain	1989	43949	3.5	52.4	13.6	12.6	20.6	0.9
英　国	United Kingdom	1989	1317	2.5	62.3	10.7	10.1	16.5	0.4
原苏联	Former Soviet Union	1989	150		73.3	6.5		12.4	7.8
澳大利亚	Australia	1988~89	994	2.8	72.3	9.2		10.1	8.5
新西兰	New Zealand	1989~90	1214	2.7	66.0	8.0	6.0	16.0	4.0

注：①为日本《世界统计》统计数据。
Note: ① Data from Japan World Statistics.

9-6 居民最终消费支出构成

资料来源：经合组织《经合组织成员国国民核算》1991-2002年。
Source: OECD *National Accounts of OECD Countries 1991-2002.*
单位：%

国家和地区	Country or Area	年份 Year	食品、非酒精饮料 Food and Non-alcoholic Beverages	酒精饮料、烟草和麻醉品 Alcoholic Beverages, Tobacco and narcotics	服装和鞋类 Clothing and Footware	住房、水、电力、气和其他燃料 Housing, Water, Electricity, Gas and Other Fuels
韩　国	Korea, Rep.	2003	15.23	2.39	4.31	16.97
日　本	Japan	2002	14.54	3.19	4.97	26.42
加拿大	Canada	2002	9.91	3.97	5.24	23.40
墨西哥	Mexico	2002	24.71	2.33	3.14	13.63
美　国	Unitd States	2002	6.92	2.08	5.03	17.13
法　国	France	2003	14.42	3.29	4.50	24.08
德　国	Germany	2002	11.84	3.93	6.21	24.87
意大利	Italy	2003	14.63	2.40	8.96	20.31
荷　兰	Netherlands	2002	11.17	3.20	6.07	20.71
波　兰	Poland	2002	20.50	6.42	4.53	25.35
西班牙	Spain	2002	15.92	3.12	6.27	14.39
英　国	United Kingdom	2002	9.23	3.98	6.56	17.18
澳大利亚	Australia	2002	9.96	4.00	4.04	20.57
新西兰	New Zealand	2002	16.15		4.72	18.62

Composition of Household Final Consumption Expenditure

(%)

家具、家用设备及住房日常维护支出 Furnishings, Households Equipment & Routine Maintenance of the House	医疗保健 Health	交通 Transport	通讯 Communication	休闲与文化 Recreation and Culture	教育 Education	饭店和旅馆 Restaurants and Hotels	其他 Others
4.05	4.51	11.17	5.47	7.68	5.90	7.62	14.70
4.18	3.71	10.66	2.53	9.65	2.27	7.49	10.38
6.67	4.55	15.01	2.28	10.87	1.26	7.55	9.28
8.25	4.12	17.38	1.85	2.73	3.33	7.32	10.84
5.08	17.58	12.01	2.00	9.62	2.41	5.87	14.29
5.93	3.73	14.68	2.42	9.03	0.63	7.56	9.75
6.82	4.23	14.31	3.07	9.29	0.71	4.58	9.97
9.02	3.02	12.01	3.04	7.30	0.95	9.73	8.62
7.19	4.28	11.98	3.97	11.04	0.54	5.77	14.06
4.64	4.99	12.68	1.74	6.35	1.43	2.67	8.80
5.82	3.41	12.08	2.68	8.29	1.61	19.39	7.01
6.73	1.48	15.14	2.50	12.70	1.19	11.14	12.17
5.73	5.06	11.71	2.84	12.26	2.27	7.47	14.10
10.54		14.23				7.89	11.23

9-7 人均每天食物热值、蛋白质和脂肪含量

Calories, Proteins and Fat Per Capita Per Day

资料来源：联合国粮农组织数据库，《食物平衡表》1994－1996年。
Source: FAO Database, *Food Balance Sheet 1994/1996.*

国家和地区	Country or Area	食物热值(卡) Calories Per Capita Per Day			蛋白质含量(克) Proteins Per Capita Per Day (G)			脂肪含量(克) Fat Per Capita Per Day(G)		
		1989-1991	1994-1996	2002	1989-1991	1994-1996	2002	1989-1991	1994-1996	2002
世　　界	**World**	**2709 ②**	**2748 ③**	**2804**	**71.6 ②**	**73.7 ③**	**75.3**	**68.2 ②**	**70.8 ③**	**77.5**
发达国家	**Developed Countries**	**3319 ②**	**3186 ③**	**3314**	**102.9 ②**	**97.8 ③**	**100.4**	**121.9 ②**	**115.2 ③**	**122.7**
发展中国家	**Developing Countries**	**2517 ②**	**2619 ③**	**2666**	**61.7 ②**	**66.6 ③**	**68.5**	**51.2 ②**	**57.6 ③**	**65.2**
中　　国①	China ①	2652	2766	2951	53.9	63.9	81.5	31.5	50.5	90.3
孟加拉国	Bangladesh	2063	2063	2205	42.3	44.3	48.1	14.1	18.6	23.5
印　　度	India	2337	2394	2459	50.8	56.8	57.3	32.7	39.7	49.6
印度尼西亚	Indonesia	2615	2880	2904	46.4	58.3	64.2	35.0	50.9	59.4
伊　　朗	Iran	2712	2885	3085	68.9	71.7	83.4	62.9	63.3	57.2
以 色 列	Israel	3244	3254	3666	101.0	104.8	128.6	104.9	123.5	139.0
日　　本	Japan	2899	2898	2761	86.8	94.6	91.8	68.9	79.7	84.6
哈萨克斯坦	Kazakhstan			2677			84.7			76.0
韩　　国	Korea, Rep.	3238	3302	3058	82.6	82.0	89.6	41.5	64.7	77.1
马来西亚	Malaysia	2751	2848	2881	58.0	64.2	76.3	77.4	94.3	81.8
蒙　　古	Mongolia	2211	2011	2249	81.3	74.3	79.0	85.5	79.2	87.5
缅　　甸	Myanmar	2572	2711	2937	59.8	63.8	79.9	35.3	41.3	48.3
巴基斯坦	Pakistan	2392	2393	2419	52.6	58.4	61.9	43.6	58.5	65.1
菲 律 宾	Philippines	2376	2366	2379	51.0	55.8	56.1	35.7	40.4	48.4
斯里兰卡	Sri Lanka	2220	2262	2385	45.1	46.2	54.9	47.3	44.8	43.9
泰　　国	Thailand	2245	2330	2467	48.5	50.5	57.0	31.4	43.5	51.1
土 耳 其	Turkey	3555	3562	3357	96.8	101.7	95.4	80.9	94.4	91.6
越　　南	Viet Nam	2202	2449	2566	47.1	50.4	62.3	19.9	27.3	45.5
埃　　及	Egypt	3156	3277	3338	73.0	83.6	95.4	65.5	58.8	59.8
尼日利亚	Nigeria	2310	2553	2726	42.9	51.3	61.1	51.9	55.2	62.0
南　　非	South Africa	2880	2881	2956	74.5	74.1	76.2	68.1	71.6	77.5
加 拿 大	Canada	3014	3104	3589	91.7	95.4	105.0	119.7	128.6	146.2
墨 西 哥	Mexico	3081	3137	3145	83.4	79.6	90.8	79.3	80.8	87.5
美　　国	United States	3462	3624	3774	98.2	107.0	114.0	128.4	139.2	156.5
阿 根 廷	Argentina	2965	3118	2992	106.7	94.3	96.0	116.0	103.2	106.1
巴　　西	Brazil	2774	2878	3050	62.2	66.4	82.8	65.1	80.9	93.7
委内瑞拉	Venezuela	2395	2398	2336	70.3	58.7	63.8	77.5	69.0	63.6
白俄罗斯	Belarus			3000			86.1			97.8
保加利亚	Bulgaria	3440	2827	2848	104.2	104.5	88.4	107.2	114.6	96.0
捷　　克	Czech Republic	3519	3084	3171	99.0	102.0	94.1	122.7	130.7	118.0
法　　国	France	3548	3550	3654	112.3	116.9	119.2	148.2	163.6	170.8
德　　国	Germany	3396	3296	3496	95.1	99.1	100.1	136.0	142.6	146.4
意 大 利	Italy	3575	3476	3671	106.3	110.0	113.1	128.6	150.0	158.1
荷　　兰	Netherlands	3262	3193	3362	93.3	94.9	107.5	130.2	138.0	144.3
波　　兰	Poland	3365	3309	3375	111.1	101.9	99.4	116.8	114.1	112.8
罗马尼亚	Romania	2949	2927	3455	97.5	89.1	107.4	94.2	91.1	96.1
俄罗斯联邦	Russian Federation	3248	2814	3072	102.9	104.6	91.4	94.3	100.2	83.0
西 班 牙	Spain	3281	3291	3371	95.3	104.3	111.7	112.5	138.4	150.9
乌 克 兰	Ukraine			3054			84.1			81.7
英　　国	United Kingdom	3206	3210	3412	88.1	92.2	102.4	135.0	135.3	138.9
澳大利亚	Australia	3036	2975	3054	100.3	104.0	103.5	107.3	113.9	131.2
新 西 兰	New Zealand	3222	3411	3219	98.1	96.1	99.9	128.2	131.4	115.3

注：①联合国粮农组织统计数据。②1990年数据。③1995年数据。
Note: ① Data from FAO. ② Data refer to 1990. ③ Data refer to 1995.

9-8 人均食物供应量(2002 年)

Food Supply Per Capita (2002)

资料来源：联合国粮农组织数据库。
Source: FAO Database.
单位：千克 (kg)

国家和地区	Country or Area	谷物 Cereals - Excluding Beer	薯类 Starchy Roots	糖料作物 Sugarcrops	杂豆 Pulses	坚果 Treenuts	油料 Oilcrops	植物油 Vegetable Oils	蔬菜 Vegetables
世界	**World**	**152.3**	**65.4**	**4.8**	**6.2**	**1.4**	**7.4**	**11.1**	**114.1**
发达国家	**Developed Countries**	**130.7**	**75.7**		**2.9**	**2.9**	**3.8**	**18.2**	**112.7**
发展中国家	**Developing Countries**	**158.1**	**62.6**	**6.1**	**7.1**	**1.0**	**8.3**	**9.2**	**114.5**
中国①	China ①	166.6	80.7	3.4	1.4	1.0	6.9	9.5	70.0
孟加拉国	Bangladesh	187.1	19.5	2.6	5.0	0.4	0.3	5.0	92.3
印度	India	157.8	24.1	1.8	12.4	0.8	6.4	9.4	12.2
印度尼西亚	Indonesia	203.1	66.7	34.5	1.3	0.2	43.7	10.4	104.9
伊朗	Iran	210.2	45.8	80.4	4.9	4.9	0.9	7.2	41.2
以色列	Israel	153.7	48.5	0.7	6.2	5.6	12.3	24.6	131.8
日本	Japan	113.8	34.1		2.0	1.7	9.7	14.1	126.4
哈萨克斯坦	Kazakhstan	163.3	97.0		0.2	0.1	0.6	8.7	254.1
韩国	Korea, Rep.	151.7	17.2		1.7	2.1	10.8	12.3	66.9
马来西亚	Malaysia	156.4	21.9		2.6	1.2	16.2	13.4	174.4
蒙古	Mongolia	127.8	25.0		0.4	0.4	0.1	4.2	137.8
缅甸	Myanmar	213.7	9.1		20.0	1.1	11.2	7.6	90.6
巴基斯坦	Pakistan	154.1	12.5		6.2	0.8	0.5	10.6	69.5
菲律宾	Philippines	134.8	29.7		1.5	0.3	4.8	4.7	27.9
斯里兰卡	Sri Lanka	145.2	16.0		8.0	0.3	60.3	2.8	171.1
泰国	Thailand	122.3	18.0		4.0	0.6	19.1	6.3	227.8
土耳其	Turkey	219.1	60.7		14.2	6.1	12.5	17.4	151.0
越南	Viet Nam	186.7	15.0		2.6	1.9	3.2	3.2	106.5
埃及	Egypt	235.2	22.6	1.5	9.9	0.6	8.1	6.1	105.9
尼日利亚	Nigeria	147.0	224.7		9.6	2.1	7.7	13.7	209.2
南非	South Africa	187.2	28.8		2.9	0.3	2.1	14.1	37.6
加拿大	Canada	118.6	85.9		6.1	3.4	6.2	23.5	55.2
墨西哥	Mexico	172.2	15.5		13.3	1.3	2.2	9.4	18.4
美国	United States	112.5	63.7		4.0	3.2	5.0	27.8	66.8
阿根廷	Argentina	129.1	53.8	5.7	1.5	0.3	0.6	13.4	82.5
巴西	Brazil	107.1	62.1		16.6	0.4	18.5	12.8	140.4
委内瑞拉	Venezuela	113.1	36.5		4.6	0.2	0.3	11.8	61.3
白俄罗斯	Belarus	126.9	171.2	31.2		1.6	0.4	10.9	31.5
保加利亚	Bulgaria	149.1	33.9	12.7	4.5	0.7	2.8	14.2	62.4
捷克	Czech Republic	113.3	78.2	0.5	1.3	1.7	4.2	16.0	98.0
法国	France	117.3	66.3	0.3	2.0	4.1	2.7	18.3	147.5
德国	Germany	106.9	72.4	16.6	1.2	5.0	3.5	18.6	92.5
意大利	Italy	161.9	39.8	16.8	5.6	6.7	3.1	27.4	42.0
荷兰	Netherlands	80.7	88.8		1.9	4.8	3.0	17.1	147.7
波兰	Poland	152.6	132.2		2.1	0.6	1.6	12.4	33.5
罗马尼亚	Romania	209.9	92.2		1.4	1.3	1.5	13.5	42.1
俄罗斯联邦	Russian Federation	155.0	122.0		1.4	0.7	1.3	10.0	224.3
西班牙	Spain	98.2	80.9		5.7	8.1	5.4	26.8	104.3
乌克兰	Ukraine	166.1	130.2		3.2	1.1	0.6	10.6	89.2
英国	United Kingdom	106.4	112.4		4.7	1.8	3.3	17.0	127.7
澳大利亚	Australia	83.8	54.9	0.1	0.8	4.6	4.6	17.9	48.5
新西兰	New Zealand	92.8	81.2		5.2	2.3	5.4	8.0	80.1

9–8续表 continued

单位：千克 (kg)

国家和地区	Country or Area	水果(不包括葡萄酒) Fruit-Excluding Wine	调味剂 Spices	含酒精饮品 Alcoholic Beverages	肉类 Meat	动物脂肪 Animal Fats	奶类(不包括黄油) Milk Excluding Butter	禽蛋 Eggs	鱼和海鲜 Fish, Seafood
世　　界	**World**	**61.0**	**1.0**	**32.9**	**39.3**	**3.4**	**79.0**	**8.4**	**16.3**
发达国家	**Developed Countries**	**84.0**	**0.6**	**85.8**	**79.5**	**8.5**	**202.1**	**12.8**	**24.0**
发展中国家	**Developing Countries**	**54.7**	**1.1**	**18.6**	**28.5**	**2.0**	**45.6**	**7.2**	**14.2**
中　　国①	China ①	47.3	0.2	27.2	52.5	2.4	13.3	17.4	25.6
孟加拉国	Bangladesh	9.8	1.8		3.1	0.2	14.2	0.9	11.3
印　　度	India	37.7	2.7	1.5	5.2	2.4	62.9	1.6	4.8
印度尼西亚	Indonesia	36.0	0.9	0.7	8.2	0.4	7.8	3.5	20.8
伊　　朗	Iran	158.6	0.2		23.1	2.5	57.3	6.9	4.6
以 色 列	Israel	108.6	0.4	17.1	98.0	5.7	225.7	10.7	22.0
日　　本	Japan	56.3	1.0	51.8	43.9	1.8	67.1	19.1	66.3
哈萨克斯坦	Kazakhstan	14.9		19.2	43.9	1.9	223.2	7.2	4.0
韩　　国	Korea, Rep.	66.8	0.8	68.9	49.2	2.9	29.4	10.5	58.7
马来西亚	Malaysia	51.8	3.2	5.1	48.5	1.2	49.0	10.7	57.0
蒙　　古	Mongolia	13.1		9.4	108.8	3.2	80.8	0.7	0.5
缅　　甸	Myanmar	30.0	1.2	0.6	10.7	0.6	15.0	1.9	19.1
巴基斯坦	Pakistan	34.0	1.4	0.1	12.2	4.2	153.3	2.1	2.2
菲 律 宾	Philippines	104.9	0.4	15.3	31.2	2.0	17.6	6.6	29.3
斯里兰卡	Sri Lanka	41.8	3.5	1.3	6.6	0.5	43.9	2.4	22.2
泰　　国	Thailand	87.8	1.1	30.0	26.4	0.7	18.8	9.6	30.9
土 耳 其	Turkey	103.5	0.6	11.6	19.2	1.9	98.0	6.9	7.3
越　　南	Viet Nam	52.0	1.0	8.7	28.6	1.1	5.0	2.6	17.7
埃　　及	Egypt	92.4	0.9	1.0	22.4	2.4	50.2	2.3	15.0
尼日利亚	Nigeria	67.9	1.3	73.1	8.6	0.3	7.7	3.3	7.3
南　　非	South Africa	33.1	0.3	87.0	38.9	0.9	54.5	6.3	7.6
加 拿 大	Canada	124.1	0.8	102.8	100.5	18.0	208.1	11.8	25.8
墨 西 哥	Mexico	115.2	1.1	47.1	59.1	3.3	114.1	16.0	11.3
美　　国	United States	110.3	0.8	101.6	124.1	6.2	261.8	14.6	21.3
阿 根 廷	Argentina	72.1	0.2	58.8	96.4	3.9	162.0	7.4	10.0
巴　　西	Brazil	110.3	0.2	44.9	81.1	2.9	118.6	7.0	6.2
委内瑞拉	Venezuela	101.5	0.1	78.6	59.9	2.3	76.4	5.4	17.8
白俄罗斯	Belarus	55.1	0.1	40.1	57.7	7.5	193.0	12.8	14.3
保加利亚	Bulgaria	41.9	0.2	72.6	69.7	4.1	152.8	10.9	2.9
捷　　克	Czech Republic	75.1	0.6	170.9	86.1	10.0	202.1	14.1	13.6
法　　国	France	100.0	0.3	93.4	102.3	18.7	275.5	15.3	31.3
德　　国	Germany	115.5	0.6	147.1	82.3	21.9	264.3	12.7	14.9
意 大 利	Italy	131.2	0.1	81.4	92.1	11.0	255.9	11.8	26.2
荷　　兰	Netherlands	146.0	1.4	95.6	86.8	9.3	345.7	15.6	24.5
波　　兰	Poland	49.3	0.2	84.0	73.3	14.9	174.6	11.8	13.1
罗马尼亚	Romania	50.8	1.7	78.9	54.1	3.3	194.2	11.7	3.4
俄罗斯联邦	Russian Federation	45.2	0.1	63.8	49.8	7.2	151.9	13.7	18.6
西 班 牙	Spain	118.5	0.3	106.5	118.5	5.2	158.3	14.3	47.5
乌 克 兰	Ukraine	28.9	0.1	38.8	32.0	6.2	169.8	11.6	15.4
英　　国	United Kingdom	100.3	0.6	117.0	80.7	7.1	230.9	11.6	23.2
澳大利亚	Australia	93.3	0.3	111.7	108.8	6.3	263.9	5.6	22.3
新 西 兰	New Zealand	113.0	0.5	94.3	106.7	13.2	190.1	9.7	26.5

注：①联合国粮农组织数据。

Note: ① Data from FAO.

主要统计指标解释

住户最终消费支出(或称个人消费) 是指由家庭购买的包括耐用消费品(比如小汽车、洗衣机和家用电脑)在内的各种产品和服务的市场价值。它不包括购买的住房，但包括自有住房的虚拟房租。

基尼系数 反映个人或家庭收入分配（或消费）与完全平均收入分配之间差异程度的指标，介于“0”和“1”之间。“0”表示收入分配绝对平均，即每个家庭或每个人都得到同样份额的收入；“1”表示收入分配极端不平等，一个家庭或个人拥有全社会的收入。

人均日食物热值、蛋白质含量、脂肪含量和人均食物供应量 前者为热值、蛋白质含量及脂肪含量形式表示报告期内(三年平均数)可供人类消费的人均食品供应量的估计数。热值以大卡(即千卡或卡路里)为单位，在千焦耳（1卡路里=4.19千焦耳）获得广泛的接受和理解之前，热值的传统单位(大卡)仍被暂时保留。人均供应量是由可供人类消费的总供应量（即“食用”）推算而来，即用在报告期内实际分享供应食物的总人口数去除食用总量，这里的人口数指某一国家当前地理区域内的实际现有人口数。换而言之，在报告期内，生活在国外的本国居民未包括在内，但生活在本国的外国人包括在内。关于暂时在国内和不在国内的情况，人口总数有必要进行调整，比如暂时迁移、外国游客以及由特殊计划支持的难民（如果不能将此计划所提供的总量考虑为进口的话)。几乎在所有的场合，所采用的人口数均为联合国人口司出版的年中人口估计数。因此，人均供应量仅表示平均可供总人口消费的供应量，而不表示实际个人消费的数量。尽管它被看作是人均消费量的近似值，重要的是，切记个人消费之间的差距是相当大的。

Explanatory Notes on Main Statistical Indicators

Household Final Consumption Expenditure (Private Consumption) is the market value of all goods and services, including durable products (such as cars, washing machines, and home computers), purchased by households.

Gini Index measures the extent to which the distribution of income (or, in some cases, consumption expenditure) among individuals or households within an economy deviates from a perfectly equal distribution. Thus a Gini index of zero represents perfect equality, while an index of 1 implies perfect inequality.

Calories, Proteins,Fat Per Capita Per Day and Food Supply Per Capita The former three are the estimates of per capita food supplies available for human consumption during the reference period in terms of caloric value, protein and fat content. Calorie supplies are reported in kilocalories. The traditional unit of calories is being retained for the time being until the proposed kilojoules gains wider acceptance and understanding (1 calorie = 4.19 kilojoules). Per capita supplies in terms of product weight are derived from the total supplies available for human consumption (i.e. "Food") by dividing the quantities of food by the total population actually partaking of the food supplies during the reference period, i.e. the present in-area population within the present geographical boundaries of the country. In other words, nationals living abroad during the reference period are excluded, but foreigners are made wherever possible for part-time presence or absence, such as temporary migrants, tourists and refugees supported by special schemes (if it has not been possible to allow for the amount provided by such schemes under imports). In almost all cases, the population figures used are the mid-year estimates published by the United Nations Population Division.

10 农　业

Agriculture

10-1 农业生产指数(2004年)

Agricultural Production Indices(2004)

资料来源：联合国粮农组织数据库。
Source: FAO Database.
1999-2001年=100 (1999-2001=100)

国家和地区	Country or Area	农业 Agriculture	种植业 Crops	畜牧业 Livestock	食品 Food	非食品 Non Food
世　界	**World**	**109.0**	**109.5**	**108.2**	**108.9**	**111.2**
发达国家	**Developed Countries**	**104.2**	**106.8**	**101.9**	**104.3**	**101.8**
发展中国家	**Developing Countries**	**111.7**	**110.8**	**113.8**	**111.5**	**114.6**
亚　洲	**Asia**	**111.6**	**110.5**	**114.4**	**111.5**	**113.2**
中　国①	China ①	122.1	117.2	129.6		
孟加拉国	Bangladesh	104.7	105.0	102.6	104.6	105.5
印　度	India	104.6	102.1	111.2	104.1	115.2
印度尼西亚	Indonesia	114.6	113.1	125.8	114.8	111.4
伊　朗	Iran	111.1	116.6	103.1	111.9	87.8
以色列	Israel	103.0	94.2	117.2	103.2	96.0
日　本	Japan	97.8	95.8	99.6	97.9	94.2
哈萨克斯坦	Kazakhstan	100.8	98.0	112.0	98.8	143.2
朝　鲜	Korea, Dem. People's Rep.	109.0	110.0	113.6	109.3	102.8
韩　国	Korea, Rep.	92.2	90.5	98.7	92.5	77.2
马来西亚	Malaysia	116.9	117.1	116.7	116.9	116.8
蒙　古	Mongolia	92.3	105.0	92.1	92.3	92.3
缅　甸	Myanmar	116.6	116.6	122.8	116.6	113.5
巴基斯坦	Pakistan	109.0	105.2	112.5	109.3	107.3
菲律宾	Philippines	113.2	109.5	123.2	113.5	98.6
新加坡	Singapore	66.6	100.0	70.7	66.6	
斯里兰卡	Sri Lanka	96.5	94.4	106.0	95.2	101.6
泰　国	Thailand	102.4	105.3	89.4	99.8	125.8
土耳其	Turkey	104.7	104.6	106.8	105.2	99.8
越　南	Viet Nam	118.6	118.3	118.9	118.7	116.5
非　洲	**Africa**	**106.6**	**106.0**	**108.0**	**106.8**	**103.6**
埃　及	Egypt	108.9	105.1	119.2	108.8	110.7
尼日利亚	Nigeria	104.9	104.6	108.8	105.0	97.6
南　非	South Africa	103.8	98.5	109.8	104.4	83.2
北美洲	**North America**	**106.7**	**109.0**	**102.9**	**106.4**	**112.2**
加拿大	Canada	101.8	102.8	103.5	102.2	83.4
墨西哥	Mexico	107.5	105.6	108.6	107.8	94.7
美　国	United States	107.3	110.5	102.0	106.8	117.8
南美洲	**South America**	**114.8**	**116.6**	**112.8**	**113.8**	**133.5**
阿根廷	Argentina	101.1	105.0	94.4	101.4	90.4
巴　西	Brazil	125.4	126.7	123.6	123.7	154.1
委内瑞拉	Venezuela	99.4	93.4	103.4	99.6	88.4
欧　洲	**Europe**	**103.8**	**106.7**	**101.6**	**104.0**	**90.2**
白俄罗斯	Belarus	114.9	129.6	107.7	115.1	89.2
保加利亚	Bulgaria	99.1	106.0	95.9	97.7	134.2
捷　克	Czech Republic	104.1	109.8	95.3	104.1	97.7
法　国	France	100.0	104.3	97.3	100.0	100.9
德　国	Germany	102.8	105.5	101.0	102.8	80.4
意大利	Italy	95.4	95.6	98.1	95.5	89.8
荷　兰	Netherlands	93.0	98.7	90.9	93.0	102.4
波　兰	Poland	107.0	95.8	106.2	107.2	72.2
罗马尼亚	Romania	125.2	132.6	119.1	125.4	104.0
俄罗斯联邦	Russian Federation	114.2	117.0	107.7	114.3	101.1
西班牙	Spain	103.4	103.0	111.0	103.6	89.2
乌克兰	Ukraine	116.1	125.6	107.8	116.1	119.5
英　国	United Kingdom	97.9	99.3	97.2	98.0	84.0
大洋洲	**Oceania**	**97.2**	**93.9**	**101.3**	**99.6**	**76.0**
澳大利亚	Australia	90.9	92.1	93.2	93.3	71.1
新西兰	New Zealand	114.2	105.2	115.5	115.7	96.2

注：①2000年为基期的总产值指数。
Note: ① Indices of gross output,2000=100.

10-2 人均农业生产指数(2004年)

Per Capital Agricultural Production Indices(2004)

资料来源：联合国粮农组织数据库。
Source: FAO Database.
1999-2001年=100 (1999-2001=100)

国家和地区	Country or Area	农业 Agriculture	种植业 Crops	畜牧业 Livestock	食品 Food	非食品 Non Food
世　界	**World**	**103.8**	**104.2**	**103.0**	**103.7**	**105.9**
发达国家	**Developed Countries**	**103.0**	**105.5**	**100.7**	**103.0**	**100.6**
发展中国家	**Developing Countries**	**105.2**	**104.4**	**107.2**	**105.1**	**108.0**
亚　洲	**Asia**	**106.1**	**105.0**	**108.8**	**106.0**	**107.6**
中　国①	China ①	114.2	112.4	116.7	114.1	115.7
孟加拉国	Bangladesh	96.5	96.8	94.6	96.4	97.4
印　度	India	98.4	96.0	104.6	97.9	108.3
印度尼西亚	Indonesia	108.9	107.5	119.7	109.2	105.9
伊　朗	Iran	105.8	111.0	98.2	106.5	83.6
以色列	Israel	94.9	86.7	108.1	95.1	88.3
日　本	Japan	97.2	95.2	99.0	97.4	93.7
哈萨克斯坦	Kazakhstan	102.4	99.6	113.8	100.4	145.3
朝　鲜	Korea, Dem.People's Rep.	106.6	107.5	111.1	106.9	100.5
韩　国	Korea, Rep.	90.1	88.4	96.4	90.4	75.4
马来西亚	Malaysia	108.1	108.3	107.8	108.1	108.0
蒙　古	Mongolia	87.7	99.9	87.5	87.7	87.8
缅　甸	Myanmar	110.7	110.7	116.6	110.8	107.8
巴基斯坦	Pakistan	98.8	95.4	102.0	99.1	97.2
菲律宾	Philippines	105.3	101.8	114.6	105.6	91.7
新加坡	Singapore	61.5	93.0	65.3	61.5	
斯里兰卡	Sri Lanka	93.3	91.3	102.5	92.1	98.3
泰　国	Thailand	98.3	101.1	85.8	95.8	120.8
土耳其	Turkey	98.8	98.8	100.8	99.3	94.2
越　南	Viet Nam	112.4	112.1	112.7	112.5	110.5
非　洲	**Africa**	**97.6**	**97.0**	**98.9**	**97.8**	**94.8**
埃　及	Egypt	100.6	97.1	110.1	100.5	102.5
尼日利亚	Nigeria	94.7	94.4	98.2	94.8	88.0
南　非	South Africa	100.9	95.8	106.8	101.5	80.9
北美洲	**North America**	**101.7**	**104.0**	**98.1**	**101.5**	**107.0**
加拿大	Canada	98.7	99.6	100.4	99.0	80.7
墨西哥	Mexico	101.3	99.6	102.4	101.7	89.2
美　国	United States	103.0	106.0	97.8	102.5	113.1
南美洲	**South America**	**108.6**	**110.3**	**106.7**	**107.6**	**126.4**
阿根廷	Argentina	96.4	100.1	90.0	96.7	86.1
巴　西	Brazil	119.3	120.5	117.6	117.6	146.7
委内瑞拉	Venezuela	92.2	86.6	96.0	92.5	82.0
欧　洲	**Europe**	**104.2**	**107.0**	**102.0**	**104.3**	**90.5**
白俄罗斯	Belarus	117.1	131.9	109.7	117.2	90.9
保加利亚	Bulgaria	102.5	109.7	99.2	101.0	138.7
捷　克	Czech Republic	104.6	110.3	95.7	104.6	98.1
法　国	France	98.1	102.3	95.5	98.1	99.0
德　国	Germany	102.4	105.2	100.7	102.5	80.2
意大利	Italy	95.7	95.9	98.4	95.8	90.1
荷　兰	Netherlands	91.1	96.7	89.0	91.1	100.3
波　兰	Poland	107.3	96.0	106.6	107.5	72.4
罗马尼亚	Romania	126.3	133.8	120.1	126.5	104.9
俄罗斯联邦	Russian Federation	116.8	119.5	110.1	116.8	103.4
西班牙	Spain	102.5	102.0	110.0	102.7	88.4
乌克兰	Ukraine	119.8	129.6	111.3	119.8	123.4
英　国	United Kingdom	96.7	98.1	96.0	96.8	82.9
大洋洲	**Oceania**	**92.5**	**89.3**	**96.4**	**94.7**	**72.4**
澳大利亚	Australia	87.4	88.6	89.7	89.8	68.3
新西兰	New Zealand	110.8	101.9	111.9	112.1	93.2

注：① FAO统计数据。
Note: ① Data from FAO.

10-3 主要农作物收获面积（2004年）
Total Harvest Areas of Farm Crops(2004)

资料来源：联合国粮农组织数据库。
Source:FAO Database.
单位：万公顷 (10 000 hectares)

国家和地区	Country or Area	谷物总计 Cereals, Total	稻谷 Rice, Paddy	小麦 Wheat	玉米 Maize	大豆 Soybeans
世　界	**World**	**68123.7**	**15325.7**	**21755.6**	**14514.3**	**9161.1**
发达国家	**Developed Countries**	**23743.3**	**387.7**	**11440.5**	**4928.3**	**3272.4**
发展中国家	**Developing Countries**	**44380.4**	**14937.9**	**10315.1**	**9585.9**	**5888.6**
亚　洲	**Asia**	**31258.3**	**13454.4**	**9535.8**	**4490.8**	**1992.5**
中　国①	China ①	8149.8	2942.0	2173.0	2558.4	1058.0
孟加拉国	Bangladesh	1173.0	1100.0	64.2	0.5	
印　度	India	9596.0	4250.0	2730.0	680.0	755.0
印度尼西亚	Indonesia	1510.5	1175.3		335.3	55.0
伊　朗	Iran	903.0	57.0	660.0	25.0	8.0
以色列	Israel	7.7		6.5	0.5	
日　本	Japan	198.0	165.0	22.0	...	15.0
哈萨克斯坦	Kazakhstan	1278.6	7.3	1050.0	10.0	1.7
朝　鲜	Korea, Dem.People's Rep.	130.2	58.3	7.0	49.5	31.5
韩　国	Korea, Rep.	109.1	99.0	0.4	1.7	8.0
马来西亚	Malaysia	69.5	67.0		2.5	...
蒙　古	Mongolia	30.3		30.0		
缅　甸	Myanmar	668.5	600.0	12.0	30.0	12.5
巴基斯坦	Pakistan	1223.5	221.0	817.6	95.0	0.8
菲律宾	Philippines	655.0	400.0		255.0	0.1
斯里兰卡	Sri Lanka	78.7	75.6		2.4	0.3
泰　国	Thailand	1112.8	980.0	0.1	113.0	20.0
土耳其	Turkey	1399.6	8.0	940.0	70.0	1.7
越　南	Viet Nam	836.5	740.0		96.5	19.0
非　洲	**Africa**	**10314.4**	**1022.0**	**1173.3**	**2713.1**	**107.2**
埃　及	Egypt	277.3	63.0	110.0	83.0	0.6
尼日利亚	Nigeria	2301.7	490.0	6.7	470.0	63.0
南　非	South Africa	434.4	0.1	90.0	320.0	11.5
北美洲	**North America**	**8803.3**	**202.6**	**3079.0**	**4080.6**	**3123.0**
加拿大	Canada	1717.2		990.7	106.3	120.5
墨西哥	Mexico	1098.5	5.1	56.0	800.0	6.4
美　国	United States	5679.6	134.9	2031.7	2966.8	2994.3
南美洲	**South America**	**3779.2**	**579.9**	**1079.3**	**1739.0**	**3809.1**
阿根廷	Argentina	1049.8	17.2	700.0	208.1	1395.4
巴　西	Brazil	2029.8	373.2	274.1	1243.7	2147.5
委内瑞拉	Venezuela	86.0	13.5	...	45.0	0.1
欧　洲	**Europe**	**12151.2**	**59.4**	**5663.6**	**1480.9**	**126.0**
白俄罗斯	Belarus	241.3		45.0	0.8	
保加利亚	Bulgaria	164.5	0.3	93.0	37.5	0.1
捷　克	Czech Republic	170.6		86.3	8.8	0.8
法　国	France	929.5	2.1	523.1	179.6	6.0
德　国	Germany	727.0		310.1	54.0	0.1
意大利	Italy	421.8	21.5	230.0	119.0	14.6
荷　兰	Netherlands	21.9		13.5	2.4	
波　兰	Poland	857.5		260.0	41.5	
罗马尼亚	Romania	592.2	...	224.0	300.0	12.1
俄罗斯联邦	Russian Federation	3891.5	14.3	2220.0	65.5	43.0
西班牙	Spain	662.3	12.1	217.9	48.0	...
乌克兰	Ukraine	1381.0	3.7	543.5	180.0	22.0
英　国	United Kingdom	312.8		199.1	...	
大洋洲	**Oceania**	**1817.4**	**7.3**	**1224.6**	**9.8**	**3.3**
澳大利亚	Australia	1801.7	6.5	1220.0	7.9	3.3
新西兰	New Zealand	14.4		4.6	1.5	...

10-3续表1 continued

单位：万公顷 (10 000 hectares)

国家和地区	Country or Area	根茎类作物 Roots and Tubers	花生 Groundnuts in Shell	油菜籽 Rapeseed	芝麻 Sesame Seed	纤维植物 Fibre Crops Primary
世　界	**World**	**5314.5**	**2637.6**	**2623.0**	**655.8**	**3834.6**
发达国家	**Developed Countries**	**972.5**	**72.6**	**1129.9**	**3.1**	**913.5**
发展中国家	**Developing Countries**	**4342.0**	**2565.0**	**1493.1**	**652.7**	**2921.1**
亚　洲	**Asia**	**1790.6**	**1501.3**	**1482.6**	**448.5**	**2392.2**
中　国①	China ①	1024.0	512.5	750.0	65.1	604.3
孟加拉国	Bangladesh	30.6	2.6	27.9	8.0	46.0
印　度	India	177.0	800.0	675.0	200.0	969.6
印度尼西亚	Indoncsia	159.6	70.2			20.4
伊　朗	Iran	18.5	0.1		4.2	16.0
以色列	Israel	1.2	0.4		...	1.3
日　本	Japan	15.9	1.0	...	...	...
哈萨克斯坦	Kazakhstan	16.6	...	0.5		20.5
朝　鲜	Korea, Dem.People's Rep.	21.6				3.8
韩　国	Korea, Rep.	3.8	0.4	0.1	3.5	...
马来西亚	Malaysia	5.0	...			...
蒙　古	Mongolia	1.0				
缅　甸	Myanmar	4.8	58.0		123.0	34.0
巴基斯坦	Pakistan	14.0	9.2	28.8	13.5	310.3
菲律宾	Philippines	34.9	2.7			11.7
斯里兰卡	Sri Lanka	4.0	1.1		0.7	...
泰　国	Thailand	106.9	8.5		6.5	10.9
土耳其	Turkey	20.0	3.0	0.1	5.0	72.5
越　南	Viet Nam	62.5	25.5		3.5	5.1
非　洲	**Africa**	**2171.6**	**1030.7**	**4.5**	**188.1**	**555.2**
埃　及	Egypt	9.8	5.9		3.1	27.9
尼日利亚	Nigeria	788.5	280.0		16.6	61.1
南　非	South Africa	7.1	9.6			5.2
北美洲	**North America**	**130.6**	**69.0**	**529.1**	**13.2**	**554.0**
加拿大	Canada	17.0		493.9		3.0
墨西哥	Mexico	7.6	6.2	1.1	4.4	9.9
美　国	United States	51.2	56.2	34.1	...	535.1
南美洲	**South America**	**364.3**	**32.6**	**5.7**	**6.0**	**217.5**
阿根廷	Argentina	12.2	16.3	1.8		25.8
巴　西	Brazil	198.7	9.8	3.4	2.4	138.8
委内瑞拉	Venezuela	7.6	0.1		0.7	1.3
欧　洲	**Europe**	**829.5**	**1.1**	**489.5**	**0.0**	**84.3**
白俄罗斯	Belarus	52.5		9.0		7.5
保加利亚	Bulgaria	5.2	1.0	1.0	...	0.3
捷　克	Czech Republic	4.3		25.9		0.5
法　国	France	16.0		111.7		8.0
德　国	Germany	29.5		127.9		...
意大利	Italy	8.2	...	0.4	...	0.3
荷　兰	Netherlands	16.1		0.1		0.5
波　兰	Poland	80.0		50.0		0.5
罗马尼亚	Romania	28.0		7.5		0.1
俄罗斯联邦	Russian Federation	315.0		15.0		11.7
西班牙	Spain	9.9	...	0.5		11.5
乌克兰	Ukraine	160.0		10.7		2.7
英　国	United Kingdom	14.0		55.7		1.8
大洋洲	**Oceania**	**27.9**	**2.9**	**111.6**		**31.3**
澳大利亚	Australia	3.6	2.5	111.4		30.7
新西兰	New Zealand	1.3		0.2		0.6

10−3续表2 continued

单位：万公顷 (10 000 hectares)

国家和地区	Country or Area	籽棉 Seed Cotton	麻及麻类纤维 Jute & Jute-like Fibres	甘蔗 Sugar Cane	甜菜 Sugar Beets	茶叶 Tea	水果（不包括瓜类） Fruit excl Melons
世　界	**World**	**3492.5**	**168.5**	**2011.5**	**584.4**	**246.1**	**5207.2**
发达国家	**Developed Countries**	**871.4**	**2.6**	**113.4**	**481.1**	**8.3**	**1241.8**
发展中国家	**Developing Countries**	**2621.1**	**165.9**	**1898.1**	**103.3**	**237.8**	**3965.3**
亚　洲	**Asia**	**2166.2**	**160.7**	**908.8**	**101.0**	**216.1**	**2419.4**
中　国①	China ①	570.0	5.6	131.6	30.0	94.3	1029.9
孟加拉国	Bangladesh	2.0	43.8	16.3		5.4	19.7
印　度	India	870.0	99.6	410.0		44.5	409.7
印度尼西亚	Indonesia	2.2	0.6	34.0		11.6	105.5
伊　朗	Iran	16.0	...	7.0	20.5	3.0	114.1
以色列	Israel	1.3			...		5.6
日　本	Japan		...	2.4	6.8	4.7	21.7
哈萨克斯坦	Kazakhstan	20.5			2.1		6.9
朝　鲜	Korea, Dem.People's Rep.	1.9					16.9
韩　国	Korea, Rep.	...				0.1	16.4
马来西亚	Malaysia			1.6		0.3	9.1
蒙　古	Mongolia						...
缅　甸	Myanmar	29.0	5.0	16.5		7.2	33.5
巴基斯坦	Pakistan	310.0	0.3	105.0	1.0		63.7
菲律宾	Philippines	0.2		38.0			101.3
斯里兰卡	Sri Lanka	...		1.7		21.1	10.8
泰　国	Thailand	3.3	3.7	105.0		1.9	81.6
土耳其	Turkey	72.5			33.0	7.7	106.3
越　南	Viet Nam	3.0	0.6	31.0		10.2	53.1
非　洲	**Africa**	**518.4**	**2.3**	**140.3**	**12.4**	**24.3**	**938.9**
埃　及	Egypt	27.0	0.1	13.5	6.5		44.4
尼日利亚	Nigeria	61.0	0.1	3.5			158.1
南　非	South Africa	4.5	0.1	30.5		0.7	32.1
北美洲	**North America**	**542.4**	**1.4**	**243.2**	**54.9**	**0.1**	**370.7**
加拿大	Canada				1.2		7.1
墨西哥	Mexico	6.4		63.9	...		116.3
美　国	United States	535.1		38.9	53.7		127.7
南美洲	**South America**	**188.1**	**1.8**	**670.4**	**3.8**	**4.8**	**490.9**
阿根廷	Argentina	25.3		30.5		4.0	46.9
巴　西	Brazil	115.4	0.8	545.5		0.4	237.1
委内瑞拉	Venezuela	1.1		13.0	0.1		18.3
欧　洲	**Europe**	**46.8**	**2.3**	**0.1**	**412.3**	**0.2**	**936.2**
白俄罗斯	Belarus				8.6		10.5
保加利亚	Bulgaria	0.3			0.1		17.2
捷　克	Czech Republic				7.1		7.3
法　国	France				38.4		107.3
德　国	Germany				45.0		36.2
意大利	Italy	...			21.7		134.1
荷　兰	Netherlands				10.3		2.2
波　兰	Poland				29.2		38.0
罗马尼亚	Romania	...			3.8		42.5
俄罗斯联邦	Russian Federation		2.3		86.3	0.2	87.6
西班牙	Spain	8.9	...	0.1	10.1		185.6
乌克兰	Ukraine				73.5		45.9
英　国	United Kingdom				15.4		2.1
大洋洲	**Oceania**	**30.7**		**48.7**		**0.7**	**51.1**
澳大利亚	Australia	30.7		41.5			27.0
新西兰	New Zealand						5.6

注：①FAO统计数据。

Note: ① Data from FAO.

10-4 主要农产品产量(2004年)

Total Production of Major Farm Crops(2004)

资料来源：联合国粮农组织数据库。
Source:FAO Database.
单位：万吨 (10 000 tons)

国家和地区	Country or Area	谷物总计 Cereals, Total				大豆 Soybeans
			稻谷 Rice, Paddy	小麦 Wheat	玉米 Maize	
世　界	**World**	**225201.7**	**60849.6**	**62409.3**	**70529.3**	**20641.0**
发达国家	**Developed Countries**	**98389.9**	**2637.3**	**34623.3**	**40518.6**	**9141.6**
发展中国家	**Developing Countries**	**126811.8**	**58212.3**	**27786.0**	**30010.8**	**11499.4**
亚　洲	**Asia**	**103470.7**	**54946.1**	**25381.6**	**18275.3**	**2711.2**
中　国①	China ①	42259.9	18673.0	9133.0	13186.0	1775.0
孟加拉国	Bangladesh	3923.2	3791.0	125.3	1.0	
印　度	India	22633.0	12440.0	7206.0	1400.0	700.0
印度尼西亚	Indonesia	6445.9	5310.0		1135.9	70.7
伊　朗	Iran	2211.0	340.0	1400.0	200.0	11.0
以色列	Israel	20.6		12.0	6.0	
日　本	Japan	1249.4	1140.0	82.5	...	28.0
哈萨克斯坦	Kazakhstan	1213.8	27.7	960.0	35.0	2.5
朝　鲜	Korea, Dem.People's Rep.	446.5	237.0	16.6	172.7	36.0
韩　国	Korea, Rep.	670.5	635.1	1.2	7.0	10.5
马来西亚	Malaysia	225.9	218.4		7.5	...
蒙　古	Mongolia	15.4		15.0		
缅　甸	Myanmar	2405.6	2300.0	13.2	75.0	13.0
巴基斯坦	Pakistan	2964.8	757.0	1976.7	180.0	1.0
菲律宾	Philippines	1920.0	1420.0		500.0	...
斯里兰卡	Sri Lanka	254.1	251.0		2.6	0.3
泰　国	Thailand	2977.8	2520.0	...	427.0	27.1
土耳其	Turkey	3396.7	40.0	2100.0	300.0	5.0
越　南	Viet Nam	3790.0	3550.0		240.0	24.0
非　洲	**Africa**	**12809.8**	**1922.4**	**2120.4**	**4161.1**	**105.0**
埃　及	Egypt	2008.0	600.0	717.8	580.0	1.8
尼日利亚	Nigeria	2445.7	495.2	7.3	515.0	48.4
南　非	South Africa	1099.2	0.3	205.0	831.1	20.8
北美洲	**North America**	**47406.1**	**1270.6**	**8585.6**	**32978.3**	**8878.6**
加拿大	Canada	5015.5		2446.2	806.4	292.0
墨西哥	Mexico	3025.1	19.2	250.0	2000.0	7.6
美　国	United States	38739.8	1022.8	5888.1	29823.3	8574.1
南美洲	**South America**	**11805.7**	**2316.8**	**2364.3**	**6235.1**	**8722.0**
阿根廷	Argentina	3245.7	106.0	1480.0	1300.0	3200.0
巴　西	Brazil	6426.9	1335.6	603.6	4194.7	4920.5
委内瑞拉	Venezuela	281.0	70.0	...	151.0	0.4
欧　洲	**Europe**	**46086.3**	**338.1**	**21673.2**	**8822.2**	**216.7**
白俄罗斯	Belarus	724.9		125.4	6.0	
保加利亚	Bulgaria	582.8	1.5	330.0	140.0	0.1
捷　克	Czech Republic	832.6		469.3	53.8	1.4
法　国	France	6967.6	11.8	3964.1	1574.3	15.2
德　国	Germany	5081.1		2534.6	406.2	0.1
意大利	Italy	2236.5	135.0	800.0	1132.0	48.7
荷　兰	Netherlands	182.7		120.0	19.6	
波　兰	Poland	2817.4		945.0	220.2	
罗马尼亚	Romania	2309.1	...	773.5	1323.1	26.9
俄罗斯联邦	Russian Federation	7446.5	48.0	4220.0	220.0	45.0
西班牙	Spain	2460.8	90.2	717.5	456.8	...
乌克兰	Ukraine	4183.7	17.0	2021.2	690.0	25.0
英　国	United Kingdom	2233.8		1570.6	...	
大洋洲	**Oceania**	**3623.1**	**55.6**	**2284.3**	**57.4**	**7.4**
澳大利亚	Australia	3525.3	53.5	2250.0	39.2	7.4
新西兰	New Zealand	94.1		34.3	17.0	...

10-4 续表 1 continued

单位：万吨 (10 000 tons)

国家和地区	Country or Area	根茎类作物 Roots and Tubers	花生 Groundnuts in Shell	油菜籽 Rapeseed	芝麻 Sesame Seed	纤维植物 Fibre Crops Primary
世　界	**World**	**70958.7**	**3605.7**	**4365.4**	**315.7**	**2819.2**
发达国家	**Developed Countries**	**18042.8**	**212.2**	**2433.9**	**2.0**	**791.9**
发展中国家	**Developing Countries**	**52915.8**	**3393.5**	**1931.5**	**313.7**	**2027.3**
亚　洲	**Asia**	**30714.7**	**2466.1**	**1916.8**	**217.0**	**1778.2**
中　国①	China ①	18675.8	1407.5	1190.0	65.1	694.3
孟加拉国	Bangladesh	422.8	3.4	21.1	5.0	81.7
印　度	India	3300.0	750.0	680.0	80.0	437.6
印度尼西亚	Indonesia	2225.8	145.0			10.6
伊　朗	Iran	360.0	0.3		3.3	10.5
以色列	Israel	43.4	2.3		...	2.0
日　本	Japan	388.2	2.2	...	...	...
哈萨克斯坦	Kazakhstan	230.0	...	0.3		14.2
朝　鲜	Korea, Dem.People's Rep.	240.2				2.5
韩　国	Korea, Rep.	86.7	0.9	...	1.2	...
马来西亚	Malaysia	46.5	0.2			...
蒙　古	Mongolia	6.7				
缅　甸	Myanmar	51.3	71.5		38.0	11.0
巴基斯坦	Pakistan	231.4	6.9	25.0	6.8	201.6
菲律宾	Philippines	218.8	2.9			8.0
斯里兰卡	Sri Lanka	34.5	0.6		0.4	...
泰　国	Thailand	2062.2	13.0		4.0	12.4
土耳其	Turkey	480.0	8.5	0.1	2.2	92.6
越　南	Viet Nam	733.5	42.1		1.4	12.8
非　洲	**Africa**	**17866.4**	**852.0**	**4.9**	**85.9**	**210.0**
埃　及	Egypt	230.4	19.1		3.7	30.5
尼日利亚	Nigeria	6662.9	270.0		7.5	14.1
南　非	South Africa	162.4	10.0			3.1
北美洲	**North America**	**3203.5**	**212.2**	**758.7**	**7.3**	**514.0**
加拿大	Canada	500.0		700.1		3.5
墨西哥	Mexico	189.0	7.5	1.4	2.3	14.7
美　国	United States	2114.3	190.6	57.2	...	490.9
南美洲	**South America**	**4768.3**	**70.1**	**9.0**	**5.3**	**189.8**
阿根廷	Argentina	263.5	41.4	2.0		11.5
巴　西	Brazil	2783.9	22.1	5.7	1.5	149.8
委内瑞拉	Venezuela	96.6	0.1		0.6	0.7
欧　洲	**Europe**	**14046.4**	**0.9**	**1520.7**	**0.2**	**77.9**
白俄罗斯	Belarus	850.0		6.5		2.5
保加利亚	Bulgaria	60.0	0.7	1.0	...	0.2
捷　克	Czech Republic	107.6		91.0		1.8
法　国	France	690.0		396.1		8.5
德　国	Germany	1299.1		525.0		...
意大利	Italy	202.1	...	0.6	0.2	0.2
荷　兰	Netherlands	743.5		0.2		0.4
波　兰	Poland	1500.0		129.2		1.0
罗马尼亚	Romania	404.7		10.1		0.2
俄罗斯联邦	Russian Federation	3700.0		14.5		9.2
西班牙	Spain	281.8	...	1.1		13.2
乌克兰	Ukraine	1945.0		12.1		1.3
英　国	United Kingdom	600.0		161.2		2.8
大洋洲	**Oceania**	**359.4**	**4.4**	**155.3**		**49.4**
澳大利亚	Australia	120.6	4.0	154.9		49.0
新西兰	New Zealand	51.6		0.4		0.3

10-4续表 2 continued

单位：万吨 (10 000 tons)

国家和地区	Country or Area	籽棉 Seed Cotton	麻及麻类纤维 Jute & Jute-like Fibres	甘蔗 Sugar Cane	甜菜 Sugar Beets	茶叶 Tea	水果（不包括瓜类） Fruit excl Melons
世　界	**World**	**6737.5**	**317.9**	**131817.8**	**23785.8**	**319.7**	**49743.7**
发达国家	**Developed Countries**	**2208.9**	**6.9**	**8510.4**	**19995.8**	**13.4**	**12741.0**
发展中国家	**Developing Countries**	**4528.6**	**310.9**	**123307.4**	**3790.0**	**306.3**	**37002.7**
亚　洲	**Asia**	**4244.4**	**307.5**	**54990.1**	**3337.7**	**262.9**	**21871.6**
中　国①	China ①	1800.0	12.3	9320.0	630.0	82.1	7822.8
孟加拉国	Bangladesh	4.5	80.1	648.4		6.0	160.5
印　度	India	720.0	197.6	24480.0		84.5	4697.1
印度尼西亚	Indonesia	3.1	0.8	2460.0		15.9	1312.0
伊　朗	Iran	31.0	...	650.0	605.0	5.0	1272.4
以色列	Israel	5.8			...		109.5
日　本	Japan		...	135.0	386.7	9.5	377.8
哈萨克斯坦	Kazakhstan	43.0			51.0		19.3
朝　鲜	Korea, Dem.People's Rep.	3.6					140.2
韩　国	Korea, Rep.	...				0.1	244.0
马来西亚	Malaysia			120.0		0.4	123.0
蒙　古	Mongolia						...
缅　甸	Myanmar	18.0	5.0	750.0		2.4	157.0
巴基斯坦	Pakistan	600.0	0.2	5204.0	38.6		498.7
菲律宾	Philippines	0.2		2800.0			1180.4
斯里兰卡	Sri Lanka	...		100.0		30.3	85.0
泰　国	Thailand	4.6	6.2	6370.7		0.6	752.1
土耳其	Turkey	257.0			1396.5	13.1	1100.5
越　南	Viet Nam	3.7	1.6	1660.0		9.7	524.9
非　洲	**Africa**	**510.1**	**2.1**	**8309.0**	**742.1**	**47.6**	**6307.2**
埃　及	Egypt	75.0	0.2	1633.5	286.1		746.6
尼日利亚	Nigeria	40.0	...	54.8			913.4
南　非	South Africa	7.0	0.1	1929.2		1.3	546.2
北美洲	**North America**	**1258.5**	**1.3**	**14674.1**	**2768.2**	**...**	**6038.0**
加拿大	Canada				68.0		67.2
墨西哥	Mexico	18.6		4512.7	...		1475.5
美　国	United States	1238.8		2750.1	2700.2		2996.5
南美洲	**South America**	**462.7**	**2.2**	**49804.0**	**252.0**	**8.4**	**6998.7**
阿根廷	Argentina	35.0		1950.0		6.4	702.6
巴　西	Brazil	362.3	1.1	41101.0		0.9	3586.2
委内瑞拉	Venezuela	1.3		880.0	1.5		261.4
欧　洲	**Europe**	**143.5**	**4.8**	**6.9**	**16685.8**	**...**	**7867.4**
白俄罗斯	Belarus				250.0		27.5
保加利亚	Bulgaria	0.4			1.0		56.6
捷　克	Czech Republic				336.7		47.1
法　国	France				2941.9		1149.0
德　国	Germany				2548.7		460.7
意大利	Italy	...			1000.0		1709.0
荷　兰	Netherlands				620.0		58.9
波　兰	Poland				1147.2		336.5
罗马尼亚	Romania	...			50.3		276.3
俄罗斯联邦	Russian Federation		4.8		1850.0	...	370.2
西班牙	Spain	33.0	...	6.5	672.6		1689.9
乌克兰	Ukraine				1366.0		214.9
英　国	United Kingdom				760.0		24.8
大洋洲	**Oceania**	**118.3**		**4033.7**		**0.7**	**660.8**
澳大利亚	Australia	118.3		3689.2			355.8
新西兰	New Zealand						110.6

注：①FAO数据。

Note: ① Data from FAO.

10-5 主要林产品产量(2004年)
Output of Major Forest Products(2004)

资料来源：联合国粮农组织数据库。
Source: FAO Database.

单位：吨 (tons)

国家和地区	Country or Area	栗子 Chestnuts	榛子 Hazelnuts	天然树脂 Natural Gums	天然橡胶 Natural Rubber	桐籽 Tung Nuts	核桃 Walnuts
世　界	**World**	**1042743**	**699939**	**23555**	**8338768**	**487900**	**1491152**
发达国家	**Developed Countries**	**162223**	**184459**			**...**	**655265**
发展中国家	**Developing Countries**	**880520**	**515480**	**23555**	**8338768**	**487900**	**835887**
亚　洲	**Asia**	**870005**	**547135**		**7724415**	**400000**	**795252**
中　国①	China ①	715000	12000		550000	400000	415000
孟加拉国	Bangladesh				5200		
印　度	India				694000		31000
印度尼西亚	Indonesia				1792000		
伊　朗	Iran		13000				160000
日　本	Japan	25100					
朝　鲜	Korea, Dem.People's Rep.	9000					
韩　国	Korea, Rep.	72405					1052
马来西亚	Malaysia				1000000		
缅　甸	Myanmar				36000		
巴基斯坦	Pakistan						20000
菲律宾	Philippines				88000		
斯里兰卡	Sri Lanka				92000		
泰　国	Thailand				3030000		
土耳其	Turkey	48000	490000				125000
越　南	Viet Nam				391000		
非　洲	**Africa**	**140**	**140**		**421092**	**4500**	**28500**
尼日利亚	Nigeria				112000		
北美洲	**North America**		**39920**	**23000**	**72323**	**...**	**313840**
墨西哥	Mexico			23000	22500		19000
美　国	United States		39920			...	294840
南美洲	**South America**	**35975**		**555**	**116938**	**83400**	**26635**
阿根廷	Argentina					35000	9000
巴　西	Brazil	...		55	96000	400	2000
欧　洲	**Europe**	**136623**	**112744**				**326840**
白俄罗斯	Belarus		1800				12000
保加利亚	Bulgaria	300	...				2500
捷　克	Czech Republic						4100
法　国	France	11000	4000				30000
德　国	Germany		...				16900
匈牙利	Hungary	800	300				7500
意大利	Italy	50000	86000				15000
波　兰	Poland						1600
罗马尼亚	Romania	1000					37000
俄罗斯联邦	Russian Federation	17000	2500				12000
西班牙	Spain	9510	14225				22000
乌克兰	Ukraine	500	19				68000
大洋洲	**Oceania**				**4000**		**85**
澳大利亚	Australia						85

注：①FAO数据。
Note: ① Data from FAO.

10-6 牲畜饲养量(2004年)

Number of Livestock(2004)

资料来源：联合国粮农组织数据库。
Source:FAO Database.
单位：万头（只） (10 000 heads)

国家和地区	Country or Area	牛 Cattle	水牛 Buffaloes	马 Horses	驴 Asses	骡子 Mules
世　界	**World**	**133450.1**	**17271.9**	**5525.4**	**4035.6**	**1256.9**
发达国家	**Developed Countries**	**31606.8**	**67.9**	**1479.9**	**136.0**	**29.5**
发展中国家	**Developing Countries**	**101843.3**	**17204.1**	**4045.5**	**3899.6**	**1227.4**
亚　洲	**Asia**	**44312.9**	**16762.5**	**1461.9**	**1793.0**	**483.2**
中　国	China	13781.8		763.9	791.9	374.0
孟加拉国	Bangladesh	2450.0	85.0			
印　度	India	18550.0	9770.0	80.0	75.0	30.0
印度尼西亚	Indonesia	1150.0	250.0	45.5		
伊　朗	Iran	880.0	56.0	14.0	160.0	17.5
以色列	Israel	40.0		0.4	0.5	0.2
日　本	Japan	447.8		2.5		
哈萨克斯坦	Kazakhstan	487.1	0.9	106.2	3.0	
朝　鲜	Korea, Dem.People's Rep.	56.6		4.8		
韩　国	Korea, Rep.	209.6		1.4	...	...
马来西亚	Malaysia	75.0	16.3	0.7		
蒙　古	Mongolia	220.0		210.0	...	
缅　甸	Myanmar	1193.9	265.0	12.0		0.8
巴基斯坦	Pakistan	2380.0	2550.0	30.0	410.0	20.0
菲律宾	Philippines	259.9	320.0	23.0		
新加坡	Singapore	...	...			
斯里兰卡	Sri Lanka	115.0	63.0	0.2		
泰　国	Thailand	500.0	200.0	0.9	...	...
土耳其	Turkey	980.0	13.6	27.1	46.2	9.7
越　南	Viet Nam	420.0	285.0	11.2		
非　洲	**Africa**	**23176.2**	**356.0**	**352.0**	**1376.3**	**94.2**
埃　及	Egypt	390.0	356.0	6.2	307.0	0.1
尼日利亚	Nigeria	1520.0		20.6	105.0	
南　非	South Africa	1360.0		27.0	15.0	1.4
北美洲	**North America**	**16115.8**	**0.6**	**1419.0**	**377.9**	**377.0**
加拿大	Canada	1467.2		38.5		0.4
墨西哥	Mexico	3080.0		626.0	326.0	328.0
美　国	United States	9488.2		530.0	5.2	2.8
南美洲	**South America**	**32666.5**	**120.1**	**1578.8**	**411.2**	**277.9**
阿根廷	Argentina	5076.8		365.5	9.8	18.5
巴　西	Brazil	19200.0	120.1	590.1	126.0	135.1
委内瑞拉	Venezuela	1590.0		50.0	44.0	7.2
欧　洲	**Europe**	**13490.0**	**32.7**	**676.4**	**76.3**	**24.7**
白俄罗斯	Belarus	392.4		19.2	0.9	
保加利亚	Bulgaria	66.8	0.9	15.0	20.0	1.5
捷　克	Czech Republic	142.7		2.4		
法　国	France	1918.7		35.0	1.5	1.5
德　国	Germany	1338.6		52.0		
意大利	Italy	672.7	26.0	29.0	2.3	1.0
荷　兰	Netherlands	371.5		12.0		
波　兰	Poland	527.7		55.0		
罗马尼亚	Romania	319.1	...	85.0	2.8	
俄罗斯联邦	Russian Federation	2475.3	1.6	156.5	2.0	...
西班牙	Spain	650.0		23.8	14.0	11.0
乌克兰	Ukraine	771.2		70.0	1.2	
英　国	United Kingdom	1050.4		18.4		
大洋洲	**Oceania**	**3688.7**	**...**	**37.4**	**0.9**	
澳大利亚	Australia	2642.0		22.0	0.2	
新西兰	New Zealand	972.0		7.7		

10−6续表 continued

单位：万头（只） (10 000 heads)

国家和地区	Country or Area	山羊 Goats	绵羊 Sheep	猪 Pigs	骆驼 Camels
世　界	**World**	**78010.0**	**103876.5**	**95177.2**	**1892.6**
发达国家	**Developed Countries**	**3204.4**	**34698.1**	**28490.8**	**28.2**
发展中国家	**Developing Countries**	**74805.6**	**69178.5**	**66686.4**	**1864.3**
亚　洲	**Asia**	**49652.4**	**43234.3**	**57418.7**	**356.5**
中　国	China	19550.9	17088.2	48189.1	26.2
孟加拉国	Bangladesh	3450.0	126.0		
印　度	India	12000.0	6250.0	1430.0	63.5
印度尼西亚	Indonesia	1350.0	820.0	640.0	
伊　朗	Iran	2600.0	5400.0	...	14.6
以 色 列	Israel	6.4	39.0	19.5	0.5
日　本	Japan	3.4	1.1	972.4	
哈萨克斯坦	Kazakhstan	145.8	1078.9	106.4	11.5
朝　鲜	Korea, Dem.People's Rep.	273.6	17.1	319.4	
韩　国	Korea, Rep.	43.0	...	910.0	
马来西亚	Malaysia	22.7	12.0	210.0	
蒙　古	Mongolia	900.0	1200.0	1.5	27.2
缅　甸	Myanmar	175.6	49.2	521.7	
巴基斯坦	Pakistan	5470.0	2470.0		80.0
菲 律 宾	Philippines	630.0	3.0	1251.8	
新 加 坡	Singapore	...		25.0	
斯里兰卡	Sri Lanka	41.5	0.9	7.0	
泰　国	Thailand	17.8	4.2	715.9	
土 耳 其	Turkey	670.0	2500.0	0.3	...
越　南	Viet Nam	80.0		2350.0	
非　洲	**Africa**	**22783.4**	**24628.5**	**2186.0**	**1534.9**
埃　及	Egypt	347.0	467.2	3.0	12.0
尼日利亚	Nigeria	2800.0	2300.0	661.1	1.8
南　非	South Africa	685.0	2910.0	162.0	
北 美 洲	**North America**	**1409.8**	**1763.7**	**9980.8**	
加 拿 大	Canada	3.0	100.5	1484.3	
墨 西 哥	Mexico	950.0	656.0	1810.0	
美　国	United States	120.0	609.0	6038.9	
南 美 洲	**South America**	**2244.1**	**7023.7**	**5723.3**	
阿 根 廷	Argentina	420.0	1245.0	305.0	
巴　西	Brazil	908.7	1418.2	3300.0	
委内瑞拉	Venezuela	295.0	82.5	295.0	
欧　洲	**Europe**	**1830.9**	**13768.4**	**19322.7**	**1.2**
白俄罗斯	Belarus	6.3	6.3	328.7	
保加利亚	Bulgaria	80.0	207.5	103.1	
捷　克	Czech Republic	1.2	11.6	330.9	
法　国	France	125.0	895.0	1518.9	
德　国	Germany	16.0	217.0	2649.5	
意 大 利	Italy	96.1	800.0	922.3	
荷　兰	Netherlands	26.5	120.0	1122.2	
波　兰	Poland		34.0	1810.0	
罗马尼亚	Romania	66.5	746.5	514.5	
俄罗斯联邦	Russian Federation	234.4	1454.4	1598.0	1.2
西 班 牙	Spain	300.0	2400.0	2399.0	
乌 克 兰	Ukraine	96.0	89.9	732.2	
英　国	United Kingdom		3550.0	503.8	
大 洋 洲	**Oceania**	**89.3**	**13458.0**	**545.7**	
澳大利亚	Australia	42.0	9450.0	265.8	
新 西 兰	New Zealand	15.3	4006.5	39.0	

10-7 畜产品产量(2004年)

Output of Livestock Products (2004)

资料来源：联合国粮农组织数据库。
Source:FAO Ddatabase.
单位：万吨 (10 000 tons)

国家和地区	Country or Area	肉类总产量 Meat, Total	牛肉 Beef and Buffalo Meat	羊肉 Sheep and Goat Meat	猪肉 Pigmeat	禽肉 Poultry Meat
世　界	**World**	**25750.4**	**6187.3**	**1210.2**	**10039.2**	**7822.5**
发达国家	**Developed Countries**	**10930.7**	**2942.1**	**310.4**	**3954.1**	**3565.6**
发展中国家	**Developing Countries**	**14819.7**	**3245.3**	**899.8**	**6085.1**	**4256.9**
亚　洲	**Asia**	**10547.3**	**1514.3**	**711.6**	**5582.8**	**2583.3**
中　国	China	7244.8	675.9	399.3	4701.6	
孟加拉国	Bangladesh	44.1	18.4	13.3		11.5
印　度	India	603.2	296.6	71.4	49.7	171.5
印度尼西亚	Indonesia	213.2	40.6	12.8	47.3	112.3
伊　朗	Iran	161.3	30.2	45.5	...	84.0
以色列	Israel	55.7	8.2	0.6	1.8	45.1
日　本	Japan	300.6	50.0	...	125.5	124.1
哈萨克斯坦	Kazakhstan	68.4	31.0	10.2	18.5	3.6
朝　鲜	Korea, Dem.People's Rep.	21.8	2.1	1.2	14.7	3.7
韩　国	Korea, Rep.	171.5	18.7	0.2	110.0	42.0
马来西亚	Malaysia	111.4	2.6	0.1	20.3	88.3
蒙　古	Mongolia	26.1	8.0	13.5	...	...
缅　甸	Myanmar	59.2	13.7	1.1	13.2	31.2
巴基斯坦	Pakistan	198.5	99.3	56.9		40.7
菲律宾	Philippines	240.5	27.6	3.4	140.0	68.1
新加坡	Singapore	11.6	...	...	2.0	9.6
斯里兰卡	Sri Lanka	11.9	3.5	0.2	0.2	8.0
泰　国	Thailand	177.4	15.2	0.1	65.7	96.4
土耳其	Turkey	156.0	29.2	31.1	...	95.5
越　南	Viet Nam	237.5	20.9	0.6	170.0	44.1
非　洲	**Africa**	**1189.5**	**444.4**	**193.8**	**78.6**	**347.7**
埃　及	Egypt	149.4	60.4	10.9	0.3	65.2
尼日利亚	Nigeria	106.7	28.0	24.8	20.8	21.1
南　非	South Africa	185.3	59.0	14.4	12.3	97.7
北美洲	**North America**	**5036.5**	**1468.0**	**21.1**	**1273.1**	**2240.5**
加拿大	Canada	453.3	142.5	1.6	197.0	110.3
墨西哥	Mexico	505.8	149.6	8.2	110.0	229.7
美　国	United States	3885.2	1120.7	9.0	933.2	1800.3
南美洲	**South America**	**3062.4**	**1298.1**	**32.7**	**438.1**	**1271.9**
阿根廷	Argentina	395.1	270.0	6.1	15.0	92.8
巴　西	Brazil	1991.9	777.4	11.7	311.0	889.5
委内瑞拉	Venezuela	129.7	43.5	0.8	12.3	73.2
欧　洲	**Europe**	**5351.5**	**1187.1**	**142.4**	**2612.4**	**1291.9**
白俄罗斯	Belarus	65.3	23.1	0.3	31.0	10.5
保加利亚	Bulgaria	47.9	7.0	4.4	25.0	11.0
捷　克	Czech Republic	77.0	10.4	0.1	41.0	21.6
法　国	France	631.9	159.0	13.5	229.0	200.7
德　国	Germany	675.8	125.8	4.4	436.6	96.4
意大利	Italy	415.3	114.3	6.0	161.8	104.0
荷　兰	Netherlands	227.8	36.3	1.5	124.5	65.4
波　兰	Poland	326.6	31.7	0.1	210.0	82.1
罗马尼亚	Romania	116.8	19.0	6.8	53.3	36.0
俄罗斯联邦	Russian Federation	513.8	210.0	14.1	175.0	106.0
西班牙	Spain	572.6	72.1	25.2	333.5	129.0
乌克兰	Ukraine	174.4	73.0	1.7	63.0	32.4
英　国	United Kingdom	321.2	70.0	31.0	67.5	151.8
大洋洲	**Oceania**	**563.3**	**275.5**	**108.7**	**54.3**	**87.1**
澳大利亚	Australia	375.1	203.3	57.5	40.6	71.6
新西兰	New Zealand	143.9	70.0	51.0	5.3	13.9

单位：万吨 (10 000 tons)

国家和地区	Country or Area	蛋类 Eggs Primary	鸡蛋 Hen Eggs	奶类总产量 Milk,Total	牛奶 Cow Milk	羊毛 Wool, Greasy	蜂蜜 Honey	蜂蜡 Beeswax
世　界	**World**	**6277.6**	**5786.2**	**61343.5**	**51583.7**	**214.6**	**131.0**	**5.8**
发达国家	**Developed Countries**	**1900.2**	**1890.6**	**35071.0**	**34488.6**	**117.0**	**48.2**	**0.6**
发展中国家	**Developing Countries**	**4377.4**	**3895.6**	**26272.6**	**17095.1**	**97.7**	**82.8**	**5.3**
亚　洲	**Asia**	**3957.4**	**3481.9**	**19663.7**	**11307.7**	**75.1**	**50.8**	**2.7**
中　国	China	2723.7		2368.4	2260.6	37.4	29.3	
孟加拉国	Bangladesh	16.1	13.5	217.6	80.0	0.1		
印　度	India	189.0	189.0	9042.0	3780.0	5.1	5.2	2.0
印度尼西亚	Indonesia	107.2	89.0	89.8	58.0	2.4		
伊　朗	Iran	58.5	58.5	597.5	500.0	7.5	2.9	
以色列	Israel	8.9	8.9	133.6	130.0	...	0.4	
日　本	Japan	250.5	250.5	835.0	835.0	...	0.3	
哈萨克斯坦	Kazakhstan	12.8	12.6	455.7	450.0	2.7	0.1	
朝　鲜	Korea, Dem.People's Rep.	13.5	13.5	9.4	9.4			
韩　国	Korea, Rep.	52.6	50.0	230.4	230.0		2.6	0.4
马来西亚	Malaysia	44.2	43.1	4.5	3.8	...		
蒙　古	Mongolia	...	...	32.5	26.0	1.9	...	
缅　甸	Myanmar	11.3	10.2	66.9	54.3	...	...	
巴基斯坦	Pakistan	37.8	37.1	2862.4	884.0	4.0	0.1	...
菲律宾	Philippines	50.9	44.0	1.2	1.2			
新加坡	Singapore	1.7	1.6					
斯里兰卡	Sri Lanka	5.1	5.1	29.8	22.6			
泰　国	Thailand	66.9	36.5	82.5	82.5		0.4	
土耳其	Turkey	79.2	79.2	1047.8	940.0	4.7	7.5	0.4
越　南	Viet Nam	21.6	21.6	3.1	...		1.3	
非　洲	**Africa**	**212.9**	**212.1**	**2987.0**	**2174.9**	**19.9**	**14.3**	**1.4**
埃　及	Egypt	20.0	20.0	525.5	259.8	0.8	0.9	...
尼日利亚	Nigeria	47.6	47.6	43.2	43.2			
南　非	South Africa	33.9	33.9	255.2	255.2	4.4	...	
北美洲	**North America**	**803.9**	**803.8**	**10008.5**	**9991.2**	**2.4**	**18.8**	**0.5**
加拿大	Canada	37.2	37.2	800.0	800.0	0.2	3.5	
墨西哥	Mexico	192.0	192.0	1009.8	995.0	0.4	5.6	0.3
美　国	United States	525.2	525.2	7756.5	7756.5	1.8	8.2	0.2
南美洲	**South America**	**290.9**	**284.9**	**4657.5**	**4635.6**	**15.8**	**13.0**	**0.8**
阿根廷	Argentina	30.0	30.0	810.0	810.0	6.0	8.0	0.5
巴　西	Brazil	162.0	156.0	2345.8	2332.0	1.1	2.5	0.2
委内瑞拉	Venezuela	17.9	17.9	135.0	135.0		...	...
欧　洲	**Europe**	**990.9**	**982.0**	**21504.1**	**20951.8**	**26.5**	**30.5**	**0.4**
白俄罗斯	Belarus	15.6	15.4	548.0	548.0	...	0.3	
保加利亚	Bulgaria	9.2	9.0	156.1	130.0	0.7	0.5	...
捷　克	Czech Republic	16.5	16.5	261.2	260.0	...	0.6	...
法　国	France	101.0	101.0	2501.5	2420.0	2.2	1.5	...
德　国	Germany	78.0	78.0	2802.8	2800.0	1.5	1.6	
意大利	Italy	69.3	69.3	1177.0	1073.0	1.1	1.0	...
荷　兰	Netherlands	59.5	59.5	1070.0	1070.0	0.3	...	
波　兰	Poland	51.0	51.0	1240.1	1240.0	0.1	1.1	
罗马尼亚	Romania	39.2	36.0	604.1	577.4	1.8	1.5	
俄罗斯联邦	Russian Federation	198.2	197.0	3114.1	3085.0	4.2	5.2	
西班牙	Spain	70.1	70.0	713.5	630.0	3.0	3.6	0.2
乌克兰	Ukraine	65.9	65.0	1401.1	1370.0	0.3	5.4	
英　国	United Kingdom	71.8	70.0	1460.0	1460.0	6.0	0.7	
大洋洲	**Oceania**	**21.7**	**21.4**	**2522.6**	**2522.6**	**75.0**	**3.6**	**...**
澳大利亚	Australia	15.5	15.5	1037.7	1037.7	52.0	2.3	...
新西兰	New Zealand	4.9	4.6	1478.0	1478.0	23.0	1.2	...

10-8 渔类捕获量（2001年）

Fishery Catch (2001)

资料来源：联合国粮农组织数据库。
Source:FAO Database.
单位：万吨 (10 000 tons)

国家和地区	Country or Area	渔类总计 Total Fish Catch	海洋类 Total Marine Fish	淡水类 Freshwater Aquatic Products
世　界	**World**	**12994.3**	**7000.4**	**5993.9**
发达国家	**Developed Countries**	**3172.9**	**2319.2**	**853.7**
发展中国家	**Developing Countries**	**9803.7**	**4663.5**	**5140.1**
亚　洲	**Asia**	**7876.3**	**3081.8**	**4794.6**
中　国①	China ①	4406.3	1096.2	3310.1
孟加拉国	Bangladesh	168.7	15.8	152.9
印　度	India	596.5	230.2	366.4
印度尼西亚	Indonesia	506.8	339.0	167.8
伊　朗	Iran	39.9	25.3	14.6
以色列	Israel	2.5	0.8	1.7
日　本	Japan	552.1	351.3	200.9
哈萨克斯坦	Kazakhstan	3.1	0.0	3.1
朝　鲜	Korea, Dem. People's Rep.	26.4	15.5	10.9
韩　国	Korea, Rep.	228.2	144.0	84.2
马来西亚	Malaysia	139.3	104.3	35.0
缅　甸	Myanmar	128.8	90.0	38.8
巴基斯坦	Pakistan	62.3	38.7	23.7
菲律宾	Philippines	238.0	167.3	70.7
新加坡	Singapore	0.9	0.3	0.6
斯里兰卡	Sri Lanka	28.8	24.8	4.0
泰　国	Thailand	360.6	220.1	140.5
土耳其	Turkey	59.5	51.1	8.4
越　南	Viet Nam	201.0	100.0	100.9
非　洲	**Africa**	**729.2**	**463.7**	**265.5**
埃　及	Egypt	77.2	25.1	52.1
尼日利亚	Nigeria	47.7	27.0	20.7
南　非	South Africa	76.0	74.3	1.7
北美洲	**North America**	**885.5**	**560.1**	**325.4**
加拿大	Canada	120.2	54.7	65.5
墨西哥	Mexico	147.5	105.9	41.5
美　国	United States	540.5	351.9	188.6
南美洲	**South America**	**1581.7**	**1366.6**	**215.1**
阿根廷	Argentina	92.5	55.2	37.3
巴　西	Brazil	98.0	50.6	47.4
委内瑞拉	Venezuela	43.5	31.8	11.7
欧　洲	**Europe**	**1787.5**	**1423.3**	**364.2**
白俄罗斯	Belarus	0.6		0.6
保加利亚	Bulgaria	0.8	0.2	0.7
捷　克	Czech Republic	2.5		2.5
法　国	France	85.8	51.5	34.4
德　国	Germany	26.5	17.4	9.0
意大利	Italy	52.9	19.6	33.2
荷　兰	Netherlands	57.0	50.0	7.0
波　兰	Poland	26.1	18.8	7.3
罗马尼亚	Romania	1.8	0.2	1.6
俄罗斯联邦	Russian Federation	371.8	308.5	63.3
西班牙	Spain	139.7	96.1	43.7
乌克兰	Ukraine	38.2	30.0	8.3
英　国	United Kingdom	91.9	59.5	32.4
大洋洲	**Oceania**	**116.3**	**87.2**	**29.1**
澳大利亚	Australia	23.6	11.4	12.2
新西兰	New Zealand	63.7	50.7	13.0

注：① FAO统计数据。
Note: ① Data from FAO.

10-9 农业机械拥有量(2002 年)

Ownership of Agricultural Machinery (2002)

资料来源：联合国粮农组织数据库。
Source:FAO Database.

单位：万部 (10 000 units)

国家和地区	Country or Area	农用拖拉机 Agriculture Tractors	收割－脱粒机 Harvesters-Threshers	挤奶机 Milking Machines
世　界	**World**	**2670.5**	**448.9**	
发达国家	**Developed Countries**	**1941.3**	**332.3**	
发展中国家	**Developing Countries**	**729.2**	**116.7**	
亚　洲	**Asia**	**747.7**	**206.9**	
中　国	China	91.2		
孟加拉国	Bangladesh	0.6		
印　度	India	152.5	0.4	
印度尼西亚	Indonesia	9.4	33.0	...
伊　朗	Iran	23.7	0.6	
以色列	Israel	2.5	...	0.2
日　本	Japan	202.8	104.2	16.0
哈萨克斯坦	Kazakhstan	4.9	2.0	...
朝　鲜	Korea, Dem.People's Rep.	6.4		
韩　国	Korea, Rep.	20.6	8.7	
马来西亚	Malaysia	4.3		
蒙　古	Mongolia	0.5	0.1	
缅　甸	Myanmar	0.9	2.2	
巴基斯坦	Pakistan	32.1	0.2	
菲律宾	Philippines	1.2	...	
斯里兰卡	Sri Lanka	1.1	...	
泰　国	Thailand	22.0	7.0	...
土耳其	Turkey	97.0	1.2	10.8
越　南	Viet Nam	16.3	23.2	
非　洲	**Africa**	**54.5**	**3.8**	
埃　及	Egypt	9.0	0.2	
尼日利亚	Nigeria	3.0		
南　非	South Africa	7.2	1.1	
北美洲	**North America**	**598.3**	**81.5**	
加拿大	Canada	73.3	11.6	
墨西哥	Mexico	32.5	2.3	
美　国	United States	480.0	66.2	
南美洲	**South America**	**131.9**	**12.8**	
阿根廷	Argentina	30.0	5.0	0.8
巴　西	Brazil	80.6	5.4	
委内瑞拉	Venezuela	4.9	0.6	
欧　洲	**Europe**	**1097.9**	**138.0**	
白俄罗斯	Belarus	6.2	1.4	
保加利亚	Bulgaria	3.2	0.9	0.4
捷　克	Czech Republic	9.4	0.7	0.7
法　国	France	126.4	20.0	20.0
德　国	Germany	94.5	13.5	25.0
意大利	Italy	166.0	5.2	15.0
荷　兰	Netherlands	15.0	3.8	3.8
波　兰	Poland	136.5	12.4	29.4
罗马尼亚	Romania	16.9	2.6	
俄罗斯联邦	Russian Federation	64.6	17.3	
西班牙	Spain	94.6	5.2	13.0
乌克兰	Ukraine	40.4	6.4	2.6
英　国	United Kingdom	50.0	15.7	15.7
大洋洲	**Oceania**	**40.2**	**6.0**	
澳大利亚	Australia	31.5	5.7	20.0
新西兰	New Zealand	7.6	0.3	1.4

10-10 化肥施用量(2002年)

Consumption of Chemical Fertilizers (2002)

资料来源：联合国粮农组织数据库。
Source:FAO Database.
单位：万吨 (10 000 tons)

国家和地区	Country or Area	化肥总计 Total Fertilizers	氮肥 Nitrogenous Fertilizers	磷肥 Phosphate Fertilizers	钾肥 Potash Fertilizers
世　界	**World**	**14157.1**	**8474.6**	**3355.2**	**2327.3**
发达国家	**Developed Countries**	**5024.1**	**2901.9**	**1084.1**	**1038.1**
发展中国家	**Developing Countries**	**9133.0**	**5572.7**	**2271.1**	**1289.1**
亚　洲	**Asia**	**7711.6**	**4980.5**	**1839.0**	**892.0**
中　国	China	4339.4	2157.3	712.2	422.4
孟加拉国	Bangladesh	142.4	105.0	22.2	15.1
印　度	India	1612.3	1047.1	400.5	164.7
印度尼西亚	Indonesia	299.2	221.3	32.9	45.0
伊　朗	Iran	129.2	88.4	30.6	10.2
以色列	Israel	8.1	4.1	0.9	3.2
日　本	Japan	128.4	46.3	48.2	33.9
哈萨克斯坦	Kazakhstan	6.5	5.0	1.2	0.3
朝　鲜	Korea, Dem.People's Rep.	26.6	17.1	5.4	4.1
韩　国	Korea, Rep.	69.0	36.3	14.6	18.0
马来西亚	Malaysia	123.0	37.3	17.7	68.0
蒙　古	Mongolia	0.4	0.4	...	...
缅　甸	Myanmar	13.2	12.5	0.3	0.4
巴基斯坦	Pakistan	296.3	233.6	61.8	0.9
菲律宾	Philippines	72.3	48.2	13.1	11.0
新加坡	Singapore	0.2	0.1	...	...
斯里兰卡	Sri Lanka	28.4	18.8	3.4	6.2
泰　国	Thailand	170.1	101.9	40.8	27.4
土耳其	Turkey	174.3	119.5	47.4	7.4
越　南	Viet Nam	197.5	106.3	50.6	40.6
非　洲	**Africa**	**427.8**	**274.9**	**99.1**	**53.8**
埃　及	Egypt	126.9	106.9	14.2	5.8
尼日利亚	Nigeria	16.6	9.4	4.1	3.0
南　非	South Africa	96.5	57.1	23.1	16.3
北美洲	**North America**	**2445.0**	**1410.9**	**501.1**	**533.0**
加拿大	Canada	261.4	163.0	63.8	34.6
墨西哥	Mexico	171.2	117.6	35.0	18.6
美　国	United States	1929.8	1087.8	387.5	454.5
南美洲	**South America**	**1069.2**	**344.3**	**368.6**	**356.3**
阿根廷	Argentina	74.0	43.3	28.3	2.4
巴　西	Brazil	768.2	181.6	280.7	305.9
委内瑞拉	Venezuela	30.0	19.0	5.0	6.0
欧　洲	**Europe**	**2187.2**	**1334.3**	**398.2**	**454.7**
白俄罗斯	Belarus	74.8	25.0	4.8	45.0
保加利亚	Bulgaria	16.6	15.2	1.2	0.1
捷　克	Czech Republic	36.9	28.9	4.9	3.1
法　国	France	396.8	227.9	72.9	96.0
德　国	Germany	259.4	178.8	32.7	48.0
意大利	Italy	143.3	78.5	37.2	27.5
荷　兰	Netherlands	33.6	28.4	5.2	...
波　兰	Poland	151.2	83.2	30.3	37.7
罗马尼亚	Romania	32.6	23.9	7.3	1.4
俄罗斯联邦	Russian Federation	147.4	95.0	33.4	19.0
西班牙	Spain	216.0	107.0	60.1	48.8
乌克兰	Ukraine	58.9	50.0	6.0	2.9
英　国	United Kingdom	180.1	114.2	28.3	37.6
大洋洲	**Oceania**	**316.2**	**129.6**	**149.3**	**37.3**
澳大利亚	Australia	228.0	97.2	107.7	23.0
新西兰	New Zealand	85.3	30.6	40.8	14.0

10-11 农业集约化经营程度（2002年）

Intensivism Management in Agriculture (2002)

资料来源：联合国粮农组织数据库。

Source:FAO Database.

国家和地区	Country or Area	农业经济活动人口（万人）Population of Agriculture Economic Activity (10 000)	平均每个农业经济活动人口耕地面积（公顷／人）Cultivated Areas per Agriculture Economic Activity Population (Hectares)	平均每千公顷耕地上拖拉机使用量（台／千公顷）Tractors Used per Thousand Hectares Cultivated Areas (Numbers)	平均每千公顷耕地上收割机使用量（台／千公顷）Harvest Machines Used per Thousand Hectares Cultivated Areas (Numbers)	平均每千公顷耕地上化肥施用量（吨／千公顷）Consumption of chemical Fertilizers per thousand hectares cultivated Areas (Tons)
世　界	**World**	**133332.9**	**1.1**	**19.0**	**3.2**	**100.8**
亚　洲	**Asia**	**105073.9**	**0.5**	**14.6**	**4.0**	**150.7**
中　国①	China ①	51095.0	0.3	6.4		304.3
孟加拉国	Bangladesh	3918.2	0.2	0.7		177.5
印　度	India	27025.2	0.6	9.4	0.0	99.7
印度尼西亚	Indonesia	4995.7	0.4	4.6	16.1	146.0
伊　朗	Iran	637.4	2.4	15.8	0.4	86.0
日　本	Japan	245.4	1.8	459.0	235.9	290.6
韩　国	Korea, Rep.	215.8	0.8	122.5	51.9	409.7
马来西亚	Malaysia	179.5	1.0	24.1		683.3
蒙　古	Mongolia	30.6	3.9	4.2	1.0	3.7
缅　甸	Myanmar	1843.7	0.5	0.9	2.2	13.4
巴基斯坦	Pakistan	2566.9	0.8	14.9	0.1	138.1
菲律宾	Philippines	1268.8	0.4	2.0	...	126.8
斯里兰卡	Sri Lanka	389.4	0.2	11.5	...	310.3
泰　国	Thailand	2034.8	0.8	13.9	4.4	107.2
土耳其	Turkey	1469.7	1.8	37.4	0.4	67.2
越　南	Viet Nam	2822.7	0.2	24.3	34.6	294.8
非　洲	**Africa**	**20357.2**	**0.9**	**2.9**	**0.2**	**23.1**
埃　及	Egypt	847.5	0.3	30.9	0.8	437.5
尼日利亚	Nigeria	1518.3	2.0	1.0		5.5
南　非	South Africa	166.0	8.9	4.9	0.8	65.4
北美洲	**North America**	**2033.4**	**12.7**	**23.3**	**3.2**	**95.0**
加拿大	Canada	37.1	123.1	16.0	2.5	57.2
墨西哥	Mexico	851.0	2.9	13.1	0.9	69.0
美　国	United States	290.6	60.6	27.3	3.8	109.6
南美洲	**South America**	**2644.8**	**4.3**	**11.7**	**1.1**	**94.9**
阿根廷	Argentina	146.0	23.1	8.9	1.5	21.9
巴　西	Brazil	1267.3	4.7	13.7	0.9	130.2
委内瑞拉	Venezuela	78.8	3.3	18.9	2.2	115.5
欧　洲	**Europe**	**2916.4**	**9.8**	**38.2**	**4.8**	**76.2**
保加利亚	Bulgaria	25.6	13.1	9.6	2.7	49.5
捷　克	Czech Republic	44.2	6.9	30.8	2.1	120.2
法　国	France	81.8	22.6	68.5	10.8	215.1
德　国	Germany	92.3	12.8	80.1	11.4	220.0
意大利	Italy	122.0	6.8	200.3	6.2	172.9
波　兰	Poland	415.9	3.3	98.0	8.9	108.6
罗马尼亚	Romania	147.5	6.4	18.0	2.8	34.7
俄罗斯联邦	Russian Federation	777.3	15.9	5.2	1.4	11.9
英　国	United Kingdom	50.8	11.3	86.9	27.3	313.1
大洋洲	**Oceania**	**307.2**	**16.4**	**8.0**	**1.2**	**62.8**
澳大利亚	Australia	44.2	109.3	6.5	1.2	47.2
新西兰	New Zealand	16.8	8.9	50.7	2.1	568.6

注：①FAO统计数据。

Note: ① Data from FAO.

主要统计指标解释

联合国粮农组织农业生产指数 表明每年的农业生产总量与基期（1999–2001年）相比的相对水平。它们是根据不同农产品扣除种子和饲料用量后的价格加权数量之和计算得出的，其中各种种子和饲料也采用同样的加权汇总办法。因此，最后形成的总量代表的是用于各种用途（种子和饲料除外）的可支配产量。

国家、地区和世界水平的指数用拉氏公式计算。各年份每种商品的生产量均以1999–2001年的国际平均商品价格作为权数进行加总，然后将某年得到的加总量除以基期（1999–2001年）三年的加总量的简单平均数，从而求得指数。

由于各个国家有关产量、范围、权数、参考时间等数据概念不同，所用的计算方法也不同，因此FAO的指数可能与各国计算的不完全一致。

谷物 谷物面积和产量数据仅指收获用做干粒粮食的作物，因此，收获后用作干草或未成熟时收割用作食物、饲料或青贮饲料或作牧草用的农作物除外。面积数据是指收获面积。有些国家仅报告播种或耕作面积，但是在正常年份，这些国家的播种或耕作面积和实际的收获面积没有什么大的差别，或者是因为全部播种面积实际都得以收获，或者是因为面积调查在收获季节前后进行。

块根和块茎总计 包括其他的块根作物，如箭叶黄体芋和竹芋。主要用作饲料的根用作物，如芜菁、甜菜和洋大头菜不包括在内。

油菜籽 瑞典的产量包括18%的水分含量，一些国家的数字，如印度和巴基斯坦也包括芥菜籽。

甘蔗和甜菜 甘蔗和甜菜的面积和产量数据一般包括所有的收获作物，已确定用于饲料而种植的作物除外。多数作物用于离心糖和非离心糖的生产，然而在一些国家里大量的甘蔗也被用作种子、饲料、新鲜消费、酒精生产和其他用途；一部分甜菜被用作饲料和生产酒精。

除瓜类外的水果总计 数据是指新鲜水果的总产量，无论它们最终是被当作食物或饲料直接消费，还是被加工成干果、果汁、果酱、酒精等各种产品。

许多国家没有水果，尤其是热带水果的统计数据，并且它们的数据常常缺乏一致性。一般来说，产量数据指主要用于销售的种植园作物和果园作物，一般不收集主要用于家庭消费的分散种植的果树的产量数据。一般国家统计机构不考虑来自野生植物的产量，特别是在某些国家有一定重要性的浆果。因此，各种水果和浆果的数据是相当不全面的，尤其是在除欧洲、北美、澳大利亚和新西兰以外的地区。表中所示的总数虽然仅指所列出的有限几个国家，仍可认为它们可靠地表明了对国际贸易的影响。无论如何，可以依据这些总数来了解这些作物的年度规模变化。

产量数据包括表中分别列出的水果和浆果的公布数据，也包括所有其他种类水果和浆果的数据。枣、大蕉和全部的葡萄也包括在水果总量数据中，但油橄榄除外。总量数据比那些单个商品公布的数据更全面，因为它们勿需分类说明便把对大多数无报告数字国家的估计量和有报告总数的国家的数据包括在同一个数字里。

茶 产量数字是指成品茶，然而，在印度尼西亚，所给产量的大约1/3是以新鲜茶叶的重量给出的。缅甸每年生产的约45000吨茶叶未被包括在内，因为大多数的这种作物被当作蔬菜消费掉。

烟叶 产量数字是指能够确定的农场销售重量，因此，对所得到的按干重表示的数据已按照约90比100的比例转换成农场销售重量。

黄麻纤维和同类纤维 黄麻纤维从黄麻和长蒴黄麻中得到，同类纤维包括许多黄麻纤维的替代品，主要是洋麻纤维和玫瑰茄纤维（木槿属）以及刚果黄麻纤维。

家畜数量 有关家畜数量的数据包括所有的家养动物，不管年龄、饲养地点和饲养目的。对没有报告数据的国家和报告数据不完整的国家作了估计。然而，在某些国家，有关鸡、鸭和火鸡的数据似乎不能代表这些家禽的总数。其他一些国家只对全部家禽给出一个数字，这些国家的数据列在“鸡”这一项下。

肉 数据仅指在一国境内屠宰的动物，而不管原产地；类似地，有关马肉、禽肉和总的肉类产量的数据，指在该国家屠宰的动物，而不管这些动物的原产地。肉产品的国内产量概念各不相同。此处产量数据仅指原产于国内的动物，也就是说，它们包括出口活畜的肉当量，排除进口活畜的肉当量。

牛奶 关于牛奶产量的数据是指全部鲜奶的总产量，不包括被幼畜吸吮的奶，但包括用来饲喂家畜的奶。然而，奥地利、捷克共和国、意大利、斯洛伐克报告的产量中包括被幼畜吸吮的奶。澳大利亚的牛奶产量数据指结束于6月30日的一个年度的数据，新西兰的是指结束于5月31日的一个年度的数据，一些其他的次要生产国也以不同于日历年度的时间段报告数据。

蛋 有些国家没有有关蛋产量的统计数据，只得以母鸡或所有家禽的数量和报告的或推测的产蛋率来估计这些数据。大多数有统计数字的国家按重量或产蛋总数来记录产量。在可能的地方，有关数量的数据已经运用官方的转换比率转换成重量数据。数据一般指农业和非农业方面的总产量，包括用于孵化的蛋。

蜂蜜 所提供的数据是不完整的，尤其是非洲和亚洲国家。

羊毛 羊毛产量统计数字一般以带脂羊毛给出，它包含了30–65%的杂质。为了便于数字比较，数据也按脱脂羊毛表示。

拖拉机 数据一般指的是农业中应用的所有轮胎式和履带式拖拉机，园艺用拖拉机除外。

收割－脱粒机 数据指的是收割和打谷可一次操作完成的自动机械。

挤奶机 数据指的是由几部分组成的机械的数量，每个都由一个提捅，一个振动器和若干四奶头吸杯等组成。

Explanatory Notes on Main Statistical Indicators

FAO Indices of Agricultural Production The FAO indices of agricultural production show the relative level of the aggregate volume of agricultural production for each year in comparison with the base period 1999-2001. They are based on the sum of price-weighted quantities of different agricultural commodities produced after deductions of quantities used as seed and feed weighted in a similar manner. The resulting aggregate represents, therefore, disposable production for any use except as seed and feed.

All the indices at the country, regional and world levels are calculated by the Laspeyres formula. Production quantities of each commodity are weighted by 1999-2001 average international commodity prices and summed for each year. To obtain the index, the aggregate for a given year is divided by the average aggregate for the base period 1999-2001.

The FAO indices may differ from those produced by the countries themselves because of differences in concepts of production, coverage, weights, time reference of data and methods of calculation.

Cereals Area and production data on cereals relate to crops harvested for dry grain only. Cereal crops harvested for hay or harvested green for food, feed or silage or used for grazing are therefore excluded. Area data relate to harvested area. Some countries report sown or cultivated area only; however, in these countries the sown or cultivated area does not differ significantly in normal years from the area actually harvested, either because practically the whole area sown is harvested or because the area surveys are conducted around the harvest period.

Roots and Tubers, Total This includes other root crops such as yautia and arrowroot. Root crops grown principally for feed such as turnips, mangels and swedes are not included.

Rapeseed Sweden's production is given with an 18 percent water content. Figures for a few countries, such as India and Pakistan, also include mustard seed.

Sugar Cane and Sugar Beets Area and production data on sugar cane and sugar beets generally cover all crops harvested, except the crops grown explicitly for feed. Most of the crop is used for the production of centrifugal and non-centrifugal sugar; however, in several countries important quantities of sugar cane are used also for seed, feed, fresh consumption, the manufacture of alcohol and other uses; some sugar-beet production is used for feed and alcohol.

Fruit excl. Melons, Total Data refer to total production of fresh fruit, whether finally used for direct consumption for food or feed, or processed into different products: dry fruit, juice, jam, alcohol, etc.

Statistics on fruit, especially tropical fruit, are unavailable in many countries, and where reported they often lack uniformity. Generally, production data relate to plantation crops or orchard crops grown mainly for sale. Data on production from scattered trees used mainly for home consumption are not usually collected. Production from wild plants, particularly berries, which is of some importance in certain countries, is generally disregarded by national statistical services. Therefore, the data for the various fruits and berries are rather incomplete, particularly for regions other than Europe, North America, Australia and New Zealand. The totals shown - although relating to the limited number of countries listed - are nevertheless believed to give a reliable indication of these crops insofar as they influence international trade. The totals, in any case, provide an indication of annual changes in the size of the crops.

Production data include data published on individual fruits and berries shown separately, as well as data on all other kinds of fruits and berries. Dates, plantains and total grapes are also included in the total fruit figures, while olives are excluded. Total figures are more complete than those published for the single commodities because they include estimates for most of the non-reporting countries as well as data for countries reporting total production of fruits in a single figure without specification by kind.

Tea Production figures relate to made tea. For Indonesia, however, about one-third of the production shown is given in green-leaf weight. Myanmar each year produces about 45000 tonnes of tea leaves which are not included since most of the crop is consumed fresh as a vegetable.

Tobacco The production figures refer to farm sales weight as far as this could be determined. Data available on a dry weight basis have therefore been converted into farm sales weight at about 90 parts to 100.

Jute and Allied Flbres Jute fibres are obtained from Corchorus capsularis and Corchorus olitorius. Allied fibres include a number of jute substitutes, the main ones being kenaf or mesta and roselle (Hibiscus spp.) and Congo jute or paka (Urena lobata).

Livestock Numbers The data on livestock numbers are intended to cover all domestic animals irrespective of their age and the place or purpose of their breeding. Estimates have been made for non-reporting countries as well as for countries reporting incomplete data. However, in certain countries, data for chickens, ducks and turkeys do not yet seem to represent the total number of these birds. Certain other countries give a single figure for all poultry; data for these countries are shown under Chickens.

Meat Data relate to animals slaughtered within national boundaries, irrespective of their origin. Similarly, the data on production of horse meat, poultry meat and total meat refer to animals slaughtered in the country concerned, regardless of the origin of the animal.

The concept of indigenous production of meat is different. Here, the production figures relate to indigenous animals, i.e. they include the meat equivalent of exported live animals and exclude the meat equivalent of imported live animals.

Cow Milk Data on cow milk production relate to total production of whole fresh milk, excluding the milk sucked by young animals but including amounts fed to livestock. However, Austria, the Czech Republic, Italy and Slovakia report production including milk sucked by young animals. Milk production data shown for Australia refer to years ending 30 June; and for New Zealand, to years ending 31 May. Also, a few other minor producing countries report data for periods other than the calendar year.

Eggs Some countries have no statistics on egg production, and estimates had to be derived from such related data as chicken or total poultry numbers and reported or assumed rates of egg laying.

Most of the countries that have statistics on egg production report either the total weight of eggs or the numbers of eggs produced; data on numbers have been converted into weight, using official conversion factors wherever possible. Data generally refer to total production, including eggs for hatching, in both agricultural and nonagricultural sectors.

Honey The data presented are incomplete, particularly with regard to African and Asian countries.

Wool Wool production statistics are generally given for greasy wool, which contains from 30 to 65 percent impurities. In order to make figures comparable, data are given also on a degreased (scoured) basis.

Tractors Data generally refer to total wheel and crawler tractors (excluding garden tractors) used in agriculture.

Harvester-Threshers Data refer to self-propelled machines that reap and thresh in one operation.

Milking Machines Data refer to the number of installations consisting of several units, each composed of a pail, a pulsator and four- teat cups and liners.

11 工业、能源和建筑业

Industry, Energy and Construction

11-1 按行业分的工业生产指数

World Industrial Production Indices by Branches of Industry

资料来源：联合国《统计月报》。
Source: UN *Monthly Bulletin of Statistics*.
1995 年 =100

(1995=100)

		权数 (%) Weight (%)	1999	2000	2001	2002
世　界	**World**					
工业	Industry	100.0	113.2	121.0	118.5	122.6
采掘业	Minging	7.4	103.0	106.7	107.4	105.9
煤炭	Coal	0.7	100.4	100.8	103.1	104.0
石油、天然气	Crude Petroleum and Natrual Gas	5.0	100.8	105.0	105.5	103.0
金属矿	Metals Ores	0.7	115.4	121.1	124.1	122.3
制造业	Manufacturing	82.6	114.4	123.0	119.8	124.6
食品、饮料、烟草	Food, Beverages Tobacco	10.3	104.9	106.9	106.8	107.8
纺织	Texitiles	2.4	94.9	95.2	90.3	89.4
服装、皮革、制鞋	Wearing Apparel,Leather and Footwear	2.7	88.0	85.6	81.0	71.7
木制品	Wood and Wood Products	1.9	103.4	104.1	98.8	95.6
造纸、出版、印刷及录音介质	Paper, Printing, Publishing and Recorded Media	7.1	99.1	108.3	106.6	104.2
化学、石油、塑料、橡胶制品	Chemicals,Petroleum,Plastic and Rubber Products	14.0	113.5	116.9	116.6	119.5
非金属矿制品	Non-Metallic Mineral Products	3.4	104.5	108.0	105.2	103.4
基本金属	Basic Metals	4.7	103.9	109.9	106.8	108.6
金属及机械制造	Fabricated Metal Products and Machinery	11.7	106.7	113.2	110.1	104.0
办公机械、计算机、收音机、电视及其他电子设备	Office, Computing,Radio, TV and Other Electrical Equipment	12.7	158.8	192.9	183.2	220.7
运输设备	Transport Equipment	8.0	119.2	124.5	123.3	126.1
电、煤气、水	Electricity, Gas and Water	10.0	110.8	114.8	115.7	118.5
发达国家	**Developed Countries**					
工业	Industry	100.0	113.0	120.5	117.1	121.8
采掘业	Minging	4.6	99.9	102.1	102.1	100.5
煤炭	Coal	0.6	93.5	91.5	91.6	89.9
石油、天然气	Crude Petroleum and Natrual Gas	2.7	99.3	102.8	103.2	100.5
金属矿	Metals Ores	0.4	99.4	100.2	97.8	97.1
制造业	Manufacturing	84.9	114.4	122.6	118.6	123.8
食品、饮料、烟草	Food, Beverages Tobacco	9.5	103.9	105.8	105.3	105.6
纺织	Texitiles	1.8	92.4	90.8	84.9	83.8
服装、皮革、制鞋	Wearing Apparel,Leather and Footwear	2.4	84.9	80.1	75.2	65.4
木制品	Wood and Wood Products	2.0	105.7	106.4	100.6	96.8
造纸、出版、印刷及录音介质	Paper, Printing, Publishing and Recorded Media	8.1	98.0	107.3	103.9	103.8
化学、石油、塑料、橡胶制品	Chemicals,Petroleum,Plastic and Rubber Products	13.7	111.7	114.7	114.5	116.8
非金属矿制品	Non-Metallic Mineral Products	3.2	103.3	106.6	102.8	99.1
基本金属	Basic Metals	4.7	101.3	107.5	103.5	104.5
金属及机械制造	Fabricated Metal Products and Machinery, N.E.C.	12.7	107.4	112.6	108.9	102.5
办公机械、计算机，收音机电视及其他电子设备	Office, Computing,Radio, TV and Other Electrical Equipment	14.0	158.2	190.8	180.5	219.7
运输设备	Transport Equipment	8.7	119.1	122.9	120.9	123.6
电、煤气、水	Electricity, Gas and Water	10.5	108.2	111.6	111.6	114.4

11－1续表 continued

1995年＝100 (1995=100)

		权数（%）Weight (%)	1999	2000	2001	2002
发展中国家	**Developing Countries**					
工业	Industry	100.0	114.0	123.0	123.8	125.9
采掘业	Minging	18.3	106.0	111.3	112.8	111.4
煤炭	Coal	1.2	113.2	118.0	124.7	130.2
石油、天然气	Crude Petroleum and Natrual Gas	14.3	101.9	106.7	107.2	104.9
金属矿	Metals Ores	1.7	131.5	142.2	150.7	147.9
制造业	Manufacturing	73.7	114.8	125.0	125.2	128.0
食品、饮料、烟草	Food, Beverages Tobacco	13.3	107.9	110.3	111.3	114.1
纺织	Texitiles	4.8	98.6	102.1	98.4	97.9
服装、皮革、制鞋	Wearing Apparel,Leather and Footwear	3.6	96.5	100.4	96.8	88.8
木制品	Wood and Wood Products	1.5	90.2	91.3	88.4	88.8
造纸、出版、印刷及录音介质	Paper, Printing, Publishing and Recorded Media	3.2	110.5	118.5	133.5	108.4
化学、石油、塑料、橡胶制品	Chemicals,Petroleum,Plastic and Rubber Products	15.0	119.9	124.7	124.4	129.4
非金属矿制品	Non-Metallic Mineral Products	4.2	108.3	112.3	112.4	116.6
基本金属	Basic Metals	4.7	114.1	119.5	119.9	124.8
金属及机械制造	Fabricated Metal Products and Machinery, N.E.C.	7.9	102.1	117.5	117.6	113.5
办公机械、计算机、收音机、电视及其他电子设备	Office, Computing,Radio, TV and Other Electrical Equipment	7.3	163.5	208.9	204.2	227.9
运输设备	Transport Equipment	5.2	119.6	134.9	138.8	142.6
电、煤气、水	Electricity, Gas and Water	8.0	124.4	131.5	136.8	139.8

11-2 按国家和地区分的工业生产指数
Indices of Industrial Production by Country or Area

资料来源：联合国数据库。
Source: UN Database.
1995年=100 (1995=100)

国家和地区	Country or Area	1999	2000	2001	2002	2003	2004
世　界	**World**	**113.6**	**123.8**	**121.4**	**122.0**	**125.7**	
中　国①	China ①	148.0	162.5	176.6	194.3	219.1	244.4
中国香港	Hong Kong,China	84.7	85.1	82.4	76.4	71.1	73.4
孟加拉国②	Bangladesh ②	121.4	131.5	140.9	146.0	157.2	164.8
印　度③	India ③	125.6	131.9	135.4	143.2	153.3	165.6
以色列	Israel	111.8	123.1	117.0	114.8	114.4	121.1
日　本	Japan	99.9	105.5	98.7	97.5	100.6	106.0
韩　国	Korea, Rep.	131.9	154.1	155.0	167.6	175.8	194.3
马来西亚	Malaysia	124.3	148.1	142.0	147.8	162.3	180.6
蒙　古	Mongolia	106.6	110.2	121.9	122.7		
巴基斯坦②	Pakistan ②	108.0	115.2	122.9	133.6	155.1	200.9
新加坡④	Singapore ④	122.6	141.4	125.1	135.6	140.8	159.3
土耳其	Turkey	112.3	118.4	107.9	117.7	131.8	144.5
南　非	South Africa	101.8	104.5	106.7	111.1	111.0	116.1
加拿大	Canada	115.4	121.9	118.0	120.1	124.3	128.4
墨西哥⑤	Mexico ⑤	133.3	141.5	136.4	136.3	136.7	142.1
美　国	United States	123.5	129.2	124.7	123.9	124.0	129.2
阿根廷④	Argentina ④	103.7	101.8	90.4	87.5		
巴　西	Brazil	102.9	109.7	111.5	114.1	114.4	124.0
保加利亚	Bulgaria	72.2	78.2	79.9	83.6	96.4	113.5
捷　克	Czech Republic	104.7	105.7	117.6	123.2	130.4	143.3
法　国	France	112.3	116.3	117.6	116.4	113.4	116.4
德　国	Germany	110.4	117.2	117.8	116.2	114.0	117.4
意大利	Italy	104.4	107.7	106.8	105.3	104.3	104.8
荷　兰	Netherlands	106.3	110.0	110.5	110.1	107.5	110.2
波　兰	Poland	133.5	143.5	144.1	146.1	158.9	179.1
罗马尼亚	Romania	77.7	83.2	90.3	95.7	97.5	101.8
西班牙	Spain	114.8	119.3	117.9	118.0	119.9	122.0
乌克兰	Ukraine	95.9	109.0	123.1	131.2	152.2	166.9
英　国	United Kingdom	104.1	105.9	103.6	99.9	102.6	103.1
澳大利亚②	Australia ②	109.9	112.3	116.5	119.0	120.3	120.2
新西兰	New Zealand	100.8	104.2	106.7	107.2	114.5	114.6

注：①工业增加值指数。②7月1日开始的12个月的平均数。③4月1日开始的12个月的平均数。④制造业生产指数。⑤包括建筑业。
Note: ① Indice of industrial value added. ② Average of 12 monthly ending 30 June of the year stated. ③ Average of 12 monthly ending 1 April of the year stated. ④ Manufaturing production indices. ⑤ Including construction.

11-3 制造业主要指标

Main Indicators of Manufacturing

资料来源：联合国工发组织《国际工业统计年鉴》2005年。
Source: United Nations Industrial Development Organization *International Yearbook of Industrial Statistics 2005*.

国家和地区	Country or Area	年份 Year	机构数（个） Number of Establishments (number)	雇员数（人） Number of Employees (person)	雇员工资和薪金（亿本币） Wages and Salaries Paid to Employees (100 million local currency units)	产值（亿本币） Output in Producers Prices (100 million local currency units)
中国香港	Hong Kong,China	2002	16460	186400	284	1724
中国澳门	Macao,China	2002	1162	38751	20	135
孟加拉国	Bangladesh	1999	28968	1892100	410	5658
印　度	India	2001	118370	7512700	4760	93444
印度尼西亚	Indonesia	2002	21146	4364900	464051	8824760
伊　朗	Iran	2001	10987	913255	206036	2040902
以色列	Israel	2001	8025	325900	440	1865
日　本	Japan	2000	341361	9089000	302240	3004100
哈萨克斯坦	Kazakhstan	2002	11425	424100	1107	8973
韩　国	Korea, Rep.	1999	91156	24323	389997	4797330
马来西亚	Malaysia	2001	19184	1379800	246	3960
蒙　古	Mongolia	2000	2313	38221	249	2237
菲律宾	Philippines	1999	7451	1083900	1086	17570
新加坡	Singapore	2002	8609	357247	130	1473
斯里兰卡	Sri Lanka	1999	12132	453543	260	3272
泰　国	Thailand	2000	20550	2299200	2545	38102
越　南	Viet Nam	2002	14794	2202900	175141 ②	3882286
埃　及	Egypt	2002	9574	948400	92	833
尼日利亚	Nigeria	1996	3814	490867	141	4167
南　非	South Africa	2002		1261300	846	1981
加拿大	Canada	1999	29822	1910000	761	5591
墨西哥	Mexico	1999		1454700	954	13593
美　国	United States	1995	488277 ①	17343000	5430	35730
阿根廷	Argentina	1999		823304	118	896
巴　西	Brazil	2002	146264	5483500	667	7288
委内瑞拉	Venezuela	1998	11113	449253	10161	227938
保加利亚	Bulgaria	2002	25689	573895	16	180
捷　克	Czech Republic	1999	136194	1255000	1790	15891
法　国	France	1998	21792	2733000	4827	34399
德　国	Germany	1999	38205	6402500	2200	10926
意大利	Italy	1998	563893	4034200	768	7038
荷　兰	Netherlands	1999			547	3906
波　兰	Poland	1999	367500	2609000	517	3748
罗马尼亚	Romania	2002	47582	1593400	820568	11749606 ④
俄罗斯联邦	Russian Federation	2002	119654	10799000	5752	39414
西班牙	Spain	1999	160721	2320400	426	3255
乌克兰	Ukraine	2002	47072			15483
英　国	United Kingdom	1999	170196		774	4254
澳大利亚	Australia	1997	55373	945386	326	2083

11-3 续表 continued

国家和地区	Country or Area	年份 Year	生产者价格增加值（亿本币） Value Added in Producers' Prices (100 million local currency units)	固定资本形成（亿本币） Fixed Capital Formation (100 million local currency units)	制造业生产指数 (1995年=100) Manufacturing index numbers (1995=100)		
					2000	2001	2002
中国香港	Hong Kong,China	2002	534	28			
中国澳门	Macao,China	2002	31	2			
孟加拉国	Bangladesh	1999	2042	161			
印　　度	India	2001	17914	6888	135	139	147
印度尼西亚	Indonesia	2002	2867870	4088070	92	91	84
伊　　朗	Iran	2001	866756	77889	141	147	
以 色 列	Israel	2001	660	110	124	117	115
日　　本	Japan	2000	1102050	110850 ③			
哈萨克斯坦	Kazakhstan	2002					
韩　　国	Korea, Rep.	1999	2009350	482180			
马来西亚	Malaysia	2001	9513	1798	160	149	156
蒙　　古	Mongolia	2000	666	2589			
菲 律 宾	Philippines	1999	6789	1026			
新 加 坡	Singapore	2002	364	90	141	125	135
斯里兰卡	Sri Lanka	1999	1488	119			
泰　　国	Thailand	2000	7633	1673			
越　　南	Viet Nam	2002	620349 ②	1748720			
埃　　及	Egypt	2002	294	580	127	125	
尼日利亚	Nigeria	1996	1714	233			
南　　非	South Africa	2002	1239		106	109	115
加 拿 大	Canada	1999	2186				
墨 西 哥	Mexico	1999	5028	710			
美　　国	United States	1995	17040	1276	133	128	127
阿 根 廷	Argentina	1999	278				
巴　　西	Brazil	2002	3133		106	107	109
委内瑞拉	Venezuela	1998	115264	47027			
保加利亚	Bulgaria	2002	34	20	75	76	81
捷　　克	Czech Republic	1999	4234	1362			
法　　国	France	1998	9839	1346			
德　　国	Germany	1999	3548	504			
意 大 利	Italy	1998	1918	348			
荷　　兰	Netherlands	1999	1134	173			
波　　兰	Poland	1999	1129	284			
罗马尼亚	Romania	2002	2681244 ④	1192554 ④	85	94	100
俄罗斯联邦	Russian Federation	2002	12835		96	100	101
西 班 牙	Spain	1999	917	160			
乌 克 兰	Ukraine	2002	40390		113	133	145
英　　国	United Kingdom	1999	1491	205			
澳大利亚	Australia	1997					

注：①1992年数据。②2000年数据。③1999年数据。④2001年数据。

Note: ① Data refer to 1992. ② Data refer to 2000. ③ Data refer to 1999. ④ Data refer to 2001.

11-4 制造业增加值及构成
Composition of Value Added in Manufacturing

资料来源：世界银行《世界发展指标》2004。
Source: World Bank *World Development Indicators 2004*.
单位：%　　(%)

国家和地区	Country or Area	制造业增加值(亿美元) Value added in manufacturing (100 millions USD)		食品、饮料和烟草 Food, Beverage and Tobacco		纺织和服装 Textiles and Clothing	
		1990	2001	1990	2001	1990	2001
中　国①	China ①	1165.73	4075.14	15	15	15	12
中国香港	Hong Kong,China	126.39	81.45	8	9	36	19
孟加拉国	Bangladesh	38.39	70.87	24	22	38	33
印　度	India	488.08	671.44	12	13	15	13
印度尼西亚	Indonesia	236.43	363.43	27	22	15	13
伊　朗	Iran	145.03	150.09	12	10	20	6
以色列	Israel			14	9	9	5
日　本	Japan	8102.32	8658.10	9	12	5	3
哈萨克斯坦	Kazakhstan	19.41	36.30				
韩　国	Korea, Rep.	646.04	1175.76	11	8	12	8
马来西亚	Malaysia	106.65	267.72	13	8	6	4
蒙　古	Mongolia		0.61	33	23 ②	37	63 ②
巴基斯坦	Pakistan	61.84	104.45	24	16 ④	27	33 ④
菲律宾	Philippines	110.08	163.08	39	33	11	9
新加坡	Singapore	99.37	203.99	4	3	3	1
斯里兰卡	Sri Lanka	10.77	22.20	51	39	24	31
泰　国	Thailand	232.17	386.19	24	26 ④	30	17 ④
土耳其	Turkey	268.82	196.86	16	3	15	0
埃　及	Egypt	72.96	177.27	19	12 ④	15	39 ④
尼日利亚	Nigeria	15.62	18.11	15		46	
南　非	South Africa	240.43	193.20	14	11	8	4
加拿大	Canada	916.71	1306.13	15	13	6	4
墨西哥	Mexico	499.92	1103.82	22	25	5	4
美　国	United States	10406.00	14230.00	12	9 ③	5	3 ③
阿根廷	Argentina	378.68	432.42	20	28	10	6
巴　西	Brazil	899.66	632.47	14	17 ②	12	7 ②
委内瑞拉	Venezuela	71.52	114.80	17	22	5	2
法　国	France	2282.70	2175.35	13	13 ④	6	12 ④
德　国	Germany	4564.05	3859.24		8		2
意大利	Italy	2479.17	2032.48	8	9	13	13
荷　兰	Netherlands	523.30	537.69	21	1	3	5
波　兰	Poland		288.25	21	6	9	14
罗马尼亚	Romania	91.52	60.64	19		18	
俄罗斯联邦	Russian Federation				19		2
西班牙	Spain		960.59	18	14	8	7
英　国	United Kingdom	2067.19	2204.29	13	12 ③	5	5 ③
澳大利亚	Australia	388.67	396.64	18		6	
新西兰	New Zealand	75.74	81.86	28	22 ④	8	13 ④

11-4续表 continued

单位：%　　　　(%)

国家和地区	Country or Area	机器和运输设备 Machinery and Transport Equipment		化工 Chemicals		其他 Other Manufacturing	
		1990	2001	1990	2001	1990	2001
中　　国①	China ①	24	32	13	12	34	28
中国香港	Hong Kong,China	21	30	2	4	33	38
孟加拉国	Bangladesh	7	16	17	10	15	19
印　　度	India	25	19	14	21	34	34
印度尼西亚	Indonesia	12	23	9	12	37	30
伊　　朗	Iran	20	23	8	19	40	43
以 色 列	Israel	32	33	9	2	37	51
日　　本	Japan	40	38	10	11	37	36
哈萨克斯坦	Kazakhstan						
韩　　国	Korea, Rep.	32	45	9	9	36	30
马来西亚	Malaysia	31	41	11	8	39	39
蒙　　古	Mongolia	1		1	1②	27	12②
巴基斯坦	Pakistan	9	6④	15	6④	25	38④
菲 律 宾	Philippines	13	15	12	13	26	29
新 加 坡	Singapore	53	59	10	16	29	21
斯里兰卡	Sri Lanka	4	6	4	4	17	21
泰　　国	Thailand	19	10④	2	8④	26	40④
土 耳 其	Turkey	16	17④	10	11④	43	96
埃　　及	Egypt	9	6④	14	14③	43	
尼日利亚	Nigeria	13		4		22	
南　　非	South Africa	18	17	9	10	50	58
加 拿 大	Canada	26	31	10	8	44	43
墨 西 哥	Mexico	24	27	18	15	32	28
美　　国	United States	31	46③	12	10③	40	32③
阿 根 廷	Argentina	13	12	12	12③	46	54
巴　　西	Brazil	27	27②			48	49②
委内瑞拉	Venezuela	5	10	9	11	64	76
法　　国	France	31	22④	9	7④	41	46④
德　　国	Germany		41		10		38
意 大 利	Italy	34	27	7	8	37	44
荷　　兰	Netherlands	25	25④	16	14④	35	95
波　　兰	Poland	26	8	7	6④	37	72
罗马尼亚	Romania	14		4		45	
俄罗斯联邦	Russian Federation		23		5		49
西 班 牙	Spain	25	23	10	10	39	47
英　　国	United Kingdom	32	29③	11	11③	38	43③
澳大利亚	Australia	20		7		48	
新 西 兰	New Zealand	13	14④	7	4④	44	47④

注：①世界银行统计数据。②1995年数据。③1999年数据。④2000年数据。
Note: ① Data from World Bank. ② Data of 1995. ③ Data of 1999. ④ Data of 2000.

11-5 能源平衡表

Production, Trade and Consumption of Commercial Energy

资料来源：联合国《能源统计年鉴》2001年。
Source:UN *Energy Statistics Yearbook 2001*.
单位：标准煤万吨 (10 000 TCE)

国家和地区	Country or Area	年份 Year	一次能源生产量 Primary Energy Production 总计 Total	固体 Solids	液体 Liquids	气体 Gas	电能 Electricity	库存变化 Changes in Stocks	进口 Imports	出口 Exports
世界总计	**World**	**1998**	**1288974**	**330064**	**517597**	**312938**	**128375**	**7197**	**483613**	**484283**
		1999	**1270028**	**312141**	**509277**	**315963**	**132647**	**-12935**	**487704**	**485227**
		2000	**1295815**	**310393**	**526664**	**323584**	**135175**	**-10533**	**516434**	**513710**
		2001	**1341078**	**332603**	**531596**	**339499**	**137381**	**6575**	**529421**	**521811**
亚　洲	**Asia**	**1998**	**448453**	**138607**	**218941**	**63399**	**27505**	**1676**	**156696**	**184775**
		1999	**432094**	**123227**	**214931**	**66326**	**27611**	**-6577**	**160543**	**184444**
		2000	**446375**	**122311**	**223590**	**72006**	**28469**	**-3821**	**172124**	**196317**
		2001	**467232**	**136567**	**222289**	**79409**	**28968**	**-1712**	**176482**	**201321**
中　国①	China ①	1998	119109	89196	23007	3822	3083	-1175	8093	6479
		1999	104633	74568	22864	4138	3063	-2268	9115	5711
		2000	102331	71214	23293	4466	3358	-1368	14419	8152
		2001	115302	82830	23430	4980	4062	27	12981	10287
孟加拉国	Bangladesh	1998	1014		5	998	11	36	434	
		1999	1105		5	1089	10	11	439	
		2000	1171		5	1155	12	-19	485	
		2001	1400		31	1357	12	-18	604	
印　度	India	1998	35590	25449	5263	3399	1478	141	9806	175
		1999	35067	25316	5260	2987	1504	-1131	9579	174
		2000	36781	26886	5212	3125	1559	-367	9126	226
		2001	37520	27520	5194	3155	1651	-257	13095	886
印度尼西亚	Indonesia	1998	28434	6032	13597	8311	494	953	2609	16425
		1999	27337	7070	12932	6828	506	-2459	2680	17813
		2000	27970	7682	12577	7216	494	-2706	3171	16388
		2001	29520	9255	12260	7505	500	-967	2945	17285
伊　朗	Iran	1998	33268	117	26408	6657	86	1648	476	16832
		1999	33711	134	25960	7557	61	421	491	17845
		2000	35073	139	26874	8015	45	421	760	18871
		2001	37056	113	28141	8740	62		1065	18702
以色列	Israel	1998	35	32	1	2	…	119	3071	398
		1999	35	33	1	1	…	-102	2878	349
		2000	33	31	1	1	…	-35	3129	453
		2001	14	13	1	1	…	12	3191	338
日　本	Japan	1998	14779	305	94	322	14059	-658	55375	1071
		1999	14108	326	86	319	13378	-452	56421	876
		2000	14273	260	86	343	13584	127	58278	733
		2001	14158	250	86	344	13478	-443	58026	709
哈萨克斯坦	Kazakhstan	1998	9238	4401	3739	1022	76		913	4555
		1999	9376	3678	4344	1279	75	-97	749	5072
		2000	11339	4549	5100	1598	93	-44	935	6639
		2001	12130	4710	5775	1546	99	6	1083	7376
马来西亚	Malaysia	1998	10368	35	5164	5109	60	81	1935	5888
		1999	10395	28	4742	5533	93	-137	1822	5681
		2000	11007	38	4463	6420	86	-143	2395	5853
		2001	11093	49	5044	5913	87	15	2735	6136
蒙　古	Mongolia	1998	233	233					62	…
		1999	223	223					66	
		2000	221	221					68	…
		2001	232	232					73	
缅　甸	Myanmar	1998	442	4	56	370	12	2	176	151
		1999	703	8	63	619	12	7	225	413
		2000	930	25	60	822	23	-9	199	632
		2001	923	7	61	833	22	-2	164	678
朝　鲜	Korea,Dem. People's Rep.	1998	7833	7588			245		774	35
		1999	7193	6948			245		786	36
		2000	6593	6331			262		785	37
		2001	6593	6322			271		791	38

11-5 续表 1 continued

单位：标准煤万吨 (10 000 TCE)

国家和地区	Country or Area	年份 Year	国际运输燃料 Bunkers 空运 Air	国际运输燃料 Bunkers 海运 Sea	平衡差额 Balance	人均消费量(千克) Consumption per Capita (kilograms per capita)	能源消费量 Consumption 总计 Total	固体 Solids	液体 Liquids	气体 Gas	电能 Electricity
世界总计	**World**	**1998**	**12806**	**18432**	**57260**	**194**	**1192608**	**333255**	**421665**	**309313**	**128375**
		1999	**13443**	**19259**	**57768**	**192**	**1194971**	**319421**	**425159**	**317744**	**132647**
		2000	**13873**	**21281**	**60095**	**192**	**1213823**	**321954**	**430548**	**326145**	**135175**
		2001	**14157**	**20024**	**63982**	**194**	**1243951**	**334105**	**435181**	**337284**	**137381**
亚洲	**Asia**	**1998**	**2624**	**6158**	**29519**	**106**	**380396**	**155097**	**132704**	**65089**	**27505**
		1999	**2495**	**6435**	**30359**	**103**	**375481**	**143252**	**135751**	**68867**	**27611**
		2000	**2714**	**7105**	**30667**	**104**	**385517**	**143647**	**131273**	**72128**	**28469**
		2001	**2928**	**7585**	**31975**	**107**	**401618**	**153384**	**140639**	**78627**	**28968**
中国①	China ①	1998		324	6453	92	115120	86504	21711	3822	3083
		1999		340	6339	82	103625	72839	23586	4138	3063
		2000		443	7320	80	102203	68804	25575	4466	3358
		2001		612	7291	86	110066	75775	25249	4980	4062
孟加拉国	Bangladesh	1998		1	32	11	1380	12	359	998	11
		1999	21		67	11	1445	7	339	1089	10
		2000	18	5	80	11	1573	47	360	1155	12
		2001		5	130	13	1887	57	461	1357	12
印度	India	1998	97		3064	43	41919	26628	10414	3399	1478
		1999	97		2899	43	42607	28155	9961	2987	1504
		2000	100		489	45	45458	29089	11686	3125	1559
		2001	101		4292	44	45592	29527	11260	3155	1651
印度尼西亚	Indonesia	1998	103	49	3970	47	9543	1255	6077	1718	494
		1999	66	45	4046	51	10505	1610	6533	1855	506
		2000	118	53	4620	60	12667	1979	7332	2863	494
		2001	66	46	3625	60	12411	2638	6867	2406	500
伊朗	Iran	1998	116	99	968	230	14196	154	7048	6907	86
		1999	119	116	1231	233	14589	171	6516	7841	61
		2000	127	104	-60	259	16497	216	7780	8456	45
		2001	129	104	1693	275	17492	205	7926	9298	62
以色列	Israel	1998	1	22	197	397	2370	961	1407	2	…
		1999	1	21	135	410	2510	952	1556	1	…
		2000	1	27	148	425	2569	1057	1511	1	…
		2001	1	122	-81	437	2813	1162	1650	1	…
日本	Japan	1998	906	807	2091	522	65937	12964	29456	9458	14059
		1999	881	765	2186	523	66273	13479	29555	9862	13378
		2000	937	730	2465	533	67561	14629	29061	10288	13584
		2001	874	596	2700	533	67749	15663	28320	10288	13478
哈萨克斯坦	Kazakhstan	1998	47		278	350	5271	3035	1043	1118	76
		1999	34		285	324	4832	2875	790	1091	75
		2000	51		220	363	5407	3035	814	1465	93
		2001	23		340	369	5467	2991	999	1378	99
马来西亚	Malaysia	1998		64	515	260	5755	265	2884	2547	60
		1999		56	115	286	6503	218	2894	3298	93
		2000		25	270	318	7397	376	3014	3922	86
		2001		22	723	295	6931	416	3144	3285	87
蒙古	Mongolia	1998				123	295	237	58		
		1999				123	289	232	58		
		2000				121	289	225	63		
		2001				125	305	233	72		
缅甸	Myanmar	1998	2	…	20	10	441	5	206	219	12
		1999	2	…	25	10	483	8	256	207	12
		2000	2	…	29	10	474	25	237	190	23
		2001	3	…	25	8	383	7	200	154	22
朝鲜	Korea, Dem. People's Rep.	1998			-3	391	8574	7777	552		245
		1999			4	359	7939	7138	556		245
		2000			-31	331	7372	6515	595		262
		2001			-12	328	7359	6509	579		271

11–5续表2 continued

单位：标准煤万吨 (10 000 TCE)

国家和地区	Country or Area	年份 Year	一次能源生产量 Primary Energy Production					库存变化 Changes in Stocks	进口 Imports	出口 Exports
			总计 Total	固体 Solids	液体 Liquids	气体 Gas	电能 Electricity			
韩国	Korea, Rep.	1998	3692	280			3411	178	23904	4838
		1999	4178	270			3909	220	25700	4851
		2000	4389	267			4123	517	27486	4945
		2001	4468	245			4222	317	27312	4688
巴基斯坦	Pakistan	1998	3077	213	413	2166	285		2251	32
		1999	3231	234	404	2306	287		2286	62
		2000	3377	214	413	2498	252		2432	51
		2001	3650	209	424	2731	286		2536	62
菲律宾	Philippines	1998	1232	68	6	1	1157	…	3130	24
		1999	1485	80	7	1	1398	54	3077	76
		2000	1624	92	8	1	1524	17	3238	139
		2001	1464	83	9	2	1370	-65	3134	84
新加坡	Singapore	1998						…	12214	6005
		1999						…	12027	5766
		2000						…	11505	5044
		2001						…	12404	5080
斯里兰卡	Sri Lanka	1998	48				48	2	437	3
		1999	51				51	5	464	3
		2000	39				39	15	548	
		2001	38				38	-6	509	
泰国	Thailand	1998	4067	1267	752	1984	64	-11	5181	708
		1999	4150	1148	817	2141	44	-98	5544	807
		2000	4412	1113	1041	2185	74	-1	5643	754
		2001	4786	1233	1132	2343	78	-31	6167	1063
土耳其	Turkey	1998	3134	2070	461	74	530	-19	6504	239
		1999	3000	2051	420	92	437	-5	6606	270
		2000	2817	1952	395	80	390	-57	7608	86
		2001	2744	2036	360	41	307	-25	7082	202
越南	Viet Nam	1998	3271	1167	1772	117	215	243	1011	2088
		1999	3533	963	2175	146	249	55	1068	2453
		2000	3930	1161	2328	181	261	162	1281	2529
		2001	4282	1296	2434	248	304	32	1291	2820
非洲	**Africa**	**1998**	**93042**	**22994**	**53789**	**14816**	**1443**	**2250**	**10112**	**56674**
		1999	**93753**	**22973**	**53153**	**16183**	**1444**	**692**	**11006**	**59124**
		2000	**98237**	**23032**	**55745**	**17977**	**1483**	**18**	**11639**	**63489**
		2001	**98068**	**23180**	**56213**	**17230**	**1445**	**526**	**10896**	**61255**
埃及	Egypt	1998	7963		6168	1645	150	1171	419	1371
		1999	8437		6022	2272	188	993	1381	2010
		2000	8632		5626	2797	209	100	1578	2234
		2001	8125		5106	2851	168	103	579	1162
尼日利亚	Nigeria	1998	15577	6	14709	794	69	-38	286	13575
		1999	15515	6	14505	935	69	-11	394	13329
		2000	17264	6	15511	1676	71	14	941	15522
		2001	18917	6	16716	2109	85	100	669	15661
南非	South Africa	1998	24230	22405	1071	184	570	1222	3392	6689
		1999	24356	22438	1141	241	535	168	3159	7548
		2000	24519	22529	1217	222	552	26	2923	7836
		2001	24718	22716	1266	273	463	329	3067	7767
北美洲	**North America**	**1998**	**328994**	**87605**	**98768**	**102847**	**39773**	**2566**	**110421**	**55614**
		1999	**324368**	**85725**	**95158**	**100941**	**42544**	**-4054**	**113325**	**53837**
		2000	**322413**	**83809**	**96691**	**99119**	**42795**	**-7785**	**120556**	**56479**
		2001	**336476**	**88161**	**99852**	**105790**	**42673**	**7466**	**125564**	**57072**

11-5 续表 3 continued

单位：标准煤万吨 (10 000 TCE)

国家和地区	Country or Area	年份 Year	国际运输燃料 Bunkers		平衡差额 Balance	人均消费量(千克) Consumption per Capita (kilograms per capita)	能源消费量 Consumption				
			空运 Air	海运 Sea			总计 Total	固体 Solids	液体 Liquids	气体 Gas	电能 Electricity
韩国	Korea, Rep.	1998	74	890	2862	404	18754	5137	8259	1947	3411
		1999	68	962	3053	442	20725	5372	9071	2374	3909
		2000	81	895	3272	469	22165	6129	9273	2641	4123
		2001	94	878	3042	481	22761	6513	9174	2852	4222
巴基斯坦	Pakistan	1998	20	2	101	39	5173	308	2413	2166	285
		1999	17	2	111	40	5324	324	2408	2306	287
		2000	18	2	106	41	5632	309	2573	2498	252
		2001	17	3	185	42	5918	303	2598	2731	286
菲律宾	Philippines	1998	64	31	197	54	4045	374	2513	1	1157
		1999	73	35	166	56	4159	447	2313	1	1398
		2000	77	30	292	56	4308	597	2186	1	1524
		2001	85	31	306	54	4157	589	2196	2	1370
新加坡	Singapore	1998	170	2536	1557	496	1946		1721	226	
		1999	176	2515	1561	508	2009		1825	184	
		2000	183	2600	1944	420	1735		1547	188	
		2001	183	2681	1993	597	2467		1831	636	
斯里兰卡	Sri Lanka	1998	13	37	20	22	411	…	363		48
		1999	14	33	19	23	441	…	390		51
		2000	15	23	28	26	507	…	468		39
		2001	10	22	19	27	503	…	465		38
泰国	Thailand	1998			616	130	7935	1440	4446	1987	64
		1999			734	134	8251	1475	4587	2145	44
		2000			825	136	8477	1481	4463	2458	74
		2001		112	521	151	9288	1654	4407	3149	78
土耳其	Turkey	1998	71	23	626	137	8699	3220	3529	1420	530
		1999	71	41	509	136	8720	2978	3628	1677	437
		2000	75	58	585	148	9679	3461	3825	2003	390
		2001	74	34	576	131	8965	2977	3557	2123	307
越南	Viet Nam	1998				26	1951	616	1003	117	215
		1999			…	28	2117	630	1092	146	249
		2000			…	33	2544	798	1305	181	261
		2001			…	34	2722	837	1332	248	304
非洲	**Africa**	**1998**	**336**	**1053**	**2805**	**50**	**40035**	**16328**	**14442**	**7822**	**1443**
		1999	**383**	**1211**	**1870**	**50**	**41480**	**16791**	**15150**	**8095**	**1444**
		2000	**511**	**1103**	**3887**	**48**	**40869**	**16733**	**14834**	**7819**	**1483**
		2001	**475**	**1078**	**3272**	**49**	**42358**	**16684**	**15643**	**8587**	**1445**
埃及	Egypt	1998		318	305	84	5168	106	3266	1645	150
		1999		387	688	90	5666	87	3164	2227	188
		2000		394	1160	98	6241	100	3136	2797	209
		2001		391	370	98	6678	12	3647	2851	168
尼日利亚	Nigeria	1998	41	69	114	20	2102	7	1233	794	69
		1999	50	109	193	20	2239	6	1328	835	69
		2000	27	68	46	22	2528	7	1502	948	71
		2001	62	81	756	25	2926	7	1778	1056	85
南非	South Africa	1998		408	973	380	18330	15174	2402	184	570
		1999		454	104	390	19240	15736	2728	241	535
		2000		378	199	378	19003	15625	2604	222	552
		2001		378	324	373	18987	15605	2647	273	463
北美洲	**North America**	**1998**	**3079**	**3971**	**11517**	**775**	**362668**	**82178**	**140477**	**100239**	**39773**
		1999	**3289**	**4429**	**10263**	**780**	**369928**	**82110**	**142661**	**102614**	**42544**
		2000	**3194**	**5455**	**10688**	**773**	**374939**	**83144**	**145295**	**103706**	**42795**
		2001	**3035**	**3516**	**14441**	**764**	**376510**	**84133**	**147354**	**102350**	**42673**

11-5续表4 continued

单位：标准煤万吨 (10 000 TCE)

国家和地区	Country or Area	年份 Year	一次能源生产量 Primary Energy Production 总计 Total	固体 Solids	液体 Liquids	气体 Gas	电能 Electricity	库存变化 Changes in Stocks	进口 Imports	出口 Exports
加拿大	Canada	1998	52110	5564	16345	23449	6751	286	8136	25824
		1999	51394	5334	15969	23115	6976	-501	8363	25960
		2000	50722	5040	16730	21832	7120	-1414	9313	27531
		2001	54363	5109	19646	22446	7163	-342	10192	28681
墨西哥	Mexico	1998	33491	500	26805	4844	1344	-68	2572	13690
		1999	32599	502	25998	4649	1450	-24	2682	12630
		2000	34059	506	26816	5300	1438	218	3421	13805
		2001	33881	514	27313	4695	1359	-29	3119	13840
美国	United States	1998	240486	81542	54273	73403	31268	2293	88244	10806
		1999	237063	79890	51777	71729	33668	-3466	90735	9727
		2000	234223	78264	51712	70516	33731	-6672	95912	9786
		2001	244758	82539	51420	77179	33622	7690	100204	9141
南美洲	**South America**	**1998**	**70697**	**4343**	**49246**	**10474**	**6635**	**166**	**12088**	**35624**
		1999	**70890**	**4170**	**49216**	**10888**	**6616**	**-606**	**10900**	**34678**
		2000	**73928**	**4837**	**49641**	**12405**	**7045**	**259**	**10878**	**35199**
		2001	**75165**	**5226**	**49104**	**13793**	**7042**	**670**	**11029**	**35357**
阿根廷	Argentina	1998	11183	24	6255	4302	602	58	717	3159
		1999	11734	28	6096	5084	526	-50	483	3045
		2000	11874	22	5890	5377	585	-105	475	3267
		2001	12112	16	6008	5310	778	-2	323	3781
巴西	Brazil	1998	12159	350	7245	858	3705	75	6806	566
		1999	13077	359	8158	808	3752	-81	6096	652
		2000	14364	426	9067	898	3973	122	5917	1032
		2001	14988	359	9823	979	3826	-153	6450	1744
委内瑞拉	Venezuela	1998	31294	745	26264	3565	720	-31	163	22814
		1999	29507	698	24834	3231	745	-102	12	21106
		2000	31190	788	25331	4298	773	55	10	21379
		2001	31588	758	24545	5541	744	638	9	20267
欧洲	**Europe**	**1998**	**314539**	**54251**	**91569**	**116525**	**52193**	**485**	**189636**	**132441**
		1999	**316011**	**53481**	**92401**	**116566**	**53563**	**-1795**	**186305**	**133437**
		2000	**319089**	**52431**	**95405**	**116752**	**54501**	**900**	**196213**	**141063**
		2001	**325665**	**53309**	**98188**	**117812**	**56356**	**-324**	**200230**	**143666**
保加利亚	Bulgaria	1998	1388	710	5	4	670	9	1681	185
		1999	1234	600	6	3	625	-51	1537	236
		2000	1350	626	6	2	716	-19	1595	298
		2001	1392	630	5	3	754	-30	1670	296
捷克	Czech Republic	1998	4110	3544	26	27	514	32	2698	998
		1999	3691	3113	26	28	524	-139	2536	913
		2000	3984	3392	25	27	541	-156	2500	829
		2001	4068	3444	26	19	579	-52	2651	854
法国②	France ②	1998	16777	541	680	300	15255	-172	22732	2732
		1999	17089	508	683	274	15623	165	22066	2451
		2000	17531	311	675	206	16338	519	23153	2829
		2001	17916	202	690	335	16689	-236	22916	2530
德国	Germany	1998	18305	9145	419	2408	6334	-101	32727	2590
		1999	18517	8866	392	2577	6682	-308	31640	2939
		2000	18170	8458	452	2439	6820	-633	31867	3457
		2001	18061	8233	468	2465	6894	-360	33835	3295
意大利③	Italy ③	1998	4384	6	804	2471	1103	-54	22877	3041
		1999	4216	4	715	2315	1183	-139	23080	2631
		2000	4033	4	656	2162	1211	651	24557	2796
		2001	3925		586	2022	1318	-292	23790	2839

11-5 续表 5 continued

单位：标准煤万吨 (10 000 TCE)

国家和地区	Country or Area	年份 Year	国际运输燃料 Bunkers 空运 Air	国际运输燃料 Bunkers 海运 Sea	平衡差额 Balance	人均消费量(千克) Consumption per Capita (kilograms per capita)	能源消费量 Consumption 总计 Total	固体 Solids	液体 Liquids	气体 Gas	电能 Electricity
加拿大	Canada	1998	133	166	-1048	1153	34884	3843	12588	11701	6751
		1999	144	158	-975	1147	34970	3698	12994	11302	6976
		2000	144	154	-709	1116	34329	4033	13044	10133	7120
		2001	151	152	1965	1094	33948	4063	13093	9629	7163
墨西哥	Mexico	1998	357	112	2748	201	19224	708	12178	4995	1344
		1999	372	119	3359	192	18824	673	12042	4659	1450
		2000	346	191	2887	207	20035	761	12255	5580	1438
		2001	372	158	3324	190	19336	782	12043	5152	1359
美国	United States	1998	2471	3333	8648	1113	301180	77562	109966	82384	31268
		1999	2654	3790	6652	1131	308441	77673	111903	85196	33668
		2000	2595	4752	7239	1103	312436	78273	113918	86514	33731
		2001	2416	2832	7686	1107	315197	79213	116272	86091	33622
南美洲	**South America**	**1998**	**296**	**485**	**4309**	**126**	**41904**	**3117**	**21704**	**10448**	**6635**
		1999	**262**	**650**	**5070**	**124**	**41735**	**3015**	**21521**	**10583**	**6616**
		2000	**259**	**736**	**5157**	**127**	**43421**	**3032**	**20926**	**12417**	**7045**
		2001	**310**	**752**	**4172**	**128**	**44931**	**2799**	**21330**	**13761**	**7042**
阿根廷	Argentina	1998		79	818	216	7787	107	2791	4287	602
		1999		105	829	227	8287	81	2990	4690	526
		2000		72	654	228	8460	62	2973	4840	585
		2001		82	665	211	7910	61	2564	4506	778
巴西	Brazil	1998	138	243	1386	102	16557	1759	10234	858	3705
		1999	107	378	1664	100	16453	1816	10024	861	3752
		2000	111	426	1761	100	16831	1931	9743	185	3973
		2001	117	409	1802	102	17519	1908	10197	1588	3826
委内瑞拉	Venezuela	1998	36	72	1387	309	7179	143	2751	3565	720
		1999	37	71	1716	282	6690	16	2698	3231	745
		2000	40	88	1896	320	7743	28	2644	4298	773
		2001	37	93	1135	383	9426	16	3125	5541	744
欧洲	**Europe**	**1998**	**5985**	**6582**	**8777**	**409**	**349905**	**68966**	**106502**	**122244**	**52193**
		1999	**6516**	**6341**	**9759**	**407**	**348058**	**66517**	**104046**	**123932**	**53563**
		2000	**6744**	**6681**	**9322**	**411**	**350592**	**67650**	**102231**	**126210**	**54510**
		2001	**6874**	**6904**	**9951**	**420**	**358824**	**68281**	**104296**	**129892**	**56356**
保加利亚	Bulgaria	1998	3	10	132	331	2730	1027	537	497	670
		1999	7	1	106	301	2472	899	521	426	625
		2000	12	9	113	319	2533	905	447	465	716
		2001	15	14	76	340	2690	1011	491	435	754
捷克	Czech Republic	1998	17		185	542	5578	2916	928	1220	514
		1999	16		190	510	5247	2590	906	1227	524
		2000	23		183	546	5605	3016	858	1191	541
		2001	19		195	558	5704	2939	911	1275	579
法国②	France ②	1998	647	414	1475	584	34414	2528	10910	5722	15255
		1999	737	418	1367	575	34017	2241	10670	5482	15623
		2000	737	433	1625	586	34540	2157	10472	5573	16338
		2001	663	389	1820	603	35667	1805	11254	5919	16689
德国	Germany	1998	891	293	1193	563	46166	11978	16390	11464	6334
		1999	957	298	1248	549	45022	11345	15643	11353	6682
		2000	1003	314	961	548	44934	11538	15241	11337	6820
		2001	989	320	1021	566	46631	12112	15690	11935	6894
意大利③	Italy ③	1998	413	376	76	406	23409	1604	12587	8115	1103
		1999	470	347	78	415	23910	1687	12177	8863	1183
		2000	501	389	129	418	24124	1816	11900	9197	1211
		2001	487	405	-188	422	24464	1934	11950	9263	1318

11-5续表 6 continued

单位：标准煤万吨 (10 000 TCE)

国家和地区	Country or Area	年份 Year	一次能源生产量 Primary Energy Production 总计 Total	固体 Solids	液体 Liquids	气体 Gas	电能 Electricity	库存变化 Changes in Stocks	进口 Imports	出口 Exports
荷兰	Netherlands	1998	9672		391	9130	151	-63	15362	12170
		1999	9101		373	8576	152	-232	15323	11794
		2000	8797		352	8287	158	341	17348	12775
		2001	9394		334	8901	160	24	18760	14773
波兰	Poland	1998	11884	11264	51	516	54	-42	4309	2831
		1999	11365	10758	62	492	53	-48	4159	2481
		2000	10828	10158	93	525	51	-87	4233	2531
		2001	10929	10213	110	554	52	-84	4383	2632
罗马尼亚	Romania	1998	3831	692	939	1770	430	-62	2183	451
		1999	3709	600	914	1777	418	-101	1461	297
		2000	3760	733	901	1741	385	-23	1565	371
		2001	3818	827	894	1711	386	45	1785	417
俄罗斯联邦	Russian Federation	1998	137073	13011	43071	75108	5883	355	3120	54657
		1999	139006	14013	43333	75138	6522	-358	2334	54568
		2000	141229	14232	45970	74123	6904	776	4188	55770
		2001	145900	14802	49421	74408	7268	955	3079	57345
西班牙	Spain	1998	4079	1249	125	54	2652	283	13291	903
		1999	3866	1181	93	56	2536	204	14142	641
		2000	4044	1138	84	59	2764	177	14683	739
		2001	4252	1077	105	75	2995	-64	14541	642
乌克兰	Ukraine	1998	11618	5674	557	2392	2995		10116	510
		1999	11663	5886	543	2409	2825		10456	793
		2000	11897	5956	542	2381	3018		9916	992
		2001	12138	6171	541	2442	2984		10172	1187
英国	United Kingdom	1998	40065	3565	19348	13311	3841	205	10553	15341
		1999	40746	3191	20054	13771	3730	87	10746	16544
		2000	39791	2634	18573	15312	3272	-483	12683	17387
		2001	38137	2748	17185	14761	3442	387	13820	16049
大洋洲	**Oceania**	**1998**	**33249**	**22263**	**5283**	**4877**	**826**	**53**	**4660**	**19155**
		1999	**32912**	**22566**	**1418**	**5059**	**868**	**-595**	**5626**	**19706**
		2000	**35773**	**23974**	**5592**	**5325**	**883**	**122**	**5024**	**21163**
		2001	**38472**	**26160**	**5950**	**5465**	**898**	**-50**	**5221**	**23139**
澳大利亚	Australia	1998	30822	22000	4405	4219	199	61	3237	18252
		1999	30344	22269	3568	4297	210	-654	4143	18803
		2000	33192	23687	4770	4524	212	133	3590	20270
		2001	35769	25844	5094	4622	209	-12	3729	22222
新西兰	New Zealand	1998	1836	264	321	647	604	-9	808	334
		1999	1971	297	288	751	635	59	872	334
		2000	1981	287	260	790	644	-11	823	324
		2001	2099	316	286	832	666	-39	837	341

11-5续表7 continued

单位：标准煤万吨 (10 000 TCE)

国家和地区	Country or Area	年份 Year	国际运输燃料 Bunkers		平衡差额 Balance	人均消费量(千克) Consumption per Capita (kilograms per capita)	能源消费量 Consumption				
			空运 Air	海运 Sea			总计 Total	固体 Solids	液体 Liquids	气体 Gas	电能 Electricity
荷兰	Netherlands	1998	456	1778	-1067	749	11759	1268	4808	5532	151
		1999	473	1838	-1020	732	11570	1107	4837	5475	152
		2000	467	1938	-1253	749	11877	1116	5045	5558	158
		2001	458	2127	-1297	752	12070	1108	5102	5700	160
波兰	Poland	1998	37	38	122	342	13207	9198	2446	1510	54
		1999	37	78	46	335	12930	8799	2608	1470	53
		2000	53	42	192	319	12331	8253	2447	1580	51
		2001	50	38	204	323	12473	8250	2523	1647	52
罗马尼亚	Romania	1998	15		255	238	5355	1059	1488	2378	430
		1999	19		279	208	4676	880	1198	2180	418
		2000	18		226	211	4732	982	1194	2171	385
		2001	16		199	220	4927	1070	1379	2092	386
俄罗斯联邦	Russian Federation	1998	1182		2419	557	81580	12949	14020	48728	5883
		1999	1222		2999	568	82908	13260	13810	49316	6522
		2000	1285		2881	582	84705	13504	14257	50039	6904
		2001	1322		3144	599	86212	12946	14361	51638	7268
西班牙	Spain	1998	350	877	925	356	14032	2466	7034	1880	2652
		1999	362	856	956	380	14989	2934	7374	2145	2536
		2000	389	874	925	396	15624	3046	7364	2451	2764
		2001	396	978	1048	392	15793	2765	7430	2603	2995
乌克兰	Ukraine	1998	98		149	419	20978	6244	2295	9443	2995
		1999	97		395	416	20834	6123	1642	10244	2825
		2000	97		89	416	20635	6266	1467	9884	3018
		2001	45		246	425	20832	6394	1568	9887	2984
英国	United Kingdom	1998	805	441	706	559	33119	5479	10773	13027	3841
		1999	876	334	1331	543	32320	5117	10667	12806	3730
		2000	928	298	1518	552	32825	5272	10581	13700	3272
		2001	1209	327	1313	547	32671	5943	9858	13428	3442
大洋洲	**Oceania**	**1998**	**485**	**184**	**333**	**599**	**17700**	**7568**	**5835**	**3471**	**826**
		1999	**498**	**194**	**446**	**611**	**18288**	**7736**	**6030**	**3653**	**868**
		2000	**451**	**201**	**375**	**610**	**18486**	**7749**	**5989**	**3865**	**883**
		2001	**535**	**190**	**170**	**631**	**19710**	**8824**	**5921**	**4067**	**898**
澳大利亚	Australia	1998	332	101	328	800	14986	7367	4606	2813	199
		1999	334	116	415	817	15473	7551	4821	2891	210
		2000	295	130	379	813	15576	7575	4726	3063	212
		2001	372	113	164	858	16639	8619	4587	3224	209
新西兰	New Zealand	1998	80	44	5	577	2189	182	757	647	604
		1999	92	41	28	601	2290	167	738	751	635
		2000	83	33	31	622	2383	157	792	790	644
		2001	89	35		652	2510	193	821	832	666

注：①为联合国统计数据。②包括摩纳哥。③包括圣马力诺。
Note: ① Data from United Nations. ② Including Monaco. ③ Including San Marino.

11-6 能源利用效率

Energy Efficiency

资料来源：世界银行数据库。
Source: World Bank Database.

国家和地区	Country or Area	单位能源生产的GDP（国际元／千克标准油）GDP per Unit of Energy Use (PPP$ per kg of oil equivalent)				
		1990	1995	2000	2001	2002
世　界	**World**	**3.54**	**4.00**	**4.06**	**4.15**	**4.21**
中　国①	China ①	2.06	3.05	4.23	4.57	4.56
中国香港	Hong Kong, China	10.62	10.50	11.12	10.44	10.58
孟加拉国	Bangladesh	10.07	9.78	10.86	10.48	10.54
印　度	India	3.96	4.21	4.75	4.91	5.01
印度尼西亚	Indonesia	4.26	4.62	4.41	4.21	4.15
伊　朗	Iran	3.64	3.30	2.94	2.93	3.07
以色列	Israel	6.10	6.16	6.42	5.95	5.97
日　本	Japan	6.44	6.18	6.32	6.38	6.36
哈萨克斯坦	Kazakhstan		1.11	1.76	1.73	1.82
韩　国	Korea,Rep.	4.26	3.90	3.74	3.82	3.88
马来西亚	Malaysia	4.47	4.16	4.30	4.06	4.14
巴基斯坦	Pakistan	3.88	4.03	4.19	4.21	4.27
菲律宾	Philippines	9.06	7.52	7.20	7.58	7.64
新加坡	Singapore	3.33	3.21	4.22	3.74	3.80
斯里兰卡	Sri Lanka	6.98	8.32	7.90	7.92	7.96
泰　国	Thailand	5.67	5.83	5.17	5.04	4.98
土耳其	Turkey	5.58	5.59	5.44	5.55	5.67
越　南	Viet Nam	3.30	3.74	4.22	4.27	4.18
埃　及	Egypt	4.80	4.97	4.85	4.71	4.65
尼日利亚	Nigeria	1.21	1.18	1.23	1.22	1.27
南　非	South Africa	3.88	3.48	3.81	3.94	3.90
加拿大	Canada	3.11	3.05	3.42	3.53	3.60
墨西哥	Mexico	5.05	5.17	5.80	5.72	5.55
美　国	United States	3.69	3.86	4.18	4.30	4.35
阿根廷	Argentina	6.22	7.04	7.07	7.18	6.91
巴　西	Brazil	7.17	7.15	6.75	6.85	6.85
委内瑞拉	Venezuela	2.61	2.60	2.42	2.44	2.42
白俄罗斯	Belarus		1.44	1.97	2.06	2.14
保加利亚	Bulgaria	2.20	2.24	2.67	2.67	2.86
捷　克	Czech Republic		3.18	3.55	3.60	3.67
法　国	France	5.52	5.50	5.79	5.72	5.84
德　国	Germany	4.90	5.73	6.24	6.11	6.23
意大利	Italy	8.11	8.20	8.38	8.47	8.50
荷　兰	Netherlands	4.95	4.96	5.74	5.75	5.79
波　兰	Poland	2.82	3.01	4.29	4.30	4.42
罗马尼亚	Romania	2.45	2.99	3.53	3.66	3.82
俄罗斯联邦	Russian Federation		1.52	1.72	1.76	1.86
西班牙	Spain	6.78	6.43	6.49	6.53	6.46
乌克兰	Ukraine		1.34	1.56	1.68	1.76
英　国	United Kingdom	5.52	5.64	6.29	6.29	6.57
澳大利亚	Australia	4.11	4.45	4.57	4.81	4.75
新西兰	New Zealand	4.09	4.25	4.31	4.36	4.58

注：①世界银行统计数据。
Note: ① Data from World Bank.

11-7 电力装机容量

Net Installed Capacity of Electricity Generating Plants

资料来源：联合国《能源统计年鉴》2001 年。
Source:UN *Energy Statistics Yearbook 2001*.
单位:万千瓦

(10 000 kilowatts)

国家和地区	Country or Area	年份 Year	总装机容量 Self-producers and Public Utilities					发电厂自用装机容量 Self-producers				
			总计 Total	热电 Thermal	水电 Hydro	核电 Nuclear	地热 Geothermal	总计 Total	热电 Thermal	水电 Hydro	核电 Nuclear	地热 Geothermal
世界总计	**World**	**1990**	**276178.7**	**177906.1**	**64418.3**	**33029.8**	**825**	**20750**	**18256**	**2088**	**96**	**311**
		1998	**326045**	**214210**	**73706**	**36252**	**1877**	**26893**	**23997**	**2293**	**72**	**530**
		1999	**330070**	**217174**	**74295**	**36564**	**2037**	**27137**	**24224**	**2289**	**74**	**550**
		2000	**337281**	**222204**	**75600**	**36876**	**2601**	**30365**	**25558**	**2662**	**1337**	**807**
		2001	**353798**	**237842**	**76381**	**36321**	**3254**	**43857**	**39138**	**2569**	**1337**	**812**
亚　洲	**Asia**	**1990**	**61265.3**	**43589**	**12927**	**4611**	**139**	**5155**	**4879**	**256**	**17**	**4**
		1998	**96941**	**70909**	**18639**	**6848**	**545**	**8145**	**7818**	**300**	**17**	**11**
		1999	**98936**	**72489**	**18799**	**7084**	**564**	**8317**	**7989**	**300**	**17**	**12**
		2000	**101381**	**74624**	**19095**	**7087**	**575**	**8768**	**8433**	**307**	**17**	**12**
		2001	**103724**	**76354**	**19632**	**7134**	**605**	**9058**	**8721**	**308**	**17**	**12**
孟加拉国	Bangladesh	1990	252	229	23			17	17			
		1998	349	326	23			40	40			
		1999	349	326	23			40	40			
		2000	349	326	23			40	40			
		2001	349	326	23			40	40			
印　度	India	1990	7470	5435	1876	157	3	861	861	…		
		1998	10739	8157	2250	223	109	1409	1400	2		7
		1999	11254	8476	2388	268	123	1466	1457	5		6
		2000	11450	8685	2392	250	123	1494	1485	5		7
		2001	12189	9145	2631	272	142	1697	1685	5		8
印度尼西亚	Indonesia	1990	1292	963	315		14	380	275	105		
		1998	2487	2016	434		36	449	316	134		
		1999	2516	2043	437		36	457	321	136		
		2000	2541	2065	439		36	464	327	138		
		2001	2528	2054	438		36	461	324	137		
伊　朗	Iran	1990	1795	1600	195			315	315			
		1998	6063	2863	200			619	619			
		1999	3063	2863	200			619	619			
		2000	3063	2863	200			619	619			
		2001	3370	3170	200			619	619			
以色列	Israel	1990	414	414	1		1	8	8	1		
		1998	787	786	1		1	8	8	1		
		1999	859	858	1		1	8	8	1		
		2000	914	913	1		1	8	8	1		
		2001	976	975	1		1	8	8	1		
日　本	Japan	1990	19476	12502	3783	3165	27	1969	1811	138	17	4
		1998	24573	15350	4533	4637	54	2656	2500	136	17	4
		1999	24706	15490	4506	4657	54	2716	2560	136	17	4
		2000	24836	15600	4506	4677	54	2757	2600	136	17	4
		2001	24916	15670	4516	4677	54	2777	2620	136	17	5
哈萨克斯坦	Kazakhstan	1998	1896	1676	214	7		258	248	10		
		1999	1896	1676	214	7		258	248	10		
		2000	1896	1676	214	7		258	248	10		
		2001	1889	1676	214			258	248	10		
朝　鲜	Korea, Dem. People's Rep.	1990	950	450	500							
		1998	950	450	500							
		1999	950	450	500							
		2000	950	450	500							
		2001	950	450	500							
韩　国	Korea, Rep.	1990	2308	1312	234	762		205	205			
		1998	4798	3284	313	1202		458	458			
		1999	5159	3472	315	1372		461	461			
		2000	5368	3681	315	1372		523	523			
		2001	5662	3903	388	1372		576	576			
马来西亚	Malaysia	1990	504	358	146			54	48	6		
		1998	1360	1150	210			438	434	4		
		1999	1274	1064	209			452	451	1		
		2000	1382	1171	212			512	509	4		
		2001	1412	1200	212			524	520	4		
蒙　古	Mongolia	1990	90	90				13	13			
		1998	90	90				13	13			
		1999	90	90				13	13			
		2000	90	90				13	13			
		2001	90	90				13	13			

11-7 续表 1 continued

单位:万千瓦 (10 000 kilowatts)

国家和地区	Country or Area	年份 Year	总装机容量 Self-producers and Public Utilities 总计 Total	热电 Thermal	水电 Hydro	核电 Nuclear	地热 Geother-mal	发电厂自用装机容量 Self-producers 总计 Total	热电 Thermal	水电 Hydro	核电 Nuclear	地热 Geother-mal
缅甸	Myanmar	1990	199	110	84	26		29	29			
		1998	140	106	34			37	37	…		
		1999	155	118	36			37	37	…		
		2000	155	118	37			38	37	…		
		2001	155	118	37			38	37	…		
巴基斯坦	Pakistan	1990	935	631	290	14		132	132			
		1998	1566	1070	483	14						
		1999	1566	1070	483	14						
		2000	1740	1244	483	14						
		2001	1746	1217	483	46						
菲律宾	Philippines	1990	702	398	215		89	56	55	2		
		1998	1160	524	302		335	55	54	2		
		1999	1190	539	312		340	55	54	2		
		2000	1225	554	322		350	55	54	2		
		2001	1265	574	332		360	55	54	2		
新加坡	Singapore	1990	340	340								
		1997	564	564								
		1998	567	567								
		1999	567	567								
		2000	567	567								
		2001	752	752								
斯里兰卡	Sri Lanka	1990	129	27	102							
		1998	175	61	114			9	9			
		1999	178	63	114		…	9	9			
		2000	211	96	115		…	27	27			
		2001	223	106	116		…	23	23			
泰国	Thailand	1990	972	745	227			100	100			
		1998	2150	1858	292		…	308	308			
		1999	2355	2063	292		…	333	333			
		2000	2765	2471	294		…	505	308			
		2001	2909	2615	294		…	515	515			
土耳其	Turkey	1990	1632	954	677		2	119	118	1		
		1998	2336	1302	1031		3	231	229	1		
		1999	2514	1456	1055		3	231	230	1		
		2000	2727	1605	1118		5	300	296	4		…
		2001	2727	1605	1118		5	300	296	4		
越南	Viet Nam	1990	213	140	68		5					
		1998	498	202	289		7					
		1999	500	203	290		7					
		2000	503	204	292		8					
		2001	503	204	292		8					
非洲	**Africa**	**1990**	**7420**	**5348**	**1880**	**184**	**8**	**438**	**358**	**80**	**…**	**1**
		1998	**9839**	**7470**	**2180**	**184**	**5**	**423**	**344**	**78**	**…**	**1**
		1999	**9944**	**7571**	**2184**	**184**	**6**	**425**	**346**	**78**	**…**	**1**
		2000	**10065**	**7663**	**2212**	**184**	**6**	**445**	**366**	**78**		**1**
		2001	**10180**	**7765**	**2224**	**184**	**7**	**442**	**364**	**77**		**1**
埃及	Egypt	1990	1145	871	275			28	28			
		1998	1662	1750	278			30	30			
		1999	1678	1761	283			30	30			
		2000	1750	1767	265			32	32			
		2001	1713	1435	278			32	32			
尼日利亚	Nigeria	1990	457	327	130			4		4		
		1998	588	588	350	238		4		4		
		1999	588	588	350	238		4		4		
		2000	588	588	350	238		4		4		
		2001	588	588	350	238		4		4		
南非	South Africa	1990	2673	2430	59	184		110	109	1		
		1998	3827	3533	111	184		111	110	1		
		1999	3895	3599	111	184		111	110	1		
		2000	3962	3666	111	184		111	110	1		
		2001	3962	3666	111	184		111	110	1		
北美洲	**North America**	**1990**	**88351**	**60191**	**16244**	**11386**	**530**	**5443**	**4576**	**585**	**2**	**280**
		1998	**97357**	**67253**	**18004**	**11483**	**617**	**8742**	**7637**	**768**	**2**	**335**
		1999	**97725**	**67544**	**18028**	**11521**	**633**	**8767**	**7657**	**768**	**4**	**339**
		2000	**98697**	**68169**	**17896**	**11660**	**972**	**10726**	**7821**	**1070**	**1267**	**568**
		2001	**111825**	**81856**	**17901**	**11082**	**986**	**24322**	**21408**	**1079**	**1267**	**568**

单位:万千瓦 (10 000 kilowatts)

国家和地区	Country or Area	年份 Year	总装机容量 Self-producers and Public Utilities 总计 Total	热电 Thermal	水电 Hydro	核电 Nuclear	地热 Geother-mal	发电厂自用装机容量 Self-producers 总计 Total	热电 Thermal	水电 Hydro	核电 Nuclear	地热 Geother-mal
加拿大	Canada	1990	10414	3120	5938	1354	2	613	184	429		
		1998	11503.7	3164	6696	1640	5	677	265	412		
		1999	11595	3233	6712	1640	11	677	265	412		
		2000	11752	3373	6730	1640	11	770	358	412		
		2001	11131	3318	6741	1062	11	785	358	427		
墨西哥	Mexico	1990	2848	1923	788	68	70	318	311	7		
		1998	4617	3403	1002	135	77	319	311	7		1
		1999	4633	3417	1002	137	78	333	325	7		1
		2000	4567	3383	969	137	78	406	397	7		2
		2001	4663	3475	963	137	88	382	379	2		1
美国	United States	1990	73333	53691	9236	9964	441	4287	3858	148	2	280
		1998	79003	58849	9943	9709	502	7422	6754	335	2	331
		1999	79168	58976	9943	9745	504	7436	6766	335	4	332
		2000	79928	59393	9813	9883	839	9230	6766	637	1267	560
		2001	93536	72997	9813	9884	843	22835	20371	637	1267	560
南美洲	**South America**	**1990**	**11666**	**3268**	**8230**	**168**		**969**	**828**	**140**		
		1998	**15125**	**4588**	**10368**	**168**	**1**	**961**	**808**	**153**		
		1999	**15625**	**4780**	**10677**	**168**	**1**	**921**	**769**	**152**		
		2000	**16168**	**4931**	**10937**	**299**	**1**	**931**	**781**	**151**		
		2001	**17005**	**5512**	**11193**	**298**	**1**	**1130**	**984**	**146**		
阿根廷	Argentina	1990	1721	957	662	102		180	178	2		
		1998	2306	1267	936	102	1	175	173	2		
		1999	2374	1309	962	102	1	175	173	2		
		2000	2374	1309	962	102	1	175	173	2		
		2001	2755	1688	963	102	1	224	221	2		
巴西	Brazil	1990	5305	684	4556	66		329	267	62		
		1998	6588	846	5676	66		390	300	90		
		1999	6783	819	5899	66		336	245	91		
		2000	7312	1040	6076	197		344	254	90		
		2001	7608	1168	6243	197		487	391	96		
委内瑞拉	Venezuela	1990	1852	852	1000			120	120			
		1998	2128	978	1150			91	91			
		1999	2162	982	1180			91	91			
		2000	2129	935	1194			91	91			
		2001	2123	811	1312			91	91			
欧洲	**Europe**	**1990**	**68608**	**38179**	**17415**	**12894**	**120**	**5907**	**4849**	**954**	**77**	**27**
		1998	**101417**	**59964**	**23208**	**17569**	**676**	**8396**	**7173**	**988**	**54**	**181**
		1999	**102438**	**60756**	**23283**	**17607**	**792**	**8477**	**7246**	**980**	**54**	**196**
		2000	**105534**	**62762**	**24132**	**17647**	**994**	**9115**	**7815**	**1021**	**54**	**225**
		2001	**105623**	**62296**	**24101**	**17623**	**1603**	**8533**	**7328**	**922**	**54**	**230**
保加利亚	Bulgaria	1990	1113	640	197	276		104	104			
		1998	1209	715	140	354		75	75			
		1999	1209	715	140	354		75	75			
		2000	1103	567	188	348		55	55			
		2001	1270	746	171	353		42	42			
捷克	Czech Republic	1995	1385	1070	140	176		164	161	3		
		1998	1385	1070	140	176		164	161	3		
		1999	1446	1130	140	176		164	161	3		
		2000	1522	1130	215	176		231	216	15		
		2001	1544	1149	220	176		223	218	5		
法国②	France ②	1990	10341	2267	2475	5575	24	823	651	172		
		1998	11394	2556	2510	6288	41	840	648	193		
		1999	11501	2622	2512	6318	50	841	648	193		
		2000	11657	2749	2536	6318	54	979	775	204		
		2001	11588	2680	2536	6318	54	978	775	204		
德国	Germany	1990	9975	6950	710	2315		1375	1300	60	15	
		1998	11704	8337	888	2284	196	1698	1471	53	15	160
		1999	11712	8337	888	2281	206	1709	1471	53	15	170
		2000	11928	8550	888	2284	206	1709	1471	53	15	170
		2001	12073	8079	951	2255	789	1239	1000	53	15	171
意大利③	Italy ③	1990	5655	3728	1877		50	742	569	173		
		1998	7048	4968	2006		75	985	801	184		
		1999	7096	4970	2044		82	985	801	184		
		2000	8506	6204	2219		83	985	801	184		
		2001	8519	6204	2219		96	986	801	185		

11-7续表 3 continued

单位:万千瓦 (10 000 kilowatts)

国家和地区	Country or Area	年份 Year	总装机容量 Self-producers and Public Utilities					发电厂自用装机容量 Self-producers				
			总计 Total	热电 Thermal	水电 Hydro	核电 Nuclear	地热 Geothermal	总计 Total	热电 Thermal	水电 Hydro	核电 Nuclear	地热 Geothermal
荷兰	Netherlands	1990	1744	1685	4	51	5	224	224			
		1998	2015	1931	4	45	36	278	275			3
		1999	2061	1972	4	45	40	279	275			4
		2000	2101	2007	4	45	45	281	275			6
		2001	2101	2007	4	45	46	281	275			6
波兰	Poland	1990	3070	2885	185			317	317			
		1998	2947	2742	205		…	224	223	…		
		1999	3073	2855	218		…	224	223	…		
		2000	3056	2837	218		…	188	188	…		
		2001	3056	2837	218		…	188	188	…		
罗马尼亚	Romania	1990	2248	1681	567		…	183	179	3		…
		1998	2256	1577	608	71	0	131	128	3		
		1999	2256	1577	608	71	0	131	128	3		
		2000	2190	1508	612	71	0	89	86	3		
		2001	2190	1508	612	71	0	89	86	3		
俄罗斯联邦	Russian Federation	1995	21086	14584	4376	2124	1	1292	1280	12		
		1998	21096	14594	4376	2124	1	1292	1280	12		
		1999	21096	14594	4376	2124	1	1292	1280	12		
		2000	21277	14667	4435	2173	2	1647	1617	30		
		2001	21277	14667	4435	2173	2	1647	1617	30		
西班牙	Spain	1990	4341	2021	1623	697		132	75	57		
		1998	5008	2524	1668	730	86	436	413	23		
		1999	5093	2565	1690	735	103	437	414	24		
		2000	5290	2550	1799	751	191	438	413	25		
		2001	5290	2550	1799	751	191	438	413	25		
乌克兰	Ukraine	1995	5424	3672	471	1282		423	422	1		
		1998	5387	3635	471	1282		426	425	1		
		1999	5387	3635	471	1282		426	425	1		
		2000	5387	3635	471	1282		426	425	1		
		2001	5387	3635	471	1282		426	425	1		
英国	United Kingdom	1990	7301	5748	172	1135	1	369	299	8	62	
		1998	7342	5566	426	1334	15	501	434	14	39	14
		1999	7586	5808	427	1334	17	575	506	15	39	15
		2000	7953	6196	427	1288	42	698	603	16	39	41
		2001	7955	6196	427	1288	44	700	603	16	39	42
大洋洲	**Oceania**	**1990**	**4500**	**3248**	**1226**		**26**	**189**	**187**	**2**		
		1998	**5366**	**4026**	**1308**		**32**	**226**	**217**	**7**		
		1999	**5402**	**4035**	**1325**		**42**	**231**	**217**	**11**		
		2000	**5436**	**4055**	**1328**		**53**	**379**	**343**	**36**		
		2001	**5441**	**4059**	**1330**		**53**	**372**	**334**	**37**		
澳大利亚	Australia	1990	3601	2874	727			158	157	1		
		1998	4410	3649	761		…	158	157	1		
		1999	4415	3649	765		1	162	157	5		
		2000	4419	3651	767		1	320	291	29		
		2001	4419	3651	767		1	320	291	29		
新西兰	New Zealand	1990	750	259	465		26					
		1998	796	259	505		32	40	38			2
		1999	821	263	518		41	40	38			2
		2000	851	281	519		51	31	30			1
		2001	851	281	519		51	31	30			1

注：①为联合国统计数据。②包括摩纳哥。③包括圣马力诺。
Note: ① Data from United Nations. ② Including Monaco. ③ Including San Marino.

11-8 主要工业产品产量

Output of Major Industrial Products

资料来源：联合国《统计月报》和《工业产品统计年鉴》2002年；联合国粮农组织数据库。
Source: UN *Monthly Bulletin of Statistics & Industrial Commodity Statistics Yearbook 2002*;FAO Database.

国家和地区	Country or Area	钢（万吨） Steel (10 000 tons)		国家和地区	Country or Area	煤炭(万吨)② Coal (10 000 tons) ②	
		1990	2003			1990	2003
世界总计	**World**	**77294**	**79244** ①	**世界总计**	**World**	**470651**	**428518** ③
中国	China	6635	22234	中国	China	107988	166700
印度	India	1303	162	印度	India	2168	37444
日本	Japan	11033	11026	印度尼西亚	Indonesia	733	11461
哈萨克斯坦	Kazakhstan		494	日本	Japan	826	332 ③
韩国	Korea, Rep.	2312	5387	哈萨克斯坦	Kazakhstan		7061 ③
土耳其	Turkey	941	1741	韩国	Korea, Rep.	1954	331
埃及	Egypt		440	马来西亚	Malaysia		17
南非	South Africa	863	950	巴基斯坦	Pakistan	275	318 ③
加拿大	Canada	2168	1552	菲律宾	Philippines	124	164 ③
墨西哥	Mexico	822	1528	土耳其	Turkey		4654
美国	United States	8972	10043	南非	South Africa	17478	22246 ③
阿根廷	Argentina	362	503	加拿大	Canada	6833	6212
巴西	Brazil	2058	3115	墨西哥	Mexico		653
委内瑞拉	Venezuela	318	396	美国	United States	93625	107320
白俄罗斯	Bulgaria	218	169	阿根廷	Argentina		26917
捷克	Czech Republic		673	巴西	Brazil	460	515 ③
法国	France	1920	2028	委内瑞拉	Venezuela	218	764 ③
德国	Germany		4282	保加利亚	Bulgaria	3167	2716
意大利	Italy	2545	2656	捷克	Czech Republic		6636 ③
荷兰	Netherlands	541	658	法国	France	1280	224
波兰	Poland	1362	911	德国	Germany		17911
罗马尼亚	Romania	622	565	波兰	Poland	21526	16313
俄罗斯联邦	Russian Federation		6270	罗马尼亚	Romania	3734	3304
西班牙	Spain	1271	1631	俄罗斯联邦	Russian Federation		27493
乌克兰	Ukraine		3109	乌克兰	Ukraine		7628
英国	United Kingdom	4616	1286	英国	United Kingdom	8930	2824
澳大利亚	Australia	668	757	澳大利亚	Australia		26917

11−8续表1 continued

国家和地区	Country or Area	原油（万吨）Crude Petroleum (10 000 tons) 1990	2003	国家和地区	Country or Area	发电量（亿千瓦小时）Electricity (100 million kwh) 1990	2003
世界总计	**World**	**301120**	**348393 ③**	**世界总计**	**World**	**117088**	**166931 ③**
中　　国	China	13831	16960	中　　国	China	6212	19106
印　　度	India	3331	3270 ③	印　　度⑥	India ⑥	2643	5297 ③
印度尼西亚	Indonesia	7152	5676	以 色 列	Israel		454 ③
伊　　朗	Iran	15708	13408	日　　本	Japan	8573	9199
伊 拉 克	Iraq	10050	12000 ③	哈萨克斯坦	Kazakhstan		628
日　　本	Japan	53	70	韩　　国⑥	Korea,Rep. ⑥	1077	3060 ③
哈萨克斯坦	Kazakhstan		5072	马来西亚	Malaysia		840
科 威 特	Kuwait	5954	10124 ④	巴基斯坦⑥	Pakistan ⑥	381	677 ①
马来西亚	Malaysia	3002	3511	菲 律 宾	Philippines	263	482 ③
沙特阿拉伯	Saudi Arabia	32038	37057 ③	泰　　国	Thailand	1654	614 ③
土 耳 其	Turkey	290	238	土 耳 其	Turkey	575	1397
阿 联 酋	United Arab Emirates	10196	10250	南　　非	South Africa	4820	2177 ③
阿尔及利亚	Algeria	3702	4378	加 拿 大	Canada		5629
埃　　及	Egypt	4403	3499	墨 西 哥	Mexico	1224	1702
利 比 亚	Libyan Arab Jamahiriya	6716	6905	美　　国	United States	30117	36870
尼日利亚	NiGeria	8634	10675	阿 根 廷	Argentina	470	845 ③
加 拿 大	Canada	7622	9920	巴　　西	Brazil	2228	3446 ③
墨 西 哥	Mexico	13247	17858	比 利 时	Belgium	706	825 ③
美　　国	United States	37103	39368	保加利亚	Bulgaria	421	423
阿 根 廷	Argentina	2478	3812	捷　　克	Czech Republic		763 ③
巴　　西	Brazil	3161	7651	法　　国	France	4201	5070 ④
哥伦比亚	Colombia		2734	德　　国	Germany		5665 ③
委内瑞拉	Venezuela	11201	11252	匈 牙 利	Hungary	283	340 ①
法　　国	France	302	122	意 大 利	Italy	2169	2926
德　　国	Germany		414	荷　　兰	Netherlands	719	963 ③
匈 牙 利	Hungary	198	114	波　　兰	Poland	1363	1500
意 大 利	Italy	464	554	罗马尼亚	Romania	641	547 ③
荷　　兰	Netherlands	353	230	西 班 牙	Spain	1518	2460 ③
挪　　威	Norway	7967	13966	俄罗斯联邦	Russian Federation		9139
罗马尼亚	Romania	793	566	乌 克 兰	Ukraine		1724
俄罗斯联邦	Russian Federation		42101	英　　国	United Kingdom	3190	3533
英　　国	United Kingdom	8801	10609	澳大利亚	Australia	1551	1868
澳大利亚	Australia	2749	2600	新 西 兰	New Zealand	302	363 ③

11-8 续表 2 continued

国家和地区	Country or Area	水泥产量（万吨）Cement(10 000 tons)		国家和地区	Country or Area	化肥产量（万吨）Chemical Fertilizer (10 000 tons)	
		1990	2003			1990	2002
世界总计	**World**	**114125**	**179720 ①**	**世界总计**	**World**	**14829**	**14793**
中　　国	China	20971	86208	中　　国	China	1880	3791
中国香港	China Hong Kong SAR	180	116	孟加拉国	Bangladesh	71	113
孟加拉国	Bangladesh	34	178	印　　度	India	907	1446
印　　度	India	4572	11593	印度尼西亚	Indonesia	305	308
印度尼西亚	Indonesia	1478	2896	伊　　朗	Iran, Islamic Rep of	46	92
以 色 列	Israel	287	690 ①	以 色 列	Israel	156	227
日　　本	Japan	8444	6852	日　　本	Japan	139	104
哈萨克斯坦	Kazakhstan	3391	266	韩　　国	Korea, Republic of	113	75
韩　　国	Korea Republic of	588	6072	马来西亚	Malaysia	27	58
马来西亚	Malaysia	42	1716	巴基斯坦	Pakistan	122	228
缅　　甸	Myanmar	749	47 ③	菲 律 宾	Philippines	34	39
巴基斯坦	Pakistan	636	1132	土 耳 其	Turkey	156	94
菲 律 宾	Philippines	185	1140 ③	埃　　及	Egypt	86	174
泰　　国	Thailand	58	3263	南　　非	South Africa	81	58
土 耳 其	Turkey	1804	3508	加 拿 大	Canada	1029	1216
埃　　及	Egypt	2464	2874	墨 西 哥	Mexico	174	48
南　　非	South Africa	1411	871 ①	美　　国	United States of America	2427	1811
加 拿 大	Canada	656	1342	阿 根 廷	Argentina	5	52
墨 西 哥	Mexico	1108	3418	巴　　西	Brazil	190	261
美　　国	United States	2450	11018	委内瑞拉	Venezuela,Bolivar Rep of	39	58
巴　　西	Brazil	7094	3403	白俄罗斯	Belarus		450
委内瑞拉	Venezuela	361	526	保加利亚	Bulgaria	96	36
白俄罗斯	Belarus	749	230	捷　　克	Czech Republic		30
保加利亚	Bulgaria	472	251	法　　国	France	374	113
捷　　克	Czech Republic	2651	325 ③	德　　国	Germany	643	448
法　　国	France		2000 ③	意 大 利	Italy	119	45
德　　国	Germany	394	2800 ③	荷　　兰	Netherlands	229	114
意 大 利	Italy	4055	4392	波　　兰	Poland	171	162
波　　兰	Poland	371	1122	罗马尼亚	Romania	166	87
罗马尼亚	Romania	1252	574	俄罗斯联邦	Russian Federation		1291
俄罗斯联邦	Russian Federation	947	4220	西 班 牙	Spain	180	160
西 班 牙	Spain	2809	4234 ③	乌 克 兰	Ukraine		236
乌 克 兰	Ukraine		913	英　　国	United Kingdom	160	113
英　　国	United Kingdom	1474	1140	澳大利亚	Australia	49	101
澳大利亚	Australia	707	760	新 西 兰	New Zealand	23	44

11−8续表3 continued

国家和地区	Country or Area	棉布产量（万平方米） Woven Cotton Fabrics (10 000 sq.m)		国家和地区	Country or Area	汽车产量（万辆） Motor Vehicles (10 000 vehicles)	
		1990	2003			1990	2003
中　　国⑦	China ⑦	1888000	3535200	**世界总计**	**World**	**4835**	**5072 ④**
中国香港	India	81800	33300 ③	中　　国	China	51	444
孟加拉国	Bangladesh	6300	6300 ③	印　　度	India	36	74
日　　本	Japan	176500	54100 ③	日　　本	Japan	1349	853
缅　　甸	Myanmar	4686	2642 ④	韩　　国	Korea, Rep.	132	277
巴基斯坦	Pakistan	29500	56800 ③	马来西亚	Malaysia	193	36
土 耳 其	Turkey	71451	56658 ④	巴基斯坦	Pakistan	82	7
埃　　及	Egypt	60300	155900 ④	土 耳 其	Turkey	978	42
南　　非	South Africa	17500	21600 ①	加 拿 大	Canada	10	235 ③
墨 西 哥	Mexico	40800	31135	墨 西 哥	Mexico	91	104
美　　国	United States	373200	310100 ①	美　　国	United States	24	5424
巴　　西	Brazil	190100	133896 ④	阿 根 廷	Argentina	377	8
白俄罗斯	Belarus	14400	5700 ③	巴　　西	Brazil	498	34
捷　　克	Czech Republic	52900	34100 ①	法　　国	France	212	318 ①
法　　国	France ⑫	83600	54800 ①	德　　国	Germany	15	515
德　　国	Germany		54400 ①	意 大 利	Italy	33	103
意 大 利	Italy	177950	156974 ⑤	波　　兰	Poland		34
波　　兰	Poland	47400	28500 ①	罗马尼亚	Romania	205	8
罗马尼亚	Romania	53600	15400 ①	俄罗斯联邦	Russian Federation	41	101
俄罗斯联邦	Russian Federation	620100	220900 ①	西 班 牙	Spain		240
乌 克 兰	Ukraine	61400	5400 ③	乌 克 兰	Ukraine	157	10
澳大利亚	Australia	3800	2600	英　　国	United Kingdom	38	167

11-8续表4 continued

国家和地区	Country or Area	天然气(万亿焦耳) Natural Gas(terajoule)		国家和地区	Country or Area	新闻纸(万吨) Newsprint(10 000 tons)	
		1990	2003			1990	2003
世界总计	**World**	**74772000**	**104215000 ③**	**世界总计**	**World**	**3020**	**3767 ③**
中　　国⑧	China ⑧	153	350	中　　国⑨	China ⑨	48	205
孟加拉国	Bangladesh		398568 ③	孟加拉国	Bangladesh	5	3
印　　度	India	389000	1110816 ③	印　　度	India	31	70
印度尼西亚	Indonesia	2345000	3472452	印度尼西亚	Indonesia	16	48 ①
哈萨克斯坦	Kazakhstan		355548 ③	日　　本	Japan	348	351
马来西亚	Malaysia	502000	2021616	韩　　国	Korea, Rep.	52	160
巴基斯坦	Pakistan		800400 ③	土 耳 其	Turkey	15	4
泰　　国	Thailand	226000	716196 ③	南　　非	South Africa	36	33 ①
加 拿 大	Canada	4114000	6413208	加 拿 大	Canada	907	850
墨 西 哥	Mexico	955000	2096796	墨 西 哥	Mexico	40	16
美　　国	United States	18255000	21508404 ③	美　　国	United States	600	515
阿 根 廷	Argentina	793000	1787856 ③	阿 根 廷	Argentina	21	18 ③
巴　　西	Brazil	151000	693276	巴　　西	Brazil	25	17
委内瑞拉	Venezuela		1025736 ③	智　　利	Chile	17	23 ③
丹　　麦	Denmark	122000	181764 ③	奥 地 利	Austria	33	38 ①
法　　国	France	77000	57960	芬　　兰	Finland	143	106 ③
德　　国	Germany		737292	法　　国	France	42	72
匈 牙 利	Hungary	16000	118560 ③	德　　国	Germany		214
爱 尔 兰	Ireland	88000	38352 ①	意 大 利	Italy	23	18
意 大 利	Italy	653000	512496	挪　　威	Norway		79 ③
荷　　兰	Netherlands	2541000	2234472 ③	波　　兰	Poland	3	18
挪　　威	Norway		2330712 ①	罗马尼亚	Romania	7	4
波　　兰	Poland	100000	161004	俄罗斯联邦	Russian Federation		173 ①
罗马尼亚	Romania	959000	456048 ③	西 班 牙	Spain	17	32
俄罗斯联邦	Russian Federation		24202740	瑞　　典	Sweden	227	184 ③
乌 克 兰	Ukraine		637824	乌 克 兰	Ukraine		3
英　　国	United Kingdom	1904000	4305576	英　　国	United Kingdom	70	104 ③
澳大利亚	Australia	797000	1197252	澳大利亚	Australia	37	42
新 西 兰	New Zealand	180000	187632	新 西 兰	New Zealand	30	36

11−8 续表 5 continued

国家和地区	Country or Area	家用冰箱（万台） Refrigerators for Household Use(10 000 units)		国家和地区	Country or Area	家用电视机(万台) Television Sets (10 000 units)	
		1990	2002			1990	2002
世界总计	**World**	**5245**	**7366 ①**	**世界总计**	**World**	**12731**	**11807**
中　国	China	463	2243	中　国	China	2685	5155
印　度	India	122	274	中国香港	Hong Kong, China	118	
印度尼西亚	Indonesia	20	77 ④	孟加拉国	Bangladesh	14	14
伊　朗	Iran	65	79 ④	印　度	India	132	219
日　本	Japan	505	332	印度尼西亚	Indonesia	67	2151 ①
韩　国	Korea, Rep.	283	612	伊　朗	Iran	60	82 ①
马来西亚	Malaysia	21	19	日　本	Japan	1513	313
泰　国	Thailand	86	163 ⑩	韩　国	Korea, Rep.	324	916
土耳其	Turkey	99	225 ①	马来西亚	Malaysia	1620	950 ①
埃　及	Egypt	25		巴基斯坦	Pakistan	20	8
南　非	South Africa	35	66 ①	泰　国	Thailand	235	
墨西哥	Mexico	40	207 ①	土耳其	Turkey	199	1246
美　国	United States	702	1178 ①	埃　及	Egypt	33	3 ④
阿根廷	Argentina	27	33 ④	南　非	South Africa	37	27
巴　西	Brazil	244	337 ①	墨西哥	Mexico	63	
白俄罗斯	Belarus		86	美　国	United States	1398	826 ①
保加利亚	Bulgaria	8	15 ①	阿根廷	Argentina	31	22
丹　麦⑰	Denmark ⑰	28	123	巴　西	Brazil	320	575
法　国	France	17	56 ④	白俄罗斯	Belarus		74
匈牙利	Hungary	44	106 ①	保加利亚	Bulgaria	22	
意大利	Italy	420	694 ①	捷　克	Czech Republic		114 ④
波　兰	Poland	60	59 ①	法　国	France	284	538
罗马尼亚	Romania	39	29 ①	德　国	Germany		153 ④
俄罗斯联邦	Russian Federation		173	意大利	Italy	231	121
西班牙	Spain	129	215 ④	波　兰	Poland	75	780
瑞　典	Sweden	58	54 ①	罗马尼亚	Romania	40	102 ①
英　国	United Kingdom	131	91 ⑤	俄罗斯联邦	Russian Federation	1054	198
乌克兰	Ukraine		51 ①	西班牙	Spain	247	
澳大利亚	Australia	33	43 ⑤	乌克兰	Ukraine		16

11-8 续表 6 continued

国家和地区	Country or Area	家用洗衣机（万台）Washing machines for household use(10 000 units)		国家和地区	Country or Area	电话（万台）Telephones (10 000 units)	
		1990	2001			1990	2002
世界总计	**World**	**4262**	**5954**	**世界总计**	**World**	**7616**	**20495**
中　　国	China	663	1596	中　　国⑨	China ⑨	880	11892
印度尼西亚	Indonesia	2	5 ⑤	印　　度	India	162	497
日　　本	Japan	558	406	印度尼西亚	Indonesia	13	392 ⑤
哈萨克斯坦	Kazakhstan		1	日　　本	Japan	1572	263
韩　　国	Korea, Rep.	216	353	韩　　国	Korea, Rep.	1144	451
土 耳 其	Turkey	74	104	土 耳 其	Turkey	60	73
埃　　及	Egypt	18	25 ⑤	阿尔及利亚	Algeria	7	
南　　非	South Africa	11	3	墨 西 哥	Mexico	120	157
墨 西 哥	Mexico	56	164	阿 根 廷	Argentina		19
美　　国	United States	643	798	巴　　西	Brazil	134	342
巴　　西	Brazil	55	226	白俄罗斯	Belarus		7
白俄罗斯	Belarus		9 ④	保加利亚	Bulgaria	92	1
意 大 利	Italy	437	851	德　　国	Germany		1569
波　　兰	Poland	48	76	波　　兰	Poland	159	72
罗马尼亚	Romania	21	2	罗马尼亚	Romania	24	34
俄罗斯联邦	Russian Federation		104	俄罗斯联邦	Russian Federation		83
斯洛文尼亚	Slovenia		49 ④	斯洛文尼亚	Slovenia		31 ④
瑞　　典	Sweden	11	12	西 班 牙	Spain	242	375
乌 克 兰	Ukraine		17	乌 克 兰	Ukraine		10
澳大利亚	Australia	34	35 ⑤	英　　国	United Kingdom		2323 ④

注：①2001年数据。②煤炭产量包括硬煤和褐煤产量。③2002年数据。④2000年数据。⑤1999年数据。⑥不包括电力企业和自备电厂的发电量。⑦万米。⑧亿立方米。⑨联合国统计数据。⑩1998年数据。

Note: ① Data of 2001. ② Coal production and lignite production. ③ Data of 2002. ④ Data of 2000. ⑤ Data of 1999. ⑥ Excluding generation by industrial establishments generation primarily for own use. ⑦ 10000 metres. ⑧ 100 million cu.m. ⑨ Data from UN. ⑩ Data of 1998.

11-9 竣工住宅

Construction of New Buildings

资料来源：联合国数据库。
Source: UN Database.

国家和地区	Country or Area	单位 (unit)		1999	2000	2001	2002	2003
中　国	China	万平方米	10000sq.m	16033	13146	11654	10417	10156
中国香港①②	Hong Kong,China ①②	套	Number	86460	85284	96240	65712	43320
中国澳门	Macao,China	套	Number	312	228	180	516	1344
以 色 列③	Israel ③	套	Number	45828	37968	35856	41484	
日　本④⑤	Japan ④⑤	套	Number	1283160	1309452	1246668	1221108	1223268
韩　国⑤⑥	Korea, Rep. ⑤⑥	套	Number	35640	43320	73800	89484	62148
土 耳 其④	Turkey ④	套	Number	215616	245160	243468	161496	158388
南　非①④	South Africa ①④	套	Number	58308	47304	38196	51384	52440
美　国⑦	United States ⑦	套	Number	1668000	1596000	1608000	1704000	1836000
白俄罗斯	Belarus	套	Number	34380	39372	32472	28824	35796
法　国⑤⑥⑧	France ⑤⑥⑧	套	Number	293352	353256	329508	305760	306912
德　国⑤⑥	Germany ⑤⑥	套	Number	472644	423060	290976	266436	
意 大 利	Italy	套	Number	157632	208620	212052	233688	
罗马尼亚	Romania	套	Number		2724		10860	8028
俄罗斯联邦④	Russian Federation ④	套	Number		372	372	396	420
西 班 牙④⑤	Spain ④⑤	套	Number	321180	366780	365664	420336	457908
乌 克 兰	Ukraine	套	Number	73536	62916	65652	64404	43452
英　国④⑨	United Kingdom ④⑨	套	Number	182136	178632	175452	183072	170184
澳大利亚④	Australia ④	套	Number	100200	100200	124080	147948	154524
新 西 兰⑥	New Zealand ⑥	套	Number	26376	20016	20544	27252	29784

注：①私人建筑。②使用面积。③包括管辖的犹太人居住区。④完工数。⑤包括修复和改建。⑥批准开工数。⑦开工数。⑧不包括不含厨房的一居室。⑨不包括北爱尔兰。

Note: ① Private construction. ② Usable floor space. ③ Buildings constructed in Jewish localities in the adm , inistered territories are included . ④ Construction completed. ⑤ Including restoration and conversion. ⑥ Construction authorized. ⑦ Construction started. ⑧ Excluding single rooms without kitchens. ⑨ Excluding Northern Ireland.

11-10 住宅及其设备
Dwellings and Dwelling Facilities

资料来源：日本《世界统计》2005年。
Source: Japan *World statistics 2005*.

国家和地区	Country or Area	年份 Year	住宅 Dwellings		住宅设备普及率(%) Dwelling Facilities(%)			
			住宅总计（万套）Total Dwellings (10 000 numbers)	平均每户居室数（间）Rooms per Dwelling	自来水 Running Water	浴盆和淋浴 Bath	抽水马桶 Flush Toilet	集中供暖 Central Heating
亚洲	**Asia**							
日本	Japan	1998	4392.2			97.0	84.4	
		2003	4683.6			97.8	89.5	
塞浦路斯	Cyprus	2001	29.3		98.5	92.0	92.5	26.6
		2002	29.9					
北美洲	**North America**							
美国	United States	2001	11603.8		99.2	99.5	99.5	88.6
欧洲	**Europe**							
爱尔兰	Ireland	2001	133.7	5.2	97.0	94.0	96.0	59.0
		2002	138.7	5.2	97.0	94.0	96.0	59.0
英国	United Kingdom	2001	2545.6		87.0			
		2002	2561.7					
爱沙尼亚	Estonia	2001	62.2		84.4	67.2	74.7	59.0
		2002	62.4		84.3	67.1	74.6	59.0
奥地利	Austria	2001	328.4	3.5	99.9	97.9	98.9	77.1
		2002	326.1	3.5	99.9	98.1	99.0	89.5
荷兰	Netherlands	2001	671.0	3.9				
		2002	676.4	3.8				
瑞士	Switzerland	2001	360.4					
		2002	363.8					
瑞典	Sweden	2001	430.8	4.5	100.0	100.0	100.0	100.0
		2002	432.9	3.8	100.0	100.0	100.0	100.0
西班牙	Spain	2001	2082.3	5.3				
斯洛文尼亚	Slovenia	2001	71.9		97.6	88.1	90.9	65.7
		2002	78.5		98.1	92.2	92.9	78.6
捷克	Czech Republic	2001	436.6	4.0	86.4	83.7	82.2	64.5
丹麦	Denmark	2001	252.3			94.0	98.0	98.4
		2002	254.1			94.4	98.1	98.5
德国	Germany	2001	3868.2	5.0				
		2002	3892.5	5.1				
挪威	Norway	2001	196.4	4.5				
		2002	198.5	4.4				
匈牙利	Hungary	2001	407.7	4.1				
		2002	410.4	4.0				
芬兰	Finland	2001	254.4	3.9	98.1	99.1	95.4	92.0
		2002	257.4	3.8	98.2	99.0	95.7	92.3
法国	France	1999	2870.2					
		2002	2949.5	3.9				
保加利亚	Bulgaria	2001	368.6	2.6	87.5	71.3	67.0	12.7
		2002	369.2	2.6	87.5		67.1	12.7
波兰	Poland	2001	1194.6	3.8	93.3	82.2	82.3	72.9
		2002	1176.4	4.2	95.6	87.0	88.1	77.8
葡萄牙	Portugal	2001	511.1	4.7	68.5	65.6		3.8
		2002	522.5	4.8				
罗马尼亚	Romania	2001	810.7	4.3				
		2002	812.9	4.3				
卢森堡	Luxembourg	2001	17.6	2.5		94.2	92.0	92.3

主要统计指标解释

工业生产指数 按国际标准产业分类的大类，包括矿业，制造业，电力、煤气、水，不包括建筑业，工业生产指数体现按美元不变价计算的增加值的变化趋势，采用拉氏公式计算，基期为1995年。

机构数 这里所用的“机构”的概念大部分情况下指的是“经济活动单位”，即能够单独核算的、在一个地点经营的、主要从事一种经济活动的单位。

从业人员数 指所有在企业中工作的人，包括企业主本人、合伙人、不领工资的家庭成员和所有雇员，但不包括家务劳动者。

雇员工资和薪金 指在统计期间内支付给雇员的各种形式的报酬，包括工资、奖金、由企业直接支付的津贴、实物工资等，不包括企业为雇员支付的社会保险缴款。

产值 指企业的工业活动所产出的价值。

增加值 在国民核算中为平衡项，等于总产出减去中间消耗。

固定资本形成 指期间内所购买或自建的固定资产减去相应的卖出的固定资产的价值。

一次能源生产量 固体能源指硬煤、褐煤、泥炭和油岩；液体能源指原油和液化天然气；气体能源指天然气；电能指水电、核电、地热发电、潮汐发电和太阳能发电。

库存变化、进口和出口 包括所有的一次能源和商业能源。

国际运输燃料 指供给国际运输的飞机或轮船的燃料，空运燃料包括航空汽油和喷气发动机燃料，海运燃料，包括硬煤、柴油等。

能源消费量 固体能源消费量指一次形式的固体燃料消费、二次形式的燃料的净进口和库存变化；液体能源消费量指各种形式的液体能源的消费；气体能源消费量指天然气的消费、煤气的净进口和库存变化。电能消费指一次形式的电能的消费和电能的净进口。

消费量＝产量＋进口－出口－国际运输燃料－库存变化

平衡差额 在“能源平衡表”中的“平衡差额”一项是为了使能源的生产和消费总量平衡，它一般是由于排除非能源用石油和无法取得的库存数据引起的。

Explanatory Notes on Main Statistical Indicators

Industrial Production Indices are classified according to tabulation categories, division and combination of division of the revised version of the International Standard Industrial Classification of All Economic Activities (ISIC) for mining, manufacturing and electricity, gas and water, excluding construction. The indices indicate trends in value added in constant US dollars. Each series is compiled by use of the Laspeyres. The weight base year is 1995.

Establishment is ideally a unit that engages, under a single ownership or control, in one, or predominantly one, kind of activity at a single location.

Number of Employees is defined as the total number of persons who worked in or for the establishment during the reference year. However, home workers are excluded.

Wages and Salaries include all payments in cash or in kind made to employees during the reference year in relation to work done for the establishment. Payments including: direct wages and salaries; bonuses and gratuities; housing allowances and family allowances paid directly by the employer; and payments in kind.

Output The measure of output normally used in the tables is the census concept that covers only activities of an industrial nature.

Value Added The measure of value added normally used in the tables is the census concept, which is defined as the value of census output less the value of census input.

Gross Fixed Capital Formation Estimates refer to the value of purchases and own account construction of fixed assets during the reference year less the value of corresponding sales.

Primary Energy Production Including in the production of commercial primary energy for solids are hard coal, lignite, peat and oil shale; liquids are comprised of crude petroleum and natural gas liquids; gas comprises natural gas and natural gas liquids; electricity is comprised of primary electricity generation from hydro, nuclear, geothermal, wind, tide wave and solar sources.

Changes in Stocks, Imports and Exports refer to all primary and secondary forms of commercial energy.

Bunkers Airs bunkers refer to bunkers of aviation gasoline and jet fuel. Sea bunkers refer to bunkers of hard coal, gas-diesel oil and residual fuel oil.

Energy Consumption Including in the consumption of commercial energy for solids are consumption of primary forms of solid fuels, net imports and changes in stocks of secondary fuels; liquids are comprised of consumption of energy petroleum products including feed stocks, natural gasolene, condensate, refinery gas and input of crude petroleum to thermal power plants; gases including the consumption of natural gas, net imports and changes in stocks of gasworks and coke-oven gas; and Electricity is comprised of production of primary electricity and net imports of electricity.

Consumption=Production +Imports-Exports-Bunkers-Changes in stocks

Balance An unallocated has been created in order to balance out the difference between the results of the above formula for consumption and the total consumption. This inequality occurs primarily because of the exclusion of non-energy petroleum products as well as inadequate or unavailable stock data.

12 运输和通讯

Transportation and Communication

12-1 公路货物周转量

Freight Ton-km of Road

资料来源：世界银行数据库。
Sources: World Bank Database.
单位：亿吨公里 (100 million ton-km)

国家和地区	Country or Area	1990	1998	1999	2000	2001	2002
中　国	China	3358.1	5483.4	5724.3	6129.4	6330.4	6782.5
印　度	India		8.7	9.6			
日　本	Japan	2744.4	3006.7	3071.5	3131.2	3130.7	
哈萨克斯坦	Kazakhstan	447.8	46.4	45.1	46.0	55.0	69.6
韩　国	Korea, Rep.	318.4	745.0 ②				
蒙　古	Mongolia	18.7	1.2	1.2	1.3	1.3	1.3
巴基斯坦	Pakistan	3.5	902.7	968.0	1113.2		
斯里兰卡	Sri Lanka	0.2 ①	0.3 ④				
土耳其	Turkey		1522.1	1509.7	1615.5	1514.2	1509.1
埃　及	Egypt	314.0					
加拿大	Canada	547.0	766.9		847.5	875.2	
墨西哥	Mexico	1088.8	1790.9	1979.6			
美　国	United States	10731.0	15344.3 ②				
白俄罗斯	Belarus	221.3 ①	96.9	92.3	97.5	102.4	79.5
保加利亚	Bulgaria	138.2	3.1	1.7			
捷　克	Czech Republic	227.0 ③	339.1	369.6	390.4	402.6	450.6
法　国	France	1905.0	2454.0				
德　国	Germany	1828.0	2104.0	2269.8			
意大利	Italy	1779.0	2198.0				
荷　兰	Netherlands	318.0	292.0	327.0			
波　兰	Poland	498.0	695.4	704.5	728.4	744.0	
罗马尼亚	Romania	138.0	157.9	134.6	142.9	185.4	253.5
俄罗斯联邦	Russian Federation	3.0 ①	1.2	1.3	1.4		
西班牙	Spain	789.0	1030.0	981.5	1069.5	1140.1	
乌克兰	Ukraine	796.7	182.7	182.1	168.1	184.6	205.9
英　国	United Kingdom	1330.0	1595.0	1507.0			
澳大利亚	Australia	914.0			89.8		

注：①1991年数据。②1997年数据。③1994年数据。④1996年数据。
Note: ① Data refer to 1991. ② Data refer to 1997. ③ Data refer to 1994. ④ Data refer to 1996.

12-2 铁路运输

Railway Traffic

资料来源：世界银行数据库。
Sources: World Bank Database.

国家和地区	Country or Area	铁路总长度（公里）Rail lines total (km)		货运周转量 亿吨公里 good hauled (100 million ton-km)		客运周转量 亿人公里 passengers carried (100 million passenger-km)	
		2000	2003	2002	2003	2002	2003
中　国	China	68700	73000	15658.40	17246.70	4969.40	4788.60
孟加拉国	Bangladesh	2768 ①	2791 ②	9.52		39.72	
印　度	India	62759	63140 ②	3332.28		4934.89	
印度尼西亚	Indonesia	5324 ⑤	6458		44.74		163.81
伊　朗	Iran	6688	6151 ②	158.42		85.82	
以 色 列	Israel	925	676 ②	11.07		11.16	
日　本	Japan	20165	20096 ②	219.00		2392.46	
哈萨克斯坦	Kazakhstan	13545	13597 ②	1330.88		104.49	
韩　国	Korea, Rep.	3123	3129	107.84		287.87	
马来西亚	Malaysia	1622	1636 ②		11.06	11.23	
蒙　古	Mongolia	1810	1810 ②	64.52		10.73	
巴基斯坦	Pakistan	7791	7791 ②	45.72		207.82	
菲 律 宾	Philippines	491 ①	429				1.23
斯里兰卡	Sri Lanka	1447 ①	1449				
泰　国	Thailand	4044	4071				
土 耳 其	Turkey	8671	8671 ②	71.69		52.04	
越　南	Vietnam	3142	2545 ②	20.00		34.26	
埃　及	Egypt	5024	5150 ②	41.88		408.37	
尼日利亚	Nigeria	3557	3505 ②				
南　非	South Africa	22657	20041 ②	1057.19		128.73	
加 拿 大	Canada	39400 ④	49422	3005.64	3236.00		
墨 西 哥	Mexico	17697 ①	26656 ②				
美　国	United States	160000	141961		22001.23		
阿 根 廷	Argentina	28291 ①	35754 ②		1581.00		
巴　西	Brazil	25652 ①	30403 ②				
委内瑞拉	Venezuela	336	433 ②				
白俄罗斯	Belarus	5512	5512 ②	341.69		143.49	
保加利亚	Bulgaria	4290 ③	4318 ②	46.27		25.98	
捷　克	Czech Republic	9365	9499 ②	170.42		65.62	
法　国	France	32515	29352 ②	500.36		732.27	
德　国	Germany	36652	35868 ②	739.71		698.48	
意 大 利	Italy	16499	16307 ②	234.20		471.77	
荷　兰	Netherlands	2802	2806 ②	36.85		142.88	
波　兰	Poland	22560	20223 ②	465.60		173.10	
罗马尼亚	Romania	11364	11364 ②	148.67		85.02	
俄罗斯联邦	Russian Federation	86075	85542 ②	15102.00		1529.00	
西 班 牙	Spain	13866	13856 ②	137.81		207.33	
乌 克 兰	Ukraine	22302	22079 ②	1931.41		505.44	
英　国	United Kingdom	17067	17052 ②	195.85		404.42	
澳大利亚	Australia		41286			13.79	121.00
新 西 兰	New Zealand	3913 ①	3898		38.53		

注：①1999 年数据。②2002 年数据。③2001 年数据。④1997 年数据。⑤1998 年数据。
Note: ① Data refer to 1999. ② Data refer to 2002. ③ Data refer to 2001. ④ Data refer to 1997. ⑤ Data refer to 1998.

12-3 国际海运装货量和卸货量

International Maritime Freight Loaded and Unloaded

资料来源：联合国数据库。
Sources: United Nations Database.
单位：万吨 (10 000tons)

国家和地区	Country or Area	国际海运装货量 International Maritime Freight Loaded			国际海运卸货量 International Maritime Freight Unloaded		
		1990	2000	2003	1990	2000	2003
中　　国①	China ①		122000 ②	125833 ②			
中国香港	Hong Kong,China	2692	5642 ③	6588 ③	6272	8911 ③	10713 ③
中国澳门	Macao, China		646 ③	745 ③			1592 ③
孟加拉国	Bangladesh		74	83	78	1173	1332
印度尼西亚	Indonesia		667	820		1283	1570
伊　　朗	Iran		2554	2542		3738	4507
以 色 列	Israel	952	1313 ④	1213 ④	1182	1852 ④	2625 ④
日　　本	Japan	10117	10842	13970	85393	67212	67509
韩　　国	Korea, Rep.		12565	16566		34902	39544
马来西亚	Malaysia	2245	4569 ⑤	5754 ⑤	3516	5768 ⑤	7699 ⑤
缅　　甸	Myanmar	70	267		73		
巴基斯坦	Pakistan	569	514		2366	2567	
菲 律 宾	Philippines	1693			3799		
新 加 坡	Singapore	9787	27182 ②	28957 ②	12746		
斯里兰卡	Sri Lanka	503	11134	10707	805		
泰　　国	Thailand	2720			4296		
土 耳 其	Turkey	7601	1377		6612	1530	
埃　　及	Egypt	1036	1251 ⑥	523	2155	1837 ⑥	2007
南　　非	South Africa		11134	10707		2165	3487
墨 西 哥	Mexico	15881			5383		
美　　国	United States	44646	28612 ⑦	27063 ⑦	59429	69460 ⑦	73451 ⑦
阿 根 廷	Argentina	4420			704	1292 ⑧	1399 ⑧
法　　国	France	7417	5675 ⑨	7751 ⑨	21245	16894 ⑨	18384 ⑨
德　　国	Germany		7168 ③	7658 ③		12271 ③	12892 ③
意 大 利	Italy	5020			27203		
荷　　兰	Netherlands	11021	8283	8527	33751	27089	27390
波　　兰	Poland	3688	2627	2987	1500	1318	1264
罗马尼亚	Romania	1457	1054		4040	1069	
俄罗斯联邦	Russian Federation		690	767		70	88
西 班 牙	Spain	4840	7587	8996	14624	19218	21501
乌 克 兰	Ukraine		3559	4642		570	655
英　　国	United Kingdom	14926			20411		
澳大利亚	Australia		40625	45856		4515	5220
新 西 兰	New Zealand	1464	1845	1795	998	1149	1270

注：①数据来源于联合国数据库。②包括装货量和卸货量。③包括转载。④不包括石油。⑤包括沿岸运输、转载。数据仅指马来西亚半岛。⑥1999年数字。⑦包括北美五大湖区国际运输。⑧不包括再出口，不包括包装物的重量。⑨包括沿岸运输。
Note: ① The data from United Nations Database. ② Including both goods loaded and unloaded. ③ Including transshipments. ④ Excluding petroleum. ⑤ Including transshipments. Data refer to Peninsular Malaysia only. ⑥ Data refer to 1999. ⑦ Including Great Lakes international traffic. ⑧ Excluding re-exports, Excluding packing. ⑨ Including coastwise traffic.

12-4 空运货物周转量和客运量

Freight and Passengers Carried by Air

资料来源：世界银行数据库。
Sources: World Bank Database.

国家和地区	Country or Area	空运货物周转量（亿吨公里）Air Transport, Freight (100 million ton-km)			空运客运量（万人）Air Transport,Passengers Carried (10 000 persons)		
		2000	2002	2003	2000	2002	2003
世　界	**World**	**1179.6**	**1240.4**	**1295.7**	**165612**	**166132**	**167984**
高收入国家	**High income**	**982.4**	**1041.2**	**1082.5**	**131095**	**128517**	**129682**
中等收入国家	**Middle income**	**176.3**	**181.2**	**194.1**	**30485**	**33568**	**34044**
低收入国家	**Low income**	**20.9**	**18.0**	**19.0**	**4032**	**4047**	**4257**
中　国	China	50.3	51.6	57.9	6722	8594	8759
中国香港	Hong Kong, China	51.1	57.1	57.8	1438	1564	1302
中国澳门	Macao, China	0.2	0.3	0.5	153	173	121
孟加拉国	Bangladesh	1.9	1.7	1.8	133	154	158
印　度	India	5.5	5.5	5.8	1730	1763	1946
印度尼西亚	Indonesia	4.1	4.1	4.2	992	1211	1222
伊　朗	Iran	0.7	0.8	0.8	872	989	955
以色列	Israel	8.9	13.2	13.9	444	371	367
日　本	Japan	86.7	81.8	79.9	10912	10804	10361
哈萨克斯坦	Kazakhstan	0.1	0.2	0.2	46	76	101
韩　国	Korea, Rep.	76.5	79.0	83.1	3433	3483	3333
马来西亚	Malaysia	18.6	19.2	21.8	1656	1628	1521
蒙　古	Mongolia	0.1	0.1	0.1	25	27	29
缅　甸	Myanmar	…	…	…	44	119	112
巴基斯坦	Pakistan	3.4	3.5	3.5	529	414	448
菲律宾	Philippines	2.9	2.8	2.7	576	645	647
新加坡	Singapore	60.0	67.7	66.8	1670	1726	1474
斯里兰卡	Sri Lanka	2.6	2.0	2.4	176	174	196
泰　国	Thailand	17.1	18.2	17.6	1739	1811	1662
土耳其	Turkey	3.7	3.8	3.8	1151	1064	1070
越　南	Vietnam	1.2	1.5	1.6	288	408	455
埃　及	Egypt	2.8	2.5	2.3	452	453	417
尼日利亚	Nigeria	0.1	0.1	0.1	51	51	52
南　非	South Africa	6.9	7.8	8.9	800	817	948
加拿大	Canada	18.0	17.6	15.0	2528	3620	3588
墨西哥	Mexico	3.1	3.4	3.5	2089	1962	2069
美　国	United States	301.7	317.6	342.1	66334	59841	58900
阿根廷	Argentina	3.0	0.8	1.1	890	551	603
巴　西	Brazil	15.3	15.4	14.8	3182	3589	3237
委内瑞拉	Venezuela	0.3	0.1		430	545	382
白俄罗斯	Belarus	…	…	…	21	20	23
保加利亚	Bulgaria	0.1	…	…	54	6	8
捷　克	Czech Republic	0.3	0.3	0.4	223	281	339
法　国	France	52.2	50.3	50.7	5258	4931	4726
德　国	Germany	71.3	72.0	73.0	5868	6189	7269
意大利	Italy	17.5	13.9	13.6	3042	2824	3495
荷　兰	Netherlands	43.7	42.0	43.3	2090	2293	2345
波　兰	Polan	0.8	0.7	0.7	234	285	325
罗马尼亚	Romania	0.1	0.1	0.1	122	96	125
俄罗斯联邦	Russian Federation	10.4	10.4	11.1	1769	2089	2272
西班牙	Spain	8.8	8.1	8.8	3971	4038	4251
乌克兰	Ukraine	0.1	0.1	0.2	95	112	148
英　国	United Kingdom	51.6	49.4	52.5	7044	7238	7638
澳大利亚	Australia	17.3	15.4	13.6	3258	3902	4139
新西兰	New Zealand	8.2	6.9	8.0	1078	1129	1226

12-5 机动车使用量

Vehicles in Use

资料来源：国际公路协会《世界公路统计》2004年。
Source:International Road Federation *World Road Statistics 2004.*

国家和地区	Country or Area	年份 Year	汽车总计（万辆） Total (10 000)	乘用车（万辆） Passenger Cars (10 000)	大轿车（万辆） Buses & Coaches (10 000)	卡车和货车（万辆） Lorries & Vans (10 000)	公路牵引车（万辆） Road Tractors (10 000)
中　国	China	2002	2053.2	1202.4		812.2	
中国香港	Hong Kong,China	1999	52.5	39.0	1.9	11.6	1.5
中国澳门	Macao,China	2002	5.9	5.3	0.2	0.4	
孟加拉国	Bangladesh	1999	13.8	6.1	3.2	4.5	0.3
印　度	India	2000	928.2	604.2	55.9	268.1	264.1
印度尼西亚	Indonesia	1998	499.3	277.3	62.8	159.3	
以色列	Israel	2002	187.7	152.2	1.9	33.6	0.4
日　本	Japan	2002	7399.3	5454.1	23.3	1921.9	13.6
哈萨克斯坦	Kazakhstan	2002	132.8	106.3	5.1	21.4	
韩　国	Korea, Rep.	2002	1393.0	975.0	130.3	287.7	1.9
马来西亚	Malaysia	2002	583.4	506.9	5.1	71.3	34.6
蒙　古	Mongolia	2002	10.0	6.3	1.1	2.6	0.3
巴基斯坦	Pakistan	2002	119.4	100.9	7.3	11.2	
菲律宾	Philippines	2002	269.4	75.0	168.6	25.8	2.4
新加坡	Singapore	2002		40.4	1.3	10.6	3.4
斯里兰卡	Sri Lanka	2002	65.0	25.3	6.8	32.9	14.6
土耳其	Turkey	2002	623.6	460.0	36.2	127.4	
摩洛哥	Morocco	2000	156.1	123.0	1.5	31.6	8.3
南　非	South Africa	2002	655.0	416.3	16.5	222.2	17.9
突尼斯	Tunisia	2002	86.4	58.5	1.2	26.6	1.0
加拿大	Canada	2002	1826.7	1754.4	7.9	64.4	
墨西哥	Mexico	2000	1548.7	1044.3	11.2	793.2	
美　国	United States	2001	23042.8	13763.3	75.0	9204.5	166.4
阿根廷	Argentina	1998	654.4	504.8	4.3	145.3	
巴　西	Brazil	2000	2897.5	2324.2	42.7	530.6	
智　利	Chile	2002	210.4	137.3	18.2	54.9	1.9
哥伦比亚	Colombia	1999	212.2	180.3	13.5	18.4	1.2
白俄罗斯	Belarus	2002		154.8	0.8		1.4
保加利亚	Bulgaria	2002	256.1	225.4	4.4	26.3	
克罗地亚	Croatia	2002	138.1	124.4	0.5	13.2	0.7
捷　克	Czech Republic	2000	373.3	343.9	1.8	27.6	2.3
法　国	France	2002	3514.4	2916.0	8.1	590.3	21.0
德　国	Germany	1999	4487.4	4232.4	8.5	246.6	191.6
匈牙利	Hungary	2002	301.7	263.0	1.8	36.9	2.7
意大利	Italy	1999	3514.3	3141.7	8.7	363.9	10.5
荷　兰	Netherlands	1999	674.6	605.1	1.1	68.4	5.1
波　兰	Poland	2000	1185.7	999.1	8.2	178.3	9.7
罗马尼亚	Romania	2001	376.1	322.6	4.8	48.7	3.8
俄罗斯联邦	Russian Federation	2000	2539.4	2035.3	64.0	440.1	
西班牙	Spain	2001	2215.6	1815.1	5.6	394.9	15.6
乌克兰	Ukraine	2002	647.0	540.0	15.9	91.0	
英　国	United Kingdom	1999	2315.9	2278.5	8.4	29.0	
澳大利亚	Australia	1998	1173.8	956.1	6.4	211.3	6.2
新西兰	New Zealand	2002	287.6	241.5	1.6	44.5	3.1

12–5 续表 continued

国家和地区	Country or Area	年份 Year	摩托车和机动脚踏两用车（万辆） Motorcycles & Mopeds (10 000)	每千人拥有汽车数量（辆／千人） Total Vehicles per 1000 Inhabitants	每千人拥有乘用车（辆／千人） Passenger Cars per 1000 Inhabitants	每公里道路汽车数量（辆／公里） Total Vehicles per km of Road
中　　国	China	2002		16.0	9.4	11.6
中国香港	China, Hong Kong	1999	3.3	76.7	57.0	278.5
中国澳门	China, Macao	2002	6.2	133.0	121.0	172.0
孟加拉国	Bangladesh	1999	14.7	1.1	0.5	
印　　度	India	2000	3549.0	9.3	6.0	
印度尼西亚	Indonesia	1998	1265.2			
以 色 列	Israel	2002	7.9	283.1	229.5	111.0
日　　本	Japan	2002	1354.0	580.6	428.0	
哈萨克斯坦	Kazakhstan	2002	8.1	89.4	71.5	16.0
韩　　国	Korea, Rep.	2002		292.4	204.6	
马来西亚	Malaysia	2002	584.3			
蒙　　古	Mongolia	2002	2.5	40.6	25.5	2.0
巴基斯坦	Pakistan	2002	154.5	8.3	7.0	
菲 律 宾	Philippines	2002	147.0	34.0	9.0	13.0
新 加 坡	Singapore	2002	13.1			
斯里兰卡	Sri Lanka	2002	92.3	34.2		
土 耳 其	Turkey	2002	104.7	89.6	66.1	17.6
摩 洛 哥	Morocco	2000	2.0	54.4	42.9	27.1
南　　非	South Africa	2002	16.0		94.00	
突 尼 斯	Tunisia	2002	0.6			
加 拿 大	Canada	2002	35.0	581.5	558.5	
墨 西 哥	Mexico	2000		158.9	107.1	
美　　国	United States	2001	490.3			
阿 根 廷	Argentina	1998		181.1	139.7	37.1
巴　　西	Brazil	2000	473.2			
智　　利	Chile	2002	2.5			
哥伦比亚	Colombia	1999	47.9	51.0	43.4	18.8
白俄罗斯	Belarus	2002	52.5		156.0	
保加利亚	Bulgaria	2002	22.0	326.0	287.0	69.0
克罗地亚	Croatia	2002	8.5	311.2	280.4	48.7
捷　　克	Czech Republic	2000	74.8	308.0	335.0	25.0
法　　国	France	2002		592.0	491.0	39.0
德　　国	Germany	1999			516.0	
匈 牙 利	Hungary	2002	1.0	302.0	259.0	18.9
意 大 利	Italy	1999	722.5	605.9	541.7	73.6
荷　　兰	Netherlands	1999	38.8	428.0	384.0	57.9
波　　兰	Poland	2000	80.3	306.7	258.5	31.9
罗马尼亚	Romania	2001	27.7	168.0	144.0	18.9
俄罗斯联邦	Russian Federation	2000		176.1	132.4	48.0
西 班 牙	Spain	2001	329.1	538.8	441.4	33.3
乌 克 兰	Ukraine	2002	48.0	135.0	108.0	
英　　国	United Kingdom	1999	16.8			62.3
澳大利亚	Australia	1998	32.9			
新 西 兰	New Zealand	2002	8.2	731.0	613.0	

12-6 汽车燃料消费

Consumption of Motor Fuels

资料来源：国际公路协会《世界公路统计》2004年。
Source:International Road Federation *World Road Statistics 2004.*

国家和地区	Country or Area	年份 Year	汽油 Petrol 总消费量（万吨） Total Consumption (10000 tons)	用于公路汽车消费的比例（%） Percentage of Consumption Used in Road Vehicles (%)	普通级别每升最低价格(特别提款权) Minimum Price per Litre Ordinary Grade (SDR)	汽油税率(%) Percentage of Taxation Content of Consumption (%)
中国香港	Hong Kong,China	1999	37.3	100.0	98	61.2
中国澳门	Macao,China	2002	3.1	99.8		
柬埔寨	Cambodia	2000	21.3	60.0	40	78.3
以色列	Israel	2002	200.7	100.0	67	66.0
日本	Japan	2001	4293.9		57	62.2
哈萨克斯坦	Kazakhstan	2002	200.9		11	20.0
韩国	Korea, Rep.	1998	720.9	94.5	61	59.4
蒙古	Mongolia	2002	24.4	99.0	16	15.0
巴基斯坦	Pakistan	1999	134.8		41	
菲律宾	Philippines	1998	869.0	6.6	18	
斯里兰卡	Sri Lanka	2002	28.6	100.0	43	
泰国	Thailand	1999	2333.8	81.0		
土耳其	Turkey	2002	305.5	100.0	74	71.0
摩洛哥	Morocco	1999	38.5	88.0	52	5.5
突尼斯	Tunisia	2000	36.5		37	
斯威士兰	Swaziland	2002	12556.7		34	20.1
塞内加尔	Senegal	1999	32.6		56	73.0
南非	South Africa	1999	1086.1	100.0	32	42.6
阿根廷	Argentina	1999	520.9		59	52.7
玻利维亚	Bolivia	2002	344.9		33	
巴西	Brazil	1999	7973.0			
加拿大	Canada	2002	3959.9			
智利	Chile	2001	210.4	98.0		42.0
厄瓜多尔	Ecuador	1999	1061.8	97.0	17	10.5
秘鲁	Peru	2002	0.1		44	51.2
白俄罗斯	Belarus	2002	95.1	98.0		
保加利亚	Bulgaria	1998	80.5	99.4		
法国	France	2002	1309.8	98.0	80	74.0
德国	Germany	1999			50	67.0
匈牙利	Hungary	2002	169.3	85.0	80	69.0
爱尔兰	Ireland	2001	206.7	100.0	57	59.4
意大利	Italy	1999	1810.0	100.0	83	64.0
荷兰	Netherlands	1999	414.0	96.0	90	55.0
挪威	Norway	2002	225.4	98.0	93	70.8
葡萄牙	Portugal	2002	200.4	99.0	96	
罗马尼亚	Romania	1999	105.4		41	
俄罗斯联邦	Russian Federation	1999	1493.6	62.9		
西班牙	Spain	2000	773.3	100.0	74	60.0
乌克兰	Ukraine	2002	357.8			
英国	United Kingdom	1999	2158.0	99.0	60	82.0
澳大利亚	Australia	1996	1730.0			
新西兰	New Zealand	1996	209.0	95.0		

12–6续表 continued

国家和地区	Country or Area	年份 Year	柴油 Diesel 总消费量（万吨） Total Consumption (10000 tons)	用于公路汽车消费的比例（%） Percentage Of Consumption Used in Road Vehicles (%)	每升最低价格（特别提款权） Minimum Price per Litter (SDR)	柴油税率 （%） Percentage of Taxation Content of Consumption (%)
中国香港	Hong kong,China	1999	810.4	10.1	95.0	33.4
中国澳门	Macao,China	2002	10.9	19.3		
柬埔寨	Cambodia	2000	50.7	40.0	27.0	29.4
以色列	Israel	2002	252.8	93.7	47.0	27.8
日　本	Japan	2001	3399.4		45.0	46.2
哈萨克斯坦	Kazakhstan	2002	235.4		9.0	20.0
韩　国	Korea, Rep.	1998	1600.9	53.9	28.0	35.3
蒙　古	Mongolia	2002	19.1	98.0	16.0	15.0
巴基斯坦	Pakistan	1998	611.3	55.0	15.0	
菲律宾	Philippines	1998	1583.2	1.6	14.0	
斯里兰卡	Sri Lanka	2002	124.3	100.0	25.0	
泰　国	Thailand	1999				
土耳其	Turkey	2002	908.7	63.0	58.0	62.0
摩洛哥	Morocco	1999	266.4	58.0	32.0	5.1
突尼斯	Tunisia	2000	156.0		22.0	
斯威士兰	Swaziland	2002	8786.1		33.0	20.3
塞内加尔	Senegal	1999			45.0	57.0
南　非	South Africa	2000	599.3	75.0	25.0	46.0
阿根廷	Argentina	1999	1166.3		31.0	0.1
玻利维亚	Bolivia	2002	301.8		31.0	
巴　西	Brazil	1999	2594.1	80.3		
加拿大	Canada	2002	2254.3			
智　利	Chile	2001	349.1	95.0		12.0
厄瓜多尔	Ecuador	1999	1381.8	88.0	15.0	10.5
秘　鲁	Peru	2002	0.3		38.0	45.9
白俄罗斯	Belarus	2002	169.1	49.8		
保加利亚	Bulgaria	1998	122.4	62.1		
法　国	France	2002	2967.1	98.0	62.0	66.0
德　国	Germany	1999			37.0	63.0
匈牙利	Hungary	2002	114.1	85.0	71.0	62.0
爱尔兰	Ireland	2001	215.0	100.0	53.0	57.2
意大利	Italy	1999	1800.0	100.0	70.0	54.0
荷　兰	Netherlands	1999	672.6	98.0	65.0	64.0
挪　威	Norway	2002	205.8	100.0	86.0	59.3
葡萄牙	Portugal	2002	511.3	84.0	70.0	
罗马尼亚	Romania	1999	114.3		28.0	
俄罗斯联邦	Russian Federation	1999	2177.0	38.3		
西班牙	Spain	2000	2216.6	67.1	64.0	53.0
乌克兰	Ukraine	2002	503.7			
英　国	United Kingdom	1999	1656.0	92.0	62.0	83.0
澳大利亚	Australia	1996	977.0			
新西兰	New Zealand	1996	155.0	57.0		

12-7 商船吨位

Merchandise Shipping Fleet

资料来源：联合国数据库。
Source: United Nation Statistaical Database.
单位：万吨 (10 000 tons)

国家和地区	Country or Area	1990	1998	1999	2000	2001	2002
世界总计	**World**	**42363**	**53189**	**54361**	**55805**	**57455**	
中　　国①	China ①	1390	1650	1632	1650	1665	1732
中国香港	Hong Kong,China	657	617	797	1024	1371	1616
孟加拉国	Bangladesh	46	41	38	37	39	43
塞浦路斯	Cyprus	1834	2330	2364	2321	2276	2300
印　　度	India	648	678	692	666	669	614
印度尼西亚	Indonesia	218	325	324	338	361	372
伊　　朗	Iran	474	335	355	423	394	413
以 色 列	Israel	53	75	73	61	61	77
日　　本	Japan	2708	1778	1706	1526	1457	1392
马来西亚	Malaysia	172	521	525	533	521	539
缅　　甸	Myanmar	83	49	54	45	38	40
韩　　国	Korea, Rep.	778	569	574	620	640	705
巴基斯坦	Pakistan	35	40	31	26	25	25
菲 律 宾	Philippines	852	851	765	700	603	532
新 加 坡	Singapore	793	2037	2178	2149	2102	2115
斯里兰卡	Sri Lanka	35	19	20	15	15	8
泰　　国	Thailand	62	200	196	195	177	188
土 耳 其	Turkey	372	625	633	583	590	566
越　　南	Viet Nam	47	78	87	100	107	113
埃　　及	Egypt	126	137	137	135	135	128
利比里亚	Liberia	5470	6049	5411	5145	5178	5040
尼日利亚	Nigeria	50	45	43	44	40	41
南　　非	South Africa	35	38	38	38	38	14
加 拿 大	Canada	274	250	250	266	273	280
墨 西 哥	Mexico	132	109	92	88	91	94
巴 拿 马	Panama	3930	9822	10525	11438	12235	12473
美　　国	United States	1974	1185	1203	1111	1091	1037
阿 根 廷	Argentina	189	50	48	46	42	42
巴　　西	Brazil	602	417	393	381	369	345
委内瑞拉	Venezuela	94	67	66	67	87	87
保加利亚	Bulgaria	136	109	104	99	96	89
丹　　麦	Denmark	501	569	581	682	691	740
希　　腊	Greece	2052	2523	2483	2640	2868	2878
法　　国	France	372	474	477	468	450	457
德　　国	Germany		808	651	655	630	655
意 大 利	Italy	799	682	805	905	966	960
马 耳 他	Malta	452	2408	2821	2817	2705	2633
荷　　兰	Netherlands	333	426	481	517	561	566
挪　　威	Norway	2343	2314	2345	2260	2259	2220
波　　兰	Poland	337	142	132	112	62	59
罗马尼亚	Romania	401	209	122	77	64	62
俄罗斯联邦	Russian Federation		1109	1065	1049	1025	1038
西 班 牙	Spain	381	184	190	203	215	237
英　　国	United Kingdom	489	409	433	553	603	805
澳大利亚	Australia	251	219	208	191	189	186
新 西 兰	New Zealand	25	34	27	18	18	18

注：①联合国统计数据。
Note: ① Data from UN.

12-8 公路线路长度

Length of Road

资料来源：国际公路协会《世界公路统计》2004 年。
Source:International Road Federation *World Road Statistics 2004.*

国家和地区	Country or Area	公路网长度合计(公里) Total Road Network(km)			有路面公路所占比重(%) Paved(%)		
		1990	2000	2002	1990	2000	2002
世　界	**World**	**24705260**	**17445250**	**7727146**	**37.5**	**47.4 ①**	
高收入国家	**High income**	**12798270**	**10278030**	**3474019**	**86.3**	**95.4 ①**	**94.8 ②**
中等收入国家	**Middle income**	**8218554**	**6706688**	**4123841**	**51.1**	**54.0 ①**	
低收入国家	**Low income**	**3688435**	**460534**	**129285**	**15.4**	**13.3 ①**	
中　国	China	1028348	1402698	1765222			
中国香港	Hong Kong, China	1484	1831 ①		100.0	100.0 ①	
中国澳门	Macao, China		324.2	341	100.0	100.0	
孟加拉国	Bangladesh	188000	207486 ①			9.5 ①	
印　度	India	2000000	3319644 ①	3315231		57.4 ①	
印度尼西亚	Indonesia	288727	355951	368362	45.1	57.1	58.0
伊　朗	Iran	131013				56.3 ③	
以色列	Israel	13199	16449	16903	100.0	100.0 ①	100.0
日　本	Japan	1114697	1166340	1171647 ②	69.2	76.6	77.1 ②
哈萨克斯坦	Kazakhstan	158342	81331	82980	55.1	94.7	93.9
韩　国	Korea, Rep.	56715	86990 ①		71.5	74.5 ①	76.7 ②
马来西亚	Malaysia	86115	65877 ①		70.0	76.2	77.9 ②
蒙　古	Mongolia	42418	49250	49250	10.2	3.5	3.5
缅　甸	Myanmar	25000			10.9	12.2 ④	
巴基斯坦	Pakistan	169202	239368	257683 ②	54.0	56.0	59 ②
菲律宾	Philippines	160558	201994	202124		21.0	9.5
新加坡	Singapore	2798	3071	3130	97.1	100.0	100.0
斯里兰卡	Sri Lanka	93000	11485	11547 ②			
泰　国	Thailand	72170	57403		55.3	98.5	
土耳其	Turkey	367409	356719	354421		35.3	41.6
越　南	Vietnam	96100	93300 ①		23.5		
埃　及	Egypt	45944	64000 ①		72.0		
尼日利亚	Nigeria	122000	194394 ①		30.0		
南　非	South Africa	185751	362099	275971	29.8	20.3	20.9
加拿大	Canada	825743	901903 ①	1408800	35.0		
墨西哥	Mexico	239235	329532 ①		35.1	32.8 ①	
美　国	United States	6243163	6358665	6378254 ②	58.2	58.8 ①	
阿根廷	Argentina	215357	215471 ①		28.5	29.4 ①	
巴　西	Brazil	1670148	1724929		9.7	5.5	
委内瑞拉	Venezuela	74900	96155 ①		35.6	33.6 ①	
白俄罗斯	Belarus	48902	74385	79990		89.1	86.7
保加利亚	Bulgaria	36922	37286	37077	91.6	94.0	92.0
捷　克	Czech Republic	55892	127708	127204	100.0	100.0	100.0
法　国	France	885600	894000	893100		100.0	100.0
德　国	Germany	606461	230735 ①		99.0		
意大利	Italy	304271	479668 ①		100.0	100.0 ①	
荷　兰	Netherlands	104590	116500 ①		88.0	90.0 ①	
波　兰	Poland	363116	364656		61.6	68.3	68.3 ②
罗马尼亚	Romania	153014	198603	198755		49.5	50.4
俄罗斯联邦	Russian Federation	884000	532393	537289 ②	74.2	67.4 ①	
西班牙	Spain	324166	664610	664852 ②	74.0	99.0	99.0 ②
乌克兰	Ukraine	167804	169491	169679	93.7	96.7	96.8
英　国	United Kingdom	360000	371913 ①		100.0	100.0 ①	
澳大利亚	Australia	810264	811603 ①		35.0		
新西兰	New Zealand	92674	92053	92382	57.0	62.8	64.0

注：①1999 年数据。②2001 年数据。③1998 年数据。④1996 年数据。
Note: ① Data refer to 1999. ② Data refer to 2001. ③ Data refer to 1998. ④ Data refer to 1996.

12-9 公路交通事故

Road Accidents

资料来源：国际公路协会《世界公路统计》2004年。
Source: International Road Federation *Word Road Statistics 2004*.

国家和地区	Country or Area	年份 Year	事故发生数量 Total Number of 事故发生数 Accidents (Number)	事故中受伤数 Injuries (Number)	事故中死亡人数 Deaths (Number)
中　　国	China	2003	667507	494174	104372
中国香港	Hong Kong,China	1999	14714	19422	217
中国澳门	Macao,China	2002	316	3327	22
孟加拉国	Bangladesh	1999	6205	5777	3598
印　　度	India	2000	391000	399000	79000
以 色 列	Israel	2002	18490	38204	525
日　　本	Japan	2002	936721	1167855	8326
哈萨克斯坦	Kazakhstan	2001	12162	14358	2217
韩　　国	Korea, Rep.	2001	260579	386539	8097
马来西亚	Malaysia	2002	49552	43661	5891
蒙　　古	Mongolia	2002	6724	4987	415
巴基斯坦	Pakistan	1998	12440	12360	5290
菲 律 宾	Philippines	2002	16048	5189	849
新 加 坡	Singapore	2002	6879	9072	199
斯里兰卡	Sri Lanka	2002	55031	16654	2029
土 耳 其	Turkey	2002	52525	94225	2900
南　　非	South Africa	1998	80622	120604	9068
巴　　西	Brazil	1998	120442	31492	5305
加 拿 大	Canada	2001	154268	221158	2778
智　　利	Chile	2001	44831	46906	1562
美　　国	United States	2002	1929000	2936000	42815
白俄罗斯	Belarus	2002	7204	7472	1728
保加利亚	Bulgaria	2002	6768	8099	959
捷　　克	Czech Republic	2002	26586	34389	1431
法　　国	France	2002	105500	137839	7242
德　　国	Germany	1999	395689	521127	7772
匈 牙 利	Hungary	2002	19985	26657	1429
意 大 利	Italy	1999	219032	316698	6633
荷　　兰	Netherlands	1999		12388	1090
挪　　威	Norway	2002	8790	12854	310
波　　兰	Poland	2001	53799	68194	5534
葡 萄 牙	Portugal	2002	44121	59041	1528
罗马尼亚	Romania	2002	7047	5777	2398
俄罗斯联邦	Russian Federation	2001	164403	187790	30916
西 班 牙	Spain	2001	100393	155116	5517
瑞　　典	Sweden	2002	16974	24747	560
瑞　　士	Switzerland	2002	23647	29774	513
乌 克 兰	Ukraine	2002	34488	37916	5982
英　　国	United Kingdom	1999	235000	317000	3423
澳大利亚	Australia	2000			1824
新 西 兰	New Zealand	2002	10162	13918	404

12–9续表 continued

国家和地区	Country or Area	年份 Year	事故发生情况 Accidents 每亿公里车程事故发生数（件） Injury Accidents (per 100 million vehicle-km)	每亿公里车程受伤人数（人） Persons Injured (per 100 million vehicle-km)	每亿公里车程死亡人数（人） Persons Killed (per 100 million vehicle-km)	伤亡发生的环境 Percentage of Injury Accidents 在建地段 In Built-up Areas (%)	夜间 At Night (%)
中　国	China	2003					
中国香港	Hong kong,China	1999	133.00	176.00	2.00	60.90	30.60
中国澳门	Macao,China	2002					
孟加拉国	Bangladesh	1999					
印　度	India	2000					
以色列	Israel	2002	49.00	101.00	1.40	73.30	36.00
日　本	Japan	2002				73.40	29.50
哈萨克斯坦	Kazakhstan	2001					
韩　国	Korea, Rep.	2001					
马来西亚	Malaysia	2002					
蒙　古	Mongolia	2002	28.97	21.49	1.79	38.60	34.70
巴基斯坦	Pakistan	1998					
菲律宾	Philippines	2002					
新加坡	Singapore	2002					
斯里兰卡	Sri Lanka	2002					
土耳其	Turkey	2002					
南　非	South Africa	1998		99.64	6.97	80.30	37.00
巴　西	Brazil	1998					
加拿大	Canada	2001					
智　利	Chile	2001					
美　国	United States	2002					
白俄罗斯	Belarus	2002					
保加利亚	Bulgaria	2002				71.00	23.00
捷　克	Czech Republic	2002				64.00	
法　国	France	2002	20.17	26.36	1.38	67.00	33.00
德　国	Germany	1999	61.83	81.43	1.27	63.70	23.20
匈牙利	Hungary	2002	44.00	58.00	3.30	75.00	25.00
意大利	Italy	1999					
荷　兰	Netherlands	1999		9.40	0.90	55.90	
挪　威	Norway	2002	25.50	37.30	0.90		
波　兰	Poland	2001				71.90	26.00
葡萄牙	Portugal	2002				66.00	30.00
罗马尼亚	Romania	2002	16.20	13.30	5.50	86.30	34.70
俄罗斯联邦	Russian Federation	2001					
西班牙	Spain	2001	47.80	76.10	2.70	54.70	
瑞　典	Sweden	2002	23.20	33.80	0.77	54.00	26.00
瑞　士	Switzerland	2002	38.70	48.70	0.84	65.00	32.00
乌克兰	Turkey	2002	101.67	182.38	5.61		
英　国	United Kingdom	1999					
澳大利亚	Australia	2000					
新西兰	New Zealand	2002	27.30	37.40	1.08	60.00	28.20

12-10 公路税收收入

Annual Receipts from Road User Taxation

资料来源：国际公路协会《世界公路统计》2004年。
Source: International Road Federation *Word Road Statistics 2004.*
单位：百万特别提款权 (million SDRs)

国家和地区	Country or Area	年份 Year	公路使用税总计 Total Road User Taxation	购置税 Taxes on Acquisition	所有权税 Taxes on Ownership	使用税 Taxes on Use
中国香港	Hong Kong,China	1999		224	229	384
塞浦路斯	Cyprus	2002	37	13	2	51
格鲁吉亚	Georgia	2002	66		7	57
日　本	Japan	2002	42465	2867	17202	22396
蒙　古	Mongolia	2002	14	1		13
加　纳	Ghana	2001	35	1	1	32
厄瓜多尔	Ecuador	2002	190	86	67	3
美　国	United States	2001	83502	1562	21327	54828
克罗地亚	Croatia	2002	441	84	12	57
白俄罗斯	Belarus	2002		9		
丹　麦	Denmark	1999	3389	1 637	636	975
芬　兰	Finland	2002	3387	684	344	2170
法　国	France	2000	42500	5000	5700	28000
德　国	Germany	1999			5156	
冰　岛	Iceland	2002	226	51	47	129
爱尔兰	Ireland	2001		1210		1646
意大利	Italy	1999	38122	5306	3897	5933
马耳他	Malta	2002	60	39		20
挪　威	Norway	2002	4078	1041	622	1571
斯洛文尼亚	Slovenia	2002	704	20	63	621
瑞　典	Sweden	2002	5672		600	2600
瑞　士	Switzerland	2002	4987	620	928	3282
乌克兰	Ukraine	2002	189		52	
英　国	United Kingdom	1999	30104	4410	3986	18317
新西兰	New Zealand	2000			64	189

12-10续表 continued

单位:百万特别提款权 (million SDRs)

国家和地区	Country or Area	年份 Year	公路使用税总计 Total Road User Taxation		公路税收占GDP比重(%) Total Road User Taxation as % of GDP (%)	公路税收占政府财政收入比重(%) Total Road User Taxation as % of Total Government Revenue (%)
			通行税 Tolls	其他特殊税 Other Special Taxes		
中国香港	Hong Kong,China	1999		22		
塞浦路斯	Cyprus	2002		113		
格鲁吉亚	Georgia	2002	2			
日　　本	Japan	2002			1.4	8.3
蒙　　古	Mongolia	2002			3.1	
加　　纳	Ghana	2001	1			
厄瓜多尔	Ecuador	2002	33		1.1	4.1
美　　国	United States	2001	5785			
克罗地亚	Croatia	2002	44	243	2.4	5.2
白俄罗斯	Belarus	2002				
丹　　麦	Denmark	1999		73	2.8	5.6
芬　　兰	Finland	2002		190	3.1	14.5
法　　国	France	2000	3800		4.2	18.1
德　　国	Germany	1999				
冰　　岛	Iceland	2002			3.2	10.5
爱 尔 兰	Ireland	2001				
意 大 利	Italy	1999	448	21790		
马 耳 他	Malta	2002		1	1.9	4.2
挪　　威	Norway	2002	341	92	2.5	5.4
斯洛文尼亚	Slovenia	2002			4.0	10.1
瑞　　典	Sweden	2002		2417	9.8	2.9
瑞　　士	Switzerland	2002		156	2.7	6.4
乌 克 兰	Ukraine	2002		137	0.6	
英　　国	United Kingdom	1999		3392	4.2	10.6
新 西 兰	New Zealand	2000		141		

12-11 公路支出

Road Expenditure

资料来源：国际公路协会《世界公路统计》2004年。
Source: International Road Federation *Word Road Statistics 2004*.
单位:万特别提款权 (10 000 SDRs)

国家和地区	Country or Area	年份 Year	支出总计 Grand Total of All Expenses	公路支出构成－按行政管理级别分 Road Expenditure-Administration Levels 中央政府 Central Gov't	地区政府 Regional Gov't	地方政府 Local Gov't
中　国①	China ①	2000		1631400	2008800	15267200
中国香港	Hong Kong,China	1999				
中国澳门	Macao,China	2002	1602			
印　度	India	1998		1990	6770	
蒙　古	Mongolia	2002	759			
菲律宾	Philippines	1998	26300			
新加坡	Singapore	2002	41300	33000		
斯里兰卡	Sri Lanka	2002				
土耳其	Turkey	1999	87100			
加拿大	Canada	2001		20140	311294	354223
美　国	United States	2001		191300	8180300	4616400
阿根廷	Argentina	1998		40900	75900	
白俄罗斯	Belarus	2002	53870			
保加利亚	Bulgaria	2002	5650			
捷　克	Czech Republic	2000	159500	159500		
法　国	France	2002	1300			
匈牙利	Hungary	2002	23000	20000		
冰　岛	Iceland	2002	17530	9330		8210
拉脱维亚	Latvia	2002	9420	1330		3040
荷　兰	Netherlands	1999	97000	91200	15800	
波　兰	Poland	2001	107300	51100	16100	40100
斯洛文尼亚	Slovenia	2002	30340	6950		
西班牙	Spain	1999	389700	161600	92300	38900
乌克兰	Ukraine	2002	18960	9330		9630
英　国	United Kingdom	1999	477800	175500		302400
澳大利亚	Australia	1999		81500		
新西兰	New Zealand	2002	55190	41790		13390

12-11 续表 continued

单位：万特别提款权 (10 000 SDRs)

国家和地区	Country or Area	年份 Year	公路支出构成－按支出性质分 Road Expenditure-By Nature		
			管理、调查及其它 Administration, Research and Other	维护 Maintenance	新建 New Construction
中　国①	China ①	2000	121362400	140200	
中国香港	Hong Kong,China	1999	600	9030	27900
中国澳门	Macao,China	2002			
印　度	India	1998			
蒙　古	Mongolia	2002	20	167	573
菲律宾	Philippines	1998		6420	19900
新加坡	Singapore	2002		8300	
斯里兰卡	Sri Lanka	2002	8	780	
土耳其	Turkey	1999	25000	9220	53100
加拿大	Canada	2001			
美　国	United States	2001	12988000	3167700	6596800
阿根廷	Argentina	1998			
白俄罗斯	Belarus	2002			11980
保加利亚	Bulgaria	2002	150	3660	1840
捷　克	Czech Republic	2000		80100	79300
法　国	France	2002			
匈牙利	Hungary	2002	20000	4000	1500
冰　岛	Iceland	2002	980	6130	10420
拉脱维亚	Latvia	2002	1736	2795	505
荷　兰	Netherlands	1999		52300	37500
波　兰	Poland	2001	9100	61700	36500
斯洛文尼亚	Slovenia	2002	760	25020	4560
西班牙	Spain	1999		82000	210900
乌克兰	Ukraine	2002	560	13640	4760
英　国	United Kingdom	1999			
澳大利亚	Australia	1999			
新西兰	New Zealand	2002	6310	32830	16060

注：①世界公路协会统计数据。
Note: ① Data from IRF.

12-12 电话主线和移动电话普及率

Telephone Mainlines and Mobile Phones

资料来源：世界银行数据库。
Sources:World Bank Database.

国家和地区	Country or Area	电话主线（条／千人） Telephone Mainlines (per 1 000 people)			移动电话(部／千人) Mobile Phones (per 1 000 people)		
		1990	2000	2003	1990	2000	2003
世　界	**World**	**99.69**	**161.83**	**183.01**	**2.15**	**122.20**	**222.66**
高收入国家	**High income**	**457.47**	**587.98**	**559.87**	**12.30**	**529.92**	**707.66**
中等收入国家	**Middle income**	**40.92**	**127.62**	**177.53**	**0.14**	**77.19**	**224.97**
低收入国家	**Low income**	**6.33**	**21.48**	**32.15**		**3.83**	**23.51**
中　国	China		168.00	205.00		161.00	210.20
中国香港	Hong Kong, China	450.20	589.02	558.94	24.36	817.31	1079.16
中国澳门	Macao, China	255.19	401.90	389.34	6.11	320.57	811.66
孟加拉国	Bangladesh	1.96	3.65	5.49		2.16	10.10
印　度	India	6.00	32.04	46.28		3.53	24.75
印度尼西亚	Indonesia	5.94	32.30	39.41	0.10	17.79	87.40
伊　朗	Iran	40.36	149.00	219.68		15.12	50.91
以色列	Israel	343.23	474.35	458.19	3.22	701.80	960.73
日　本	Japan	441.13	585.75	471.86	7.02	526.19	679.01
哈萨克斯坦	Kazakhstan	79.99	113.06			12.16	
韩　国	Korea, Rep.	305.98	476.93	538.34	1.84	583.15	700.92
马来西亚	Malaysia	89.29	199.16	181.62	4.88	220.10	441.95
蒙　古	Mongolia	32.03	49.50	56.21		65.14	129.82
缅　甸	Myanmar	1.69	5.68	6.82		0.28	1.25
巴基斯坦	Pakistan	7.50	21.97	26.63		2.51	17.55
菲律宾	Philippines	10.05	40.02	41.18		84.37	269.54
新加坡	Singapore	345.88	484.48	450.26	16.98	683.82	852.50
斯里兰卡	Sri Lanka	7.36	41.56	49.00	0.06	23.30	72.71
泰　国	Thailand	24.28	92.25	104.91	1.16	50.42	394.17
土耳其	Turkey	121.50	281.73	267.52	0.56	247.09	394.38
越　南	Vietnam	1.49	31.85	54.09		9.88	33.69
埃　及	Egypt	30.11	86.39	127.25	0.08	21.42	84.45
尼日利亚	Nigeria	3.01	4.36	6.92		0.26	25.54
南　非	South Africa	93.45	113.58		0.16	190.89	363.64
加拿大	Canada	564.95	660.81	628.96	21.56	283.42	416.82
墨西哥	Mexico	64.83	124.71	157.73	0.77	142.37	291.06
美　国	United States	547.28	664.49	621.28	21.24	389.02	543.01
阿根廷	Argentina	93.05	220.20		0.37	168.76	
巴　西	Brazil	65.02	182.13	222.91		136.56	263.55
委内瑞拉	Venezuela	76.29	104.92	110.62	0.38	225.37	273.01
白俄罗斯	Belarus	154.48	275.47	311.08		4.94	113.24
保加利亚	Bulgaria	241.98	353.64	380.48		90.56	466.37
捷　克	Czech Republic	157.59	376.88	360.30		423.05	964.64
法　国	France	495.24	577.10	566.03	4.99	493.31	695.88
德　国	Germany	440.81	610.51	657.32	3.77	585.97	785.15
意大利	Italy	387.62	473.89	483.99	4.61	737.30	1017.59
荷　兰	Netherlands	464.18	618.56	614.30	5.28	672.73	767.57
波　兰	Poland	86.39	283.24	318.74		174.59	450.91
罗马尼亚	Romania	101.93	173.84	199.39		111.41	324.22
俄罗斯联邦	Russian Federation	139.95	218.26			22.21	249.30
西班牙	Spain	315.96	426.30	433.79	1.37	604.78	909.14
乌克兰	Ukraine	135.58	206.46			16.22	135.85
英　国	United Kingdom	440.72	589.43		19.35	727.04	
澳大利亚	Australia	456.31	540.27	542.34	10.84	446.94	719.46
新西兰	New Zealand	433.63	484.99	448.47	15.97	408.44	648.26

12-13 国际互联网用户

Internet Users

资料来源：世界银行数据库。
Sources: World Bank Database.
单位：个／千人 (unit/per 1000 people)

国家和地区	Country or Area	1990	1995	2000	2001	2002	2003
世　界	**World**	**1.80**	**9.59**	**84.70**	**107.14**	**130.87**	**149.88**
高收入国家	**High Income**	**2.66**	**25.32**	**257.69**	**316.71**	**364.24**	**376.81**
中等收入国家	**Middle Income**		**2.08**	**37.85**	**54.92**	**82.03**	**115.86**
低收入国家	**Low Income**		**0.05**	**3.66**	**4.32**	**8.11**	**16.23**
中　国①	China ①		0.05	17.37	25.67	46.01	63.25
中国香港	Hong Kong, China		32.49	278.35	386.82	430.11	471.77
中国澳门	Macao, China		2.82	136.36	231.28	260.42	267.56
孟加拉国	Bangladesh			0.77	1.42	1.53	1.80
印　度	India		0.27	5.43	6.82	15.91	17.49
印度尼西亚	Indonesia		0.26	9.70	20.08	21.22	37.57
伊　朗	Iran		0.04	9.82	15.60	48.46	72.37
以色列	Israel	1.06	8.90	202.56	276.58	301.40	
日　本	Japan	0.20	15.93	299.40	384.16	448.86	482.69
哈萨克斯坦	Kazakhstan		0.11	6.16	9.32	15.66	
韩　国	Korea, Rep.	0.23	8.21	414.05	521.05	551.89	609.70
马来西亚	Malaysia		1.49	213.88	265.55	319.67	344.09
蒙　古	Mongolia		0.09	12.64	16.66	20.58	58.11
缅　甸	Myanmar			0.15	0.21	0.51	0.53
巴基斯坦	Pakistan			2.16	3.51	10.28	
菲律宾	Philippines		0.29	20.13	25.57	44.04	
新加坡	Singapore		28.36	323.57	411.50	504.36	508.77
斯里兰卡	Sri Lanka		0.06	6.58	8.01	10.56	11.74
泰　国	Thailand		0.96	37.95	57.73	77.56	110.52
土耳其	Turkey		0.81	30.63	51.07	61.76	84.85
越　南	Vietnam			2.51	12.45	18.46	43.01
埃　及	Egypt		0.34	7.09	9.30	28.23	39.33
尼日利亚	Nigeria			0.70	0.98	3.50	6.08
南　非	South Africa		7.09	54.94	64.85	68.20	
加拿大	Canada	3.69	42.76	421.26	450.01	512.83	
墨西哥	Mexico		1.00	27.43	73.83	98.48	118.46
美　国	United States	8.04	94.50	440.62	501.49	551.38	
阿根廷	Argentina		0.88	72.52	100.76	112.02	
巴　西	Brazil		1.09	29.45	46.56	82.24	
委内瑞拉	Venezuela		1.25	33.93	46.52	50.56	60.30
白俄罗斯	Belarus		0.03	18.72	43.24	0.50	140.98
保加利亚	Bulgaria		1.19	52.77	74.63	80.76	205.84
捷　克	Czech Republic		14.51	97.34	146.71	256.31	308.01
法　国	France	0.53	16.42	143.65	263.77	313.83	365.61
德　国	Germany	1.38	18.33	301.48	376.03	436.17	472.55
意大利	Italy	0.17	5.23	230.37	268.88	352.44	336.66
荷　兰	Netherlands	3.34	64.54	437.85	490.52	506.33	521.95
波　兰	Poland		6.48	72.46	98.37	230.00	232.45
罗马尼亚	Romania		0.75	35.67	44.66	100.96	184.05
俄罗斯联邦	Russian Federation		1.49	19.74	29.30	40.93	
西班牙	Spain	0.13	3.83	136.73	182.74	193.10	239.11
乌克兰	Ukraine		0.43	6.94	12.45	18.75	
英　国	United Kingdom	0.87	18.77	264.36	329.59	423.10	
澳大利亚	Australia	5.86	27.68	344.52	397.17	534.03	566.66
新西兰	New Zealand		49.58	401.29	454.07	484.37	526.29

注：①世界银行统计数据。
Note: ① Data from World Bank.

12-14 电视机、有线电视用户及个人计算机普及率

Television Sets, Cable Television Subscribers and Personal Computers per 1000 People

资料来源：世界银行数据库。
Source: World Bank Database.
单位：台／千人 (unit/per 1000 people)

国家和地区	Country or Area	电视机 Television Sets		有线电视用户(个) Cable Television Subscribers		个人计算机 Personal Computers	
		2000	2003	2000	2003	2000	2003
世　界	**World**	**272.4**	**275.4** ②	**61.0**	**65.5** ②	**79.9**	**100.8** ③
高收入国家	**High Income**	**676.9**	**734.9** ②	**169.5**	**190.9** ③	**390.6**	**466.5** ③
中等收入国家	**Middle Income**	**287.2**	**279.6** ②	**45.5**	**57.3** ③	**29.6**	**42.9** ③
低收入国家	**Low Income**	**75.6**	**83.6** ②	**23.9**	**27.2** ②	**4.5**	**6.9** ③
中　国①	China ①	304.2	350.3 ③	61.1	75.0 ③	15.9	27.6 ③
中国香港	Hong Kong, China	498.4	504.1 ②	79.4	124.8	354.1	422.0 ③
中国澳门	Macao, China	284.4	294.3	1.3	33.6	159.1	260.9
孟加拉国	Bangladesh	42.5	59.0 ③		27.0 ②	1.5	7.8
印　度	India	78.0	82.8 ②	38.5	38.9 ②	4.5	7.2 ③
印度尼西亚	Indonesia	153.7	153.0 ②	0.2	0.3 ②	10.2	11.9 ③
伊　朗	Iran	169.6	172.9 ③			62.8	90.5
以色列	Israel	334.9	330.4 ②	187.3	1467.7	253.6	242.6 ③
日　本	Japan	724.9	784.7 ③	147.4	193.4	315.2	382.2 ③
哈萨克斯坦	Kazakhstan	287.9	338.0 ②	4.1	6.6 ③		
韩　国	Korea, Rep.	374.7	458.2	182.5	282.2	404.8	558.0
马来西亚	Malaysia	192.8	209.6 ③			94.5	166.9
蒙　古	Mongolia	71.2	80.7	16.0	20.5	13.5	77.3
缅　甸	Myanmar	7.2	7.0			2.1	5.6
巴基斯坦	Pakistan	133.1	150.2 ②	0.2	26.7	4.2	4.2 ②
菲律宾	Philippines	143.8	182.4 ③	22.1	37.0 ③	19.3	27.7 ③
新加坡	Singapore	303.7	302.6 ③	63.5	84.5 ③	483.1	622.0 ③
斯里兰卡	Sri Lanka	113.7	117.4 ②	0.3	0.3 ②	7.3	13.2 ③
泰　国	Thailand	283.8	300.4 ②	2.5	12.9 ③	28.3	39.8 ③
土耳其	Turkey	288.1	423.1 ③	13.5	14.8	38.3	44.6 ③
越　南	Vietnam	184.8	197.4 ③			7.5	9.8 ③
埃　及	Egypt	226.9	228.8 ③			12.6	21.9
尼日利亚	Nigeria	67.6	102.6 ②	0.4	0.5 ②	6.6	7.1 ③
南　非	South Africa	157.9	177.2 ③			66.4	72.6 ③
加拿大	Canada	677.1	690.6 ②	259.3	252.9 ②	419.0	487.0 ③
墨西哥	Mexico	283.2	282.0 ②	23.1	24.3 ③	57.6	82.0 ③
美　国	United States	835.0	937.5 ②	246.2	255.0 ③	572.1	658.9 ③
阿根廷	Argentina	320.8	325.8 ②	164.6	162.9 ②	71.4	82.0 ③
巴　西	Brazil	343.2	369.4	13.7	13.4	50.1	74.8 ③
委内瑞拉	Venezuela	185.0	186.1 ②	32.2	32.4	45.5	60.9 ③
白俄罗斯	Belarus	350.4	361.8 ②	34.0	77.2 ③		
保加利亚	Bulgaria	453.0		131.3	133.5	44.3	51.9 ③
捷　克	Czech Republic	506.2	538.0 ②	93.0	94.4 ②	121.7	177.4 ③
法　国	France	628.3	631.9 ②	51.3	57.5 ③	304.3	347.1 ③
德　国	Germany	614.9	674.9	247.8	250.8	336.0	484.7
意大利	Italy	493.9		1.0	1.4 ②	179.8	230.7 ③
荷　兰	Netherlands	537.9	648.3 ③	387.8	401.4 ③	394.1	466.6 ③
波　兰	Poland	401.1	421.9 ②	91.6	94.0	69.1	142.0
罗马尼亚	Romania	379.0	697.4 ③	156.9	172.5	31.8	96.6
俄罗斯联邦	Russian Federation	537.7		76.7	43.6 ③	63.3	88.7 ③
西班牙	Spain	560.8	564.0 ②	7.4	24.3	144.6	196.0 ③
乌克兰	Ukraine	455.8		52.3	38.6 ③	17.6	19.0 ③
英　国	United Kingdom	891.8	950.0 ②	56.9	57.2 ③	337.8	405.7 ③
澳大利亚	Australia	737.5	722.1	68.0	76.3 ③	469.8	565.1 ③
新西兰	New Zealand	529.8	573.7	5.6	7.1 ②	365.5	413.8 ③

注：①世界银行统计数据。②2001年数据。③2002年数据。
Note: ① Data from World Bank. ② Data refer to2001. ③ Data refer to 2002.

12-15 信息和通讯技术支出占国内生产总值比重

Information and Communication Technology Expenditure as Percentage of GDP

资料来源：世界银行数据库。
Sources: World Bank Database.
单位：%　　　　(%)

国家和地区	Country or Area	2000	2001	2002	2003
中　　国①	China ①	4.10	4.41	4.91	5.28
中国香港	Hong Kong, China	7.18	6.97	7.82	8.36
孟加拉国	Bangladesh	2.02	2.15	2.45	2.65
印　　度	India	3.62	3.52	3.92	3.74
印度尼西亚	Indonesia	2.77	2.81	3.13	3.38
伊　　朗	Iran	1.57	1.70	2.30	2.24
以 色 列	Israel	8.17	7.27	7.73	7.88
日　　本	Japan	8.45	7.81	7.50	7.38
韩　　国	Korea, Rep.	6.84	6.41	6.56	6.67
马来西亚	Malaysia	7.47	6.51	6.76	6.91
巴基斯坦	Pakistan	6.57	6.13	7.07	7.28
菲 律 宾	Philippines	4.49	4.94	5.46	5.81
新 加 坡	Singapore	9.86	9.32	9.76	10.49
斯里兰卡	Sri Lanka	5.00	4.91	5.37	5.73
泰　　国	Thailand	3.53	3.56	3.57	3.54
土 耳 其	Turkey	7.93	7.39	7.46	7.35
埃　　及	Egypt	1.06	1.02	1.15	1.22
南　　非	South Africa	8.18	8.43	9.17	8.04
加 拿 大	Canada	6.22	6.07	6.19	5.81
墨 西 哥	Mexico	3.14	2.93	3.01	3.12
美　　国	United States	9.55	8.72	8.55	8.79
阿 根 廷	Argentina	4.32	4.01	6.38	5.68
巴　　西	Brazil	5.55	6.02	6.87	6.91
委内瑞拉	Venezuela	3.60	3.51	4.44	5.19
保加利亚	Bulgaria	3.89	4.05	4.29	3.93
捷　　克	Czech Republic	7.55	6.87	7.01	6.55
法　　国	France	6.49	6.39	6.35	5.87
德　　国	Germany	6.15	6.05	6.03	5.66
意 大 利	Italy	4.76	4.64	4.48	4.14
荷　　兰	Netherlands	6.92	6.89	6.91	6.37
波　　兰	Poland	4.22	4.06	4.55	4.53
罗马尼亚	Romania	3.14	2.82	2.91	2.81
俄罗斯联邦	Russian Federation	3.51	3.58	3.79	3.66
西 班 牙	Spain	4.11	4.06	4.07	3.79
乌 克 兰	Ukraine	7.87	7.18	7.46	7.13
英　　国	United Kingdom	8.11	7.77	7.56	7.35
澳大利亚	Australia	6.84	6.55	6.52	5.94
新 西 兰	New Zealand	11.35	10.63	10.67	9.99

注：①世界银行统计数据。
Note: ① Data from World Bank.

12-16 人均信息和通讯技术支出

Information and Communication Technology Expenditure per Capita

资料来源：世界银行数据库。
Sources: World Bank Database.
单位：美元 (USD)

国家和地区	Country or Area	2000	2001	2002	2003
中　国①	China ①	35.13	40.74	48.72	58.05
中国香港	Hong Kong, China	1782.07	1688.86	1841.93	1920.88
孟加拉国	Bangladesh	7.27	7.59	8.59	9.98
印　度	India	16.32	16.31	19.07	21.13
印度尼西亚	Indonesia	20.17	19.23	25.59	32.83
伊　朗	Iran	23.78	30.89	39.96	46.21
以色列	Israel	1500.25	1282.73	1226.04	1298.01
日　本	Japan	3160.49	2558.42	2339.67	2489.14
韩　国	Korea, Rep.	744.68	652.56	752.57	842.36
马来西亚	Malaysia	290.00	240.54	264.83	289.26
巴基斯坦	Pakistan	34.89	30.97	34.89	40.37
菲律宾	Philippines	44.52	45.42	53.26	57.46
新加坡	Singapore	2244.28	1915.06	2068.40	2254.12
斯里兰卡	Sri Lanka	44.19	41.30	46.70	54.36
泰　国	Thailand	71.38	67.19	73.45	81.50
土耳其	Turkey	234.47	156.58	197.09	249.80
埃　及	Egypt	16.40	15.42	15.59	14.86
南　非	South Africa	238.11	214.83	215.16	280.52
加拿大	Canada	1442.39	1376.15	1431.55	1574.59
墨西哥	Mexico	186.47	183.61	193.31	191.04
美　国	United States	3302.93	3072.22	3093.69	3309.30
阿根廷	Argentina	342.48	297.88	178.41	200.11
巴　西	Brazil	196.42	177.42	181.53	192.65
委内瑞拉	Venezuela	179.77	179.09	167.84	172.77
保加利亚	Bulgaria	60.77	69.60	84.97	99.65
捷　克	Czech Republic	409.43	409.00	506.80	576.11
法　国	France	1440.99	1425.87	1533.59	1726.49
德　国	Germany	1399.95	1364.11	1452.26	1647.09
意大利	Italy	886.30	876.24	920.99	1055.23
荷　兰	Netherlands	1611.21	1648.58	1791.26	2009.42
波　兰	Poland	181.68	197.44	227.46	248.51
罗马尼亚	Romania	51.90	51.25	61.14	73.63
俄罗斯联邦	Russian Federation	62.61	75.91	90.84	110.50
西班牙	Spain	570.42	582.54	652.32	772.52
乌克兰	Ukraine	49.72	55.60	64.87	73.04
英　国	United Kingdom	1983.53	1883.65	1995.11	2222.70
澳大利亚	Australia	1388.16	1247.40	1357.75	1559.96
新西兰	New Zealand	1534.37	1424.87	1623.04	1983.54

注：①世界银行统计数据。
Note: ① Data from World Bank.

主要统计指标解释

航空货物周转量 指承载的每个航班的货物、快递和邮包重量之和乘以飞机从起飞到降落的飞行距离。该指标按航空承运商登记国统计。

航空客运量 指承载的国内或国际旅客人数。该指标按航空承运商登记国统计。

移动电话 指手提式电话用户。利用蜂窝技术，这些用户被接入公共交换电话网的自动公共移动电话服务系统。

电话主线 是指将客户的设备接入公共交换电话网的电话线。

公路货物周转量 指利用公路交通工具进行货物运输。用重量乘以里程，以亿吨公里来衡量。

互联网用户 指进入国际互联网的使用者。

特别提款权(SDRs) 国际货币基金组织创设的一种储备资产和记帐单位，用来补充其会员国已有的储备资产。它赋予每个持有者无条件无限制地获取其他储备资产，特别是外汇的权利。国际货币基金组织不可以赋予自己SDRs，只可通过各种金融交易和操作接受成员国的SDRs。SDRs在金融交易和操作的应用相当广泛，包括换取其它成员国的资金、结算金融义务、作为捐赠或贷款延期等，而且现货交易和期货交易也可用此结算。特别提款权每天的实际值是由基金组织根据“一篮子”货币按照给定的权数来决定的。

Explanatory Notes on Main Statistical Indicators

Air Freight is the sum of the metric tons of freight, express, and diplomatic bags carried on each flight stage (the operation of an aircraft from takeoff to its next landing) multiplied by the stage distance of air carriers registered in the country.

Air Transport, Passengers Carried Air passengers carried include both domestic and international aircraft passengers of air carriers registered in the country.

Mobile Phones Mobile phones refers to users of portable telephones subscribing to an automatic public mobile telephone service using cellular technology that provides access to the public switched telephone network.

Telephone Mainlines Telephone mainlines are telephone lines connecting a customer's equipment to the public switched telephone network.

Roads, Goods Transported Goods transported by road are the volume of goods transported by road vehicles, measured in 100 millions of metric tons times kilometers traveled.

Internet Users are people with access to the worldwide network.

Special Drawing Rights (SDRs) International reserve assets created by the International Monetary Fund and allocated to its members to supplement existing reserve assets. They represent each holder's assured and unconditional right to obtain other reserve assets, especially foreign exchange. IMF cannot allocate SDRs to itself but receives them from members through various financial transactions and operations. The SDR can be used for a wide range of transactions and operations, including the acquisition of other members' currencies, the settlement of financial obligations, the making of donations, and the extension of loans. Forward as well as spot transactions may be conducted in SDRs. The SDR is the unit of account for the Fund. The value of the SDR is determined daily by IMF on the basis of a basket of currencies with each currency assigned a weight in the determination of that value.

13 对外贸易和旅游

External Trade and Tourism

13-1 世界货物进出口总额
World Imports and Exports

资料来源：世界贸易组织数据库。
Sources: World Trade Organization Database.

单位：亿美元 (USD 100 million)

年份 Year	世界总计 World	北美洲 North America	拉丁美洲 South and Central America	欧洲 Europe	亚洲 Asia	非洲 Africa	其它地区 Other Area
出口 Exports							
1990	34488	5620	1060	16849	7924	1060	1974
1991	35149	5917	1025	16642	8860	997	1708
1992	37657	6289	1051	17723	9808	970	1816
1993	37771	6619	1092	16673	10648	931	1810
1994	43257	7389	1265	19086	12283	968	2266
1995	51616	8565	1490	23343	14468	1121	2629
1996	53913	9228	1596	24220	14649	1249	2971
1997	55774	10136	1738	24132	15438	1272	3058
1998	54962	10140	1639	25132	14485	1054	2513
1999	57068	10677	1636	25214	15446	1169	2927
2000	64466	12242	1940	26345	18330	1471	4138
2001	61858	11493	1872	26549	16723	1379	3841
2002	64812	11070	1878	28363	18057	1420	4024
2003	75462	11630	2122	33816	21187	1749	4958
2004	91235	13297	2717	40236	26279	2285	6423
进口 Imports							
1990	35497	6845	859	17508	7615	996	1675
1991	36326	6861	946	17647	8303	949	1620
1992	38819	7489	1095	18536	9001	1007	1690
1993	38742	8115	1229	16873	9851	988	1687
1994	44261	9280	1407	19114	11472	1066	1923
1995	52792	10158	1766	23329	14033	1270	2236
1996	55361	10915	1818	24163	14733	1257	2476
1997	57253	12154	2130	24185	14847	1328	2609
1998	56646	12821	2151	25588	12387	1330	2369
1999	59021	14265	1863	25959	13541	1288	2106
2000	67059	16876	2058	27757	16657	1300	2411
2001	64676	15834	2040	27331	15491	1349	2630
2002	67182	16073	1782	28734	16449	1359	2785
2003	78185	17275	1876	34570	19520	1653	3291
2004	94583	20098	2377	41326	24571	2068	4143

13-2 货物出口总额
Merchandise Exports

资料来源：世界贸易组织数据库。
Sources: World Trade Organization Database.
单位：亿美元 (USD 100 million)

国家和地区	Country or Area	1990	2000	2002	2003	2004
世　界	**World**	**34488**	**64466**	**64812**	**75462**	**91235**
中　国	China	621	2492	3256	4382	5934
中国香港	Hong Kong, China	824	2027	2019	2287	2657
孟加拉国	Bangladesh	17	64	61	70	82
印　度	India	180	424	493	571	725
印度尼西亚	Indonesia	257	621	572	611	697
伊　朗	Iran	193	283	282	338	425
以色列	Israel	121	314	293	316	369
日　本	Japan	2876	4792	4167	4718	5655
哈萨克斯坦	Kazakhstan		88	97	132	203
朝　鲜	Korea, Dem.People's Rep.	19	7	10	11	15
韩　国	Korea, Rep.	650	1723	1625	1938	2539
马来西亚	Malaysia	295	982	941	1050	1265
蒙　古	Mongolia	7	5	5	6	9
缅　甸	Myanmar	3	16	30	25	30
巴基斯坦	Pakistan	56	90	99	119	133
菲律宾	Philippines	81	398	365	370	396
新加坡	Singapore	527	1378	1252	1442	1795
斯里兰卡	Sri Lanka	19	54	47	51	58
泰　国	Thailand	231	691	681	803	977
土耳其	Turkey	130	278	361	473	628
越　南	Viet Nam	24	144	167	202	262
埃　及	Egypt	35	47	47	62	77
尼日利亚	Nigeria	136	210	151	199	311
南　非	South Africa	235	300	297	365	459
美　国	United States	3936	7811	6939	7248	8190
加拿大	Canada	1276	2766	2524	2727	3220
墨西哥	Mexico	407	1664	1607	1654	1886
阿根廷	Argentina	124	263	256	296	343
巴　西	Brazil	314	551	604	731	965
委内瑞拉	Venezuela	175	318	259	240	314
白俄罗斯	Belarus		73	80	100	111
保加利亚	Bulgaria	50	48	57	75	99
捷　克	Czech Republic		290	385	487	660
法　国	France	2166	3276	3317	3920	4510
德　国	Germany	4211	5518	6158	7516	9148
意大利	Italy	1703	2405	2544	2993	3461
荷　兰	Netherlands	1318	2331	2441	2960	3588
波　兰	Poland	143	317	411	538	741
罗马尼亚	Romania	50	104	139	176	236
俄罗斯联邦	Russian Federation		1056	1071	1359	1832
西班牙	Spain	556	1153	1257	1561	1790
乌克兰	Ukraine		146	180	231	327
英　国	United Kingdom	1852	2854	2802	3056	3456
澳大利亚	Australia	398	639	650	715	866
新西兰	New Zealand	94	133	144	165	204

13-3 货物进口总额

Merchandise Imports

资料来源：世界贸易组织数据库。

Sources: World Trade Organization Database.

单位：亿美元

(USD 100 million)

国家和地区	Country or Area	1990	2000	2002	2003	2004
世　界	**World**	**35497**	**67059**	**67182**	**78185**	**94583**
中　国	China	534	2251	2952	4128	5614
中国香港	Hong Kong, China	847	2140	2080	2332	2730
孟加拉国	Bangladesh	36	89	86	104	121
印　度	India	236	515	565	712	952
印度尼西亚	Indonesia	218	335	313	326	462
伊　朗	Iran	203	143	223	262	327
以色列	Israel	168	377	355	363	434
日　本	Japan	2354	3795	3372	3829	4545
哈萨克斯坦	Kazakhstan	50	64	90	133	
朝　鲜	Korea, Dem.People's Rep.	29	17	19	20	25
韩　国	Korea, Rep.	698	1605	1521	1788	2244
马来西亚	Malaysia	293	820	798	836	1052
蒙　古	Mongolia	9	6	7	8	10
缅　甸	Myanmar	3	24	23	21	22
巴基斯坦	Pakistan	74	103	112	130	179
菲律宾	Philippines	130	370	372	395	426
新加坡	Singapore	608	1345	1164	1279	1638
斯里兰卡	Sri Lanka	27	72	61	67	80
泰　国	Thailand	330	619	646	758	954
土耳其	Turkey	223	545	516	693	972
越　南	Viet Nam	28	156	197	252	310
埃　及	Egypt	124	140	126	109	128
尼日利亚	Nigeria	56	87	75	109	142
南　非	South Africa	184	297	293	411	552
美　国	United States	5170	12593	12024	13031	15264
加拿大	Canada	1232	2448	2275	2450	2758
墨西哥	Mexico	435	1827	1766	1785	2064
阿根廷	Argentina	41	252	90	138	223
巴　西	Brazil	225	586	496	507	659
委内瑞拉	Venezuela	73	162	130	93	173
保加利亚	Belarus		86	91	116	163
白俄罗斯	Bulgaria	51	65	80	109	144
捷　克	Czech Republic		322	407	517	679
法　国	France	2344	3389	3293	3988	4641
德　国	Germany	3557	4972	4903	6046	7175
意大利	Italy	1820	2388	2470	2975	3490
荷　兰	Netherlands	1261	2183	2193	2647	3199
波　兰	Poland	116	489	553	683	878
罗马尼亚	Romania	76	131	179	240	327
俄罗斯联邦	Russian Fed.		447	602	742	948
西班牙	Spain	877	1561	1651	2086	2498
乌克兰	Ukraine		140	170	230	290
英　国	United Kingdom	2230	3438	3463	3920	4620
澳大利亚	Australia	420	715	727	891	1078
新西兰	New Zealand	95	139	150	186	232

13-4 出口和进口单位价格指数

Indices of Export Unit Value and Import Unit Value

资料来源：国际货币基金组织数据库。
Source:International Monetary Fund Database.

2000 年=100 (2000=100)

国家和地区	Country or Area	出口单位价格指数 Export Unit Values/Export Prices			进口单位价格指数 Import Unit Values/Import Prices		
		2001	2002	2003	2001	2002	2003
世　界	**World**	**96.3**	**97.2**	**107.2**	**96.4**	**96.0**	**104.9**
工业国家	**Industrial Countries**	**97.4**	**98.3**	**109.8**	**96.4**	**96.4**	**106.3**
发展中国家	**Developing Countries**	**92.6**	**93.2**	**97.8**	**96.3**	**93.9**	**99.0**
中国香港	Hong Kong, China	97.7	95.0	93.8	96.8	93.0	92.8
印　度	India	94.3	91.9		96.4	103.7	
印度尼西亚	Indonesia	89.9	95.5	102.7			
以色列	Israel	96.4	96.4	100.7	98.6	98.5	104.4
日　本	Japan	91.4	87.6	90.9	90.9	86.8	93.1
韩　国	Korea, Rep.	86.9	83.1	85.1	91.0	87.5	95.6
巴基斯坦	Pakistan	93.9	89.9	96.2	94.0	94.8	108.5
新加坡	Singapore	92.5	90.5	89.7	96.5	95.9	98.9
菲律宾	Philippines	82.8	75.9		79.9	83.0	
斯里兰卡	Sri Lanka	96.2	90.7	96.2	92.4	84.9	
泰　国	Thailand	98.6	91.5	98.6	108.5	102.3	109.6
加拿大	Canada	97.8	95.1	105.6	98.8	98.2	102.0
美　国	United States	99.2	98.2	99.7	96.5	94.1	96.9
阿根廷	Argentina	96.6	92.9	101.7	97.3	93.8	94.2
巴　西	Brazil	94.8	90.7	101.1	99.5	86.8	86.2
法　国	France	107.7	109.0	130.7	99.5	99.0	118.7
德　国	Germany	99.0	101.5	118.3	97.1	97.2	110.4
意大利	Italy	100.6	107.3	129.6	99.7	104.4	124.8
荷　兰	Netherlands	100.4	99.2	113.9	99.7	103.0	117.0
波　兰	Poland	101.9	106.8	117.8	99.6	101.5	116.1
西班牙	Spain	99.7	105.1	124.9	96.6	98.4	117.5
英　国	United Kingdom	93.6	97.4	107.9	94.3	95.7	103.5
澳大利亚	Australia	98.2	100.0	109.9	94.3	94.5	103.8
新西兰	New Zealand	108.1	98.2	78.2	108.1	98.2	78.2

13-5 出口和进口数量指数

Indices of Export Quantum and Import Quantum

资料来源：国际货币基金组织数据库。
Source:International Monetary Fund Database.
2000年=100

(2000=100)

国家和地区	Country or Area	出口数量指数 Export Quantum/Export Prices			进口数量指数 Import Quantum/Import Prices		
		2001	2002	2003	2001	2002	2003
中国香港	Hong Kong, China	96.7	104.9	119.6	98.0	105.7	119.2
印度尼西亚	Indonesia	121.0	99.7	97.0			
以色列	Israel	95.9	96.9	99.7	92.6	93.4	92.0
日本	Japan	89.9	97.4	102.2	98.7	100.2	107.5
韩国	Korea, Rep.	100.7	114.1	133.4	97.7	109.7	117.7
巴基斯坦	Pakistan	102.1	109.3	109.9	112.1	123.0	122.7
菲律宾	Philippines	88.6	104.9		113.6	115.6	
新加坡	Singapore	95.3	100.1	116.5	89.2		
斯里兰卡	Sri Lanka	91.9	92.7	98.3	90.8	100.6	111.3
泰国	Thailand	94.5	107.3	116.9	89.3	99.0	108.2
土耳其	Turkey	122.2	141.5	172.5			
南非	South Africa	101.3	99.9		100.3	103.5	
阿根廷	Argentina	104.3	105.1	110.4	82.6	37.9	58.1
巴西	Brazil	111.4	120.8	131.3	100.0	97.5	100.4
加拿大	Canada	96.1	96.1	94.5	94.5	95.9	99.2
美国	United States	94.0	90.3	92.9	97.1	101.3	106.8
法国	France	63.4	66.5	65.3	64.2	66.5	66.1
意大利	Italy	101.5	98.6	96.0	99.5	98.9	99.5
荷兰	Netherlands	100.2	101.9	105.7	101.0	94.5	100.1
波兰	Poland	111.8	121.1	143.7	103.2	110.7	119.8
西班牙	Spain	102.0	103.6	109.6	104.1	108.3	115.6
英国	United Kingdom	102.7	100.9	100.4			
澳大利亚	Australia	103.1	103.9	101.5	94.6	108.3	120.9
新西兰	New Zealand	103.3	108.9	111.8	101.8	111.2	123.8

13-6 货物和服务进出口占国内生产总值比重

Export and Import of Goods and Services as Percentage of GDP

资料来源：世界银行数据库。
Source: World Bank Database.
单位：%　　(%)

国家和地区	Country or Area	出口 Exports			进口 Imports		
		1990	2000	2003	1990	2000	2003
世　界	**World**	**19.0**	**24.7**	**23.9 ②**	**19.2**	**24.9**	**23.3 ②**
高收入国家	**High Income**	**18.6**	**23.6**	**22.2 ②**	**19.0**	**24.2**	**22.2 ②**
中等收入国家	**Middle Income**	**22.0**	**31.2**	**32.7**	**20.8**	**29.1**	**29.7**
低收入国家	**Low Income**	**13.2**	**20.5**	**21.2**	**16.7**	**22.1**	**23.6**
中　国①	China ①	17.5	25.9	34.3	14.3	23.2	31.8
中国香港	Hong Kong,China	131.8	145.5	170.0	124.1	141.9	160.6
孟加拉国	Bangladesh	6.1	14.0	14.2	13.5	19.2	20.0
印　度	India	7.1	13.9	14.5	8.6	14.6	16.0
印度尼西亚	Indonesia	25.3	42.9	31.2	23.7	33.5	25.7
伊　朗	Iran	22.0	22.1	25.3	23.5	21.9	22.9
以色列	Israel	34.7	40.4	37.3	45.4	45.4	44.1
日　本	Japan	10.4	10.8	11.8	9.5	9.4	10.2
哈萨克斯坦	Kazakhstan		57.0	50.4		48.4	44.2
韩　国	Korea, Rep.	28.1	40.8	38.2	29.3	37.7	35.6
马来西亚	Malaysia	74.5	124.4	114.3	72.4	104.5	93.3
蒙　古	Mongolia	24.0	65.5	67.6	52.9	81.9	80.3
缅　甸	Myanmar	2.6			4.8		
巴基斯坦	Pakistan	15.5	16.3	20.5	23.4	18.0	20.4
菲律宾	Philippines	27.5	55.4	48.3	33.3	53.5	50.7
斯里兰卡	Sri Lanka	29.2	39.0	35.8	38.0	49.6	42.4
泰　国	Thailand	34.1	66.8	65.6	41.7	58.1	58.9
土耳其	Turkey	13.3	24.0	27.7	17.6	31.5	31.0
越　南	Vietnam	36.0	55.0	59.7	45.3	57.5	67.6
埃　及	Egypt	20.0	16.3	21.7	32.7	22.9	23.6
尼日利亚	Nigeria	43.4	53.3	50.0	28.8	37.5	40.9
南　非	South Africa	24.4	28.9	28.2	18.6	25.9	26.4
阿根廷	Argentina	10.4	10.9	25.0	4.6	11.5	14.2
巴　西	Brazil	8.2	10.7	16.9	7.0	12.2	13.1
委内瑞拉	Venezuela	39.5	28.4	30.6	20.2	16.3	15.0
加拿大	Canada	26.0	46.1	41.5 ②	26.0	40.3	37.2 ②
墨西哥	Mexico	18.6	31.0	28.4	19.7	32.9	30.1
美　国	United States	9.6	11.2	9.8 ②	10.9	15.1	13.9 ②
白俄罗斯	Belarus	46.0	69.2	66.4	43.6	72.4	70.4
保加利亚	Bulgaria	33.1	55.7	53.2	36.7	61.1	63.0
捷　克	Czech Republic	45.2	64.5	62.8	42.6	67.5	65.0
法　国	France	21.2	28.5	25.8	22.2	27.3	24.6
德　国	Germany	25.1	33.8	36.0	25.2	33.4	31.8
意大利	Italy	19.7	28.3	25.4	19.7	27.3	24.9
荷　兰	Netherlands	54.5	67.5	61.7 ②	50.8	62.2	56.4 ②
波　兰	Poland	28.6	27.8	21.0	21.5	34.4	26.4
罗马尼亚	Romania	16.7	32.9	33.0	26.2	38.5	38.5
俄罗斯联邦	Russian Federation	18.2	44.1	31.7	17.9	24.0	20.8
西班牙	Spain	16.3	30.1	27.9	19.7	32.4	29.7
乌克兰	Ukraine	27.6	62.4	52.9	28.7	57.9	48.3
英　国	United Kingdom	24.0	28.1	25.1	26.6	30.1	28.1
澳大利亚	Australia	16.7	22.9	19.7 ②	16.8	22.8	22.2 ②
新西兰	New Zealand	27.0	35.9	32.3 ②	26.8	34.2	30.8 ②

注：①世界银行数据。②2002年数据。
Note: ① Data from World Bank. ② Refer to 2002.

13-7 出口货物构成（2003年）
Exports by Commodity Groups(2003)

资料来源：世界银行数据库。
Sources: World Bank Database.
单位：%　　(%)

国家和地区	Country or Area	农业原材料 Agricultural Raw Materials	食品 Food	燃料 Fuel	矿物和金属 Ores and Metals	制成品 Manufactures
世　界	**World**	**1.9**	**8.1**	**7.4**	**2.8**	**76.5**
高收入国家	**High Income**	**1.8**	**7.3**	**4.7**	**2.4**	**79.9**
中等收入国家	**Middle Income**	**2.2**	**10.1**	**17.3**	**4.0**	**64.7**
低收入国家②	**Low Income ②**		**15.6**	**16.0**	**5.4**	**58.2**
中　国①	China ①	0.6	4.4	2.5	1.6	90.6
中国香港	Hong Kong, China	0.5	2.3	1.1	2.2	93.4
孟加拉国	Bangladesh	2.1	7.7	0.6	0.0	89.5
印　度	India	1.3	11.3	5.7	4.0	76.5
印度尼西亚	Indonesia	5.0	11.4	25.8	5.7	52.1
伊　朗	Iran	0.4	3.5	87.7	0.9	7.5
以色列	Israel	1.0	4.5	0.4	1.3	92.5
日　本	Japan	0.5	0.5	0.4	1.4	93.1
哈萨克斯坦	Kazakhstan	1.3	6.0	61.8	12.8	18.0
韩　国	Korea, Rep.	0.9	1.4	3.5	1.5	92.7
马来西亚	Malaysia	2.4	8.6	10.1	0.9	76.9
蒙　古	Mongolia	12.6	3.1	2.9	43.1	37.9
巴基斯坦	Pakistan	1.6	10.4	2.4	0.3	85.1
菲律宾	Philippines	0.6	6.0	1.6	1.7	90.1
新加坡	Singapore	0.3	1.9	8.4	1.1	84.7
斯里兰卡②	Sri Lanka ②	1.7	21.0	0.0	1.9	74.2
泰　国	Thailand	4.7	14.2	2.5	1.0	75.4
土耳其	Turkey	0.8	10.0	2.1	2.0	83.7
埃　及	Egypt	7.0	8.6	43.8	3.2	31.0
南　非	South Africa	2.8	9.9	9.8	19.2	58.2
美　国	United States	2.6	8.7	2.1	2.1	80.4
加拿大	Canada	5.1	7.4	16.2	4.5	61.1
墨西哥	Mexico	0.5	5.5	11.2	1.2	81.5
阿根廷	Argentina	1.5	49.8	17.3	3.1	27.1
巴　西	Brazil	4.5	28.7	5.2	8.2	51.8
委内瑞拉	Venezuela	0.2	1.1	82.4	3.7	12.7
白俄罗斯	Belarus	3.6	8.3	21.9	1.0	62.0
保加利亚	Bulgaria	2.3	10.2	5.8	10.3	65.8
捷　克	Czech Republic	1.9	3.4	2.8	1.7	90.1
法　国	France	1.0	11.6	2.6	1.7	80.9
德　国	Germany	0.8	4.3	1.6	2.1	84.0
意大利	Italy	0.7	6.8	2.2	1.3	86.7
荷　兰	Netherlands	3.7	16.7	6.5	2.3	70.6
波　兰	Poland	1.5	7.8	4.2	3.7	81.2
罗马尼亚	Romania	3.1	3.2	6.5	4.1	82.5
俄罗斯联邦	Russian Federation	3.2	2.0	53.0	6.9	21.1
西班牙	Spain	1.2	15.0	3.0	2.0	77.4
英　国	United Kingdom	0.5	5.7	7.9	2.2	78.1
澳大利亚	Australia	4.5	19.3	21.0	16.1	30.2
新西兰	New Zealand	12.3	49.4	1.4	3.8	29.3

注：①世界银行数据。②2002年数据。
Note: ① Data from World Bank. ② Data refer to 2002.

13-8 进口货物构成(2003年)
Imports by Commodity Groups (2003)

资料来源：世界银行数据库。
Sources: World Bank Database.
单位：%

(%)

国家和地区	Country or Area	农业原材料 Agricultural Raw Materials	食品 Food	燃料 Fuel	矿物和金属 Ores and Metals	制成品 Manufactures
世　界	**World**	**1.8**	**7.6**	**10.3**	**2.8**	**74.7**
高收入国家	**High Income**	**1.7**	**7.5**	**10.5**	**2.7**	**74.6**
中等收入国家	**Middle Income**	**2.3**	**7.9**	**8.5**	**3.1**	**76.4**
低收入国家②	**Low Income ②**	**4.0**	**10.5**	**24.4**	**3.2**	**57.3**
中　国①	China ①	3.8	3.6	7.0	5.3	80.0
中国香港	Hong Kong, China	1.0	3.6	2.0	1.7	91.5
孟加拉国	Bangladesh	7.3	19.8	7.7	2.3	62.8
印　度	India	3.3	5.8	31.5	4.3	54.3
印度尼西亚	Indonesia	5.3	11.4	23.9	2.9	56.4
伊　朗	Iran	2.1	10.5	5.8	2.2	79.4
以色列	Israel	1.1	6.1	10.8	1.9	79.6
日　本	Japan	2.5	12.3	21.1	4.9	57.6
哈萨克斯坦	Kazakhstan	0.9	8.0	11.1	1.6	78.4
韩　国	Korea, Rep.	2.5	5.6	21.7	5.7	64.2
马来西亚	Malaysia	1.1	5.1	5.5	2.9	83.1
蒙　古	Mongolia	0.6	14.4	19.9	0.5	64.5
巴基斯坦	Pakistan	6.0	10.3	22.0	2.7	58.6
菲律宾	Philippines	1.0	7.0	10.1	2.3	79.5
新加坡	Singapore	0.4	3.4	13.6	1.1	80.4
斯里兰卡②	Sri Lanka ②	1.2	14.2	14.0	2.0	68.4
泰　国	Thailand	2.7	4.9	12.0	3.4	75.9
土耳其	Turkey	3.7	4.2	13.0	5.5	68.4
埃　及	Egypt	4.6	24.9	5.2	2.5	48.7
南　非	South Africa	1.4	5.0	11.9	2.0	70.3
美　国	United States	1.3	4.7	12.5	1.7	76.1
加拿大	Canada	1.3	6.2	6.3	2.1	82.2
墨西哥	Mexico	1.5	6.5	3.4	2.1	85.8
阿根廷②	Argentina ②	2.4	4.6	4.9	3.5	83.9
巴　西	Brazil	1.7	7.1	15.8	3.3	72.0
委内瑞拉	Venezuela	2.0	17.3	1.8	1.7	77.0
白俄罗斯	Belarus	2.1	9.9	26.4	3.6	51.4
保加利亚	Bulgaria	1.6	5.4	4.0	5.5	68.0
捷　克	Czech Republic	1.8	4.8	7.4	3.4	82.6
法　国	France	1.7	8.8	9.6	2.4	77.5
德　国	Germany	1.6	7.4	8.6	3.1	70.5
意大利	Italy	3.2	9.4	9.3	3.6	69.4
荷　兰	Netherlands	1.9	11.5	11.1	2.7	72.8
波　兰	Poland	1.9	5.3	9.1	2.7	79.6
罗马尼亚	Romania	1.2	7.0	11.0	2.4	78.2
俄罗斯联邦	Russian Federation	1.2	19.3	2.3	2.2	65.8
西班牙	Spain	1.6	10.0	10.2	2.8	74.5
英　国	United Kingdom	1.6	8.8	4.5	2.2	78.7
澳大利亚	Australia	1.1	5.2	8.0	1.2	83.7
新西兰	New Zealand	0.9	8.1	9.3	1.8	79.3

注：①世界银行数据。②2002年数据。
Note: ① Data from World Bank. ② Data refer to 2002.

13-9 农产品进出口额

Imports and Exports of Agriculture Products

资料来源：联合国粮农组织数据库。
Source:FAO Database.
单位：亿美元 (USD 100 million)

国家和地区	Country or Area	进口额 Imports			出口额 Exports		
		1990	2002	2003	1990	2002	2003
世　界	**World**	**3532.2**	**4646.3**	**5485.5**	**3262.7**	**4424.1**	**5221.8**
发达国家	**Developed Countries**	**2666.5**	**3276.1**	**3949.4**	**2366.0**	**3112.0**	**3687.6**
中　国①	China ①	97.9	161.1	234.5	102.1	144.7	168.8
中国香港	Hong Kong,China	68.2	79.3	80.7	36.1	35.2	35.2
孟加拉国	Bangladesh	7.7	14.0	18.3	1.6	1.0	1.0
印　度	India	10.8	40.2	49.0	30.7	55.2	65.0
印度尼西亚	Indonesia	15.9	41.7	44.1	28.0	62.1	69.9
伊　朗	Iran, Islamic Rep.	26.8	21.1	27.7	4.6	10.9	14.6
以色列	Israel	12.0	19.0	20.1	12.9	10.2	11.8
日　本	Japan	286.6	336.3	369.9	11.7	16.2	17.0
哈萨克斯坦	Kazakhstan		5.1	6.2		5.6	7.3
朝　鲜	Korea, Dem.People's Rep.	2.5	3.3	2.9	0.6	0.2	0.2
韩　国	Korea, Rep.	64.6	89.6	96.6	11.5	16.8	19.0
马来西亚	Malaysia	21.4	43.0	43.3	43.6	73.7	95.8
蒙　古	Mongolia	0.7	1.3	1.2	1.6	0.9	0.8
缅　甸	Myanmar	1.2	2.9	3.3	1.9	4.7	1.8
巴基斯坦	Pakistan	14.0	15.6	17.7	9.9	9.9	12.3
菲律宾	Philippines	13.6	26.4	30.7	12.3	15.1	18.7
新加坡	Singapore	35.2	38.8	39.6	25.5	26.9	25.6
斯里兰卡	Sri Lanka	4.9	8.1	8.2	7.5	9.7	5.9
泰　国	Thailand	16.0	29.8	35.3	53.9	81.7	103.6
土耳其	Turkey	22.6	30.7	41.8	31.2	34.8	48.3
越　南	Viet Nam	2.4	13.8	14.5	7.4	21.2	22.3
埃　及	Egypt	30.8	34.4	26.8	4.3	7.7	9.4
尼日利亚	Nigeria	5.6	20.0	19.8	2.3	4.1	5.7
南　非	South Africa	9.9	14.9	19.2	19.0	24.0	30.5
加拿大	Canada	71.0	127.1	142.1	91.8	164.7	176.0
墨西哥	Mexico	49.9	116.2	121.8	29.4	78.9	87.3
美　国	United States	270.9	450.3	534.8	452.1	555.9	623.0
阿根廷	Argentina	2.3	5.0	7.4	69.8	110.2	139.0
巴　西	Brazil	22.7	32.4	36.0	87.6	167.3	209.1
委内瑞拉	Venezuela	8.0	15.5	17.6	3.1	2.9	2.0
白俄罗斯	Belarus		9.7	10.6		6.6	8.2
保加利亚	Bulgaria	6.5	5.0	6.4	18.2	7.3	8.0
捷　克	Czech Republic		22.2	27.6		13.8	17.4
法　国	France	226.1	252.6	306.6	334.3	348.4	420.5
德　国	Germany	386.5	368.6	455.9	203.7	263.5	328.5
意大利	Italy	236.5	221.9	268.3	111.3	174.5	206.5
荷　兰	Netherlands	179.6	194.7	251.0	309.3	325.2	419.1
波　兰	Poland	9.9	34.7	39.2	16.3	30.0	41.6
罗马尼亚	Romania	13.7	11.9	17.6	0.9	4.6	6.0
俄罗斯联邦	Russian Federation		93.9	110.3		18.4	23.4
西班牙	Spain	80.4	129.5	163.2	78.3	164.5	214.4
乌克兰	Ukraine		11.4	21.1		24.7	27.2
英　国	United Kingdom	229.5	291.5	350.5	127.7	146.6	171.9
澳大利亚	Australia	17.2	32.3	38.9	117.5	160.2	150.0
新西兰	New Zealand	6.7	13.0	15.3	47.8	67.4	79.5

注：①数据来源于粮农组织数据库。
Note: ① Data from FAO Database.

13-10 主要国家(地区)出口去向构成(2003年)
Exports by Destination(2003)

资料来源：联合国贸易和发展会议数据库。
Source:UNCTAD Database.
单位：%　　(%)

国家和地区	Country or Area	世界 World	发达国家 Developed Countries						东南欧和独联体 South-East Europe and CIS
				欧洲 Europe	欧盟 European Union	美国和加拿大 United States and Canada	日本 Japan	其他 other	
中　国①	China ①	100	56.2	18.3	17.9	22.4	13.6	1.9	2.4
中国香港	Hong Kong, China	100	41.5	14.4	13.7	20.0	5.4	1.7	0.2
孟加拉国	Bangladesh	100	75.7	48.1	47.4	26.6	0.9	0.2	0.1
印　度	India	100	52.0	24.5	23.6	22.0	3.2	2.4	1.7
印度尼西亚	Indonesia	100	52.0	13.8	13.5	12.7	22.3	3.2	0.6
伊　朗	Iran	100	48.4	24.6	24.2	0.7	23.0	0.2	1.2
以色列	Israel	100	70.1	28.3	26.6	38.7	2.0	1.0	2.2
日　本	Japan	100	45.5	16.5	15.9	26.3	…	2.7	0.5
哈萨克斯坦	Kazakhstan	100	37.6	34.0	27.6	2.5	0.9	0.1	24.2
朝　鲜	Korea, Dem.People's Rep.	100	20.4	6.3	6.2	…	13.6	0.5	1.7
韩　国	Korea, Rep.	100	44.7	14.5	13.9	19.8	8.4	2.2	1.2
马来西亚	Malaysia	100	46.3	13.4	13.2	20.9	9.4	2.6	0.3
蒙　古	Mongolia	100	39.7	4.3	4.2	34.2	1.1	0.1	7.4
缅　甸	Myanmar	100	30.3	14.4	14.1	10.9	4.6	0.4	0.7
巴基斯坦	Pakistan	100	55.5	28.9	28.4	24.3	1.1	1.2	0.5
菲律宾	Philippines	100	52.7	15.2	15.1	21.8	14.4	1.4	0.1
新加坡	Singapore	100	39.7	14.7	14.2	14.6	6.7	3.8	0.2
斯里兰卡	Sri Lanka	100	74.3	27.9	27.2	34.8	3.3	2.3	2.3
泰　国	Thailand	100	52.4	16.4	15.1	18.2	14.2	3.7	0.5
土耳其	Turkey	100	70.1	58.5	57.3	8.6	0.4	2.7	9.5
越　南	Vietnam	100	65.3	22.9	22.4	22.0	13.2	7.2	0.9
埃　及	Egypt	100	58.4	42.7	42.3	14.6	0.7	0.4	1.1
尼日利亚	Nigeria	100	73.7	27.5	26.3	42.7	3.4	0.2	…
南　非	South Africa	100	66.6	41.0	39.6	13.4	9.2	3.1	0.5
加拿大	Canada	100	94.4	5.2	4.8	86.6	2.1	0.5	0.2
墨西哥	Mexico	100	94.1	3.6	3.5	89.4	0.7	0.2	0.0
美　国	United States	100	56.4	22.8	21.3	23.4	7.2	3.0	0.6
阿根廷	Argentina	100	33.0	20.5	20.3	10.6	1.2	0.7	0.9
巴　西	Brazil	100	54.8	26.5	25.4	24.2	3.4	0.7	2.6
委内瑞拉	Venezuela	100	53.9	7.5	7.2	46.2	0.2	…	0.1
白俄罗斯	Belarus	100	27.4	24.4	24.3	2.9	0.1	…	64.7
保加利亚	Bulgaria	100	67.2	59.0	57.0	6.5	0.3	0.9	13.7
捷　克	Czech Republic	100	91.6	88.4	86.6	2.6	0.3	0.3	4.2
法　国	France	100	79.2	69.1	65.4	7.5	1.6	1.0	2.0
德　国	Germany	100	81.7	68.8	64.1	10.0	1.8	1.1	3.9
意大利	Italy	100	76.5	63.9	59.6	9.4	1.7	1.5	5.5
荷　兰	Netherlands	100	88.9	82.5	80.1	4.8	0.8	0.7	2.0
波　兰	Poland	100	85.7	81.9	79.2	3.2	0.2	0.3	9.2
罗马尼亚	Romania	100	80.4	74.5	73.0	4.6	0.3	1.0	4.9
俄罗斯联邦	Russian Federation	100	64.3	56.2	50.9	4.9	2.1	1.1	17.5
西班牙	Spain	100	81.9	75.6	73.8	4.7	0.7	0.9	1.5
乌克兰	Ukraine	100	34.9	31.9	30.9	1.6	0.5	0.9	29.2
英　国	United Kingdom	100	80.6	59.0	56.3	17.5	2.0	2.2	1.6
澳大利亚	Australia	100	50.4	14.1	13.8	10.2	18.1	7.6	0.4
新西兰	New Zealand	100	65.5	16.2	15.8	16.5	11.0	21.8	0.5

13-10续表 continued

单位：% (%)

国家和地区	Country or Area	发展中国家 Developing Countries						未分类
			石油输出国组织国家 OPEC	美洲 America	非洲 Africa	西亚 West Asia	其他亚洲地区 Other Asia	Unallocated
中　　国①	China ①	41.5	4.0	2.7	2.3	3.2	33.2	-0.1
中国香港	Hong Kong, China	58.3	1.5	1.4	0.7	1.2	54.9	
孟加拉国	Bangladesh	8.7	1.4	0.4	0.9	2.1	5.3	15.5
印　　度	India	42.9	8.2	3.0	4.8	8.4	26.5	3.4
印度尼西亚	Indonesia	47.5	3.0	1.4	2.0	3.3	40.6	-0.1
伊　　朗	Iran	34.4	1.6	0.1	1.3	5.4	27.6	16.0
以 色 列	Israel	21.9	0.2	4.2	1.7	1.7	14.1	5.8
日　　本	Japan	54.0	3.9	3.2	1.2	2.8	46.2	
哈萨克斯坦	Kazakhstan	36.8	6.4	17.2	0.3	7.2	12.1	1.4
朝　　鲜	Korea, Dem.People's Rep.	77.9	1.4	25.7	4.4	3.3	44.3	
韩　　国	Korea, Rep.	54.5	4.5	6.2	2.4	4.0	41.3	-0.4
马来西亚	Malaysia	53.3	2.6	2.8	1.1	2.0	47.4	0.1
蒙　　古	Mongolia	52.9	0.3			0.6	52.2	
缅　　甸	Myanmar	68.3	0.6	0.1	8.1	0.2	59.0	0.7
巴基斯坦	Pakistan	44.0	16.5	1.6	5.4	18.4	18.6	
菲 律 宾	Philippines	47.2	0.8	1.8	0.2	0.5	44.7	
新 加 坡	Singapore	60.0	1.8	1.8	1.2	1.9	54.5	0.1
斯里兰卡	Sri Lanka	21.7	5.2	1.6	1.1	8.2	10.8	1.7
泰　　国	Thailand	47.0	5.5	1.5	2.1	2.9	40.4	0.1
土 耳 其	Turkey	14.4	5.4	0.7	4.2	5.6	3.8	6.0
越　　南	Vietnam	33.2	4.5	0.6	0.9	2.9	28.8	0.6
埃　　及	Egypt	27.1	6.9	0.6	4.4	10.2	11.8	13.4
尼日利亚	Nigeria	26.2	3.3	6.3	9.4	0.7	9.4	
南　　非	South Africa	32.8	2.1	1.3	14.8	2.0	14.7	0.1
加 拿 大	Canada	5.5	0.6	1.4	0.4	0.4	3.2	-0.1
墨 西 哥	Mexico	5.8	0.4	3.5	0.1	0.1	1.4	0.1
美　　国	United States	43.0	2.4	20.6	1.5	2.1	18.7	
阿 根 廷	Argentina	65.2	3.6	40.9	4.8	3.8	15.7	0.9
巴　　西	Brazil	41.0	5.4	19.1	4.0	3.8	13.6	1.6
委内瑞拉	Venezuela	33.2	0.1	31.7	0.1	0.1	1.1	12.8
白俄罗斯	Belarus	7.2	0.6	1.5	0.8	1.3	3.4	0.7
保加利亚	Bulgaria	16.0	1.3	1.2	1.9	10.4	2.4	3.1
捷　　克	Czech Republic	4.2	1.0	0.4	0.5	1.6	1.7	
法　　国	France	17.5	4.1	2.3	5.6	4.0	5.0	1.3
德　　国	Germany	14.2	2.1	2.0	1.8	3.3	7.1	0.2
意 大 利	Italy	17.5	4.0	2.7	3.8	5.0	5.9	0.5
荷　　兰	Netherlands	8.4	1.7	1.1	1.7	2.1	3.4	0.7
波　　兰	Poland	5.0	0.7	1.0	1.1	1.2	1.6	0.1
罗马尼亚	Romania	14.6	2.5	0.7	2.0	7.8	3.9	0.1
俄罗斯联邦	Russian Federation	18.3	1.9	0.8	1.0	5.3	11.2	-0.1
西 班 牙	Spain	14.5	2.5	4.7	3.9	3.0	2.6	2.1
乌 克 兰	Ukraine	36.0	5.7	1.9	6.2	12.6	15.3	-0.1
英　　国	United Kingdom	15.9	3.6	1.5	2.8	4.1	7.4	1.9
澳大利亚	Australia	47.7	7.2	1.3	2.2	5.3	36.8	1.5
新 西 兰	New Zealand	33.2	4.2	3.5	1.6	2.6	21.8	0.8

注：①联合国贸易与发展会议数据。
Note: ① Data from UNCTAD.

13-11 主要国家(地区)进口来源构成(2003年)

Imports by Origin(2003)

资料来源：联合国贸易和发展会议数据库。
Source:UNCTAD Database.
单位：%

(%)

国家和地区	Country or Area	世界 World	发达国家 Developed Countries						东南欧国家和独联体 Countries in Eastern Europe
				欧洲 Europe	欧盟 European Union	美国和加拿大 United States and Canada	日本 Japan	其他 other	
中　　国①	China ①	100	43.5	14.1	13.2	9.3	18.0	2.2	3.3
中国香港	Hong Kong,China	100	28.9	9.9	8.5	6.0	11.9	1.2	0.3
孟加拉国	Bangladesh	100	23.0	11.3	9.8	3.5	6.0	2.1	1.3
印　　度	India	100	37.3	22.6	21.8	7.4	3.2	4.1	3.7
印度尼西亚	Indonesia	100	39.8	11.9	11.1	9.3	13.0	5.5	1.1
伊　　朗	Iran	100	56.3	50.1	42.9	1.0	4.3	0.9	8.8
以 色 列	Israel	100	68.0	45.0	38.4	20.2	2.4	0.4	4.3
日　　本	Japan	100	36.7	14.4	13.1	17.6	…	4.6	1.3
哈萨克斯坦	Kazakhstan	100	32.5	28.1	27.3	2.3	1.2	0.4	41.4
朝　　鲜	Korea, Dem.People's Rep.	100	18.9	13.1	12.3	1.4	4.3	0.1	5.0
韩　　国	Korea, Rep.	100	51.2	12.1	11.0	15.0	20.5	3.6	1.2
马来西亚	Malaysia	100	38.5	11.6	10.6	12.5	12.5	1.8	0.6
蒙　　古	Mongolia	100	24.8	14.2	13.6	2.8	5.7	2.1	36.6
缅　　甸	Myanmar	100	6.9	2.3	2.1	0.2	4.0	0.4	1.9
巴基斯坦	Pakistan	100	33.9	18.5	17.2	7.3	6.3	1.9	0.7
菲 律 宾	Philippines	100	49.6	8.8	8.4	18.5	20.0	2.3	0.5
新 加 坡	Singapore	100	43.6	15.0	13.2	14.5	12.0	2.1	0.6
斯里兰卡	Sri Lanka	100	31.3	16.9	15.4	2.7	5.5	3.5	0.1
泰　　国	Thailand	100	48.5	11.4	10.3	10.0	24.1	3.0	1.1
土 耳 其	Turkey	100	64.2	56.1	51.5	4.8	2.2	1.1	13.0
越　　南	Vietnam	100	29.3	10.6	9.9	5.9	11.2	1.7	3.2
埃　　及	Egypt	100	56.9	37.7	35.7	14.3	3.7	1.3	5.4
尼日利亚	Nigeria	100	56.1	44.7	43.3	8.1	2.7	0.6	1.8
南　　非	South Africa	100	65.0	46.6	45.4	9.0	6.0	3.3	0.1
加 拿 大	Canada	100	79.1	13.6	11.9	60.6	4.1	0.8	0.4
墨 西 哥	Mexico	100	80.3	10.7	10.2	64.2	4.5	0.6	0.3
美　　国	United States	100	49.7	21.2	19.9	17.4	9.3	1.7	0.9
阿 根 廷	Argentina	100	53.2	28.1	26.8	22.0	2.4	0.8	0.5
巴　　西	Brazil	100	56.8	29.3	26.8	22.5	3.6	1.4	1.1
委内瑞拉	Venezuela	100	58.5	20.3	19.3	34.0	3.4	0.8	0.4
白俄罗斯	Belarus	100	23.8	22.8	22.4	0.8	0.1	0.1	72.7
保加利亚	Bulgaria	100	61.7	55.4	54.2	2.7	1.3	0.8	21.1
捷　　克	Czech Republic	100	79.9	74.0	71.5	3.4	2.3	0.3	6.6
法　　国	France	100	81.5	73.1	69.0	6.0	1.9	0.5	2.6
德　　国	Germany	100	79.4	67.5	61.3	7.8	3.6	0.5	4.0
意 大 利	Italy	100	72.3	65.0	60.6	4.5	2.0	0.8	7.1
荷　　兰	Netherlands	100	71.4	58.0	54.5	8.6	3.9	0.9	2.9
波　　兰	Poland	100	80.8	78.3	75.9	1.4	0.9	0.2	9.4
罗马尼亚	Romania	100	76.3	72.7	71.7	2.4	0.5	0.7	12.0
俄罗斯联邦	Russian Federation	100	59.7	51.3	50.0	5.0	2.8	0.6	21.1
乌 克 兰	Ukraine	100	44.4	42.0	40.9	1.2	0.7	0.5	44.3
英　　国	United Kingdom	100	75.6	58.9	54.2	11.8	3.5	1.4	1.6
澳大利亚	Australia	100	59.2	24.5	23.4	17.4	12.5	4.2	0.1
新 西 兰	New Zealand	100	68.7	20.9	19.8	13.7	11.8	22.4	0.3

13-11 续表 continued

单位：% (%)

国家和地区	Country or Area	发展中国家 Developing Countries	石油输出国组织国家 OPEC	美洲 America	非洲 Africa	西亚 West Asia	其他亚洲地区 Other Asia	未分类 Unallocated
中　　国①	China ①	47.1	4.0	3.6	2.0	3.5	38.0	6.1
中国香港	Hong Kong,China	70.8	1.4	0.8	0.4	0.8	68.8	
孟加拉国	Bangladesh	66.8	8.8	1.2	0.7	6.5	58.4	8.9
印　　度	India	38.2	10.1	2.9	5.0	8.1	22.2	20.8
印度尼西亚	Indonesia	58.2	10.8	1.7	4.9	8.0	43.1	0.9
伊　　朗	Iran	34.8	9.0	4.2	0.5	10.2	20.0	0.1
以 色 列	Israel	17.8		1.3	1.0	2.8	12.8	9.9
日　　本	Japan	62.1	17.0	2.5	1.7	13.2	44.5	-0.1
哈萨克斯坦	Kazakhstan	26.1	0.8	1.6	0.3	3.1	21.1	
朝　　鲜	Korea, Dem.People's Rep.	76.1	13.6	7.6	7.2	6.0	55.2	
韩　　国	Korea, Rep.	47.6	14.7	2.4	1.4	13.7	30.1	
马来西亚	Malaysia	59.6	3.6	0.9	0.4	1.8	56.4	1.3
蒙　　古	Mongolia	38.6	0.5	0.1		0.2	38.3	
缅　　甸	Myanmar	91.1	1.7		0.1	0.2	90.7	0.1
巴基斯坦	Pakistan	65.4	32.5	0.7	2.8	32.6	29.3	
菲 律 宾	Philippines	49.1	8.1	1.1	0.2	6.7	41.0	0.8
新 加 坡	Singapore	55.7	7.9	0.9	0.6	8.4	45.7	0.1
斯里兰卡	Sri Lanka	68.4	14.7	0.6	0.6	14.1	53.0	0.2
泰　　国	Thailand	48.5	8.4	2.0	1.3	9.3	35.7	1.9
土 耳 其	Turkey	20.1	7.7	1.3	4.8	4.6	9.3	2.7
越　　南	Vietnam	66.8	3.3	0.7	0.3	1.4	64.3	0.7
埃　　及	Egypt	31.2	7.4	5.2	3.1	8.1	14.8	6.5
尼日利亚	Nigeria	42.1	2.1	5.6	4.3	0.7	31.4	
南　　非	South Africa	34.7	12.2	3.4	3.9	11.1	16.3	0.2
加 拿 大	Canada	19.2	2.0	5.7	1.3	0.8	11.4	1.3
墨 西 哥	Mexico	18.8	0.8	4.5	0.1	0.2	13.8	0.6
美　　国	United States	49.4	5.6	17.1	2.6	2.7	27.0	
阿 根 廷	Argentina	44.2	1.0	34.0	1.1	0.3	8.7	2.1
巴　　西	Brazil	42.0	9.8	19.1	6.5	2.9	13.5	0.1
委内瑞拉	Venezuela	36.2	0.1	29.5	0.2	0.1	5.5	4.9
白俄罗斯	Belarus	1.9		0.7	0.2	0.2	0.7	1.6
保加利亚	Bulgaria	16.0	1.4	2.8	0.3	6.8	6.1	1.2
捷　　克	Czech Republic	13.6	0.5	1.1	0.5	1.1	11.0	-0.1
法　　国	France	15.1	3.3	1.8	4.5	2.3	6.1	0.8
德　　国	Germany	16.5	1.4	1.9	1.8	1.9	10.9	0.1
意 大 利	Italy	20.4	6.6	2.4	6.6	3.6	7.8	0.2
荷　　兰	Netherlands	25.1	3.7	3.4	2.4	2.9	16.4	0.6
波　　兰	Poland	9.8	0.3	1.2	0.8	1.1	6.6	
罗马尼亚	Romania	11.3	0.4	1.3	0.7	3.3	6.0	0.4
俄罗斯联邦	Russian Federation	19.2	0.5	4.0	0.9	1.6	12.7	
乌 克 兰	Ukraine	11.3	0.4	1.0	0.9	1.3	7.0	
英　　国	United Kingdom	20.7	1.6	1.8	3.0	2.2	13.5	2.1
澳大利亚	Australia	40.4	4.8	1.2	1.1	2.0	34.6	0.3
新 西 兰	New Zealand	31.4	4.9	1.0	1.4	4.2	24.2	-0.4

注：①联合国贸易与发展会议数据。
Note: ① Data from UNCTAD.

13-12 世界主要货物出口占全部货物出口的比重

Main Commodity Exports of the World as Percentage of All Products Exports

资料来源：联合国贸易和发展会议数据库。
Source: UNCTAD Database.
单位：% (%)

商品组代码及含义		Group Code and Description	1990-1991			2001-2002		
			出口额(亿美元) Export Value (USD 100 million)	占全部货物出口的比重 Percentage of Total	占世界比重 Percentage of World	出口额(亿美元) Export Value (USD 100 million)	占全部货物出口的比重 Percentage of Total	占世界比重 Percentage of World
世界		**World**						
	全部商品	All commodities	34076.18	100.00	100.00	61443.69	100.00	100.00
001	活动物，主要用于食品	Live animals for food	94.40	0.28	100.00	88.23	0.14	100.00
011	肉及新鲜、急冻或冷藏	Meat, fresh, chilled, frozen	289.82	0.85	100.00	387.94	0.63	100.00
014	加工及腌制的肉	Meat prepd, prsrvd nes, etc	42.26	0.12	100.00	63.80	0.10	100.00
022	奶及奶油	Milk and cream	88.80	0.26	100.00	133.35	0.22	100.00
024	乳酪(芝士)及凝乳	Cheese and curd	80.35	0.24	100.00	110.43	0.18	100.00
034	鱼，新鲜、急冻或冷藏	Fish, fresh, chilled, frozen	151.13	0.44	100.00	227.88	0.37	100.00
035	鱼，咸，干，熏	Fish salted, dried, smoked	22.87	0.07	100.00	27.74	0.05	100.00
036	甲壳类，鲜的，急冻	Shell fish fresh, frozen	118.65	0.35	100.00	168.03	0.27	100.00
037	鱼，加工的或腌的	Fish etc prepd, prsrvd nes	65.18	0.19	100.00	97.19	0.16	100.00
041	小麦，未碾磨	Wheat etc, unmilled	144.94	0.43	100.00	150.30	0.24	100.00
042	稻谷	Rice	43.07	0.13	100.00	68.13	0.11	100.00
044	玉米，未碾磨	Maize (corn), unmilled	91.93	0.27	100.00	94.13	0.15	100.00
048	谷物制品	Cereal etc preparations	99.65	0.29	100.00	186.65	0.30	100.00
054	新鲜蔬菜，简单加工	Vegtb etc fresh, simply prsrvd	174.22	0.51	100.00	245.21	0.40	100.00
056	加工蔬菜及制品	Vegtb etc prsrvd, preprd	53.36	0.16	100.00	78.82	0.13	100.00
057	水果和坚果，新的或干的	Fruit, nuts, fresh, dried	201.70	0.59	100.00	287.84	0.47	100.00
058	水果，腌的或水果制品	Fruit prsrvd, preprd	89.52	0.26	100.00	127.14	0.21	100.00
061	糖及蜜糖	Sugar and honey	118.43	0.35	100.00	125.74	0.20	100.00
062	糖制品（非巧克力）	Sugar preps non-chocolate	22.13	0.06	100.00	42.70	0.07	100.00
071	咖啡及咖啡代替品	Coffee and substitutes	86.48	0.25	100.00	86.93	0.14	100.00
072	可可	Cocoa	40.09	0.12	100.00	52.92	0.09	100.00
073	巧克力及其他配制食品	Chocolate and products	43.27	0.13	100.00	78.59	0.13	100.00
081	动物饲料	Feeding stuff for animals	160.97	0.47	100.00	223.82	0.36	100.00
098	其它可食用品	Edible products, preps nes	84.97	0.25	100.00	189.83	0.31	100.00
111	无酒精饮料	Non alcoholic beverages nes	25.50	0.07	100.00	61.25	0.10	100.00
112	酒精饮料	Alcoholic beverages	196.10	0.58	100.00	312.21	0.51	100.00
121	未制成的烟草；烟草费料	Tobacco, unmanufactd, refuse	52.56	0.15	100.00	55.69	0.09	100.00
122	制成的烟草	Tobacco, manufactured	130.45	0.38	100.00	154.33	0.25	100.00
211	兽皮(毛皮除外)	Hides skins, exc furs, raw	50.24	0.15	100.00	55.97	0.09	100.00
222	油子及含油果实	Seeds for soft fixed oils	100.74	0.30	100.00	145.94	0.24	100.00
232	天然橡胶和天然胶	Natural rubber, gums	41.51	0.12	100.00	36.51	0.06	100.00
233	合成橡胶；再生橡胶	Rubber, synthetic, reclaimed	53.04	0.16	100.00	62.88	0.10	100.00
247	原木或略成方形	Other wood rough, squared	76.87	0.23	100.00	71.87	0.12	100.00
248	成形的木材及铁路枕木	Wood, shaped, rail sleepers	181.21	0.53	100.00	249.80	0.41	100.00
251	浆及纸废料	Pulp and waste paper	164.72	0.48	100.00	188.89	0.31	100.00
263	棉	Cotton	88.47	0.26	100.00	73.29	0.12	100.00
266	适合纺织用的合成纤维	Synthetic fibres for spinning	39.36	0.12	100.00	42.37	0.07	100.00
268	羊毛及其他动物毛	Wool (exc tops), animal hair	56.79	0.17	100.00	31.96	0.05	100.00
273	石、沙及砾石	Stone, sand and gravel	26.53	0.08	100.00	39.27	0.06	100.00
278	其他未加工的矿产	Other crude minerals	67.81	0.20	100.00	70.26	0.11	100.00
281	铁矿砂及其精矿	Iron ore and concentrates	83.61	0.25	100.00	95.69	0.16	100.00
282	钢铁废料	Iron and steel scrap	50.06	0.15	100.00	80.12	0.13	100.00
287	贱金属矿及其精矿	Base metals ores, conc nes	167.58	0.49	100.00	190.00	0.31	100.00
288	有色金属废料	Non-ferrous metal scrap nes	57.70	0.17	100.00	78.28	0.13	100.00

13-12续表1 continued

单位：% (%)

商品组代码及含义	Group Code and Description	1990-1991			2001-2002		
		出口额（亿美元）Export Value (USD 100 million)	占全部货物出口的比重 Percentage of Total	占世界比重 Percentage of World	出口额（亿美元）Export Value (USD 100 million)	占全部货物出口的比重 Percentage of Total	占世界比重 Percentage of World
289 废金属	Prec metal ores, waste nes	11.80	0.03	100.00	32.20	0.05	100.00
291 未加工的动物材料	Crude animal materials nes	26.78	0.08	100.00	34.02	0.06	100.00
292 未加工的植物材料	Crude vegetb materials nes	117.33	0.34	100.00	153.48	0.25	100.00
322 煤砖、褐煤及泥煤	Coal, lignite and peat	184.40	0.54	100.00	210.10	0.34	100.00
333 原油	Crude petroleum	1821.54	5.35	100.00	3192.56	5.20	100.00
334 石油制品，精制	Petroleum products, refined	845.32	2.48	100.00	1467.17	2.39	100.00
335 石油产品渣滓	Residual petroleum prdts nes	50.38	0.15	100.00	89.90	0.15	100.00
341 气，天然的和人造的	Gas, natural and manufactured	344.05	1.01	100.00	802.41	1.31	100.00
423 不挥发蔬菜油	Fixed vegetable oils, soft	62.98	0.18	100.00	90.70	0.15	100.00
424 其它不挥发蔬菜油	Other fixed vegetable oils	37.69	0.11	100.00	75.31	0.12	100.00
431 加工的动植物油	Procesd animl and veg oil, etc	20.29	0.06	100.00	35.65	0.06	100.00
511 烃类及衍生物	Hydrocarbons nes, derivatives	150.69	0.44	100.00	207.85	0.34	100.00
512 乙醇、苯酚	Alcohols, phenols, etc	80.16	0.24	100.00	145.24	0.24	100.00
513 羧酸	Carboxylic acids, etc	98.02	0.29	100.00	171.60	0.28	100.00
514 氮基化合物	Nitrogen-function compounds	163.22	0.48	100.00	260.28	0.42	100.00
515 有机－无机化合物	Organo-inorgan compounds, etc	137.73	0.40	100.00	454.16	0.74	100.00
516 其他有机化学品	Other organic chemicals	70.30	0.21	100.00	140.20	0.23	100.00
522 无机化学元素，氧化物	Inorg chem elmnt, oxides, etc	124.77	0.37	100.00	164.00	0.27	100.00
523 其他无机化学品	Other inorganic chemicals	79.57	0.23	100.00	121.83	0.20	100.00
524 放射性材料	Radioactive etc materials	50.95	0.15	100.00	53.58	0.09	100.00
531 合成有机色料及天然染料	Synth dye, natrl indigo, lakes	76.97	0.23	100.00	87.51	0.14	100.00
533 颜料、油漆、清漆等	Pigments, paints, varnishes etc	119.12	0.35	100.00	244.52	0.40	100.00
541 医疗及药用产品	Medicinal, pharmaceutical prdts	393.38	1.15	100.00	1490.05	2.43	100.00
551 精油，芳香及芬芳材料	Essential oils, perfume, etc	37.85	0.11	100.00	92.59	0.15	100.00
553 香水、化妆品或梳洗用品	Perfumery, cosmetics, etc	107.10	0.31	100.00	268.96	0.44	100.00
554 肥皂、清洁及磨光用品	Soap, cleansing, etc preps	71.35	0.21	100.00	144.46	0.24	100.00
562 肥料制品	Fertilizers, manufactured	144.90	0.43	100.00	147.12	0.24	100.00
582 浓缩产品	Prdts of condensation, etc	179.20	0.53	100.00	395.12	0.64	100.00
583 聚合和共聚合制品	Polymerization, etc, prdts	481.01	1.41	100.00	841.26	1.37	100.00
584 纤维素及派生用品	Cellulose, derivatives, etc	19.48	0.06	100.00	27.94	0.05	100.00
591 消毒剂、杀虫剂	Pesticides, disinfectants	73.07	0.21	100.00	107.94	0.18	100.00
592 淀粉、菊粉及小麦麸质	Starch, inulin, gluten, etc	49.95	0.15	100.00	96.76	0.16	100.00
598 杂项化学产品	Miscel chemical prdts nes	216.36	0.63	100.00	455.32	0.74	100.00
611 皮革	Leather	95.28	0.28	100.00	172.41	0.28	100.00
612 皮革或合成皮革的制成品	Leather, etc, manufactures	43.37	0.13	100.00	68.96	0.11	100.00
621 橡胶材料	Materials of rubber	40.83	0.12	100.00	83.56	0.14	100.00
625 橡胶轮胎	Rubber tyres,tubes, etc	158.25	0.46	100.00	251.68	0.41	100.00
628 其它橡胶制品	Rubber articles nes	50.18	0.15	100.00	116.90	0.19	100.00
634 饰面板、胶合板及其他木料	Veneers, plywood, etc	95.51	0.28	100.00	135.80	0.22	100.00
635 木制成品	Wood manufactures nes	87.09	0.26	100.00	174.35	0.28	100.00
641 纸及纸板	Paper and paperboard	502.42	1.47	100.00	734.61	1.20	100.00
642 纸及纸板，切成一定尺寸或形状	Paper and paperboard, cut	141.98	0.42	100.00	292.74	0.48	100.00
651 纺织纱	Textile yarn	250.57	0.74	100.00	325.15	0.53	100.00
652 棉织物	Cotton fabrics, woven	163.18	0.48	100.00	233.77	0.38	100.00
653 人造纺织原料的梭织物	Woven man-made fib fabric	249.90	0.73	100.00	294.92	0.48	100.00
654 其他纺织物	Other woven textile fabric	87.06	0.26	100.00	86.17	0.14	100.00
655 针织或钩织物	Knitted, etc, fabric	72.15	0.21	100.00	154.52	0.25	100.00
656 网眼薄纱、丝带、边条料	Lace, ribbon, tulle, etc	30.48	0.09	100.00	52.95	0.09	100.00
657 特种纺织物及有关产品	Spec textile fabrics, products	116.18	0.34	100.00	201.05	0.33	100.00

13-12 续表 2 continued

单位：% (%)

商品组代码及含义	Group Code and Description	1990-1991			2001-2002		
		出口额(亿美元) Export Value (USD 100 million)	占全部货物出口的比重 Percentage of Total	占世界比重 Percentage of World	出口额(亿美元) Export Value (USD 100 million)	占全部货物出口的比重 Percentage of Total	占世界比重 Percentage of World
658 纺织原料制的制成品	Textile articles nes	91.26	0.27	100.00	182.60	0.30	100.00
659 铺地制成品	Floor coverings, etc	89.82	0.26	100.00	86.96	0.14	100.00
661 石灰、水泥、及装配式建筑材料	Lime, cement and building prdts	75.37	0.22	100.00	113.97	0.19	100.00
662 黏土建筑材料及耐火建筑材料	Clay, refractory building prdts	74.36	0.22	100.00	107.09	0.17	100.00
663 矿物制成品	Mineral manufactures nes	86.84	0.25	100.00	134.54	0.22	100.00
664 玻璃	Glass	93.67	0.27	100.00	172.75	0.28	100.00
665 玻璃制成品	Glassware	70.51	0.21	100.00	107.76	0.18	100.00
666 陶器	Pottery	44.85	0.13	100.00	49.85	0.08	100.00
667 珍珠、宝石及半宝石	Pearl, prec, semi-prec stones	254.16	0.75	100.00	553.15	0.90	100.00
671 生铁	Pig iron, etc	64.75	0.19	100.00	82.54	0.13	100.00
672 铁或钢，成锭或其他初级形状	Iron, steel primary forms	190.81	0.56	100.00	259.86	0.42	100.00
673 平板轧材，铁或非合金钢制	Iron, steel shapes, etc	187.12	0.55	100.00	229.00	0.37	100.00
674 铁或非合金钢平板轧材	Iron, steel univ, plate, sheet	366.48	1.08	100.00	492.20	0.80	100.00
677 铁或钢丝，不包括盘条	Iron, steel wire, exc w rod	31.50	0.09	100.00	36.71	0.06	100.00
678 铁及钢棒、杆、角材、型材	Iron, steel tubes, pipes, etc	182.90	0.54	100.00	229.96	0.37	100.00
679 钢铁铸造，未成型的	Iron, steel castings unworked	25.73	0.08	100.00	46.71	0.08	100.00
681 银、白金及其他白金族金属	Silver, platinum, etc	57.64	0.17	100.00	106.87	0.17	100.00
682 铜	Copper	235.35	0.69	100.00	294.14	0.48	100.00
683 镍	Nickel	35.18	0.10	100.00	65.35	0.11	100.00
684 铝	Aluminium	282.71	0.83	100.00	479.67	0.78	100.00
686 锌	Zinc	40.95	0.12	100.00	44.77	0.07	100.00
689 冶金用的杂项非铁贱金属	Non-fer base metals nes	17.94	0.05	100.00	34.57	0.06	100.00
691 结构物及结构物部件	Structures and parts nes	96.80	0.28	100.00	147.72	0.24	100.00
692 储存或运输用的金属容器	Metal tanks, boxes, etc	50.13	0.15	100.00	69.84	0.11	100.00
693 线材产品(绝缘电线除外)	Wire products, non-electric	34.74	0.10	100.00	48.42	0.08	100.00
694 钉及类似物，铁、钢、铜或铝制	Stell, copper nails, nuts, etc	65.35	0.19	100.00	116.91	0.19	100.00
695 手用或机用工具	Tools	125.42	0.37	100.00	207.66	0.34	100.00
696 刃具	Cutlery	28.72	0.08	100.00	54.12	0.09	100.00
697 贱金属制的家用设备	Base metal household equip	68.06	0.20	100.00	137.21	0.22	100.00
699 贱金属制成品	Base metal manufactures nes	249.17	0.73	100.00	510.47	0.83	100.00
712 水蒸汽或其他蒸汽发动锅炉	Steam engines, turbines	28.23	0.08	100.00	30.47	0.05	100.00
713 活塞内燃引擎	Intern combust piston engines	367.07	1.08	100.00	687.45	1.12	100.00
714 引擎及马达	Engines and motors nes	230.16	0.68	100.00	537.21	0.87	100.00
716 旋转式电力装置及其零件	Rotating electric plant	143.57	0.42	100.00	326.35	0.53	100.00
718 其他动力发动机械及其零件	Oth power generating machinery	36.76	0.11	100.00	63.91	0.10	100.00
721 农业机械(拖拉机除外)	Agricult machinry exc tractor	87.24	0.26	100.00	117.14	0.19	100.00
722 拖拉机	Tractors non-road	67.85	0.20	100.00	80.12	0.13	100.00
723 土木工程及建筑用装置及设备	Civil engineering equip, etc	216.38	0.64	100.00	378.80	0.62	100.00
724 纺织及皮革用机械，及其零件	Textile, leather machinery	218.95	0.64	100.00	194.24	0.32	100.00
725 纸厂及纸浆厂机械	Paper etc mill machinery	68.87	0.20	100.00	65.50	0.11	100.00
726 印刷及书本钉装机械及其零件	Print and bookbind machy, parts	108.09	0.32	100.00	137.12	0.22	100.00
727 食品加工机器(家用的除外)	Food machinery, non-domestic	52.93	0.16	100.00	59.10	0.10	100.00
728 其他特种工业专用机器及设备	Oth machy for spec industries	396.41	1.16	100.00	636.57	1.04	100.00
736 金属工具母机或金属碳化物	Metal working machy, tools	238.74	0.70	100.00	285.97	0.47	100.00
737 金工机械(工作母机除外)	Metal working machinery nes	70.39	0.21	100.00	85.23	0.14	100.00
741 加热及冷却设备	Heating, cooling equipment	240.52	0.71	100.00	408.84	0.67	100.00
742 液体泵	Pumps for liquids, etc	116.65	0.34	100.00	202.91	0.33	100.00
743 泵，离心分离机	Pumps nes, centrifuges, etc	204.37	0.60	100.00	408.84	0.67	100.00
744 机械搬运设备	Mechanical handling equipment	223.90	0.66	100.00	297.77	0.48	100.00

13-12 续表 3 continued

单位：% (%)

商品组代码及含义	Group Code and Description	1990-1991 出口额(亿美元) Export Value (USD 100 million)	1990-1991 占全部货物出口的比重 Percentage of Total	1990-1991 占世界比重 Percentage of World	2001-2002 出口额(亿美元) Export Value (USD 100 million)	2001-2002 占全部货物出口的比重 Percentage of Total	2001-2002 占世界比重 Percentage of World
745 其他非电动机械、工具	Non-electr machy, tools nes	164.13	0.48	100.00	244.61	0.40	100.00
749 机械的非电力零件及附件	Non-electr machy parts, acces	373.71	1.10	100.00	677.58	1.10	100.00
751 办公室机器	Office machines	118.68	0.35	100.00	125.71	0.20	100.00
752 自动资料处理机及其部件	Automatic data processing equip	719.74	2.11	100.00	1824.33	2.97	100.00
759 办公室机器的零件及附件	Office, adp machy parts, acces	528.67	1.55	100.00	1497.41	2.44	100.00
761 电视接收机	Television receivers	176.57	0.52	100.00	305.52	0.50	100.00
762 无线电广播接收机	Radio-broadcast receivers	140.34	0.41	100.00	168.70	0.27	100.00
763 声音收录或重播机	Sound recorders, phonographs	163.03	0.48	100.00	297.10	0.48	100.00
764 电讯设备及零件	Telecom equip, parts, acces	625.48	1.84	100.00	2077.79	3.38	100.00
771 电力机械，及其零件	Electric power machinery nes	115.14	0.34	100.00	327.48	0.53	100.00
772 开关设备及零件	Switchgear etc, parts nes	372.95	1.09	100.00	876.25	1.43	100.00
773 电力传输设备	Electricity distributing equip	140.42	0.41	100.00	376.59	0.61	100.00
774 电诊断器具及辐射线器具	Electro-medical, xray equip	84.30	0.25	100.00	163.77	0.27	100.00
775 家用型，电动及非电动设备	Household type equip nes	225.36	0.66	100.00	419.79	0.68	100.00
776 热离子管、冷阴极管	Transistors, valves, etc	675.59	1.98	100.00	2468.38	4.02	100.00
778 电动机械及器具	Electrical machinery nes	390.75	1.15	100.00	919.22	1.50	100.00
781 载客的汽车(公共运输车辆除外)	Passengr motor vehicl, exc bus	1707.83	5.01	100.00	3250.72	5.29	100.00
782 运货汽车及特殊用途汽车	Lorries, spec motor vehicl nes	373.39	1.10	100.00	578.82	0.94	100.00
783 陆路汽车	Road motor vehicles nes	71.52	0.21	100.00	155.58	0.25	100.00
784 汽车发动机零件及附件	Motor vehicl parts, acces nes	850.38	2.50	100.00	1446.35	2.35	100.00
785 电单车及脚踏车，无论是否装有马达	Cycles, etc, motorized or not	111.70	0.33	100.00	204.34	0.33	100.00
786 拖车及半拖车	Trailers, non-motor vehicl nes	71.69	0.21	100.00	107.07	0.17	100.00
791 铁路车辆及有关设备	Railway vehicles	50.03	0.15	100.00	89.34	0.15	100.00
792 航空器及有关设备	Aircraft, etc	723.94	2.12	100.00	1160.57	1.89	100.00
793 船、艇	Ships, boats, etc	264.13	0.78	100.00	446.05	0.73	100.00
812 卫生、管道及发热装备及装配	Plumbg, heatg, lightg equip	95.89	0.28	100.00	190.37	0.31	100.00
821 家具及其零件	Furniture and parts thereof	304.74	0.89	100.00	640.01	1.04	100.00
831 旅行商品，手包	Travel goods, handbags, etc	86.52	0.25	100.00	162.27	0.26	100.00
842 男装或针织衫	Men's outwear non-knit	189.42	0.56	100.00	347.50	0.57	100.00
843 女装或针织衫	Women's outwear non-knit	286.82	0.84	100.00	491.94	0.80	100.00
844 织物服装，非针织	Under garments non-knit	77.30	0.23	100.00	111.14	0.18	100.00
845 无弹力的针织外套	Outer garments knit nonelastic	279.18	0.82	100.00	500.08	0.81	100.00
846 织物制的衣服配件	Under garments knitted	138.54	0.41	100.00	331.05	0.54	100.00
847 衣服配件	Textile clothing accessoris nes	53.34	0.16	100.00	95.43	0.16	100.00
848 帽子头饰，织物制的除外	Headgear, non-textile clothing	104.04	0.31	100.00	148.98	0.24	100.00
851 鞋履	Footwear	303.03	0.89	100.00	429.17	0.70	100.00
871 光学仪器及器具	Optical instruments	35.40	0.10	100.00	124.69	0.20	100.00
872 仪器及用具	Medical instruments nes	110.34	0.32	100.00	296.87	0.48	100.00
873 计量器及计数器	Meters and counters nes	13.93	0.04	100.00	29.42	0.05	100.00
874 量度及控制的仪器及器具	Measuring, controlg instruments	379.50	1.11	100.00	740.25	1.20	100.00
881 摄影器具及设备	Photogr apparatus, equip nes	80.11	0.24	100.00	157.93	0.26	100.00
882 摄影或电影摄影用品	Photogr and cinema supplies	127.70	0.37	100.00	165.44	0.27	100.00
884 光学货品	Optical goods nes	58.79	0.17	100.00	214.13	0.35	100.00
885 钟表	Watches and clocks	160.71	0.47	100.00	182.83	0.30	100.00
892 印刷品	Printed matter	193.31	0.57	100.00	314.19	0.51	100.00
893 塑胶制成品	Articles of plastic nes	291.60	0.86	100.00	591.17	0.96	100.00
894 婴儿车、玩具、游戏及运动品	Toys, sporting goods, etc	253.99	0.75	100.00	479.78	0.78	100.00
895 办公室及文具用品	Office supplies nes	46.42	0.14	100.00	76.83	0.13	100.00
896 艺术品、珍藏品及古董	Works of art, etc	113.57	0.33	100.00	94.01	0.15	100.00
897 首饰、金器、银器及宝石	Gold, silver ware, jewellery	138.04	0.41	100.00	248.04	0.40	100.00
898 乐器及其零件及附件	Musical instruments and parts	198.63	0.58	100.00	333.81	0.54	100.00
899 其它制成品	Other manufactured goods	124.14	0.36	100.00	256.85	0.42	100.00
931 杂项制品	Special transactions	621.75	1.82	100.00	1295.68	2.11	100.00
951 军车，战斗车和弹药车	War firearms, ammunition	54.02	0.16	100.00	44.64	0.07	100.00

13–12 续表 4 continued

单位：% (%)

商品组代码及含义		Group Code and Description	1990-1991 出口额（亿美元）Export Value (USD 100 million)	1990-1991 占全部货物出口的比重 Percentage of Total	1990-1991 发达国家占世界比重 Developed Countries as Percentage of World	2001-2002 出口额（亿美元）Export Value (USD 100 million)	2001-2002 占全部货物出口的比重 Percentage of Total	2001-2002 发达国家占世界比重 Developed Countries as Percentage of World
发达国家		**Developed Countries**						
	全部商品	All commodities	24955.91	100.00	73.24	40329.05	100.00	65.64
001	活动物，主要用于食品	Live animals for food	63.92	0.26	67.72	71.87	0.18	81.46
011	肉及新鲜、急冻或冷藏	Meat, fresh, chilled, frozen	249.05	1.00	85.93	318.39	0.79	82.07
014	加工及腌制的肉	Meat prepd, prsrvd nes, etc	31.41	0.13	74.33	45.17	0.11	70.81
022	奶及奶油	Milk and cream	85.02	0.34	95.75	115.41	0.29	86.54
023	黄油	Butter	31.41	0.13	97.97	25.22	0.06	93.13
024	乳酪(芝士)及凝乳	Cheese and curd	79.25	0.32	98.63	106.48	0.26	96.43
034	鱼，新鲜、急冻或冷藏	Fish, fresh, chilled, frozen	101.07	0.41	66.87	133.68	0.33	58.66
035	鱼（干、腌、熏）	Fish salted, dried, smoked	19.12	0.08	83.61	20.09	0.05	72.44
036	甲壳类，鲜的，急冻	Shell fish fresh, frozen	36.73	0.15	30.95	54.89	0.14	32.67
037	鱼，加工的或腌的	Fish etc prepd, prsrvd nes	29.04	0.12	44.56	38.26	0.09	39.37
041	小麦未碾磨	Wheat etc, unmilled	133.72	0.54	92.26	116.58	0.29	77.56
042	稻谷	Rice	17.52	0.07	40.68	20.86	0.05	30.62
043	大麦，未碾磨	Barley, unmilled	29.18	0.12	97.74	18.96	0.05	76.61
044	玉米，未碾磨	Maize (corn), unmilled	76.85	0.31	83.60	66.44	0.16	70.58
048	谷物制品	Cereal etc preparations	90.99	0.36	91.30	160.08	0.40	85.77
054	新鲜蔬菜，简单加工	Vegtb etc fresh, simply prsrvd	123.24	0.49	70.74	166.57	0.41	67.93
056	加工蔬菜及制品	Vegtb etc prsrvd, preprd	32.00	0.13	59.97	51.83	0.13	65.76
057	水果和坚果，新的或干的	Fruit, nuts, fresh, dried	116.71	0.47	57.87	162.86	0.40	56.58
058	水果，腌的或水果制品	Fruit prsrvd, preprd	52.05	0.21	58.15	74.57	0.18	58.65
061	糖、糖蜜及蜜糖	Sugar and honey	50.67	0.20	42.79	49.74	0.12	39.56
062	糖制品（非巧克力）	Sugar preps non-chocolate	18.24	0.07	82.43	28.70	0.07	67.22
071	咖啡及咖啡代替品	Coffee and substitutes	18.46	0.07	21.34	30.58	0.08	35.17
073	巧克力及其他配制食品	Chocolate and products	40.72	0.16	94.13	69.33	0.17	88.23
081	动物饲料	Feeding stuff for animals	98.00	0.39	60.88	138.11	0.34	61.71
098	其它可食用品	Edible products, preps nes	71.73	0.29	84.42	148.07	0.37	78.00
111	无酒精饮料	Non alcoholic beverages nes	20.07	0.08	78.70	48.34	0.12	78.92
112	酒精饮料	Alcoholic beverages	179.70	0.72	91.64	263.27	0.65	84.33
121	未制成的烟草；烟草费料	Tobacco, unmanufactd, refuse	23.97	0.10	45.61	23.49	0.06	42.19
122	制成的烟草	Tobacco, manufactured	103.74	0.42	79.52	112.98	0.28	73.21
211	兽皮(毛皮除外)	Hides skins, exc furs, raw	41.53	0.17	82.67	44.17	0.11	78.91
222	油子及含油果实	Seeds for soft fixed oils	66.24	0.27	65.75	87.60	0.22	60.02
233	合成橡胶；再生橡胶	Rubber, synthetic, reclaimed	38.20	0.15	72.02	45.03	0.11	71.61
247	原木或略成方形	Other wood rough, squared	41.86	0.17	54.45	37.76	0.09	52.54
248	成形的木材及铁路枕木	Wood, shaped, rail sleepers	133.03	0.53	73.42	185.38	0.46	74.21
251	浆及纸废料	Pulp and waste paper	143.08	0.57	86.86	145.66	0.36	77.11
263	棉	Cotton	38.29	0.15	43.28	35.32	0.09	48.19
266	适合纺织用的合成纤维	Synthetic fibres for spinning	26.88	0.11	68.30	19.39	0.05	45.77
267	其他人造纤维	Other man-made fibres	19.70	0.08	78.74	19.31	0.05	81.18
268	羊毛及其他动物毛	Wool (exc tops), animal hair	40.22	0.16	70.82	24.78	0.06	77.55
273	石、沙及砾石	Stone, sand and gravel	20.16	0.08	76.01	26.69	0.07	67.96
278	其他未加工的矿产	Other crude minerals	42.87	0.17	63.23	46.35	0.11	65.96
281	铁矿砂及其精矿	Iron ore and concentrates	34.66	0.14	41.46	40.52	0.10	42.34
282	钢铁废料	Iron and steel scrap	43.59	0.17	87.09	60.59	0.15	75.62
287	贱金属矿及其精矿	Base metals ores, conc nes	90.86	0.36	54.22	80.07	0.20	42.14
288	有色金属废料	Non-ferrous metal scrap nes	49.94	0.20	86.55	62.21	0.15	79.48
289	废金属	Prec metal ores,waste nes	8.71	0.03	73.86	18.92	0.05	58.76

13-12 续表 5 continued

单位：% (%)

商品组代码及含义		Group Code and Description	1990-1991 出口额（亿美元）Export Value (USD 100 million)	1990-1991 占全部货物出口的比重 Percentage of Total	1990-1991 发达国家占世界比重 Developed Countries as Percentage of World	2001-2002 出口额（亿美元）Export Value (USD 100 million)	2001-2002 占全部货物出口的比重 Percentage of Total	2001-2002 发达国家占世界比重 Developed Countries as Percentage of World
291	未加工的动物材料	Crude animal materials nes	15.31	0.06	57.17	20.82	0.05	61.22
292	未加工的植物材料	Crude vegetb materials nes	87.35	0.35	74.45	111.75	0.28	72.81
322	煤砖、褐煤及泥煤	Coal, lignite and peat	137.76	0.55	74.71	119.71	0.30	56.98
333	原油	Crude petroleum	282.47	1.13	15.51	588.47	1.46	18.43
334	石油制品，精制	Petroleum products, refined	430.33	1.72	50.91	638.25	1.58	43.50
335	石油产品渣滓	Residual petroleum prdts nes	39.24	0.16	77.89	61.44	0.15	68.34
341	气，天然的和人造的	Gas, natural and manufactured	123.83	0.50	35.99	336.98	0.84	42.00
423	不挥发蔬菜油	Fixed vegetable oils, soft	40.54	0.16	64.37	53.91	0.13	59.44
431	加工的动物、植物油	Procesd animl and veg oil, etc	11.54	0.05	56.88	20.82	0.05	58.42
511	烃类及衍生物	Hydrocarbons nes, derivatives	131.47	0.53	87.25	148.17	0.37	71.29
512	乙醇、苯酚	Alcohols, phenols, etc	60.03	0.24	74.89	88.36	0.22	60.83
513	羧酸	Carboxylic acids, etc	85.79	0.34	87.53	116.14	0.29	67.68
514	氮基化合物	Nitrogen-function compounds	148.96	0.60	91.26	222.15	0.55	85.35
515	有机－无机化合物	Organo-inorgan compounds, etc	122.26	0.49	88.77	409.26	1.01	90.11
516	其他有机化学品	Other organic chemicals	62.45	0.25	88.83	105.43	0.26	75.20
522	无机化学元素，氧化物	Inorg chem elmnt, oxides, etc	88.25	0.35	70.73	97.75	0.24	59.60
523	其他无机化学品	Other inorganic chemicals	64.38	0.26	80.91	86.59	0.21	71.08
524	放射性材料	Radioactive etc materials	46.90	0.19	92.04	47.34	0.12	88.34
531	合成有机色料及天然染料	Synth dye, natrl indigo, lakes	63.84	0.26	82.95	60.53	0.15	69.17
533	颜料、油漆、清漆等	Pigments, paints, varnishes etc	108.24	0.43	90.86	201.98	0.50	82.60
541	医疗及药用产品	Medicinal, pharmaceutical prdts	355.68	1.43	90.42	1389.16	3.44	93.23
551	精油，芳香及芬芳材料	Essential oils, perfume, etc	31.77	0.13	83.93	78.18	0.19	84.44
553	香水、化妆品或梳洗用品	Perfumery, cosmetics, etc	93.34	0.37	87.15	229.10	0.57	85.18
554	肥皂、清洁及磨光用品	Soap, cleansing, etc preps	61.44	0.25	86.10	114.52	0.28	79.27
562	肥料制品	Fertilizers, manufactured	89.67	0.36	61.88	86.82	0.22	59.01
582	浓缩产品	Prdts of condensation, etc	160.77	0.64	89.72	306.77	0.76	77.64
583	聚合和共聚合制品	Polymerization, etc, prdts	403.79	1.62	83.95	613.22	1.52	72.89
584	纤维素及相关产品	Cellulose, derivatives, etc	17.86	0.07	91.68	25.04	0.06	89.63
591	消毒剂、杀虫剂	Pesticides, disinfectants	65.67	0.26	89.88	85.62	0.21	79.33
592	淀粉、菊粉及小麦麸质	Starch, inulin, gluten, etc	44.50	0.18	89.09	78.18	0.19	80.80
598	杂项化学产品	Miscel chemical prdts nes	198.04	0.79	91.53	392.84	0.97	86.28
611	皮革	Leather	56.62	0.23	59.43	80.36	0.20	46.61
612	皮革或合成皮革的制成品	Leather, etc, manufactures	15.78	0.06	36.39	31.67	0.08	45.93
621	橡胶材料	Materials of rubber	36.66	0.15	89.79	71.33	0.18	85.37
625	橡胶轮胎	Rubber tyres,tubes, etc	132.96	0.53	84.02	182.37	0.45	72.46
628	其它橡胶制品	Rubber articles nes	43.51	0.17	86.70	95.38	0.24	81.59
634	饰面板、胶合板及其他木料	Veneers, plywood, etc	47.40	0.19	49.63	79.66	0.20	58.66
635	木制成品	Wood manufactures nes	63.43	0.25	72.84	119.88	0.30	68.76
641	纸及纸板	Paper and paperboard	465.92	1.87	92.73	638.88	1.58	86.97
642	纸及纸板，切成一定尺寸或形状	Paper and paperboard, cut	123.20	0.49	86.77	226.34	0.56	77.32
651	纺织纱	Textile yarn	151.60	0.61	60.50	146.52	0.36	45.06
652	棉织物	Cotton fabrics, woven	84.95	0.34	52.06	104.08	0.26	44.52
653	人造纺织原料的梭织物	Woven man-made fib fabric	132.22	0.53	52.91	127.43	0.32	43.21
654	其他纺织物	Other woven textile fabric	58.24	0.23	66.90	57.98	0.14	67.28
655	针织或钩织物	Knitted, etc, fabric	34.26	0.14	47.48	54.53	0.14	35.29
656	网眼薄纱、丝带、边条料	Lace, ribbon, tulle, etc	19.78	0.08	64.91	26.54	0.07	50.12
657	特种纺织物及有关产品	Spec textile fabrics, products	87.49	0.35	75.31	135.80	0.34	67.54
658	纺织原料制的制成品	Textile articles nes	41.06	0.16	44.99	63.62	0.16	34.84
659	铺地制成品	Floor coverings, etc	58.78	0.24	65.45	54.76	0.14	62.96
661	石灰、水泥、及装配式建筑材料	Lime, cement and building prdts	53.37	0.21	70.81	62.82	0.16	55.12
662	黏土建筑材料及耐火建筑材料	Clay, refractory building prdts	67.97	0.27	91.41	85.80	0.21	80.12

13–12续表6 continued

单位：% (%)

商品组代码及含义	Group Code and Description	1990-1991 出口额（亿美元）Export Value (USD 100 million)	1990-1991 占全部货物出口的比重 Percentage of Total	1990-1991 发达国家占世界比重 Developed Countries as Percentage of World	2001-2002 出口额（亿美元）Export Value (USD 100 million)	2001-2002 占全部货物出口的比重 Percentage of Total	2001-2002 发达国家占世界比重 Developed Countries as Percentage of World
663 矿物制成品	Mineral manufactures nes	77.17	0.31	88.86	113.15	0.28	84.10
664 玻璃	Glass	82.81	0.33	88.40	132.49	0.33	76.70
665 玻璃制成品	Glassware	58.46	0.23	82.91	79.80	0.20	74.06
666 陶器	Pottery	30.69	0.12	68.43	25.57	0.06	51.29
667 珍珠、宝石及半宝石	Pearl, prec, semi-prec stones	189.25	0.76	74.46	362.24	0.90	65.49
671 生铁	Pig iron, etc	28.39	0.11	43.84	23.17	0.06	28.07
672 铁或钢，成锭或其他初级形状	Iron, steel primary forms	129.16	0.52	67.69	137.18	0.34	52.79
673 平板轧材，铁或非合金钢制	Iron, steel shapes, etc	146.78	0.59	78.44	156.94	0.39	68.53
674 铁或非合金钢平板轧材	Iron, steel univ, plate, sheet	313.28	1.26	85.48	346.76	0.86	70.45
677 铁或钢丝，不包括盘条	Iron, steel wire, exc w rod	25.80	0.10	81.93	25.65	0.06	69.88
678 铁及钢棒、杆、角材、型材	Iron, steel tubes, pipes, etc	154.97	0.62	84.73	170.14	0.42	73.99
679 钢铁铸造，未成型的	Iron, steel castings unworked	20.25	0.08	78.72	31.97	0.08	68.44
681 银、白金及其他白金族金属	Silver, platinum, etc	44.12	0.18	76.54	88.72	0.22	83.02
682 铜	Copper	135.57	0.54	57.60	148.83	0.37	50.60
683 镍	Nickel	26.95	0.11	76.60	45.24	0.11	69.22
684 铝	Aluminium	223.74	0.90	79.14	326.69	0.81	68.11
686 锌	Zinc	27.95	0.11	68.25	25.61	0.06	57.20
689 冶金用的杂项非铁贱金属	Non-fer base metals nes	12.97	0.05	72.32	22.12	0.05	64.01
691 结构物及结构物部件	Structures and parts nes	85.45	0.34	88.27	114.53	0.28	77.53
692 储存或运输用的金属容器	Metal tanks, boxes, etc	44.16	0.18	88.10	55.27	0.14	79.14
693 线材产品（绝缘电线除外）	Wire products, non-electric	27.11	0.11	78.02	32.05	0.08	66.19
694 钉及类似物，铁、钢、铜或铝制	Stell, copper nails, nuts, etc	50.84	0.20	77.80	82.76	0.21	70.79
695 手用或机用工具	Tools	106.00	0.42	84.51	150.56	0.37	72.50
696 刃具	Cutlery	18.25	0.07	63.53	30.90	0.08	57.11
697 贱金属制的家用设备	Base metal household equip	45.40	0.18	66.71	70.47	0.17	51.36
712 蒸汽机，涡轮	Steam engines, turbines	19.07	0.08	67.57	26.76	0.07	87.82
713 活塞内燃引擎，及其零件	Intern combust piston engines	329.61	1.32	89.80	604.23	1.50	87.90
714 引擎及马达	Engines and motors nes	220.97	0.89	96.01	505.93	1.25	94.18
716 旋转式电力装置及其零件	Rotating electric plant	119.54	0.48	83.26	218.40	0.54	66.92
718 其他动力发动机械及其零件	Oth power generating machinery	31.46	0.13	85.59	51.74	0.13	80.96
721 农业机械（拖拉机除外）	Agricult machinry exc tractor	80.98	0.32	92.82	109.36	0.27	93.36
722 拖拉机	Tractors non-road	60.00	0.24	88.43	72.25	0.18	90.18
723 土木工程及建筑用装置及设备	Civil engineering equip, etc	193.66	0.78	89.50	315.09	0.78	83.18
724 纺织及皮革用机械，及其零件	Textile, leather machinery	188.71	0.76	86.19	150.94	0.37	77.71
725 纸厂及纸浆厂机械	Paper etc mill machinery	64.45	0.26	93.59	60.61	0.15	92.54
726 印刷及书本钉装机械及其零件	Print and bookbind machy, parts	105.06	0.42	97.19	125.88	0.31	91.80
727 食品加工机器（家用的除外）	Food machinery, non-domestic	49.45	0.20	93.43	53.75	0.13	90.94
728 其他特种工业专用机器及设备	Oth machy for spec industries	350.83	1.41	88.50	550.32	1.36	86.45
736 金属工具母机或金属碳化物	Metal working machy, tools	214.28	0.86	89.75	244.22	0.61	85.40
737 金工机械（工作母机除外）	Metal working machinery nes	63.60	0.25	90.36	73.47	0.18	86.20
741 加热及冷却设备	Heating, cooling equipment	219.55	0.88	91.28	311.72	0.77	76.25
742 液体泵	Pumps for liquids, etc	111.43	0.45	95.52	181.28	0.45	89.34
743 泵，离心分离机	Pumps nes, centrifuges, etc	187.31	0.75	91.65	339.03	0.84	82.93
744 机械搬运设备	Mechanical handling equipment	207.18	0.83	92.53	266.29	0.66	89.43
745 其他非电动机械、工具	Non-electr machy, tools nes	156.00	0.63	95.04	215.39	0.53	88.06
749 机械的非电力零件及附件	Non-electr machy parts, acces	337.82	1.35	90.40	549.99	1.36	81.17
751 办公室机器	Office machines	97.86	0.39	82.45	72.75	0.18	57.87
752 自动资料处理机及其部件	Automatic data processing equip	559.12	2.24	77.68	988.78	2.45	54.20

13-12 续表 7 continued

单位：%　　　　(%)

商品组代码及含义	Group Code and Description	1990-1991 出口额（亿美元）Export Value (USD 100 million)	1990-1991 占全部货物出口的比重 Percentage of Total	1990-1991 发达国家占世界比重 Developed Countries as Percentage of World	2001-2002 出口额（亿美元）Export Value (USD 100 million)	2001-2002 占全部货物出口的比重 Percentage of Total	2001-2002 发达国家占世界比重 Developed Countries as Percentage of World
759 办公室机器的零件及附件	Office, adp machy parts, acces	421.63	1.69	79.75	739.08	1.83	49.36
761 电视接收机	Television receivers	103.77	0.42	58.77	135.65	0.34	44.40
762 无线电广播接收机	Radio-broadcast receivers	50.77	0.20	36.18	53.37	0.13	31.64
763 声音收录或重播机	Sound recorders, phonographs	114.16	0.46	70.03	143.25	0.36	48.22
764 电讯设备及零件	Telecom equip, parts, acces	476.96	1.91	76.25	1268.16	3.14	61.03
771 电力机械，及其零件	Electric power machinery nes	81.89	0.33	71.12	169.41	0.42	51.73
772 开关设备及零件	Switchgear etc, parts nes	327.55	1.31	87.83	586.76	1.45	66.96
773 电力传输设备	Electricity distributing equip	112.10	0.45	79.83	222.29	0.55	59.03
774 电诊断器具及辐射线器具	Electro-medical, xray equip	82.30	0.33	97.63	151.97	0.38	92.79
775 家用型，电动及非电动设备	Household type equip nes	170.15	0.68	75.50	240.54	0.60	57.30
776 热离子管、冷阴极管	Transistors, valves, etc	451.85	1.81	66.88	1257.79	3.12	50.96
778 电动机械及器具	Electrical machinery nes	334.00	1.34	85.48	615.86	1.53	67.00
781 载客的汽车（公共运输车辆除外）	Passengr motor vehicl, exc bus	1625.43	6.51	95.17	2886.09	7.16	88.78
782 运货汽车及特殊用途汽车	Lorries, spec motor vehicl nes	355.47	1.42	95.20	460.51	1.14	79.56
783 陆路汽车	Road motor vehicles nes	67.71	0.27	94.67	132.90	0.33	85.42
784 汽车零件及附件	Motor vehicl parts, acces nes	766.99	3.07	90.19	1258.01	3.12	86.98
785 电单车及脚踏车，无论是否装有马达	Cycles, etc, motorized or not	78.39	0.31	70.17	135.41	0.34	66.27
786 拖车及半拖车	Trailers, non-motor vehicl nes	50.12	0.20	69.91	72.46	0.18	67.67
791 铁路车辆及有关设备	Railway vehicles	41.55	0.17	83.07	75.45	0.19	84.45
792 航空器及有关设备	Aircraft, etc	693.01	2.78	95.73	1079.97	2.68	93.06
793 船、艇	Ships, boats, etc	199.23	0.80	75.43	279.78	0.69	62.72
812 卫生、管道及发热装备及装配	Plumbg, heatg, lightg equip	75.42	0.30	78.65	121.37	0.30	63.76
821 家具及其零件	Furniture and parts thereof	248.48	1.00	81.54	443.47	1.10	69.29
831 旅行商品，手包	Travel goods, handbags, etc	31.56	0.13	36.48	55.79	0.14	34.38
842 男装或针织衫	Men's outwear non-knit	83.99	0.34	44.34	115.00	0.29	33.09
843 女装或针织衫	Women's outwear non-knit	132.95	0.53	46.35	163.17	0.40	33.17
844 织物服装，非针织	Under garments non-knit	18.79	0.08	24.31	20.77	0.05	18.69
845 无弹力的针织外套	Outer garments knit nonelastic	113.72	0.46	40.73	153.72	0.38	30.74
846 织物制的衣服配件	Under garments knitted	58.97	0.24	42.57	116.97	0.29	35.33
847 衣服配件	Textile clothing accessoris nes	28.69	0.11	53.79	47.36	0.12	49.63
848 帽子头饰，织物制的除外	Headgear, non-textile clothing	33.05	0.13	31.76	45.31	0.11	30.41
851 鞋履	Footwear	138.59	0.56	45.73	180.61	0.45	42.08
871 光学仪器及器具	Optical instruments	30.69	0.12	86.70	73.83	0.18	59.21
872 仪器及用具	Medical instruments nes	101.99	0.41	92.44	246.00	0.61	82.86
873 计量器及计数器	Meters and counters nes	12.73	0.05	91.37	22.32	0.06	75.86
874 量度及控制的仪器及器具	Measuring, controlg instruments	358.05	1.43	94.35	637.73	1.58	86.15
881 摄影器具及设备	Photogr apparatus, equip nes	62.96	0.25	78.60	96.61	0.24	61.17
882 摄影或电影摄影用品	Photogr and cinema supplies	118.90	0.48	93.11	139.07	0.34	84.06
884 光学货品	Optical goods nes	48.28	0.19	82.13	163.16	0.40	76.20
885 钟表	Watches and clocks	95.79	0.38	59.60	102.46	0.25	56.04
892 印刷品	Printed matter	174.05	0.70	90.04	260.25	0.65	82.83
893 塑胶制成品	Articles of plastic nes	230.88	0.93	79.18	405.02	1.00	68.51
894 婴儿车、玩具、游戏及运动货品	Toys, sporting goods, etc	113.99	0.46	44.88	199.68	0.50	41.62
895 办公室及文具用品	Office supplies nes	37.68	0.15	81.17	50.79	0.13	66.11
896 艺术品、珍藏品及古董	Works of art, etc	108.68	0.44	95.69	91.02	0.23	96.82
897 首饰、金器、银器及宝石	Gold, silver ware, jewellery	98.86	0.40	71.62	148.38	0.37	59.82
898 乐器及其零件及附件	Musical instruments and parts	165.80	0.66	83.47	240.40	0.60	72.02
899 其它制成品	Other manufactured goods	72.57	0.29	58.46	165.16	0.41	64.30
931 杂项制品	Special transactions	472.50	1.89	75.99	1016.07	2.52	78.42
951 军车，战斗车和弹药车	War firearms, ammunition	50.62	0.20	93.71	42.49	0.11	95.18

13–12 续表 8 continued

单位：% (%)

商品组代码及含义		Group Code and Description	1990-1991 出口额（亿美元）Export Value (USD 100 million)	1990-1991 占全部货物出口的比重 Percentage of Total	1990-1991 发展中国家占世界比重 Developing Countries as Percentage of World	2001-2002 出口额（亿美元）Export Value (USD 100 million)	2001-2002 占全部货物出口的比重 Percentage of Total	2001-2002 发展中国家占世界比重 Developing Countries as Percentage of World
发展中国家		**Developing Countries**						
	全部商品	All commodities	8112.39	100.00	23.81	19401.25	100.00	31.58
001	活动物，主要用于食品	Live animals for food	17.19	0.21	18.22	15.02	0.08	17.03
011	肉及新鲜、急冻或冷藏	Meat, fresh, chilled, frozen	39.08	0.48	13.48	65.99	0.34	17.01
014	加工及腌制的肉	Meat prepd, prsrvd nes, etc	9.88	0.12	23.38	17.70	0.09	27.74
022	奶及奶油	Milk and cream	3.54	0.04	3.99	15.56	0.08	11.67
034	鱼，新鲜、急冻或冷藏	Fish, fresh, chilled, frozen	44.65	0.55	29.55	90.13	0.46	39.55
035	鱼（干、腌、熏）	Fish salted, dried, smoked	3.67	0.05	16.06	7.50	0.04	27.03
036	甲壳类，鲜的，急冻	Shell fish fresh, frozen	79.38	0.98	66.90	112.43	0.58	66.91
037	鱼，加工的或腌的	Fish etc prepd, prsrvd nes	32.77	0.40	50.27	57.92	0.30	59.59
041	小麦，未碾磨	Wheat etc, unmilled	9.99	0.12	6.89	19.41	0.10	12.92
042	稻谷	Rice	25.22	0.31	58.57	47.22	0.24	69.31
044	玉米，未碾磨	Maize (corn), unmilled	14.69	0.18	15.98	26.58	0.14	28.24
046	小麦，面粉	Wheat etc, meal or flour	2.51	0.03	14.37	5.38	0.03	29.61
048	谷物制品	Cereal etc preparations	8.55	0.11	8.58	24.49	0.13	13.12
054	新鲜蔬菜，简单加工	Vegtb etc fresh, simply prsrvd	49.90	0.62	28.64	76.01	0.39	31.00
056	加工蔬菜及制品	Vegtb etc prsrvd, preprd	20.98	0.26	39.32	25.84	0.13	32.78
057	水果和坚果，新的或干的	Fruit, nuts, fresh, dried	84.53	1.04	41.91	122.26	0.63	42.48
058	水果，腌的或水果制品	Fruit prsrvd, preprd	36.00	0.44	40.21	49.79	0.26	39.16
061	糖及蜜糖	Sugar and honey	66.84	0.82	56.44	72.32	0.37	57.52
062	糖制品（非巧克力）	Sugar preps non-chocolate	3.74	0.05	16.90	12.87	0.07	30.15
071	咖啡及咖啡代替品	Coffee and substitutes	68.02	0.84	78.65	56.23	0.29	64.68
072	可可	Cocoa	28.52	0.35	71.15	34.34	0.18	64.90
073	巧克力及其他配制食品	Chocolate and products	2.36	0.03	5.44	6.76	0.03	8.60
074	茶	Tea and mate	21.98	0.27	84.35	21.12	0.11	81.26
075	香料，调味品	Spices	10.75	0.13	78.65	18.64	0.10	75.81
081	动物饲料	Feeding stuff for animals	61.31	0.76	38.09	83.74	0.43	37.41
098	其它可食用品	Edible products, preps nes	11.01	0.14	12.96	39.74	0.20	20.94
111	无酒精饮料	Non alcoholic beverages nes	5.39	0.07	21.14	12.18	0.06	19.89
112	酒精饮料	Alcoholic beverages	14.44	0.18	7.36	42.95	0.22	13.76
121	未制成的烟草；烟草费料	Tobacco, unmanufactd, refuse	28.22	0.35	53.69	30.17	0.16	54.17
122	制成的烟草	Tobacco, manufactured	26.43	0.33	20.26	38.49	0.20	24.94
211	兽皮(毛皮除外)	Hides skins, exc furs, raw	6.89	0.08	13.71	9.01	0.05	16.10
222	油子及含油果实	Seeds for soft fixed oils	31.58	0.39	31.34	56.12	0.29	38.45
232	天然橡胶和天然胶	Natural rubber, gums	40.06	0.49	96.52	34.80	0.18	95.34
233	合成橡胶；再生橡胶	Rubber, synthetic, reclaimed	3.52	0.04	6.64	14.00	0.07	22.27
246	纸浆、废木	Pulpwood, chips, woodwaste	2.54	0.03	15.27	6.02	0.03	34.10
247	原木或略成方形	Other wood rough, squared	26.83	0.33	34.91	17.36	0.09	24.15
248	经简单加工的木及铁路枕木	Wood, shaped, rail sleepers	33.15	0.41	18.29	47.14	0.24	18.87
251	浆及纸废料	Pulp and waste paper	15.82	0.20	9.60	37.30	0.19	19.75
263	棉	Cotton	38.82	0.48	43.88	24.39	0.13	33.29
266	适合纺织用的合成纤维	Synthetic fibres for spinning	11.71	0.14	29.75	21.43	0.11	50.59
268	羊毛及其他动物毛	Wool (exc tops), animal hair	14.52	0.18	25.56	6.85	0.04	21.43
271	原肥	Fertilizers, crude	11.61	0.14	45.56	10.82	0.06	78.88
273	石、沙及砾石	Stone, sand and gravel	6.19	0.08	23.34	11.61	0.06	29.57
278	其他未加工的矿产	Other crude minerals	16.82	0.21	24.80	20.85	0.11	29.67
281	铁矿砂及其精矿	Iron ore and concentrates	43.67	0.54	52.23	48.70	0.25	50.89
282	钢铁废料	Iron and steel scrap	4.42	0.05	8.82	8.17	0.04	10.20

13-12续表9 continued

单位：% (%)

商品组代码及含义		Group Code and Description	1990-1991 出口额（亿美元）Export Value (USD 100 million)	1990-1991 占全部货物出口的比重 Percentage of Total	1990-1991 发展中国家占世界比重 Developing Countries as Percentage of World	2001-2002 出口额（亿美元）Export Value (USD 100 million)	2001-2002 占全部货物出口的比重 Percentage of Total	2001-2002 发展中国家占世界比重 Developing Countries as Percentage of World
287	贱金属矿及其精矿	Base metals ores, conc nes	72.72	0.90	43.40	101.92	0.53	53.64
288	有色金属废料	Non-ferrous metal scrap nes	7.03	0.09	12.19	13.82	0.07	17.66
289	废金属	Prec metal ores, waste nes	3.06	0.04	25.90	12.89	0.07	40.03
291	未加工的动物材料	Crude animal materials nes	10.73	0.13	40.07	12.73	0.07	37.41
292	未加工的植物材料	Crude vegetb materials nes	28.64	0.35	24.41	40.78	0.21	26.57
322	煤砖、褐煤及泥煤	Coal, lignite and peat	31.61	0.39	17.14	75.06	0.39	35.72
323	煤饼、焦炭和半焦炭	Briquettes, coke and semi-coke	1.50	0.02	7.69	10.45	0.05	43.32
333	原油	Crude petroleum	1408.87	17.37	77.35	2279.59	11.75	71.40
334	石油制品，精制	Petroleum products, refined	326.99	4.03	38.68	676.91	3.49	46.14
335	石油产品渣滓	Residual petroleum prdts nes	9.07	0.11	18.00	25.77	0.13	28.66
341	气，天然的和人造的	Gas, natural and manufactured	127.13	1.57	36.95	282.24	1.45	35.17
423	不挥发蔬菜油	Fixed vegetable oils, soft	21.80	0.27	34.61	32.71	0.17	36.06
424	其它不挥发蔬菜油	Other fixed vegetable oils	31.30	0.39	83.04	62.99	0.32	83.63
431	加工的动物和植物油	Procesd animl and veg oil, etc	8.66	0.11	42.67	14.65	0.08	41.10
511	烃类及衍生物	Hydrocarbons nes, derivatives	17.72	0.22	11.76	54.74	0.28	26.34
512	乙醇、苯酚	Alcohols, phenols, etc	17.80	0.22	22.20	52.51	0.27	36.15
513	羧酸	Carboxylic acids, etc	11.71	0.14	11.94	53.58	0.28	31.22
514	氮基化合物	Nitrogen-function compounds	13.42	0.17	8.22	36.74	0.19	14.11
515	有机－无机化合物	Organo-inorgan compounds, etc	14.87	0.18	10.79	41.50	0.21	9.14
516	其他有机化学品	Other organic chemicals	7.65	0.09	10.88	33.31	0.17	23.76
522	无机化学元素，氧化物	Inorg chem elmnt, oxides, etc	29.38	0.36	23.55	57.30	0.30	34.94
523	其他无机化学品	Other inorganic chemicals	13.16	0.16	16.53	30.88	0.16	25.35
531	合成有机色料及天然染料	Synth dye, natrl indigo, lakes	12.92	0.16	16.79	26.62	0.14	30.42
533	颜料、油漆、清漆等	Pigments, paints, varnishes etc	10.19	0.13	8.56	40.17	0.21	16.43
541	医疗及药用产品	Medicinal, pharmaceutical prdts	32.47	0.40	8.26	94.88	0.49	6.37
551	精油，芳香及芬芳材料	Essential oils, perfume, etc	5.91	0.07	15.60	14.10	0.07	15.23
553	香水、化妆品或梳洗用品	Perfumery, cosmetics, etc	13.44	0.17	12.55	37.93	0.20	14.10
554	肥皂、清洁及磨光用品	Soap, cleansing, etc preps	9.52	0.12	13.34	28.21	0.15	19.53
562	肥料制品	Fertilizers, manufactured	23.29	0.29	16.07	30.92	0.16	21.01
582	浓缩产品	Prdts of condensation, etc	17.95	0.22	10.02	86.92	0.45	22.00
583	聚合和共聚合制品	Polymerization, etc, prdts	74.02	0.91	15.39	217.52	1.12	25.86
591	消毒剂、杀虫剂	Pesticides, disinfectants	6.94	0.09	9.50	21.93	0.11	20.32
592	淀粉、菊粉及小麦麸质	Starch, inulin, gluten, etc	4.69	0.06	9.40	16.74	0.09	17.30
598	杂项化学产品	Miscel chemical prdts nes	17.27	0.21	7.98	59.81	0.31	13.14
611	皮革	Leather	35.76	0.44	37.53	89.24	0.46	51.76
612	皮革或合成皮革的制成品	Leather, etc, manufactures	26.16	0.32	60.31	30.55	0.16	44.30
621	橡胶材料	Materials of rubber	3.74	0.05	9.15	11.47	0.06	13.72
625	橡胶轮胎	Rubber tyres,tubes, etc	23.58	0.29	14.90	63.80	0.33	25.35
628	其它橡胶制品	Rubber articles nes	6.26	0.08	12.47	20.37	0.11	17.42
634	饰面板、胶合板及其他木料	Veneers, plywood, etc	45.50	0.56	47.64	51.19	0.26	37.70
635	木制成品	Wood manufactures nes	21.83	0.27	25.06	51.19	0.26	29.36
641	纸及纸板	Paper and paperboard	30.99	0.38	6.17	81.73	0.42	11.13
642	纸及纸板，切成一定尺寸或形状	Paper and paperboard, cut	17.95	0.22	12.64	64.17	0.33	21.92
651	纺织纱	Textile yarn	97.24	1.20	38.81	171.74	0.89	52.82
652	棉织物	Cotton fabrics, woven	75.43	0.93	46.23	126.52	0.65	54.12
653	人造纺织原料的梭织物	Woven man-made fib fabric	116.56	1.44	46.64	165.85	0.85	56.24
654	其他纺织物，梭织	Other woven textile fabric	27.36	0.34	31.43	26.33	0.14	30.56
655	针织或钩织物	Knitted, etc, fabric	37.61	0.46	52.13	99.50	0.51	64.40
656	网眼薄纱、丝带、边条料	Lace, ribbon, tulle, etc	10.68	0.13	35.05	26.19	0.14	49.46

13-12续表10 continued

单位：% (%)

商品组代码及含义		Group Code and Description	1990-1991 出口额（亿美元）Export Value (USD 100 million)	1990-1991 占全部货物出口的比重 Percentage of Total	1990-1991 发展中国家占世界比重 Developing Countries as Percentage of World	2001-2002 出口额（亿美元）Export Value (USD 100 million)	2001-2002 占全部货物出口的比重 Percentage of Total	2001-2002 发展中国家占世界比重 Developing Countries as Percentage of World
657	特种纺织物及有关产品	Spec textile fabrics, products	28.19	0.35	24.27	63.52	0.33	31.60
658	纺织原料制的制成品	Textile articles nes	46.23	0.57	50.65	116.18	0.60	63.62
659	铺地制成品	Floor coverings, etc	29.73	0.37	33.10	31.28	0.16	35.97
661	石灰、水泥、及装配式建筑材料	Lime, cement and building building prdts	20.59	0.25	27.31	47.69	0.25	41.85
662	黏土建筑材料及耐火建筑材料	Clay, refractory building prdts	5.84	0.07	7.86	18.91	0.10	17.65
663	矿物制成品	Mineral manufactures nes	8.78	0.11	10.11	19.83	0.10	14.74
664	玻璃	Glass	10.21	0.13	10.90	38.62	0.20	22.36
665	玻璃制成品	Glassware	11.12	0.14	15.77	25.65	0.13	23.80
666	陶器	Pottery	13.84	0.17	30.86	23.44	0.12	47.03
667	珍珠、宝石及半宝石	Pearl, prec, semi-prec stones	61.20	0.75	24.08	189.57	0.98	34.27
671	生铁	Pig iron, etc	24.49	0.30	37.82	43.76	0.23	53.02
672	铁或钢，成锭或其他初级形状	Iron, steel primary forms	44.23	0.55	23.18	67.45	0.35	25.96
673	平板轧材，铁或非合金钢制	Iron, steel shapes, etc	36.24	0.45	19.37	49.38	0.25	21.56
674	铁或非合金钢平板轧材	Iron, steel univ, plate, sheet	48.03	0.59	13.11	110.80	0.57	22.51
677	铁或钢丝，不包括盘条	Iron, steel wire, exc w rod	4.92	0.06	15.62	9.61	0.05	26.17
678	铁及钢棒、杆、角材、型材	Iron, steel tubes, pipes, etc	25.22	0.31	13.79	50.11	0.26	21.79
679	钢铁铸造，未成型的	Iron, steel castings unworked	4.53	0.06	17.61	13.88	0.07	29.71
681	银、白金及其他白金族金属	Silver, platinum, etc	5.75	0.07	9.98	16.42	0.08	15.37
682	铜	Copper	76.44	0.94	32.48	121.12	0.62	41.18
683	镍	Nickel	3.26	0.04	9.27	5.71	0.03	8.74
684	铝	Aluminium	45.03	0.56	15.93	99.26	0.51	20.69
685	铅	Lead	2.79	0.03	21.11	4.98	0.03	35.07
686	锌	Zinc	7.77	0.10	18.97	14.57	0.08	32.53
687	锡	Tin	11.29	0.14	83.69	10.23	0.05	81.26
689	冶金用的杂项非铁贱金属	Non-fer base metals nes	4.21	0.05	23.49	8.73	0.05	25.25
691	结构物及结构物部件	Structures and parts nes	9.51	0.12	9.83	29.72	0.15	20.12
692	储存或运输用的金属容器	Metal tanks, boxes, etc	5.70	0.07	11.37	13.55	0.07	19.41
693	线材产品(绝缘电线除外)	Wire products, non-electric	6.84	0.08	19.69	14.64	0.08	30.23
694	钉及类似物，铁、钢、铜或铝制	Stell, copper nails, nuts, etc	14.08	0.17	21.54	33.13	0.17	28.34
695	手用或机用工具	Tools	17.95	0.22	14.31	49.32	0.25	23.75
696	刃具	Cutlery	10.41	0.13	36.25	22.96	0.12	42.42
697	贱金属制的家用设备	Base metal household equip	21.66	0.27	31.82	64.96	0.33	47.34
699	贱金属制成品	Base metal manufactures nes	42.53	0.52	17.07	126.89	0.65	24.86
711	水蒸汽或其他蒸汽发动锅炉	Steam boilers and auxil parts	1.48	0.02	7.11	7.24	0.04	27.31
713	活塞内燃引擎	Intern combust piston engines	33.62	0.41	9.16	80.05	0.41	11.64
714	引擎及马达	Engines and motors nes	8.63	0.11	3.75	23.20	0.12	4.32
716	旋转式电力装置	Rotating electric plant	21.18	0.26	14.75	104.00	0.54	31.87
721	农业机械(拖拉机除外)	Agricult machinry exc tractor	2.75	0.03	3.16	5.94	0.03	5.07
722	非公路用拖拉机	Tractors non-road	1.29	0.02	1.90	4.92	0.03	6.15
723	土木工程及建筑用装置及设备	Civil engineering equip, etc	14.72	0.18	6.80	56.84	0.29	15.01
724	纺织及皮革用机械，及其零件	Textile, leather machinery	26.87	0.33	12.27	42.54	0.22	21.90
726	印刷及书本钉装机械；及其零件	Print and bookbind machy, parts	2.83	0.03	2.62	10.37	0.05	7.56
728	其他特种工业专用机器及设备	Oth machy for spec industries	39.24	0.48	9.90	83.13	0.43	13.06
736	金属工具母机或金属碳化物	Metal working machy, tools	16.71	0.21	7.00	38.58	0.20	13.49
737	金工机械(工作母机除外)	Metal working machinery nes	3.41	0.04	4.84	10.05	0.05	11.79
741	加热及冷却设备	Heating, cooling equipment	19.45	0.24	8.09	93.73	0.48	22.93
742	液体泵	Pumps for liquids, etc	4.38	0.05	3.75	19.16	0.10	9.44
743	泵，离心分离机	Pumps nes, centrifuges, etc	16.08	0.20	7.87	65.96	0.34	16.13
744	机械搬运设备	Mechanical handling equipment	13.58	0.17	6.06	28.81	0.15	9.68
745	其他非电动机械、工具	Non-electr machy, tools nes	7.65	0.09	4.66	28.26	0.15	11.55
749	机械的非电力零件及附件	Non-electr machy parts, acces	31.40	0.39	8.40	117.18	0.60	17.29

13−12续表11 continued

单位：% (%)

商品组代码及含义		Group Code and Description	1990-1991 出口额(亿美元) Export Value (USD 100 million)	1990-1991 占全部货物出口的比重 Percentage of Total	1990-1991 发展中国家占世界比重 Developing Countries as Percentage of World	2001-2002 出口额(亿美元) Export Value (USD 100 million)	2001-2002 占全部货物出口的比重 Percentage of Total	2001-2002 发展中国家占世界比重 Developing Countries as Percentage of World
751	办公室机器	Office machines	20.23	0.25	17.05	52.82	0.27	42.02
752	自动资料处理机及其部件	Automatic data processing equip	159.72	1.97	22.19	834.48	4.30	45.74
759	办公室机器的零件及附件	Office, adp machy parts, acces	106.05	1.31	20.06	757.60	3.90	50.59
761	电视接收机	Television receivers	70.02	0.86	39.65	168.66	0.87	55.20
762	无线电广播接收机	Radio-broadcast receivers	89.30	1.10	63.63	115.31	0.59	68.35
763	声音收录或重播机	Sound recorders, phonographs	48.37	0.60	29.67	153.79	0.79	51.76
764	电讯设备及零件	Telecom equip, parts, acces	140.54	1.73	22.47	801.72	4.13	38.59
771	电力机械，及其零件	Electric power machinery nes	31.60	0.39	27.45	155.20	0.80	47.39
772	开关设备及零件	Switchgear etc, parts nes	43.83	0.54	11.75	285.20	1.47	32.55
773	电力传输设备	Electricity distributing equip	25.54	0.31	18.18	146.50	0.76	38.90
774	电诊断器具及辐射线器具	Electro-medical, xray equip	1.90	0.02	2.25	11.39	0.06	6.95
775	家用型，电动及非电动设备	Household type equip nes	49.79	0.61	22.09	174.77	0.90	41.63
776	热离子管、冷阴极管	Transistors, valves, etc	222.55	2.74	32.94	1208.16	6.23	48.95
778	电动机械及器具	Electrical machinery nes	54.48	0.67	13.94	296.09	1.53	32.21
781	载客的汽车（公共运输车辆除外）	Passengr motor vehicl, exc bus	66.28	0.82	3.88	359.60	1.85	11.06
782	运货汽车及特殊用途汽车	Lorries, spec motor vehicl nes	10.91	0.13	2.92	109.79	0.57	18.97
783	陆路汽车	Road motor vehicles nes	3.22	0.04	4.50	20.10	0.10	12.92
784	汽车零件及附件	Motor vehicl parts, acces nes	71.78	0.88	8.44	181.88	0.94	12.58
785	电单车及脚踏车，无论是否装有马达	Cycles, etc, motorized or not	32.50	0.40	29.10	68.30	0.35	33.42
786	拖车及半拖车	Trailers, non-motor vehicl nes	20.39	0.25	28.45	33.18	0.17	30.99
791	铁路车辆及有关设备	Railway vehicles	1.85	0.02	3.70	8.60	0.04	9.62
792	航空器及有关设备	Aircraft, etc	20.68	0.25	2.86	74.46	0.38	6.42
793	船、艇	Ships, boats, etc	54.88	0.68	20.78	150.95	0.78	33.84
812	卫生、管道及发热装备及装配	Plumbg, heatg, lightg equip	19.75	0.24	20.60	66.73	0.34	35.05
821	家具及其零件	Furniture and parts thereof	42.51	0.52	13.95	184.60	0.95	28.84
831	旅行商品，手包	Travel goods, handbags, etc	54.85	0.68	63.40	105.43	0.54	64.97
842	男装或针织衫	Men's outwear non-knit	102.63	1.27	54.18	216.94	1.12	62.43
843	女装或针织衫	Women's outwear non-knit	152.15	1.88	53.05	305.07	1.57	62.01
844	织物服装，非针织	Under garments non-knit	58.01	0.72	75.05	86.20	0.44	77.56
845	无弹力的针织外套	Outer garments knit nonelastic	163.59	2.02	58.60	336.00	1.73	67.19
846	织物制的衣服配件	Under garments knitted	78.94	0.97	56.98	205.78	1.06	62.16
847	衣服配件	Textile clothing accessoris nes	24.43	0.30	45.80	47.05	0.24	49.30
848	帽子头饰，织物制的除外	Headgear, non-textile clothing	70.09	0.86	67.37	102.44	0.53	68.76
851	鞋履	Footwear	150.23	1.85	49.58	236.44	1.22	55.09
871	光学仪器及器具	Optical instruments	4.58	0.06	12.95	49.80	0.26	39.94
872	仪器及用具	Medical instruments nes	7.98	0.10	7.24	50.06	0.26	16.86
873	计量器及计数器	Meters and counters nes	0.92	0.01	6.59	6.81	0.04	23.16
874	量度及控制的仪器及器具	Measuring, controlg instruments	18.67	0.23	4.92	92.95	0.48	12.56
881	摄影器具及设备	Photogr apparatus, equip nes	16.65	0.21	20.79	61.05	0.31	38.66
882	摄影或电影摄影用品	Photogr and cinema supplies	8.63	0.11	6.75	26.06	0.13	15.75
884	光学货品	Optical goods nes	10.46	0.13	17.79	50.42	0.26	23.55
885	钟表	Watches and clocks	63.86	0.79	39.73	80.11	0.41	43.82
892	印刷品	Printed matter	16.29	0.20	8.42	49.34	0.25	15.70
893	塑胶制成品	Articles of plastic nes	59.99	0.74	20.57	183.32	0.94	31.01
894	婴儿车、玩具、游戏及运动货品	Toys, sporting goods, etc	138.45	1.71	54.51	277.96	1.43	57.93
895	办公室及文具用品	Office supplies nes	8.62	0.11	18.57	25.88	0.13	33.69
897	首饰、金器、银器及宝石	Gold, silver ware, jewellery	38.96	0.48	28.22	99.41	0.51	40.08
898	乐器及其零件及附件	Musical instruments and parts	32.48	0.40	16.35	91.79	0.47	27.50
899	其它制成品	Other manufactured goods	51.05	0.63	41.12	90.93	0.47	35.40
931	杂项制品	Special transactions	148.23	1.83	23.84	158.53	0.82	12.23

13-13 按部门划分的服务出口额（2003年）

Exports of Services by Sector(2003)

资料来源：联合国贸易和发展会议数据库。
Source:UNCTAD Database.

单位：亿美元 (USD 100 million)

国家和地区	Country or Area	服务总额 Total Services	交通运输 Transport	旅游 Travel	其他服务 Other Services	通讯 Communications	建筑 Construction	计算机和信息服务 Computer and Information Services
中　国①	China ①	467.34	79.06	174.06	214.21	6.38	12.90	11.02
孟加拉国	Bangladesh	9.79	0.72	0.57	8.50	0.72	0.03	0.05
以色列	Israel	102.27	25.96		76.32	1.23	2.49	36.57
日　本	Japan	776.21	265.02	88.48	422.70	6.62	45.50	10.76
哈萨克斯坦	Kazakhstan	17.01	8.23	5.64	3.13	0.61	0.19	0.01
韩　国	Korea, Rep.	327.02	169.96	52.56	104.51	3.43	0.37	0.30
巴基斯坦	Pakistan	29.77	8.45	1.20	20.12	1.90	0.04	0.34
菲律宾	Philippines	29.70	5.81	14.64	9.25	4.75	0.50	0.25
泰　国	Thailand	157.74	34.99	78.22	44.52	1.45	1.82	
土耳其	Turkey	190.86	21.84	132.03	36.99	2.24	7.43	
埃　及	Egypt	110.73	32.99	45.84	31.90	3.09	2.22	0.23
南　非	South Africa	66.02	12.63	42.70	10.70	0.56		
加拿大	Canada	429.34	73.68	105.79	249.87	16.91	0.99	22.82
墨西哥	Mexico	127.12	11.13	94.57	21.43	4.23		
美　国	United States	3040.92	475.26	841.23	1724.43	57.19	27.29	54.31
阿根廷	Argentina	39.89	8.67	20.97	10.26	1.42	0.41	1.24
巴　西	Brazil	104.83	18.58	24.79	61.46	4.49	0.10	0.29
委内瑞拉	Venezuela	8.77	3.25	3.06	2.46	0.46		0.04
白俄罗斯	Belarus	15.00	8.55	2.67	3.79	0.70	0.60	0.17
保加利亚	Bulgaria	31.63	9.40	16.58	5.65	0.45	0.79	0.15
捷　克	Czech Republic	77.89	21.54	35.66	20.70	1.04	1.12	0.77
法　国	France	997.32	220.79	370.38	406.16	26.00	28.33	12.55
德　国	Germany	1230.00	287.82	230.02	712.16	26.12	69.93	65.65
意大利	Italy	738.55	100.03	312.22	326.31	18.95	20.86	5.00
荷　兰	Netherlands	650.33	203.31	92.49	354.53	15.30	36.15	20.54
波　兰	Poland	111.66	39.92	40.69	31.05	2.43	7.31	1.34
罗马尼亚	Romania	30.28	12.05	4.49	13.74	2.38	1.06	1.08
俄罗斯联邦	Russian Federation	160.30	61.19	45.02	54.09	4.43	10.50	1.75
西班牙	Spain	768.81	114.14	417.70	236.98	10.32	10.01	29.16
乌克兰	Ukraine	52.14	35.14	9.35	7.65	0.83	0.51	0.17
英　国	United Kingdom	1465.01	211.68	227.52	1025.81	31.99	1.71	69.87
澳大利亚	Australia	212.04	47.74	103.18	61.12	6.28	0.50	7.20
新西兰	New Zealand	64.40	13.42	39.74	11.24	1.80	0.31	0.98

13−13续表 continued

单位：亿美元 (USD 100 million)

国家和地区	Country or Area	保险 Insurance	金融服务 Financial Services	版税和许可证费用 Royalties and License Fees	其他商务服务 Other Business Services	个人、文化和休闲服务 Personal, Cultural and Recreational Services	政府服务及其他 Government Services n.i.e.
中　　国①	China ①	3.13	1.52	1.07	174.27	0.33	3.59
孟加拉国	Bangladesh	0.04	0.28		1.53	0.04	5.81
以 色 列	Israel	0.16		4.25	31.24		0.39
日　　本	Japan	3.73	34.71	122.71	180.42	1.40	16.87
哈萨克斯坦	Kazakhstan	0.02	0.14		1.32		0.85
韩　　国	Korea, Republic of	0.71	6.96	13.25	66.72	0.76	12.00
巴基斯坦	Pakistan	0.22	0.13	0.08	2.47	0.01	14.93
菲 律 宾	Philippines	0.54	0.58	0.02	2.35	0.10	0.16
泰　　国	Thailand	1.29		0.07	38.85		1.04
土 耳 其	Turkey	2.11	2.91		13.52	7.81	0.97
埃　　及	Egypt	0.37	0.80	1.21	20.92	0.72	2.36
南　　非	South Africa	3.24		0.49	4.53		1.87
加 拿 大	Canada	32.31	10.66	25.55	112.66	18.07	9.89
墨 西 哥	Mexico	11.63		0.84	0.41	2.93	1.40
美　　国	United States	48.77	176.37	482.27	640.74	73.51	163.98
阿 根 廷	Argentina		0.01	0.32	5.08	0.97	0.81
巴　　西	Brazil	1.24	3.63	1.08	41.33	0.54	8.77
委内瑞拉	Venezuela	0.02			1.02	0.05	0.87
白俄罗斯	Belarus	0.03	0.02	0.01	2.00	0.02	0.23
保加利亚	Bulgaria	0.18	0.18	0.05	3.08	0.37	0.41
捷　　克	Czech Republic	0.01	1.74	0.50	14.06	1.11	0.35
法　　国	France	21.61	10.71	39.41	240.86	18.68	8.02
德　　国	Germany	67.13	40.68	42.62	317.57	8.45	74.01
意 大 利	Italy	12.55	22.29	5.27	222.54	7.21	11.65
荷　　兰	Netherlands	6.26	10.32	18.85	220.45	7.08	19.59
波　　兰	Poland	2.19	1.61	0.28	15.27	0.58	0.04
罗马尼亚	Romania	0.48	0.51	0.03	6.74	1.18	0.28
俄罗斯联邦	Russian Federation	1.48	1.76	1.74	29.78	1.25	1.40
西 班 牙	Spain	13.46	19.00	5.39	135.11	8.24	6.29
乌 克 兰	Ukraine	0.14	0.20	0.14	3.61	0.04	2.01
英　　国	United Kingdom	103.85	219.37	99.03	447.97	21.11	30.90
澳大利亚	Australia	4.41	6.48	4.04	23.39	3.61	5.21
新 西 兰	New Zealand	0.41	0.20	1.18	4.94	0.69	0.72

注：①数据来源于联合国贸易和发展会议数据库。
Note: ① Data from UNCTAD database.

13-14　国际旅游收支

International Tourism, Expenditures and Receipts

资料来源：世界银行数据库。
Sources: World Bank Database.
单位：亿美元　(USD 100 million)

国家和地区	Country or Area	国际旅游支出 International Tourism,Expenditures			国际旅游收入 International Tourism,Receipts		
		2000	2002	2003	2000	2002	2003
世　界	**World**	**5315**	**5387**	**5882**	**5582**	**5575**	**6057**
高收入国家	**High Income**	**4394**	**4351**	**4827**	**4200**	**4134**	**4527**
中等收入国家	**Middle Income**	**789**	**917**	**926**	**1281**	**1328**	**1405**
中　国	China	142 ①	168 ①	167 ①	162	204	174
中国香港	Hong Kong, China				82	99	96
孟加拉国	Bangladesh	5	3	4		1	1
印度尼西亚	Indonesia		50	44		58	45
伊　朗	Iran	7			10		
以色列	Israel	37	33	33	46	23	24
日　本	Japan	426	350	365	60	61	115
哈萨克斯坦	Kazakhstan	5	9	8	4	7	6
韩　国	Korea, Rep.	79	114	109	85	76	69
马来西亚	Malaysia	25	33		59	81	
蒙　古	Mongolia	1	1	1		1	2
缅　甸	Myanmar				2	1	1
巴基斯坦	Pakistan	6	5	12	6	6	6
菲律宾	Philippines	13	13	10	24	18	15
斯里兰卡	Sri Lanka	4	4	5	4	6	7
泰　国	Thailand	32	39	40	99	104	104
埃　及	Egypt	12	13	15	47	41	47
尼日利亚	Nigeria				2	3	
南　非	South Africa	27	23	32	33	37	52
加拿大	Canada	151	142	162	130	127	122
墨西哥	Mexico	64	71	73	91	95	102
美　国	United States	913	808	806	1186	1024	998
阿根廷	Argentina	55	27	31	32	17	24
巴　西	Brazil	45	29	29	20	21	27
委内瑞拉	Venezuela	16	15	13	5	5	4
白俄罗斯	Belarus	3	6	5	2	3	3
保加利亚	Bulgaria	8	8	11	14	15	21
捷　克	Czech Republic		18	22		34	41
德　国	Germany	579	616	737	249	285	316
意大利	Italy	182	197	237	287	281	326
荷　兰	Netherlands	136	142		113	117	
波　兰	Poland	34	34	30	61	50	47
罗马尼亚	Romania	4	4	6	4	4	5
俄罗斯联邦	Russian Federation		117	134		54	59
西班牙	Spain	73	87	105	338	374	460
乌克兰	Ukraine	6	8	10	6	10	12
英　国	United Kingdom	470	506	586	300	279	307
澳大利亚	Australia	85	85	101	122	122	145

注：①来源于世界银行数据库。
Note: ① Data from World Bank.

13-15 国际旅游人数

International Tourism,Number of Arrivals and Departures

资料来源：世界银行数据库。
Sources: World Bank Database.
单位：万人 (10 000 people)

国家和地区	Country or Area	国外游客到达人数 Number of Arrivals			出国旅游人数 Number of Departures		
		2000	2002	2003	2000	2002	2003
世　界	**World**	**67408**	**69604**	**68172**	**80110**	**80225**	
高收入国家	**High Income**	**43848**	**44160**	**43252**	**38761**	**38722**	**38725**
中等收入国家	**Middle Income**	**20946**	**22706**	**22216**	**28214**	**28370**	
低收入国家	**Low Income**	**1552**	**1675**				
中　国	China	3123	3680	3297	1047 ①	1660 ①	2022 ①
中国香港	Hong Kong, China	1306	1657	1554	461	471	
孟加拉国	Bangladesh	20	21		113		
印　度	India	265	238		398	421	
印度尼西亚	Indonesia	506	503	447			
伊　朗	Iran	134	159		229	292	
以色列	Israel	242	86	106	353	327	330
日　本	Japan	476	524	521	1782	1652	1330
哈萨克斯坦	Kazakhstan	147	283	241	125	227	237
韩　国	Korea, Rep.	532	535	475	551	712	709
马来西亚	Malaysia	1022	1329	1058	3053		
蒙　古	Mongolia	14	23	20			
缅　甸	Myanmar	21	22	21			
巴基斯坦	Pakistan	56	50	48			
菲律宾	Philippines	199	193	191	167	197	180
新加坡	Singapore	692	700	571	444	440	422
斯里兰卡	Sri Lanka	40	39	50	52	53	56
泰　国	Thailand	958	1087	1008	191	225	215
土耳其	Turkey	959	1279	1334	528	513	593
埃　及	Egypt	512	491	575	296	333	364
尼日利亚	Nigeria	81	89				
南　非	South Africa	587	643	651	383	379	
加拿大	Canada	1963	2006	1753	1918	1771	1774
墨西哥	Mexico	2064	1967	1867	1108	1195	1104
美　国	United States	5095	4189	4036	6089	5636	5421
阿根廷	Argentina	291	282	337	495	301	335
巴　西	Brazil	531	378		289	186	
委内瑞拉	Venezuela	47	43	34	95	88	83
保加利亚	Bulgaria	279	343	405	234	319	340
捷　克	Czech Republic	467	458	508	3818	3430	3607
法　国	France	7719	7701	7505	1989	1740	1743
德　国	Germany	1898	1797	1840	7440	7330	7460
意大利	Italy	4118	3980	3960	2199	2513	2682
荷　兰	Netherlands	1000	960	918	1390	1676	
波　兰	Poland	1740	1398	1372	5668	4504	3873
罗马尼亚	Romania	327	320		639	576	
俄罗斯联邦	Russian Federation	703	794		1837	2034	
西班牙	Spain	4790	5233	5248	410	387	409
乌克兰	Ukraine	441	633		865	927	
英　国	United Kingdom	2521	2418	2479	5684	5938	6145
澳大利亚	Australia	453	442	435	350	346	339
新西兰	New Zealand	179	205	210	128	129	137

注：①国内居民出境总人数。
Note: ① Data refer to number of domestic residents outbound.

主要统计指标解释

出口 即货物离开一国的统计疆界。在通常的贸易体系中，一国的统计疆界与它的经济领土是一致的。在特殊的贸易体系中，一国的统计疆界只包括一部分经济领土，一般这部分与货物自由贸易区是一致的。自由贸易地区是一国经济疆界的一部分，在此间货物可以无进口税限制地流通。

进口 货物进入一国统计疆界。

数量指数 基于诸如数量或权数这样的货物单位的指数。

服务贸易 服务指无形商品的经济产出。它有可能是在同一时间生产、转让和消费。IMF《国际收支手册（1993年）》中定义了该项目，但报告经济体之间各不相同。

Explanatory Notes on Main Statistical Indicators

Exports Goods leaving the statistical territory of a country. In the general trade system, the definition of the statistical territory of a country coincides with its economic territory. In the special trade system, the definition of the statistical territory comprises only a particular part of the economic territory, mainly that part which coincides with the free circulation area for goods. The free circulation area is a part of the economic territory of a country within which goods may be disposed of without customs restrictions.

Imports Goods entering the statistical territory of a country.

Quantum Index An index based on quantity units of goods such as number or weight.

Service Exports(Imports) Services (previously no factor services) refer to economic output of intangible commodities that may be produced, transferred, and consumed at the same time. International transactions in services are defined by the IMF's Balance of Payments Manual (1993), but definitions may nevertheless vary among reporting economies.

14 国际收支和外债

Balance of Payments and External Debts

14-1 世界国际收支
Summary of International Transactions

资料来源：IMF《国际收支统计年鉴》，2004年。
Sources:IMF *Balance of Payments Statistics Yearbook* ,2004.
单位：亿美元 (USD 100 million)

		1990	2000	2001	2002	2003
经常帐户	**Current Account(net)**	**-128**	**-1257**	**-1289**	**-1011**	**-370**
货物	Goods	16	103	-69	356	665
贷方	Credits	3435	63772	61157	63938	74435
借方	Debits	3419	63669	61227	63583	73771
服务	Services	-45	-138	-184	-92	49
贷方	Credits	861	15213	15273	16385	18588
借方	Debits	906	15351	15458	16476	18539
收入	Income	-67	-787	-772	-1039	-760
贷方	Credits	839	14230	13289	12507	14235
借方	Debits	906	15017	14061	13547	14995
经常转移	Current Transfers	-32	-435	-263	-235	-323
贷方	Credits	250	3612	3813	4231	4923
借方	Debits	282	4047	4077	4467	5246
资本帐户	**Capital Account(net)**	**12**	**133**	**-49**	**-118**	**-153**
金融帐户	**Financial Account**	**102**	**2365**	**1770**	**1890**	**444**
直接投资	Direct Investment	-34	1876	786	596	-611
国外	Abroad	-235	-13295	-7112	-6430	-6150
在报告经济体内	In Reporting Economy	201	15171	7899	7026	5539
证券投资	Portfolio Investment	64	2096	1141	3756	4109
资产	Assets	-186	-13014	-11974	-6742	-12762
负债	Liabilities	251	15110	13115	10498	16871
金融衍生工具	Financial Derivatives		-148	76	-88	-74
资产	Assets		2285	2346	2028	2617
负债	Liabilities		-2433	-2270	-2116	-2691
其他投资	Other Investment	165	277	1319	332	2047
资产	Assets	-581	-12788	-7171	-6315	-10401
负债	Liabilities	745	13065	8490	6646	12448
储备	Reserves	-93	-1735	-1551	-2706	-5027
净误差与遗漏	**Net Errors and Omissions**	**14**	**-1242**	**-432**	**-762**	**79**

14-2 分国别（地区）的国际收支（2003年）

资料来源：国际货币基金组织数据库。
Source: International Monetary Fund Database.
单位：亿美元

国家和地区	Country or Area	经常帐户 Current Account, n.i.e.	货物 Goods 出口 Exports f.o.b.	进口 Imports f.o.b.	差额 Trade Balance	服务 贷方 Credit
中　国	China	458.7	4382.7	-3936.2	446.5	467.3
中国香港	Hong Kong, China	169.8	2246.6	-2304.4	-57.8	452.0
孟加拉国	Bangladesh	1.3	70.5	-94.9	-24.4	10.1
印　度①	India ①	58.2	507.0	-571.0	-64.0	236.6
印度尼西亚	Indonesia	72.5	632.5	-395.5	237.1	52.9
以色列	Israel	5.8	301.0	-323.3	-22.3	122.7
日　本	Japan	1362.2	4491.2	-3427.2	1064.0	776.2
哈萨克斯坦	Kazakhstan	-0.4	132.3	-91.4	40.9	18.1
韩　国	Korea, Rep.	123.2	1976.4	-1754.8	221.6	327.0
马来西亚	Malaysia	133.8	1050.0	-792.9	257.1	135.8
缅　甸	Myanmar	0.5	25.1	-19.3	5.8	3.0
巴基斯坦	Pakistan	35.7	118.7	-119.8	-1.1	29.7
菲律宾	Philippines	33.5	348.4	-361.0	-12.5	29.7
新加坡	Singapore	281.8	1578.5	-1285.3	293.2	307.1
斯里兰卡	Sri Lanka	-1.6	51.3	-60.0	-8.7	14.1
泰　国	Thailand	79.5	780.8	-669.1	111.7	158.0
土耳其	Turkey	-79.1	512.1	-652.2	-140.1	190.9
越　南①	Vietnam ①	-6.0	167.1	-177.6	-10.5	29.5
埃　及	Egypt	37.4	89.9	-131.9	-42.0	110.7
南　非	South Africa	-16.1	385.4	-350.0	35.4	66.0
加拿大	Canada	172.7	2857.9	-2442.8	415.1	429.3
美　国	United States	-5306.6	7164.1	-12607.1	-5443.0	3040.9
墨西哥	Mexico	-66.1	1647.7	-1705.5	-57.8	127.1
阿根廷	Argentina	73.9	295.7	-131.2	164.5	39.4
巴　西	Brazil	41.8	730.8	-482.9	247.9	104.5
委内瑞拉	Venezuela	114.5	271.7	-106.9	164.8	8.8
白俄罗斯	Belarus	-4.2	100.7	-113.3	-12.6	15.0
保加利亚	Bulgaria	-16.8	74.4	-99.2	-24.8	31.6
捷　克	Czech Republic	-56.6	487.4	-512.4	-25.1	77.9
法　国	France	43.8	3618.7	-3608.3	10.4	997.3
德　国	Germany	548.7	7531.0	-6014.4	1516.6	1230.0
匈牙利	Hungary	-74.5	434.7	-467.5	-32.8	80.3
意大利	Italy	-205.6	2931.2	-2829.2	102.0	712.2
荷　兰	Netherlands	164.0	2523.8	-2257.3	266.5	650.3
波　兰	Poland	-46.0	610.1	-667.3	-57.3	111.7
罗马尼亚	Romania	-33.1	176.2	-221.6	-45.4	30.3
俄罗斯联邦	Russian Federation	354.1	1359.3	-760.7	598.6	162.3
西班牙	Spain	-236.8	1595.5	-2024.7	-429.2	768.8
乌克兰	Ukraine	28.9	237.4	-240.1	-2.7	52.1
英　国	United Kingdom	-307.6	3082.7	-3861.9	-779.2	1488.5
澳大利亚	Australia	-303.7	705.2	-858.6	-153.5	211.4
新西兰	New Zealand	-33.6	168.3	-172.9	-4.6	64.4

Balance of Payments by Country or Area(2003)

(USD 100 million)

Services	货物和服务差额	收入 Income		货物、服务和收入差额	经常转移 Current Transfers	
借方 Debit	Balance on Goods & Services	贷方 Credit	借方 Debit	Balance on Gds, Serv. & Inc.	贷方 Credit	借方 Debit
-553.1	360.8	160.9	-239.3	282.4	184.8	-8.5
-251.9	142.4	445.0	-399.2	188.2	5.3	-23.7
-17.1	-31.4	0.6	-3.6	-34.5	35.9	-0.1
-225.2	-52.5	25.6	-61.2	-88.1	148.5	-2.2
-174.0	116.0	10.5	-72.7	53.8	20.5	-1.8
-119.5	-19.2	27.0	-65.8	-57.9	75.0	-11.3
-1115.3	724.9	952.1	-239.7	1437.3	65.1	-140.2
-40.3	18.7	2.6	-20.0	1.3	2.8	-4.4
-403.1	145.5	71.1	-65.2	151.5	78.8	-107.0
-175.3	217.6	34.5	-93.8	158.3	5.1	-29.6
-3.6	5.2	0.3	-6.3	-0.8	1.5	-0.2
-32.9	-4.4	1.8	-24.0	-26.6	63.0	-0.7
-42.0	-24.8	84.2	-32.0	27.4	6.8	-0.7
-295.8	304.6	134.1	-145.5	293.3	1.3	-12.7
-17.1	-11.7	1.4	-3.4	-13.7	14.1	-2.1
-181.7	88.0	30.2	-48.1	70.1	13.3	-3.8
-85.8	-35.1	22.5	-76.7	-89.3	10.9	-0.6
-37.0	-18.0	1.7	-8.9	-25.3	19.2	0.0
-64.7	4.0	5.8	-8.3	1.4	37.1	-1.1
-75.5	25.9	27.5	-61.4	-8.0	2.5	-10.7
-506.6	337.9	235.0	-402.4	170.5	48.0	-45.8
-2563.0	-4965.1	2943.9	-2611.0	-4632.3	148.0	-822.4
-181.4	-112.1	56.6	-149.1	-204.6	138.8	-0.4
-55.0	148.9	32.0	-112.9	67.9	8.9	-3.0
-153.8	198.6	33.4	-218.9	13.1	31.3	-2.7
-35.2	138.4	17.3	-41.4	114.3	2.6	-2.4
-9.2	-6.7	1.3	-1.0	-6.5	2.9	-0.7
-25.6	-18.8	3.3	-8.2	-23.7	8.6	-1.7
-73.2	-20.4	26.4	-68.1	-62.0	16.6	-11.1
-848.0	159.8	885.7	-809.8	235.7	235.7	-427.5
-1734.2	1012.4	1105.5	-1244.0	873.9	184.3	-509.6
-86.3	-38.8	13.6	-56.0	-81.2	12.8	-6.2
-745.4	68.7	535.2	-728.4	-124.4	206.4	-287.5
-662.2	254.6	482.1	-494.5	242.2	63.2	-141.4
-106.5	-52.0	21.1	-57.5	-88.4	53.2	-10.8
-29.6	-44.7	3.7	-10.8	-51.7	22.0	-3.4
-271.2	489.7	110.6	-242.3	358.0	25.4	-29.2
-459.6	-120.0	246.5	-365.7	-239.2	175.1	-172.6
-36.6	12.9	2.5	-8.4	7.1	22.7	-0.9
-1233.2	-523.9	2062.3	-1684.8	-146.4	200.0	-361.1
-215.0	-157.0	100.0	-245.1	-302.1	27.7	-29.3
-55.9	4.0	13.8	-52.8	-35.0	7.9	-6.5

14−2续表1 continued

单位:亿美元

国家和地区	Country or Area	资本帐户 Capital Account, n.i.e.	贷方 Credit	借方 Debit	金融帐户 Financial Account, n.i.e.	直接投资 FDI	
						国外 Direct Investment Abroad	在报告经济体内 Dir. Invest. in Rep.Econ.,n.i.e.
中　　国	China	-0.5	0.0	-0.5	527.7	1.5	470.8
中国香港	Hong Kong, China	-10.6	1.3	-12.0	-209.5	-54.9	136.2
孟加拉国	Bangladesh	3.9	3.9	0.0	2.9	0.0	2.7
印　　度①	India ①	25.6	50.7	-25.0	110.5	-4.9	37.0
印度尼西亚	Indonesia	0.0	0.0	0.0	-9.5		-6.0
以 色 列	Israel	4.7	4.7	0.0	-18.3	-20.7	38.8
日　　本	Japan	-40.0	3.9	-43.9	719.2	-287.7	62.4
哈萨克斯坦	Kazakhstan	-0.3	1.2	-1.5	27.8	1.2	20.9
韩　　国	Korea, Rep.	-14.0	0.5	-14.6	145.3	-34.3	32.2
马来西亚	Malaysia		0.0		-32.0	-13.7	24.7
缅　　甸	Myanmar			0.0	0.3	0.0	1.3
巴基斯坦	Pakistan	11.4	11.4	0.0	-17.5	-0.2	5.3
菲 律 宾	Philippines	0.2	0.4	-0.2	-55.3	-1.6	3.2
新 加 坡	Singapore	-1.7	0.0	-1.7	-250.9	-55.4	114.3
斯里兰卡	Sri Lanka	0.6	0.7	-0.1	6.8	-0.3	2.3
泰　　国	Thailand				-80.7	-4.9	19.5
土 耳 其	Turkey			0.0	69.6	-5.0	15.6
越　　南①	Vietnam ①	0.0	0.0	0.0	20.9	0.0	14.0
埃　　及	Egypt	0.0	0.0	0.0	-57.3	-0.2	2.4
南　　非	South Africa	0.0	0.4	-0.4	62.9	-7.2	8.2
加 拿 大	Canada	28.4	34.5	-6.2	-215.9	-222.4	62.7
美　　国	United States	-30.8	11.2	-42.0	5442.4	-1738.0	398.9
墨 西 哥	Mexico	0.0	0.0	0.0	180.4	-17.8	113.7
阿 根 廷	Argentina	0.7	0.8	-0.1	-158.1	-7.7	13.6
巴　　西	Brazil	5.0	5.4	-0.4	-1.6	-2.5	101.4
委内瑞拉	Venezuela	0.0	0.0	0.0	-49.4	-13.2	26.6
白俄罗斯	Belarus	0.7	1.3	-0.6	2.3	0.0	1.7
保加利亚	Bulgaria	0.0		0.0	20.6	-0.2	14.2
捷　　克	Czech Republic	0.0	0.1	-0.1	58.6	-2.4	25.1
法　　国	France	-82.4	19.3	-101.7	-6.9	-574.2	477.5
德　　国	Germany	3.6	32.3	-28.7	-796.8	-15.2	112.7
匈 牙 利	Hungary	-0.3	2.4	-2.7	75.2	-16.5	23.2
意 大 利	Italy	28.9	49.5	-20.6	198.7	-89.9	165.4
荷　　兰	Netherlands	-20.3	4.5	-24.8	-230.9	-352.0	156.9
波　　兰	Poland	-0.5	0.6	-1.1	87.3	-2.0	41.2
罗马尼亚	Romania	2.1	2.2	-0.1	44.0	-0.4	18.4
俄罗斯联邦	Russian Federation	-10.0	6.1	-16.1	15.8	-97.3	79.6
西 班 牙	Spain	99.8	110.4	-10.6	44.4	-233.5	255.1
乌 克 兰	Ukraine	-0.2	0.1	-0.3	2.6	-0.1	14.2
英　　国	United Kingdom	21.5	45.9	-24.5	243.7	-654.4	207.0
澳大利亚	Australia	7.4	16.6	-9.3	359.3	-160.1	70.3
新 西 兰	New Zealand	5.1	9.7	-4.6	33.5	-3.0	24.4

(USD 100 million)

证券投资 Portfolio Investment						金融衍生工具 Financial Derivatives	
资产 Assets	股本证券 Equity Securities	债务证券 Debt Securities	负债 Liabilities	股本证券 Equity Securities	债务证券 Debt Securities	资产 Assets	负债 Liabilities
29.8		29.8	84.4	77.3	7.1	0.0	0.0
-353.9	-99.5	-254.4	13.9	57.7	-43.8	300.1	-199.6
			0.0	0.0		0.0	0.0
-0.4	-0.4	0.0	10.6	10.6	0.0	0.0	0.0
0.0	0.0	0.0	22.5	11.3	11.2	0.0	0.0
-28.4	-9.2	-19.2	4.1	4.1		0.0	3.4
-1762.9	-44.7	-1718.2	811.8	877.8	-65.9	649.6	-593.8
-20.7	-3.1	-17.6	1.8	0.6	1.2		0.2
-43.3	-19.9	-23.4	226.5	142.1	84.4	8.9	-12.5
-2.0	-0.2	-1.8	11.7	13.4	-1.7	-0.2	1.4
	0.0	0.0	-1.0	0.0	0.0	0.0	0.0
0.0	0.0	0.0	-1.2	-0.3	-0.9	0.0	0.0
-15.9	-0.4	-15.4	8.8	4.6	4.2	0.0	0.0
-112.6	-57.8	-54.8	3.6	3.0	0.6	0.0	0.0
0.2	0.2		-0.1	-0.1		0.0	0.0
-7.9		-7.9	2.6	11.9	-9.4	0.0	0.0
-13.9	-0.3	-13.5	39.6	10.1	29.5	0.0	0.0
0.0	0.0	0.0	0.0	0.0	0.0	0.0	0.0
-0.3	-0.3		-0.2	0.4	-0.5	0.0	0.0
-1.3	-0.4	-0.9	8.9	6.9	2.1		
-91.4	-34.7	-56.7	131.6	95.5	36.1	0.0	0.0
-723.4	-1004.3	280.9	5444.9	368.9	5076.0	0.0	0.0
0.9	0.0	0.9	38.6	-1.2	39.9	0.0	0.0
-1.0	-0.3	-0.6	-77.0	0.7	-77.7	0.0	0.0
1.8	-2.6	4.4	51.3	29.7	21.6	6.8	-8.3
-8.1	-2.2	-5.9	-1.4	1.0	-2.4	0.0	0.0
0.0	0.0	0.0	0.1	0.0	0.0	0.0	0.0
-0.7	-0.1	-0.6	-1.3	-0.3	-1.0	0.0	0.0
-30.1	1.9	-31.9	17.5	11.0	6.5	2.6	-1.1
-1475.3	-299.9	-1175.5	1361.6	163.9	1197.7		-70.6
-375.9	27.3	-403.2	1035.2	270.8	764.4		-7.0
-0.5	-0.4	-0.1	29.0	2.7	26.3	23.2	-20.7
-574.0	-160.0	-414.1	601.5	-20.1	621.6	-102.8	48.1
-570.0	-123.7	-446.3	820.0	45.5	774.5	1267.3	-1272.0
-13.0	1.8	-14.8	37.4	-8.4	45.8		-8.7
0.1	0.1	-0.1	5.7	0.7	5.0	0.0	0.0
-25.4	-0.1	-25.3	-23.4	4.1	-27.5	10.2	-3.8
-910.6	-122.4	-788.2	409.1	-85.6	494.7		-37.0
0.0	0.0	0.1	-9.2	-17.1	7.8	0.0	0.0
-610.9	-297.3	-313.6	1535.2	155.6	1379.6	0.0	-84.9
-79.9	-43.2	-36.7	493.5	112.9	380.6	77.0	-72.4
-8.6	-9.2	0.6	21.8	7.2	14.6	0.0	0.0

14–2续表2 continued

单位:亿美元

国家和地区	Country or Area	金融帐户					
		其他投资:资产 Other Investment Assets	货币当局 Monetary Authorities	政府 General Government	银行 Banks	其他部门 Other Sectors	其他投资:债务 Other Investment Liab., n.i.e.
中 国	China	-179.2			-157.3	-21.9	120.4
中国香港	Hong Kong,China	-286.7			-181.5	-105.2	235.4
孟加拉国	Bangladesh	-6.9			1.4	-8.3	7.2
印 度①	India ①	47.8		-0.4	48.1	0.1	20.4
印度尼西亚	Indonesia	-0.1				-0.1	-26.0
以 色 列	Israel	-16.2		-0.1	-12.5	-3.5	0.6
日 本	Japan	1498.9		44.9	1407.9	46.2	341.0
哈萨克斯坦	Kazakhstan	-8.6	-0.4	2.8	-3.1	-7.8	33.1
韩 国	Korea, Rep.	-35.0	-0.5	-0.3	-39.2	5.0	2.7
马来西亚	Malaysia	-45.0		0.1	9.0	-54.1	-9.0
缅 甸	Myanmar						0.0
巴基斯坦	Pakistan	-5.4		0.2	-2.5	-3.1	-16.0
菲 律 宾	Philippines	-133.1			4.9	-138.0	83.2
新 加 坡	Singapore	-187.9			107.6	-295.5	-12.9
斯里兰卡	Sri Lanka	-0.9			-0.9		5.7
泰 国	Thailand	-4.1			-4.1		-85.9
土 耳 其	Turkey	-9.9	-0.3		3.5	-13.1	43.1
越 南①	Vietnam ①	6.2			6.2		0.7
埃 及	Egypt	-46.5	-0.4		-16.8	-29.3	-12.5
南 非	South Africa	32.2		-3.8	-0.6	36.5	22.1
加 拿 大	Canada	-205.5		2.5	-153.5	-54.6	109.1
美 国	United States	-388.0		5.4	-104.1	-289.3	2448.0
墨 西 哥	Mexico	86.3			44.6	41.7	-41.3
阿 根 廷	Argentina	-44.5		-0.8	4.5	-48.2	-41.5
巴 西	Brazil	-94.8		-11.0	-70.0	-13.8	-57.2
委内瑞拉	Venezuela	-43.3	0.1	-7.2	0.5	-36.7	-10.0
白俄罗斯	Belarus	-0.6	-0.1		-0.6	0.1	1.2
保加利亚	Bulgaria	1.5			2.6	-1.1	7.2
捷 克	Czech Republic	22.8		2.8	14.7	5.3	24.1
法 国	France	-200.1		-24.3	-68.2	-107.6	474.2
德 国	Germany	-1703.2	-2.1	14.3	-1351.1	-364.4	156.8
匈 牙 利	Hungary	-23.6	-10.5	2.0	-9.5	-5.6	61.1
意 大 利	Italy	-211.5	-0.7	14.1	2.6	-227.6	362.0
荷 兰	Netherlands	-636.0	2.8	-17.3	-556.8	-64.8	354.9
波 兰	Poland	-18.4		-0.5	3.5	-21.4	50.7
罗马尼亚	Romania	0.7		-0.4	2.3	-1.2	19.5
俄罗斯联邦	Russian Federation	-164.7	4.7	-3.0	-8.4	-158.0	240.6
西 班 牙	Spain	-144.4	52.1	-3.8	-120.5	-72.1	705.7
乌 克 兰	Ukraine	-9.4	-0.3		-4.6	-4.6	7.2
英 国	United Kingdom	-4340.3		-6.7	-2586.2	-1747.4	4192.0
澳大利亚	Australia	-60.5	1.1	-1.0	-63.4	2.9	91.4
新 西 兰	New Zealand	3.2					-4.3

注：①2002年数据。
Note: ① Data refer to 2002.

(USD 100 million)

Financial Account				净误差与遗漏 Net Errors and Omissions	国际收支总盈余 Overall Balance
货币当局 Monetary Authorities	政府 General Government	银行 Banks	其他部门 Other Sectors		
	-27.6	102.7	45.3	179.9	1165.9
0.0	0.0	202.0	33.4	60.3	9.9
0.4	7.3	-1.9	1.4	0.8	8.9
3.2	6.6	31.6	-21.0	-5.8	188.5
0.0	-4.0	-0.7	-21.3	-26.6	36.5
	-0.7	-5.6	6.8	4.4	-3.4
	51.4	-262.2	551.7	-169.9	1871.5
0.0	0.6	21.4	11.1	-11.8	15.3
-0.4	-52.4	25.6	29.9	3.4	257.9
-0.6	-28.9	17.2	3.4	0.0	101.8
-0.2	-0.8	0.1	-0.1	-0.4	0.4
	-15.7	0.3	-0.6	-0.5	29.1
0.1	-1.5	-3.9	88.6	20.8	-0.8
		-107.7	94.9	37.5	66.7
0.4	5.5	0.0	-0.2	-0.3	5.5
30.3	-6.1	-16.4	-93.8	6.4	5.2
6.1	-21.9	28.5	30.6	50.3	40.9
0.0	0.0	0.0	0.7	-10.4	4.5
0.1	-16.7	-6.0	10.2	15.7	-4.1
1.7	-2.8	2.1	21.1	28.8	75.6
0.0	-5.3	125.3	-11.0	-17.7	-32.6
362.8	19.5	1250.6	815.0	-120.2	-15.3
	8.3	-11.5	-38.1	-16.1	98.2
-6.3	-1.0	-29.2	-5.0	-23.6	-107.1
-1.6	-15.6	3.5	-43.5	-9.3	35.9
0.2	3.0	-1.4	-11.8	-10.5	54.5
-1.4	-0.4	1.2	1.8	0.4	-0.8
	-1.0	4.0	4.1	3.5	7.3
0.0	3.7	13.4	7.1	2.5	4.4
21.1	-4.3	419.0	38.3	58.2	12.7
21.3	40.4	103.1	-8.0	237.7	-6.8
5.9	3.2	39.9	12.1	3.0	3.4
-25.5	-10.1	425.3	-27.8	-11.0	11.1
-35.5	-1.3	412.1	-20.3	77.9	-9.2
-0.7	-12.4	20.6	43.1	-28.8	12.1
	8.9	9.2	1.4	-2.9	10.1
16.4	-42.0	115.5	150.7	-82.3	277.6
-13.3	-16.7	626.3	109.4	-62.4	-154.9
0.2	-3.8	7.8	3.0	-9.7	21.7
	8.3	2791.8	1391.9	16.5	-25.9
0.4		103.7	-12.7	5.8	68.8
				2.8	7.8

14-3 外国直接投资
Foreign Direct Investment

资料来源：联合国贸易和发展会议《世界投资报告》2004。
Source:UNCTAD *World Investment Report* ,2004.
单位：亿美元 (USD 100 million)

国家和地区	Country or Area	外来直接投资 FDI Inflows			对外直接投资 FDI Outflows		
		1990	2000	2003	1990	2000	2003
世　界	**World**	**2086.5**	**13879.5**	**5595.8**	**2420.6**	**11868.4**	**6122.0**
发达国家	**Developed countries**	**1711.1**	**11079.9**	**3665.7**	**2257.6**	**10838.8**	**5695.8**
发展中国家	**Developing countries**	**369.0**	**2524.6**	**1720.3**	**162.5**	**989.3**	**355.9**
中　国	China	34.9	407.1	535.1	8.3 ①	9.2 ①	18.0 ①
中国香港	Hong Kong, China	32.8	619.4	135.6	24.5	593.8	37.7
孟加拉国	Bangladesh	0.0	2.8	1.2	0.0	0.0	0.1
印　度	India	2.4	23.2	42.7	0.1	5.1	9.1
印度尼西亚	Indonesia	10.9	-45.5	-6.0	-0.1	1.5	1.3
伊　朗	Iran	-3.6	0.4	1.2	0.0	3.5	14.9
以色列	Israel	1.3	50.1	37.5	2.6	34.7	17.7
日　本	Japan	17.5	83.2	63.2	480.2	315.6	288.0
哈萨克斯坦	Kazakhstan	0.0	12.8	20.7	0.0	0.0	-1.2
朝　鲜	Korea, Dem.people's Rep.	-0.6	0.1	-0.1	0.0	0.0	0.0
韩　国	Korea, Rep.	7.6	85.7	37.5	10.5	50.0	34.3
马来西亚	Malaysia	26.1	37.9	24.7	1.3	20.3	13.7
蒙　古	Mongolia	0.0	0.5	1.3	0.0	0.0	0.0
缅　甸	Myanmar	2.3	2.1	1.3	0.0	0.0	0.0
巴基斯坦	Pakistan	2.5	3.1	14.1	0.0	0.1	0.2
菲律宾	Philippines	5.5	13.5	3.2	0.2	-1.1	1.6
新加坡	Singapore	55.7	172.2	114.1	20.3	53.0	55.4
斯里兰卡	Sri Lanka	0.4	1.8	2.3	0.0	0.0	0.0
泰　国	Thailand	25.8	33.5	18.0	1.5	-0.2	5.6
土耳其	Turkey	6.8	9.8	5.8	-0.2	8.7	5.0
越　南	Viet Nam	1.8	12.9	14.5	0.0	0.0	0.0
埃　及	Egypt	7.3	12.4	2.4	0.1	0.5	0.2
尼日利亚	Nigeria	5.9	9.3	12.0	18.2	0.8	0.9
南　非	South Africa	-0.8	8.9	7.6	0.3	2.7	7.2
加拿大	Canada	75.8	667.9	65.8	52.4	446.8	215.4
墨西哥	Mexico	26.3	165.9	107.8	2.2	9.8	13.9
美　国	United States	484.2	3140.1	297.7	309.8	1426.3	1518.8
阿根廷	Argentina	18.4	104.2	4.8	0.6	9.0	7.7
巴　西	Brazil	9.9	327.8	101.4	6.2	22.8	2.5
委内瑞拉	Venezuela	4.5	47.0	25.3	3.8	5.2	11.4
白俄罗斯	Belarus	0.0	1.2	1.7	0.0	0.0	0.0
保加利亚	Bulgaria	0.0	10.0	14.2	0.0	0.0	0.2
捷　克	Czech Republic	0.7	49.8	25.8	0.0	0.4	2.3
法　国	France	156.1	432.5	469.8	362.3	1774.5	572.8
德　国	Germany	29.6	1982.8	128.7	242.4	565.6	25.6
意大利	Italy	64.1	133.7	164.2	73.9	123.2	91.2
荷　兰	Netherlands	105.1	638.5	196.7	136.6	756.3	360.9
波　兰	Poland	0.9	93.4	42.3	0.2	0.2	3.9
罗马尼亚	Romania	0.0	10.4	15.7	0.2	-0.1	0.6
俄罗斯联邦	Russian Federation	0.0	27.1	11.4	0.0	31.8	41.3
西班牙	Spain	139.8	375.2	256.3	35.2	546.7	233.7
乌克兰	Ukraine	0.0	6.0	14.2	0.0	0.0	0.1
英　国	United Kingdom	304.6	1187.6	145.1	179.5	2333.7	550.9
澳大利亚	Australia	81.3	130.7	79.0	9.9	8.3	151.1
新西兰	New Zealand	17.4	33.5	20.2	15.9	13.0	1.9

注：①联合国贸易与发展会议数据。
Note: ① Data from UNCTAD.

14-4 国际储备与黄金储备

Total International Reserves and Gold Reserves

资料来源：国际货币基金组织数据库。
Source: IMF Database.

国家和地区	Country or Area	国际储备（不包括黄金，亿美元） Total Reserves Minus Gold (USD 100 million)			黄金储备(万盎司) Gold (10 000 Fine Troy Ounces)		
		1990	2000	2003	1990	2000	2003
世　界	**World**	**9312.6**	**20228.9**	**31646.3**	**93923.8**	**95209.2**	**91309.3**
发达国家	**Developed Countries**	**5880.1**	**8529.7**	**12220.8**	**79581.5**	**79650.8**	**75429.0**
发展中国家	**Developing Countries**	**3432.5**	**11699.2**	**19425.4**	**14342.4**	**15558.4**	**15880.3**
中　国	China	295.3 ①	1679.0 ①	4092.6 ①	1267.0	1267.0	1929.0
中国香港	Hong Kong,China	245.2	1073.0	1186.8	22.8	6.7	6.7
孟加拉国	Bangladesh	6.3	14.8	25.8	8.0	10.9	11.2
印　度	India	15.2	378.2	992.1	1069.2	1150.2	1150.2
印度尼西亚	Indonesia	74.5	284.4	350.6	311.1	310.1	310.1
伊　朗	Iran				434.3		
以色列	Israel	62.6	232.3	263.9	83.9		
日　本	Japan	783.5	3541.1	6650.9	2422.8	2454.7	2460.2
韩　国	Korea, Rep.	147.7	959.2	1557.1	32.0	43.9	44.9
哈萨克斯坦	Kazakhstan		15.9	42.5		184.0	174.0
马来西亚	Malaysia	97.4	294.6	446.4	235.0	117.0	117.0
蒙　古	Mongolia		1.8	2.4	3.7	8.5	1.6
缅　甸	Myanmar	3.1	2.2	5.5	25.1	23.1	23.1
巴基斯坦	Pakistan	3.0	15.1	109.7	194.9	209.1	209.6
菲律宾	Philippines	9.2	130.6	136.9	288.8	722.8	821.7
新加坡	Singapore	277.0	799.5	960.1			
斯里兰卡	Sri Lanka	4.2	10.4	22.7	6.3	6.3	
泰　国	Thailand	132.8	319.4	411.9	247.6	236.7	260.0
土耳其	Turkey	60.4	224.4	340.8	409.5	373.9	373.3
越　南	Viet Nam		34.1	62.4			
埃　及	Egypt	26.8	130.9	136.3	243.2	243.2	243.2
南　非	South Africa	10.1	60.7	65.1	409.0	590.0	397.5
尼日利亚	Nigeria	38.6	98.9	71.5	68.7	68.7	68.7
加拿大	Canada	178.1	318.5	363.2	1476.4	118.4	10.9
美　国	United States	721.2	564.7	751.0	26191.0	26161.1	26154.6
墨西哥	Mexico	98.4	354.3	591.2	91.9	24.9	17.0
阿根廷	Argentina	45.8	250.9	141.9	423.3	1.9	0.9
巴　西	Brazil	74.3	324.2	492.4	456.9	189.3	44.6
委内瑞拉	Venezuela	83.0	130.6	160.8	1146.0	1024.0	1147.0
白俄罗斯	Belarus		3.5	6.0			
保加利亚	Bulgaria		31.5	63.1		128.4	128.2
捷　克	Czech Republic		129.9	268.4		44.6	44.2
法　国	France	367.1	369.6	302.7	8185.3	9724.5	9724.6
德　国	Germany	677.8	567.6	508.3	9518.2	11151.9	11058.4
意大利	Italy	628.1	255.1	304.5	6667.1	7882.9	7882.9
荷　兰	Netherlands	174.5	96.2	110.4	4394.2	2931.5	2499.6
波　兰	Poland	44.8	265.0	326.7	47.2	330.6	330.7
罗马尼亚	Romania	5.2	24.6	80.6	220.8	337.4	337.8
俄罗斯联邦	Russian Federation		242.1	733.7		1235.9	1254.5
西班牙	Spain	511.3	309.2	198.4	1561.1	1682.9	1682.7
乌克兰	Ukraine		13.5	67.5		45.4	49.7
英　国	United Kingdom	357.9	437.9	419.6	1894.1	1567.4	1007.0
澳大利亚	Australia	162.3	180.8	322.8	793.3	256.3	256.3
新西兰	New Zealand	41.2	33.2	49.2	0.1		

注：①国际货币基金组织数据。
Note: ① Data from IMF.

14-5 主要国家外债及其构成(2003年)

External Debts by Type (2003)

资料来源：世界银行数据库。
Sources: World Bank Database.
单位：亿美元 (USD 100 million)

国家和地区	Country or Area	外债总额 External Debt Total	长期外债 Long-term Debt	私人非担保外债 Private Nonguaranteed Debt	政府及政府担保外债 Public and Publicly Guaranteed Debt	短期外债 Short-term Debt	IMF 贷款 Use of IMF Credit
中等收入国家	**Middle Income**	**21296.7**	**16653.6**	**5713.1**	**10940.5**	**3686.5**	**957.2**
低收入国家	**Low Income**	**4244.7**	**3798.6**	**238.2**	**3560.4**	**334.5**	**111.5**
中　　国①	China ①	1935.7	1206.0	350.3	855.7	729.7	0.0
孟加拉国	Bangladesh	187.8	180.9	0.0	180.9	6.2	0.7
印　　度	India	1134.7	1087.3	159.1	928.2	47.3	0.0
印度尼西亚	Indonesia	1343.9	1012.1	277.9	734.1	229.1	102.8
伊　　朗	Iran	116.0	84.0	1.9	82.1	32.0	0.0
哈萨克斯坦	Kazakhstan	228.4	200.0	164.6	35.5	28.3	0.0
韩　　国②	Korea, Rep. ②	1101.0	750.0	413.0	337.0	351.0	0.0
马来西亚	Malaysia	490.7	402.5	147.3	255.2	88.2	0.0
蒙　　古	Mongolia	14.7	11.4	0.0	11.4	2.9	0.5
缅　　甸	Myanmar	73.2	58.6	0.0	58.6	14.6	0.0
巴基斯坦	Pakistan	363.5	329.9	16.2	313.7	12.5	21.1
菲律宾	Philippines	626.6	552.9	190.7	362.2	61.8	12.0
斯里兰卡	Sri Lanka	102.4	93.7	2.7	91.1	4.7	3.9
泰　　国	Thailand	517.9	408.9	231.3	177.6	109.0	0.0
土耳其	Turkey	1456.6	985.6	338.0	647.6	230.1	240.9
越　　南	Vietnam	158.2	141.9	0.0	141.9	12.9	3.4
埃　　及	Egypt	313.8	275.8	3.2	272.7	38.0	0.0
尼日利亚	Nigeria	349.6	315.6	0.0	315.6	34.0	0.0
南　　非	South Africa	278.1	204.5	113.3	91.2	73.6	0.0
墨西哥	Mexico	1400.0	1308.3	533.5	774.7	91.8	0.0
阿根廷	Argentina	1662.1	1276.9	283.9	993.0	230.0	155.2
巴　　西	Brazil	2354.3	1875.1	925.3	949.9	196.1	283.2
委内瑞拉	Venezuela	348.5	305.1	60.2	244.9	43.5	0.0
白俄罗斯	Belarus	26.9	6.9	0.1	6.8	19.7	0.3
保加利亚	Bulgaria	132.9	94.4	16.9	77.5	26.6	11.9
捷　　克	Czech Republic	346.3	206.5	121.0	85.6	139.8	0.0
波　　兰	Poland	952.2	757.2	407.6	349.6	195.0	0.0
罗马尼亚	Romania	212.8	193.2	75.9	117.3	13.7	6.0
俄罗斯联邦	Russian Federation	1752.6	1393.9	411.2	982.6	308.1	50.7
乌克兰	Ukraine	163.1	132.4	43.5	88.9	12.3	18.4

注：①世界银行数据。②2001年数。
Note: ① Data from World Bank. ② Data refer to 2001.

14-6 外债风险指标（2003年）

Risk Indicators on Foreign Debts (2003)

资料来源：世界银行数据库。
Sources: World Bank Database.
单位：%　　(%)

国家和地区	Country or Area	政府及政府担保外债占出口比重 PPG Debt Service as % of Exports	债务率 Present Value of Debt as % Exports of Goods and Services	负债率 Present Value of Debt as % of GNI	短期外债比重 Short-term Debt as % of Total External Debt	偿债率 Total Debt Service as % of Exports of Goods and Services	外债本息占GNI比重 Total Debt Service as % of GNI
中等收入国家	**Middle income**	**8.4**			**17.3**	**17.8**	**6.9**
低收入国家	**Low income**	**12.6**			**7.9**	**12.0**	**3.3**
中　　国	China	2.8	47.8	14.8	37.7 ①	7.35	2.6 ①
孟加拉国	Bangladesh	7.3	175.7	25.1	3.3	6.0	1.2
印　　度	India	18.1	123.4	19.1	4.2	18.1	3.4
印度尼西亚	Indonesia	10.6	203.7	81.6	17.1	26.0	9.3
伊　　朗	Iran	3.6	29.9	8.3	27.6	3.8	1.2
哈萨克斯坦	Kazakhstan	3.0	184.0	95.3	12.4	34.5	18.9
韩　　国	Korea, Rep.						
马来西亚	Malaysia	4.7	44.8	56.4	18.0	7.8	9.7
蒙　　古	Mongolia	33.4	149.1	94.5	19.4	32.3	23.0
缅　　甸	Myanmar	3.8	191.7		20.0	4.2	
巴基斯坦	Pakistan	12.7	234.1	40.8	3.4	16.0	3.8
菲律宾	Philippines	12.4	147.4	80.0	9.9	22.1	11.9
斯里兰卡	Sri Lanka	7.2	132.6	50.6	4.6	7.5	3.4
泰　　国	Thailand	7.6	58.7	40.6	21.1	15.6	10.7
土耳其	Turkey	17.1	250.6	81.4	15.8	38.5	11.8
越　　南	Vietnam	3.0	66.9	38.7	8.2	3.4	2.1
埃　　及	Egypt	11.0	152.3	31.0	12.1	11.7	3.4
尼日利亚	Nigeria			75.9	9.7		3.3
南　　非	South Africa	4.3	68.9	23.2	26.5	9.0	2.8
墨西哥	Mexico	11.3	88.1	25.4	6.6	20.9	6.6
阿根廷	Argentina	17.7	533.5	116.9	13.8	37.9	11.5
巴　　西	Brazil	23.4	330.1	54.2	8.3	63.8	12.0
委内瑞拉	Venezuela	25.3	139.5	41.6	12.5	30.1	10.7
白俄罗斯	Belarus	1.4	27.0	17.9	73.4	2.2	1.5
保加利亚	Bulgaria	6.4	152.5	85.5	20.0	10.5	6.0
捷　　克	Czech Republic	3.0	68.6	47.9	40.4	9.3	6.4
波　　兰	Poland	6.5	149.9	48.3	20.5	25.1	9.3
罗马尼亚	Romania	9.8	125.9	46.0	6.4	17.3	6.5
俄罗斯联邦	Russian Federation	7.1	134.9	52.1	17.6	11.8	4.6
乌克兰	Ukraine	4.7	64.5	37.3	7.5	12.5	7.5

注：①世界银行数据。
Note: ① Data from World Bank.

主要统计指标解释

国际储备　一国当局可以使用和控制的外部资产，它可直接用来弥补国际收支不平衡或间接用来平衡国际收支。

黄金储备（货币黄金）　一国当局拥有的、作为储备资产的黄金。参见国际储备。

外债总计　指欠非本地居民的，可用外币、货物或服务偿还的债务。它是长期公共债务、公共担保债务和私人非担保长期债务、IMF货款和短期外债的总和。

长期债务　指初始到期日或宽限期在一年以上的债务。它有三个构成部分：公共债务、公共担保债务和私人非担保债务。用现价美元表示。

短期债务　包括初始到期日为一年及一年期以下的所有债务和长期债务到期未付的利息。用现价美元表示。

Explanatory Notes on Main Statistical Indicators

International Reserves External assets that is readily available to and controlled by the authorities for direct financing of payments imbalances and for indirect regulation of the magnitude of such imbalances.

Gold Reserves (Monetary Gold) Gold owned by the authorities and held as a reserve asset. See also international reserves

External Debt Total **Total** external debt is debt owed to nonresidents repayable in foreign currency, goods, or services. Total external debt is the sum of public, publicly guaranteed, and private no guaranteed long-term debt, use of IMF credit, and short-term debt.

Long-term Debt Long-term debt is debt that has an original or extended maturity of more than one year. It has three components: public, publicly guaranteed, and private no guaranteed debt. Data are in current U.S. dollars.

Short-term Debt includes all debt having an original maturity of one year or less and interest in arrears on long-term debt. Data are in current U.S. dollars.

15 教育、科技、文化、卫生和军事

Education, Science and Technology, Culture, Health and Military

15-1 人文发展指数（2003年）

Human Development Index(2003)

资料来源：联合国开发计划署《人文发展报告》2005年。
Source:UNDP *Human Development Report 2005.*

人文发展指数排名 HDI Rank		国家和地区 Country or Area		出生时的预期寿命（岁） Life Expectancy at Birth (years)	成人识字率（%） Adult literacy Rate (% age 15 and above)	初等、中等和高等教育入学率(%) Combined Primary,Secondary and Tertiary Gross Enrolment Ratio (2002/03)	人均国内生产总值（购买力平价法，美元） GDP per Capita (PPP,US$)
2003	2002						
		世　界	**World**	**67.1**		**67**	**8229**
		高收入国家	**High income**	**78.8**		**94**	**29898**
		中等收入国家	**Middle income**	**70.3**	**89.6**	**73**	**6104**
		低收入国家	**Low income**	**58.4**	**60.8**	**54**	**2168**
1	1	挪　威	Norway	79.4	②	101	37670
2	7	冰　岛	Iceland	80.7	②	96	31243
3	3	澳大利亚	Australia	80.3	②	116	29632
4	15	卢森堡	Luxembourg	78.5	②	88	62298
5	4	加拿大	Canada	80.0	②	94	30677
6	2	瑞　典	Sweden	80.2	②	114	26750
7	11	瑞　士	Switzerland	80.5	②	90	30552
8	10	爱尔兰	Ireland	77.7	②	93	37738
9	6	比利时	Belgium	78.9	②	114	28335
10	8	美　国	United States	77.4	②	93	37562
11	9	日　本	Japan	82.0	②	84	27967
12	5	荷　兰	Netherlands	78.4	②	99	29371
13	13	芬　兰	Finland	78.5	②	108	27619
14	17	丹　麦	Denmark	77.2	②	102	31465
15	12	英　国	United Kingdom	78.4	②	123	27147
16	16	法　国	France	79.5	②	92	27677
17	14	奥地利	Austria	79.0	②	89	30094
18	21	意大利	Italy	80.1	98.5	87	27119
19	18	新西兰	New Zealand	79.1	②	106	22582
20	19	德　国	Germany	78.7	②	89	27756
21	20	西班牙	Spain	79.5	97.7	94	22391
22	23	中国香港	Hong Kong, China	81.6	93.5	74	27179
23	22	以色列	Israel	79.7	96.9	91	20033
24	24	希　腊	Greece	78.3	91.0	92	19954
25	25	新加坡	Singapore	78.7	92.5	87	24481
26	27	斯洛文尼亚	Slovenia	76.4	99.7	95	19150
27	26	葡萄牙	Portugal	77.2	92.5	94	18126
28	28	韩　国	Korea, Rep.	77.0	97.9	93	17971
29	30	塞浦路斯	Cyprus	78.6	96.8	78	18776
30	29	巴巴多斯	Barbados	75.0	99.7	89	15720
31	32	捷　克	Czech Republic	75.6	②	80	16357
32	31	马耳他	Malta	78.4	87.9	79	17633
33	33	文　莱	Brunei Darussalam	76.4	92.7	74	19210
34	34	阿根廷	Argentina	74.5	97.2	95	12106
35	38	匈牙利	Hungary	72.7	99.3	89	14584
36	37	波　兰	Poland	74.3	99.7	90	11379
37	43	智　利	Chile	77.9	95.7	81	10274
38	36	爱沙尼亚	Estonia	71.3	99.8	92	13539
39	41	立陶宛	Lithuania	72.3	99.6	94	11702
40	47	卡塔尔	Qatar	72.8	89.2	82	19844

15-1 续表 1 continued

国家和地区	Country or Area	预期寿命指数 Life Expectancy Index	教育指数 Education Index	国内生产总值指数 GDP Index	人文发展指数 Human Development Index(HDI)	人文发展指数与人均国内生产总值位次之差① GDP per Capita (PPP,US$)Rank Minus HDI Rank ①
世　界	**World**	**0.70**	**0.77**	**0.75**	**0.741**	
高收入国家	**High income**	**0.90**	**0.97**	**0.86**	**0.910**	
中等收入国家	**Middle income**	**0.75**	**0.84**	**0.73**	**0.774**	
低收入国家	**Low income**	**0.56**	**0.58**	**0.64**	**0.593**	
挪　威	Norway	0.91	0.99	0.99	0.963	2
冰　岛	Iceland	0.93	0.98	0.96	0.956	4
澳大利亚	Australia	0.92	0.99	0.95	0.955	7
卢 森 堡	Luxembourg	0.89	0.95	1.00	0.949	-3
加 拿 大	Canada	0.92	0.97	0.96	0.949	2
瑞　典	Sweden	0.92	0.99	0.93	0.949	14
瑞　士	Switzerland	0.93	0.96	0.96	0.947	1
爱 尔 兰	Ireland	0.88	0.97	0.99	0.946	-6
比 利 时	Belgium	0.90	0.99	0.94	0.945	3
美　国	United States	0.87	0.97	0.99	0.944	-6
日　本	Japan	0.95	0.94	0.94	0.943	2
荷　兰	Netherlands	0.89	0.99	0.95	0.943	-1
芬　兰	Finland	0.89	0.99	0.94	0.941	3
丹　麦	Denmark	0.87	0.99	0.96	0.941	-9
英　国	United Kingdom	0.89	0.99	0.94	0.939	3
法　国	France	0.91	0.97	0.94	0.938	-1
奥 地 利	Austria	0.90	0.96	0.95	0.936	-8
意 大 利	Italy	0.92	0.95	0.94	0.934	1
新 西 兰	New Zealand	0.90	0.99	0.90	0.933	3
德　国	Germany	0.90	0.96	0.94	0.930	-6
西 班 牙	Spain	0.91	0.97	0.90	0.928	3
中国香港	Hong Kong, China	0.94	0.87	0.94	0.916	-5
以 色 列	Israel	0.91	0.95	0.88	0.915	2
希　腊	Greece	0.89	0.97	0.88	0.912	2
新 加 坡	Singapore	0.89	0.91	0.92	0.907	-4
斯洛文尼亚	Slovenia	0.86	0.98	0.88	0.904	4
葡 萄 牙	Portugal	0.87	0.97	0.87	0.904	5
韩　国	Korea, Rep.	0.87	0.97	0.87	0.901	6
塞浦路斯	Cyprus	0.89	0.91	0.87	0.891	2
巴巴多斯	Barbados	0.83	0.96	0.84	0.878	9
捷　克	Czech Republic	0.84	0.93	0.85	0.874	7
马 耳 他	Malta	0.89	0.85	0.86	0.867	3
文　莱	Brunei Darussalam	0.86	0.86	0.88	0.866	-4
阿 根 廷	Argentina	0.82	0.96	0.80	0.863	12
匈 牙 利	Hungary	0.80	0.96	0.83	0.862	5
波　兰	Poland	0.82	0.96	0.79	0.858	12
智　利	Chile	0.88	0.91	0.77	0.854	17
爱沙尼亚	Estonia	0.77	0.97	0.82	0.853	4
立 陶 宛	Lithuania	0.79	0.97	0.79	0.852	8
卡 塔 尔	Qatar	0.80	0.87	0.88	0.849	-13

15-1 续表 2 continued

人文发展指数排名 HDI Rank 2003	2002	国家和地区	Country or Area	出生时的预期寿命(岁) Life Expectancy at Birth (years)	成人识字率(%) Adult Literacy Rate (% age 15 and above)	初等、中等和高等教育入学率(%) Combined Primary, Secondary and Tertiary Gross Enrolment Ratio (2002/03)	人均国内生产总值(购买力平价法，美元) GDP per Capita (PPP,US$)
41	49	阿 联 酋	United Arab Emirates	78.0	77.3	74	22420
42	42	斯洛伐克	Slovakia	74.0	99.6	75	13494
43	40	巴　林	Bahrain	74.3	87.7	81	17479
44	44	科 威 特	Kuwait	76.9	82.9	74	18047
45	48	克罗地亚	Croatia	75.0	98.1	75	11080
46	46	乌 拉 圭	Uruguay	75.4	97.7	88	8280
47	45	哥斯达黎加	Costa Rica	78.2	95.8	68	9606
48	50	拉脱维亚	Latvia	71.6	99.7	90	10270
49	39	圣基茨和尼维斯	Saint Kitts and Nevis	70.0	97.8	89	12404
50	51	巴 哈 马	Bahamas	69.7	95.5	77	17159
51	35	塞 舌 尔	Seychelles	72.7	91.9	85	10232
52	52	古　巴	Cuba	77.3	96.9	80	
53	53	墨 西 哥	Mexico	75.1	90.3	75	9168
54	63	汤　加	Tonga	72.2	98.9	83	6992
55	56	保加利亚	Bulgaria	72.2	98.2	78	7731
56	61	巴 拿 马	Panama	74.8	91.9	79	6854
57	54	特立尼达和多巴哥	Trinidad and Tobago	69.9	98.5	66	10766
58	58	利 比 亚	Libyan Arab Jamahiriya	73.6	81.7	96	
59	60	马 其 顿	Macedonia	73.8	96.1	70	6794
60	55	安提瓜和巴布达	Antigua and Barbuda	73.9	85.8	69	10294
61	59	马来西亚	Malaysia	73.2	88.7	71	9512
62	57	俄罗斯联邦	Russian Federation	65.3	99.4	90	9230
63	72	巴　西	Brazil	70.5	88.4	91	7790
64	69	罗马尼亚	Romania	71.3	97.3	72	7277
65	64	毛里求斯	Mauritius	72.2	84.3	71	11287
66	93	格林纳达	Grenada	65.3	96.0	96	7959
67	62	白俄罗斯	Belarus	68.1	99.6	88	6052
68	66	波　黑	Bosnia and Herzegovina	74.2	94.6	67	5967
69	73	哥伦比亚	Colombia	72.4	94.2	71	6702
70	95	多米尼克	Dominica	75.6	88.0	75	5448
71	74	阿　曼	Oman	74.1	74.4	63	13584
72	65	阿尔巴尼亚	Albania	73.8	98.7	69	4584
73	76	泰　国	Thailand	70.0	92.6	73	7595
74	75	西萨摩亚	Samoa (Western)	70.2	98.7	71	5854
75	68	委内瑞拉	Venezuela	72.9	93.0	75	4919
76	71	圣卢西亚	Saint Lucia	72.4	90.1	75	5709
77	77	沙特阿拉伯	Saudi Arabia	71.8	79.4	57	13226
78	70	乌 克 兰	Ukraine	66.1	99.4	86	5491
79	85	秘　鲁	Peru	70.0	87.7	87	5260
80	78	哈萨克斯坦	Kazakhstan	63.2	99.5	85	6671
81	80	黎 巴 嫩	Lebanon	72.0	86.5	79	5074
82	100	厄瓜多尔	Ecuador	74.3	91.0		3641
83	82	亚美尼亚	Armenia	71.5	99.4	72	3671
84	83	菲 律 宾	Philippines	70.4	92.6	82	4321
85	94	中　国③	China ③	71.6	90.9	69	5003

15–1 续表 3 continued

国家和地区	Country or Area	预期寿命指数 Life Expectancy Index	教育指数 Education Index	国内生产总值指数 GDP Index	人文发展指数 Human Devel Human Devel-opment Index (HDI)	人文发展指数与人均国内生产总值位次之差① GDP per Capita (PPP,US$)Rank Minus HDI Rank ①
阿联酋	United Arab Emirates	0.88	0.76	0.90	0.849	-18
斯洛伐克	Slovakia	0.82	0.91	0.82	0.849	1
巴　林	Bahrain	0.82	0.86	0.86	0.846	-7
科威特	Kuwait	0.87	0.80	0.87	0.844	-11
克罗地亚	Croatia	0.83	0.90	0.79	0.841	5
乌拉圭	Uruguay	0.84	0.94	0.74	0.840	16
哥斯达黎加	Costa Rica	0.89	0.87	0.76	0.838	10
拉脱维亚	Latvia	0.78	0.96	0.77	0.836	7
圣基茨和尼维斯	Saint Kitts and Nevis	0.75	0.95	0.80	0.834	-4
巴哈马	Bahamas	0.75	0.89	0.86	0.832	-13
塞舌尔	Seychelles	0.80	0.89	0.77	0.821	5
古　巴	Cuba	0.87	0.91	0.67	0.817	40
墨西哥	Mexico	0.83	0.85	0.75	0.814	7
汤　加	Tonga	0.79	0.93	0.71	0.810	17
保加利亚	Bulgaria	0.79	0.91	0.73	0.808	10
巴拿马	Panama	0.83	0.88	0.71	0.804	17
特立尼达和多巴哥	Trinidad and Tobago	0.75	0.88	0.78	0.801	-6
利比亚	Libyan Arab Jamahiriya	0.81	0.86	0.72	0.799	9
马其顿	Macedonia	0.81	0.87	0.70	0.797	16
安提瓜和巴布达	Antigua and Barbuda	0.82	0.80	0.77	0.797	-7
马来西亚	Malaysia	0.80	0.83	0.76	0.796	-3
俄罗斯联邦	Russian Federation	0.67	0.96	0.76	0.795	-3
巴　西	Brazil	0.76	0.89	0.73	0.792	1
罗马尼亚	Romania	0.77	0.89	0.72	0.792	4
毛里求斯	Mauritius	0.79	0.80	0.79	0.791	-16
格林纳达	Grenada	0.67	0.96	0.73	0.787	-3
白俄罗斯	Belarus	0.72	0.95	0.68	0.786	17
波　黑	Bosnia and Herzegovina	0.82	0.86	0.68	0.786	17
哥伦比亚	Colombia	0.79	0.86	0.70	0.785	8
多米尼克	Dominica	0.84	0.84	0.67	0.783	21
阿　曼	Oman	0.82	0.71	0.82	0.781	-30
阿尔巴尼亚	Albania	0.81	0.89	0.64	0.780	30
泰　国	Thailand	0.75	0.86	0.72	0.778	-7
西萨摩亚	Samoa (Western)	0.75	0.89	0.68	0.776	14
委内瑞拉	Venezuela	0.80	0.87	0.65	0.772	22
圣卢西亚	Saint Lucia	0.79	0.85	0.68	0.772	13
沙特阿拉伯	Saudi Arabia	0.78	0.72	0.82	0.772	-33
乌克兰	Ukraine	0.69	0.95	0.67	0.766	12
秘　鲁	Peru	0.75	0.88	0.66	0.762	14
哈萨克斯坦	Kazakhstan	0.64	0.94	0.70	0.761	-2
黎巴嫩	Lebanon	0.78	0.84	0.66	0.759	14
厄瓜多尔	Ecuador	0.82	0.86	0.60	0.759	30
亚美尼亚	Armenia	0.77	0.90	0.60	0.759	28
菲律宾	Philippines	0.76	0.89	0.63	0.758	19
中　国③	China ③	0.78	0.84	0.65	0.755	11

15-1 续表 4 continued

人文发展指数排名 HDI Rank 2003	2002	国家和地区	Country or Area	出生时的预期寿命（岁） Life Expectancy at Birth (years)	成人识字率（%） Adult Literacy Rate(% age 15 and above)	初等、中等和高等教育入学率(%) Combined Primary, Secondary and Tertiary Gross Enrolment Ratio (2002/03)	人均国内生产总值（购买力平价法，美元） GDP per Capita (PPP,US$)
86	67	苏 里 南	Suriname	69.1	88.0	73	
87	87	圣文森特和格林纳丁斯巴	Saint Vincent and the Grenadines	71.1	88.1	67	6123
88	89	拉　圭	Paraguay	71.0	91.6	73	4684
89	92	突 尼 斯	Tunisia	73.3	74.3	74	7161
90	90	约　旦	Jordan	71.3	89.9	78	4320
91	99	伯 利 兹	Belize	71.9	76.9	77	6950
92	81	斐　济	Fiji	67.8	92.9	73	5880
93	96	斯里兰卡	Sri Lanka	74.0	90.4	69	3778
94	88	土 耳 其	Turkey	68.7	88.3	68	6772
95	98	多米尼加	Dominican Republic	67.2	87.7	76	6823
96	84	马尔代夫	Maldives	66.6	97.2	75	
97	86	土库曼斯坦	Turkmenistan	62.4	98.8		5938
98	79	牙 买 加	Jamaica	70.8	87.6	74	4104
99	101	伊　朗	Iran	70.4	77.0	69	6995
100	97	格鲁吉亚	Georgia	70.5	100.0	71	2588
101	91	阿塞拜疆	Azerbaijan	66.9	98.8	69	3617
102	102	巴勒斯坦	Palestine	72.5	91.9	80	
103	108	阿尔及利亚	Algeria	71.1	69.8	74	6107
104	103	萨尔瓦多	El Salvador	70.9	79.7	68	4781
105	105	佛 得 角	Cape Verde	70.4	75.7	73	5214
106	106	叙 利 亚	Syrian Arab Republic	73.3	82.9	62	3576
107	104	圭 亚 那	Guyana	63.1	96.5	77	4230
108	112	越　南	Viet Nam	70.5	90.3	64	2490
109	110	吉尔吉斯斯坦	Kyrgyzstan	66.8	98.7	82	1751
110	111	印度尼西亚	Indonesia	66.8	87.9	66	3361
111	107	乌兹别克斯坦	Uzbekistan	66.5	99.3	76	1744
112	118	尼加拉瓜	Nicaragua	69.7	76.7	69	3262
113	114	玻利维亚	Bolivia	64.1	86.5	87	2587
114	117	蒙　古	Mongolia	64.0	97.8	74	1850
115	113	摩尔多瓦	Moldova	67.7	96.2	62	1510
116	115	洪都拉斯	Honduras	67.8	80.0	62	2665
117	121	危地马拉	Guatemala	67.3	69.1	61	4148
118	129	瓦努阿图	Vanuatu	68.6	74.0	58	2944
119	120	埃　及	Egypt	69.8	55.6	74	3950
120	119	南　非	South Africa	48.4	82.4	78	10346
121	109	赤道几内亚	Equatorial Guinea	43.3	84.2	65	19780
122	116	塔吉克斯坦	Tajikistan	63.6	99.5	76	1106
123	122	加　蓬	Gabon	54.5	71.0	74	6397
124	125	摩 洛 哥	Morocco	69.7	50.7	58	4004
125	126	纳米比亚	Namibia	48.3	85.0	71	6180
126	123	圣多美和普林西比	São Tomé and Principe	63.0	83.1	62	1231
127	127	印　度	India	63.3	61.0	60	2892
128	124	所罗门群岛	Solomon Islands	62.3	76.6	52	1753
129	132	缅　甸	Myanmar	60.2	89.7	48	
130	130	柬 埔 寨	Cambodia	56.2	73.6	59	2078

15-1 续表 5 continued

国家和地区	Country or Area	预期寿命指数 Life Expectancy Index	教育指数 Education Index	国内生产总值指数 GDP Index	人文发展指数 Human Development Index (HDI)	人文发展指数与人均国内生产总值位次之差① GDP per Capita (PPP,US$)Rank Minus HDI Rank ①
苏里南	Suriname	0.74	0.83	0.70	0.755	-7
圣文森特和格林纳丁斯	Saint Vincent and the Grenadines	0.77	0.81	0.69	0.755	-5
巴拉圭	Paraguay	0.77	0.86	0.64	0.755	13
突尼斯	Tunisia	0.80	0.74	0.71	0.753	-20
约旦	Jordan	0.77	0.86	0.63	0.753	14
伯利兹	Belize	0.78	0.77	0.71	0.753	-19
斐济	Fiji	0.71	0.86	0.68	0.752	-5
斯里兰卡	Sri Lanka	0.82	0.83	0.61	0.751	17
土耳其	Turkey	0.73	0.82	0.70	0.750	-18
多米尼加	Dominican Republic	0.70	0.84	0.70	0.749	-21
马尔代夫	Maldives	0.69	0.90	0.65	0.745	2
土库曼斯坦	Turkmenistan	0.62	0.91	0.68	0.738	-11
牙买加	Jamaica	0.76	0.83	0.62	0.738	9
伊朗	Iran	0.76	0.74	0.71	0.736	-29
格鲁吉亚	Georgia	0.76	0.90	0.54	0.732	21
阿塞拜疆	Azerbaijan	0.70	0.89	0.60	0.729	12
巴勒斯坦	Palestine	0.79	0.88	0.52	0.729	26
阿尔及利亚	Algeria	0.77	0.71	0.69	0.722	-20
萨尔瓦多	El Salvador	0.76	0.76	0.65	0.722	-5
佛得角	Cape Verde	0.76	0.75	0.66	0.721	-11
叙利亚	Syrian Arab Republic	0.81	0.76	0.60	0.721	8
圭亚那	Guyana	0.63	0.90	0.63	0.720	-2
越南	Viet Nam	0.76	0.82	0.54	0.704	16
吉尔吉斯斯坦	Kyrgyzstan	0.70	0.93	0.48	0.702	33
印度尼西亚	Indonesia	0.70	0.81	0.59	0.697	5
乌兹别克斯坦	Uzbekistan	0.69	0.91	0.48	0.694	32
尼加拉瓜	Nicaragua	0.75	0.74	0.58	0.690	4
玻利维亚	Bolivia	0.65	0.87	0.54	0.687	9
蒙古	Mongolia	0.65	0.90	0.49	0.679	23
摩尔多瓦	Moldova	0.71	0.85	0.45	0.671	33
洪都拉斯	Honduras	0.71	0.74	0.55	0.667	3
危地马拉	Guatemala	0.70	0.66	0.62	0.663	-11
瓦努阿图	Vanuatu	0.73	0.69	0.56	0.659	-1
埃及	Egypt	0.75	0.62	0.61	0.659	-10
南非	South Africa	0.39	0.81	0.77	0.658	-68
赤道几内亚	Equatorial Guinea	0.30	0.78	0.88	0.655	-93
塔吉克斯坦	Tajikistan	0.64	0.91	0.40	0.652	36
加蓬	Gabon	0.49	0.72	0.69	0.635	-43
摩洛哥	Morocco	0.75	0.53	0.62	0.631	-16
纳米比亚	Namibia	0.39	0.80	0.69	0.627	-44
圣多美和普林西比	São Tomé and Principe	0.63	0.76	0.42	0.604	27
印度	India	0.64	0.61	0.56	0.602	-9
所罗门群岛	Solomon Islands	0.62	0.68	0.48	0.594	13
缅甸	Myanmar	0.59	0.76	0.39	0.578	34
柬埔寨	Cambodia	0.52	0.69	0.51	0.571	3

15-1 续表 6 continued

人文发展指数排名 HDI Rank 2003	2002	国家和地区	Country or Area	出生时的预期寿命（岁）Life Expectancy at Birth (years)	成人识字率(%) Adult Literacy Rate(% age 15 and above)	初等、中等和高等教育入学率(%) Combined Primary, Secondary and Tertiary Gross Enrolment Ratio (2002/03)	人均国内生产总值（购买力平价法，美元）GDP per Capita (PPP,US$)
131	128	博茨瓦纳	Botswana	36.3	78.9	70	8714
132	136	科摩罗	Comoros	63.2	56.2	47	1714
133	135	老挝	Laos	54.7	68.7	61	1759
134	134	不丹	Bhutan	62.9	47.0		1969
135	142	巴基斯坦	Pakistan	63.0	48.7	35	2097
136	140	尼泊尔	Nepal	61.6	48.6	61	1420
137	133	巴布亚新几内亚	Papua New Guinea	55.3	57.3	41	2619
138	131	加纳	Ghana	56.8	54.1	46	2238
139	138	孟加拉国	Bangladesh	62.8	41.1	53	1770
140	158	东帝汶	Timor-Leste	55.5	58.6	75	
141	139	苏丹	Sudan	56.4	59.0	38	1910
142	144	刚果	Congo	52.0	82.8	47	965
143	143	多哥	Togo	54.3	53.0	66	1696
144	146	乌干达	Uganda	47.3	68.9	74	1457
145	147	津巴布韦	Zimbabwe	36.9	90.0	55	2443
146	150	马达加斯加	Madagascar	55.4	70.6	51	809
147	137	斯威士兰	Swaziland	32.5	79.2	60	4726
148	141	喀麦隆	Cameroon	45.8	67.9	55	2118
149	145	莱索托	Lesotho	36.3	81.4	66	2561
150	154	吉布提	Djibouti	52.8	65.5	24	2086
151	149	也门	Yemen	60.6	49.0	55	889
152	152	毛里塔尼亚	Mauritania	52.7	51.2	45	1766
153	153	海地	Haiti	51.6	51.9		1742
154	148	肯尼亚	Kenya	47.2	73.6	52	1037
155	155	冈比亚	Gambia	55.7	37.8	48	1859
156	160	几内亚	Guinea	53.7	41.0	41	2097
157	157	塞内加尔	Senegal	55.7	39.3	40	1648
158	151	尼日利亚	Nigeria	43.4	66.8	64	1050
159	159	卢旺达	Rwanda	43.9	64.0	55	1268
160	166	安哥拉	Angola	40.8	66.8	30	2344
161	156	厄立特里亚	Eritrea	53.8	56.7	35	849
162	161	贝宁	Benin	54.0	33.6	55	1115
163	163	科特迪瓦	Côte d'Ivoire	45.9	48.1	42	1476
164	162	坦桑尼亚	Tanzania	46.0	69.4	41	621
165	165	马拉维	Malawi	39.7	64.1	72	605
166	164	赞比亚	Zambia	37.5	67.9	48	877
167	168	刚果(金)	Congo, Dem. Rep.	43.1	65.3	28	697
168	171	莫桑比克	Mozambique	41.9	46.5	43	1117
169	173	布隆迪	Burundi	43.6	58.9	35	648
170	170	埃塞俄比亚	Ethiopia	47.6	41.5	36	711
171	169	中非	Central African Republic	39.3	48.6	31	1089
172	172	几内亚比绍	Guinea-Bissau	44.7	39.6	37	711
173	167	乍得	Chad	43.6	25.5	38	1210
174	174	马里	Mali	47.9	19.0	32	994
175	175	布基纳法索	Burkina Faso	47.5	12.8	24	1174
176	177	塞拉利昂	Sierra Leone	40.8	29.6	45	548
177	176	尼日尔	Niger	44.4	14.4	21	835

15-1 续表 7 continued

国家和地区	Country or Area	预期寿命指数 Life Expectancy Index	教育指数 Education Index	国内生产总值指数 GDP Index	人文发展指数 Human Development Index (HDI)	人文发展指数与人均国内生产总值位次之差① GDP per Capita (PPP,US$)Rank Minus HDI Rank ①
博茨瓦纳	Botswana	0.19	0.76	0.75	0.565	-70
科摩罗	Comoros	0.64	0.53	0.47	0.547	13
老挝	Laos	0.49	0.66	0.48	0.545	7
不丹	Bhutan	0.63	0.48	0.50	0.536	0
巴基斯坦	Pakistan	0.63	0.44	0.51	0.527	-5
尼泊尔	Nepal	0.61	0.53	0.44	0.526	15
巴布亚新几内亚	Papua New Guinea	0.50	0.52	0.55	0.523	-17
加纳	Ghana	0.53	0.51	0.52	0.520	-11
孟加拉国	Bangladesh	0.63	0.45	0.48	0.520	-1
东帝汶	Timor-Leste	0.51	0.64	0.39	0.513	22
苏丹	Sudan	0.52	0.52	0.49	0.512	-6
刚果	Congo	0.45	0.71	0.38	0.512	23
多哥	Togo	0.49	0.57	0.47	0.512	3
乌干达	Uganda	0.37	0.71	0.45	0.508	6
津巴布韦	Zimbabwe	0.20	0.78	0.53	0.505	-20
马达加斯加	Madagascar	0.51	0.64	0.35	0.499	24
斯威士兰	Swaziland	0.12	0.73	0.64	0.498	-47
喀麦隆	Cameroon	0.35	0.64	0.51	0.497	-19
莱索托	Lesotho	0.19	0.76	0.54	0.497	-26
吉布提	Djibouti	0.46	0.52	0.51	0.495	-18
也门	Yemen	0.59	0.51	0.36	0.489	15
毛里塔尼亚	Mauritania	0.46	0.49	0.48	0.477	-13
海地	Haiti	0.44	0.50	0.48	0.475	-9
肯尼亚	Kenya	0.37	0.66	0.39	0.474	7
冈比亚	Gambia	0.51	0.41	0.49	0.470	-19
几内亚	Guinea	0.48	0.41	0.51	0.466	-26
塞内加尔	Senegal	0.51	0.39	0.47	0.458	-10
尼日利亚	Nigeria	0.31	0.66	0.39	0.453	2
卢旺达	Rwanda	0.31	0.61	0.42	0.450	-7
安哥拉	Angola	0.26	0.54	0.53	0.445	-34
厄立特里亚	Eritrea	0.48	0.49	0.36	0.444	7
贝宁	Benin	0.48	0.41	0.40	0.431	-5
科特迪瓦	Côte d'Ivoire	0.35	0.46	0.45	0.420	-14
坦桑尼亚	Tanzania	0.35	0.60	0.30	0.418	11
马拉维	Malawi	0.24	0.67	0.30	0.404	11
赞比亚	Zambia	0.21	0.61	0.36	0.394	1
刚果(金)	Congo, Dem. Rep.	0.30	0.53	0.32	0.385	6
莫桑比克	Mozambique	0.28	0.45	0.40	0.379	-12
布隆迪	Burundi	0.31	0.51	0.31	0.378	5
埃塞俄比亚	Ethiopia	0.38	0.40	0.33	0.367	1
中非	Central African Republic	0.24	0.43	0.40	0.355	-12
几内亚比绍	Guinea-Bissau	0.33	0.39	0.33	0.348	-1
乍得	Chad	0.31	0.30	0.42	0.341	-19
马里	Mali	0.38	0.23	0.38	0.333	-10
布基纳法索	Burkina Faso	0.38	0.16	0.41	0.317	-20
塞拉利昂	Sierra Leone	0.26	0.35	0.28	0.298	1
尼日尔	Niger	0.32	0.17	0.35	0.281	-8

注:①正值表示人文发展指数排序比人均国内生产总值(购买力平价方法计算)排名位次靠前，负值则表示相反。②为计算人文发展指数，此指标值采用99%。③联合国开发计划署统计数字。

Note: ① Positive figure indicates that the HDI rank is higher than the GDP per capita(PPP US$)rank,a negative the opposite. ② For purpose of Calculating the HDI,a value of 99% was applied. ③ Data from UNDP.

15-2 15岁及以上成人识字率

Adult Literacy Rate(As % of People Ages 15 and Above)

资料来源：世界银行数据库。
Source:World Bank Database.
单位：%　(%)

国家和地区	Country or Area	总计 Total		男性 Male		女性 Female	
		1990	2002	1990	2002	1990	2002
世　界	**World**	**70.9**	**79.1 ①**	**74.3**	**84.6 ①**	**63.1**	**73.5 ①**
中等收入国家	**Middle Income**	**81.3**	**89.9 ①**	**85.0**	**93.4 ①**	**75.1**	**86.9 ①**
低收入国家	**Low Income**	**50.1**	**60.8 ②**	**60.5**	**70.7 ①**	**38.5**	**51.5 ①**
中　国	China	78.3	88.4	87.2	93.6	68.9	83.1
中国澳门	Macao, China	90.5	91.3 ②	94.6	95.3 ②	86.8	87.8 ②
孟加拉国	Bangladesh	34.2	41.1	44.3	50.4	23.7	31.4
印　度	India	49.3	61.3 ②	61.9	68.4 ①	35.9	45.4 ①
印度尼西亚	Indonesia	79.5	87.9	86.7	92.5	72.5	83.4
伊　朗	Iran	63.2	77.1 ②	72.2	83.5	54.0	70.4
以色列	Israel	91.4	95.3	94.9	97.3	88.0	93.4
哈萨克斯坦	Kazakhstan	98.8	99.4	99.5	99.7	98.2	99.2
马来西亚	Malaysia	80.7	88.7 ①	86.9	92.0 ①	74.4	85.4 ①
蒙　古	Mongolia	97.8	97.8 ①	98.5	98.0 ①	97.1	97.5 ①
缅　甸	Myanmar	80.7	85.3	87.4	89.2	74.3	81.4
巴基斯坦	Pakistan	35.4	41.5 ③	49.3	53.4 ③	20.2	28.5 ③
菲律宾	Philippines	91.7	92.6 ①	92.3	92.5 ①	91.2	92.7 ①
新加坡	Singapore	88.8	92.6 ①	94.4	96.6 ①	83.2	88.6 ①
斯里兰卡	Sri Lanka	88.7	92.1	92.9	94.7	84.7	89.6
泰　国	Thailand	92.4	92.7 ①	95.4	94.9 ①	89.5	90.5 ①
土耳其	Turkey	77.9	86.5 ①	89.2	94.4 ①	66.4	78.5 ①
越　南	Viet Nam	90.4	90.3 ④	94.0	93.9 ④	87.1	86.9 ④
埃　及	Egypt	47.1	55.6 ⑤	60.4	67.2 ⑤	33.6	43.6 ⑤
尼日利亚	Nigeria	48.7	66.8	59.4	74.4	38.4	59.4
南　非	South Africa	81.2	86.0	82.2	86.7	80.3	85.3
墨西哥	Mexico	87.4	90.5 ①	90.6	92.6 ①	84.3	88.7 ①
阿根廷	Argentina	95.7	97.0	95.9	97.0	95.6	97.0
巴　西	Brazil	82.0	86.4 ①	82.9	86.2 ①	81.2	86.5 ①
委内瑞拉	Venezuela	88.9	93.1	90.1	93.5	87.7	92.7
白俄罗斯	Belarus	99.5	99.7	99.7	99.8	99.3	99.6
保加利亚	Bulgaria	97.2	98.6	98.3	99.1	96.2	98.1
意大利	Italy	97.7	98.6	98.3	99.0	97.1	98.2
罗马尼亚	Romania	97.1	97.3	98.6	98.4	95.6	96.3
俄罗斯联邦	Russian Federation	99.3	99.6	99.6	99.7	99.0	99.5
西班牙	Spain	96.3	97.8	97.8	98.7	94.8	97.0
乌克兰	Ukraine	99.4	99.6	99.7	99.8	99.2	99.5

注：①2000年数字。②2001年数字。③1998年数字。④1999年数字。⑤1996年数字。
Note: ① Refer to 2000. ② Refer to 2001. ③ Refer to 1998. ④ Refer to 1999. ⑤ Refer to 1996.

15-3 大中小学生入学率

Tertiary,Secondary and Primary School Enrollment Ratio

资料来源：世界银行数据库。
Source:World Bank Database.
单位：% (%)

国家和地区	Country or Area	大学生粗入学率 Tertiary,Gross		中学生净入学率 Secondary,Net		小学生净入学率 Primary,Net	
		1990	2002	1990	2002	1990	2002
世界	**World**	**16.2**	**25.6②**			**83.8**	**86.6②**
高收入国家	**High income**	**46.8**	**65.8②**	**86.9**	**90.2②**	**96.5**	**96.5②**
中等收入国家	**Middle income**	**12.6**	**22.4②**			**92.4**	**92.7②**
低收入国家	**Low income**	**5.2**	**9.8②**				**77.0②**
中国①	China ①	2.9	12.7②			97.4	94.6②
中国香港	Hong Kong, China	19.1	26.0②		71.5②		97.6②
中国澳门	Macao, China	24.1	80.8	53.0⑤	74.3	81.1	87.2
孟加拉国	Bangladesh	4.1	6.2	19.2	44.5	71.2	85.1
印度	India	6.2	11.4②				82.8②
印度尼西亚	Indonesia	9.5	15.2②	39.1	48.3⑩	96.7	92.1②
伊朗	Iran	10.4	21.1			92.3	86.5②
以色列	Israel	35.8	57.6②		88.9②	91.9	99.9②
日本	Japan	30.7	49.2②	96.8	99.7②	99.7	100.0②
哈萨克斯坦	Kazakhstan	41.6	44.7		86.8	87.6	91.5
韩国	Korea, Rep.	39.1	84.7	85.8	87.1	99.7	99.8
马来西亚	Malaysia	7.4	26.6②		69.4②	93.7	95.2②
蒙古	Mongolia	14.3	37.0	55.9⑥	77.4	90.1	79.0
缅甸	Myanmar	4.4	11.5②		35.1	97.8	84.2
巴基斯坦	Pakistan	3.5	2.8				59.1④
菲律宾	Philippines	27.8	31.1②	56.6⑦		96.5	93.0②
新加坡	Singapore	18.0				96.4	
斯里兰卡	Sri Lanka	4.7				89.9	
泰国	Thailand	16.7	36.7②			75.9	86.3②
土耳其	Turkey	13.1	24.8②	42.1		89.5	87.9②
越南	Viet Nam	2.0	12.1		65.3②	90.5	94.0②
埃及	Egypt	16.7	38.3③	65.2⑧	80.8②	83.7	90.3②
尼日利亚	Nigeria	4.2	8.2		56.5②	59.9	
南非	South Africa	11.7	15.0	50.5⑤	65.5	87.9	89.0
加拿大	Canada	93.1	57.7②	88.7	97.6④	97.7	99.6④
墨西哥	Mexico	15.2	21.5②	44.8	60.2②	98.8	99.4②
美国	United States	72.4	81.4②	85.8	85.3②	96.8	92.7②
阿根廷	Argentina	38.8	56.3②		80.8②	93.8	
巴西	Brazil	11.3	18.2②	15.5	71.6②	85.6	96.5②
委内瑞拉	Venezuela	29.2	40.2	18.6	59.2	88.1	90.8
白俄罗斯	Belarus	51.3	61.6		84.8	86.2	94.3
保加利亚	Bulgaria	31.7	37.7②	63.3	86.7②	86.1	90.4②
捷克	Czech Republic	16.7	33.7②	86.1⑧	89.5②	86.7	88.5②
法国	France	39.7	53.6②	85.8⑤	93.3②	100.0	99.6②
德国	Germany	32.1	48.7④	89.0⑨	88.1②	84.3	
意大利	Italy	32.1	53.1②		90.5②	99.8	99.2②
荷兰	Netherlands	38.7	57.0②	83.6	90.4②	95.3	99.4②
波兰	Poland	22.1	59.5②	75.8	90.8④	96.7	98.0②
罗马尼亚	Romania	9.6	30.4②	72.8⑧	80.0②	81.2	88.4②
俄罗斯联邦	Russian Federation	53.3	69.8②			98.6	
西班牙	Spain	37.0	58.9②		94.0②	99.8	99.7②
乌克兰	Ukraine	48.1	61.8		84.6	80.2	84.3
英国	United Kingdom	30.2	63.6②	81.4	95.6②	98.3	100.0②
澳大利亚	Australia	35.9	74.3	78.6	88.0	99.2	96.8
新西兰	New Zealand	40.4	73.9	85.0	92.7	99.6	99.7

注：①数据来源于世界银行。②2001年数据。③1998年数据。④2000年数据。⑤1991年数据。⑥1994年数据。⑦1995年数据。⑧1993年数据。⑨1992年数据。⑩1999年数据。

Note: ① Data from World Bank. ② The data refer to 2001. ③ The data refer to 1998. ④ The data refer to 2000. ⑤ The data refer to 1991. ⑥ The data refer to 1994. ⑦ The data refer to 1995. ⑧ The data refer to 1993. ⑨ The data refer to 1992. ⑩ The data refer to 1999.

15-4 每个学生教育支出占人均国内生产总值比重
Expenditure per Student as Percentage of GDP per Capita

资料来源：世界银行数据库。
Source: World Bank Database.
单位：% (%)

国家和地区	Country or Area	大学生 University and College Student		中学生 Secondary School Student		小学生 Primary School Student	
		2000	2002	2000	2002	2000	2002
中　国①	China ①	85.8 ②		12.1 ②			
中国香港	Hong Kong, China	70.2	70.3 ④	18.8	19.3 ④	12.9	13.5 ④
中国澳门	Macao, China	33.0		10.4		8.9	
孟加拉国	Bangladesh	39.0	35.5	11.7 ②	14.1	8.5 ②	8.9
印　度	India	86.4		23.2	20.9 ④	13.8	12.4 ④
印度尼西亚	Indonesia	24.0	20.8 ④	8.3	7.2 ④	4.2	3.7 ④
伊　朗	Iran	38.0	33.5	10.8	12.1	10.0	11.3 ④
以色列	Israel	28.6	27.0 ④	21.4	22.2 ④	20.1	21.7 ④
日　本	Japan	17.1		20.9		21.5	
哈萨克斯坦	Kazakhstan		10.2		12.7		8.1
韩　国	Korea, Rep.	7.3		15.2	21.1 ④	16.6	
马来西亚	Malaysia	83.3	114.0 ④	22.3	27.6 ④	12.8	17.0 ④
蒙　古	Mongolia	27.1	36.4		19.5		38.3
菲律宾	Philippines	15.0	13.8 ④	10.7	9.3 ④	12.5	11.6 ④
泰　国	Thailand	33.0		11.7		16.5	
土耳其	Turkey	45.5	48.5 ④	14.1	13.8 ④	11.1	11.6 ④
南　非	South Africa	54.4	53.2 ④	18.2	17.7 ④	14.4	14.3 ④
加拿大	Canada	48.2					
墨西哥	Mexico	45.2 ②	35.0 ④	13.8 ②	18.4 ④	11.8 ②	13.8 ④
美　国	United States	31.7		24.5		21.2	
阿根廷	Argentina	17.8		15.8		12.4	
巴　西	Brazil	58.6		10.9		11.3	
保加利亚	Bulgaria	14.1 ③	19.7 ④		19.1 ④	14.8 ③	16.9 ④
捷　克	Czech Republic	30.3	29.0 ④	20.6	21.6 ④	12.0	11.8 ④
法　国	France	29.6	29.3 ④	29.0	28.7 ④	17.9	17.8 ④
德　国	Germany	41.2		21.7	21.8 ④	16.2	16.9 ④
意大利	Italy	26.2	25.3 ④	27.1	30.9 ④	21.9	24.7 ④
荷　兰	Netherlands	42.6 ②	40.8 ④	21.6 ②	22.7 ④	15.2 ②	16.6 ④
波　兰	Poland	15.8	21.6 ④	11.6		28.4	34.4 ④
罗马尼亚	Romania		30.3 ④				
西班牙	Spain	21.4	22.4 ④	24.8	24.3 ④	18.6	18.9 ④
乌克兰	Ukraine	34.2	39.3	11.5	17.3	7.8	11.9
英　国	United Kingdom	23.2		16.2		15.1	
澳大利亚	Australia	25.8	25.4 ④	14.1	15.1 ④	16.3	16.6 ④
新西兰	New Zealand	37.2	37.5 ④	23.4	21.8 ④	20.0	18.9 ④

注：①数据来源于世界银行。②1999年数据。③1998年数据。④2001年数据。
Note: ① Data from World Bank. ② The data refer to 1999. ③ The data refer to 1998. ④ The data refer to 2001.

15-5 研究与发展经费支出和公共教育经费支出占国内生产总值比重
Research and Development Expenditure and Public Spending on Education as Percentage of GDP

资料来源:世界银行数据库。
Source: World Bank Database.

国家和地区	Country or Area	研究与发展经费支出占国内生产总值比重(%) Research and Development Expenditure (% of GDP)			公共教育经费支出占国内生产总值比重(%) Public Spending on Education,Total (% of GDP)		
		1990	1996	2002	1990	1995	2002
世　界	**World**		**2.8**	**2.4**			**4.4 ①**
高收入国家	**High Income**		**2.3**	**2.5**			**5.5 ①**
中等收入国家	**Middle Income**		**5.8**	**0.7 ①**			**4.3 ①**
低收入国家	**Low income**						**3.2 ②**
中　国	China		0.6	1.2	2.3 ⑧	2.5 ⑧	2.1 ⑧⑨
中国香港	Hong Kong, China			0.6	2.8	2.9	4.1 ①
中国澳门	Macao, China				1.7		2.8
孟加拉国	Bangladesh				1.5		2.4
印　度	India	0.7	0.5	0.8 ②	3.7	3.1	4.1 ②
印度尼西亚	Indonesia		0.1 ③		1.0	1.3	1.3 ①
伊　朗	Iran		0.5 ③		4.1	4.1	4.9
以色列	Israel	2.2	2.9	5.1	6.3		7.3 ①
日　本	Japan	2.9 ④	2.8	3.1			3.6 ②
哈萨克斯坦	Kazakhstan		0.3	0.3 ⑤	3.2	4.5	3.0
韩　国	Korea, Rep.	1.9	2.4	2.5	3.4	3.4	4.3 ①
马来西亚	Malaysia		0.2	0.7	5.1	4.4	7.9 ①
蒙　古	Mongolia			0.3	12.3	6.3	9.0
巴基斯坦	Pakistan			0.2	2.6	2.8	1.8 ②
菲律宾	Philippines	0.2 ⑥	0.7	0.6	2.9	3.0	3.2 ①
新加坡	Singapore		1.4	2.2	3.1	3.1	
斯里兰卡	Sri Lanka		0.2		2.7	3.0	
泰　国	Thailand		0.1	0.2	3.6	4.1	5.2 ②
土耳其	Turkey	0.3	0.5	0.7	2.2	2.3	3.7 ①
越　南	Viet Nam				2.0	2.9	
埃　及	Egypt		0.2	0.2 ②	3.9	4.7	
尼日利亚	Nigeria				0.9	0.7	
南　非	South Africa	0.9 ④	0.6 ⑦	0.7	5.9	5.9	5.3
加拿大	Canada	1.5	1.7	1.9	6.5		5.2 ②
墨西哥	Mexico		0.3	0.4 ①	3.6		5.2 ①
美　国	United States	2.7 ⑥	2.5	2.7	5.1		5.7 ②
阿根廷	Argentina		0.4	0.4	10.0	3.6	4.6 ②
巴　西	Brazil		0.8	1.0 ②		5.0	4.3 ②
委内瑞拉	Venezuela	0.5	0.3	0.4 ①	3.0		
白俄罗斯	Belarus	9.1 ⑥		0.6	4.8	5.5	6.0 ②
保加利亚	Bulgaria	2.6		0.5	5.2	3.8	3.5 ①
捷　克	Czech Republic	1.7 ⑥	1.0	1.2		5.2	4.2 ①
法　国	France	2.4	2.3	2.3	5.3	6.0	5.7 ①
德　国	Germany		2.2	2.5		4.7	4.6 ①
意大利	Italy	1.3	1.0	1.1 ①	3.1	4.6	5.0 ①
荷　兰	Netherlands	1.9 ⑥	2.0	1.9 ①	5.7	5.0	5.0 ①
波　兰	Poland					4.9	5.6 ①
罗马尼亚	Romania	0.8 ④	0.7	0.4	2.8		3.3 ①
俄罗斯联邦	Russian Federation		1.0	1.2	3.0	3.6	3.1 ①
西班牙	Spain	0.8	0.8	1.0	4.2	4.7	4.4 ①
乌克兰	Ukraine			1.2	5.2	7.2	5.4
英　国	United Kingdom	2.2	1.9	1.9	4.8	5.2	4.7 ②
澳大利亚	Australia	1.3	1.7	1.5 ②	4.9	5.2	4.9 ①
新西兰	New Zealand	1.1 ⑥		1.2 ①	6.1	7.0	6.7 ①

注：①2001年数字。②2000年数字。③1994年数字。④1991年数字。⑤1997年数字。⑥1992年数字。⑦1993年数字。⑧数据来源于世界银行。⑨1999年数字。

Note: ① Refer to 2001. ② Refer to 2000. ③ Refer to 1994. ④ Refer to 1991. ⑤ Refer to 1997. ⑥ Refer to 1992. ⑦ Refer to 1993. ⑧ Data from World Bank. ⑨ Refer to 1999.

15-6 每百万人从事研究与发展的研究人员及技术人员数

Researchers and Technicians in R&D (Per Million People)

资料来源:世界银行数据库。
Source: World Bank Database.
单位：人 (person)

国家和地区	Country or Area	年份	每百万人从事研究与开发的研究人员数 Researchers in R&D (per million people)	年份	每百万人从事研究与发展的技术人员数 Technicians in R&D (per million people)
高收入国家	**High Income**	**1999**	**3575**		
中等收入国家	**Middle Income**	**2001**	**806**		
中　　国①	China ①	2002	633		
中国香港	Hong Kong, China	2002	1568	2002	226
中国澳门	Macao, China	1999	27.9	1999	14
孟加拉国	Bangladesh	1995	51	1995	32
印　　度	India	1998	120	1998	102
伊　　朗	Iran	2001	484	2001	391
以 色 列	Israel	1997	1570	1997	518
日　　本	Japan	2002	5085	1999	667
哈萨克斯坦	Kazakhstan	1997	744	1997	305
韩　　国	Korea, Rep.	2002	2979	1999	564
马来西亚	Malaysia	2002	294	2002	57
蒙　　古	Mongolia	2002	710	2002	72
巴基斯坦	Pakistan	2002	89	1997	14
菲 律 宾	Philippines	1992	156	1999	22
新 加 坡	Singapore	2002	4352	2002	381
斯里兰卡	Sri Lanka	1996	197	1996	48
泰　　国	Thailand	2001	289	2001	116
土 耳 其	Turkey	2002	345	1997	38
越　　南	Viet Nam	1995	274		
埃　　及	Egypt	1991	493	1991	366
南　　非	South Africa	2002	192	2002	74
加 拿 大	Canada	2000	3487	2000	1105
墨 西 哥	Mexico	2001	259	2001	184
美　　国	United States	1999	4526		
阿 根 廷	Argentina	2002	715	2002	166
巴　　西	Brazil	2000	324	2000	129
委内瑞拉	Venezuela	2002	222	1992	32
白俄罗斯	Belarus	2002	1870	2002	207
保加利亚	Bulgaria	2002	1158	2002	466
捷　　克	Czech Republic	2002	1467	2002	792
法　　国	France	2002	3134	1994	2878
德　　国	Germany	2002	3222	2002	1435
意 大 利	Italy	2001	1156	1999	1346
荷　　兰	Netherlands	2001	2826	2001	1424
波　　兰	Poland	2002	1469	2002	296
罗马尼亚	Romania	2002	910	2002	289
俄罗斯联邦	Russian Federation	2002	3415	2002	2315
西 班 牙	Spain	2002	2036	2002	742
乌 克 兰	Ukraine	2002	1749	2002	456
英　　国	United Kingdom	1998	2691	1993	1014
澳大利亚	Australia	2000	3446	1994	792
新 西 兰	New Zealand	2001	2593	1997	732

注：①数据来源于世界银行。
Note: ① Data from World Bank.

15-7 高技术产品出口额占制成品出口额的比重

High-technology Exports as Percentage of Manufactured Exports

资料来源:世界银行数据库。
Source:World Bank Database.
单位：%　　(%)

国家和地区	Country or Area	1990	2000	2001	2002	2003
世　界	**World**	**17.45**	**23.11**	**22.00**	**21.08**	**18.18**
高收入国家	**High income**	**18.21**	**24.92**	**23.61**	**22.41**	**17.53**
中等收入国家	**Middle income**		**18.37**	**17.82**	**17.85**	**20.61**
低收入国家	**Low income**		**3.56**	**3.78**	**3.99**	
中　国①	China ①		18.58	20.57	23.31	27.10
中国香港	HongKong, China		23.28	19.66	16.93	12.65
中国澳门	Macao, China	1.55	0.87	0.93	0.67	0.55
孟加拉国	Bangladesh	0.13		0.20		0.03
印　度	India	2.40	5.01	5.39	4.76	4.75
印度尼西亚	Indonesia	1.23	16.16	13.96	16.38	14.46
伊　朗	Iran		1.88	1.02	2.57	1.67
以色列	Israel	10.45	25.09	24.51	19.74	18.10
日　本	Japan	23.84	28.35	26.25	24.48	24.06
哈萨克斯坦	Kazakhstan		10.75	9.62		8.68
韩　国	Korea, Rep.	17.84	34.82	29.55	31.30	32.15
马来西亚	Malaysia	38.18	59.53	58.09	58.17	58.41
蒙　古	Mongolia		0.47	0.08	0.48	0.23
巴基斯坦	Pakistan	0.06	0.39	0.30	0.70	1.15
菲律宾	Philippines		72.58	71.86	74.14	73.60
新加坡	Singapore	39.87	62.56	60.66	60.32	58.75
斯里兰卡	Sri Lanka	0.53		2.16	0.55	
泰　国	Thailand	20.72	33.28	31.44		30.21
土耳其	Turkey	1.19	4.86	3.92	1.89	2.06
越　南	Vietnam		0.98	1.31	1.73	
埃　及	Egypt		0.29	0.89	0.76	0.50
尼日利亚	Nigeria		0.40			
南　非	South Africa		6.97	5.60	5.13	4.96
加拿大	Canada	13.67	18.60	16.59	14.28	14.02
墨西哥	Mexico	8.29	22.40	22.00	21.38	21.34
美　国	United States	33.04	33.52	32.46	31.81	30.81
阿根廷	Argentina		9.04	8.96	7.45	8.67
巴　西	Brazil	7.09	18.61	19.12	16.83	11.96
委内瑞拉	Venezuela	3.85	2.83	3.34	3.40	4.09
白俄罗斯	Belarus		3.68	3.95	4.14	3.62
保加利亚	Bulgaria		2.77	2.74	4.00	4.30
捷　克	Czech Republic		8.15	9.63	13.24	13.23
法　国	France	16.10	24.25	23.16	21.20	19.47
德　国	Germany	11.07	17.71	17.79	16.58	16.37
意大利	Italy	7.53	9.17	9.38	8.98	7.91
荷　兰	Netherlands	16.38	35.45	32.34	27.66	30.89
波　兰	Poland		3.30	3.10	2.77	3.07
罗马尼亚	Romania	2.48	5.55	5.75	3.46	3.65
俄罗斯联邦	Russian Federation		13.53	14.32	13.34	18.86
西班牙	Spain	6.37	7.64	7.52	6.93	7.26
乌克兰	Ukraine		5.14	4.55	4.74	
英　国	United Kingdom	23.59	32.00	32.68	31.35	25.80
澳大利亚	Australia	8.22	15.22	15.45	16.45	13.77
新西兰	New Zealand	4.42	10.16	9.91	10.12	10.20

注：①数据来源于世界银行。
Note: ① Data from World Bank.

15-8 专利权申请文件数量

Patent Applications

资料来源：世界银行数据库。
Source:World Bank Database.
单位：件 (unit)

国家和地区	Country or Area	居民 Residents			非居民 Non-residents		
		1998	2000	2002	1998	2000	2002
世　界	**World**	**785229**	**908117**	**936630**	**5034563**	**8538033**	**12882070**
高收入国家	**High Income**	**730544**	**839072**	**853607**	**2943252**	**4163025**	**5087927**
中等收入国家	**Middle Income**	**50889**	**67542**	**81554**	**1090253**	**2400994**	**4790264**
低收入国家	**Low Income**	**3796**	**1503**	**1469**	**1001058**	**1974014**	**3003874**
中　国①	China ①	14004	25592	40346	68285	96714	140910
中国香港	Hong Kong, China	128	51	112	14539	8244	9018
中国澳门	Macao, China						12
孟加拉国	Bangladesh	32			184		
印　度	India	2111	90	220	7997	60852	91704
印度尼西亚	Indonesia				32910	60363	90922
伊　朗	Iran	337			159		
以色列	Israel	2529	2460	2323	39742	65398	94961
日　本	Japan	360338	388879	371495	77037	97325	115411
哈萨克斯坦	Kazakhstan	1245	1400	2	34093	58187	89421
韩　国	Korea, Rep.	50714	73378	76860	71036	98806	126836
蒙　古	Mongolia	148		121	35006	58983	89864
巴基斯坦	Pakistan						
菲律宾	Philippines	163	154		3280	3482	81697
新加坡	Singapore	311		511	44637	62471	93748
斯里兰卡	Sri Lanka				34974	58929	89759
泰　国	Thailand	477	1117		4594	4548	
土耳其	Turkey	231	333	550	37155	67289	250492
越　南	Viet Nam		35	2	35748	59741	90135
埃　及	Egypt	494	534	627	1139	1081	798
南　非	South Africa		190	184	8	57976	90471
加拿大	Canada	4841	5518	5934	60841	80408	102418
墨西哥	Mexico	472	451	627	44249	66465	94116
美　国	United States	141342	175582	198339	121445	156191	183398
阿根廷	Argentina	861			5459	6634	
巴　西	Brazil	2535	41	6521	48331	64645	95225
委内瑞拉	Venezuela		56			2292	
白俄罗斯	Belarus	919	1003	908	34350	58427	89686
保加利亚	Bulgaria	281	255	306	36294	60225	158051
捷　克	Czech Republic	641	598	608	38555	62047	158592
法　国	France	20298	21471	21959	109717	138707	160056
德　国	Germany	67790	78754	80661	134981	183796	230066
意大利	Italy	3167	3667	4086	109341	138248	159865
荷　兰	Netherlands	5751	7528	7496	109325	136813	158485
波　兰	Poland	2410	2419	2324	38942	62454	92176
罗马尼亚	Romania	1308	1019	1486	36518	112360	141294
俄罗斯联邦	Russian Federation	16630	23658	24049	41902	65771	96315
西班牙	Spain	3119	3813	4330	144770	198626	251260
乌克兰	Ukraine	5327	5645	37	36623	60272	90563
英　国	United Kingdom	28889	33658	33671	147298	199565	251239
澳大利亚	Australia	9097	10367	10823	48609	70354	96434
新西兰	New Zealand	1353	2266	2137	38381	65672	91240

注：①数据来源于世界银行。
Note: ① Data from World Bank.

15-9 享有卫生设施和清洁饮用水源人口占总人口比重

Percentage of Population with Access to Improved Sanitation Facilities and Water Source

资料来源：世界银行数据库。
Source:World Bank Database.
单位：%

(%)

国家和地区	Country or Area	享有卫生设施人口占总人口比重 Improved sanitation facilities (% of population with access)		享有清洁饮用水源人口占总人口比重 Improved water source (% of population with access)	
		1990	2000	1990	2000
世　界	**World**	**43**	**54**	**75**	**82**
高收入国家	**High income**				**99**
中等收入国家	**Middle Income**	**48**	**61**	**77**	**83**
低收入国家	**Low Income**	**96**		**64**	**75**
中　国①	China ①	23	44	70	77
孟加拉国	Bangladesh	23	48	71	75
印　度	India	12	30	68	86
印度尼西亚	Indonesia	46	52	71	78
伊　朗	Iran	83	84	91	93
以色列	Israel			100	100
日　本	Japan	100	100	100	100
哈萨克斯坦	Kazakhstan	72	72	86	86
韩　国	Korea,Rep.	20	36		92
马来西亚	Malaysia				95
蒙　古	Mongolia		59	62	62
缅　甸	Myanmar	21	73	48	80
巴基斯坦	Pakistan	38	54	83	90
菲律宾	Philippines	54	73	87	85
斯里兰卡	Sri Lanka	70	91	68	78
泰　国	Thailand	80	99	81	85
土耳其	Turkey	84	83	81	93
越　南	Viet Nam	22	41	72	73
埃　及	Egypt	54	68	94	98
尼日利亚	Nigeria	39	38	49	60
南　非	South Africa	63	67	83	87
加拿大	Canada	100	100	100	100
墨西哥	Mexico	66	77	80	91
美　国	United States	100	100	100	100
阿根廷	Argentina	82		94	
巴　西	Brazil	70	75	83	89
委内瑞拉	Venezuela		68		83
白俄罗斯	Belarus			100	100
保加利亚	Bulgaria	100	100	100	100
德　国	Germany			100	100
荷　兰	Netherlands	100	100	100	100
罗马尼亚	Romania		51		57
俄罗斯联邦	Russian Federation	87	87	94	96
乌克兰	Ukraine	99	99		98
澳大利亚	Australia	100	100	100	100
新西兰	New Zealand			97	

注：①数据来源于世界银行。
Note: ① Data from World Bank.

15-10 医疗支出占国内生产总值比重及人均医疗支出

Health Expenditure as Percentage of GDP and Per Capita Health Expenditure

资料来源：世界银行数据库。
Source:World Bank Database.

国家和地区	Country or Area	医疗支出占国内生产总值的比重(%) Health Expenditure, Total (% of GDP)			人均医疗支出(现价美元) Health Expenditure per Capita (current USD)		
		1998	2000	2002	1998	2000	2002
世界总计	**World**	**9.1**	**9.3**	**10.0**	**452**	**478**	**524**
高收入国家	**High Income**	**9.9**	**10.1**	**11.1**	**2552**	**2730**	**3039**
中等收入国家	**Middle Income**	**5.9**	**5.9**	**6.0**	**102**	**105**	**109**
低收入国家	**Low Income**	**5.0**	**5.5**	**5.5**	**21**	**26**	**29**
中　　国①	China ①	4.8	5.6	5.8	36	48	63
孟加拉国	Bangladesh	3.1	3.2	3.1	11	11	11
印　　度	India	5.2	6.3	6.1	22	29	30
印度尼西亚	Indonesia	2.5	2.8	3.2	12	20	26
伊　　朗	Iran	5.8	5.7	6.0	55	63	104
以 色 列	Israel	8.4	8.5	9.1	1511	1617	1496
日　　本	Japan	7.2	7.6	7.9	2222	2827	2476
哈萨克斯坦	Kazakhstan	3.8	4.1	3.5	53	48	56
韩　　国	Korea, Rep.	4.3	4.4	5.0	319	483	577
马来西亚	Malaysia	3.0	3.3	3.8	99	129	149
蒙　　古	Mongolia	6.2	6.3	6.6	24	23	27
缅　　甸	Myanmar	1.8	2.2	2.2	102	184	315
巴基斯坦	Pakistan	3.5	3.3	3.2	16	14	13
菲 律 宾	Philippines	3.5	3.4	2.9	31	34	28
新 加 坡	Singapore	4.2	3.6	4.3	900	824	898
斯里兰卡	Sri Lanka	3.4	3.6	3.7	29	32	32
泰　　国	Thailand	3.9	3.6	4.4	73	72	90
土 耳 其	Turkey	4.8	6.6	6.5	149	195	172
越　　南	Viet Nam	4.9	5.2	5.2	18	21	23
埃　　及	Egypt	5.0	5.0	4.9	64	67	59
尼日利亚	Nigeria	5.5	4.4	4.7	17	18	19
南　　非	South Africa	8.4	8.4	8.7	261	244	206
加 拿 大	Canada	9.2	8.9	9.6	1842	2064	2222
墨 西 哥	Mexico	5.4	5.6	6.1	232	321	379
美　　国	United States	13.0	13.1	14.6	4096	4539	5274
阿 根 廷	Argentina	8.2	8.9	8.9	679	680	238
巴　　西	Brazil	7.4	7.6	7.9	348	266	206
委内瑞拉	Venezuela	5.3	6.0	4.9	220	300	184
白俄罗斯	Belarus	6.0	6.1	6.4	90	64	93
保加利亚	Bulgaria	5.1	6.4	7.3	79	100	143
捷　　克	Czech Republic	6.6	6.6	7.0	391	358	504
法　　国	France	9.3	9.3	9.7	2306	2061	2348
德　　国	Germany	10.6	10.6	10.9	2772	2398	2631
意 大 利	Italy	7.7	8.1	8.5	1600	1506	1737
荷　　兰	Netherlands	7.9	7.9	8.8	1977	1821	2298
波　　兰	Poland	6.0	5.7	6.1	264	247	303
罗马尼亚	Romania	5.2	5.8	6.3	96	96	128
俄罗斯联邦	Russian Federation	6.1	5.7	6.2	112	102	150
西 班 牙	Spain	7.5	7.5	7.6	1112	1028	1192
乌 克 兰	Ukraine	4.9	4.2	4.7	41	26	40
英　　国	United Kingdom	6.9	7.3	7.7	1688	1784	2031
澳大利亚	Australia	8.7	9.2	9.5	1739	1872	1995
新 西 兰	New Zealand	7.9	7.9	8.5	1125	1054	1255

注：①数据来源于世界银行。
Note: ① Data from World Bank.

15-11 每千人口医生数和病床数

Physician and Hospital Bed per 1000 People

资料来源:世界银行数据库。
Source:World Bank Database.

国家和地区	Country or Area	每千人口医生数(人) Physicians (per 1000 people)			每千人口床位数(张) Hospital beds (per 1000 people)		
		1990	2000	2002	1990	2000	2002
世　　界	**World**	**1.6**	**1.7 ①**		**4.0**		
高收入国家	**High income**	**2.4**	**3.8**		**7.9**	**7.4**	
中等收入国家	**Middle income**	**1.6**	**1.8**	**1.9 ②**	**3.6**	**3.7 ③**	
中　　国	China	1.6	1.7	1.5	2.6	2.5	2.3
孟加拉国	Bangladesh	0.2		0.2 ②	0.3		
印度尼西亚	Indonesia	0.1	0.2		0.7		
伊　　朗	Iran		1.0 ①		1.4	1.6 ④	
以 色 列	Israel	3.2	3.8	3.9 ②	6.2	6.1	6.2 ②
日　　本	Japan	1.7	2.0	2.0	16.0	16.5	
哈萨克斯坦	Kazakhstan	4.0	3.3	3.6	13.7	7.2	7.0
韩　　国	Korea, Rep.	0.8	1.8	1.4	3.1	6.1	
马来西亚	Malaysia	0.4	0.7		2.1	2.0 ④	
蒙　　古	Mongolia	2.5		2.7			
缅　　甸	Myanmar	0.1	0.3		0.6		
巴基斯坦	Pakistan	0.5		0.7 ②	0.6		
菲 律 宾	Philippines	0.1		1.2	1.4		
新 加 坡	Singapore	1.3		1.4 ②	3.6		
斯里兰卡	Sri Lanka		0.4		2.7		
泰　　国	Thailand	0.2			1.6	2.0	
土 耳 其	Turkey	0.9	1.2	1.3	2.1	2.6	
越　　南	Vietnam	0.4		0.5 ②	3.8	1.7 ③	
埃　　及	Egypt	0.8	2.1		2.1	2.1 ③	
尼日利亚	Nigeria		0.3		1.7		
南　　非	South Africa			0.7 ②			
加 拿 大	Canada	2.1	2.1	2.1	6.3		
墨 西 哥	Mexico	1.1	1.3	1.5	0.8	1.1	
美　　国	United States	2.4	5.5		4.9	3.6	
阿 根 廷	Argentina	2.7			4.6	3.3 ④	
巴　　西	Brazil	1.4	1.9	2.1 ②	3.3	3.1 ④	
委内瑞拉	Venezuela	1.6		1.9 ②	2.7	1.5 ④	
白俄罗斯	Belarus	3.6	4.6	4.5 ②	13.2	12.6	12.6 ②
保加利亚	Bulgaria	3.2	3.4	3.4 ②	9.8	7.4	7.2 ②
捷　　克	Czech Republic	2.8	3.4	3.5	11.3	8.8	
法　　国	France	2.6	3.3	3.3	9.7	8.2	
德　　国	Germany	3.1	3.3	3.3	10.4	9.1	
意 大 利	Italy	4.7	6.0	4.4	7.2	4.9 ⑥	
荷　　兰	Netherlands	2.5	3.2	3.1	11.5	10.8	
波　　兰	Poland	2.1	2.2	2.3	5.7	4.9	
罗马尼亚	Romania	1.8	1.9	1.9 ②	8.9	7.4	7.5 ②
俄罗斯联邦	Russian Federation	4.1	4.2	4.2 ②	13.1	10.9	10.8 ②
西 班 牙	Spain	2.3	3.2	2.9	4.3	4.1	
乌 克 兰	Ukraine	4.3	3.0	3.0 ②	13.0	8.8	8.7 ②
英　　国	United Kingdom	1.4	2.0	2.1	5.9	4.1	
澳大利亚	Australia		2.6	2.5 ②		7.9 ⑥	
新 西 兰	New Zealand	1.9	2.2	2.1	8.5	6.2 ⑤	

注：①1998年数字。②2001年数据。③1997年数据。④1996年数据。⑤1995年数据。⑥1999年数据。
Note: ① Refer to 1998. ② Refer to 2001. ③ Refer to 1997. ④ Refer to 1996. ⑤ Refer to 1995. ⑥ Refer to 1999.

15-12　军事支出占中央政府支出及国内生产总值比重
Military Expenditure as Percentage of Central Government Expenditure &Gross Domestic Product

资料来源：世界银行数据库。
Source:World Bank Database.
单位：%　　(%)

国家和地区	Country or Area	军事支出占中央政府支出的比重 Military Expenditure (% of Central Government Expenditure)			军事支出占国内生产总值的比重 Military Expenditure (% of GDP)		
		1990	2000	2003	1990	2000	2003
世　界	**World**	**13.2**	**10.4 ②**	**10.8 ③**	**3.7**	**2.3**	**2.6**
高收入国家	**High Income**	**13.2**	**10.3 ②**	**10.7 ③**	**3.3**	**2.2**	**2.6**
中等收入国家	**Middle Income**		**4.0**	**3.7**	**5.6**	**2.4**	**2.5**
低收入国家	**Low Income**	**16.3**	**15.2**	**14.9**	**3.2**	**2.5**	**2.3**
中　国①	China ①	26.8			2.7	2.0	2.3
孟加拉国	Bangladesh			12.8	1.1	1.4	1.2
印　度	India	16.5	14.9 ②	14.2	2.7	2.3	2.3
印度尼西亚	Indonesia	9.9			1.8	1.1	1.2 ③
以色列	Israel	24.1	16.0	17.7 ③	12.2	7.7	8.7
日　本	Japan	6.1			0.9	1.0	1.0
哈萨克斯坦	Kazakhstan		5.7	6.6		0.8	0.9
韩　国	Korea, Rep.	22.9	14.4		3.6	2.5	2.4
马来西亚	Malaysia	8.7	10.5	11.5	2.6	1.7	2.3
蒙　古	Mongolia				6.1	2.6	2.1 ③
缅　甸	Myanmar	21.4			3.4	2.3	
巴基斯坦	Pakistan	30.5	23.4	23.9	6.9	4.1	4.1
菲律宾	Philippines	6.9	6.2		1.4	1.1	1.0
新加坡	Singapore	23.0	28.7	30.3 ③	4.9	4.7	5.2
斯里兰卡	Sri Lanka	7.3	19.7	13.6 ③	2.1	4.5	2.5
泰　国	Thailand	16.3		8.4	2.3	1.5	1.3
土耳其	Turkey	20.3			3.5	5.0	4.9
越　南	Viet Nam				7.9		
埃　及	Egypt	16.1			4.5	2.7	2.8 ③
尼日利亚	Nigeria				0.9	0.9	1.0
南　非	South Africa	12.6	5.1	5.8	3.8	1.5	1.7
加拿大	Canada	7.7	6.0	6.4	2.0	1.2	1.2
墨西哥	Mexico	2.4	3.3		0.4	0.5	0.5
美　国	United States	23.5	15.6 ②	19.4	5.3	3.1	4.1
阿根廷	Argentina	12.0		6.2 ③	1.3	1.3	1.1
巴　西	Brazil	5.0			1.8	1.3	1.5
委内瑞拉	Venezuela		7.1	5.4		1.5	1.3
白俄罗斯	Belarus		5.0	5.7 ③		1.3	1.2
保加利亚	Bulgaria	6.4	7.8	7.6	3.5	2.5	2.6
捷　克	Czech Republic		5.4	5.4		1.9	2.1
法　国	France	8.4	5.6	5.4	3.5	2.6	2.6
德　国	Germany	9.5	4.7	4.4	2.5	1.5	1.5
意大利	Italy	4.5	5.3		2.1	2.1	1.9
荷　兰	Netherlands	5.1			2.5	1.6	1.6
波　兰	Poland		5.7	5.4 ③	2.7	1.8	1.9
罗马尼亚	Romania	13.6	7.8		4.6	2.5	2.4
俄罗斯联邦	Russian Federation			18.8	19.2	3.7	4.3
西班牙	Spain	5.4	3.8	3.8 ③	1.8	1.2	1.2
乌克兰	Ukraine		13.5	9.6 ③		3.6	2.9
英　国	United Kingdom	10.7	6.8	6.0	4.0	2.5	2.4
澳大利亚	Australia	9.2	7.5	7.2	2.1	1.8	1.8
新西兰	New Zealand	4.2	4.1	3.1	1.8	1.2	1.0

注：①数据来源于世界银行。②2001年数字。③2002年数字。
Note: ① Data from World Bank. ② Refer to 2001. ③ Refer to 2002.

15-13 军事人员数及军事人员数占劳动力总数比重

Military Personnel & Military Personnel as Percentage of Total Labor Force

资料来源:世界银行数据库。
Source:World Bank Database.

国家和地区	Country or Area	军事人员数(万人) Military Personnel (10000 people)			军事人员数占劳动力总数的比重 (%) Military Personnel (% of Total Labor Force)		
		1990	2000	2003	1990	2000	2003
世　界	**World**	**2391.8**	**2935.3**	**2816.1**	**1.0**	**1.0**	**0.9**
高收入国家	**High income**	**688.4**	**559.6**	**547.6**	**1.6**	**1.1**	**1.1**
中等收入国家	**Middle income**	**1103.1**	**1525.1**	**1449.7**	**1.0**	**1.0**	**0.9**
低收入国家	**Low income**	**600.3**	**850.7**	**818.9**	**0.8**	**0.9**	**0.8**
中　国①	China ①	350.0	391.0	375.0	0.5	0.5	0.5
孟加拉国	Bangladesh	10.3	13.7	18.9	0.2	0.2	0.3
印　度	India	126.0	237.2	241.5	0.3	0.5	0.5
印度尼西亚	Indonesia	28.3	49.2	49.7	0.4	0.5	0.5
以色列	Israel	19.0	18.1	17.5	10.3	6.7	6.0
日　本	Japan	25.0	24.9	25.2	0.4	0.4	0.4
哈萨克斯坦	Kazakhstan		9.9	10.0		1.3	1.3
韩　国	Korea, Rep.	65.0	68.8	69.1	3.3	2.9	2.8
马来西亚	Malaysia	13.0	11.6	12.4	1.8	1.2	1.2
蒙　古	Mongolia	3.2	1.6	1.6	3.3	1.3	1.2
缅　甸	Myanmar	23.0	42.9	59.5	1.1	1.7	2.2
巴基斯坦	Pakistan	55.0	90.0	90.9	1.4	1.8	1.6
菲律宾	Philippines	10.9	14.9	15.0	0.5	0.5	0.4
新加坡	Singapore	5.6	16.9	16.9	3.6	8.4	8.0
斯里兰卡	Sri Lanka	2.2	20.4	24.1	0.3	2.4	2.7
泰　国	Thailand	28.3	41.7	42.7	0.9	1.2	1.2
土耳其	Turkey	76.9	82.8	66.5	3.2	2.6	2.0
越　南	Vietnam	105.0	52.4	52.4	3.1	1.3	1.2
埃　及	Egypt	43.4	67.9	78.0	2.4	2.8	2.9
尼日利亚	Nigeria	9.4	10.7	16.1	0.2	0.2	0.3
南　非	South Africa	8.5	7.2	5.6	0.6	0.4	0.3
加拿大	Canada	8.7	6.9	6.2	0.6	0.4	0.4
墨西哥	Mexico	17.5	20.8	20.4	0.6	0.5	0.5
美　国	United States	218.0	145.5	148.0	1.7	1.0	1.0
阿根廷	Argentina	8.5	10.2	10.3	0.7	0.7	0.7
巴　西	Brazil	29.5	67.3	67.3	0.5	0.9	0.8
委内瑞拉	Venezuela	7.5	7.9	10.5	1.0	0.8	1.0
白俄罗斯	Belarus		9.1	18.3		1.7	3.4
保加利亚	Bulgaria	12.9	11.4	8.5	2.9	2.7	2.1
捷　克	Czech Republic		6.3	6.3		1.1	1.1
法　国	France	55.0	38.9	36.0	2.2	1.5	1.3
德　国	Germany	54.5	22.1	28.5	1.4	0.5	0.7
意大利	Italy	49.3	50.3	45.4	2.0	2.0	1.8
荷　兰	Netherlands	10.4	5.7	6.0	1.5	0.8	0.8
波　兰	Poland	31.3	23.9	18.4	1.7	1.2	0.9
罗马尼亚	Romania	12.6	28.3	17.7	1.2	2.6	1.7
俄罗斯联邦	Russian Federation		142.7	137.0		1.8	1.7
西班牙	Spain	26.3	24.2	22.4	1.7	1.4	1.2
乌克兰	Ukraine		42.0	40.3		1.7	1.6
英　国	United Kingdom	30.8	21.3	21.3	1.1	0.7	0.7
澳大利亚	Australia	6.8	5.2	5.4	0.8	0.5	0.5
新西兰	New Zealand	1.1	0.9	0.9	0.7	0.5	0.4

注：①数据来源于世界银行。
Note: ① Data from World Bank.

主要统计指标解释

人文发展指数　是人类发展的一项综合指标，它代表了人类发展的三个方面指标的平均成就：寿命(出生时人口的预期寿命)，知识(成人识字率和平均受教育年限)以及收入(购买力平价计算的人均国内生产总值)。

成人识字率　是指15岁及以上人口中有一定理解、阅读、使用文字能力的人口占总人口的百分比。

粗入学率　是指入学总人数(不考虑年龄)与适龄入学人数之比。

净入学率　是指官方入学年龄(国家教育制度制定的年龄)儿童中已入学人数与相应官方学龄人口数之比。

研究与发展经费支出　是经常性和资本性支出(包括超前支出)，目的在于增加知识存量的创造性、系统性活动。具体包括基础研究、应用研究和目的在于寻求新型设计，产品和工艺的科学实验活动。

研究与发展技术人员　是指专门从事研究与发展活动，在知识或技术某一分支领域接受过职业或技术培训的人员。

高技术产品出口　是指研究与开发密集的产品出口。它包括的高技术产品有：航空宇宙、计算机、医药、科学仪器和电气设备等。

军事人员数　指有效服役期内的军人，包括具有正规装备和组织，并进行正常训练的准军事人员数，不包括预备役部队。

Explanatory Notes on Main Statistical Indicators

The HDI is a summary measure of human development. It measures the average achievements in a country in three basic dimensions of human development: life expectancy at birth, adult literacy rate and the combined primary, secondary and tertiary gross enrolment ratio and income, as measured by GDP per capita (PPP $).

Adult Literacy Rate is the percentage of people ages 15 and above who can, with understanding, read and write a short, simple statement on their everyday life.

Gross Enrollment Ratio is the ratio of total enrollment, regardless of age, to the population of the age group. Net enrollment ratio is the ratio of the number of children of official school age (as defined by the national education system) who are enrolled in school to the population of the corresponding official school age.

Expenditures for Research and Development are current and capital expenditures (including overhead) on creative, systematic activity intended to increase the stock of knowledge. Included are fundamental and applied research and experimental development work leading to new devices, products, or processes.

Technicians in R&D are people engaged in professional R&D activity who have received vocational or technical training in any branch of knowledge or technology.

High-technology Exports are products with high R&D intensity. They include high-technology products such as in aerospace, computers, pharmaceuticals, scientific instruments, and electrical machinery.

Military Personnel refer to active duty military personnel, including paramilitary forces if those forces resemble regular units in their organization, equipment, training, or mission,not including reservist.

16 世界最大500家企业主要指标

Main Indicators of the 500 Largest Companies in the World

16-1 2004年按国家和地区汇总的世界最大500家企业资料

The Data of the Largest 500 Companies in the World Aggregated by Country or Area in 2004

资料来源：美国《财富》杂志2005年7月25日。
Source: United States *Fortune* July 25, 2005.

国家和地区	Country or Area	企业数(家) Number of Companies	营业额(亿美元) Revenues (USD 100 million)	利润额(亿美元) Profits (USD 100 million)
中国	China	16	4644.8	306.7
印度	India	5	867.9	39.0
日本	Japan	81	23921.2	682.5
韩国	Korea, Rep.	11	3156.3	219.3
马来西亚	Malaysia	1	360.6	93.6
新加坡	Singapore	1	159.1	3.4
沙特阿拉伯	Saudi Arabia	1	183.3	38.0
泰国	Thailand	1	160.2	15.6
土耳其	Turkey	1	155.8	3.6
中国台湾省	Taiwan, China	2	314.3	14.5
加拿大	Canada	13	2258.0	159.7
墨西哥	Mexico	2	781.6	-29.9
美国	United States	176	62218.4	3934.3
巴西	Brazil	3	676.6	81.9
比利时	Belgium	3	674.9	38.8
比利时/荷兰	Belgium/Netherlands	1	755.2	41.8
丹麦	Denmark	2	408.1	58.3
芬兰	Finland	3	663.3	64.3
法国	France	39	14574.0	613.7
德国	Germany	37	15759.0	489.7
爱尔兰	Ireland	1	152.7	9.5
意大利	Italy	8	3548.1	199.3
卢森堡	Luxembourg	1	375.3	28.8
荷兰	Netherlands	14	4671.7	300.3
挪威	Norway	2	699.9	55.6
俄罗斯联邦	Russian Federation	3	865.0	120.7
西班牙	Spain	8	2007.9	179.9
瑞典	Sweden	7	1209.9	91.3
瑞士	Switzerland	11	4058.1	334.5
英国	United Kingdom	35	12932.0	742.5
英国/荷兰	United Kingdom/Netherlands	2	3186.5	205.2
澳大利亚	Australia	9	1581.6	159.1
合计	**Totals**	**500**	**167980.9**	**9295.3**

16-2 2004年按营业额排序的世界最大500家企业

资料来源：美国《财富》杂志2005年7月25日。
Source: United States *Fortune* July 25, 2005.

位次 Rank		企业名称	Company Name	国家和地区	Country or Area	营业额(百万美元)	
2004	2003					Revenues (USD mil.)	比上年增长% % Change from 2003
1	1	沃尔玛公司	Wal-Mart Stores	美国	United States	287989	9.5
2	2	英国石油公司	BP	英国	United Kingdom	285059	22.6
3	3	埃克森－美孚石油	Exxon Mobil	美国	United States	270772	21.5
4	4	英荷壳牌石油集团	Royal Dutch/Shell Group	英、荷	U.K./Netherlands	268690	33.2
5	5	通用汽车	General Motors	美国	United States	193517	0.9
6	7	戴姆勒－克莱斯勒	DaimlerChrysler	德国	Germany	176688	12.8
7	8	丰田汽车	Toyota Motor	日本	Japan	172616	12.7
8	6	福特汽车	Ford Motor	美国	United States	172233	4.7
9	9	通用电气	General Electric	美国	United States	152866	13.5
10	10	托塔尔石油公司	Total	法国	France	152610	28.8
11	12	雪佛龙	Chevron	美国	United States	147967	29.0
12	14	菲利普斯石油公司	ConocoPhillips	美国	United States	121663	22.3
13	13	安盛公司	AXA	法国	France	121606	8.7
14	11	安联保险	Allianz	德国	Germany	118937	3.5
15	15	大众汽车	Volkswagen	德国	Germany	110649	12.2
16	18	花旗银行集团	Citigroup	美国	United States	108276	14.3
17	17	荷兰国际集团	ING Group	荷兰	Netherlands	105886	10.4
18	16	日本电报电话公司	Nippon Telegraph & Telephone	日本	Japan	100545	2.4
19	20	美国国际集团	American Intl. Group	美国	United States	97987	23.3
20	19	国际商用机器	Intl. Business Machines	美国	United States	96293	8.0
21	21	西门子	Siemens	德国	Germany	91493	13.7
22	22	家乐福	Carrefour	法国	France	90382	13.3
23	23	日立	Hitachi	日本	Japan	83994	9.9
24	29	忠利保险公司	Assicurazioni Generali	意大利	Italy	83268	24.7
25	31	松下电器工业	Matsushita Electric Industrial	日本	Japan	81078	22.4
26	26	麦克逊公司	McKesson	美国	United States	80515	15.8
27	25	本田汽车	Honda Motor	日本	Japan	80487	11.4
28	24	惠普	Hewlett-Packard	美国	United States	79905	9.4
29	32	日产汽车	Nissan Motor	日本	Japan	79800	21.3
30	51	福特斯	Fortis	比、荷	Belgium/Netherlands	75518	33.2
31	54	中国石油化工集团公司	Sinopec	中国	China	75077	36.3
32	35	伯克希尔－哈撒韦公司	Berkshire Hathaway	美国	United States	74382	16.5
33	43	埃尼公司	ENI	意大利	Italy	74228	25.2
34	34	家居百货	Home Depot	美国	United States	73094	12.8
35	42	商联保险	Aviva	英国	United Kingdom	73025	22.3
36	47	汇丰银行控股公司	HSBC Holding	英国	United Kingdom	72550	25.9
37	38	德国电信	Deutsche Telekom	荷兰	Netherlands	71989	13.9
38	28	维里森通讯	Verizon Communications	美国	United States	71563	5.6
39	55	三星电子公司	Samsung Electronics	韩国	Korea, Rep.	71556	31.5
40	46	国家电网公司	STATE GRID	中国	China	71290	22.2
41	39	标志	Peugeot	法国	France	70642	15.1
42	41	梅特罗	Metro	德国	Germany	70159	15.7
43	33	雀巢	Nestle	瑞士	Switzerland	69826	6.7
44	27	美国邮政总局	U.S.Postal Service	美国	United States	68996	0.7
45	48	巴黎国民银行	BNP Paribas	法国	France	68654	19.9
46	52	中国石油天然气集团公司	China National Petroleum	中国	China	67724	20.1
47	30	索尼	Sony	日本	Japan	66618	0.4
48	50	卡地纳健康	Cardinal Health	美国	United States	65131	14.6
49	37	皇家阿霍德公司	Royal Ahold	荷兰	Netherlands	64676	1.9
50	40	菲利普－莫里斯	Altria Group	美国	United States	64440	6.2

The 500 Largest Companies in the World Sorted by Revenue in 2004

利润额(百万美元) Profits (USD mil.)	比上年增长% % Change from 2003	资产额(百万美元) Assets (USD mil.)	股东产权权益(百万美元) Stockholders' Equity (USD mil.)	雇员人数(人) Employees (person)
10267	13.4	120223	49396	1700000
15371	49.7	191108	76656	102900
25330	17.8	195256	101756	85900
18183	45.5	192811	84576	114000
2805	-26.6	479603	27726	324000
3067	504.9	248324	45589	384723
10898	5.9	227513	84563	265753
3487	604.4	292654	16045	324864
16819	10.4	750507	110821	307000
11955	50.4	114393	42489	111401
13328	84.3	93208	45230	56000
8129	71.7	92861	42723	35800
3133	175.5	653718	35555	89927
2735	49.5	1352014	41902	162180
842	-32.1	172583	32438	342502
17046	-4.5	1484101	109291	290500
7423	62.2	1177358	35158	113000
6608	15.9	178557	63280	201486
9731	21.5	798660	80607	92000
8430	11.2	109183	29747	329001
4145	56.3	98762	33354	430000
1725	-6.4	52978	9360	430000
479	240.9	91026	21576	347424
1635	42.3	382373	12691	58354
544	45.8	75325	33126	334752
-157	-124.2	18775	5275	25200
4524	10	87106	30752	137827
3497	37.7	76138	37564	151000
4767	6.9	92076	23053	169644
4177	68	775636	19525	50846
1269	21.1	74941	23083	774800
7308	-10.3	188874	85900	180176
9047	43.1	93938	41236	71497
5001	16.2	38097	24158	273000
1937	24.8	445936	15974	55872
11840	34.9	1276778	86623	244727
5764	306.4	146546	46102	244645
7831	154.5	165958	37560	211746
9420	88.2	66658	33272	66586
694	166.5	134300	47765	729327
1688	-0.4	82187	17258	207200
1029	83.2	38183	6441	208616
5405	17	76590	34489	247000
3065	-20.8	24979	3931	807596
5806	36.4	1231369	41040	94892
8757	101.3	110396	71935	1133985
1525	94.5	88809	26835	151400
1475	7.2	21369	7976	55000
-542	-	28143	6252	206441
9416	2.3	101648	30714	156000

16-2续表1 continued

位次 Rank		企业名称	Company Name	国家和地区	Country or Area	营业额(百万美元)	
2004	2003					Revenues (USD mil.)	比上年增长% % Change from 2003
51	66	墨西哥石油公司	Pemex	墨西哥	Mexico	63691	29.3
52	72	美洲银行集团	Bank of America Corp.	美国	United States	63324	31.7
53	49	沃达丰	Vodafone	英国	United Kingdom	62971	10.8
54	60	特斯科公司	Tesco	英国	United Kingdom	62459	21.1
55	44	慕尼黑再保险集团	Munich Re Group	德国	Germany	60706	2.7
56	36	日本人寿保险公司	Nippon Life Insurance	日本	Japan	60521	-5.2
57	58	菲亚特	Fannie Mae	意大利	Italy	59973	8.2
58	84	苏格兰皇家银行	Royal Bank of Scotland	英国	United Kingdom	59750	36.9
59	61	苏黎世金融服务公司	Zurich Financial Services	瑞士	Switzerland	59678	16.2
60	78	农业信贷银行	Crédit Agricole	法国	France	59054	28.6
61	45	瑞士信贷银行	Credit Suisse	瑞士	Switzerland	58825	-
62	53	州立农业保险公司	State Farm Insurance	美国	United States	58819	4.9
63	59	法国电信	France Télécom	法国	France	58652	12.4
64	62	法国电气	Electricite De France	法国	France	58367	14.8
65	81	摩根大通集团	J.P. Morgan Chase	美国	United States	56931	28.3
66	73	瑞士联合银行	UBS	瑞士	Switzerland	56918	19.2
67	56	克罗格公司	Kroger	美国	United States	56434	4.9
68	68	德意志银行	Deutsche Bank	德国	Germany	55670	14.4
69	67	费巴集团	E. ON	德国	Germany	55652	14.3
70	75	德国邮政	Deutsche Post	德国	Germany	55388	18.7
71	74	宝马汽车	BMW	德国	Germany	55142	17.3
72	65	东芝	Toshiba	日本	Japan	54304	9.9
73	99	Valero Energy	VALERO ENERGY	美国	United States	53919	45.1
74	64	AmerisourceBergen	AmerisourceBergen	美国	United States	53179	7.1
75	77	辉瑞公司	Pfizer	美国	United States	52921	15.2
76	63	波音	Boeing	美国	United States	52553	4.1
77	86	宝洁	Procter & Gamble	美国	United States	51407	18.5
78	69	莱茵集团	Rwe	德国	Germany	50952	5.3
79	80	苏黎士里昂水务公司	Suez	法国	France	50670	13.0
80	89	雷诺公司	Renault	法国	France	50640	19.2
81	70	联合利华	Unilever	英/荷	U.K/NetherLands	49961	3.4
82	71	塔吉特公司	Target	美国	United States	49934	3.7
83	94	罗伯特—博施有限公司	Robert Bosch	德国	Germany	49759	20.9
84	93	戴尔计算机	Dell Computer	美国	United States	49205	18.7
85	97	蒂森.克虏伯公司	THYSSENKRUPP	德国	Germany	48756	24.4
86	88	COSTCO WHOLESALE	COSTCO WHOLESALE	美国	United States	48107	13.1
87	107	HBOS	HBOS	英国	United Kingdom	47756	32.6
88	92	强生公司	Johnson&Johnson	美国	United States	47348	13.1
89	109	保诚	Prudential	英国	United Kingdom	47056	32.7
90	87	东京电力	Tokyo Electric Power	日本	Japan	46963	9.3
91	100	巴斯夫	BASF	德国	Germany	46687	23.7
92	98	现代汽车	Hyundai motor	韩国	Korea, Rep.	46358	18.6
93	110	国家电力公司	Enel	意大利	Italy	45530	28.0
94	102	美国马拉松石油公司	Marathon Oil	美国	United States	45444	22.4
95	112	挪威国家石油公司	Statoil	挪威	Norway	45440	28.9
96	85	日本电气	NEC	日本	Japan	45176	4.0
97	91	雷普索尔公司	Repsol YPF	西班牙	Spain	44858	25.8
98	79	第一相互生命保险公司	Dai-ichi Mutual Life Insurance	日本	Japan	44469	-1.3
99	90	富士通	Fujitsu	日本	Japan	44316	5.0
100	83	美国在线时代华纳	AOL Time Warner	美国	United States	42869	-2.3

利润额(百万美元) Profits (USD mil.)	比上年增长% % Change from 2003	资产额(百万美元) Assets (USD mil.)	股东产权权益(百万美元) Stockholders' Equity (USD mil.)	雇员人数(人) Employees (person)
-2259	-	85003	2991	138215
14143	30.8	1110457	99645	175742
-13910	-	253029	187669	57378
2511	36.4	39303	17343	242980
2280	-	291948	27451	40962
1886	7.3	437337	31371	69182
-1973	-	77806	6931	161494
8267	25.2	1120199	61178	137000
2587	22	346083	22181	53246
4937	66.2	1240486	56743	135502
4529	-	958082	31898	60532
5309	87.9	149827	46519	68681
3463	-4.6	130927	21314	206524
1668	72	201674	23877	161310
4466	-33.5	1157248	105653	160968
6510	37.1	1525552	30759	67424
-100	-131.8	20491	3540	289000
3075	99	1141837	35209	65417
5397	2.6	155035	45615	69710
1975	33.3	208446	9809	379828
2764	25.4	91632	23809	105972
428	67.9	42739	7624	166000
1804	190.2	19392	7798	19797
468	6.2	11654	4339	13450
11361	190.6	123684	68278	115000
1872	160.7	53963	11286	159000
6481	25	57048	17278	110000
2658	146.4	126910	13125	97777
2244	-	85606	10768	160712
4417	57.4	82834	21829	130573
2333	-25.4	46044	7522	223000
3198	73.7	32293	13029	292000
1950	76.6	48089	17242	242348
3043	15	23215	6485	55200
1100	98.2	38678	10342	184358
882	22.4	15093	7625	82150
5601	39.7	850288	33834	61091
8509	18.2	53317	31813	109922
766	127.4	335099	8219	21715
2105	59	128541	23393	53380
2342	127.3	46099	20977	81955
1473	-1.2	54174	12591	53218
3522	28.2	94309	26976	61898
1261	-4.5	23423	8111	25804
3697	58	40988	14039	23899
632	73.6	36842	7426	147753
2425	6.1	52932	19769	33337
1302	48	279688	15219	54685
297	-32.5	34033	8012	150970
3364	27.5	123339	60771	84900

16-2 续表 2 continued

位次	Rank	企业名称	Company Name	国家和地区	Country or Area	营业额(百万美元) Revenues (USD mil.)	比上年增长% % Change from 2003
2004	2003						
101	101	荷兰公司	ABN AMRO Holding	荷兰	Netherlands	42319	12.3
102	96	西南贝尔通讯公司	SBC communications	美国	United States	41098	0.6
103	105	特科国际	Tyco International	美国	United States	41042	11.5
104	125	陶氏化学公司	Dow Chemical	美国	United States	40161	23.1
105	111	艾伯森公司	Albertson's	美国	United States	40052	13.0
106	120	圣戈班公司	Saint-Gobain	法国	France	39832	18.9
107	115	摩根斯坦利添惠	Morgan Stanley	美国	United States	39549	13.2
108	106	大都会人寿保险公司	MetLife	美国	United States	39535	9.0
109	118	欧洲航空防御及航天公司	EADS	荷兰	Netherlands	39503	15.8
110	142	柏克莱	Barclays	英国	United Kingdom	39347	27.6
111	113	意大利电信	Telecom Italia	意大利	Italy	39228	11.4
112	140	AEON	AEON	日本	Japan	38944	25.0
113	82	明治相互生命保险公司	Meiji yasuda life insurance	日本	Japan	38835	-11.9
114	137	西班牙电话	Telefónica	西班牙	Spain	38188	17.6
115	147	乐喜金星电子公司	LG Electronics	韩国	Korea, Rep.	37757	26.4
116	124	皇家飞利浦电子	Royal Philips Electronics	荷兰	Netherlands	37709	14.7
117	119	鲜京公司	SK	韩国	Korea, Rep.	37692	11.6
118	148	Arcelor	Arcelor	卢森堡	Luxembourg	37532	27.9
119	126	沃尔格林公司	Walgreen	美国	United States	37508	15.4
120	141	联合技术公司	United Technologies	美国	United States	37445	20.7
121	127	欧尚	Groupe Auchan	法国	France	37370	15.0
122	114	葛兰素史克	GlaxoSmithKline	英国	United Kingdom	37304	6.4
123	154	联合健康集团	UnitedHealth Group	美国	United States	37218	29.1
124	129	拜尔	Bayer	德国	Germany	37011	14.5
125	144	巴西石油公司	Petrobrás	巴西	Brazil	36987	20.1
126	143	法国国家人寿保险公司	CNP Assurances	法国	France	36943	19.9
127	130	微软	Microsoft	美国	United States	36835	14.4
128	121	联合包裹运输公司	United Parcel Service	美国	United States	36582	9.2
129	139	劳氏	Lowe's	美国	United States	36464	16.6
130	122	诺基亚	Nokia	芬兰	Finland	36401	9.2
131	145	阿彻－丹尼尔斯－米德兰公司	Archer Daniels Midland	美国	United States	36151	17.7
132	95	西尔斯．罗巴克	Sears Roebuck	美国	United States	36099	-12.2
133	186	国营石油公司	Petronas	马来西亚	Malaysia	36065	40.5
134	108	塞夫韦公司	Safeway	美国	United States	35823	0.8
135	134	洛克希德－马丁公司	Lockheed Martin	美国	United States	35463	11.6
136	131	全球保险集团	Aegon	荷兰	Netherlands	35463	10.2
137	117	Medco Health Solutions	Medco Health Solutions	美国	United States	35352	3.2
138	171	摩托罗拉公司	Motorola	美国	United States	35349	30.6
139	167	俄罗斯天然气工业股份公司	Gazprom	俄罗斯	Russian Fed.	35089	27.5
140	136	英国电信	BT	英国	United Kingdom	34672	9.5
141	146	英特尔公司	Intel	美国	United States	34209	13.5
142	157	日本三菱石油公司	Nippon Oil	日本	Japan	34151	19.6
143	132	好事达保险	Allstate	美国	United States	33936	5.6
144	135	富国	Wells Fargo	美国	United States	33876	6.5
145	149	伊藤洋华堂	Ito-Yokado	日本	Japan	33632	8.1
146	150	英国煤气	Centrica	英国	United Kingdom	33537	14.4
147	138	三井住友金融集团	Sumitomo Mitsui Financial Group	日本	Japan	33318	5.9
148	177	三井物产	Mitsui	日本	Japan	32806	24.3
149	389	三菱商事	Mitsubishi	日本	Japan	32735	131.9
150	104	弗雷德马克	Freddie Mac	美国	United States	32564	-11.6

利润额(百万美元) Profits (USD mil.)	比上年增长% % Change from 2003	资产额(百万美元) Assets (USD mil.)	股东产权权益(百万美元) Stockholders' Equity (USD mil.)	雇员人数(人) Employees (person)
5111	42.9	827253	20350	97276
5887	-30.8	108844	40504	162700
2879	193.9	63667	30292	258400
2797	61.7	45885	12270	43203
444	-20.1	18311	5421	241000
1347	14.5	41982	15707	181228
4486	18.5	775410	28206	53284
2758	24.4	356808	22824	53920
1281	644.7	79198	23070	110662
5988	33.5	1002360	33439	82700
971	-28	104129	20622	91365
576	18.5	26390	6061	51147
1755	-9.7	235942	14246	45302
3579	43.5	86265	22054	173554
1404	137.3	28445	5360	32000
3527	348.4	41759	20198	161586
1474	26.5	41620	6075	27026
2878	889.5	42438	14818	94601
1360	15.7	13342	8228	140000
2788	18.1	40035	14008	209700
592	-9	28644	5743	155000
8095	10.1	43348	11375	100019
2587	41.8	27879	10717	40000
750	-	51384	16675	113000
6106	-6.9	55360	23446	52037
783	18.7	247667	7466	3913
8168	-18.3	92389	74825	57000
3333	15	33026	16384	384000
2176	15.9	21209	11535	143500
3989	-1.9	30812	19353	55505
495	9.7	19369	7698	26317
-507	-114.9	22474	6092	247000
9357	50.3	62915	34048	33944
560	-	15377	4307	191000
1266	20.2	25554	7021	130000
2068	1.9	324173	19590	27906
482	13.1	10542	5719	13250
1532	71.6	30889	13331	68000
6967	25.1	105096	74396	388714
3360	40	50925	7277	102100
7516	33.2	48143	38579	85000
1224	-	32856	8912	13424
3181	17.6	149725	21823	38700
7014	13.1	427849	37866	145500
159	-66.1	24690	10975	46841
2532	209.8	16609	4516	43414
-2179	-174.5	932413	25951	40683
1127	86.2	70992	10498	38210
1696	66.1	85545	14065	51381
2827	-41.3	795174	31306	5280

16-2续表 3 continued

位次 Rank						营业额(百万美元)	
2004	2003	企 业 名 称	Company Name	国家和地区	Country or Area	Revenues (USD mil.)	比上年增长 % % Change from 2003
151	163	美林公司	Merrill Lynch	美国	United States	32467	17.0
152	158	兴业银行	Société Générale	法国	France	32411	13.5
153	156	德国德众银行	DZ Bank	德国	Germany	32262	12.6
154	165	佳能公司	Canon	日本	Japan	32072	16.2
155	174	桑坦德集团	Santander Central Hispano Group	西班牙	Spain	31804	18.0
156	151	三菱电机	Mitsubishi Electric	日本	Japan	31735	8.3
157	182	新日本制铁	Nippon Steel	日本	Japan	31537	21.8
158	103	住友生命保险公司	Sumitomo life insurance	日本	Japan	31000	-16.0
159	170	沃尔特·迪斯尼公司	Walt Disney	美国	United States	30752	13.6
160	128	Veolia Environnement	Veolia Environnement	法国	France	30688	-5.2
161	175	CVS	CVS	美国	United States	30594	15.1
162	116	美国电话电报	AT&T	美国	United States	30537	-11.6
163	209	卡特彼勒公司	Caterpillar	美国	United States	30251	32.9
164	180	弗朗茨-哈尼尔有限公司	Franz Haniel	德国	Germany	30245	16.0
165	166	皮诺春天集团	PPR	法国	France	30115	9.2
166	155	诺斯洛普格拉曼	Northrop Grumman	美国	United States	29868	4.1
167	202	高盛集团	Goldman Sachs Group	美国	United States	29839	26.3
168	133	德国联邦铁路	Deutsche Bahn	德国	Germany	29803	-6.7
169	172	FONCIERE EURIS	Fonciére Euris	法国	France	29666	9.9
170	189	印度石油公司	Indian Oil	印度	India	29643	17.1
171	179	西斯科	Sysco	美国	United States	29335	12.2
172	173	百事公司	PepsiCo	美国	United States	29261	8.5
173	208	Groupe Caisse D'epargne	Groupe Caisse D'epargne	法国	France	29175	26.4
174	183	美国运通公司	American Express	美国	United States	29115	12.6
175	194	布伊格公司	Bouygues	法国	France	29107	17.9
176	169	瑞士再保险公司	Swiss Reinsurance	瑞士	Switzerland	29045	7.2
177	188	劳埃德集团	Lloyds TSB Group	英国	United Kingdom	28925	14.0
178	259	卢克石油公司	Lukoil	俄罗斯	Russian Federation	28810	48.9
179	160	德尔福	Delphi	美国	United States	28700	2.1
180	212	沃尔沃公司	Volvo	瑞典	Sweden	28643	26.2
181	200	拉博银行	Rabobank	荷兰	Netherlands	28513	18.2
182	152	桑斯博里	J. Sainsbury	英国	United Kingdom	28427	-2.1
183	162	宝德信金融集团	Prudential Financial	美国	United States	28348	1.6
184	159	瑞穗控股公司	Mizuho Financial Group	日本	Japan	28279	-0.2
185	196	丸红	Marubeni	日本	Japan	28274	15.1
186	193	诺华	Novartis	瑞士	Switerland	28247	13.6
187	198	Wachovia Corp.	Wachovia Corp.	美国	United States	28067	14.7
188	164	杜邦	DuPont	美国	United States	27995	1.0
189	201	AP Moller-Maersk Group	AP Moller-Maersk Group	丹麦	Danmark	27921	15.7
190	187	法国国营铁路公司	SNCF	法国	France	27436	7.6
191	192	Best Buy	Best Buy	美国	United States	27433	10.2
192	178	斯普林特公司	Sprint	美国	United States	27428	4.7
193	185	纽约人寿保险公司	New York Life Insurance	美国	United States	27176	5.7
194	190	KDDI	KDDI	日本	Japan	27170	7.8
195	161	德国联合抵押银行集团	HVB Group	德国	Germany	27140	-3.4
196	176	维亚康姆	Viacom	美国	United States	27055	1.8
197	195	千禧控股	Millea Holdings	日本	Japan	26979	9.8
198	191	国际造纸公司	International Paper	美国	United States	26722	6.1
199	153	威望迪环球	Vivendi Universal	法国	France	26651	-7.6
200	215	约翰逊控制器公司	Johnson Controls	美国	United States	26553	17.3

利润额(百万美元) Profits (USD mil.)	比上年增长% % Change from 2003	资产额(百万美元) Assets (USD mil.)	股东产权权益(百万美元) Stockholders' Equity (USD mil.)	雇员人数(人) Employees (person)
4436	11.2	648059	31370	50600
3887	37.8	817012	28034	93359
428	28.6	484200	5071	23307
3175	33.5	35005	21566	108257
3899	32	782092	52609	126488
662	66.8	29567	6737	97661
2053	458.5	36201	11111	46451
796	12.3	198898	5807	48245
2345	85.1	53902	26081	129000
156	-	49292	4843	251584
919	8.4	14547	6987	112000
-6469	-446.9	32804	7019	47565
2035	85.2	43091	7467	76920
494	55.4	16544	4319	42884
1170	60.4	31195	10457	82150
1084	25.2	33361	16700	125400
4553	51.5	531379	25079	20722
193	-	64720	9357	225512
62	-50.5	24906	73	124226
1219	-25.3	16809	6287	36687
907	16.6	7848	2565	47800
4212	18	27987	13572	153000
2220	7508	739295	21114	52800
3445	15.3	192638	16020	77500
1067	109.5	33797	5414	113300
1992	57.4	162240	16864	8359
4436	-16.6	537271	19155	69985
4248	14.8	29761	20811	150000
-36	-	21200	1410	185000
1274	3351.9	33541	10445	81080
1910	20.3	645750	29889	50216
113	-83.2	21953	8265	97400
2256	78.5	401058	22344	39418
5838	62	1337648	36515	45180
384	25.4	39342	4143	24106
5767	15	54469	33783	81392
5214	22.3	493324	47317	96030
1780	82.9	35632	11377	60000
4067	54.9	35438	20879	60000
402	3126.9	47777	4376	229877
984	39.6	10294	4449	109000
-1012	-178.4	41321	13521	59900
1213	74.6	144421	9708	12650
1866	80.2	23114	10866	12373
-2833	-	635310	15611	57806
-17462	-1332.4	68002	42024	38350
629	-36.2	108679	21552	18910
-35	-111.6	34217	8254	79400
938	-	58838	18514	37906
818	19.7	15091	5206	123000

16-2续表4 continued

位次 Rank 2004	2003	企业名称	Company Name	国家和地区	Country or Area	营业额(百万美元) Revenues (USD mil.)	比上年增长 % % Change from 2003
201	197	泰森食品公司	Tyson Foods	美国	United States	26441	7.7
202	227	JFE Holdings	JFE Holdings	日本	Japan	26088	19.1
203	213	日本电装公司	Denso	日本	Japan	26053	14.8
204	·	Caremark Rx	Caremark Rx	美国	United States	25801	184.6
205	123	彭尼公司	J.C.Penney	美国	United States	25678	-22.0
206	206	霍尼韦尔国际公司	Honeywell Intl.	美国	United States	25601	10.8
207	218	英格雷姆麦克罗	Ingram Micro	美国	United States	25462	12.6
208	223	BUNGE	Bunge	美国	United States	25168	12.6
209	205	罗氏制药	Roche Group	瑞士	Switerland	25166	8.4
210	234	Vinci	Vinci	法国	France	25106	17.5
211	184	马自达汽车公司	Mazda Motor	日本	Japan	25081	-2.8
212	241	中国人寿保险公司	China Life Insurance	中国	China	24981	13.2
213	275	Anglo American	Anglo American	英国	United Kingdom	24930	33.8
214	404	阿尔坎公司	Alcan	加拿大	Canada	24885	82.3
215	221	联邦捷运公司	FedEx	美国	United States	24710	9.9
216	199	Norsk Hydro	Norsk Hydro	挪威	Norway	24553	1.1
217	217	三菱东京金融集团	Mitsubishi Tokyo Financial Group	日本	Japan	24458	8.1
218	252	Almanij	Almanij	比利时	Belgium	24401	23.6
219	220	关西电力公司	Kansai Electric Power	日本	Japan	24317	8.1
220	253	英美烟草公司	British American Tobacco	英国	United Kingdom	24201	22.9
221	238	三菱重工	Mitsubishi Heavy Industries	日本	Japan	24106	14.7
222	375	法国航空公司	Air France-KLMGroup	法国	France	24011	65.5
223	229	美国铝公司	Alcoa	美国	United States	23960	10.3
224	242	中国移动通信集团公司	China Mobile Communications	中国	China	23958	15.4
225	249	夏普公司	Sharp	日本	Japan	23633	18.3
226	219	东日本铁路	East Japan Railway	日本	Japan	23611	4.9
227	214	富士胶卷公司	Fuji Photo Film	日本	Japan	23516	3.7
228	228	HCA	HCA	美国	United States	23502	7.8
229	243	中国工商银行	Industrial & Commercial Bank of China	中国	China	23445	12.9
230	181	美国教师退休基金会	TIAA-CREF	美国	United States	23411	-10.0
231	210	TUI	TUI	德国	Germany	23293	2.5
232	371	莱茵集团	RAG	德国	Germany	23255	59.7
233	244	法国邮政局	La Poste	法国	France	23229	14.0
234	326	太阳石油	Sunoco	美国	United States	23226	45.8
235	324	科尔斯美亚公司	Coles Myer	澳大利亚	Australia	23184	44.5
236	236	麻省相互人寿保险公司	Mass. Mutual Life Ins.	美国	United States	23159	9.9
237	225	三洋电气公司	Sanyo Electric	日本	Japan	23119	4.1
238	240	乔治韦斯顿公司	George Weston	加拿大	Canada	23015	10.4
239	222	默克公司	Merck	美国	United States	22938	2.0
240	·	ST. Paul Travelers	ST. Paul Travelers	美国	United States	22934	159.0
241	341	BHP BILLITON	BHP Billiton	澳大利亚	Australia	22887	46.6
242	230	德尔海兹集团	Delhaize Group	比利时	Belgium	22793	4.9
243	204	杜克能源	Duke Energy	美国	United States	22779	-3.0
244	216	贝尔南方	BellSouth	美国	United States	22729	0.4
245	274	哈特福德金融服务公司	Hartford Fin. Services	美国	United States	22693	21.1
246	251	惠好公司	Weyerhaeuser	美国	United States	22665	14.0
247	168	MCI	MCI	美国	United States	22615	-17.3
248	·	UES of Russia	UES of Russia	俄罗斯	Russian Federation	22603	16.9
249	271	法国煤气	Gaz de France	法国	France	22548	19.7
250	250	布里奇斯通轮胎公司	Bridgestone	日本	Japan	22350	12.4

利润额(百万美元) Profits (USD mil.)	比上年增长% % Change from 2003	资产额(百万美元) Assets (USD mil.)	股东产权权益(百万美元) Stockholders' Equity (USD mil.)	雇员人数(人) Employees (person)
403	19.6	10464	4292	114000
1489	57.4	34184	9056	52503
1234	26.7	26000	15362	104183
600	106.4	12309	7540	11133
524	-	14127	4856	151000
1281	-3.2	31062	11252	109000
219	47.4	6927	2240	13600
469	14.1	10907	3375	24621
5344	134.2	51071	24819	64703
909	48.4	31965	4278	128433
425	41.9	16528	2504	35680
74	131.2	69352	2509	75984
2913	83.0	52206	24998	209000
258	235.1	33341	10726	82500
838	1.0	19134	8036	195838
1864	20.2	33062	14346	34648
3149	-36.6	1031081	44669	43948
1415	33.4	383320	11944	51802
649	-18.7	64116	15395	33276
2012	95.0	33936	10022	60953
37.7	-80.5	35818	12247	59240
441.8	303.9	27951	6707	102077
1310	39.7	32609	13300	119000
4077	13.9	56734	37163	111399
715	33.0	22298	9389	46751
1038	-2.2	62792	11065	74923
786	7.9	27893	17288	75638
1246	-6.5	21465	4407	164650
279	-6.5	685135	19692	375781
541	5.1	347580	11177	5607
607	95.1	16745	3742	57716
-16.4	-	40428	3140	103960
465	103.5	74867	2996	309286
605	93.9	8079	1607	14200
342	47.2	6380	2124	176000
677	-7.9	124509	6291	11334
-1596	-1445.5	24314	2695	96023
329	-41.8	14943	3656	149000
5813	-14.9	42573	17288	63000
955	44.5	111815	21201	29700
3379	77.7	30860	14038	35070
263	35.7	12780	4565	137900
1490	-	55470	16441	21500
4758	21.9	59496	23066	62564
2115	-	259735	14238	30000
1283	363.2	29954	9255	53600
-4002	-118.0	17060	4230	40000
849	-3.0	40389	21518	196300
1301	26.3	45543	14105	36282
1059	38.3	22774	9124	113699

16–2 续表 5 continued

位次 2004	Rank 2003	企业名称	Company Name	国家和地区	Country or Area	营业额(百万美元) Revenues (USD mil.)	比上年增长% % Change from 2003
251	263	三星生命	Samsung Life Insurance	韩国	Korea, Rep.	22348	16.6
252	·	威廉莫里森超市	William Morrison Supermarkets	英国	United Kingdom	22246	172.5
253	·	米塔尔钢铁	Mittal Steel	荷兰	Netherlands	22197	310.2
254	268	思科系统	Cisco Systems	美国	United States	22045	16.8
255	256	铃木汽车	Suzuki Motor	日本	Japan	22011	13.1
256	273	Endesa	Endesa	西班牙	Spain	21970	18.7
257	237	可口可乐	Coca-Cola	美国	United States	21962	4.4
258	207	阿西布朗勃法瑞	ABB	瑞士	Switzerland	21886	-5.1
259	239	百时美施贵宝	Bristol-Myers Squibb	美国	United States	21886	4.7
260	369	希尔顿集团	Hilton Group	英国	United Kingdom	21793	49.3
261	338	法通保险	Legal & General Group	英国	United Kingdom	21770	38.4
262	257	中国电信	China Telecommunications	中国	China	21562	10.8
263	·	T&D Holdings	T&D Holdings	日本	Japan	21557	-
264	211	日联控股	UFJ Holdings	日本	Japan	21451	-5.6
265	278	阿第克	Adecco	瑞士	Switzerland	21442	16.6
266	292	出光兴产	Idemitsu Kosan	日本	Japan	21435	21.3
267	269	阿斯利康	Astrazeneca	英国	United Kingdom	21426	13.7
268	264	毕尔巴鄂比斯开银行	Banco Bilbao Vizcaya Argentaria	西班牙	Spain	21336	11.4
269	332	澳洲银行	National Australia Bank	澳大利亚	Australia	21314	34.7
270	301	雷曼兄弟	Lehman Brothers Holdings	美国	United States	21250	22.9
271	266	贝塔斯曼	Bertelsmann	德国	Germany	21164	11.3
272	286	金巴斯集团	Compass Group	英国	United Kingdom	21104	16.8
273	287	汉莎集团	Lufthansa Group	德国	Germany	21100	16.8
274	232	电子数据系统	Electronic Data Systems	美国	United States	21033	-2.6
275	431	Plains All American Pipeline	Plains All American Pipeline	美国	United States	20976	66.6
276	361	浦项制铁	POSCO	韩国	Korea, Rep.	20929	40.2
277	265	韩国电力	Korea Electric Power	韩国	Korea, Rep.	20914	9.4
278	304	耆卫公司	Old Mutual	英国	United Kingdom	20892	21.9
279	458	宏利保险	Manulife Financial	加拿大	Canada	20855	75.4
280	315	Wellpoint	Wellpoint	美国	United States	20815	24.1
281	260	巴登－符腾堡州立银行	Landesbank Baden-Wurttemberg	德国	Germany	20808	8.0
282	295	新闻集团	News Corp.	美国	United States	20802	19.6
283	328	玛格纳	Magna International	加拿大	Canada	20653	30.1
284	313	全国保险公司	Nationwide	美国	United States	20558	22.3
285	254	雅培	Abbott Laboratories	美国	United States	20473	4.0
286	322	哈利伯顿	Halliburton	美国	United States	20466	25.8
287	270	中国化工进出口总公司	Sinochem	中国	China	20381	8.1
288	308	三菱化学	Mitsubishi Chemical	日本	Japan	20372	19.5
289	340	伍尔沃斯公司	Woolworths	澳大利亚	Australia	20335	29.7
290	235	康卡斯特	Comcast	美国	United States	20307	-4.5
291	267	Dexia Group	Dexia Group	比利时	Belgium	20292	7.4
292	284	雷神	Raytheon	美国	United States	20245	11.8
293	283	甘保险集团	Groupama	法国	France	20237	11.5
294	288	米其林	Michelin	法国	France	20148	11.6
295	281	3M	3M	美国	United States	20011	9.8
296	344	迪尔	Deere	美国	United States	19986	28.7
297	282	胜腾	Cendant	美国	United States	19979	9.8
298	289	安泰	Aetna	美国	United States	19904	10.7
299	246	乔治亚－太平洋	Georgia-Pacific	美国	United States	19876	-1.9
300	277	中部电力	Chubu Electric Power	日本	Japan	19849	6.7

利润额(百万美元) Profits (USD mil.)	比上年增长% % Change from 2003	资产额(百万美元) Assets (USD mil.)	股东产权权益(百万美元) Stockholders' Equity (USD mil.)	雇员人数(人) Employees (person)
520	87.8	89546	8126	6293
378	15.7	13899	7577	95340
4701	7022.7	19153	5846	164393
4401	23.0	35594	25826	34000
563	45.1	15832	6965	39454
1715	15.5	65285	12881	26985
4847	11.5	31327	15935	50000
-35	-	24677	2824	102537
2388	-23.1	30435	10202	43000
478	161.0	9800	4898	51890
850	28.7	291124	6482	8387
2422	41.8	65333	33040	406885
346	-	121946	5444	23501
-5160	-	771811	11033	31453
413	19.6	8755	2410	30000
-55	-265.8	20835	2751	7872
3813	25.6	25616	14418	64200
3485	38.3	422815	28398	84117
2309	-4.7	297928	18760	43517
2369	39.4	357168	14920	19579
1284	636.4	28503	10208	76266
323	9.5	15305	4491	402375
503	-	24561	5402	90673
158	-	17744	7440	117000
130	118.7	3160	1070	1950
3330	98.8	23308	15531	30000
2517	29.1	69886	39102	18073
887	98.7	127213	6230	41336
1970	79.7	252172	19568	42000
960	24.0	39738	19459	38000
595	54.4	461874	12768	12184
1533	84.5	48343	20875	38800
692	32.6	11609	5442	81600
1010	54.6	157371	11853	32933
3236	17.5	28768	14326	60600
-979	-	15796	3932	97000
230	86.1	6156	1310	15978
515	68.5	18423	4170	33261
522	37.1	4281	1020	77996
970	-70.1	104694	41422	74000
2204	36.1	528947	14223	24019
417	14.2	24153	10551	79000
447	154.5	94257	5470	25758
641	78.3	21979	6255	126500
2990	24.4	20708	10378	67071
1406	118.6	28754	6393	46500
2082	77.6	42555	12695	87000
2245	140.4	42134	9081	26700
623	145.3	23072	6225	55000
849	-16.4	53324	13213	24716

16-2续表6 continued

位次 Rank		企业名称	Company Name	国家和地区	Country or Area	营业额(百万美元) Revenues (USD mil.)	比上年增长% % Change from 2003
2004	2003						
301	306	日本航空	Japan Airlines	日本	Japan	19818	15.9
302	298	技术数据	Tech Data	美国	United States	19790	13.7
303	311	利宝相互保险	Liberty Mutual Insurance Group	美国	United States	19754	16.8
304	224	三菱汽车	Mitsubishi Motors	日本	Japan	19750	-11.5
305	258	全美汽车租赁	Autonation	美国	United States	19734	1.8
306	203	凯马特	Kmart Holding	美国	United States	19701	-15.3
307	280	莎莉	Sara Lee	美国	United States	19566	7.0
308	318	通用动力	General Dynamics	美国	United States	19552	17.7
309	372	上海宝钢集团	Shanghai Baosteel Group	中国	China	19543	34.3
310	247	超价商店	Supervalu	美国	United States	19543	-3.3
311	285	意大利联合信贷银行	Unicredito Italiano	意大利	Italy	19528	8.0
312	303	加拿大皇家银行	Royal Bank of Canada	加拿大	Canada	19104	11.0
313	355	住友商事	Sumitomo	日本	Japan	19068	26.1
314	305	麦当劳	Mcdonald's	美国	United States	19065	11.2
315	331	中国建设银行	China Construction Bank	中国	China	19048	20.4
316	·	中国南方电网	China Southern Power Grid	中国	China	18929	24.4
317	400	奥托集团	Otto Group	德国	Germany	18870	8.9
318	342	日本矿业控股公司	Nippon Mining Holdings	日本	Japan	18817	21.0
319	279	三井住友保险	Mitsui Sumitomo Insurance	日本	Japan	18813	2.8
320	290	日本烟草	Japan Tobacco	日本	Japan	18739	4.8
321	·	赛诺菲安万特	Sanofi-Aventis	法国	France	18710	105.4
322	312	PUBLIX超级市场	Publix Super Markets	美国	United States	18686	10.3
323	487	加拿大鲍尔集团	Power Corp. of Canada	加拿大	Canada	18684	66.2
324	293	伟世通	Visteon	美国	United States	18657	5.6
325	296	美利坚公司	AMR	美国	United States	18645	6.9
326	309	曼恩集团	MAN Group	德国	Germany	18591	9.4
327	348	伊藤忠	Itochu	日本	Japan	18528	20.4
328	300	德国商业银行	Commerzbank	德国	Germany	18464	6.3
329	325	瑞士人寿	Swiss Life	瑞士	Switzerland	18435	15.0
330	356	固特异轮胎橡胶	Goodyear Tire & Rubber	美国	United States	18370	21.5
331	·	沙特基础工业公司	Sabic	沙特	Saudi Arabia	18329	46.9
332	226	康尼格拉	Conagra Foods	美国	United States	18179	-17.6
333	272	信诺	Cigna	美国	United States	18176	-3.4
334	299	可口可乐企业	Coca-Cola Enterprises	美国	United States	18158	4.8
335	291	联合商业银行	Banca Intesa	意大利	Italy	18155	2.1
336	327	欧莱雅	L'Oreal	法国	France	18077	13.9
337	297	日本邮政	Japan Post	日本	Japan	18006	3.3
338	370	爱立信	L.M. Ericsson	瑞典	Sweden	17966	23.3
339	358	中国银行	Bank Of China	中国	China	17960	19.6
340	346	拉法基	Lafarge	法国	France	17955	16.2
341	418	沃尔斯利公司	Wolseley	英国	United Kingdom	17817	36.2
342	307	西北相互	Northwestern Mutual	美国	United States	17806	4.4
343	302	卡尔施泰特	Karstadtquelle	德国	Germany	17782	2.9
344	314	日本财产保险公司	Sompo Japan Insurance	日本	Japan	17677	5.3
345	364	拉卡德尔	Lagardere Groupe	法国	France	17384	17.5
346	330	惠氏	Wyeth	美国	United States	17358	9.5
347	407	和记黄埔	Hutchison Whampoa	中国香港	Hongkong,China	17281	28.3
348	255	阿尔斯通	Alstom	法国	France	17195	-12.4
349	378	阿拉美达赫斯	Amerada Hess	美国	United States	17126	18.3
350	420	康力斯集团	Corus Group	英国	United Kingdom	17099	31.5

利润额(百万美元) Profits (USD mil.)	比上年增长% % Change from 2003	资产额(百万美元) Assets (USD mil.)	股东产权权益(百万美元) Stockholders' Equity (USD mil.)	雇员人数(人) Employees (person)
280	-	20219	1821	53962
163	56.0	4558	1928	8500
1245	46.3	72359	8697	38283
-4418	-	14859	3037	36970
434	-9.5	8699	4263	27000
1106	-	8651	4469	133000
1272	4.2	14883	2948	150400
1227	22.2	17544	7189	70200
1537	62.5	23421	12960	94231
386	37.7	6278	2511	56000
2650	19.4	361356	19077	68571
2135	2.5	351868	14924	62566
792	34.2	51730	8741	39797
2279	54.9	27838	14202	438000
5846	-	471792	23530	310391
231	52.8	29728	11577	134805
121	832.3	15722	1694	54428
471	257.9	14773	3304	9274
612	-11.2	69206	13665	16432
582	-	27880	14007	33460
-4490	-291.1	104327	48353	96439
819	24.0	5964	3586	93500
729	-19.4	88003	5510	21500
-1499	-	10309	407	70200
-761	-	28773	-581	92100
383	49.1	15936	4003	61259
724	-	41813	4772	40890
489	-	577504	13322	32820
502	189.9	145638	5889	9419
115	-	16533	73	84000
3799	112.8	33359	13575	16000
880	13.6	14230	4840	39000
1438	115.3	81059	5203	28600
596	-11.8	26354	5378	74000
2343	70.5	373239	21155	56958
4510	167.1	24709	14353	52081
235	0.6	21025	-4923	114000
2590	-	27544	11632	50534
2529	356.3	515972	24811	181894
1080	31.0	33671	11522	77075
698	47.0	9704	3459	49908
817	18.0	123957	8934	4572
2029	1566.8	12023	751	92546
482	-1.2	54925	8436	16193
475	25.7	25875	5479	47287
1234	-39.8	33630	9848	51401
2071	12.1	84171	33559	182000
-1089	-	22961	1536	69594
977	51.9	16312	5597	11119
817	-	13956	6255	48300

16-2 续表 7 continued

位次 Rank		企业名称	Company Name	国家和地区	Country or Area	营业额(百万美元) Revenues (USD mil.)	比上年增长% % Change from 2003
2004	2003						
351	321	达能集团	Groupe Danone	法国	France	17040	14.7
352	466	SHV Holdings	SHV Holdings	荷兰	Netherlands	17023	46.4
353	294	大荣	Daiei	日本	Japan	17021	-2.8
354	384	爱信精机	Aisin Seiki	日本	Japan	17019	19.8
355	336	里尔	Lear	美国	United States	16960	7.7
356	335	理光	Ricoh	日本	Japan	16880	7.1
357	319	来德爱	Rite Aid	美国	United States	16816	1.3
358	337	永明金融	Sun Life Financial	加拿大	Canada	16706	6.1
359	399	BAE Systems	BAE Systems	英国	United Kingdom	16665	21.5
360	262	皇家太阳保险	Royal & Sun Alliance	英国	United Kingdom	16537	-14.1
361	368	皇家邮政集团	Royal Mail Holdings	英国	United Kingdom	16523	13.0
362	320	Skanska	Skanska	瑞典	Sweden	16508	0.3
363	343	巴伐利亚银行	Bayerische Landesbank	德国	Germany	16435	5.7
364	349	伊莱克斯	Electrolux	瑞典	Sweden	16425	6.9
365	390	克里斯汀迪奥	Christian Dior	法国	France	16419	16.4
366	398	联合航空	UAL	美国	United States	16391	9.8
367	362	Migros	Migros	瑞士	Switzerland	16338	9.8
368	367	日本通运	Nippon Express	日本	Japan	16314	10.5
369	379	单化联盟	Alliance Unichem	英国	United Kingdom	16305	13.3
370	329	加普公司	GAP	美国	United States	16267	2.6
371	·	鸿海精密	Hon Hai Precision Industry	中国台湾	Taiwan,China	16240	50.4
372	403	住友电工	Sumitomo Electric Industries	日本	Japan	16192	18.6
373	456	泰国国家石油	PTT	泰国	Thailand	16023	34.6
374	276	华盛顿互助	Washington Mutual	美国	United States	15962	-14.3
375	374	伟创力	Flextronics International	新加坡	Singapore	15908	9.5
376	353	布瑞德斯克银行	Banco Bradesco	巴西	Brazil	15899	4.7
377	386	大成建设	Taisei	日本	Japan	15892	12.3
378	366	计算机科学	Computer Sciences	美国	United States	15849	7.3
379	310	庞巴迪	Bombardier	加拿大	Canada	15839	-6.8
380	365	阿克苏诺贝尔	Akzo Nobel	荷兰	Netherlands	15781	6.8
381	339	施乐	Xerox	美国	United States	15722	0.1
382	351	国家电力供应公司	National Grid Transco	英国	United Kingdom	15720	2.7
383	408	TNT	TNT	荷兰	Netherlands	15715	17.0
384	380	鹿岛	Kajima	日本	Japan	15701	9.4
385	419	大陆	Continental	德国	Germany	15668	20.0
386	432	西班牙石油公司	Cepsa	西班牙	Spain	15650	24.3
387	352	联合百货	Federated Department Stores	美国	United States	15630	2.4
388	392	艾默生电气	Emerson Electric	美国	United States	15615	11.5
389	·	KOC 集团	Koc Holding	土耳其	Turkey	15579	51.1
390	480	Mediceo Holdings	Mediceo Holdings	日本	Japan	15500	36.4
391	393	Vattenfall	Vattenfall	瑞典	Sweden	15433	11.4
392	396	斯道拉恩索	Stora Enso	芬兰	Finland	15417	11.9
393	323	韩华集团	Hanwha	韩国	Korea,Rep.	15406	-4.8
394	381	金伯利克拉克有限公司	Kimberly-Clark	美国	United States	15401	7.3
395	·	Premcor	Premcor	美国	United States	15335	74.2
396	427	科斯莫石油公司	Cosmo Oil	日本	Japan	15297	20.5
397	412	中国农业银行	Agricultural Bank of China	中国	China	15285	14.9
398	444	CRH	CRH	爱尔兰	Ireland	15274	25.3
399	385	阿尔卡特	Alcatel	法国	France	15255	7.7
400	383	KFW Bankengruppe	KFW Bankengruppe	德国	Germany	15219	6.9

利润额(百万美元) Profits (USD mil.)	比上年增长% % Change from 2003	资产额(百万美元) Assets (USD mil.)	股东产权权益(百万美元) Stockholders' Equity (USD mil.)	雇员人数(人) Employees (person)
394	-58.5	17943	6221	89449
394	30.4	7871	2137	27546
-4745	-3075.3	15600	-3952	20012
435	41.4	14055	5168	53200
422	11.0	9944	2730	110000
774	-4.8	18265	8068	75100
303	263.1	5933	323	54824
1291	38.2	137147	12029	13802
-856	-8823.9	29206	9070	73300
-273	-	46704	5130	28355
434	3556.4	11117	4499	212156
361	5.5	9406	2418	53803
101	31.8	452758	12111	8940
429	-27.6	11276	3523	72382
577	68.3	35167	5441	58679
-1721	-	20705	-7680	61000
439	58.6	14808	7842	59812
300	24.1	12036	4160	65321
306	45.8	6753	2056	22691
1150	11.6	10048	4936	152000
892	34.5	9573	3796	166509
340	49.8	16229	6459	107285
1558	64.0	12541	4231	4807
2878	-25.8	307918	21226	52579
340	-	11008	5224	92000
1046	39.5	69626	5728	73644
178	93.9	16972	2410	16723
810	56.0	12634	6495	79000
-85	-	20080	2298	59500
1065	56.3	16861	4127	61450
859	138.6	24884	6244	58100
1675	-10.0	46694	2568	24406
830	144.3	11257	3758	162244
123	-	16994	2054	16003
838	135.8	13162	3863	80586
808	16.7	9389	4475	10640
689	-0.6	14885	6167	112000
1257	15.4	16361	7238	107800
356	40.1	14170	3082	37606
81	16.5	7932	1572	9496
1603	41.9	38661	9377	33017
920	454.5	22307	10943	45307
209	620.6	41585	1130	2766
1800	6.3	17018	6630	60000
478	309.9	5690	2134	2300
246	239.5	12370	2131	5793
242	4.2	484960	9432	489425
948	30.7	16131	7092	60411
350	-	25876	4578	55718
458	63.7	446635	11356	3697

16-2 续表 8 continued

位次 Rank		企业名称	Company Name	国家和地区	Country or Area	营业额(百万美元) Revenues (USD mil.)	比上年增长% % Change from 2003
2004	2003						
401	430	澳大利亚电信	Telstra	澳大利亚	Australia	15193	20.2
402	·	中油公司	Chinese Petroleum	中国台湾	Taiwan,China	15190	29.9
403	·	威廉希尔	William Hill	英国	United Kingdom	15186	56.2
404	421	Gasunie	Gasunie	荷兰	Netherlands	15117	16.5
405	414	Express Scripts	Express Scripts	美国	United States	15115	13.7
406	·	澳大利亚联邦银行	Commonwealth Bank of Australia	澳大利亚	Australia	15084	51.8
407	454	豪赫蒂夫	Hochtief	德国	Germany	15066	24.9
408	413	德尔塔航空	Delta Air Lines	美国	United States	15002	12.8
409	394	东北电力	Tohoku Electric Power	日本	Japan	14994	8.4
410	436	日本邮船	Nippon Yusen	日本	Japan	14944	20.7
411	387	安海斯布希	Anheuser-Busch	美国	United States	14934	5.6
412	445	万宝盛华	Manpower	美国	United States	14930	22.5
413	410	TJX	TJX	美国	United States	14914	11.9
414	406	韩国电信	KT	韩国	Korea,Rep.	14901	10.5
415	402	意大利圣保罗银行	San Paolo IMI	意大利	Italy	14899	9.1
416	388	加拿大贝尔电子	BCE	加拿大	Canada	14842	5.1
417	482	瑞来斯实业	Reliance Industries	印度	India	14841	31.0
418	377	皇家KPN电信	Royal KPN	荷兰	Netherlands	14828	2.8
419	363	巴西银行	Banco Do Brasil	巴西	Brazil	14769	-0.5
420	350	合众银行	U.S. Bancorp	美国	United States	14706	-4.2
421	391	马克斯思班塞	Marks & Spencer	英国	United Kingdom	14653	4.2
422	405	安宝	AMP	澳大利亚	Australia	14601	8.0
423	334	洛斯	Loews	美国	United States	14584	-7.8
424	333	Exelon	Exelon	美国	United States	14515	-8.2
425	422	富腾	Fortum	芬兰	Finland	14509	12.5
426	·	国家联邦电力委员会	CFE	墨西哥	Mexico	14465	11.7
427	417	斯特普尔斯	Staples	美国	United States	14448	9.6
428	409	五月百货	May Department Stores	美国	United States	14441	8.2
429	450	布哈拉特石油	Bharat Petroleum	印度	India	14437	18.9
430	·	埃德卡	Edeka Zentrale	德国	Germany	14419	9.3
431	423	英国航空	British Airways	英国	United Kingdom	14414	12.6
432	425	GUS	GUS	英国	United Kingdom	14366	12.4
433	347	美国电力	American Electric Power	美国	United States	14357	-7.0
434	415	中国粮油食品进出口公司	COFCO	中国	China	14189	6.8
435	·	ASC	ASC	西班牙	Spain	14153	38.0
436	462	印度斯坦石油	Hindustan Petroleum	印度	India	14115	20.1
437	·	美国钢铁公司	United States Steel	美国	United States	14108	49.2
438	373	翠丰	Kingfisher	英国	United Kingdom	14061	-3.3
439	401	Countrywide Financial	Countrywide Financial	美国	United States	14051	6.2
440	449	多米宁资源公司	Dominion Resources	美国	United States	13980	15.7
441	473	欧洲抵押银行	Eurohypo	德国	Germany	13953	20.9
442	493	三星物产	Samsung	韩国	Korea,Rep.	13919	26.0
443	434	索迪斯联合	Sodexho Alliance	法国	France	13900	10.9
444	428	五十铃汽车	Isuzu Motors	日本	Japan	13897	9.7
445	433	礼来大药厂	Eli Lilly	美国	United States	13858	10.1
446	·	SK Netwoks	SK Netwoks	韩国	Korea,Rep.	13844	14.5
447	411	伊士曼柯达	Eastman Kodak	美国	United States	13829	3.7
448	·	中国一汽集团	China First Automotive Works	中国	China	13825	0.4
449	·	阿海珐	Areva	法国	France	13817	47.9
450	397	清水建设	Shimizu	日本	Japan	13811	0.6

利润额(百万美元) Profits (USD mil.)	比上年增长% % Change from 2003	资产额(百万美元) Assets (USD mil.)	股东产权权益(百万美元) Stockholders' Equity (USD mil.)	雇员人数(人) Employees (person)
2939	48.1	24376	10699	41941
562	153.9	15129	8373	15089
272	32.3	1806	482	11217
45	9.9	5084	296	1477
278	11.5	3600	1196	10828
1836	56.1	213156	15607	36296
51	178.7	9902	2105	36409
-5198	-	21801	-5796	69150
530	17.2	38542	8693	22627
664	115.4	13802	3999	23232
2240	7.9	16173	2668	31435
246	78.4	5843	2174	27100
664	0.9	5076	1654	113000
1119	62.3	25573	6971	37703
1733	57.5	287009	16044	42738
1224	-5.5	32670	11712	61739
1700	51.0	18621	9411	12113
1879	-39.2	30903	9271	28056
1034	33.6	89990	5311	82671
4167	11.6	195104	19539	48831
1083	15.8	8097	985	48302
688	-	55724	3257	3600
1231	-	73750	12183	22000
1864	106.0	42770	9423	17300
1526	75.3	22704	10050	13175
-737	-	56610	32218	63950
708	44.5	7071	4115	49328
524	20.7	15163	4475	101000
343	-22.5	6065	1753	14641
118	114.3	4677	667	999
463	110.3	21421	4658	49490
780	-2.6	13046	5310	51485
1089	890.0	34663	8515	19893
121	8.1	7221	1841	23658
573	120.5	17139	2860	106994
316	-26.7	4592	1913	10561
1091	-	10956	3970	48000
861	127.1	14852	9282	58712
2198	-7.4	128496	10310	42141
1249	292.8	45446	11426	16500
536	1483.6	308445	7809	2734
72	-0.3	11298	4152	4288
221	27.4	9293	2664	313000
559	15.3	10682	1482	19600
1810	-29.3	24867	10920	44500
392	-72.9	8945	602	3340
556	119.8	14737	3811	54800
293	-58.1	12431	1976	138049
532	20.9	33517	5765	70069
191	135.1	15360	2578	12190

16-2 续表 9 continued

位次 Rank		企业名称	Company Name	国家和地区	Country or Area	营业额(百万美元) Revenues (USD mil.)	比上年增长 % % Change from 2003
2004	2003						
451	360	奎斯特通讯	Qwest Communications	美国	United States	13809	-7.5
452	457	前进保险	Progressive	美国	United States	13782	15.9
453	435	精工爱普生	Seiko Epson	日本	Japan	13769	10.0
454	·	印度石油天然气公司	Oil&Natural Gas	印度	India	13752	37.6
455	460	埃森哲	Accenture	美国	United States	13674	15.7
456	·	日本旭硝子株式会社	Asahi Glass	日本	Japan	13648	33.8
457	438	ONEX	Onex	加拿大	Canada	13615	10.2
458	416	北欧联合银行	Nordea Bank	瑞典	Sweden	13581	2.9
459	437	Office Depot	Office Depot	美国	United States	13565	9.8
460	·	西德意志银行	Westlb	德国	Germany	13548	46.3
461	426	富士重工	Fuji Heavy Industries	日本	Japan	13459	5.6
462	·	神户钢铁公司	Kobe Steel	日本	Japan	13434	24.5
463	·	美国 NEXTEL 通信公司	Nextel Communications	美国	United States	13368	23.5
464	·	日本小松公司	Komatsu	日本	Japan	13350	26.0
465	477	美国家庭人寿保险公司	AFLAC	美国	United States	13281	16.0
466	·	办公麦克斯公司	Officemax	美国	United States	13270	60.9
467	451	大日本印刷公司	Dai Nippon Printing	日本	Japan	13259	10.6
468	446	惠而浦公司	Whirlpool	美国	United States	13220	8.6
469	479	丘博	Chubb	美国	United States	13177	15.7
470	·	汉高	Henkel	德国	Germany	13174	23.4
471	475	凸版印刷	Toppan Printing	日本	Japan	13153	14.5
472	442	东海旅客铁道	Central Japan Railway	日本	Japan	13115	7.0
473	439	九州电力	Kyushu Electric Power	日本	Japan	13108	6.4
474	443	胡曼纳	Humana	美国	United States	13104	7.2
475	455	大林组	Obayashi	日本	Japan	13070	9.7
476	441	第一能源	Firstenergy	美国	United States	12949	5.1
477	·	西太平洋银行	Westpac Banking	澳大利亚	Australia	12943	48.4
478	464	旭电	Solectron	美国	United States	12903	10.3
479	·	施耐德电气	Schneider Electric	法国	France	12892	29.7
480	476	丹斯克银行	Danske Bank Group	丹麦	Denmark	12890	12.3
481	·	桑达克斯	Centex	美国	United States	12860	18.8
482	490	伊维尔德罗拉	Iberdrola	西班牙	Spain	12829	15.5
483	491	旭化成	Asahi Kasei	日本	Japan	12819	15.5
484	261	williams	williams	美国	United States	12815	-33.5
485	452	泰雷兹集团	Thales Group	法国	France	12796	7.0
486	471	积水建房	Sekisui House	日本	Japan	12720	10.2
487	497	大和房建	Daiwa House Industry	日本	Japan	12709	17.2
488	459	加拿大帝国商业银行	Canadian Imperial Bank of Commerce	加拿大	Canada	12662	6.7
489	·	苏格兰电力	Scottish Power	英国	United Kingdom	12635	28.7
490	·	澳新银行	Australia&New Zealand Banking	澳大利亚	Australia	12618	59.4
491	·	德州仪器	Texas Instruments	美国	United States	12580	27.9
492	·	星象能源	Constellation Energy	美国	United States	12550	29.3
493	468	废物管理	Waste Management	美国	United States	12516	8.1
494	453	丰业银行	Bank of Nova Scotia	加拿大	Canada	12504	4.5
495	316	Tenet 保健	Tenet Healthcare	美国	United States	12496	-25.4
496	·	雅马哈发动机	Yamaha Motor	日本	Japan	12472	38.1
497	·	喜力控股	Heineken Holding	荷兰	Netherlands	12444	18.8
498	·	爱生雅集团	Svenska Cellulosa	瑞典	Sweden	12433	15.2
499	·	加拿大能源	Encana	加拿大	Canada	12433	20.7
500	489	马斯柯	Masco	美国	United States	12431	11.6

利润额(百万美元) Profits (USD mil.)	比上年增长% % Change from 2003	资产额(百万美元) Assets (USD mil.)	股东产权权益(百万美元) Stockholders' Equity (USD mil.)	雇员人数(人) Employees (person)
-1794	-218.7	24324	-2612	41401
1649	31.3	17184	5155	27085
518	53.9	12133	4421	85647
320	56.5	19043	9468	38033
691	38.7	7988	1472	100000
724	64.5	18398	6823	56776
27	-	9856	190	83000
2381	41.2	375199	17057	28929
336	21.4	6767	3223	47000
-1442	-	344960	5204	7154
170	-50.4	12691	4405	26989
477	144.3	17775	3545	27067
3000	98.3	22744	9408	19000
549	130.0	13548	4461	33008
1299	63.4	59326	7573	6531
173	1992.1	7543	2611	33200
558	18.9	14960	9424	34939
406	-1.9	8181	1606	68000
1548	91.4	44260	10126	11800
2158	267.4	17857	6236	49947
378	36.6	13869	7183	32724
894	39.7	49640	7951	23326
831	28.9	37862	9155	18864
280	22.3	5658	2090	13700
233	24.4	17224	3406	13533
878	107.7	31068	8589	15245
1845	37.9	177521	8665	27013
-169	-	5817	2379	59500
702	43.4	17731	10296	84866
1763	24.9	379802	11111	15382
1011	22.2	20011	4281	17134
1506	25.5	35250	11848	13019
525	114.4	11874	4784	23820
164	-	23993	4956	3656
247	94.0	22392	2850	55476
219	-33.3	11022	6442	19926
375	13.6	12704	4900	19770
1667	16.6	228539	10841	37281
-568	-162.4	27108	7524	14339
2046	42.2	187854	12971	28755
1861	55.3	16299	13063	35472
540	94.6	17347	4727	9570
939	49.0	20905	5971	51000
2222	29.4	228906	12490	43928
-2640	-	10078	1732	78346
569	60.1	8010	2992	36668
335	-25.9	14160	2297	49467
495	-21.2	17613	7530	49919
3513	48.9	31213	14308	4090
893	10.8	12541	5423	62000

主要统计指标解释

500家大企业营业额和利润 表上所列的企业必须公布其财务数据，并向有关政府机构汇报其全部或部分数字。上报的营业额包括公布时非连续性经营活动所得收入。商业银行及储蓄所的营业额为利息收入和非利息收入。对保险公司而言，这样的数字为保险费、年金收入、投资收入、资产收益或亏损，但不包括存款。营业额包括子公司，不包括营业税。

此表中的利润为税后利润，扣除收入声明中的额外账款或费用，扣除费用改变的累积影响。负数为亏损。利润跌幅超过100%反映出从2003年盈利到2004年亏损的变动。2004年会计年度截止日期不晚于2005年3月31日，各国会计年度会有所不同。对于非美国企业的销售额和利润，会计年度截止日期为2004年12月31日，均按年度平均官方汇率换算成美元。

资产及股东产权权益 均为企业会计年度末的数据。股东产权权益为此时的资本存量、实收资本、留存收益总数，不包括少数股权。非美国企业的数字，按其会计年度末的官方汇率换算成美元。

雇员数 因企业不同而有所不同，或为会计年度末人数，或为年度平均人数。

行业分类 反映出这些公司最主要的收入所属行业。行业分组按照美国管理和预算办公室制定的分类方法。

Explanatory Notes on Main Statistical Indicators

Revenues and Profits for the Global 500 Companies All the companies on the list must publish financial data and report part or all of their figures to a government agency. Revenues are as reported, including revenues from discontinues operations when they are published on a consolidated basis. The revenues for commercial banks and savings institutions are the sum of interest and no interest revenues. Such figures for insurance companies include premium and annuity income, investment income and capital gains or losses but exclude deposits. Revenue figures include consolidated subsidiaries and exclude excise taxes.

Profits are shown after taxes, after extraordinary credits or charges if any appear on the income statement, and after cumulative effects of accounting charges. Figures in minus indicate a loss. Profit declines more than 100% reflect swings from 2003 profits to 2004 losses.

Data shown are for the fiscal year ended on or before March 21, 2005. Revenue and profit figures for non-U.S. companies have been converted to U.S. dollars at the average exchange rate during each company's fiscal year (ended Dec.31, 2004).

Assets and Equity Assets shown are those at the company's fiscal year-end. Stockholders' equity is the sum of capital stock, paid-in capital, and retained earnings on the same date. Minority interest is not included. Figures for the non-U.S. companies have been converted to U.S. Dollars at the official exchange rate at each company's fiscal year-end.

Employees The figure shown is either a fiscal year-end or a yearly average number, as published by the corporation.

Industry Classification Companies are included in the industry that represents the greatest volume of their revenues. Industry groups are based on categories established by the U.S. Office of Management and Budget.

附　录

Appendix

附录1　各国(地区）货币单位＊

Annex1 Local Currency Units of Countries or Area*

资料来源：德国《国外统计年鉴》2004年；世界知识出版社《世界知识年鉴》2004/2005年；国际货币基金组织《国际金融统计月报》2005年4月。

Source: *Statistical Yearbook 2004 for Foreign Countries of Germany*; World Knowledge Publishing House *World Knowledge Yearbook 2004/2005*; IMF *International Financial Statistics* April 2005.

国家和地区	Country or Area	货币名称	Local Currency	国际标准组织编码 ISO-Code
亚　　洲	**Asia**			
中　　国	China	元＝10角＝100分	Chinese Yuan=10 Jiao=100 Fen	CNY
中国香港	Hong Kong, China	港元＝100仙	Hongkong Dollar=100 Cents	HKD
中国澳门	Macao, China	澳门元＝100仙	Macao Pataca=100 Cents	MOP
阿富汗	Afghanistan	阿尼（新）＝1000阿尼（旧）	Afghani(new)=1000Afghani(old)	AFA
亚美尼亚	Armenia	德拉姆＝100鲁马	Dram=100 Luma	AMD
阿塞拜疆	Azerbaijan	马纳特＝100开比克	Azerbaijan Manat=100 Gepik	AZM
巴　　林	Bahrain	巴林第纳尔＝1000费尔斯	Bahrain Dinar=1000 Fils	BHD
孟加拉国	Bangladesh	塔卡＝100波依夏	Taka=100 Poisha	BDT
不　　丹	Bhutan	努扎姆＝100吉扎姆	Ngultrum=100 Chhetrum	BTN
文　　莱	Brunei Darussalam	文莱元＝100分	Brunei Dollar=100 Cents	BND
柬埔寨	Cambodia	瑞尔＝10角＝100仙	Riel=10 Kak=100 Sen	KHR
塞浦路斯	Cyprus	塞浦路斯镑	Cyprus Pound	CYP
格鲁吉亚	Georgia	拉里＝100　秦特勒	Lari = 100 Tetri	GEL
印　　度	India	印度卢比＝100派萨	Indian Rupie=100 Paise	INR
印度尼西亚	Indonesia	印度尼西亚盾＝100分	Rupiah=100 Sen	IDR
伊　　朗	Iran	里亚尔＝100第纳尔	Rial=100 Dinars	IRR
伊拉克	Iraq	伊拉克第纳尔＝1000菲尔斯	Iraq Dinar=1000 Fils	JOD
以色列	Israel	新谢克尔	New Shekel	ILS
日　　本	Japan	日元＝100钱	Yen=100 Sen	JPY
约　　旦	Jordan	约旦第纳尔＝1000费尔斯	Jordan Dinar=1000 Fils	JOD
哈萨克斯坦	Kazakhstan	坚戈＝100特因	Tenge=100 Tiin	KZT
朝　　鲜	Korea, Dem.People's Rep.	朝鲜元＝100钱	Won=100 Chon	KPW
韩　　国	Korea, Rep.	韩圆＝100钱	Won=100 Chon	KRW
科威特	Kuwait	科威特第纳尔＝1000菲尔斯	Kuwaiti Dinar=1000 Fils	KWD
吉尔吉斯斯坦	Kyrgyzstan	索姆＝100特因	Kyrgyz Som=100 Tyin	KGS
老　　挝	Laos	基普	Kip	LAK
黎巴嫩	Lebanon	黎巴嫩镑＝100比索	Lebanese Pound=100 Piastres	LBP
马来西亚	Malaysia	林吉特＝100分	Ringgit=100 Sen	MYR
马尔代夫	Maldives	拉菲亚＝100拉里	Rufiyaa=100 Laari	MVR
蒙　　古	Mongolia	图格里克	Togrog	MNT
缅　　甸	Myanmar	缅元＝100分	Kyat=100 Pyas	MMK
尼泊尔	Nepal	尼泊尔卢比＝100派萨＝2摩赫	Rupee=100 Paisa , 50Paisa=1 Mohur	NPR
阿　　曼	Oman	里亚尔＝1000比索	Rial Omani=100 Baizas	OMR
巴基斯坦	Pakistan	巴基斯坦卢比＝100派萨	Pakistani Rupee = 100 Paisa	PKR

附录1　续表1 continued

国家和地区	Country or Area	货币名称	Local Currency	国际标准组织编码 ISO-Code
菲律宾	Philippines	比索=100分	Philippine Peso = 100 Centavos	PHP
卡塔尔	Qatar	卡塔尔里亚尔=100迪姆拉	Qatar Riyal=100 Dirhams	QAR
留尼汪	Reunion	1欧元=6.5596法郎，	Euro=6.5596 Franc, Franc = 100 Centimes	EUR
		1法郎=100生丁	Franc=100 Centimes	FRF
沙特阿拉伯	Saudi Arabia	沙特里亚尔=100哈拉拉	Saudi Arabian Riyal=100 Hallalas	SAR
新加坡	Singapore	新加坡元=100分	Singapore Dollar=100 Cents	SGD
斯里兰卡	Sri Lanka	卢比=100分	Sri Lanka Rupee =100 Sri Lanka Cents	LKR
叙利亚	Syrian Arab Rep.	叙利亚镑=100比索	Syrian Pound=100 Piastres	SYP
塔吉克斯坦	Tajikistan	索莫尼	Somoni	TJS
泰国	Thailand	铢	Baht	THB
土耳其	Turkey	土耳其里拉	Turkish Lira	TRL
土库曼斯坦	Turkmenistan	马纳特=100坚戈	Turkmenistan Manat =100 Tenge	TMM
阿联酋	United Arab Emirates	迪尔汗=100菲尔斯	Dirham=100 Fils	AED
乌兹别克斯坦	Uzbekistan	苏姆=100蒂因	Usbekistan Sum=100 Tijin	UZS
越南	Vietnam	越南盾=10角=100分	Dong=10 Hao=100 Xu	VND
也门	Yemen	里亚尔=100费尔斯	Yemeni Rial=100 Fils	YER
非洲	**Africa**			
阿尔及利亚	Algeria	阿尔及利亚第纳尔=100生丁	Algerian Dinar=100 Centines	DZD
安哥拉	Angola	宽扎	Kwanza	AOA
贝宁	Benin	非洲法郎	CFA Franc	XOF
博茨瓦纳	Botswana	普拉=100生丁	Pula=100 Centimes	DZD
布基纳法索	Burkina Faso	非洲法郎	CFA Franc	XOF
布隆迪	Burundi	布隆迪法郎=100生丁	Burundi Franc=100 Centimes	BIF
喀麦隆	Cameroon	非洲法郎	CFA Franc	XOF
佛得角	Cape Verde	埃斯库多=100分，	Cape Verde Escudo = 100 Cent,	CVE
		1康托=1000埃斯库多	1000 Escudoes = Conto	
中非共和国	Central African Rep.	非洲法郎	CFA Franc	XOF
乍得	Chad	非洲法郎	CFA Franc	XOF
科摩罗	Comoros	科摩罗法郎	Comoran Franc	KMF
刚果(金)	Congo, Dem. Rep.	刚果法郎	Congo Franc	GNF
刚果(布)	Congo	非洲法郎	CFA Franc	XOF
科特迪瓦	Cote D`Ivoire	非洲法郎	CFA Franc	XOF
吉布提	Djibouti	吉布提法郎	Djibouti Franc	DJF
埃及	Egypt	埃及镑=100比索=1000米利姆	Egypt Pound = 100Piasters = 1000 Milliemes	EGP
赤道几内亚	Equatorial Guinea	非洲法郎	CFA Franc	XOF
厄里特尼亚	Eritrea	纳克法=100分	Nakfa = 100 Cents	ERN
埃塞俄比亚	Ethiopia	埃塞俄比亚比尔=100分	Birr=100 Cents	ETB
加蓬	Gabon	非洲法郎	CFA Franc	XOF
冈比亚	Gambia	达拉西=布图	Dalasi=Bututs	GMD
加纳	Ghana	塞地=100比塞瓦	Cedi=100 Pesewas	GHC
几内亚	Guinea	几内亚法郎	Guinean Franc	GNF

附录1　续表2 continued

国家和地区	Country or Area	货币名称	Local Currency	国际标准组织编码 ISO-Code
几内亚比绍	Guinea-Bissau	非洲法郎	CFA Franc	XOF
肯 尼 亚	Kenya	肯尼亚先令＝100分	Kenya Shilling=100 Cents	KES
莱 索 托	Lesotho	洛蒂(复数为马洛蒂)=100分	Loti(Pl.:Maloti)=100 Lisente	LSL
利比里亚	Liberia	利比里亚元＝100分	Liberian Dollar=100 Cents	LRD
利 比 亚	Libya	第纳尔＝1000迪拉姆	Dinar=1000 Dirhams	LYD
马达加斯加	Madagascar	马达加斯加法郎＝100生丁	Madagascar Franc = 100 Centimes	MGF
马 拉 维	Malawi	马拉维克瓦查＝100塔姆巴拉	Malawi Kwacha=100 Tambala	MWK
马　　里	Mali	非洲法郎	CFA Franc	XOF
毛里塔尼亚	Mauritania	乌吉亚＝5库姆斯	Ouguiya=5 Khoums	MRO
毛里求斯	Mauritius	卢比	Rupee	MUR
摩 洛 哥	Morocco	迪拉姆	Dirham	MAD
莫桑比克	Mozambique	梅蒂卡尔＝100分	Metical=100 Centavos	MZM
纳米比亚	Namibia	纳米比亚元＝100分	Namibia Dollar=100 Cents	NAD
尼 日 尔	Niger	非洲法郎	CFA Franc	XOF
尼日利亚	Nigeria	奈拉＝100克布	Naria=100 Kobo	NGN
卢 旺 达	Rwanda	卢旺达法郎＝100生丁	Rwanda Franc=100 Centimes	RWF
圣多美和普林西比	Sao Tome & Principe	多布拉＝100分	Dobra=100 Centimos	STD
塞内加尔	Senegal	非洲法郎	CFA Franc	XOF
塞 舌 尔	Seychelles	塞舌尔卢比＝100分	Seychelles Rupee =100 Cents	SCR
塞拉利昂	Sierra Leone	利昂＝100分	Leone=100 Cents	SLL
索 马 里	Somali	索马里先令＝100分	Somali Shilling=100 Centesimi	SOS
南　　非	South Africa	兰特＝100分	Rand=100 Cents	ZAR
圣赫勒拿	St Helena	圣赫勒拿镑＝100便士	St Helena Pound=100 Pennies	SHP
苏　　丹	Sudan	第纳尔＝100比索	Sudanese Dinar=100 Piastres	SDD
斯威士兰	Swaziland	埃马兰吉尼＝100分	Lilangeni=100 Cents	ZAR
坦桑尼亚	Tanzania	坦桑尼亚先令＝100分	Tanzanian Shilling=100 Cents	TZS
多　　哥	Togo	非洲法郎	CFA Franc	XOF
突 尼 斯	Tunisia	第纳尔＝1000米利姆	Dinar=1000 Millimes	TND
乌 干 达	Uganda	乌干达先令	Uganda Shilling	UGX
赞 比 亚	Zambia	克瓦查＝100恩韦	Kwacha = 100 Ngwee	ZMK
津巴布韦	Zimbabwe	津巴布韦元	Zimbabwe Dollar	ZWD
美　　洲	**America**			
阿 根 廷	Argentina	比索＝100分	Argentine Peso=100 Centavos	ARS
阿 鲁 巴	Aruba	阿鲁巴弗罗林＝100分	Aruba Florin=100 Cents	AWG
安 圭 拉	Anguilla	东加勒比元＝100分	East Caribbean Dollar = 100 Cents	XCD
安提瓜和巴布达	Antigua And Barbuda	东加勒比元＝100分	East Caribbean Dollar = 100 Cents	XCD
巴　　西	Brazil	雷亚尔＝100分	Real=100 Centavos	BRL
巴 哈 马	Bahamas	巴哈马元	Bahamian Dollar=100 Cents	BSD
巴 拉 圭	Paraguay	瓜拉尼＝100分	Guarani=100 Centimos	PYG

附录1 续表3 continued

国家和地区	Country or Area	货币名称	Local Currency	国际标准组织编码 ISO-Code
巴 拿 马	Panama	巴波亚＝100分	Balboa=100 Centesimos	PAB
巴巴多斯	Barbados	巴巴多斯元	Barbados Dollar=100 Cents	BBD
百 慕 大	Bermuda	百慕大元＝100分	Bermuda Dollar=100 Cents	BMD
波多黎各	Porto rico	美元＝100分	Dollar=100 Cents	USD
玻利维亚	Bolivia	玻利维亚诺＝100分	Bolivariano=100 Centavos	BOB
伯 利 兹	Belize	伯利兹元＝100分	Belize Dollar=100 Cents	BZD
多米尼加	Dominican Rep.	比索＝100分	Peso=100 Centavos	DOP
多米尼克	Dominica	东加勒比元＝100分	East Caribbean Dollar = 100 Cents	XCD
厄瓜多尔	Ecuador	美元＝100分	Dollar=100 Cents	USD
法属圭亚那	Guayane Francaise	1欧元＝6.5596法郎	Euro=6.5596 Franc	EUR
		法国法郎＝100生丁	Franc=100 Centimes	FRF
哥伦比亚	Colombia	比索＝100分	Peso=100 Centavos	COP
哥斯达黎加	Costa Rica	科朗＝100分	Colon=100 Centimos	CRC
格 陵 兰	Greenland	丹麦克朗＝100欧尔	Danish Kroon=100 Ore	DKK
格林纳达	Grenada	东加勒比元＝100分	East Caribbean Dollar = 100 Cents	XCD
古 巴	Cuba	可兑换比索＝100分	Peso convertible=100 Centavos	CUP
瓜德罗普	Guadeloupe	法国法郎＝100生丁	Franc=100 Centimes	FRF
圭 亚 那	Guyana	圭亚那元＝100分	Guyana Dollar=100 Cents	GYD
海 地	Haiti	古德＝100生丁	Gourde=100 Centimes	HTG
荷属安的列斯	The Netherlands Antilles	荷属安的列斯盾或弗罗林，1盾＝100分	Netherlands Antilles Guildar / Florin Guildar=100 Cents	ANG
洪都拉斯	Honduras	伦皮拉＝100分	Lempira=100 Centavos	HNL
加 拿 大	Canada	加拿大元＝100分	Canadian Dollar=100 Cents	CAD
开曼群岛	The Cayman Islands	开曼元＝100分	Cayman Dollar=100 Cents	KYD
马提尼克	Martinique	1欧元＝6.5596法郎	Euro=6.5596 Franc	EUR
		法国法郎＝100生丁	Franc=100 Centimes	FRF
美 国	United States	美元＝100分	Dollar=100 Cents	USD
蒙特塞拉特	Montserrat	东加勒比元＝100分	East Caribbean Dollar=100 Cents	XCD
秘 鲁	The Rep. of Peru	新索尔＝100分	New Sol=100 Centimos	PEN
墨 西 哥	Mexico	比索＝100分	Mexican Peso=100 Centavos	MXN
尼加拉瓜	Nicaragua	科多巴＝100分	Cordoba=100 Centavos	NIO
萨尔瓦多	El Salvador	科朗＝100分	El Salvadoran Colon=100 Centavos	SVC
圣基茨和尼维斯	St. Kitts And Nevis	东加勒比元＝100分	East Caribbean Dollar=100 Cents	XCD
圣卢西亚	St. Lucia	东加勒比元＝100分	East Caribbean Dollar=100 Cents	XCD
圣文森特和格林纳丁斯	St. Vincent & Grens.	东加勒比元＝100分	East Caribbean Dollar=100 Cents	XCD
苏 里 南	Suriname	苏里南盾＝100分	Suriname Guilder=100 Cents	SRG
特克斯和凯科斯群岛	The Turks and Caicos Islands	美元＝100分	Dollar=100 Cents	USD
特立尼达和多巴哥	Trinidad And Tobago	特立尼达和多巴哥元＝100分	Trinidad And Tobago Dollar =100 Cents	TTD
危地马拉	Guatemala	格查尔＝100分	Quetzal=100 Centavos	GTQ

附录1　续表4 continued

国家和地区	Country or Area	货币名称	Local Currency	国际标准组织编码 ISO-Code
委内瑞拉	Venezuela	玻利瓦尔 =100分	Bolivar = 100 Centimos	VEB
乌 拉 圭	Uruguay	乌拉圭比索	Uruguayan Peso=100 Centesimos	UYU
牙 买 加	Jamaica	牙买加元 =100分	Jamaica Dollar=100 Cents	JMD
英属维尔京群岛	The British Virgin Islands	美元 =100分	Dollar=100 Cents	USD
智　　利	Chile	比索 =100分	Peso=100 Centavos	CLP
欧　　洲	**Europe**			
阿尔巴尼亚	Albania	列克 =100昆塔	Lek=100 Qindarka	ALL
奥 地 利	Austria	欧元 =13.7603奥地利先令,	Euro=13.7603 Austrian Schillings,	EUR
		奥地利先令 =100格罗申	Schilling = 100 Groschen	ATS
白俄罗斯	Belarus	白俄罗斯卢布 =100戈比	Belarus Ruble = 100 Kopeken	
比 利 时	Belgium	欧元 =40.3399比利时法郎,	Euro=40.3399 Belgian Francs	EUR
		比利时法郎 =100生丁	Belgian Franc = 100 Centimes	BEF
波斯尼亚和黑塞哥维那	Bosnia And Hercegovinia	可兑换马克 =100芬尼	Konvertible Mark=100 Fening	BAM
保加利亚	Bulgaria	列弗 =100斯托丁卡	Lev=100 Stótinki	BGN
克罗地亚	Croatia	库纳 =100利珀	Kuna=100 Lipa	HRK
捷　　克	Czech Republic	捷克克郎 =100哈莱士	Czech Krouna = 100 Hellers	CZK
丹　　麦	Denmark	丹麦克郎 =100欧尔	Danish Krone=100 Ore	DKK
爱沙尼亚	Estonia	爱沙尼亚克郎 =100分	Estonian Kroon = 100 Cents	EEK
芬　　兰	Finland	欧元 =5.94873芬兰马克,	Euro=5.94873 Finnish Markka,	EUR
		芬兰马克 =100分	Finnish Markka = 100 Pennies	FIM
法　　国	France	1欧元 =6.5596法郎,	Euro=6.5596 Franc,	EUR
		法郎 =100生丁	Franc = 100 Centimes	FRF
德　　国	Germany	欧元 =1.95583德国马克,	Euro=1.95583 Deutsche Mark,	EUR
		德国马克 =100芬尼	Deutsche Mark= 100 Deutsche Pfennig	
希　　腊	Greece	欧元 =340.75德拉克马,	Euro= 340.75 Drachma,	EUR
		德拉克马 =100雷普塔	Drachma=100 Lepta	GRD
匈 牙 利	Hungary	福林 =100非列	Forint=100 Fillér	
冰　　岛	Iceland	冰岛克郎 =100分	Icelandic Krona=100 Cents	ISK
爱 尔 兰	Ireland	欧元 =0.787564爱尔兰镑,	Euro = 0.787564 Irish Pounds,	EUR
		爱尔兰镑 =100便士	Irish Pound = 100 Pennies	IEP
意 大 利	Italy	1欧元 =1936.27里拉	Euro=1936.27 Italian Lire	EUR
		里拉	Italian Lire	ITL
拉脱维亚	Latvia	拉特 =100拉分	Lats=100 Centas	LVL
立 陶 宛	Lithuania	立特 =100立分	Litas = 100 Centas	LTL

附录1　续表5 continued

国家和地区	Country or Area	货币名称	Local Currency	国际标准组织编码 ISO-Code
卢森堡	Luxembourg	1欧元＝ 40.3399 卢森堡法郎	Euro= 40.3399 LUF	EUR
		卢森堡法郎，简称卢郎	Luxemburg Franc = 100 Cents	LUF
马其顿	Macedonia	代纳尔＝100代尼	Denar=100Deni	MKD
马耳他	Malta	马耳他镑＝100分＝1000米尔	Malta Lira = 100 Cents = 1000 Mils	MTL
摩尔多瓦	Moldova	摩尔多瓦列伊＝100巴尼	Moldova Leu=100 Bani	MDL
摩纳哥	Monaco	欧元		EUR
		法国法郎＝100生丁	Franc=100 Centimes	FRF
荷兰	Netherlands	欧元＝2.2037荷兰盾	Euro=2.2037 Dutch Guilders,	EUR
		荷兰盾＝100分	Dutch Guilder=100 Cents	NLG
挪威	Norway	挪威克郎＝100欧尔	Norwegian Krone =100 Ore	NOK
波兰	Poland	兹罗提＝100格罗什	Zloty=100 Gloszes	PLN
葡萄牙	Portugal	欧元＝200.482埃斯库多	Euro=200.482 Portugal Escudos,	EUR
		埃斯库多＝100分	Escudo=100 Centavos	PTE
罗马尼亚	Romania	列伊＝100班尼	Leu = 100 Bani	ROL
俄罗斯联邦	Russian Federation	卢布＝100戈比	Ruble = 100 Kopeken	RUB
圣马力诺	San Marino	意大利里拉	Italian Lire	ITL
斯洛伐克	Slovak Rep.	斯洛伐克克郎＝100哈莱士	Slovak Koruna = 100 Helles	SKK
斯洛文尼亚	Slovenia	托拉尔＝100斯托丁	Tolar = 100 Stotin	SIT
西班牙	Spain	欧元＝166.386比赛塔	Euro = 166.386 Spanish	EUR
		比赛塔	Pecetas	ESP
瑞典	Sweden	瑞典克朗	Swedish Krona	SEK
瑞士	Switzerland	瑞士法郎＝100生丁	Switzerland Franc = 100 Centimes	CHF
列支敦示登	Liechtenstein	瑞士法郎＝100生丁	Switzerland Franc = 100 Centimes	CHF
乌克兰	Ukraine	格里夫尼亚＝100戈比	Hryvnia=100 Kopeken	UAH
英国	United Kingdom	英镑＝100便士	Pound=100 Pennies	GBP
大洋洲	**Oceania**			
澳大利亚	Australia	澳元＝100分	Australian Dollar=100 Cents	AUD
斐济	Fiji	斐济元＝100分	Fiji Dollar=100 Cents	FJD
法属波利尼西亚	French Polynesia	欧元＝119.33太平洋法郎	Euro = 119.33 Franc CFP	EUR
		太平洋法郎	Franc CFP	XPF
基里巴斯	Kiribati	澳元／吉布提＝100分	Australian Dollar/Kiribati =100 Cents	AUD
马绍尔群岛	Marshall Islands	美元＝100分	Dollar=100 Cents	USD
密克罗尼西亚	Micronesia, Fed States of	美元＝100分	Dollar=100 Cents	USD
新喀里多尼亚	New Caledonia	欧元	Euro	EUR
		太平洋法郎	Franc CFP	XPF
新西兰	New Zealand	新西兰元＝100分	New Zealand Dollar=100 Cents	NZD
巴布亚新几内亚	Papua New Guinea	基那＝100托伊	Kina=100 Toea	PGK
萨摩亚	Samoa	塔拉＝100分	Tala=100 Sene	WST
所罗门群岛	Solomon Islands	所罗门群岛元＝100分	Solomon Islands Dollar = 100 Cents	SBD
汤加	Tonga	潘加＝100分	Pa'anga=100 Senti	TOP
图瓦卢	Tuvalu	澳元＝100分	Australian Dollar=100 Cents	AUD
瓦努阿图	Vanuatu	瓦图	Vatu	VUV
瓦利斯和富图纳	Wallis and Futuna	太平洋法郎	Franc CFP	XPF

注：*对于欧元区成员国，为方便用户，除了列示欧元以外，同时列示了相应国家原货币单位。
Note: *For the member countries of Eurozone, the original currencies of the relevant countries have been recorded besides the euro to facilitate the readers to use the materials.

附录2　索引

国内生产总值增长率　4-6
按购买力平价法计算的GDP　4-5
按购买力平价法计算的GNI　4-5
按购买力平价法计算的人均GDP　4-5
按购买力平价法计算的人均GNI　4-5
罢工和停工次数　6-10
罢工和停工日数　6-10
罢工和停工人数　6-10
版税和许可证费用　13-13
避孕普及率　5-4
濒危物种　3-5
不包括黄金的国际储备　1-1
不包括捐赠的政府财政收入占GDP比重　1-1
财产收益　9-5
财产税　7-2
采掘业　4-13,4-16,6-4
茶叶　10-3，10-4
柴油　12-6
柴油税率　12-6
差额　14-2
产妇死亡率　5-4
产值　11-3
长期外债　14-5
偿债率　14-6
成人(15岁及以上)识字率　1-1
成人识字率　15-2
城市人口比重　5-7
乘用车　12-5
抽水马桶　11-10
出国旅游人数　13-15
出口　11-5，13-1，13-10
出口单位价格指数　13-4
出口额　1-2
出口数量指数　13-5
出生时预期寿命　15-1
初等、中等和高等教育入学率　15-1
粗出生率　1-1
粗死亡率　1-1
存货增加　4-14
存款利率　7-7
大豆　10-3，10-4
大轿车　12-5
大中小学生入学率　15-3
贷款利率　7-7
单位能源生产的GDP　11-6
淡水抽取量　3-4
淡水类　10-8
淡水资源　3-4
蛋白质　9-8
蛋类　10-7
氮肥　10-10
道琼斯世界股票指数　7-10
稻谷　10-3，10-4
地表　2-1
地球　2-1
地热　11-7
地质勘查、水利管理业　6-4
第二产业　1-1,4-8,4-12,4-13
第二产业拉动率　4-8
第三产业　1-1,4-8,4-12,4-13
第三产业拉动率　4-8
第一产业　1-1,4-8,4-12,4-13
第一产业拉动率　4-8
电话主线　12-12
电、煤气和水供应业　4-13,4-16,6-4
电能　11-5
家用电视机　11-8
脂肪含量　9-7
短期外债　14-5
短期外债比重　14-6
对外直接投资　1-1，14-3
多年生牧场面积　3-2
多年生作物面积　3-2
二氧化氮　3-7
二氧化硫　3-7
发电厂自用装机容量　11-7
发电量　11-8
饭店和旅馆业　6-4
房地产、租赁及商业活动　6-4
纺织和服装　11-4
非居民　15-8
非农部门雇员工资　6-7
非农部门雇员平均每周工时数　6-7
非食品　10-1,10-2
蜂蜡　10-7
蜂蜜　10-7
服务：贷方　14-1,14-2
服务：借方　14-1,14-2
服装和鞋类　11-1
抚养比　5-2
负债　14-2
负债率　1-1，14-6
甘蔗　10-3，10-4
钢　11-8

高技术产品出口 15−7
个人、文化和休闲服务 13−13
个人计算机 12−14
根茎类作物 10−3，10−4
耕地面积 1−1，3−2
工业二氧化碳排放量 3−6
工业生产指数 1−1，11−1，
工资税 7−2
工资和薪金收入 9−5
公共管理和国防；社会基本保障 6−4
公共教育经费支出 15−5
公共养老金支出 7−5
公路货物周转量 12−1
公路使用税总计 12−10
公路税收占GDP比重 12−10
公路税收占政府财政收入比重 12−10
公路牵引车 12−5
公路网长度 12−8
公路支出 12−11
购置税 12−10
估计储量 3−3
谷物 10−3
谷物总计 10−3，10−4
股东产权权益 16−2
股票交易额 7−12
股票交易周转率 7−12
固定资本形成 11−3
固定资本消耗 7−3
固体 11−5
雇人的私人住户 6−4
雇员报酬 4−13,7−3,
4−15
雇员工资和薪金 11−3
雇员数 11−3
广义货币 7−6
国际储备 14−4
国际海运卸货量 12−3
国际海运装货量 12−3
国际旅游人数 13−15
国际旅游收入 13−14
国际旅游支出 13−14
国际贸易税 7−2
国际收支 14−2
国际收支总盈余 14−2
国际运输燃料 11−5
国家保护区面积 3−5
国库券利率 7−8
国民总收入（本币） 4−3
国内生产总值 1−1，3−6，
4−14，4−15，
7−1，13−6
国内生产总值（本币） 4−1
国内生产总值（美元） 4−2
国内生产总值缩减指数 8−1
国内生产总值增长率 1−1,4−6
国内生产总值指数 15−1
国土面积 1−1，3−1
国外游客到达人数 13−15
海拔高度 2−2，2−5
海洋类 10−8
海运 11−5
含酒精饮品 9−8
行业不明确 6−4
河流 2−3
核电 11−7
核桃 10−5
湖泊 2−4
互联网用户数 12−13
货物和服务出口 4−14
花生 10−3，10−4
化肥产量 11−8
化肥总计 10−10
化工 11−4
黄金储备 1−1，14−4
货币 7−6
货币供应量 7−6
货币汇率 7−9
货物、服务和收入差额 14−2
货物出口 13−2
货物出口总额 1−1,13−2
货物和服务差额 14−2
货物和服务进出口 13−6
货物和服务净出口 4−14
货物和服务税 7−2
货物进口 13−3
货物进口总额 1−1,13−3
机构数 11−3
机器和运输设备 11−4
鸡蛋 10−7
基尼系数 9−2
集中供暖 11−10
挤奶机 10−9
家具、家用设备及住房日常维护支出 9−6
家用冰箱 11−8
家用电视机 11−8
钾肥 10−10
间接计算的银行中介服务费 4−13
坚果 9−8
税减产品补贴 4−13
建筑业 4−13，4−16，
6−4
运输、仓储和通讯 4−16
交通 9−6
交通运输、仓储和邮电通信业 4−13
教育 6−4,9−6
教育指数 15−1
结婚率 5−6
金融保险、房地产和商务服务 4−16,6−4
金融保险 4−13
金融和保险服务 13−13

金融中介 4-13,6-4
金融帐户 1-1,14-2
进出口额 13-9
进出口贸易平衡 1-1
进出口贸易总额 1-1
进口 11-5，13-1
进口单位价格指数 13-4
进口数量指数 13-5
经常帐户 1-1,14-2
经常转移：贷方 14-2
经常转移：借方 14-2
经济活动人口 6-1
净出口拉动率 4-9
净误差与遗漏 14-2
就业构成 6-3
就业人数 1-1,6-2
居民 15-8
居民消费价格指数 1-1,8-3
居民消费支出 1-1,4-14,
9-1,9-6
居民最终消费支出 9-1,9-6
居民最终消费支出增长率 9-1
捐赠 7-2
军事人员数 15-13
军事支出 15-12
竣工住宅 11-9
卡车和货车 12-5
可开采储量 3-3
空运 11-5
空运货物周转量 12-4
空运客运量 12-4
库存变化 11-5
矿物和金属 13-7,13-8
劳动力总数 1-1
劳动者报酬 4-15
离婚率 5-6
理论储量 3-3
利润额 16-1,16-2
栗子 10-5
磷肥 10-10
驴 10-6
旅馆和饭店业 6-4
骡子 10-6
骆驼 10-6
麻及麻类纤维 10-3,10-4
马 10-6
煤炭 11-8
每百万公里车程事故发生数 12-9
每百万公里车程受伤人数 12-9
每百万公里车程死亡人数 12-9
每百万人从事研究与发展的研究人员及技术人员数 15-6
每公里道路汽车数量 12-5
每千人口床位数 15-11
每千人口医生数 1-1,15-11
每千人拥有乘用车 12-5
每千人拥有汽车数量 12-5
绵羊 10-6
棉布产量 11-8
摩托车和机动脚踏两用车 12-5
奶类总产量 10-7
能源生产总量 1-1
能源消费总量 1-1
能源储量 3-3
能源消费 3-6
能源消费量 11-5
年均人口增长率 5-1
年龄构成 5-2
年平均存款利率和贷款利率 7-7
年中人口 1-1，5-1
牛 10-6
牛奶 10-7
牛肉 10-7
农、林、牧、渔业 6-4
农产品 13-9
农业 4-16,10-1,
10-2
农业原材料 13-7,13-8
农业、狩猎业、林业和渔业 4-13,6-4
农业经济活动人口 10-11
农业人口比重 5-8
农业生产指数 1-1,10-1
农用拖拉机 10-9
批发、零售贸易；机动车及个人、家庭用品修理业 6-4
批发、零售业、饭店和旅馆业 4-13，6-4
贫困人口比重 9-3
贫困线 9-3
平均家庭成员数 9-5
平均降水 2-5
平均每个农业经济活动人口耕地面积 10-11
平均每户居室数 11-10
平均每千公顷耕地上化肥施用量 10-11
平均每千公顷耕地上收割机使用量 10-11
平均每千公顷耕地上拖拉机使用量 10-11
平均温度 2-5
平均预期寿命 1-1,1-2,
5-5,15-1
平均云量 2-5
其他 9-6,11-4
其他部门 14-2
其他服务 13-13
其他收入 9-5
其他特殊税 12-10
其他土地面积 1-1
其他支出 7-3
其他税 7-2
其它投资：债务 14-2
其它投资：资产 14-2
气体 11-5

汽车产量 11-8
汽油 12-6
汽油税率 12-6
禽肉 10-7
全员劳动生产率 6-9
燃料 13-7,13-8
热电 11-7
热值 9-7
人均国民总收入（美元） 1-1,4-4
人均国内生产总值增长率 4-7
人均食物供应量 9-8
人均消费量 11-5
人均居民最终消费支出 9-1
人口出生率 5-3
人口密度 1-1，3-1
人口贫困度 9-3
人口数 3-1
人口死亡率 5-3
人口增长率 5-1
人口自然增长率 1-1,5-3
人文发展指数 1-1,1-2,
15-1
肉类 10-7
肉类总产量 10-7
入学率 1-1
森林消失 3-4
山羊 10-6
伤亡发生的环境 12-9
商船吨位 12-7
商品和服务的使用 7-3
货物出口总额 13-2
上市公司数 7-11
上市公司总市值 7-11
少女生育率 5-4
社会缴款 7-2
社会保障缴款 7-2
社会保障税 7-4
社会福利 7-3
社会和个人服务 4-16,6-4
社区、社会和私人其他服务活动 6-4
生产者或批发价格指数 1-1,8-2
生产者价格增加值 11-3
失业率 1-1，6-6
失业人数 6-5
食品 10-1,10-2,
13-7,8-3,
13-8
食品、饮料和烟草 9-6，11-4
使用税 12-10
事故发生数 12-9
事故中受伤数 12-9
事故中死亡人数 12-9
收割机－脱粒机 10-9
收入：贷方 14-2
收入：借方 14-2
收入、利润和资本所得税 7-2
熟练医护人员护理下的分娩 9-4
水电 11-7
水果(不包括瓜类) 10-3,10-4
水泥产量 11-8
水牛 10-6
税收收入 7-2
私人非担保外债 14-5
私人住户 4-13
所有权税 12-10
探明储量 3-3
天然气 11-8
天然树脂 10-5
天然橡胶 10-5
甜菜 10-3,10-4
铁路总长度 12-2
通行税 12-10
桐籽 10-5
统计误差 4-13,4-15
土地利用 1-1,3-2
外来直接投资 1-1,14-3
外债本息占 GNI 比重 14-6
外债余额 1-1
外债总额 14-5
卫生和社会工作 6-4
物种 3-5
纤维植物 10-3,10-4
享有卫生设施 15-9
小麦 10-3,10-4
新闻纸 11-8
休闲与文化 9-6
畜牧业 10-1,10-2
研究与发展经费支出 15-5
羊毛 10-7
羊肉 10-7
液体 11-5
一次能源生产量 11-5
医疗保健 9-6
医疗支出 15-10
移动电话 12-12
银行 14-2
婴儿死亡率 1-1,5-5
营业额 16-1,16-2
营业收入 9-5
营业盈余 4-15
油菜籽 10-3,10-4
铀矿 3-3
有路面公路所占比重 12-8
有线电视用户 12-14
渔类总计 10-8
玉米 10-3,10-4
浴盆和淋浴 11-10
预期寿命指数 15-1
域外组织和机构 6-4
原油 11-8

月平均收入	9–5
运输、仓储和通讯	4–13,4–16, 6–4
在报告经济体内直接投资	14–2
债务	14–2
债务率	14–6
债务证券	14–2
榛子	10–5
证券投资	14–2
政府	14–2
政府及政府担保外债	14–5
政府及政府担保外债占出口比重	14–6
政府消费	1–1,4–14
政府债券收益率	7–8
芝麻	10–3,10–4
脂肪	9–7
直接投资海外	14–2
制成品	13–7,13–8
制造业	4–13,4–16, 6–4
制造业雇员工资	6–8
制造业雇员平均每周工时数	6–8
制造业生产指数	11–3
中央政府财政收入	7–1,7–2
中央政府财政支出	7–3
种植业	10–1,10–2
猪	10–6
猪肉	10–7
住房、水、电力、气和其他燃料	9–6
住宅	11–10
住宅设备普及率	11–10
住宅总计	11–10
专利权申请文件的数量	15–8
转移收入	9–5
准货币	7–6
资本形成总额	1–1,4–14, 4–16
资本帐户	1–1,14–2
资本帐户：贷方	14–2
资本帐户：借方	14–2
资产	14–2
籽棉	10–4
资本形成总额拉动率	4–9
资本形成总额占GDP的比重	4–10
自来水	11–10
最终消费拉动率	4–9
最终消费占GDP的比重	4–11
总增加值	4–13
总和生育率	5–4
总收入	7–2
总悬浮颗粒物	3–7
总支出	7–3
总装机容量	11–7

Appendix 2 Index

% Paved 12-8
Accidents 12-9
Activities not Adequately Defined 6-4
Adolescent Fertility Rate 5-4
Adult Literacy Rate(As % of People Ages 15 and Above) 1-1
Adult Literacy Rate 15-1
Age Composition 5-2
Age Dependency Ratio 5-2
Agricultural Raw Materials 13-7, 13-8
Agriculture 4-16, 10-1 10-2
Agriculture Population as Percentage of Total Population 5-8
Agriculture Production Index 1-1
Agriculture Tractors 10-9
Agriculture, Hunting, Forestry and Fishing 4-13,6-4
Agriculture Products 13-9
Air 12-5
Air Transport, Freight 12-4
Air Transport, Passengers Carried 12-4
Alcoholic Beverages 9-8
Altitude 2-2, 2-5
Annual Average Deposit & Lending Rates 7-7
Arable Area 1-1, 3-2
Area of Country Soil 1-1, 3-1
Asses 10-6
Average Annual Population Growth Rates 5-1
Average Annual Real Growth Rate 4-6
Average Cloudage 2-5
Average Family Members 9-5
Average Monthly Earning 9-5
Average Precipitation 2-5
Average Temperature 2-5
Balance of Merchandise Trade 1-1
Balance of Payments 14-2
Balance on Goods, Services & Inc. 14-2
Balance on Goods & Services 14-2
Banks 14-2
Bath 11-10
Beef and Buffalo Meat 10-7
Beeswax 10-7
Births Attended by Skilled Health Staff 9-4
Birth Rate 5-3
Birth Rate, Crude 1-1
Broad Money 7-6
Buffaloes 10-6
Bunkers 11-5
Buses & Coaches 12-5
Cable Television Subscribers 12-14
Calories 9-7
Camels 10-6
Capital Account 1-1
Capital Account, n.i.e. 14-2
Capital Account, n.i.e.: Credit 14-2
Capital Account: Debit 14-2
Capitalization of Listed Companies 7-11
Cattle 10-6
Cement 11-8
Central Government Expenditure 7-3
Central Government Revenue 7-1, 7-2
Central Heating 11-10
Cereals - excluding Beer 10-3
Cereals, Total 10-3, 10-4
Changes in Stocks 4-15
Changes in Inventories 4-14
Chemical Fertilizer 11-8
Chemicals 11-4
Chestnuts 10-5
Clothing and Foot Ware 9-6
Coal 11-8
Combined Primary, Secondary and Tertiary Gross Enrolment Ratio 15-1
Commercial Energy Production 1-1
Commercial Energy Use 1-1, 3-6
Commodity Exports 13-12
Community, Social and Personal Services 4-13, 4-16, 6-4
Compensation of Employees 4-15,7-3
Composition of Employment 6-3
Construction 4-13, 4-16, 6-4
Construction of New Building 11-9
Consumer Price Index 1-1, 8-3
Consumption 11-5
Consumption of Chemical Fertilizers per 1000 hectares Cultivated Areas 10-11
Consumption of Fixed Capital 7-3,4-15
Consumption per Capita 11-5
Contraceptive Prevalence Rate 5-4
Cow Milk 10-7
Crops 10-1, 10-2
Crude Death Rate 1-2
Crude Oil 11-8
Cultivated Areas per Agriculture Economic Activity Population 10-11
Current Account 1-1
Current Account, n.i.e. 14-2
Current Revenue of Central Government, Excluding Grants 1-1

Current Transfers: Credit 14-2
Current Transfers: Debit 14-2
Days not Worked 6-10
Death Rate 5-3
Deaths 12-9
Debt Securities 14-2
Deforestation 3-4
Dependency Ratio 5-2
Deposit Rates 7-7
Diesel 12-6
Dir. Invest. in Rep. Econ., n.i.e. 14-2
Direct Investment Abroad 14-2
Divorce Rate 5-6
Domestic Taxes on Goods & Services 7-2
Dow Jones World Stock Index 7-10
Dwelling Facilities 11-10
Dwellings 11-10
Earth 2-1
Earth's Surface 2-1
Economic Growth Rate 1-2
Economically Active Population 6-1
Education 6-4,9-6
Education Index 15-1
Eggs 10-7
Eggs Primary 10-7
Electricity 11-5,11-8
Electricity, Gas and Water Supply 4-13, 4-16
6-4
Employees 16-2
Employment 1-1,6-2,
6-3
Energy Resource and Reserves 3-3
Equity Securities 14-2
Estimated Additional Amount 3-3
Exchange Rates 7-9
Export and Import of Goods and Services 13-6
Exports 11-5, 13-1
13-10
Exports of Goods and Services 4-14
External Balance on Goods and Services 1-2
External Debt 1-1, 14-5
Extra-Territorial Organizations and Bodies 6-4
Farming, Forestry, Animal Husbandry and Fishery 6-4
Fat 9-7
FDI Inflows 14-3
FDI Outflows 14-3
Fibre Crops Primary 10-3
Fibre Crops Primary 10-4
Final Consumption Expenditure as Percentage of GDP 4-11
Financial Account 1-1,14-2
Financial Account, n.i.e. 1-1
Financial and Insurance Services 13-13
Financial Derivatives Assets 14-2
Financial Derivatives Liabilities 14-2
Financial Intermediation 6-4
Financial Intermediation Services Indirectly Measured 4-13
Financing Insurance 4-13
Financing Insurance, Real Estate and Business Services 4-16,6-4
Fixed Capital Formation 11-3
Flush Toilet 11-10
Food 8-3,10-1
10-2,13-7
13-8
Food, Beverage and Tobacco 9-6, 11-4
Foreign Direct Investment Inflows 1-1,14-3
Foreign Direct Investment Outflows 1-1,14-3
Freight Ton-km of Road 12-1
Freshwater Resource 3-4
Freshwater Withdrawals 3-4
Freshwater Aquatic Products 10-8
Fruit excl Melons 10-3, 10-4
Fuel 13-7, 13-8
Furnishings, Households Equipment & Routine Maintenance 9-6
Gas 11-5
GDP 13-6
GDP Based on PPP 4-5
GDP Deflator 8-1
GDP Index 15-1
GDP per Capita Based on PPP 4-5
GDP per Unit of Energy Use 11-6
General Government 14-2
General Government Final Consumption Expenditure 1-1
Geological Prospecting and Water Conservancy 6-4
Geothermal 11-7
GINI Index 9-2
GNI Based on PPP 4-5
GNI per Capita 1-1
GNI Per Capita (USD) 4-4
GNI per Capita Based on PPP 4-5
Goats 10-6
Gold Reserves 1-1, 14-4
Goods: Exports f.o.b. 14-2
Goods: Imports f.o.b. 14-2
Government Agencies,Party Agencies and Social Organisations 6-4
Government Bond Yields 7-8
Government Final Consumption Expenditure 4-14
Government Services n.i.e. 13-13
Grants 7-2
Gross Capital Formation 1-1, 4-14,
4-16
Gross Capital Formation as Percentage of GDP 4-10
Gross Domestic Product 1-1, 3-6,
4-14, 4-15,
7-1,13-6
Gross Domestic Product (Local Currency) 4-1
Gross Domestic Product (USD) 4-2

Gross Domestic Product Deflator 8-1
Gross National Income (Local Currency) 4-3
Gross Labour Productivity 6-9
Groundnuts in Shell 10-3, 10-4
Growth Rate of GDP 1-1,4-6
Growth Rate of GDP per Capita 4-7
Growth Rate of Household Final Consumption Expenditure 9-1
Harvest Machines Used per thousand hectares Cultivated Areas 10-11
Harvesters-Threshers 10-9
Hazelnuts 10-5
Health 9-6
Health Care, Sports & Social Welfare 6-4
Health Expenditure 15-10
Health and Social Work 6-4
Hen Eggs 10-7
High-Technology Exports 15-7
Honey 10-7
Horses 10-6
Hospital Beds per 1000 people 15-11
Hotels and Restaurants 6-4
Hours of Work per Week in Manufacturing 6-8
Hours of Work per Week in Non-Agriculture 6-7
Household Final Consumption Expenditure 1-1, 9-1, 9-6,4-14
Household Final Consumption Expenditure per Capita 9-1
Housing, Water, Electricity, Gas & Other Fuels 9-6
Human Development Index 1-1, 1-2, 15-1
Hydro 11-7
Imports 11-5, 13-1
Imports and Exports 13-9
Imports of Goods and Services 4-14
Improved Sanitation Facilities 15-9
Imputed Bank Service Charge 4-13
Income: Credit 14-2
Income: Debit 14-2
Index Numbers of Industrial Production 11-3
Indices of Export Quantum 13-5
Indices of Export Unit Value 13-4
Indices of Import Quantum 13-5
Indices of Import Unit Value 13-4
Indices of Industrial Production 11-2
Industrial CO2 Emissions 3-6
Industrial Production Index 1-1,11-1
Infant Mortality Rate 1-1, 5-5
Informtion and Communication Expenditure 15-13
Injuries 12-9
Injury Accidents 12-9
International Maritime Goods Loaded 12-3
International Maritime Goods Unloaded 12-3
International Reserves Excluding Gold 1-1
International Tourism, Expenditures 13-14
International Tourism, Number of Arrivals and Departures 13-15
International Tourism, Receipts 13-14
International Transactions 14-1
Internet Users 12-13
Investment Rate 4-10
Jute &Jute-like Fibres 10-3, 10-4
Labor Force 1-1
Lake 2-4
Land Use 3-2
Land Utilization 1-1
Land Area 3-2
Lending Rates 7-7
Liabilities 14-2
Life Expectancy at Birth 1-1, 1-2, 5-5, 15-1
Life Expectancy Index 15-1
Liquids 11-5
Listed Domestic Companies 7-11
Livestock 10-1, 10-2
Long-term Debt 14-5
Lorries & Vans 12-5
Machinery and Transport Equipment 11-4
Maize 10-3, 10-4
Manufactures 13-7, 17-8
Manufacturing 4-13, 4-16, 6-4
Marriage Rate 5-6
Maternal Mortality Ratio 5-4
Meat, Total 10-7
Merchandise Exports 1-1, 13-2
Merchandise Imports 1-1, 13-3
Merchandise Shipping Fleet 12-7
Mid-year Population Estimates 5-1
Military Expenditure 15-12
Military Personnel 15-13
Milk, Total 10-7
Milking Machines 10-9
Mining and Quarrying 4-13, 4-16, 6-4
Mobile Phones 12-12
Monetary Authorities 14-2
Money 7-6
Money Supply 7-6
Motor Vehicles 11-8
Motorcycles & Mopeds 12-5
Mules 10-6
Nationally Protected Area 3-5
Natural Gas 11-8
Natural Growth Rate 1-1,5-3
Natural Gums 10-5
Natural Rubber 10-5
Net Errors and Omissions 14-2
Newsprint 11-8
Nitrogen Dioxide 3-7
Nitrogenous Fertilizers 10-10
Non Food 10-1, 10-2

Non-Residents 15-8
Nuclear 11-7
Number of Arrivals 13-15
Number of Departures 13-15
Number of Employees 11-3
Number of Establishments 11-3
Operating Income 9-5
Operating Surplus 4-15
Ores and Metals 13-7, 13-8
Others 9-6
Other Area 1-1
Other Expense 7-3
Other Investment Assets 14-2
Other Investment Liab., n.i.e. 14-2
Other Producers 4-13
Other Sectors 14-2
Other Special Taxes 12-10
Other Services 13-13
Other Taxes 7-2
Other Community, Social and 6-4
Personal Service Activities 11-4
Other Manufacturing
Others Income 9-5
Output in Producers Prices 11-3
Overall Balance 14-2
Ownership of Premises 4-13
Passenger Cars 12-5
Passenger Cars per 1000 Inhabitants 12-5
Patent Applications 15-8
Percentage of Injury Accidents 12-9
Percentage of Taxation Content of Consumption 12-6
Permanent Crop Area 3-2
Permanent Pasture 3-2
Permenent Crops 1-1
Permenent Pasture 1-1
Personal Computers 12-14
Personal, Cultural and Recreational Services 13-13
Persons Injured 12-9
Persons Killed 12-9
Petrol 12-6
Phosphate Fertilizers 10-10
Physicians per 1000 People 1-1, 15-11
Pig Meat 10-7
Pigs 10-6
Population 3-1
Population below Poverty Line 9-3
Population Density 1-1, 3-1
Population Growth Rates 5-1
Population, Total, Mid-year 1-2
Population of Agriculture Economic Activity 10-11
Portfolio Investment Assets 14-2
Portfolio Investment Liab., n.i.e. 14-2
Potash Fertilizers 10-10
Poultry Meat 10-7
Poverty Gap 9-3
Poverty Line 9-3
PPG Debt Service as % of Exports 14-6
Precipitation 2-5
Present Value of Debt as % of Exports of Goods and Services 14-6
Present Value of Debt as % of GNP 14-6
Present Value of Debt (% of GNI) 1-1,14-6
Prevalence of Child Malnutrition 9-4
Primary Energy Production 11-5
Primary Industry 1-1,4-8,
4-12,4-13
Private Final Consumption Expenditure 4-14
Private Non Guaranteed Debt 14-5
Private Non-Profit Institutions 4-16
Private Households with Employed Persons 4-13, 6-4
Producers of Government Services 4-16
Producers' or wholesale Price Indices 1-1,8-2
Production and Supply of Electricity, Gas and Water 6-4
Profits 16-1, 16-2
Property Line 9-3
Property Income 9-5
Proteins 9-8
Proved Amount in Place 3-3
Proved Recoverable Reserves 3-3
Public and Publicly Guaranteed Debt 14-5
Public Expenditure on Pensions 7-5
Public Spending Education 15-4
Public Administration and Defence; 6-4
Compulsory Social Security
Pulling Rate of Final Consumption Expenditure 4-9
Pulling Rate of Gross Capital Formation 4-9
Pulling Rate of External Balance on Goods and Services 4-9
Pulling Rate of Three Industries 4-8
Quasi-Money and Money 7-6
Railways Lines Total 12-2
Railways Lines Electric 12-2
Rapeseed 10-3, 10-4
Real Estate, Renting and Business Activities 6-4
Reasonably Assured Resources 3-3
Recreation and Culture 9-6
Refrigerators for Household Use 11-8
Research and Development Expenditure 15-5
Researchers and Technicians in R&D(Per Million People) 15-6
Residents 15-8
Restaurants & Hotels 9-6
Revenues 16-1, 16-2
Revenue of Government,Excluding Grants 1-1
Rice,Paddy 10-3, 10-4
River 2-3
Road Expenditure 12-11
Road Tractors 12-5
Road User Taxation as % of Total 12-10
Government Revenue
Rooms per Dwelling 11-10
Roots and Tubers 10-3, 10-4
Royalties and License Fees 13-13

Running Water 11-10
School Enrollment Rate 1-1
Sea 11-5
Secondary Industry 1-1,4-8,
4-12
Seed Cotton 10-4
Self-producers and Public Utilities 11-7
Self-producers 11-7
Services: Credit 14-1,14-2
Services: Debit 14-1,14-2
Sesame Seed 10-3, 10-4
Sheep 10-6
Sheep and Goat Meat 10-7
Short-term Debt 14-5
Short-term Debt as % of Total External Debt 14-6
Social and Personal Services 6-4
Social Benefits 7-3
Social Contributions 7-2
Social Security Contributions 7-2
Social Security Tax 7-4
Social Services 6-4
Solids 11-5
Soybeans 10-3, 10-4
Species 3-5
Statistical Discrepancy 4-13, 4-15
Steel 11-8
Stockholders' equity 16-2
Stocks Traded Turnover Ratio 7-12
Stocks Traded Value 7-12
Strikes and Lockouts 6-10
Sugar Beets 10-3, 10-4
Sugar Cane 10-3, 10-4
Sulfur Dioxide 3-7
Tax on Income, Profits, Capital, Gains 7-2
Tax Revenue 7-2
Taxes Less Subsidies on Products 4-13
Taxes Less Subsidies on Production and Imports 4-15
Taxes on Acquisition 12-10
Taxes on Goods and Services 7-2
Taxes on Ownership 12-10
Taxes on Payroll and Work force 7-2
Taxes on Property 7-2
Taxes on Use 12-10
Taxes on International Trade, Transaction 7-2
Tea 10-3, 10-4
Telephone Mainlines 12-12
Television Sets 11-8
Tertiary Industry 1-1,4-8
4-12,4-13
Tertiary, Secondary and Primary Enrollment Ratio 15-3
Textiles and Clothing 11-4
Thermal 11-7
Threatened Species 3-5
Tolls 12-10
Total Debt Service as % of Exports of Goods and Services 14-6
Total Debt Service as % of GNI 14-6
Total Dwellings 11-10
Total Expenditure 7-3
Total Fertility Rate 5-4
Total Fertilizers 10-10
Total Fish Catch 10-8
Total Marine Fish 10-8
Total Merchandise Trade 1-1
Total Reserves Minus Gold 14-4
Total Revenue 7-2
Total Road Network 12-8
Total Road User Taxation 12-10
Total Road User Taxation as % of GDP 12-10
Total Suspended Particulates 3-7
Total Vehicles per 1000 Inhabitants 12-5
Total Vehicles per km of Road 12-5
Total, Industries 4-13, 4-16
Tractors Used per Thousand Hectares Cultivated Areas 10-11
Trade Balance 14-2
Traffic Density 12-2
Transfer Income 9-5
Transport 9-6
Transport, Storage and Communication 4-13, 4-16
6-4
Treasury Bill Rates 7-8
Tree Nuts 9-8
Tung Nuts 10-5
Unemployment 6-5
Unemployment Rate 1-1, 6-6
Uranium 3-3
Urban Population Proportion as Percentage of Total Population 5-7
Use of Goods and Services 7-3
Value Added in Producers' Prices 11-3
Value Added Tax 4-13
Vehicles in Use 12-5
Wages and Salaries Paid to Employees 11-3
Wages and Salary 9-5
Wages in Manufacturing 6-8
Wages in Non-Agriculture 6-7
Walnuts 10-5
Wheat 10-3, 10-4
Wholesale and Retail Trade, Restaurants and Hotels 4-13,6-4
Wholesale and Retail Trade; Repair of Motor Vehicles, Motorcycles and Personal and Household Goods 4-13,6-4
Wool, Greasy 10-7
Workers Involved 6-10
Woven Cotton Fabrics 11-8

中国统计出版社最新资料书简目

（仅供参考，以最后出书为准）

中国统计年鉴-2005
中国统计摘要-2005
2005中国发展报告
中国城市统计年鉴-2005
中国劳动统计年鉴-2005
中国人口统计年鉴-2005
中国工业经济统计年鉴-2005
中国市场统计年鉴-2005
中国建筑业统计年鉴-2005
国际统计年鉴-2005
中国对外经济贸易统计年鉴-2005
中国民政统计年鉴-2005
中国高技术产业统计年鉴-2005
中国农村统计年鉴-2005

北京统计年鉴-2005
天津统计年鉴-2005
河北经济年鉴-2005
山西统计年鉴-2005
内蒙古统计年鉴-2005
辽宁统计年鉴-2005
吉林统计年鉴-2005
黑龙江统计年鉴-2005
上海统计年鉴-2005
江苏统计年鉴-2005
浙江统计年鉴-2005
安徽统计年鉴-2005
福建统计年鉴-2005
江西统计年鉴-2005
山东统计年鉴-2005
河南统计年鉴-2005
湖北统计年鉴-2005
湖南统计年鉴-2005
广东统计年鉴-2005
广西统计年鉴-2005
海南统计年鉴-2005
重庆统计年鉴-2005
四川统计年鉴-2005
贵州统计年鉴-2005
云南统计年鉴-2005
西藏统计年鉴-2005

陕西统计年鉴-2005
甘肃年鉴-2005
青海统计年鉴-2005
宁夏统计年鉴-2005
新疆统计年鉴-2005
新疆生产建设兵团统计年鉴-2005
石家庄统计年鉴-2005
唐山统计年鉴-2005
邯郸统计年鉴-2005
呼和浩特经济统计年鉴-2005
鄂尔多斯市统计年鉴-2005
包头统计年鉴-2005
赤峰统计年鉴-2005
沈阳年鉴-2005
大连统计年鉴-2005
鞍山统计年鉴-2005
长春统计年鉴-2005
吉林市社会经济统计年鉴-2005
四平统计年鉴-2005
延吉统计年鉴-2005
哈尔滨统计年鉴-2005
齐齐哈尔经济统计年鉴-2005
黑龙江垦区统计年鉴-2005
上海浦东新区统计年鉴-2005
南京统计年鉴-2005
苏州统计年鉴-2005
无锡统计年鉴-2005
常州统计年鉴-2005
徐州统计年鉴-2005
南通统计年鉴-2005
盐城统计年鉴-2005
镇江统计年鉴-2005
江阴统计年鉴-2005
杭州统计年鉴-2005
宁波统计年鉴-2005
绍兴统计年鉴-2005
台州统计年鉴-2005
舟山统计年鉴-2005
温州统计年鉴-2005
金华统计年鉴-2005
嘉兴统计年鉴-2005

安庆经济统计年鉴-2005
福州统计年鉴-2005
福州年鉴-2005
厦门经济特区年鉴-2005
福州经济技术开发区年鉴-2005
南昌经济社会统计年鉴-2005
上饶经济社会统计年鉴-2005
九江经济统计年鉴-2005
济南统计年鉴-2005
青岛统计年鉴-2005
潍坊统计年鉴-2005
淄博统计年鉴-2005
郑州统计年鉴-2005
洛阳统计年鉴-2005
三门峡统计年鉴-2005
南阳经济统计年鉴-2005
武汉统计年鉴-2005
宜昌统计年鉴-2005
十堰统计年鉴-2005
荆州统计年鉴-2005
长沙统计年鉴-2005
广州统计年鉴-2005
东莞统计年鉴-2005
惠州统计年鉴-2005
深圳统计年鉴-2005
南宁统计年鉴-2005
桂林经济社会统计年鉴-2005
柳州经济统计年鉴-2005
来宾统计年鉴-2005
河池地区经济社会统计年鉴-2005
海口统计年鉴-2005
成都统计年鉴-2005
贵阳统计年鉴-2005
昆明统计年鉴-2005
西安统计年鉴-2005
兰州年鉴-2005
西宁统计年鉴-2005
银川统计年鉴-2005
乌鲁木齐统计年鉴-2005
巴音郭楞统计年鉴-2005
吐鲁番统计年鉴-2005

New Published Statistical Yearbook by China Statistics Press

Address: No.75 Yuetan Nanjie, Sanlihe, Beijing 100826, P. R. China
China Statistics Press
Editorial Department: Tel: 008610-63321207
E-mail: yearbook@stats.gov.cn
Distribution Department: Tel: 8610-63459084, 68585978